Pädagogische Psychologie des Lernens und Lehrens

Pädagogische Psychologie des Lernens und Lehrens

von
Gerd Mietzel

7., korrigierte Auflage

Hogrefe · Verlag für Psychologie
Göttingen · Bern · Toronto · Seattle

Prof. Dr. Gerd Mietzel, Studium der Psychologie und Erziehungswissenschaften. Seit 1971 Professor für Pädagogische Psychologie und Entwicklungspsychologie an der Gerhard-Mercator-Universität Duisburg.
Wichtigste Veröffentlichungen: Kombinierter Schultest (1973), Pädagogische Psychologie (1973), Interpretation von Schulleistungen (1982), Wege in die Psychologie (1979, 1998), Wege in die Entwicklungspsychologie, 2 Bände (1989, 2002). Spanische, holländische und polnische Lizenzausgaben der Lehrbücher. Mitherausgeber des Hamburger Schulleistungstests für 4. und 5. Klassen (2001).

Bibliografische Information Der Deutschen Bibliothek

Die Deutsche Bibliothek verzeichnet diese Publikation in der Deutschen Nationalbibliografie; detaillierte bibliografische Daten sind im Internet über http://dnb.ddb.de abrufbar.

Die 1. und 2. Auflage des Buches erschienen 1973 und 1975 unter dem Titel „Pädagogische Psychologie. Eine Einführung für Pädagogen und Psychologen". Die 3. und 4. Auflage des Buches erschienen 1986 und 1993 unter dem Titel „Psychologie in Unterricht und Erziehung".

Die polnische Ausgabe des Buches ist 2002 im Verlag Gdanskie Wydawnictwo Psychologiczne erschienen.

© by Hogrefe-Verlag, Göttingen • Bern • Toronto • Seattle 1998, 2001 und 2003
  Rohnsweg 25, D-37085 Göttingen

http://www.hogrefe.de
Aktuelle Informationen • Weitere Titel zum Thema • Ergänzende Materialien

Das Werk einschließlich aller seiner Teile ist urheberrechtlich geschützt. Jede Verwertung außerhalb der engen Grenzen des Urheberrechtsgesetzes ist ohne Zustimmung des Verlages unzulässig und strafbar. Das gilt insbesondere für Vervielfältigungen, Übersetzungen, Mikroverfilmungen und die Einspeicherung und Verarbeitung in elektronischen Systemen.

Umschlaggestaltung: NeueForm, Göttingen
Gesamtherstellung: Hubert & Co., Göttingen
Printed in Germany
Auf säurefreiem Papier gedruckt

ISBN 3-8017-1806-9

Inhaltsverzeichnis

Vorwort XV

1. Kapitel:
Aufgaben und Ziele der Pädagogischen Psychologie   1

1.1 Kennzeichnung der Pädagogischen Psychologie 3
1.1.1   Vorliegen einer Förderungsabsicht als Kennzeichen
          pädagogischer Situationen 4
1.1.2   Aufzeigen von Möglichkeiten zur besseren Verwirklichung
          des pädagogischen Förderungsauftrags 5
1.1.3   Pädagogische Psychologie als wissenschaftliches Arbeitsgebiet   8
1.1.3.1 Über die Güte pädagogisch psychologischer Forschung . . . 9
1.1.3.2 Pädagogische Psychologie als Grundlagen- und
          Anwendungsfach 10
1.1.4   Die Beteiligung der Pädagogischen Psychologie an der
          Bestimmung von Lernzielen 12

*1.2 Erforschung des Lernens und seiner Bedingungen in
     pädagogischen Situationen* 17
1.2.1   Lernen als Veränderung von Verhaltensweisen 19
1.2.2   Lernen als passives Aufnehmen von Wissen 20
1.2.3   Lernen als Konstruktion von Wissen 25
1.2.4   Schule als Produktionsstätte oder als Stätte des Lernens . . . 32

*1.3 Über die Verarbeitung pädagogisch psychologischer
     Erkenntnisse* 35
1.3.1   Eine auf Voreingenommenheit beruhende Bestätigungstendenz   35
1.3.2   Der Einfluß erfahrungsbezogenen Vorwissens 38
1.3.3   Über die Akzeptanz wissenschaftlicher Erkenntnisse 42

1.4 Voraussetzungen effektiver Unterrichtsarbeit 43
1.4.1   Erfolgreiches Unterrichten – Kunst oder Anwendung
          wissenschaftlicher Erkenntnisse? 44
1.4.2   Wissensvoraussetzungen erfolgreicher Lehrer 45
1.4.2.1 Fundiertes Fachwissen und seine Bedeutung für die
          Aktivierung von Lernprozessen 46
1.4.2.2 Allgemeines pädagogisches Wissen 47
1.4.3   Schaffung eines positiven Klassenklimas 49
1.4.3.1 Mitmenschliches Interesse am Lernenden 49
1.4.3.2 Eindeutige Erwartungen an Lernende in einer verständnisvollen
          Atmosphäre 51
1.4.4   Aufbau der nachfolgenden Kapitel 54

2. Kapitel:
Pädagogische Förderung
aus entwicklungspsychologischer Perspektive 57

2.1	*Das Anlage-Umwelt-Problem:*	
	Von der Addition zur Interaktion	58
2.1.1	Entwicklung als Produkt von Erbanlagen und Umwelt ...	59
2.1.2	Verschiedene Formen der Genwirkung:	
	Die Skala der Indirektheit	60
2.1.2.1	Geneinflüsse relativ geringer Indirektheit	60
2.1.2.2	Geneinflüsse relativ hoher Indirektheit	61
2.1.3	Veränderung des Zusammenwirkens von Erbanlage	
	und Umwelt in Kindheit und Jugend	63
2.1.4	Reaktionsweiten der Gene	65
2.2	*Über das Zusammenwirken von Reifung und Lernen*	68
2.3	*Erwerb von Kenntnissen nach Jean Piaget*	71
2.3.1	Anpassung durch Assimilation und Akkommodation	71
2.3.2	Schema als grundlegende Wissenseinheit	73
2.3.3	Intelligenz als Organisationsprozeß	74
2.3.4	Mechanismen kognitiver Entwicklung	75
2.3.5	Kognitive Entwicklung	78
2.3.5.1	Sensu-motorische Erfahrungen	79
2.3.5.2	Das voroperationale Denken	81
2.3.5.3	Konkrete Operationen	86
2.3.5.4	Formale Operationen	88
2.3.6	Die Fähigkeit zum abstrakten logischen Denken	
	auf dem Prüfstand	89
2.3.6.1	Die Bedeutung eines vertrauten Kontexts	89
2.3.6.2	Überprüfung von Schlußfolgerungen aus erfahrungswidrigen	
	Prämissen	93
2.3.6.3	Umwandlung abstrakter Aufgabenelemente in visuelle	
	Vorstellungen	94
2.3.7	Der Einfluß Piagets auf die Unterrichtsarbeit	96
2.4	*Kognitive Entwicklung aus sozial-kultureller Perspektive* ..	98
2.4.1	Soziale Ursprünge individueller kognitiver Funktionen ...	99
2.4.2	Soziale Funktionen als Voraussetzung zur Entwicklung	
	individueller psychologischer Funktionen	101
2.4.3	Zunehmende kognitive Selbststeuerung als Ergebnis sozialer	
	Kontakte	102
2.4.4	Die Zone der nächstmöglichen Entwicklung	104
2.4.5	Soziale Unterstützung durch ein kognitives Lehrlingssystem	109
2.5	*Entwicklung des moralischen Urteils*	111
2.5.1	Kohlbergs kognitive Entwicklungstheorie	112
2.5.1.1	Unterschiedliche Niveaus moralischer Urteile	113
2.5.1.2	Einige kritische Stimmen zu Kohlbergs Theorie	115

2.5.2   Förderung des verantwortlichen Urteilens und Handelns:
            Ein integrativer Ansatz   117
2.5.2.1   Förderung des Selbstwertgefühls in und mit einer
            menschlichen Gemeinschaft   120
2.5.2.2   Förderung kooperativen Lernens und Schaffung einer
            Atmosphäre gegenseitiger Hilfeleistung   120
2.5.2.3   Förderung des moralischen Reflektierens   121
2.5.2.4   Treffen gemeinsamer Entscheidungen   123

3. Kapitel:
Grundlegende Prozesse des Lernens:
Von der Fremd- zur Selbststeuerung 125

3.1   *Erlernen von Assoziationen durch Klassische*
            Konditionierung   126
3.1.1   Klassisches Konditionieren im Experimentalraum   126
3.1.1.1   Analyse des klassischen Experiments von Pawlow   127
3.1.1.2   Der Erwerb emotionaler Reaktionen   128
3.1.2   Klassisches Konditionieren im Klassenzimmer   130
3.2   *Operantes Konditionieren*   133
3.2.1   Einige Grundlagen der Operanten Konditionierung   135
3.2.1.1   Erhöhung der Auftretenshäufigkeit von Verhalten durch
            Verstärkung   135
3.2.1.2   Erhöhung der Auftretenshäufigkeit von Verhalten durch
            Vermeidung aversiver Reize   137
3.2.1.3   Unterscheidung zwischen primären und sekundären
            Verstärkern   139
3.2.1.4   Stabilisierung der Verhaltensveränderung durch partielle
            Verstärkung   140
3.2.2   Entstehung neuer Verhaltensweisen durch Ausformung . . .   141
3.2.3   Verminderung der Auftretenshäufigkeit von Verhalten durch
            Extinktion   142
3.2.4   Unterdrückung operanten Verhaltens durch Bestrafung . . .   144
3.2.5   Aufbau diskriminativer Reize   146
3.2.6   Einflüsse behavioristisch orientierter Lernforschung auf die
            Unterrichtsarbeit   150
3.2.6.1   Konzentration auf beobachtbares Schülerverhalten   150
3.2.6.2   Unterschiedlicher Zeitbedarf zum Erlernen jeweils relevanter
            Lernvoraussetzungen   151
3.2.6.3   Unterscheidung zwischen passiver und aktiver Beteiligung .   154
3.2.6.4   Bestimmung angemessener Verhaltenskonsequenzen, dargestellt
            am Beispiel des Lehrerlobes   155
3.3   *Einige Grundlagen der sozial-kognitiven Lerntheorie*   159
3.3.1   Kennzeichnung des Beobachtungslernens   160

3.3.1.1	Unterscheidung zwischen Lernen und Verhalten	161
3.3.1.2	Lernen durch stellvertretende Verstärkung	162
3.3.2	Wirkungen des Beobachtungslernens	163
3.3.2.1	Gewinnung relevanter Informationen	164
3.3.2.2	Erlernen kognitiver Strategien	165
3.3.3	Komponenten des Beobachtungslernens	166
3.3.4	Steuerung des eigenen Lernens	168
3.3.4.1	Förderung von Selbstwirksamkeitserwartungen	170
3.3.4.2	Akzeptierung herausfordernder Ziele	173
3.3.4.3	Kenntnisnahme eigener Leistungsergebnisse durch Selbstbeobachtung	174
3.3.4.4	Bewertung des eigenen Verhaltens	175
3.3.4.5	Bestimmung eigener Verhaltenskonsequenzen	176
3.4	*Die Bedeutung behavioristischer Lerntheorien für die Unterrichtsarbeit*	178

4. Kapitel:
Lernen als aktive Verarbeitung von Informationen .. 181

4.1	*Das menschliche System zur Verarbeitung von Informationen*	182
4.1.1	Das Sensorische Register	184
4.1.1.1	Auswahl von Informationen durch Aufmerksamkeit	185
4.1.1.2	Auswahl sinnvoller Einheiten durch Wahrnehmungsprozesse	186
4.1.2	Das Kurzzeitgedächtnis	188
4.1.2.1	Eng begrenzte Speicherdauer	188
4.1.2.2	Eng begrenzte Speicherkapazität	189
4.1.2.3	Verlängerung der Behaltensdauer durch aufarbeitende Wiederholung	190
4.1.3	Das Langzeitgedächtnis	192
4.2	*Das Schema als komplexe Wissenseinheit des Deklarativen Gedächtnisses*	194
4.2.1	Schemata als kognitive Repräsentation von Begriffen	197
4.2.1.1	Kategorisierung nach einer festliegenden Anzahl relevanter Merkmale	198
4.2.1.2	Kategorisierung nach charakteristischen Merkmalen	200
4.2.1.3	Anerkennung einer Prototyporientierung und Förderung einer Merkmalsorientierung im Unterricht	203
4.2.1.4	Begriffe als kognitive Werkzeuge	204
4.2.2	Propositionen als grundlegende Wissenseinheiten	207
4.2.3	Bildhafte Vorstellungen	210
4.2.4	Kenntnis typischer Ereignisabläufe	212
4.3	*Lernen neuer Informationen*	213
4.3.1	Verbindung deklarativer Wissenseinheiten zu einem Netzwerk	215
4.3.2	Erwerb neuer Propositionen	217

4.4	*Förderliche Bedingungen zum Erwerb neuer Informationen*	219
4.4.1	Darbietung gut geordneter Lerninhalte	220
4.4.2	Förderung der Aufarbeitung neuen Lernmaterials durch präinstruktionale Maßnahmen	222
4.4.2.1	Vortests zur Lenkung der Aufmerksamkeit auf nachfolgende Informationen	223
4.4.2.2	Vorwegnahme zentraler Aussagen durch vorausgehende Übersichten	223
4.4.2.3	Darstellung des Kontexts durch vorangestellte Einordnungshilfen	224
4.4.3	Strategien zur Verarbeitung dargestellter Informationen durch den Lernenden	226
4.4.3.1	Markieren von Textteilen	227
4.4.3.2	Anfertigen von Notizen	227
4.4.3.3	Erstellen von Zusammenfassungen	229
4.4.3.4	Anregung zum vertieften Aufarbeiten von Lernmaterial durch geeignete Fragen	230
4.4.3.5	Skizzierung eines Beziehungsgeflechtes	232
4.5	*Wissen über eigene kognitive Prozesse: Metakognitionen*	233
4.5.1	Wissen über eigene Aufmerksamkeitsprozesse und ihre Kontrolle	234
4.5.2	Wissen über eigene Gedächtnisprozesse und ihre Kontrolle	234
4.5.2.1	Zunehmende Kenntnis und Nutzung von Strategien als Ergebnis schulischer Erfahrungen	235
4.5.2.2	Vermittlung von Gedächtnisstrategien durch den Lehrer	236
4.5.2.3	Nutzung von Gedächtnisstrategien durch den Lernenden	237
4.6	*Mnemotechniken zur Erarbeitung sinnlos erscheinenden Lernmaterials*	238
4.7	*Theorien des Vergessens*	241
4.7.1	Die Theorie des Spurenverfalls	242
4.7.2	Die Interferenztheorie	242
4.7.3	Das Fehlen geeigneter Abrufreize	244
4.8	*Gestaltung von Unterrichtsbedingungen zur Förderung des Behaltens*	245

5. Kapitel:
Das Problemlösen und seine Voraussetzungen 247

5.1	*Intelligenz als Fähigkeit zur Lösung von Problemen*	248
5.1.1	Getestete Intelligenz als Grundlage für Selektionsmaßnahmen	248
5.1.1.1	Intelligenz als angeborene Fähigkeit	249
5.1.1.2	Intelligenz als stabile Fähigkeit	252
5.1.1.3	Intelligenz als eingeschränkte Fähigkeitsstruktur	253

5.1.2	Intelligenz als Grundlage für Förderungsmaßnahmen	258
5.1.2.1	Intelligenz als veränderbare Fähigkeit	260
5.1.2.2	Intelligentes Verhalten als Ergebnis eines informationsverarbeitenden Prozesses	262
5.1.2.3	Die Kontextbezogenheit intelligenten Verhaltens	266
5.1.2.4	Maßnahmen zur Verminderung der Übereinstimmung von IQ-Testergebnissen und Schulleistung	270
5.2	*Das Lösen von Problemen*	271
5.2.1	Problemlösen aus allgemein-psychologischer Sicht	272
5.2.1.1	Kennzeichnung von Problemsituationen	273
5.2.1.2	Klar und unklar definierte Probleme	274
5.2.1.3	Algorithmische und heuristische Problemlösungen	275
5.2.1.4	Vergleich von Experten und Novizen bei der Auseinandersetzung mit Problemen	277
5.2.2	Fördern des Problemlösens im Unterricht	283
5.2.2.1	Schaffen von Problemsituationen in einem natürlichen Kontext	285
5.2.2.2	Überprüfen des sprachlichen Verständnisses	288
5.2.2.3	Konkretisieren von Textaufgaben	290
5.2.2.4	Darstellen einer Vielzahl vollständiger Beispiele	292
5.2.2.5	Verbessern der Qualität von Verständnisfragen	295
5.2.3	Förderung konzeptueller Veränderungen	298
5.2.3.1	Widerstände gegenüber konzeptuellen Veränderungen	303
5.2.3.2	Aktivieren des Vorwissens	305
5.2.3.3	Angemessenes Darstellen neuer Informationen und Herausfordern zur aktiven Auseinandersetzung	306
5.2.3.4	Erleben und Bewältigen eines kognitiven Konflikts nach Erschütterung des Vorwissens	309
5.3	*Übertragen von im Unterricht Gelerntem auf außerschulische Situationen: Transfer*	311
5.3.1	Elemente des Transfers	313
5.3.2	Unterrichtliche Empfehlungen zur Verbesserung der Voraussetzungen für einen Transfer	315
5.3.2.1	Intensives Üben in den Grundfertigkeiten und in ausgewählten Themengebieten	316
5.3.2.2	Gelegenheit zur Anwendung von verschiedenen Strategien in ähnlichen Situationen	317
5.3.2.3	Systematisches Entkontextualisieren des Lernens	318
5.3.2.4	Problemorientierter und anwendungsbezogener Unterricht ..	319

6. Kapitel:
Förderung der Lernmotivation 323

6.1 *Motivation und Willenskraft als bedeutsame Prozesse zur Erreichung von Lernzielen* 325
6.2 *Einige Motivationstheorien und ihre Bedeutung für die unterrichtliche Praxis* 327
6.2.1 Aktivierung des Lernenden durch Setzung von „Störreizen": Triebreduktionstheorie 328
6.2.2 Die humanistische Perspektive: Streben nach Selbstverwirklichung 330
6.2.3 Kognitive Sichtweisen des Motivationsgeschehens: Das Bedürfnis nach Ordnung und Vorhersagbarkeit 331
6.2.4 Sozial-kognitive Erklärungen der Leistungsmotivation: Erwartungs-mal-Wert-Theorien 333
6.2.5 Theorie der Kausalattribuierung: Suche nach Erklärungen für Leistungsergebnisse 335
6.2.5.1 Klassifikation der Erklärungen nach kausalen Dimensionen . 336
6.2.5.2 Der Einfluß selbstwertdienlicher Tendenzen auf die Kausalattribuierung 337
6.2.5.3 Emotionale Folgen von Erfolg und Mißerfolg 338
6.2.5.4 Resignation und Niedergeschlagenheit im Zustand „Erlernter Hilflosigkeit" 339
6.2.5.5 Überwindung Erlernter Hilflosigkeit durch Rückgewinnung eigener Kontrolle 340
6.3 *Spezifische Beiträge zur Erklärung und Förderung der Lernmotivation* 342
6.3.1 Extrinsische und intrinsische Motivierung 343
6.3.1.1 Wahrnehmung eigener Kontrollmöglichkeiten 344
6.3.1.2 Wahrnehmung eigener Kompetenz 345
6.3.1.3 Förderung und Unterminierung intrinsischer Motivation durch äußere Verstärkerreize 346
6.3.2 Neugier und ihre Anregungsbedingungen 350
6.3.2.1 Kennzeichnung der Neugier 350
6.3.2.2 Aktivierung der Neugier im Unterricht 354
6.3.3 Förderung einer Prozeßorientierung im Klassenzimmer ... 360
6.3.3.1 Erklärung von Leistungen unter individueller und sozialer Bezugsnorm-Orientierung 361
6.3.3.2 Orientierung an Darstellungszielen zum Schutz und zur Erhöhung des Selbstwertes 362
6.3.3.3 Orientierung an Lernzielen zur Entwicklung der eigenen Kompetenz 366
6.3.3.4 Individuelles Interesse als relativ stabile Bevorzugung von Themen, Fachgebieten oder Aktivitäten 368
6.3.3.5 Einsatz von Willenskraft zur Überwindung von Schwierigkeiten 369

6.4	*Unterschiedliche Zielstrukturen im Klassenzimmer*	372
6.4.1	Rivalisierende Zielstrukturen	373
6.4.2	Kooperative Zielstrukturen	376
6.4.2.1	Voraussetzungen erfolgreichen Arbeitens bei Vorliegen kooperativer Zielstrukturen	377
6.4.2.2	Praktische Durchführung eines kooperativen Lernprogramms	378
6.4.2.3	Wirkungen kooperativer Lernformen	380
6.5	*Angst und Leistung*	383
6.5.1	Kennzeichnung der Angst	384
6.5.2	Angstauslösende Bedingungen im Klassenzimmer	387
6.5.2.1	Erklärung der Leistungsbeeinträchtigung im Zustand gesteigerter Angst	387
6.5.2.2	Möglichkeiten der Vermeidung und der Verminderung ängstlicher Reaktionen im Klassenzimmer	388

7. Kapitel:
Diagnostik und Bewertung schulischen Lernens ... 391

7.1	*Prüfung von Wissen und Können aus objektivistischer Sichtweise des Lernens*	393
7.1.1	Auswahl und Formulierung angemessener Lernziele	395
7.1.2	Kennzeichnung von Lernzielen	397
7.1.3	Verschiedene Arten von Lernzielen	398
7.1.3.1	Operationalisierte Lernziele	399
7.1.3.2	Allgemeine Lernziele und Nennung einiger spezifischer Verhaltensweisen als Beispiele	401
7.1.3.3	Die Taxonomie von Lernzielen im kognitiven Bereich nach Bloom	403
7.1.3.4	Lernziele im sozial-emotionalen Bereich	406
7.1.3.5	Kritischer Rückblick auf die Taxonomie Blooms	408
7.1.4	Anordnung von Aufgabenkomponenten in eine Lernabfolge und ihre jeweilige Überprüfung	410
7.1.4.1	Zerlegung komplexer Lernziele mittels Aufgabenanalyse	410
7.1.4.2	Aufbau einer Lernsequenz	411
7.1.4.3	Regelmäßiges Überprüfen des Gelernten	411
7.2	*Merkmale traditioneller Methoden der Leistungsbewertung: Zensuren und Tests*	413
7.2.1	Objektivität von Prüfungen	415
7.2.2	Zuverlässigkeit von Prüfungen	418
7.2.3	Gültigkeit von Prüfungen	420
7.3	*Prüfen von Wissen und Können aus konstruktivistischer Sichtweise des Lernens*	421
7.3.1	Kritik an herkömmlichen Prüfungsinstrumenten	422

7.3.1.1 Bevorzugung klar definierter Aufgabensituationen mit
        eindeutigen Antwortmöglichkeiten   423
7.3.1.2 Überbewertung der Zuverlässigkeit zu Lasten der Gültigkeit   423
7.3.1.3 Schaffung nicht authentischer Problemsituationen   424
7.3.2   Verfahren einer alternativen pädagogischen Diagnostik . . .   426
7.3.2.1 Herausforderung des Lernenden zur Darstellung seines
        Vorwissens   427
7.3.2.2 Enge Verknüpfung von Diagnostik und Lernen   429
7.3.2.3 Anlage von Portfolios   430
7.3.2.4 Messung und Bewertung komplexer Verhaltensweisen . .   433
7.3.3   Bereitschaft des Lehrers zur kritischen Selbstbeurteilung . .   435

Literaturverzeichnis   439

Bildnachweis   485

Sachregister   487

Vorwort

Im Jahr 1973 erschien die erste Auflage der *Pädagogischen Psychologie*. Mit dem Vorliegen der aktuellen Auflage hat der Autor allen Anlaß, sich bei jenen zu bedanken, die diesem Werk über ein Vierteljahrhundert hinweg ihr Interesse entgegengebracht haben. Als die *Pädagogische Psychologie* im Jahre 1973 erschien, gehörten die Schriften behavioristisch orientierter Autoren wie Burrhus Skinner, Robert Gagné und Robert Mager zur Standardlektüre in der Lehrerausbildung. Sie bewirkten zur damaligen Zeit erhebliche Veränderungen in den Vorstellungen, wie ein „guter" Unterricht auszusehen habe. Viel gelesen wurden auch Werke wie Heinrich Roths *Pädagogische Psychologie des Lehrens und Lernens* sowie Reinhard und Anne-Marie Tauschs *Erziehungspsychologie*. Diese Autoren stimmten insoweit mit den Behavioristen überein, als auch sie meinten, man könne durch bestmögliche Gestaltung des Lernmaterials und einer entsprechenden Darbietung optimale Förderungen der Lernenden erreichen. Zusätzlich nahm man die Person des Lehrers und das Klassenklima in den Blick. Wenn man eindeutige Lernziele formuliert, zu lernendes Material vom einfachsten zu allmählich komplexerem schrittweise aufbaut, geeignete Beispiele darbietet, für Klarheit sorgt, einen sozial-integrativen Unterrichtsstil schafft usw., dann werde der Schüler schon das Gewünschte lernen, solange man sein Vorwissen und seine Lernfähigkeit angemessen berücksichtigt. Dieser „Prozeß-Produkt-Ansatz" war derartig einflußreich, daß noch heute, sicherlich nicht ausschließlich, wohl aber doch weitestgehend nach den damals erarbeiteten Grundsätzen unterrichtet wird.

Die Prozeß-Produkt-Forschung ist von einem passiven Lernenden ausgegangen. Unter dem Einfluß des Konstruktivismus ist diese Betrachtungsweise zunächst zaghaft, seit den 80er Jahren aber mit zunehmend besser fundierten Argumenten als einseitig kritisiert worden. Der Lernende, so wird hervorgehoben, sei keineswegs passiv, sondern in dem, was er in Unterrichtssituationen beachtet, auswählt und vor dem Hintergrund des bereits Bekannten verarbeitet, vielmehr aktiv. Der Lehrer, der erfolgreich unterrichten wolle, müsse zunächst die Lernvoraussetzungen des Schülers kennenlernen, bevor er Aussichten habe, „diskrepante" Unterrichtsinhalte erfolgreich in seine Wissens- und Verständnisstruktur integrieren zu können. An die Stelle einer Psychologie des Lehrens und Lernens müsse eine Psychologie des *Lernens und Lehrens* treten. Die Erkenntnisse der Prozeß-Produkt-Forschung würden dadurch keineswegs überflüssig, ihre Anwender müßten aber den Besonderheiten jedes einzelnen Lernenden Rechnung tragen. Das Ziel des vorliegenden Buches ist es, über relevante Ergebnisse der Prozeß-Produkt-Forschung gründlich zu informieren, aber ebenso Erkenntnisse darzustellen, die unter konstruktivistischer Orientierung entstanden sind. Das Zusammenführen der Erkenntnisse aus beiden Sichtweisen zu einer umfassenderen Konzeption könnte in nicht allzu ferner Zukunft sehr wohl gelingen.

Die Attraktivität einer behavioristischen Orientierung besteht darin, daß der Lehrer in (idealisierter) Zielsetzung die volle Kontrolle über sämtliche Lehr- und Lernprozesse behält. Aus konstruktivistischer Sicht bedarf es demgegenüber der Anerkennung, daß beim Lernenden stets ein hohes Maß an Kontrolle verbleiben wird. Im ersten Kapitel wird u. a. auf kognitive Prozesse verwiesen, die die Akzeptanz einer konstruktivistischen Sichtweise beim Leser nicht unerheblich erschweren dürften. Dem Lernenden muß danach nämlich ein hohes Maß an Selbstverantwortung übertragen werden! Kann man aber die Entwicklung einer solchen Selbstverantwortung überhaupt erwarten, wenn in einigen Bundesländern, wie etwa auch in jenem, in dem das vorliegende Buch entstanden ist, angehende Lehrerstudenten zwar ausnahmslos Erziehungswissenschaften studieren, aber durch gültige Studien- und Prüfungsordnungen einen Studienweg wählen können, der sie niemals mit der Psychologie und schon gar nicht mit einer Pädagogischen Psychologie des Lernens und Lehrens in Berührung kommen läßt? Ist eine Bereitschaft für eine Verantwortungsübertragung im Rahmen der Schule überhaupt von einer Bevölkerung zu erwarten, die es gewohnt ist, sich „von der Wiege bis zum Tod" in bedenklicher Weise vom Staat versorgen zu lassen? Auch die Beantwortung dieser Frage wird erst die Zukunft bringen können.

Es ist unmöglich, alle Namen derjenigen zu nennen, die durch ihre Diskussionsbereitschaft sowie durch kritische, ergänzende Stellungnahmen an diesem Buch direkt und indirekt mitgearbeitet haben. Zu besonderem Dank bin ich Herrn Dr. Bernd Kern, Frau Dr. Eva Pegels und Herrn Dipl.-Psych. Bernhard Fleer (alle Duisburg) verpflichtet. Ihre kritischen Anmerkungen waren sowohl in fachlicher als auch in sprachlicher Hinsicht von großem Wert. Ebenso verdanke ich Herrn PD Dr. Hans-Peter Musahl zahlreiche Anregungen zur Verbesserung einiger Textpassagen in mehreren Kapiteln. Eine Hilfe, die eine ganz besondere Hervorhebung verdient, hat der Wissenschaftsjournalist Herr Axel Bach (Köln) dadurch erbracht, daß er in unermüdlich erscheinendem Einsatz jeden Satz unter die Lupe genommen hat, um erforderlichenfalls Hinweise zur Verbesserung seiner Stilistik und Verständlichkeit zu geben. Anerkennend hervorheben möchte ich auch die abschließende Durchsicht des Manuskriptes, die Frau Dipl.-Psych. Susanne Weidinger (Hogrefe, Göttingen) und meine Frau, Hannelore Mietzel, geleistet haben. Dadurch konnten verbliebene, besonders „zählebige" Tippfehler aufgespürt werden. Bei meinem Sohn Thorsten bedanke ich mich für die Herstellung fast sämtlicher Grafiken. Die zeitaufwendigen Arbeiten, die mit der Beschaffung der Literatur einhergingen, wurden in anerkannter Weise durch meine Hilfskräfte Markus Heckers (Gartzke), Sandra Müller und Frank Kalfhues geleistet.

Die unverzichtbare Voraussetzung für das Schreiben von Lehrbüchern ist die Verfügung über aktuelle Literatur. Die in letzter Zeit erfolgte Umverteilung der bereitgestellten Mittel nach leistungs- und erfolgsbezogenen Parametern benachteiligt das Schreiben von Lehrbüchern in derartig starkem Maße, daß die Fortsetzung dieser Arbeiten zukünftig möglicherweise nur noch erfolgen kann, wenn unakzeptable Minderungen in der Qualität des zu erstellenden Werkes in Kauf genommen würden. Mit der Fertigstellung einer weiteren Auflage dieses Lehrbuches verbindet sich die Befürchtung des Autors, daß er damit nunmehr die letzte Neubearbeitung vorlegen konnte, denn Drittmittel, aus denen sich notwendige Voraussetzungen für das Schreiben von Lehrbüchern finanzieren ließen, scheint es in Deutschland nicht zu geben.

Als kritische Leser der 5. Auflage haben sich Christian Lauterbach, Christian Beß (beide Erlangen) und André Bürkle (Erlensee) erwiesen, denn sie haben wertvolle Hinweise zur Beseitigung von Schwächen gegeben. Der Autor ermuntert auch die Leser der 6. Auflage dieses Werkes, ihm alles mitzuteilen, was bewahrt und verbessert werden sollte.

Gerd Mietzel
Gerhard-Mercator-Universität
D-47048 Duisburg
e-mail: Mietzel@uni-duisburg.de

1. Kapitel: Aufgaben und Ziele der Pädagogischen Psychologie

Jedermann weiß aus eigenen schulischen Erfahrungen, daß sich Lehrer erheblich in ihren Qualifikationen unterscheiden. Worauf sind solche Unterschiede aber zurückzuführen? Besitzen gute Lehrer so etwas wie ein „Naturtalent", das außerhalb von Aus- und Fortbildung entstanden ist? Eine Pädagogische Psychologie würde ihre Existenzberechtigung sicherlich verlieren, wenn sie keinerlei Möglichkeit hätte, an der Qualifizierung von Lehrern und Erziehern entscheidend mitzuwirken. Kann der angehende oder ausgebildete Lehrer von pädagogisch psychologischen Erkenntnissen aber tatsächlich profitieren? Lassen sich Aufgaben in Unterricht und Erziehung nachweislich besser bewältigen, wenn man sich in seinen Entscheidungen an psychologischen Theorien orientiert?

Zweifellos dokumentiert das umfangreiche Schrifttum in den Regalen vieler Bibliotheken die Überzeugung der Autoren, daß die Psychologie helfen kann, die Effektivität der Arbeit in Erziehung und Unterricht zu erhöhen. Diese Überzeugung wird allerdings nicht allseitig geteilt. Viele Lehrer fühlen sich von der Psychologie gerade bei der Bewältigung alltäglich auftretender psychologischer Probleme im Stich gelassen. Die Praktiker beklagen die Realitätsferne des Elfenbeinturmes Wissenschaft: Was helfen schon die Darstellungen pädagogisch-psychologischer Schriften, die Fragen beantworten, die ein Lehrer gar nicht stellt, und das noch in einer Sprache, die wegen ihrer Begriffswahl und Komplexität zusätzlich eine besondere Einarbeitung erfordert?

Es muß zugestanden werden, daß die Psychologie über einen längeren Zeitraum hinweg Erkenntnisse an den Lehrer herangetragen hat, die keineswegs jene Fragen beantworteten, die dem Lehrer wichtig erschienen. Es ist der wissenschaftlichen Psychologie weiterhin der Vorwurf zu machen, daß sie sich erst sehr spät um eine Annäherung an das alltägliche Handeln bemüht hat, z.B. durch Erforschung des psychologischen Alltagswissens.

Dieses Defizit an praxis-orientierter Forschung ist teilweise durch die Geschichte der Psychologie erklärbar. Es muß berücksichtigt werden, daß es sich bei der Psychologie um eine vergleichsweise junge Wissenschaft handelt. Zunächst war ihre Forschungsstrategie darauf angelegt, eine intensive Grundlagenforschung zu betreiben (so beispielsweise in der Motivations-, Lern- und Gedächtnispsychologie). Man hoffte auf diese Weise, einzelnen Grundprinzipien bzw. -mechanismen des „psychischen Apparates" auf die Spur zu kommen, um dann hinterher schrittweise globalere theoretische Konzeptionen zu entwickeln, die der Komplexität menschlichen Verhaltens gerecht würden. Die vielfältigen Anforderungen, die heute vor allem von Wirtschaft und Gesellschaft an die Schule gestellt werden, sind allerdings ohne Berücksichtigung der heute verfügbaren Erkenntnisse der Psychologie nicht mehr oder nur noch unzureichend zu erfüllen. Die Erreichung der Ziele, um die sich Bildungsinstitutionen heutiger Zeit zu bemühen haben, erfordern umfangreiche und tiefe Einsichten in das menschliche Lernen und seine Bedingungen. Artikel 29 der UN-Konvention über die Rechte des Kindes (UNICEF, Dokumentation Nr. 6) benennt beispielsweise folgende Ziele.

Die pädagogischen Bemühungen sollten darauf gerichtet sein:
1. die Persönlichkeit, die Begabung und die geistigen und körperlichen Fähigkeiten des Kindes voll zur Entfaltung zu bringen;
2. dem Kind Achtung vor den Menschenrechten und Grundfreiheiten zu vermitteln;
3. dem Kind Achtung vor seinen Eltern, seiner kulturellen Identität, seiner Sprache und seinen kulturellen Werten sowie vor anderen Kulturen als der eigenen zu vermitteln;
4. das Kind auf verantwortungsbewußtes Leben in einer freien Gesellschaft im Geist der Verständigung, des Friedens, der Toleranz, der Gleichberechtigung der Geschlechter und der Freundschaft zwischen allen Völkern vorzubereiten;
5. dem Kind Achtung vor der natürlichen Umwelt zu vermitteln.

Solche Ziele erreichen Schüler nicht mehr, die sich unter den Bedingungen eines Frontalunterrichts große Informationsmengen „einzuprägen" haben. Ein derartiger Unterricht erscheint auch nicht mehr sinnvoll in einer Zeit, in der Wissen in immer kürzeren Zeitabständen veraltet, und in der sich auch „die pädagogisch-psychologischen Theorien des Lehrens und Lernens in einer Phase radikaler Veränderungen befinden" (Weinert, 1996). Der heutige Nachwuchs muß lernen – in den Worten von Robert Burden (1994) –, „wie man selbständig lernt, wie man über das, was man gelernt hat, kritisch nachdenkt, und wie man zu angemessenen Urteilen kommt, wenn man sich mit kognitiven, sozialen, ethischen und politischen Entscheidungssituationen auseinandersetzt". Es ist eine herausfordernde Aufgabe für die Pädagogische Psychologie, Erkenntnisse zur Verfügung zu stellen, damit der Lehrer die ihm übertragenen Aufgaben erfüllen kann. Das setzt allerdings dessen Bereitschaft voraus, diese Erkenntnisse wohlwollend zu prüfen und gegebenenfalls zu akzeptieren. Mit dieser Bereitschaft ist jedoch nicht zu rechnen, wenn institutionelle Rahmenvorgaben dem Lehrer kaum noch Möglichkeiten eröffnen, seinen eigentlichen pädagogischen Aufgaben nachzukommen. Kritische Stimmen verweisen vor allem darauf, daß viele Lehrer zunehmend entmutigt worden sind, weil ihr Arbeitsfeld, die Schule, seit Beginn der siebziger Jahre zunehmend bürokratisiert worden ist (Gröschel, 1979). Entstanden ist eine „zerwaltete Schule", in der Rechtsvorschriften der Pädagogik keinen größeren Freiraum mehr geben (Neubauer et al., 1985). Damit Lehrer die Erkenntnisse der Pädagogischen

Psychologie nutzen können, bedarf es geeigneter Rahmenbedingungen, die wohl erst wieder zurückgewonnen werden können, wenn durch starken Druck verantwortlicher gesellschaftlicher Kräfte erreicht wird, daß in den Schulverwaltungen die zahlreichen Juristen wieder durch Pädagogen ersetzt werden.

Aber auch die Pädagogische Psychologie ist zur Selbstprüfung herausgefordert, wenn Pädagogen sich resignierend von ihr abwenden. Dabei bleibt allerdings zu beachten, daß an die Psychologie Erwartungen herangetragen werden, von denen einige unerfüllt bleiben müssen, so daß Enttäuschungen nicht ausbleiben. Vielfach wünscht man sich z. B. Patentrezepte von der Psychologie. Genau dies kann und wird sie jedoch nicht leisten können, denn Menschen sind keine Automaten, deren Funktionieren nach korrektem Anwenden einer Gebrauchsanweisung zu steuern wäre. Um den pädagogischen Fachkräften bzw. Handelnden und den Interessierten zu helfen, realistische Erwartungen an die Psychologie heranzutragen, soll zunächst eine allgemeine Kennzeichnung dieser wissenschaftlichen Disziplin gegeben werden. Anschließend erfolgt dann eine Eingrenzung des Aufgabenfeldes der Pädagogischen Psychologie, um deutlich zu machen, welche Möglichkeiten sie hat, bei der Lehreraus- und Lehrerfortbildung konstruktiv mitzuwirken.

1.1 Kennzeichnung der Pädagogischen Psychologie

In dem Lehrbuch, das erstmals den Titel „Pädagogische Psychologie" trug, wurde den Lesern bereits vor über hundert Jahren erklärt, daß es absurd sei, Maßnahmen zur Erziehung junger Menschen zu ergreifen, ohne über psychologisches Wissen zu verfügen (Hopkins, 1886). Auch damals wurden damit allerdings keine neuen Erkenntnisse vermittelt, denn pädagogische Empfehlungen hatte man bereits in früheren Zeiten unter Hinweis auf „psychologische Erwägungen" gerechtfertigt (Weinert, 1981). Eine bedeutsame neue Entwicklung nahm gegen Ende des 19. Jahrhunderts ihren Anfang, als sich allmählich die Erkenntnis durchsetzte, daß psychologisches Wissen, das für Pädagogen relevant ist, empirisch fundiert zu sein habe (Rath & Brugger, 1990). Die Forderung nach empirischer Fundierung pädagogisch psychologischer Erkenntnisse (Meumann, 1913) wird bis zur Gegenwart nachdrücklich erhoben.

Aloys Fischer (1880–1937) wies der Pädagogischen Psychologie im Jahre 1917 eine Aufgabe zu, der man auch heute noch uneingeschränkt zustimmen kann (Wittrock, 1992). „Aufgabe der Pädagogischen Psychologie", so erklärte Fischer damals, „ist die wissenschaftliche Erforschung der psychologischen Seite der Erziehung." Dabei verwies er zugleich auf die Notwendigkeit einer Eigenständigkeit der Pädagogischen Psychologie, denn sie war für ihn eine „nach Idee, Aufgabengebiet und Bedeutung von reiner allgemeiner Psychologie, ebenso von differentieller und angewandter Psychologie unterschiedene Disziplin". Mit den Feststellungen Fischers werden mehrere Fragen aufgeworfen: Woran erkennt man Situationen, in denen „erzogen" wird, und die entsprechend als pädagogische zu kennzeichnen sind? Weiterhin ist zu klären, welche Ansprüche an die Pädagogische Psychologie als Wissenschaft gestellt werden können. Vermag diese Disziplin den Anforderungen gerecht zu werden, die beispielsweise in der Physik, Chemie oder Medizin erfüllt werden? Auch die geforderte Eigenständigkeit der Pädagogischen Psychologie bedarf einer Begründung.

Man würde Fischer mißverstehen, wenn man ihm unterstellte, er wollte der Pädagogischen Psychologie lediglich Forschungsaufgaben zuschreiben. In diesem Fachgebiet werden nicht nur Untersuchungen zur Erweiterung des grundlagenorientierten Wissens durchgeführt und Theorien entwickelt, sondern es werden auch praxisrelevante Erkenntnisse bereitgestellt, um die Arbeit von Erziehern und Lehrern zu fördern („zu optimieren"). Dieses Ziel ist allerdings nur zu erreichen, wenn Pädagogen bereit sind, pädagogisch-psychologische Erkenntnisse als Herausforderung für die Veränderung ihrer Tätigkeit zu akzeptieren. Die Befunde der Pädagogischen Psychologie sollten bei den alltäglich stattfindenden unterrichtlichen Entscheidungen der Lehrer mitberücksichtigt werden. Zu beachten ist, daß jeder Lehrer aufgrund seiner Unterrichtserfahrungen bereits umfangreiche Kenntnisse darüber besitzt, wie Lehre und Lernen im Klassenzimmer vor sich gehen. Kein Mensch ist aber ohne weiteres bereit, auf eigene Erfahrungen gestütztes Wissen sofort in Frage zu stellen und eventuell sogar zu verändern, wenn dieses durch „wissenschaftliche Erkenntnisse" nicht in vollem Umfang zu bestätigen ist. Solange der Pädagogische Psychologe dem Lehrer aber nicht als stets Besserwissender gegenübertritt, sondern als „Partner", der auch die Anregungen eines Praktikers sehr zu schätzen weiß, besteht eine Atmosphäre, unter der beide Seiten voneinander lernen können.

1.1.1 Vorliegen einer Förderungsabsicht als Kennzeichen pädagogischer Situationen

Wolfgang Brezinka (1981) bezeichnet mit *Erziehen* jene Handlungen, „durch die Menschen versuchen, die Persönlichkeit anderer Menschen in irgendeiner Hinsicht zu fördern". Wenn man *Erziehen* als Oberbegriff sieht, der Lehren (bzw. Unterrichten) mit einschließt, ist der Kreis derjenigen, die andere zu fördern versuchen, sehr weit zu ziehen: dazu gehören Eltern, Geistliche, Kindergärtnerinnen, Lehrer, Handwerksmeister, Fußballtrainer, Ausbilder in einem Betrieb usw. Das Alter des Erziehers ist dabei kein bestimmendes Merkmal, denn auch Kinder befinden sich häufig in Situationen, in denen sie sich gegenseitig erziehen. So hilft etwa ein Schüler einem anderen, ein Mathematikproblem zu verstehen. Ein Jugendlicher kann den Kenntnisstand Erwachsener erweitern, indem er sie beispielsweise in die Bedienung von Computern einweist. Um als Erzieher gelten zu können, ist aber in jedem Fall das Vorliegen einer Förderungsabsicht unerläßlich (Hofer, 1987); wer also anderen nur „eine

Lehre erteilen will", beispielsweise im Straßenverkehr, handelt in der Regel nicht erzieherisch. Die dabei ergriffenen Maßnahmen entstammen nämlich häufig der Absicht, den Zurechtgewiesenen für sein Verhalten zu bestrafen, um dadurch selbst eine Genugtuung zu erfahren.

Man kann nur dann davon sprechen, daß ein Mensch gefördert worden ist, wenn bei ihm als Ergebnis entsprechender Maßnahmen relativ dauerhafte Veränderungen erfolgt sind. Wer beispielsweise anderen hilft oder Ratschläge erteilt, ist dadurch noch nicht notwendigerweise als Erzieher tätig. „Ein belehrender Ratgeber", so erläutert Manfred Hofer (1987), „hat zwar das Wohl des anderen im Auge, doch gibt er sich zufrieden, sobald sein Rat zu einer wenn auch nur vorübergehenden Verhaltensveränderung geführt hat." Die Bemühungen etwa im Rahmen einer Berufsberatung lassen demgegenüber sehr wohl eine Förderungsabsicht erkennen, denn mit dem Ratsuchenden wird eine Berufswahl diskutiert, die dieser möglichst nicht bereits nach kurzer Zeit widerrufen sollte.

1.1.2 Aufzeigen von Möglichkeiten zur besseren Verwirklichung des pädagogischen Förderungsauftrags

Offiziell besitzen auch Familie und Schule einen Förderungsauftrag. Kommen diese Institutionen ihrem Auftrag in bestmöglicher Weise nach? Die Klärung dieser Frage stellt eine wesentliche Aufgabe der Pädagogischen Psychologie dar. Es ließ sich nachweisen, daß nicht alles, was im Elternhaus oder im Klassenzimmer geschieht, pädagogisch zu rechtfertigen ist. Wenn ein Schüler beispielsweise von seinem Lehrer erfährt, daß er den Anforderungen nicht entsprochen hat, gleichzeitig aber keinerlei Hinweise erhält, wie er nachgewiesene Leistungsschwächen beseitigen kann, empfängt er in dieser Situation offenkundig keine Förderung. Weiterhin ergreifen Eltern und Lehrer Maßnahmen, denen zwar „pädagogische Erwägungen" zugrunde liegen mögen, die aber zur Erreichung der jeweils erstrebenswerten Ziele ungeeignet oder unzulänglich sind. Wenn Lehrer ihren Schülern beispielsweise in früheren Zeiten aufgetragen haben, bestimmte Seiten eines Schulbuches abzuschreiben, dann stand hinter diesem Auftrag wahrscheinlich eine Förderungsabsicht. Die Schüler sollten sich auf diese Weise den Inhalt „einprägen". Es kann nicht behauptet werden, daß ein solches Abschreiben keinerlei „Spuren" im Gedächtnis hinterläßt. Die Pädagogische Psychologie kann aber Empfehlungen geben, wie die Förderungsabsicht erheblich effektiver zu verwirklichen ist. Der Pädagogische Psychologe kommt seinem Optimierungsauftrag nach, wenn er pädagogische Institutionen daraufhin untersucht, wie pädagogische Zielsetzungen wirkungsvoller zu erreichen sind. Man könnte die zur Verfügung stehende Schulzeit wahrscheinlich erheblich verkürzen und dennoch „mehr" erreichen, wenn die Schule Empfehlungen der Pädagogischen Psychologie zur verstärkten Förderung ihrer Schülerinnen und Schüler in ihrer Praxis umsetzen würde! Es läßt sich nämlich zeigen, daß die Schule weit davon entfernt ist, die ihr zur

Verfügung stehende Zeit optimal zu nutzen. Abbildung 1.1 stellt dar, daß verfügbare Zeit keineswegs mit Lernzeit gleichzusetzen ist, denn es dürfte kaum eine Unterrichtsstunde geben, die vollständig mit Unterrichtsarbeit ausgefüllt ist. Es kommt hinzu, daß die während des Unterrichts verfolgten Lernziele keineswegs immer zu den Veränderungen auf seiten des Schülers führen, die vom Lehrer beabsichtigt waren.

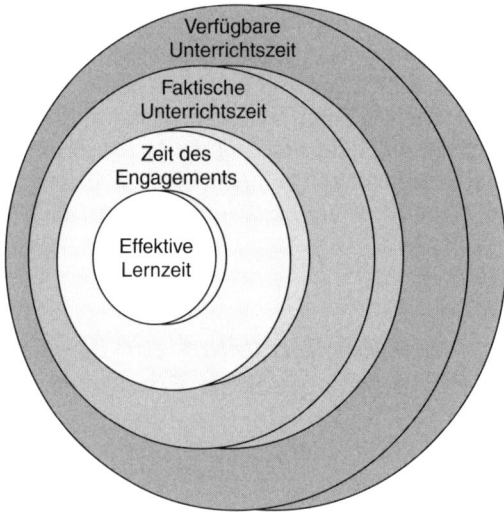

Abbildung 1.1:
Einteilung der verfügbaren Unterrichtszeit in Zeiten unterschiedlicher Aktivitäten

Den Umfang der für den Unterricht grundsätzlich verfügbaren Zeit haben die Aufsichtsbehörden festgelegt. So ist beispielsweise entschieden worden, daß die Grundschulzeit vier Jahre umfassen soll, daß das Schuljahr 210 Unterrichtstage aufzuweisen hat, daß in Abhängigkeit von der jeweiligen Schulstufe wöchentlich eine bestimmte Anzahl von Unterrichtsstunden vorzusehen ist, daß der Regelbesuch einer weiterführenden Schule sechs (Haupt- und Realschule) oder neun Jahre (Gymnasium) lang dauern soll, usw.

Innerhalb der verfügbaren Unterrichtszeit findet bekanntlich nicht ständig Unterricht statt, denn der Lehrer ist u. a. damit beschäftigt, Routinearbeiten zu erledigen (etwa Ankündigungen vorzunehmen, Anwesenheitskontrollen durchzuführen, Arbeitsblätter zu verteilen, die Tafel abzuwischen) oder Disziplinprobleme zu lösen. Weitere Zeit geht verloren, wenn der Unterricht zu spät beginnt, möglicherweise auch zu früh aufhört. Beobachtungen im Klassenzimmer haben ergeben, daß beträchtliche Anteile einer Unterrichtsstunde mit *nicht*-unterrichtlichen Aktivitäten ausgefüllt sein können. Wenn man von der verfügbaren Zeit diejenigen Zeiten abzieht, in denen der Lehrer nicht-unterrichtliche Aktivitäten ausübt, verbleibt die *Faktische Unterrichtszeit,* die der Lehrer nutzt, um kognitive, affektive oder motorische Lernziele zu verfolgen

1.1 Kennzeichnung der Pädagogischen Psychologie

(s. S. 397ff.). Während der faktischen Unterrichtszeit bemüht sich der Lehrer ausschließlich darum, durch aktives Unterrichten Lernprozesse beim Schüler anzuregen und aufrechtzuerhalten. Beim Vergleich mehrerer Klassen können sich erhebliche Unterschiede bezüglich der Länge der Unterrichtszeit ergeben. In einer Untersuchung wurde beispielsweise festgestellt, daß Lehrer zwischen 21 und 69 Prozent der Zeit eines Schultages der aktiven Unterrichtsarbeit gewidmet hatten (Park, 1976).

Selbst im Falle eines guten Unterrichts werden nicht sämtliche Schüler dem Lehrer oder den gestellten Aufgaben ihre volle Aufmerksamkeit zuwenden; einige mögen mit Tagträumereien beschäftigt sein, andere mit dem Nebenmann „schwatzen", ihren Bleistift anspitzen oder überhaupt nichts tun, weil sie die zu bearbeitenden Aufgaben entweder bereits erledigt haben oder auf weitere Anweisungen warten (Karweit & Slavin, 1981; Karweit 1989). In einigen Schulklassen können Mädchen und Jungen Verhalten zeigen, mit dem sie sich den unterrichtlichen Bemühungen des Lehrer mehr oder weniger offen widersetzen: Sie laufen in der Klasse umher, kämpfen miteinander; einige sind möglicherweise übermüdet, andere verweigern offen die Mitarbeit usw. Deshalb ist von der faktischen Unterrichtszeit die *Zeit des Engagements* zu unterscheiden; das ist diejenige Zeit, in der sich Schüler aktiv – und das heißt, unter voller Aufmerksamkeitszuwendung – mit der jeweiligen Unterrichtsaufgabe auseinandersetzen. Zwischen der zeitlichen Dauer, die Schüler während der Unterrichtsstunde engagiert verbringen, und ihrem Leistungsverhalten besteht ein engerer Zusammenhang: Häufig engagierte Schüler zeigen in der Regel entsprechend gute Leistungen und umgekehrt (Fisher & Berliner, 1985; Treiber, 1981).

Das Engagement eines Schülers gewährleistet jedoch nicht in jedem Fall, daß ihm auch entsprechende Lernfortschritte gelingen. Möglicherweise bemüht er sich intensiv, aber vergeblich um die Bewältigung einer Mathematikaufgabe, während seine Nachbarin mit gleich großem Engagement erfolgreich ist. Es empfiehlt sich, eine Unterscheidung zwischen der Zeit des Engagements und der effektiven Lernzeit vorzunehmen. Die effektive Lernzeit bezeichnet jene Zeitabschnitte, in denen sich Schüler *erfolgreich* engagiert haben (Caldwell et al., 1982) d.h., in denen sie tatsächlich etwas gelernt haben. Wiederum bringt der Vergleich mehrerer Schulklassen erhebliche Unterschiede zutage: Man hat in Grundschulen Klassen ausfindig gemacht, in denen die *durchschnittliche* Lernzeit für den gesamten Schultag nur 16 Minuten betragen hat, während andere Klassen im Durchschnitt ca. zwei Stunden Lernzeit aufwiesen (Caldwell et al., 1982). Da es sich bei diesen Angaben um Durchschnittswerte handelt, bedeuten diese Ergebnisse, daß die Lernzeit eines einzelnen Schülers auch erheblich unter 16 Minuten liegen kann. Es leuchtet ohne weiteres ein, daß ein Schüler, der möglicherweise an einem Tag nur fünf Minuten als Lernzeit nutzt, nicht nur erhebliche Leistungsdefizite entwickeln muß, er hat auch sehr viel Zeit, unerwünschtes Verhalten zu zeigen und den geordneten Unterrichtsablauf zu stören! Es besteht deshalb ein pädagogisches Interesse, solche Unterrichtsbedingungen zu schaffen, die das erfolgreiche Engagement der Schüler fördern. Wie häufig und wie lange sich der Schüler in der Lernzeit befindet, hängt zweifellos auch davon ab, wie der Lehrer seinen Unterricht gestaltet. Hier kann die Pädagogische Psychologie dem Lehrer aufzeigen, unter welchen Bedingungen im Rahmen der zur Verfügung stehenden Unterrichtszeit mit einer Erhöhung der Lernzeit und folglich mit einer wirkungsvollen Förderung seiner Schüler gerechnet werden kann.

1.1.3 Pädagogische Psychologie als wissenschaftliches Arbeitsgebiet

Es steht außer Frage, daß das Verhalten eines Menschen in jedem Moment von unzähligen Bedingungen und Ereignissen abhängt. Skeptiker haben in der Vergangenheit deshalb ihre Zweifel geäußert, daß es einer Psychologie gelingen könne, die Voraussetzungen zur Vorhersage von Verhalten zu verbessern. Wie soll es bei dieser Komplexität möglich sein, spezifische Zusammenhänge aufzudecken, mit deren Hilfe sich Verhalten in gewünschter Weise verändern läßt? Mit dieser Frage haben sich viele Psychologen auseinandergesetzt, seitdem sich ihr Fach als wissenschaftliche Disziplin etabliert hat. William James (1899), einer der Pioniere der amerikanischen Psychologie, mahnte Lehrer schon gegen Ende des neunzehnten Jahrhunderts, an die Psychologie keine unrealistischen Erwartungen heranzutragen. Sie befänden sich in einem großen Irrtum, wenn sie glaubten, daß man von der Psychologie, also der Wissenschaft, die sich mit „Gesetzen der Seele" beschäftigt, ganz bestimmte Programme, Schemata oder Unterrichtsmethoden für den unmittelbaren Gebrauch im Klassenzimmer ableiten könne. Wie hätte sich James aber geäußert, wenn ihm bereits damals die Forschungsbeiträge vorgelegen hätten, die der Pädagogischen Psychologie 100 Jahre später zur Verfügung stehen? Muß man auch Lehrer der Gegenwart ermahnen, sich mehr auf ihre „Unterrichtskunst", auf ihr pädagogisches Geschick, als auf die Wissenschaft zu verlassen? Die Antwort auf diese Fragen hängt letztlich von der Leistungsfähigkeit der Psychologie ab. Kann sie Erkenntnisse vorlegen, auf die sich ebenso sichere Vorhersagen wie etwa in der Physik oder Chemie gründen lassen? Kann ein Patient von der modernen Medizin mehr Hilfen erwarten als ein Lehrer von der heutigen Psychologie? Die „Nützlichkeit" pädagogisch-psychologischer Erkenntnisse wäre in der Tat gering, wenn solche Fragen verneint werden müßten.

Die Frage der „Nützlichkeit" psychologischer Erkenntnisse ist in der Vergangenheit auch noch in einer anderen Hinsicht angezweifelt worden. Kritiker mochten zwar noch zugestehen, daß die Psychologie zutreffende Zusammenhänge aufdecken könne, sie meinten aber, daß sich der dafür erforderliche Forschungsaufwand überhaupt nicht lohnen würde, denn die Ergebnisse förderten nur zutage, was man ohnehin schon wußte. Auch diese Behauptung bedarf der Klärung, denn mit welcher Berechtigung sollten sich beispielsweise

Lehrer mit der Pädagogischen Psychologie beschäftigen, wenn diese ihnen nur längst bekannte Informationen anzubieten hätte (Langfeldt, 1989)?

1.1.3.1 Über die Güte pädagogisch psychologischer Forschung

Da Verhalten in jedem Moment von zahlreichen Bedingungen und Ereignissen abhängt, gelingt es der Psychologie tatsächlich nicht, aufgedeckte Zusammenhänge zu beschreiben, auf deren Grundlage sich zukünftige Ereignisse mit hoher Trefferquote vorhersagen lassen. Die Sozialwissenschaften, zu denen in einem weiteren Sinne auch die Pädagogische Psychologie gehört, können Ergebnisse nur in Form sogenannter statistischer Zusammenhänge präsentieren, „die keine absolut sicheren Vorhersagen gestatten, sondern nur Voraussagen von höherer oder geringerer Wahrscheinlichkeit" (Traxel, 1974). Das heißt, daß eine Vorhersage, die für den Durchschnitt gültig ist, im *konkreten Einzelfall* nicht zutreffen muß. Sind Forschungsergebnisse im pädagogischen Bereich damit aber unzuverlässiger bzw. anfälliger für Fehlereinflüsse und folglich weniger gültig als solche anderer wissenschaftlicher Disziplinen?

Larry Hedges (1987) hat sich zur Klärung dieser Frage einmal Ergebnisse in einem Forschungsbereich der Physik angesehen, in den Fördermittel in Milliardenhöhe fließen. Ebenso wie die Chemie wird die Physik vielfach zu den „harten" Wissenschaften gerechnet, weil ihre Untersuchungsergebnisse nach einer weit verbreiteten Überzeugung verhältnismäßig wenig durch Fehlereinflüsse verzerrt werden. Sind die Resultate eines Experiments in der Teilchenphysik, von dem ein einziges mehrere Millionen Mark kosten kann, aber wirklich aussagekräftiger als typische Studien der Sozialwissenschaften, die man auch als „weich" bezeichnet hat, weil ihre Ergebnisse vermeintlich höheren Fehlereinflüssen ausgesetzt sind? Hedge mußte die Frage verneinen. Bei wiederholter Untersuchung derselben Frage stimmen physikalische Untersuchungsergebnisse keineswegs in höherem Maße überein als sozialwissenschaftliche. Hedge ist auch der verbreiteten Auffassung nachgegangen, daß die Meßinstrumente in den Sozialwissenschaft besonders ungenau arbeiten würden. Eine sorgfältige Nachprüfung ergab, daß sich auch Chemiker und Physiker nicht selten mit Messungen von geringer Zuverlässigkeit zufrieden geben müssen. Eine allgemein höhere Zuverlässigkeit der naturwissenschaftlichen Messungen gegenüber denen der „weichen" Wissenschaften konnte nicht ermittelt werden.

Aufschlußreich ist in diesem Zusammenhang auch, einen kritischen Blick auf Forschungen der Medizin zu richten. Nathaniel Gage (1985) berichtet von einer Studie, die etwa 30 Millionen Mark gekostet hat. Darin hat man 3 800 Menschen, die alle bereits mindestens einen Schlaganfall erlitten hatten, nach dem Zufall einer von zwei Gruppen zugewiesen. Die Angehörigen der einen Gruppe (Experimentalgruppe) erhielten ein Medikament, das die Überlebenschancen dieser Menschen erhöhen sollte. Der anderen Hälfte der Versuchspersonen wurde ein Scheinpräparat (Placebo) verabreicht, das physiologisch keine bekannte Wirkung besaß (Kontrollgruppe). Nach zweieinhalb Jahren waren 9,5 Prozent der Patienten aus der Placebogruppe gestorben, während in der Experimentalgruppe 7 Prozent den Tod gefunden hatten. Wenn man einmal von der Zuverlässigkeit dieser Differenz ausgeht (eine problematische Annahme!), dann hat das Medikament die Anzahl der Todesfälle um 2,5 Prozentpunkte verringert. Die Möglichkeit, durch die Einnahme dieses Medikaments einen weiteren Schlaganfall zu vermeiden, war also nur sehr gering. Dennoch waren die medizinischen Forscher von ihrem Befund aber derartig beeindruckt, daß sie das Experiment aus ethischen Gründen sofort beendeten. Sie wollten den Mitgliedern der Placebogruppe die – wie sie meinten – wirkungsvolle Behandlung nicht länger vorenthalten. Angesichts dieser Schlußfolgerung bleibt die Frage, warum in der Pädagogischen Psychologie die Neigung besteht, ein vergleichbares Ergebnis für bedeutungslos zu halten. Dafür gibt es nach Gage überhaupt keine Rechtfertigung, denn – so erklärt er – von den Maßnahmen in der Erziehung würden zwar nicht Leben und Tod abhängen; aber immerhin versuche man dort Schulabbrüche zu verhindern, möglichst vielen Menschen Lesen und Schreiben beizubringen, die Einweisungen in Sonderschulen zu rechtfertigen, die Freude am Lernen zu fördern, das Selbstwertgefühl zu steigern usw. Wenn es darum geht, Menschen zu helfen, dann stelle sich nicht vorrangig die Frage nach der Stärke der Effekte, sondern danach, ob tatsächlich etwas Wünschenswertes zu erreichen ist, ob man bei auszubildenden Menschen etwas verändern kann, was gesellschaftlich hoch bewertet wird. Wenn viele Millionen Schüler unterrichtet werden, dann leisten schon kleine Unterschiede einen Beitrag, das Leben und die Leistungsfähigkeit der Lernenden positiv zu verändern.

Es besteht keinerlei Anlaß, die Nützlichkeit medizinischer Forschung in Frage zu stellen, auch wenn viele Maßnahmen keineswegs sicherer zum Erfolg führen als in dem erwähnten Medikamentenbeispiel. Genauso wenig darf man aber auch die Qualität pädagogisch psychologischer Forschung unterschätzen. Wenn man einmal vergleicht, wie gut es beiden wissenschaftlichen Disziplinen in ihren jeweiligen Anwendungsbereichen gelingt, Ereignisse vorherzusagen, zu kontrollieren und zu verändern, gelangt man zu dem Ergebnis, daß die Pädagogische Psychologie insgesamt keine geringere, vielfach sogar eine höhere Erfolgsquote vorweisen kann (Gage & Berliner, 1989). Ein Lehrer wird von den Beiträgen der Pädagogischen Psychologie, über die nachfolgend berichtet wird, allerdings nur profitieren können, wenn er sie als Bereicherung seiner praktischen Erfahrung sieht und sie situationsangemessen anwendet.

1.1.3.2 Pädagogische Psychologie als Grundlagen- und Anwendungsfach

In der Psychologie kennt man seit langem die Unterscheidung zwischen jenen Fachgebieten, in denen Grundlagenforschung betrieben wird, und solchen, die sich auf die Anwendung vorliegenden Wissens spezialisieren. Wissenschaftliche Arbeiten im Rahmen der Grundlagen- (oder auch in der „reinen") Forschung werden vor allem aus einem allgemeinen Erkenntnisinteresse betrieben. So bemüht man sich etwa um die Klärung, was Lernen ist, und von welchen Bedingungen es abhängt. Im Falle einer Anwendungsorientierung hängt die Bewertung von wissenschaftlichen Befunden davon ab, wie gut sich mit ihrer Hilfe Probleme des Alltagslebens lösen lassen. Über einen längeren Zeitraum konnten Grundlagenforscher in der Psychologie mit sehr viel höherem Ansehen rechnen als Kollegen, die in Anwendungsbereichen tätig waren (Sherif, 1979).

Es war zweifellos eine „unselige" (Hofer, 1978) Entwicklung, in der Psychologie zwischen Fachgebieten zu unterscheiden, in denen einerseits „reine" Forschungen betrieben, andererseits Anwendungsaufgaben übernommen wurden. Die Pädagogische Psychologie wurde traditionellerweise zu jenen Fachgebieten gerechnet, in denen Anwendungsbezüge im Vordergrund stehen, obwohl sich ihre Vertreter wiederholt heftig gegen diese Einteilung gewehrt haben. Wenn Pädagogische Psychologen nämlich ausschließlich Aufgaben im Bereich der Anwendung übernehmen würden, bliebe ihnen zwangsläufig nur die Möglichkeit, aus der Literatur vor allem der Allgemeinen, Entwicklungs- und Sozialpsychologie jene Erkenntnisse auszuwählen, die für Lehrer und Erzieher relevant sein *könnten*. Sind aber Zusammenhänge, die beispielsweise im Experimentalraum eines psychologischen Instituts unter Beteiligung studentischer Versuchspersonen aufgedeckt worden sind, ohne weiteres auf pädagogische Situationen in der Schule übertragbar? Lernen Schüler der Primarstufe, die in täglich gleicher Zusammensetzung von einem Lehrer zur Auseinandersetzung mit bestimmten Multiplikationsaufgaben angehalten werden, ebenso wie junge Erwachsene, die einmalig zusammentreffen, um unter Bedingungen maximaler Kontrolle kompliziertere Mathematikprobleme zu bearbeiten? Solche Fragen sind zu verneinen. Pädagogischen Psychologen bleibt deshalb gar nichts anderes übrig, als sich zunächst einmal um die Aufklärung der erzieherischen Wirklichkeit zu bemühen. „Erzieherische Wirklichkeit", so stellt Hofer fest, „ist eine Menge Realität, die es zu beschreiben und zu erklären gilt." Bevor der Pädagogische Psychologe Hinweise geben kann, wie ein Lehrer Motivation anregen, Aufmerksamkeit fördern oder Verständnis für bestimmte Mathematikaufgaben entwickeln kann, muß er zunächst das erzieherische Umfeld erforschen. Die Erforschung der schulischen Realitäten, ihrer Bedingungen und ihrer pädagogischen Auswirkungen, hat bereits beachtliche Ergebnisse erbracht. Wegen des hohen Niveaus ihrer eigenen Grundlagenforschung ist die Pädagogische Psychologie längst nicht mehr ausschließlich Abnehmer von Erkenntnissen anderer Fachgebiete, sondern wirkt inzwischen ebenso anregend auf andere Arbeitsbereiche. In einigen Forschungsbereichen, so beispielsweise in der Kognitions- und Motivationspsychologie, hat die Pädagogische Psychologie sogar eine Art Führungsrolle übernommen (Calfee, 1992a, 1992b).

Durch ihre umfangreichen Studien hat sich die Pädagogische Psychologie sehr gute Voraussetzungen geschaffen, um Lehrern Erkenntnisse anzubieten, durch die sich Prozesse in Erziehung und Unterricht produktiv verändern lassen.

Ihrem Anwendungsauftrag kann die Pädagogische Psychologie aber auch in Zukunft nur dann erfolgreich nachkommen, wenn sie die Erforschung der erzieherischen Realität nicht vernachlässigt, das heißt, daß sie aufdeckt, was sich in pädagogischen Situationen tatsächlich ereignet. Nur dann kann erwartet werden, daß sich Lehrer mit ihren Fragen an die Pädagogische Psychologie wenden. Es geht der Pädagogischen Psychologie aber nicht nur um die Frage, was sich im Unterricht tatsächlich ereignet. Immer häufiger wird von ihren Vertretern auch die Forderung erhoben, sich zusätzlich mit dem zu beschäftigen, was die Schule erreichen sollte; was hier für notwendig erachtet wird, ist demnach die Beteiligung der Pädagogischen Psychologie an der Lernzielbestimmung.

1.1.4 Die Beteiligung der Pädagogischen Psychologie an der Bestimmung von Lernzielen

Pädagogische Psychologen haben in der Vergangenheit zumeist die Auffassung vertreten, daß sie nur Hilfen bereitstellen können, um den Lehrer bei seinem Bemühen in der Förderung von Lernenden zu unterstützen. Die Bestimmung der Lehr- und Erziehungsziele sei aber der („normativen") Pädagogik vorbehalten. Im Einklang mit dieser Auffassung erklären beispielsweise Hans-Peter Nolting und Peter Paulus (1992): „Die Psychologie ... befaßt sich weit weniger mit dem, was sein *soll*, sondern primär mit dem, was *ist*." Die beiden Autoren schränken ihre Aussage jedoch sofort wieder in einer bedeutsamen Hinsicht ein, denn sie fügen hinzu, daß die Pädagogische Psychologie die Diskussion über Ziele ergänzen kann, „indem sie z. B. untersucht, welche Zielvorstellungen Eltern tatsächlich haben oder welche Ziele unter bestimmten Bedingungen überhaupt erreichbar sind". Wenn also die Schule den Auftrag hat, Schüler auf die Anforderungen des späteren Lebens vorzubereiten, dann hat die Pädagogische Psychologie zu prüfen, ob dieses Ziel unter der Bedingung *Schule* überhaupt erreicht wird. Solche Nachprüfungen haben in der Vergangenheit wiederholt stattgefunden. Psychologen prüften bereits um die Jahrhundertwende die Doktrin der formalen Bildung, aus der bedeutsame Lernziele abgeleitet wurden.

Die *Doktrin der formalen Bildung* baute auf den Vorstellungen der sogenannten Vermögenspsychologie auf. Sie besagt, daß „Vermögen" wie z. B. Wille, Aufmerksamkeit, Gedächtnis, logisches Denken *allgemein* durch spezielle Übungen zu stärken seien. Der menschliche „Geist" wäre demnach ebenso wie ein Muskel zu behandeln, denn dieser ließe sich kräftigen, indem man ihn zu speziellen Aktivitäten anregt. An diesem Vergleich orientiert, wiesen die Anhänger der formalen Bildung auch dem Unterricht die Aufgabe zu, geistige „Vermögen" zu stärken. Es bestand die Überzeugung, daß sich die erstrebten Ziele nur bei Auseinandersetzung mit bestimmten Lerninhalten erreichen ließen; die erworbenen Fähigkeiten seien sodann auf beliebige Inhalte übertragbar. Zu den besonders geeigneten Fächern rechnete man die klassischen Sprachen, also Latein und Griechisch („Die klassischen Sprachen", so behauptete man selbstsicher, „sind die Scheiden, in denen die Messer des Geistes stecken."). Eine ähnliche Funktion genoß der Mathematikunterricht. Allerdings empfahl man die Berücksichtigung dieser Fächer im Lehrplan nicht mit dem Argument, daß aus ihrem Studium nützliche Informationen zu gewinnen seien, sondern verwies ausschließlich auf ihren formalbildenden Charakter. Andere Fächer, wie beispielsweise moderne Sprachen, Physik, Chemie, Biologie usw., standen dagegen in einem sehr geringen Ansehen, weil nach der vorherrschenden Überzeugung aus der Beschäftigung mit ihnen angeblich keine Geistesschulung erfolgen könnte. Der Unterricht hatte im wesentlichen die Aufgabe eines Drills. Man legte Wert darauf, daß der Lernstoff hart erarbeitet wurde. Man glaubte, damit Lernsituationen geschaffen zu haben, die den Schüler zu einer Anwendung des Gelernten auf vielfältige, vor allem auch außerschulische Problembereiche befähigen würden.

Bereits die ersten experimentellen Psychologen zeigten ein auffallendes Interesse, die Annahmen der formalen Bildungsdoktrin zu überprüfen. Eine der ersten Arbeiten ist von Ernst Hermann Ebert und Ernst Meumann (1905) vorgelegt worden. Die Autoren stellten sich die Frage, „ob und in welchem Sinne von der allgemeinen Gedächtnisübung gesprochen werden kann und ob sich durch einseitige Übung eines der sogenannten Spezialgedächtnisse oder einer speziellen Gedächtnisfunktion an einem bestimmten Stoff eine Vervollkommnung des allgemeinen Gedächtnisses erreichen läßt". Ebert und Meumann erhielten in ihrer Studie keine Hinweise dafür, daß sich mit speziellen Behaltensübungen eine Steigerung des Gedächtnisses *im allgemeinen* erreichen läßt. Sie bestätigten damit einen fast gleichlautenden Befund von William James (1890).

Die zur damaligen Zeit aufwendigste und einflußreichste Untersuchung zur Überprüfung der formalen Bildungsdoktrin hat Edward Thorndike zusammen mit Robert Woodworth (1901) durchgeführt. An ihrer Studie beteiligten sie mehr als 13 500 Schüler in den USA. Auch diese Autoren erhielten keine Hinweise dafür, daß die intellektuelle Leistungsfähigkeit von Schülern durch Teilnahme am Latein- und Griechischunterricht mehr gefördert worden war als durch Auseinandersetzung mit neueren Sprachen, Hauswirtschaft oder Buchführung (Thorndike, 1923). Obwohl Thorndikes Studien nach heutigen Maßstäben methodisch als völlig unzulänglich zu gelten haben, ging von ihren Ergebnissen und Interpretationen damals ein außerordentlich großer Einfluß auf die Schulpraxis aus. Amerikanischen Schülern bot sich fortan die Möglichkeit, eine Vielzahl von Fächern mit lebenspraktischen Inhalten auszuwählen. An der Veränderung schulischer Zielsetzungen hatte der Pädagogische Psychologe Thorndike einen entscheidenden Anteil gehabt![1]. Thorndikes frühe

---

1 Kurioserweise hat Thorndike, der bis heute allgemein als Pionier der Pädagogischen Psychologie gesehen wird, sich eher herablassend über das Praxisfeld Schule geäußert, und ihr als Wissenschaftler niemals einen Besuch abgestattet (Berliner, 1993). Amerikanische Pädagogische Psychologen, die heute die Lehrerausbildung verantwortlich mitgestalten, distanzieren sich ausdrücklich von dem damals zum Ausdruck gebrachte Desinteresse an der Unterrichtswirklichkeit und ihrer Probleme; sie kritisieren damit auch die von Thorndike zum Ausdruck gebrachte Geringschätzung der Praxis.

Untersuchungsergebnisse sind inzwischen vielfältig bestätigt worden. Man hat zwar auch in neuerer Zeit die Suche nach einem „neuen Latein – einem Lehrfach, das Schüler durchgängig klüger machen würde" (Mayer & Wittrock, 1996), immer noch nicht ganz aufgegeben, aber die Bemühungen sind bis zur Gegenwart erfolglos geblieben. Auch heute wäre es beispielsweise problematisch, das Programmieren von Computern, etwa mit LOGO, als Unterrichtsfach *vor allem* mit der Rechtfertigung einzuführen, dadurch würden u. a. das schlußfolgernde Denken und planerische Fähigkeiten der Lernenden gefördert. Die Pädagogische Psychologie konnte derartige kognitive Lerneffekte bislang nicht nachweisen (Pea & Kurland, 1984; Salomon & Perkins, 1987).

Die Bemühungen Pädagogischer Psychologen, schulische Lernziele zu verändern, sind keineswegs immer so erfolgreich wie im Falle Thorndikes gewesen. Unverkennbar ist aber dennoch bis zur Gegenwart der Versuch Pädagogischer Psychologen, Einfluß auf schulische Zielsetzungen zu nehmen. So wurde in letzter Zeit eine zentrale Annahme, über die letztlich das gesamte heutige Schulsystem gerechtfertigt wird, als nicht mehr haltbar erklärt. Zur Zeit geht man noch davon aus, daß die Schule zunächst viel „Grundlagenwissen" in abstrakter Form vermitteln muß, weil damit angeblich Voraussetzungen geschaffen werden, Anforderungen im „wirklichen Leben" zu bewältigen. Schafft die Schule aber wirklich diese Voraussetzungen? Das ist zu bezweifeln. So gestatten Schulabschlußzensuren nur in sehr unzulänglichem Maße, den Ausbildungs- und Studienerfolg junger Menschen vorherzusagen (Baron-Buldt, 1989). Weiterhin ist festzustellen, daß Untersuchungen wiederholt zu dem Ergebnis geführt haben, daß zwischen dem schulischen Erfolg einerseits und dem beruflichen Erfolg (bzw. der Zufriedenheit mit dem eigenen Beruf) allenfalls eine sehr geringe Beziehung besteht (Samson et al., 1984). Es gibt mehrere Erklärungen für solche Befunde, die fast alle in der Feststellung münden, daß die Schule sich mit ihren Anforderungen zu weit von dem entfernt hat, was im beruflichen und sonstigen Alltagsleben tatsächlich zu leisten ist. Lauren Resnick (1987) verweist auf die „Volksweisheit", wonach es „eine praktische Intelligenz gibt, die – im Unterschied zur Schulintelligenz – im wirklichen Leben bedeutsamer ist". Im einzelnen zeigt Resnick folgende vier Diskrepanzen zwischen Alltagsleben und Schule auf:

1. *Individuelles Lernen in der Schule im Gegensatz zur arbeitsteiligen Tätigkeit im Alltagsleben.* Obwohl der Unterricht Gruppenarbeiten in vielfältiger Form fördern mag, erfolgt eine Bewertung in der Schule letztlich danach, was der einzelne geleistet hat. Der Erfolg eines Menschen in beruflichen und privaten Lebensbereichen hängt dagegen davon ab, wie der einzelne seine Arbeiten in einem sozialen Netz erbringt. Ein Autofahrer hat nur dann Aussicht, sein Ziel zu erreichen, wenn er ständig berücksichtigt, was andere Verkehrsteilnehmer in jedem Moment tun.
2. *Erfassung der Kompetenz des einzelnen statt Schaffung von Wertvollem für andere.* Dieser Kritikpunkt wird von Gary Wehlage und seinen Mitarbeitern (1996) eingebracht. Ein großer Teil schulischer Arbeit, so beklagen sie, ist darauf gerichtet, die Kompetenz des einzelnen Lernenden abzubil-

den. Außerhalb des Klassenzimmers fände sich dagegen etwas ganz anderes: „Wenn Erwachsene schreiben (Briefe, Nachrichten, Gedichte), sich in einer Fremdsprache äußern, ein Haus entwerfen, ein Bild oder ein Musikstück schaffen, oder einen Schrank für eine Stereoanlage bauen, dann versuchen sie Gedanken mitzuteilen, ein Produkt herzustellen, oder eine Einwirkung auf andere zu erreichen, und das ist jeweils mehr, als die eigene Kompetenz darzustellen. Leistungen dieser Art haben einen Wert, den man in Aufgaben vermißt, die nur erfunden werden, um Wissen zu erfassen (wie etwa Rechtschreibtests, Übungen in Laborräumen oder typische Abschlußarbeiten)." Schüler sollten also viel mehr Gelegenheit erhalten, Arbeiten zu vollbringen, durch die *andere* in irgendeiner Form bereichert werden.

3. *Symbolische Aktivitäten in der Schule im Gegensatz zum gegenstandsbezogenen Denken im Alltagsleben.* Man hat eingehend studiert, wie Menschen in Betrieben (Scribner, 1986), beim täglichen Einkauf (Resnick, 1987) oder bei der Zusammenstellung der täglichen Diätkost (Lave, 1988) rechnen. Dabei wurde festgestellt, daß die Praktiker in der Regel andere Lösungswege beschreiten als die Schule bei entsprechenden Aufgaben fordern würde. Die im Alltagsleben entwickelten Routinen ermöglichen fast fehlerfreie Resultate. Die in der Schule zu beschreitenden Rechenwege haben dagegen auf rein symbolischer Ebene zu erfolgen, denn eine Beziehung zu tatsächlichen Ereignissen oder Gegenständen ist in der Regel nicht gegeben. Dabei kommt es nämlich vor allem darauf an, „was Individuen ohne äußere Hilfen wie Bücher und Notizen, Rechner oder andere komplexe Instrumente leisten können". Dem Schüler unterlaufen unter diesen künstlichen Bedingungen viele Fehler (s. hierzu auch S. 268f.). Im Unterschied dazu sind kognitive Aktivitäten außerhalb der Schule eng mit Hilfsmitteln verbunden, und die daraus resultierenden Denk- und Problemlösungsprozesse sind Produkte, die aus dem Gebrauch dieser Hilfsmittel entstanden sind.

4. *Formale Bildung in der Schule im Gegensatz zum situationsspezifischen Lernen im Alltagsleben.* Die formale Bildungstheorie, deren unzutreffende Annahmen bereits Thorndike aufgedeckt hat, diktiert immer noch viele Unterrichtsziele. Es besteht weiterhin die Überzeugung, daß die Schule Fähigkeiten entwickelt, die in einer Vielzahl von Situationen erfolgreich eingesetzt werden können. Es soll später ausführlich belegt werden, daß diese Annahme nicht mehr haltbar ist.

Die Schule, so kann man auch feststellen, unterschätzt die Bedeutung „authentischer Aktivitäten". Dabei handelt es sich, wie Peter Honebein und Mitarbeiter (1993) betonen, um einen relativen Begriff. Wie authentisch eine Aktivität ist, ergibt sich aus ihrer Beziehung zu einer anderen Aktivität. Wenn Schüler beispielsweise in einer Situation mathematische Aufgaben üben, um damit Kenntnisse zu erwerben, die später im Klassenzimmer überprüft werden sollen, dann sind die Lernaktivitäten als authentisch in bezug auf das zu bezeichnen, was später in der gleichen (schulischen) Situation überprüft wird. Wenn man dagegen mathematische Aufgabensituationen *im Klassenzimmer* schafft, die auch in anderen Situationen, so etwa im Supermarkt, bei der Buchführung, beim Durchrechnen eines Darlehensangebots vorkommen, kann man nicht von einer authentischen Lernsituation sprechen, denn das Erlernen findet in einer anderen Situation als die Anwendung statt. Wenn Probleme aus dem Alltagsleben in der Schule „behandelt" werden, liegen keineswegs identische Aufgabensituationen vor, weil der Kontext nicht der gleiche ist. So lernen Schüler in der Mathematikstunde beispielsweise, daß alle Aufgaben innerhalb eines Abschnittes nach der Formel gerechnet werden können, die ihnen anfänglich vorgestellt worden ist oder, daß viele Aufgaben vom Einfachen zum Schwierigen geordnet sind. In dem Maße, wie Schüler das im Unterricht Gelernte „im Leben" aber nicht mehr einsetzen, vor allem nicht einsetzen können, ist der Verdacht berechtigt, daß schulische Aktivitäten zu wenig Authentizität aufweisen (vgl. hierzu auch S. 285ff.). Das Gelernte ist wahrscheinlich nur in der Schule anwendbar, nicht aber, um Aufgaben besser bewältigen zu können, die außerhalb des unterrichtlichen Kontexts anzutreffen sind.

Die Schule, so erklärt Resnick (1987) zusammenfassend, hat sich zunehmend von den Abläufen des Alltagslebens entfernt. Die schulischen Lerninhalte sind so gestaltet, daß Schüler sie zumeist nicht mehr auf ihre gegenwärtige und zukünftige Alltags- und Erlebniswelt beziehen können (Sardei-Biermann, 1985). Die damit angesprochenen Schwierigkeiten werden durch den Umstand verstärkt, daß Lernerfahrungen, die außerhalb der Schule gesammelt werden, von der Schule zumeist nicht aufgegriffen und anerkannt werden (Beck, 1994). Dennoch spricht sich die Pädagogische Psychologie keineswegs für die Abschaffung der schulischen Ausbildung aus. Wenn nämlich am Arbeitsplatz unvorhersagbare Ereignisse auftreten, die mit den dort entwickelten starren Routinen nicht mehr zu kontrollieren sind, zeigt sich, daß Lösungen von solchen Leuten kommen, die eine Ausbildung durchlaufen haben. Es ist aber aufschlußreich, *wie* sie die neuartigen Problemsituationen bewältigen: Sie wenden nicht diejenigen Denkweisen an, die sie im Rahmen der schulischen Ausbildung gelernt haben, sondern sie *erfinden* neue Methoden, die genau der vorliegenden Situation entsprechen (Carraher, 1986). Die Schule, so läßt sich solchen Beobachtungen entnehmen, bleibt demnach in ihren Bemühungen nicht völlig wirkungslos, Schüler auf die Bewältigung späterer Aufgaben des Berufs- und Lebensalltags vorzubereiten. Pädagogische Psychologen haben jedoch die Überzeugung gewonnen, daß die Schule dieser Vorbereitungsfunktion erheblich effektiver nachkommen könnte, wenn sie ihre Lernziele und damit auch ihre Unterrichtsmethoden ändern bzw. vor allem darauf achten würde, daß mehr authentische Aktivitäten angeregt werden. Pädagogische Psychologen fordern ein Mitspracherecht an der Bestimmung von schulischen Lernzielen, wenn sie beispielsweise feststellen, man müsse die Schule so umgestalten, daß diese einen Beitrag leistet, jene Voraussetzungen zu entwickeln, die ihre Absolventen sehr viel besser als in der Gegenwart in die Lage versetzen, Anforderungen außerhalb der Schule zu erfüllen (Derry, 1992; Resnick, 1987). Der

Leser wird nach Lektüre der nachfolgenden Kapitel viele Anregungen Pädagogischer Psychologen kennen, die Schule lebensnäher zu gestalten.

1.2 Erforschung des Lernens und seiner Bedingungen in pädagogischen Situationen

Der Erzieher wendet sich einem Menschen in der Absicht zu, dessen Wissen, Fähigkeiten, Werte, Einstellungen usw. zu verändern. Die heutige Pädagogik setzt dabei voraus, daß der Lernende die Ziele und Methoden dieser pädagogischen Begleitung akzeptiert. Sollte dieser Mensch sich in Richtung der pädagogischen Ziele verändern, ist zu folgern, daß bei ihm Lernprozesse stattgefunden haben. Das Studium des Lernens und seiner Bedingungen in pädagogischen Situationen stellt eine entscheidende Aufgabe der Pädagogischen Psychologie dar. Lernen hängt nach der hier vertretenen Sichtweise von Bedingungen *innerhalb und außerhalb* des Schülers ab. Damit wird ausdrücklich der Vorstellung entgegengewirkt, daß Lernen ausschließlich der Umweltkontrolle unterliegt. Zu den inneren Bedingungen gehören u. a. kognitive Prozesse, die den Schüler in die Lage versetzen, sich mit erzieherischen Maßnahmen des Lehrers auseinanderzusetzen, sie beispielsweise zu interpretieren oder auch zu ignorieren. Es hängt demnach nicht nur vom Lehrer, sondern ebenso vom Schüler ab, wie dieser auf die Beeinflussungsversuche des Lehrers reagiert. Es wäre zu einfach und damit unzutreffend, den Lehrer einerseits lediglich in der Rolle eines „Anbieters", den Schüler andererseits ausschließlich als „Nachfrager" von Unterricht zu sehen. Wie der Unterricht abläuft, bestimmen letztlich Lehrer und Schüler gemeinsam mit, wenngleich – wie später gezeigt wird – unter verschiedenen Aufgabenstellungen.

Da der Pädagogische Psychologe das Studium des Lernens nicht ausschließlich der Allgemeinen Psychologie überlassen kann und sich Beobachtungsergebnisse, die dem Experimentalraum entstammen, nicht ohne weiteres auf die Bedingungen des Klassenzimmers übertragen lassen, erhält man Aufschlüsse über schulisches Lernen nur, wenn man es eben dort studiert.

Im Mittelpunkt steht das Schülerverhalten, das der Lehrer durch seinen Unterricht zielgerichtet zu verändern versucht. Ein solches Bemühen bzw. die damit verbundene Aktivität des Lehrers sei im vorliegenden Rahmen – im Unterschied zu einem vielfach vorzufindenden Begriffsverständnis – als „Lehren" bezeichnet. Dieses *Lehren* kann allerdings nicht unabhängig vom *Lernen* stattfinden. Einem Lehrer, der nach einer erfolglosen Unterrichtsstunde behaupten würde, er habe einen Sachverhalt dargestellt, er wäre also lehrend tätig gewesen, aber die Schüler hätten „es" nicht gelernt, müßte man widersprechen. Einer solchen Feststellung liegt nämlich die Annahme zugrunde, daß es sich bei *Lehren* und *Lernen* um verschiedene und unterscheidbare Prozesse handelt. Das trifft jedoch nicht zu. Auch einem Verkäufer kann man schließlich die Feststellung nicht abnehmen, er habe ein Produkt verkauft, aber kein Kunde habe es gekauft (Postman & Weingärtner, 1969). Wo verkauft worden ist, muß auch gekauft worden sein. Ebenso liegen die Verhältnisse bei *Lehren* und *Lernen*. Von „Lehren" sollte man nur sprechen, wenn diesem auf seiten des Schülers Lernen folgt. Ein Lehrer mag sich im Rahmen einer Unterrichtsstunde zwar bemüht haben, Können und Wissen seiner Schüler zu verändern. Nach dem soeben dargestellten Verständnis hat er jedoch erst gelehrt, wenn auf seiten der Schüler die gewünschten Veränderungen stattgefunden haben. Sollte das nicht der Fall gewesen sein, muß der Lehrer sein bisheriges Vorgehen überprüfen, zu verbessern versuchen und seine Bemühungen wiederholen, bis ihm seine Lehre gelungen ist. Wenn Schüler trotz beabsichtigter Lehre nichts lernen, kann sich die Pädagogische Psychologie bei ihrer Suche nach einer Erklärung zunächst mit dem Schüler und anschließend mit dem Lehrer (oder umgekehrt) beschäftigen. Da es sich beim Lehren und Lernen aber um einen integrierten Prozeß handelt, muß sich der Blick letztlich immer auf beide sowie auf ihre Interaktionen richten. Es sollte aber nicht übersehen werden, daß zwischen „Verkäufer" und „Lehrer" ein struktureller Unterschied bleibt, der mit beträchtlichen Konsequenzen verbunden sein kann. Der Verkäufer mag weiterhin behaupten, er habe etwas verkauft, obwohl tatsächlich niemand etwas von ihm gekauft hat – möglicherweise mit dem Ziel, sich vor anderen günstig darzustellen. Lange kann der Verkäufer allerdings seine „Lüge" nicht aufrechterhalten; er muß irgendwann etwas verkaufen, weil er andernfalls sein Geschäft schließen muß und damit seine Existenzgrundlage verliert. Beim Lehrer liegen die Verhältnisse etwas anders. Der Lehrer kann weiterhin behaupten, er habe gelehrt, denn der Staat sorgt auch im Falle seines Irrtums weiterhin dafür, daß ihm selbst dann Schüler zugewiesen werden, wenn diese ihm nichts mehr oder nur noch wenig „abnehmen".

Dennoch sei einmal von der Überzeugung ausgegangen, daß der Lehrer bemüht ist, seine Schüler als Lernende zu gewinnen. Wie erfolgreich er dabei ist, hängt von zahlreichen Merkmalen seiner Persönlichkeit ab, auf die eine Aus- und Fortbildung von Lehrern Einfluß zu nehmen versucht. Der Lehrer ist in der Durchführung seines Unterrichts allerdings nicht frei, denn das Schulsystem steht unter staatlicher Kontrolle (institutioneller Rahmen). So gibt es Richtlinien, die ihm vorschreiben, wann welche Lernziele erreicht werden müssen. Der Lehrer kann ebensowenig die Größe der zu unterrichtenden Gruppe bestimmen. Staatliche Aufsichtsorgane regeln auch, wie die Benotung des Schülers zu erfolgen hat. Diese und zahlreiche weitere Bedingungen des schulischen Lernens sind von Pädagogischen Psychologen in einer großen Anzahl von Untersuchungen studiert worden. Dabei hat sich wiederholt gezeigt, daß die von der Schulaufsicht bestimmten Bedingungen unter dem Gesichtspunkt individueller Förderung keineswegs immer die günstigsten sind. Der Hauptadressat der Pädagogischen Psychologie kann deshalb in eine Konfliktsituation gebracht werden, wenn sie ihm für die Durchführung seines Unterrichts Empfehlungen gibt, deren Umsetzung ihm die schulische Aufsichtsbehörde allerdings zunächst nicht gestattet. Hat nicht aber ein Lehrer, der den Bürokraten mit gut fundierten pädagogisch-psychologischen Argumenten entgegentritt, bessere Möglichkeiten, sich seinen pädagogischen Freiraum zu vergrößern, als sein diesbezüglich weit weniger gut informierter Kollege?

Pädagogische Psychologen haben im Verlauf dieses Jahrhunderts wiederholt ihre Sichtweisen vom Lernen und seinen Bedingungen geändert. Während man unter behavioristischer Orientierung (siehe hierzu nachfolgenden Abschnitt) Lernen noch definierte als „eine relativ dauerhafte Verhaltensveränderung als Ergebnis von Erfahrungen", spricht man nach neuerer Orientierung von einem „Prozeß, durch den die eigene Befähigung oder Disposition als Ergebnis von Erfahrung verändert wird" (Craig et al., 1975). Im Mittelpunkt heutigen Interesses steht der Wissenserwerb und die Veränderung von Wissensstrukturen und nicht mehr das Verhalten. Im folgenden ist aufzuzeigen, welche Einflüsse von einem Wechsel des theoretischen Standpunktes auf die Forschung und letztlich auf die Unterrichtspraxis ausgegangen sind.

1.2.1 Lernen als Veränderung von Verhaltensweisen

John Watson (1925), der Begründer des Behaviorismus, hat in seinem grundlegenden Werk („Behaviorismus") folgende Feststellung getroffen: „Der Behaviorist fragt: Warum machen wir nicht das, was wir beobachten können, zum eigentlichen Gebiet der Psychologie? Wir wollen uns auf Dinge beschränken, die beobachtbar sind und Gesetze formulieren, die sich nur auf solche Dinge beziehen. Was aber können wir beobachten? Wir können Verhalten beobachten – das, was der Organismus tut und sagt." Watsons Forderung, in der Psychologie nur Beobachtbares zum Gegenstand der Forschung werden zu lassen, wurde konsequent in die sogenannte S-R-Psychologie umgesetzt (S = Stimulus, Reiz; R = Reaktion, Verhalten). Aufgabe der Psychologie ist es demnach, Zusammenhänge aufzudecken, die zwischen registrierbaren Reizen, also Umweltbedingungen, und beobachtbaren Verhaltensweisen des Organismus bestehen. Da Phänomene wie Bewußtsein, Seele usw. für den Behavioristen als Forschungsgegenstand nicht in Frage kamen, bot sich als Forschungsobjekt nicht nur der Mensch, sondern ebenso das Tier an.

Vertreter der S-R-Psychologie hofften, mit der Aufdeckung von Reiz-Reaktions-Verbindungen die Voraussetzungen zu verbessern, nach Darbietung oder Identifikation eines Reizes vorhersagen zu können, welche Verhaltensweise als Reaktion diesem folgen werde. Die Kenntnis psychologisch relevanter Zusammenhänge sollte außerdem dazu befähigen, bei Auftreten einer Verhaltensweise zu spezifizieren, welcher Reiz sie ausgelöst hat (bzw. welche Reizverbindungen sie ausgelöst haben).

Da sich zumindest die radikalen Behavioristen auf die Erforschung beobachtbarer Gegebenheiten beschränkten, lag es für sie nahe, eine Annahme in ihren Ansatz zu integrieren, die vor allem auf den englischen Philosophen John

Locke (1632–1704) zurückzuführen ist. Locke behauptete, daß der Mensch als „unbeschriebenes Blatt" (*tabula rasa*) auf die Welt käme, und erst die nachfolgenden Erfahrungen würden dieses beschreiben. Wenn man also erklären möchte, warum Menschen, die sich objektiv in gleichen Situationen befinden, unterschiedliche Verhaltensweisen offenbaren, braucht man nur aufzudecken, welche jeweils einzigartigen Lernerfahrungen sie im Verlauf ihres bisherigen Lebens gesammelt haben.

Mit der Überzeugung der Behavioristen, daß Verhalten durch Umwelteinflüsse zu kontrollieren und damit zu verändern ist, wird deren außerordentliches Interesse zur Erforschung des Lernens und seiner Bedingungen verständlich. Ebenso wie Papier passiv zu „erdulden" hat, daß es beschrieben wird, sieht der Behaviorist auch in einem heranwachsenden Menschen ein reaktives, passives Wesen. Erzieher und Lehrer können durch Manipulation der Verhaltenskonsequenzen (Belohnung und Bestrafung) erwünschtes Verhalten stärken und unerwünschtes Verhalten schwächen.

Aus behavioristischer Sicht erfolgt die Bewertung von Lernergebnissen dadurch, daß das Ausmaß der Verhaltensveränderung erfaßt wird. So registriert der Lehrer beispielsweise, „daß ein Lernender 5 von 12 Vokabeln am Montag und daß derselbe Lernende 12 von 12 Vokabeln am Freitag richtig buchstabiert hat" (Mayer, 1992). Obwohl es sich beim Behaviorismus um eine vorwiegend amerikanische Sichtweise gehandelt hat, deren Blütezeit in der ersten Hälfte dieses Jahrhunderts lag, hatte er in der Nachkriegszeit Auswirkungen auch auf deutsche Psychologen. Einflüsse dieser Sichtweise sind in neueren Theorien zum Lesenlernen (LaBerge & Samuels, 1974), Schreibenlernen (Scardamalia et al., 1982) und zum Erwerb motorischer Fertigkeiten (Singly & Andersen, 1989) zu finden.

1.2.2 Lernen als passives Aufnehmen von Wissen

Unter dem Einfluß des Behaviorismus ist Lernen zunächst ausschließlich, später weitgehend, in experimentellen Studien zumeist an Tieren untersucht worden. Etwa zu Beginn der fünfziger Jahre, während dieses Zeitraums ließen sich deutliche Anzeichen für eine „kognitive Wende" registrieren, richtete sich das Interesse zunehmend auf den Menschen. Dem trug auch der amerikanische Lernpsychologe Burrhus Skinner (1958) Rechnung, denn er hatte – obwohl er selbst sein Leben lang dem strikten Behaviorismus zugewandt blieb – gerade einen zweiten wesentlichen Beitrag zur „Programmierten Unterweisung" veröffentlicht, durch den, wie er hoffte, auch das Lernen in der Schule effektiver gestaltet werden konnte.

In diesen Zeitraum fiel noch ein weiteres bedeutendes Ereignis: Die Russen brachten ihren ersten Satelliten in eine Umlaufbahn. Sie lösten damit in westlichen Industrienationen eine außerordentliche Beunruhigung aus. Im Gefolge dieses sogenannten *Sputnikschocks* interessierte man sich für jedes neue Lehr-

1.2 Erforschung des Lernens und seiner Bedingungen in pädagogischen Situationen

verfahren, das geeignet schien, die Effektivität des Unterrichts – vor allem in den Fächern Mathematik und den Naturwissenschaften – zu erhöhen (Dick, 1987). Skinner wies einen Weg, wie man den Schüler quasi einen Dialog mit einer Maschine oder mit einem entsprechend aufgebauten Buch führen lassen kann. Wahrscheinlich fand Skinners Programmierte Unterweisung damals auch deshalb ziemlich schnelle Verbreitung, weil fast zur gleichen Zeit die ersten Rechenautomaten in den Blickpunkt einer interessierten Öffentlichkeit gerieten. Der Computer, dem Informationen eingegeben werden können, die dieser speichert und nach bestimmten Programmbefehlen verarbeitet, tat etwas sehr Ähnliches wie das von Skinner entwickelte Lernsystem.

Skinner (1954) entwickelte die Programmierte Unterweisung auf der Grundlage seiner lernpsychologischen Erkenntnisse (s. S. 133ff.). Sein Programm war so aufgebaut, daß es den Lernenden durch eine Reihe sorgfältig geplanter Lernschritte führt. Die Reihenfolge der einzelnen Lernschritte legt das Programm fest. Es besteht aus einer größeren Anzahl von Lerneinheiten, oder *Frames*, wie man in Anlehnung an die englischsprachige Terminologie auch sagt. Innerhalb eines *Frames* wird jeweils eine Information dargeboten, deren erfolgreiche Speicherung geprüft wird, bevor die nächste Lerneinheit bearbeitet wird. Im Prüfungsteil wird entweder eine Frage gestellt oder ein unvollständiger Satz dargeboten, den der Lernende zu ergänzen hat. Als Beispiel sei ein Ausschnitt aus einem Programm von Johannes Zielinski und Walter Schöler (1964) wiedergegeben, das hier in sieben *Frames* gegliedert ist. Es fordert den Lernenden heraus, zunächst die freigelassenen Satzteile auszufüllen und anschließend(!) die Übereinstimmung seiner Antworten mit den in der rechten Spalte abgedruckten Wörtern zu vergleichen, die er auf einer gesonderten Seite des Buches finden kann.

Tabelle 1.1:
Teil eines Lernprogramms (nach Zielinski & Schöler, 1964)

1. Lernen geschieht individuell. Es heißt: _ _ _ muß lernen Jedes Lernen geschieht _ _ _ _ _ _ _ _ _ _	Ich individuell
2. Ohne Lernen kann _ _ _ nichts und bin _ _ _ nichts. Um durch Lernen etwas zu können und etwas zu sein, ist es notwendig, richtig zu lernen. Wir betrachten im folgenden die Wissensmerkmale des richtigen Lernens. Jeder, der richtig lernt, lernt (1.) nach seinem eigenen Tempo. Der Lernvorgang geschieht auch in dieser Hinsicht immer _ _ _ _ _ _ _ _ _ _	ich ich individuell
3. Jeder lernt (1.) nach seinem eigenen _ _ _ _ _ Ich lerne (1.) nach meinem _ _ _ _ _ _ _ _ _ _ _ _	Tempo eigenen Tempo
4. Jeder lernt also nach _ _ _ _ _ _ _ _ _ _ _ _ _ _ Er lernt (2.) aber auch in seinem eigenen Rhythmus.	seinem eigenen Tempo
5. Sie kennen jetzt schon zwei Wesensmerkmale des Lernens: Jeder Mensch lernt (1.) nach seinem _ _ _ _ _ _ _ _ _ _ _ _ und 2. nach seinem eigenen _ _ _ _ _ _ _ _	eigenen Tempo Rhythmus

Tabelle 1.1: Fortsetzung

6. Jeder Mensch lernt (3.) zu individuell bestimmten Zeiten besser als zu anderen Zeiten. Der Mensch lernt (1.) nach _____ _____ _____, (2.) im _____ _____ und (3.) zu _____ _____ _____ besser als zu beliebigen oder vorgeschriebenen Zeiten.	seinem eigenen Tempo eigenen Rhythmus individuell bestimmten Zeiten
7. Wenn das Lernen (1.) nach _____ _____ (2.) im _____ _____ und (3.) zur _____ _____ ____ geschieht, erreicht der Mensch einen guten Lernerfolg.	eigenem Tempo eigenen Rhythmus individuell bestimmten Zeit

Ein wesentliches Kennzeichen der von Skinner entwickelten Programme besteht darin, daß sie von allen Schülern, die über die notwendigen Lernvoraussetzungen verfügen, ohne Auslassungen durchlaufen werden müssen. Man bezeichnet diese Programmform auch als *linear*. Sie ist in der Abbildung 1.2 als Ablaufschema dargestellt worden.

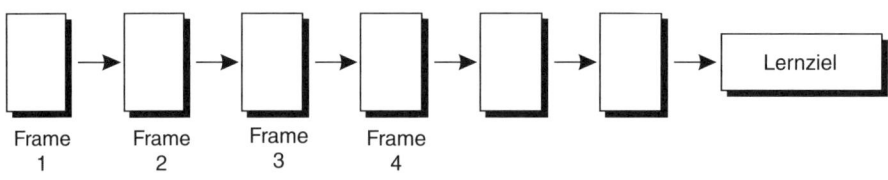

Abbildung 1.2:
Ablaufschema eines linearen Programms

Dem Lehrer (oder dem Lehrmittel) fällt danach die Rolle zu, dem Schüler Informationen („Daten") anzubieten, die der Schüler verarbeiten kann. Das Ziel des Unterrichts oder des Programms besteht in jedem Fall darin, die Wissensmenge des Schülers zu steigern. Die Kontrolle des Unterrichtsgeschehens bleibt beim Lehrer, der die Lerninhalte auswählt, darstellt und der regelmäßig unter Verwendung von Wissenstests oder standardisierten Schultests überprüft, ob der beabsichtigte Wissensfortschritt tatsächlich erfolgt ist. Man hat diese Unterrichtsform als *direkte Instruktion* bezeichnet (Rosenshine, 1979); der Schüler wird zum (relativ) passiven *Empfänger* von Informationen. Die Grundlagen der direkten Instruktion entstammen zahlreichen Studien, die vor allem während der siebziger Jahre durchgeführt worden sind. Man faßt sie unter der Bezeichnung *Prozeß-Produkt-Forschung* zusammen (Brophy & Good, 1986).

In einer typischen Studie der Prozeß-Produkt-Forschung sucht man zunächst Lehrer, deren Schüler überdurchschnittlich gute Leistungsfortschritte („Produkte") zeigen. Das Verhalten dieser Lehrer („Prozeß") wird sodann sorgfältig beobachtet und protokolliert. Eventuell identifiziert man zusätzlich Lehrer, deren Schüler allenfalls Durchschnittsleistungen erbringen. Auch ihr Unterrichtsverhalten wird registriert. Durch einen Vergleich dieser beiden Lehrergruppen hofft man auf jene Lehrerverhaltensweisen aufmerksam zu werden, die auf den Schüler besonders förderlich wirken. Diese Forschung wird von der Überzeugung getragen, daß man jeden Lehrer durch entsprechende Schulung veranlassen kann, ebenso wie ihre erfolgreichen Kollegen zu unterrichten; sie müßten im Fall der erfolgreichen Übernahme erwünschter Lehrverhaltensweisen ebenfalls günstige „Produkte" erzielen können. Der Prozeß-Produkt-Forschung kann keineswegs der Erfolg völlig abgesprochen werden. Dennoch darf ihre Hauptschwäche nicht übersehen werden. Diese Forschungen beschäftigten sich vor allem mit den *Ergebnissen* schulischer Lernprozesse, nicht aber mit den Lernprozessen selbst. Pädagogische Psychologen überwanden diese Schwäche allmählich dadurch, daß sie sich nicht nur damit beschäftigten, was Lehrer im Rahmen ihres Unterrichts tun, sondern auch und ganz besonders danach fragten, wie Schüler die vom Lehrer geschaffenen Unterrichtsbedingungen (und damit auch die Unterrichtsinhalte) verarbeiten (Shuell, 1993). Dabei wurden sie auch darauf aufmerksam, daß vor allem Schüler mit sehr hoher Lernmotivation verhältnismäßig wenig von Qualitätsunterschieden des Unterrichts beeinflußt werden (Cronbach & Snow, 1977). Solche Schüler verfügen offenbar über ziemlich gute Möglichkeiten, ihre Lernprozesse in verstärktem Maße selbst zu steuern (s. S. 169). Derartige Befunde haben der Forschung eine neue Richtung gewiesen und ihr damit aufgezeigt, welchen Aufgaben sich die „nächste Generation" der Prozeß-Produkt-Forschung zuwenden könnte. Dabei dient als Ausgangspunkt die inzwischen wiederholt bestätigte Beobachtung, daß es einigen Lehrern besser als anderen gelingt, ihre Schüler beim Erwerb von Lernstrategien zu fördern (Shuell, 1996a, 1996b); die „Produkte" wären in diesem Fall u. a. Metakognitionen (s. S. 233ff.) und Strategien zur Lösung von Problemen (s. S. 277ff.).

Grundsätzlich verwandt mit der Prozeß-Produkt-Forschung sind Arbeiten, in denen geklärt werden sollte, welche Merkmale eine erfolgreiche Lehrerpersönlichkeit auszeichnet. Der Blick des Forschers richtet sich auch bei Studien dieser Zielsetzung vor allem auf die Umwelt des Schülers. In Übereinstimmung mit behavioristischen Vorstellungen wird davon ausgegangen, daß das Leistungsverhalten zumindest weitgehend von Bedingungen abhängt, über die der Lehrer Kontrolle hat oder gewinnen sollte. Die Verantwortung des Schülers liegt allenfalls darin, sich mit den Aufgaben auseinanderzusetzen, die im Rahmen des Unterrichts an ihn herangetragen werden. Sollte es dabei Schwierigkeiten geben, sucht der Lehrer – um beim Vergleich mit dem Computer zu bleiben – nach einer Unzulänglichkeit in seinem „Lehrprogramm". Vielleicht wurde ein wesentlicher Lernschritt vergessen. Möglich ist auch, daß der Schüler einen entscheidenden Lernschritt nicht nachvollzogen hat. Vielleicht werden durch den Lehrer aber weiterhin unangemessene Unterrichtsbedingungen geschaffen. In solchen Fällen wird der Lehrer bemüht sein, die „Unzulänglichkeiten" seines Unterrichts zu beheben.

Der Einsatz des Programmierten Unterrichts und der direkten Instruktion mag gerechtfertigt sein, wenn bei bestimmten Unterrichtsfächern Grundlagen zu vermitteln sind, so etwa im Sprachunterricht (Rosenshine & Stevens, 1986). Die Prozeß-Produkt-Forschung hat sich vor allem auf Unterrichtsstunden konzentriert, in denen Wissen vermittelt wird. Deshalb darf nicht ohne weiteres vorausgesetzt werden, daß durch die genannten Lehrformen beim Schüler auch selbständiges Denken oder Verständnis zu fördern ist.

Bei behavioristischer Sichtweise wird nicht nur, wie bereits wiederholt festgestellt worden ist, von einem passiven Lernenden, sondern zusätzlich von einem Wissen ausgegangen, das unabhängig vom Wissenden existiert. Dieses Wissen weist mit der Wirklichkeit eine Punkt-für-Punkt-Übereinstimmung auf. Man spricht von einer „objektivistischen" Sichtweise des Lernens. Wie bei einem Computer kann dieses Wissen allerdings weitergegeben werden, so lassen sich etwa auf einer Diskette gespeicherte Daten einer Maschine, dem PC, übergeben. Orientiert an diesem Vergleich ist man aus informationstheoretischer Sicht an der Klärung der Frage interessiert, was zu tun ist, damit dieses Wissen „da draußen" einem relativ passiven Lernenden übergeben werden kann, damit dieser es weiterverarbeitet und in seinem Gedächtnis speichert. ==Lernen ist folglich nichts anderes als die Übermittlung äußerlich existierenden Wissens an ein lernfähiges Individuum.==

> Wissen, so erläutert James Byrnes (1996), ist nach dieser Sichtweise mit einer Wand aus Ziegelsteinen zu vergleichen. „Ein Ziegelstein ist ein Informationsteil, das mit anderen Informationsteilen verbunden ist." Wenn man diesen Vergleich fortführt, dann besitzt der Schüler innerhalb seines Kopfes einen Raum, der dem Lehrer zur Verfügung steht, um darin die Mauer aufzubauen. Wenn Lehrer etwas unterrichten, so erläutert Byrnes die objektivistische Sichtweise, „dann legen sie im übertragenen Sinne lediglich einen weiteren Ziegelstein an die richtige Stelle".

Wenn man demnach Schüler oder Studierende an darstellendem Unterricht oder an einer Vorlesung teilnehmen läßt, können sie das darin Mitgeteilte ihrem Gedächtnis übergeben. Darüber hinaus wird angenommen, daß die Teilnehmer solcher Lehrveranstaltungen nach deren Abschluß alle identisches Wissen erworben haben. Aus objektivistischer Sicht stellt sich infolgedessen für die Schule die Aufgabe, daß jemand, der alles weiß (der Lehrer), sich überwiegend vortragend an jene wendet, die weit weniger Kenntnisse haben (die Schüler), um ihnen Wissen zu vermitteln (Shuell, 1996a). In Abhebung von dieser Sichtweise meldeten sich zu Beginn der 1980er Jahre Psychologen zu Wort, die darauf verwiesen, daß der Lernende keineswegs wartet, bis ihm Wissen „eingefüllt" wird. Auf der Grundlage seiner Erfahrungen konstruiert sich der Lernende sein Wissen nämlich selbst und dieses muß keineswegs mit der äußeren Wirklichkeit übereinstimmen! „Aus konstruktivistischer Sicht", so erläutert Wolff-Michael Roth (1994), „konstruiert und rekonstruiert jeder Lernende aktiv sein Verständnis, anstatt es von einer autorisierten Quelle, wie etwa von einem Lehrer oder von einem Schulbuch, zu übernehmen." Hinter solchen Feststellungen stehen Vorstellungen vom Lehren und Lernen, die mit den „mechanistischen" Sichtweisen der Behavioristen nicht mehr leicht zu vereinbaren sind. Ob und gegebenenfalls wann es einmal gelingen wird, objektivistische und konstruktivistische Sichtweisen zusammenzuführen, möglicherweise sogar auf einem höheren Niveau zu integrieren, muß im Augenblick noch unbeantwortet bleiben.

1.2.3 Lernen als Konstruktion von Wissen

Wenn der Lernende als der Empfänger von Informationen gesehen wird, die der Lehrer für ihn ausgewählt hat, ergibt sich für den Lehrer die Aufgabe, den Schüler – bildlich gesprochen – an die Hand zu nehmen, um ihn durch eine Abfolge einzelner Lernschritte zu führen, die mit Sorgfalt vom Einfachen zum Komplexen aufgebaut worden sind. Die regelmäßige Überprüfung des jeweils Gelernten durch den Lehrer ist dabei unerläßlich. Besteht bei diesem Vorgehen nicht aber die Gefahr, daß der auf diese Weise unterrichtete Schüler Kenntnisse erwirbt, die er eventuell gar nicht verstanden hat? So mag ein Grundschulkind zwar auf Befragen die Feststellung treffen, daß die Erde rund sei. Gibt es mit einer solchen Äußerung aber womöglich nur übernommenes, oberflächliches Wissen wieder? Dieser Frage ist Stella Vosniadou (1994) nachgegangen. Der folgende von ihr protokollierte Dialog zeigt, daß erst durch das ständige Nachfragen des Lehrers aufgedeckt wird, daß das Grundschulkind *Kristi* kein angemessenes Verständnis von der Rundheit der Erde besitzt:

Lehrerin: Welche Form hat die Erde?
Kristi: Rund
Lehrerin: Kannst du mir eine Zeichnung machen, welche die wirkliche Form der Erde zeigt?
Kristi: *(Kind zeichnet einen Kreis)*
Lehrerin: Wenn du immer geradeaus gehst, viele Tage lang, immer einer geraden Linie entlang gehst, wo wirst du endlich ankommen?
Kristi: In einer anderen Stadt
Lehrerin: Gut, und wenn du immer noch weitergehst?
Kristi: In einer Menge verschiedener Städte, Länder. ... Und wenn man hier ankommt und weitergeht (Kristi zeigt mit ihrem Finger auf den „Rand" des Kreises, den sie gezeichnet hat, um die Erde darzustellen), läuft man direkt aus der Erde 'raus.
Lehrerin: Du würdest direkt aus der Erde 'rauslaufen?
Kristi: Ja, man geht genau diesen Weg und man kommt an den Rand und dann muß man schon ganz gut aufpassen.
Lehrerin: Kann man vom Rand der Erde 'runterfallen?
Kristi: Ja, wenn man an dem Rand davon spielt.

Das Grundschulkind Kristi scheint zunächst die Frage des Lehrers nach der Form der Erde richtig zu beantworten; ihre Zeichnung verweist ebensowenig auf ein von der Lehrerin nicht zu akzeptierendes Verständnis. Erst die weiteren Antworten des Kindes lassen darauf schließen, daß Kristi sich tatsächlich die Erde als Scheibe vorstellt.

Auch John Baxter (1995) versuchte herauszufinden, welche Vorstellungen Schülerinnen und Schüler von der Erde besitzen. Er forderte englische Kinder und Jugendliche auf, sich einmal vorzustellen, sie befänden sich in einem Raumschiff, das sie in den Weltraum hinausträgt. Wie würde die Erde nach ihrer Meinung aussehen, wenn sie diese dann aus großer Entfernung betrachteten? Die angefertigten Zeichnungen ließen sich in vier verschiedene Kategorien einteilen, die Abbildung 1.3 darstellt. Jüngere Kinder stellen die auch für sie „runde" Erde als flache Scheibe dar. Dieses Verständnis von der Erde ist bei über Zwölfjährigen nicht mehr nachzuweisen. Bei jüngeren Kindern weit verbreitet ist weiterhin die Vorstellung von der Erde als Kugel; die auf ihr lebenden Menschen und die Wolken am Himmel werden in Zeichnungen aber so dargestellt, daß sie sich ausschließlich auf der nördlichen Halbkugel finden. Auch diese Vorstellung ist bei Grundschülern weit verbreitet; praktisch nicht mehr vorhanden ist sie bei Jugendlichen, die älter als 14 Jahre sind.

Vorstellung 1
Die Erde besitzt Ähnlichkeit mit einer Untertasse.

Vorstellung 3
Die Erde wird rund dargestellt. Menschen leben auf sämtlichen Oberflächen. Aber die Vorstellung von oben und unten ist weiterhin vorhanden.

Vorstellung 2
Die Erdrundung wird dargestellt, aber die Vorstellung von oben und unten bleibt bestehen. Die Menschen leben auf der oberen Hälfte.

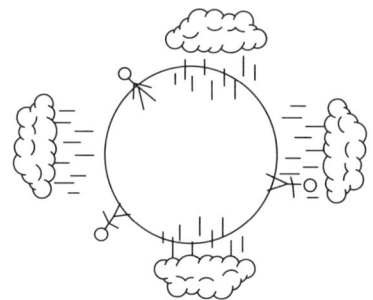

Vorstellung 4
Zutreffende Sichtweise.
Menschen leben überall auf der Erde und sie sind zum Erdmittelpunkt hin ausgerichtet.

Abbildung 1.3:
Unterschiedliche Vorstellungen von Schülern vom Planeten Erde und seiner Schwerkraft

Die in Abbildung 1.3 dargestellte Vorstellung 3, wonach die Erde eine Kugel ist, auf der überall Menschen leben, aber stets mit einem nach „oben" ausgerichteten Körper, kommt mit zunehmendem Alter immer häufiger vor; sie ist bei Jugendlichen besonders weit verbreitet. Nur auffallend wenige Schüler, selbst im Alter zwischen 14 und 16 Jahren, besitzen eine zutreffende Vorstellung von der Erde und der Wirkung ihrer Schwerkraft. Wenn man die Schüler sämtlicher Altersgruppen aber fragen würde, ob sie verstanden haben, daß die Erde eine Kugel ist, hätten wahrscheinlich alle ausnahmslos mit „ja" reagiert. Neben der von den Kindern und Jugendlichen angefertigten Zeichnung weisen auch ihre Antworten auf Verständnisfragen (so z. B. „Wohin geht die Sonne in der Nacht?") darauf hin, daß bei den Jüngeren von ihnen weithin die Vorstellung einer flachen Scheibe geteilt wird (Nussbaum, 1979; Nussbaum & Novak, 1976; Sneider & Pulos, 1983).

Man sollte allerdings nicht annehmen, daß einem „falschen" Verständnis stets unnachvollziehbare Vorstellungen zugrunde liegen. Wenn sich bei Kindern die Feststellung, die Erde ist rund, nicht mit ihrem vorliegenden Wissen vereinbaren läßt, konstruieren sie sich vor dem Hintergrund ihrer Erfahrungen ihr eigenes Verständnis, wie die folgenden Beispiele zeigen: Als ein Schüler gefragt wurde, warum die Erde rund ist wie ein Ball, antwortete er: „Weil Straßen in Parks manchmal rund um Bäume herumführen." Ein anderer Schüler reagierte auf die gleiche Frage folgendermaßen. „Weil die Erde auf Hügeln und Bergen rund ist." Und als gefragt wurde, von welchem Standort aus man am besten die Rundheit der Erde sehen könnte, erklärten mehrere Kinder: „Wir müssen nach oben in den Himmel gucken." Wie war diese Antwort gemeint? Eine Nachfrage ergab, daß die Befragten davon ausgingen, daß die Erde zweimal vorhanden ist. Es gibt einmal die Erde, auf der sie leben, und die ist für sie flach. Es gibt eine weitere, die man im Himmel sieht, und die ist rund wie ein Ball (Nussbaum & Novak, 1976).

Ähnliche Erfahrungen sammelt man, wenn Schüler aus Schulbuchtexten entnehmen sollen, wie Pflanzen sich ernähren (Roth & Anderson, 1988). Das Schulbuch stellt die wissenschaftliche Erklärung dar, wonach Pflanzen sich von Tieren unterscheiden, denn sie nutzen das Sonnenlicht (mittels eines Prozesses, der Photosynthese genannt wird), um in ihrem Blattsystem aus Rohmaterial (Wasser und Kohlendioxid) energiehaltige Nahrung selbst herzustellen; sie entnehmen diese nicht der Umwelt. Es muß also das Vorverständnis der Schüler ersetzt werden, wonach Pflanzen sich ebenso wie Tiere und Menschen ernähren. Wie aber läßt sich dies erreichen? „Gerade weil wir immer schon Vorstellungen haben", so erläutert Harald Gropengiesser (1996), „ist es oft gar nicht so leicht, sich neue zu machen oder alte zu verändern." Im genannten Beispiel haben die Schüler zu „verlernen", daß weder der Erdboden, noch das Wasser und auch nicht einmal Pflanzendünger als Nahrung dienen. Nach sechs bis acht Wochen Unterricht mußten Kathleen Roth und Charles Anderson feststellen, daß nur 7 Prozent der Schüler fünfter Klassen eine Veränderung ihrer früheren Konzeption vorgenommen hatten. Alle übrigen Schüler hielten – obwohl viele von ihnen Verständnis signalisiert hatten! – an ihrem Vorwissen fest, wonach Pflanzen aus ihrer Umgebung Nahrung auswählen, um sie sodann in sich aufzunehmen. Welche Mißverständnisse den Schülern bei dem gescheiterten Prozeß zur Gewinnung eines neuen Verständnisses unterliefen, ist sehr aufschlußreich. Darüber wird an anderer Stelle ausführlich berichtet (s. S. 302ff.).

Ein Lehrer, der Lernende nur als mehr oder weniger passive Empfänger von Informationen behandelt, verhindert bei diesen nach Meinung zahlreicher Kritiker (z. B. Anderson, 1989a; Berg & Clough, 1991) die Entwicklung eines tieferen Verständnisses. Schüler aus dem fünften Schuljahr sollten beispielsweise lernen, welche Rolle das Licht bei der Wahrnehmung von Gegenständen spielt (Anderson & Smith, 1987). Zu Beginn dieser Unterrichtseinheit interessierte sich der Lehrer für das physikalische Vorwissen der Lernenden. Viele Schüler äußerten die Überzeugung, daß das Licht zunächst auf einen Gegenstand treffen müsse. Dadurch würde dieser erhellt und damit sei die Voraussetzung gegeben, daß man ihn sehen könne. Dieses Wissen widerspricht der physikalischen Erklärung, die den Schülern in den nachfolgenden Unterrichtsstunden vermittelt wurde. Abbildung 1.4 zeigt, für welche Antworten sich die befragten Schüler entschieden.

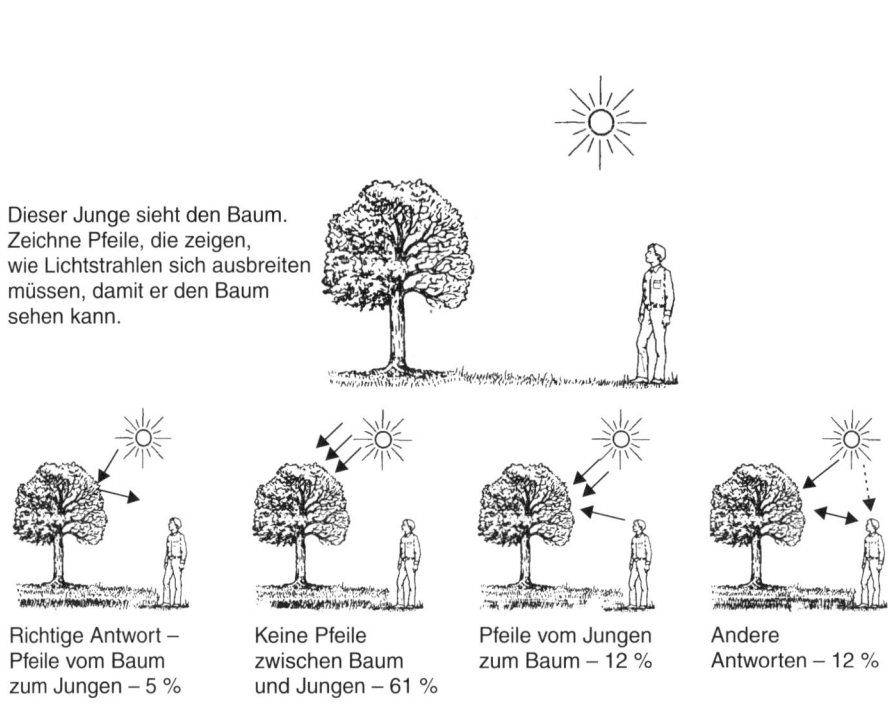

Abbildung 1.4:
Prozentuale Verteilung der Antworten von Schülern fünfter Schuljahre, die zu erklären hatten, warum man einen Baum sehen kann

Im Physikunterricht der folgenden fünf Wochen stellte der Lehrer seinen Schülern ausführlich dar, daß Lichtstrahlen von Gegenständen reflektiert werden. Erst wenn reflektierte Strahlen das Auge des Betrachters erreichen, ist eine Voraussetzung für diesen gegeben, den Gegenstand zu sehen. Obwohl der Lehrer mit seinen Schülern alle physikalisch relevanten Zusammenhänge besprochen hatte, mußte er in einer abschließenden Prüfung feststellen, daß die Mehrheit weiterhin die Auffassung vertrat, die bereits vor Beginn des Unterrichts bestanden hatte. Nur etwa zwanzig Prozent der Schüler waren in der Lage, die Zusammenhänge im Einklang mit der Darstellung des Lehrers zu erläutern. Wie war es möglich, daß der Lehrer die meisten Schüler nicht zu einem veränderten Verständnis veranlassen konnte? Eine Antwort auf diese Frage hat Platon bereits vor mehr als zweitausend Jahren mit folgender Feststellung gegeben: wenn einem Menschen bereits bekannt ist, was er lernen soll, gibt es keinen Grund, es noch zu lernen. Die Schüler glaubten zumindest, ihnen wäre bereits bekannt, was ihnen der Physikunterricht vermitteln sollte. Sie sind gar nicht darauf aufmerksam geworden, daß die vom Lehrer dargestellten Zusammenhänge im Widerspruch zu ihren eigenen vorwissenschaftlichen Überzeugungen standen. Ihnen blieb verborgen, daß sie etwas nicht wußten und in einem solchen Fall – so läßt Platon in einem Dialog *Sokrates* seinen Schüler *Menon* erklären – werden Menschen ebenfalls keine Anstrengungen zum Lernen unternehmen. Mit dem von Platon beschriebenen Dilemma ist im Unterricht verstärkt zu rechnen, wenn er überwiegend oder ausschließlich darstellend gestaltet wird.

Abbildung 1.5:
Bedeutungszuschreibung bei Betrachtung einer Zeichnung. Was ist hier dargestellt?

Grundsätzlich hängt es vom jeweils vorliegenden Wissen eines Menschen ab, wie er dargebotene, neue Informationen wahrnimmt, interpretiert und behält (Anderson, 1989 a). Davon kann man sich leicht überzeugen, wenn man die Zeichnung der Abbildung 1.5 betrachtet. Was ist hier dargestellt?

Damit der Betrachter die dargestellte Zeichnung sinnvoll deuten kann, versucht er mit Hilfe seines Vorwissens oder – wie man es auch nennen könnte – Hintergrundwissens, Teile der Darstellung so zusammenzufügen, daß sich daraus eine sinnvolle Figur ergibt. Die Suche nach einer Bedeutung ist nicht ganz einfach, weil der Zeichner absichtlich viele Einzelheiten weggelassen hat. Dennoch gelingt es den meisten Betrachtern, die vorhandenen Elemente so zu ergänzen, daß sich daraus ein vollständiges Bild konstruieren läßt. Was stellt die Zeichnung nun aber wirklich dar? Einige Menschen konstruieren aus dem Bild eine Maus oder eine Ratte, während andere darin einen glatzköpfigen Mann sehen. Wenn der Betrachter aber bereits *eine* sinnvolle Interpretation gefunden hat, fällt es ihm in der Regel nicht ganz leicht, die Zeichnung auch noch auf andere Art sinnvoll zu interpretieren. Es besteht die Neigung, an der Interpretation festzuhalten, die man bereits gefunden hat. Es wurde doch bereits eine Ordnung entdeckt! Warum soll man diese wieder aufgeben und sich damit abermals der Unsicherheit, dem Nichtwissen aussetzen?

> Ein weiteres Beispiel aus dem Physikunterricht liefert Reinders Duit (1995). Es belegt ebenfalls, daß Schüler in vielen Fällen etwas sehen, „das von ihren Vorstellungen nahegelegt wird". Aus dem Bereich der Optik wird folgendes Experiment durchgeführt. „Eine Linse wird benutzt, um einen Gegenstand, zum Beispiel eine Kerze, auf einem Schirm scharf abzubilden. Es wird die Frage gestellt, was geschieht, wenn die Hälfte der Linse abgedeckt wird. Viele Schüler sind der Auffassung, daß dann nur die Hälfte des Bildes zu sehen sein sollte. Das Experiment wird vorgeführt. Viele Schüler mit dieser Vorstellung ‚sehen' dies tatsächlich, obwohl auf dem Schirm, mit dem Auge des ‚Wissenden' betrachtet, nach wie vor das gesamte Bild erscheint, allerdings ist es dunkler und weniger kontrastreich."

Es bestätigt sich, was David Ausubel und seine Mitarbeiter (1978) schon vor einiger Zeit herausgestellt haben: Das Vorwissen bzw. Vorverständnis eines Menschen ist „erstaunlich zählebig und widerstandsfähig gegenüber Auslöschung". Wenn es nicht gelingt, diesen Widerstand gegenüber Veränderung zu durchbrechen, ist die Entwicklung eines neuen, veränderten Verständnisses beim Lernenden grundsätzlich in Frage gestellt. Die Schüler, die an dem oben beschriebenen Physikunterricht teilnahmen, liefern für diese Feststellungen anschauliche Beispiele. Auch sie „wußten" bereits vor Beginn der Unterrichtsstunde, wie es möglich ist, Gegenstände bei Tageslicht zu sehen. Das Ziel des Lehrers bestand darin, die Schüler zu einer anderen „Konstruktion" der vorgegebenen Bestandteile der Problemsituation herauszufordern. Offenkundig waren die Lernenden nicht ohne weiteres bereit, seinen Anregungen zu folgen, denn sie interpretierten die vom Lehrer mitgeteilten Informationen so, als stünden sie im Einklang mit dem ihnen bereits Bekannten. Deshalb sahen sie keine

Notwendigkeit, ihr Wissen zu verändern. Es ist, so stellt Linda Anderson (1989 b) fest, als ob sich „im Kopf" des Lernenden ein Verkehrspolizist befindet, der „manchmal den Informationsstrom automatisch fließen läßt und manchmal aktiv einschreitet, um in den Prozeß des Verstehens einzugreifen". Es ist also der Lernende oder – um im Bild zu bleiben – der Verkehrspolizist, der selbständig die Entscheidung trifft, wann, wo und wie Lernen bei ihm stattfindet. Dem Lehrer fällt die Rolle zu, das Ergebnis dieser Entscheidungen möglichst im Blick zu halten, denn er kann keineswegs davon ausgehen, daß Lernende stets bereit und in der Lage sind, die richtigen Urteile darüber zu fällen, was sie lernen sollten.

Kognitive Prozesse bestimmen also, was der Schüler von den im Unterricht oder in einem Lesetext dargebotenen Informationen lernt. Gemeint sind hierbei Prozesse, die nach Thomas Shuell (1988) mehrere Merkmale aufweisen oder zumindest aufweisen können: sie sind aktiv, konstruktiv, kumulativ und zielgerichtet. Ein solcher Prozeß „ist insofern *aktiv,* als der Schüler mehreres tun muß, um die eintreffenden Informationen so zu verarbeiten, daß er das Material in verständlicher Form lernt. Er ist insofern *konstruktiv,* als die neue Information aufzuarbeiten ist und mit anderen Informationen in Beziehung gesetzt werden muß, damit der Schüler einfache Informationen behält und komplexeres Material versteht. Er ist insofern *kumulativ,* als alles neue Lernen auf das Vorhandene aufbaut und/oder das bereits Bekannte in der Weise genutzt wird, daß dieses bestimmt, was und wieviel gelernt wird (das Wort „kumulativ" darf allerdings nicht im Sinne der Behavioristen verstanden werden, denn bei ihnen ist damit vor allem ein mechanisches *Anknüpfen* neuer Lernschritte an die bereits bestehenden Lernvoraussetzungen gemeint). Der Prozeß ist insofern *zielgerichtet,* als das Lernen am erfolgreichsten verläuft, wenn dem Lernenden das Ziel gegenwärtig ist (zumindest in einer sehr allgemeinen Form), auf das er hinarbeitet und Erwartungen hat, die in Hinblick auf das Ergebnis angemessen erscheinen" (Shuell, 1988).

Wie die oben genannten Beispiele aus dem Physik- und Biologieunterricht gezeigt haben, läßt sich keineswegs immer sicherstellen, daß der Lernende das dort Erfahrene richtig, also im Einklang mit der Darstellungsabsicht des Lehrers zusammenfügt. Zwischen einem Lehrer und seinem kognitiv aktiven Schüler können sich sehr leicht Fehler in der Kommunikation einschleichen, wie Ernst von Glasersfeld (1983) einmal anschaulich dargestellt hat: In seinem Beispiel hört eine Schülerin das Wort „Meerjungfrau". Sie fragt nun ihren Lehrer, was dieser Begriff bedeutet. Sie erhält die Antwort, daß es sich bei einer Meerjungfrau um ein Wesen handelt, das den Kopf und den Rumpf einer Frau hat, aber gleichzeitig einen Schwanz wie ein Fisch besitzt. Die Schülerin kann sich ein solches Wesen vorstellen, indem sie die ihr seit langem bekannten Körperteile zu einem Vorstellungsbild zusammenfügt. Da der Lehrer aber nicht ausdrücklich darauf hingewiesen hat, daß der Fischschwanz an die Stelle der Beine einer Frau getreten ist, besteht sehr wohl die Möglichkeit, daß sich die Schülerin in ihrem Bemühen um Verständnis ein Wesen konstruiert, das auf zwei Beinen steht und *zusätzlich* einen Fischschwanz besitzt. Die Schülerin kann weiterhin aktiv am Unterricht teilnehmen, ohne daß ihr „Mißverständnis" entdeckt wird. Sie beteiligt sich mit ihrem Verständnis solange an der Diskussion über Meerjungfrauen, bis ein Ereignis auftritt, das sie explizit darauf aufmerksam werden läßt, daß eine Meerjungfrau keine Beine hat. Selbst wenn man in der Klasse das Bild einer Meerjungfrau zeigen würde, könnte das Mißverständnis dennoch fortbestehen. Die Darstellung ruft möglicherweise keinen „kognitiven Konflikt" hervor, denn Wahrnehmende besitzen – wie oben bereits festgestellt – eine gewisse Neigung, solche Einzelheiten zu übersehen, die sie nicht erwarten. Ein sicherer Weg, auf das Mißverständnis aufmerksam zu machen, ist gegeben, wenn die Schülerin herausgefordert wird, „ihr" Bild von der Meerjungfrau anderen darzustellen. Wenn diese anderen (dazu gehört auch der Lehrer) wissen, daß Meerjungfrauen keine Beine haben, besteht eine günstigere Voraussetzung, den „Konflikt" zwischen den Beteiligten der Situation, in der Lernen stattfindet, zu einer Klärung zu bringen.

Für den Lehrer ist diese „konstruktivistische" Sicht des Lernens mit einer bedeutsamen Konsequenz verbunden, die Anderson – an ihrem Vergleich orientiert (s. S. 31) – folgendermaßen beschreibt: „Mögen Lehrer in ihrer unterrichtlichen Darstellung noch so talentiert sein, sie können den Verkehrspolizisten im Kopf jedes einzelnen Schülers nicht ersetzen." Obwohl es dem Lehrer verwehrt bleibt, auf die kognitiven Prozesse des Lernenden *direkt* Einfluß zu nehmen, muß er keineswegs tatenlos zusehen, wie der „Polizist" den Verkehrsstrom in Richtungen lenkt, die vom intendierten Lernziel möglicherweise wegführen. Wie kann er dem Lernenden aber erforderlichenfalls vor Augen führen, daß er bei seinen Entscheidungen für eine bestimmte Wegstrecke nicht alle Gesichtspunkte berücksicht hat? In Kapitel 5 wird diese Frage ausführlicher beantwortet (s. S. 298ff.).

1.2.4 Schule als Produktionsstätte oder als Stätte des Lernens

Das Verhalten des Lehrers im Klassenzimmer wird wesentlich davon mitbestimmt, welches Verständnis dieser vom Lernen und seinen Bedingungen besitzt. Eine immer noch vorherrschende Sichtweise legt es nahe, das Klassenzimmer als eine Produktionsstätte („Lernfabrik") aufzufassen. Danach, so stellt Hermine Marshall (1990) fest, werden Mitarbeiter einer Fabrik ebenso wie Schüler vor allem für das *Ergebnis* ihrer Arbeit honoriert (belohnt oder gelobt); sie tun etwas zum Nutzen des Arbeitgebers. Mitarbeiter eines Unternehmens tauschen Leistungen gegen Bezahlung ein. Entsprechend können auch Schüler in einem produktorientierten Unterricht Leistungen erbringen, weil sie dafür Zensuren oder bestimmte Privilegien erhalten; sie sollen sich als „Verdiener" und nicht als „Lernende" sehen. Schüler verhalten sich wie Arbeitnehmer, wenn sie beispielsweise beschließen, wegen unzulänglicher Arbeitsbedingungen Streikmaßnahmen zu ergreifen; in einem solchen Fall verweigern sie jede Unterrichtsbeteiligung mit dem Ziel, solange keine Produkte

1.2 Erforschung des Lernens und seiner Bedingungen in pädagogischen Situationen

(in Form von Leistungsergebnissen) vorzulegen, bis ihre Forderungen erfüllt sind.

Das Hauptziel eines Industriebetriebes liegt darin, ein konkret faßbares, für jedermann sichtbares Produkt entstehen zu lassen oder eine entsprechende Dienstleistung zu erbringen. Da Fehler Kosten verursachen, müssen sie möglichst vermieden werden. Wer trotzdem fehlerhaft arbeitet, gilt als ineffektiver Mitarbeiter. Wenn Lehrer – implizit oder explizit – das Klassenzimmer als eine Produktionsstätte sehen, werden sie ebenfalls Wert auf einwandfreie Arbeitsergebnisse, nicht aber auf das Lernen selbst legen. Ein Lehrer, der seinen Schülern verspricht, er würde ihnen am Ende der Stunde keine Hausarbeiten erteilen, wenn sie sich bis dahin „ordentlich" betragen, bringt zum Ausdruck, daß er die mit Hausaufgaben eventuell anzuregenden Lernerfahrungen gering bewertet, denn auf sie ist offenbar zu verzichten, wenn dafür gutes Betragen „geliefert" wird. Die Schüler müssen den Eindruck gewinnen, daß es bei Hausaufgaben vor allem auf das Produkt ankommt. Derselbe Lehrer mag dazu neigen, nur fehlerfreie Lernprodukte anzuerkennen und Unzulänglichkeiten negativ zu bewerten (Marshall, 1990). Schüler passen sich solchen Bedingungen an, indem sie Strategien entwickeln, die ihnen helfen, sich vor anderen möglichst positiv *darzustellen* und wahrgenommene eigene Unzulänglichkeiten nach außen hin zu kaschieren. So kann es für Schüler günstig sein, auf Fragen eines Lehrers, der eine hohe Produktorientierung zum Ausdruck bringt, zu schweigen, statt das Risiko einzugehen, eine unzulängliche Antwort zu produzieren. Diese einmal erworbene Strategie bleibt unter Umständen noch über die Schulzeit hinaus wirksam. So findet man auch in Universitätsseminaren viele Studierende, die sich so gut wie niemals an Diskussionen beteiligen, weil sie aufgrund ihrer Schulerfahrungen befürchten, mit ihren Beiträgen eventuelle Unzulänglichkeiten vor anderen darzustellen (über diese Orientierung an „Darstellungszielen" wird an anderer Stelle noch ausführlicher informiert, siehe hierzu S. 362ff.). Befriedigung verschafft die Arbeit in einer „Produktionsstätte" nicht unbedingt, sondern eher die verbale oder materielle Anerkennung, die es für ein – jedoch nur einwandfreies – Produkt gibt.

Es soll allerdings nicht übersehen werden, daß Arbeitnehmer sich darin unterscheiden, wie sie ihre Arbeit bewerten. Arbeit, so stellt Marshall fest, „bedeutet für einige Menschen Befriedigung, aber Plackerei für andere". Mit dieser unterschiedlichen Bewertung von Arbeit muß auch in einer Schulklasse gerechnet werden, in der es vor allem auf die Produktion guter mündlicher und schriftlicher Beiträge ankommt. „Wenn Lehrer Schüler ermahnen, ‚härter zu arbeiten', mögen sie annehmen, sie würden Schüler nur auffordern, erhöhte Anstrengungen aufzuwenden, um eine schwierige Aufgabe zu erledigen. Schüler können den Begriff ‚Arbeit' jedoch so interpretieren, daß er für sie Plackerei bedeutet, die für sie nur geringen Nutzen erbringt." Häufig bleibt einem Lehrer unter solchen Bedingungen nur die zweifelhafte Möglichkeit, autoritäre Maßnahmen zu ergreifen, damit seine Schüler die notwendigen Arbeiten vollbringen. Tatsächlich wurden Carolin Evertson und Catherine Randolph (1995) im Rahmen ihrer Untersuchungen auf Lehrer aufmerksam, die ihren Unterricht so gestalteten, als ob sie eine Aufsichtsfunktion in einer Fabrik wahrzunehmen hätten. Ebenso wie die Arbeiter und Angestellten eines Unternehmens schienen die Schüler die ihnen aufgetragenen Arbeiten nur zu verrichten, um eine Entlohnung zu erhalten. Die Arbeit war offenbar nicht wert, um ihrer selbst willen getan zu werden. Auch Thomas Good und Jere Brophy (1994) beobachteten Lehrer, die allem Anschein nach „schulische Aufgaben für eine sich nicht lohnende Plackerei halten und die von Schülern nicht erwarten, daß diese ihnen Freude bereiten könnten". Wenn Lehrer ihre Aufgabe vor allem darin sehen, schulische Arbeiten zu beaufsichtigen, statt Lernprozesse anzuregen, müssen sie – vor allem bei noch unzureichender Berufserfahrung – mit erhöhten Schwierigkeiten rechnen, die notwendige Ordnung im Klassenzimmer zu bewahren (Marshall, 1990).

Ein Lehrer, der Lernen als Konstruktion von Wissen versteht, unterscheidet sich in mehrfacher Hinsicht von einem Kollegen mit behavioristischer Orientierung (Shuell, 1986). Wie bereits dargestellt, wird der Lernende im Prozeß der Konstruktion von Wissen in einer aktiven Rolle gesehen. Der Blick ist deshalb verstärkt auf den Prozeß, weniger auf das Produkt des Lernens gerichtet. In einem solchen Fall, in dem beim Schüler eine „Lernzielorientierung" (s. S. 366ff.) angeregt wird, kann die Schule als Stätte des Lernens bezeichnet werden, und wenn sie bei ihren Bemühungen Erfolge erzielt, ist es der Lernende, der davon selbst profitiert. Aus diagnostischer Sicht ist das Auftreten von Fehlern sogar erwünscht. „In Klassenzimmern, in denen die Bedeutung des Lernprozesses hervorgehoben wird, verhelfen Lehrer ihren Schülern zu der Anerkennung, daß Fehler die Grundlage für neues Lernen sein können" (Marshall, 1990), denn Fehler zeigen Mißverständnisse auf, die nur zu beseitigen sind, wenn man auf sie aufmerksam wird. Wie James Stigler und Harold Stevenson (1991) nach Besuchen in japanischen und chinesischen Schulen berichten, nutzen deren Lehrer Fehler in hohem Maße, um das Verständnis ihrer Schüler zu verbessern. „Für Chinesen und Japaner stellen sie einen Hinweis dafür dar, was noch gelernt werden muß."

Aus motivationspsychologischer Sicht ist von Bedeutung, daß Lernende Befriedigung dadurch erfahren können, daß ihnen Fortschritte in ihrem Verstehensprozeß gelingen, und daß sie die Erfolge auf *ihre eigenen* Anstrengungen und auf *ihre eigene* als veränderbar wahrgenommene Fähigkeit zurückführen können (s. S. 363). Der konstruktivistisch orientierte Lehrer versucht nicht, Fehler zu verhindern, sondern ist bemüht, solche aufzudecken, eventuell mit Hilfe von Mitschülern (s. S. 307f.), denn es ist für den Lernenden keineswegs einfach, eigene Mißverständnisse zu erkennen und anzuerkennen. Diese Schwierigkeiten finden sich auch bei Studierenden, die mit wissenschaftlichen Informationen konfrontiert werden.

1.3 Über die Verarbeitung pädagogisch psychologischer Erkenntnisse

Lernende greifen auf ihr Vorwissen zurück, um neue Informationen zu verstehen. Wie die obigen Beispiele gezeigt haben, können Schüler möglicherweise Darstellungen des Lehrers Bedeutungen zuschreiben, die dieser gar nicht beabsichtigt hat. Unter Umständen bemerkt der Schüler gar nicht, daß zwischen seinem eigenem Verständnis und dem Verständnis, das der Lehrer beim Lernenden entwickeln wollte, eine Diskrepanz besteht. Deshalb ist der Schüler vollkommen mit den von ihm selbst gefundenen Interpretationen zufrieden; er geht fälschlich davon aus, den Lehrer voll verstanden zu haben. Auch der Lehrer ist sich möglicherweise nicht darüber im klaren, wie der Schüler seine Darstellung verarbeitet hat. Lehrer und Schüler haben sich mißverstanden, ohne im Verlauf der Unterrichtsstunde darauf aufmerksam zu werden. Auf diese beidseitigen Mißverständnisse weist auch Reinders Duit (1995) hin, wenn er feststellt: „Die Schüler verstehen auf der Basis ihrer Vorstellungen nicht zutreffend, was der Lehrer präsentiert, dieser wiederum versteht nicht genau, was die Schüler antworten, weil er versucht, diese Antworten aus seiner Perspektive zu verstehen." Derartige Mißverständnisse sind keineswegs auf jüngere Lernende beschränkt, sondern können bei Lernenden in sämtlichen Lebensabschnitten auftreten. Wenn Informationen dargeboten werden, die mit dem Vorwissen der Adressaten nicht übereinstimmen, dann reagieren Wissenschaftler grundsätzlich ebenso wie Nichtwissenschaftler, Erwachsene ebenso wie Kinder: Sie zeigen alle die Tendenz, an ihrem bisherigen Wissen festzuhalten und die neuen diskrepanten Informationen zurückzuweisen oder zu verfälschen (Chinn & Brewer, 1993). Diese Tendenz läßt sich auch experimentell nachweisen. Die Rede ist von einer auf Voreingenommenheit beruhenden Bestätigungstendenz (engl.: *confirmation bias*). Der Lehrer wird dafür bei seinen Schülern wiederholt Beispiele finden. Da es sich dabei um eine grundlegende Tendenz in der menschlichen Informationsverarbeitung handelt, ist sie sicherlich auch beim Lehrer nachweisbar. Im folgenden Abschnitt wird diese Tendenz näher beleuchtet, um dann die Frage aufzuwerfen, welche Entscheidungen der oben bereits erwähnte „Verkehrspolizist" (s. S. 31) trifft, nachdem die dargestellten Informationen den Lernenden erreicht haben.

1.3.1 Eine auf Voreingenommenheit beruhende Bestätigungstendenz

Menschen gewinnen Erkenntnisse, indem sie ihre Erfahrungen auswerten. Bei diesen kann es sich allerdings stets nur um eine sehr kleine Stichprobe aus der Gesamtheit unendlicher Erfahrungsmöglichkeiten handeln. Man zieht also aus der Beobachtung einer begrenzten Anzahl von Fällen allgemeine Schlußfolgerungen. Wenn aufgrund einzelner Erfahrungen allgemeine Schlußfolgerungen gezogen werden, spricht man auch von *induktivem Denken* oder *In-*

duktion. Schlußfolgerungen, die durch Induktion zustandegekommen sind, können niemals als eindeutig gesichert gelten; vielmehr besitzen sie stets hypothetischen Charakter. Allerdings kann man – in Abhängigkeit von der zugrundeliegenden Stichprobe – zwischen mehr oder weniger gut fundierten Annahmen unterscheiden. Dem britischen Philosophen Francis Bacon wird eine Geschichte zugeschrieben, die zum einen zeigt, daß es historisch keineswegs immer selbstverständlich war, Erkenntnisse aus einzelnen Beobachtungen zu gewinnen. Während des Mittelalters galt nämlich die von Gott oder von irdischen Autoritäten vorgegebene Wahrheit als ein für allemal feststehend und somit unveränderbar. Zum anderen läßt sich an ihr aufzeigen, weshalb induzierte Erkenntnisse stets nur vorläufigen Charakter haben können.

> Im Jahre 1432 hatten Mönche bereits über einen Zeitraum von zwei Wochen heftig über die Frage gestritten, wie viele Zähne ein Pferd hat. Ein Novize machte schließlich den für damalige Verhältnisse unerhörten Vorschlag, einfach in das Maul eines Pferdes zu schauen, um die Wahrheit herauszufinden (Mees, 1934). Der junge Mönch, der übrigens wegen seines Ratschlages „grün und blau" geschlagen worden ist, weil nur der Satan ihn veranlaßt haben konnte, einen derartig unmöglichen Weg zur Wahrheitsfindung vorzuschlagen, hatte im Grunde einen Induktionsschluß angeregt. Sein Vorschlag lautete, in das Maul *eines* Pferdes zu schauen, um das dort Vorgefundene sodann auf alle Pferde zu verallgemeinern. Wenn eine so gewonnene Erkenntnis aber nur auf der Beobachtung eines einzigen Falles beruht, kann sie durchaus mit einem erheblichen Stichprobenfehler belastet sein. Deshalb stellt die auf empirischem Wege gefundene Antwort lediglich eine Wahrscheinlichkeitsaussage dar. Selbst wenn von dem jungen Mönch die Zähne von hundert oder gar tausend Pferden gezählt worden wären, hätte er aus heutiger Sicht nicht davon ausgehen können, eine endgültige Antwort gefunden zu haben. Wie wäre für ihn auszuschließen gewesen, daß es wirklich nicht irgendwo auf dieser Welt Pferde gibt, die ein abweichendes Zahnmuster aufweisen? Der Novize hätte an seinem Beobachtungsergebnis nur solange festhalten dürfen, wie es von weiteren Befunden nicht in Frage gestellt worden wäre.

Es scheint dem Menschen allerdings außerordentlich schwer zu fallen, die Tatsache zu akzeptieren, daß empirisch begründete Erfahrungen stets nur Aussagen mit hypothetischem Charakter zulassen, vor allem, wenn sie auf eigenen Erfahrungen beruhen. Diese Tendenz zeigt sich auch unter experimentellen Bedingungen. Wenn Versuchspersonen aufgrund ihrer Beobachtungen eine Hypothese aufgestellt haben, bemühen sie sich zumeist nur darum, deren Richtigkeit zu belegen; sie unterlassen gleichzeitig alles, was die Fragwürdigkeit ihrer Vermutung erhöhen könnte. Man spricht in solchen Fällen von einer auf Voreingenommenheit beruhenden Bestätigungstendenz oder kurz: von einer „Bestätigungs-Voreingenommenheit" (engl.: *confirmation bias*). Der englische Psychologe Peter Wason (1960, 1968b) fand in seinen Studien zahlreiche Belege für diese Tendenz.

1.3 Über die Verarbeitung pädagogisch psychologischer Erkenntnisse

In einem seiner Experimente forderte Wason seine Versuchspersonen auf, die Regel zu erraten, nach der er Ziffern in eine bestimmte Abfolge gebracht hatte. In einem ersten Durchgang bot er ihnen etwa folgendes Beispiel dar: 2–4–6. Nach welcher Regel könnten diese drei Ziffern aneinandergereiht worden sein? Die Aufgabe der Versuchspersonen war es, eigene Ziffernfolgen nach der von ihnen vermuteten Regel zu konstruieren. Wason reagierte jeweils mit *ja* oder *nein,* um rückzumelden, ob die vorgeschlagenen Ziffernfolgen im Einklang mit seiner Regel standen.

Viele Teilnehmer des Experiments lösten das geschilderte Problem durch die Hypothese, die gesuchte Regel sei *eine aufsteigende Zahlenreihe mit einem Intervall von 2*. Infolgedessen nannten sie dem Versuchsleiter Beispiele wie etwa 6–8–10, 12–14–16 oder 1–3–5. Wason reagierte auf solche Ziffernnennungen stets mit der Feststellung, daß die Beispiele seiner Regel entsprechen würden. Die Versuchspersonen werteten diese Stellungnahmen als Bestätigung für die Richtigkeit ihrer Hypothese. Die Teilnehmer zeigten jedoch sichtbare Verwirrung, als der Versuchsleiter ihnen schließlich erklärte, daß eine „ansteigende Zahlenreihe mit einem Intervall von 2" nicht der allgemeinen Regel entsprach, die es zu entdecken galt. Was hatten die Versuchspersonen bei ihrer Hypothesenbildung falsch gemacht? Wie konnte es ihnen passieren, daß sie an einer Regel festhielten, die offenbar nicht die gesuchte war? (Ähnliches ereignete sich übrigens bei der Schülerin, die sich eine Meerjungfrau mit zwei Beinen konstruiert hatte (s. S. 31), denn auch sie hielt an einer Regel fest [„alle Meerjungfrauen haben Beine"] und dachte nicht daran, das Ergebnis ihrer Konstruktion in Frage zu stellen. Der Schülerin hatte allerdings keiner gesagt, daß das Ergebnis ihres Konstruktionsprozesses nicht der Darstellungsabsicht des Lehrers entsprach.) Was veranlaßt Menschen – und was motivierte viele Versuchspersonen Wasons –, an ihrem vermeintlichen Wissen festzuhalten? Die Antwort findet man bei der sehr kleinen Anzahl von Teilnehmern, die der auf Voreingenommenheit beruhenden Bestätigungstendenz widerstanden hatten. Was hatte diese kleine Gruppe anders gemacht?

Diese erfolgreichen Versuchsteilnehmer waren zunächst ebenfalls von der Vermutung ausgegangen, daß es sich bei der gesuchten Regel um eine „ansteigende Zahlenreihe mit einem Intervall von 2" handeln kann. Sie legten dem Versuchsleiter aber in ihrem weiteren Vorgehen auch Zahlenreihen vor, die dieser Regel widersprachen, also etwa 3–6–12. Wason erklärte auch auf diese Nennung hin, sie würde seiner Regel entsprechen. Nach dieser Reaktion des Versuchsleiters mußte die ursprüngliche Hypothese verändert werden. Stand vielleicht „jede Reihe ansteigender Zahlen" im Einklang mit der Regel? Die erfolgreichen Versuchspersonen prüften auch diese Hypothese, indem sie dem Versuchsleiter ein Gegenbeispiel nannten, etwa 3–6–4 oder 6–4–3. Als Wason erklärte, diese Zahlenreihen würden nicht im Einklang mit seiner Hypothese stehen, wuchs die Sicherheit dieser Versuchsperson, die gesuchte Regel gefunden zu haben: jede Reihe, die aus aufsteigenden Zahlen besteht. Diese wenigen Versuchspersonen hatten der Bestätigungs-Voreingenommenheit widerstanden.

Die von Wason beschriebene Tendenz von Menschen, bevorzugt auf Ereignisse zu achten, die ihre bereits vorliegenden Vermutungen bestätigen, und auf Prüfungen verzichten, durch die sie widerlegt werden könnten, ist deshalb von Bedeutung, weil sie häufig beeinträchtigend auf die menschliche Erkenntnisgewinnung wirkt. Man muß mit ihrem Einfluß auch in der Personwahrnehmung rechnen (Skov & Sherman, 1986). Wenn ein Lehrer beispielsweise zu der Annahme gelangt, einer seiner Schüler sei nicht sehr begabt, könnte er geneigt sein, vor allem das Verhalten zu beachten, das seine Vermutung bestätigt, während er gleichzeitig wenig Neigung erkennen läßt, alternative Hypothesen zu prüfen – also auch solche Hypothesen, die seiner Annahme widersprechen könnten. Wenn Menschen eine Ordnung gefunden haben, ist es für sie offenbar motivierend, alles zu tun, um diese Ordnung zu bewahren. Auch das Vorwissen, mit dem Schüler häufig in eine Lernsituation eintreten, ist erfahrungsbedingt. Wäre es nicht möglich, daß bei Schülern auch in Unterrichtssituationen die Neigung besteht, nur auf Bestätigungen des vorhandenen Wissens zu achten, während sie gleichzeitig alle diskrepanten Informationen ignorieren oder umdeuten, um sie in Einklang mit dem bereits Bekannten zu bringen?

1.3.2 Der Einfluß erfahrungsbezogenen Vorwissens

Wenn junge Menschen ihr Studium beginnen, verfügen sie wahrscheinlich nicht in allen Studienfächern bereits von Anfang an über gut entwickelte Theorien, die sie aufgrund früherer Erfahrungen entwickelt haben könnten. Ihnen fehlen dazu einfach die einschlägigen Erfahrungen. Studierende der Medizin oder der Rechtswissenschaften kommen beispielsweise mit verhältnismäßig wenig fachlich relevantem Vorwissen in die Lehrveranstaltungen und Praktika; viele Grundlagen ihres Wissens werden deshalb erst an der Universität konstruiert (Pajares, 1992). Bei Studierenden, die sich auf ein Lehramt vorbereiten, liegen die Verhältnisse dagegen anders. Wenn Studierende in der ersten Phase ihrer Lehrerausbildung Veranstaltungen mit pädagogisch-psychologischer Thematik besuchen, verfügen sie bereits über ein umfangreiches pädagogisches Wissen, das sie mindestens seit dreizehn Jahren als Schüler, vielleicht auch als studentische Beobachter von Unterrichtssituationen, gesammelt haben (Clandinin, 1985; Elbaz, 1981). In mehr als 10 000 Stunden ihres Schülerdaseins waren sie Beobachter von Unterrichtsstunden. Dadurch besaßen sie vielfältige Gelegenheiten, umfangreiches Wissen vom Lehren und Lernen aufzubauen. Dem auf dieser umfangreichen Erfahrungsgrundlage entstandenen Wissen können die Studierenden beispielsweise entnehmen, was im Unterricht getan werden muß, damit Schüler etwas lernen, oder was ein Lehrer, der erfolgreich sein will, unterlassen sollte und vieles mehr. Infolge der sehr breiten Erfahrungsgrundlage besitzen Lehrerstudierende – selbstverständlich alle anderen Menschen mit einschlägigen Schulerfahrungen auch – bereits ein Vorwissen, und sie mögen aus ihrer subjektiven Haltung keinen Grund sehen, an dessen Gültigkeit zu zweifeln. Frank Pajares (1992) meint deshalb, es sei „fast

1.3 Über die Verarbeitung pädagogisch psychologischer Erkenntnisse

unmöglich", die Studierenden zu veranlassen, dieses Wissen zu verändern, um es in Einklang mit neuen wissenschaftlichen Erkenntnissen zu bringen. Der *Confirmation Bias*-Effekt, von dem im letzten Abschnitt die Rede war, zeigt offenkundig auch bei diesen Studierenden seine Wirkung. Die Folge ist, daß „aus Studierenden Lehrer werden, die unfähig und in ihrem Unterbewußtsein auch nicht bereit sind, ein System zu beeinflussen, das einer Reform bedarf" (Pajares, 1992). Sollten aber dennoch Absolventen des Lehrerstudiums in den Schuldienst eintreten und bereit sein, neue Erkenntnisse des Lehrens und Lernens bei ihrer Unterrichtsgestaltung anzuwenden, könnten sie sehr wohl mit einem System in Konflikt geraten, das diesen Erkenntnissen noch nicht Rechnung trägt!

Warum drängen nicht die Eltern, die ihre Kinder dieser Schule anvertrauen, auf Reformen? Wiederum muß vermutet werden, daß Väter und Mütter aufgrund ihrer eigenen Erfahrungen sehr genau wissen, wie ein Unterricht auszusehen hat, der ihre Söhne und Töchter am besten „fördert". Die anerkannte Schwierigkeit, sich dieses Vorwissens bewußt zu werden und es kritisch zu überprüfen, könnte ebenfalls dazu beitragen, daß wissenschaftlich begründbare Reformen im Schulwesen schwerer durchzusetzen sind, als in anderen Bereichen (etwa in der Medizin).

Obwohl Pädagogische Psychologen wissen, daß Lehrerstudierende auf ihr Vorwissen zurückgreifen, um sich die in Lehrveranstaltungen dargestellten wissenschaftlich-abstrakten Erkenntnisse verständlich zu machen, überprüfen die Dozenten häufig gar nicht oder nur unzureichend, wie das von ihnen mitgeteilte Wissen von den Zuhörern *verarbeitet* (also nicht oberflächlich aufgenommen!) wird. Eine solche Überprüfung wäre auch nur möglich, wenn die Lernenden offen und ehrlich Auskunft darüber geben würden, mit welchen Gedanken sie jeweils auf das Gehörte reagiert haben. Allerdings sind Lernende dazu nicht ohne weiteres bereit, denn das herkömmliche Schulsystem fördert ein öffentliches Darstellen eigenen Vorwissens in der Regel nicht (es könnte falsch und unzureichend sein und damit schlecht benotet werden!).

Diane Holt-Reynolds (1992) mußte erhebliche Widerstände überwinden, um Lehrerstudierende zu veranlassen, über ihr Vorwissen Auskunft zu geben. Sie sprach sie im Anschluß an eine Lehrveranstaltung an, um in eingehenderen Gesprächen herauszufinden, welchen Einfluß ihr Vorwissen auf die Verarbeitung dargestellter Informationen hatte. Den Hörern wurde in einer Veranstaltung von *Professor Barnett* u. a. mitgeteilt, daß Schüler durch den Lehrervortrag in die Passivität gedrängt würden. Um dem Rechnung zu tragen, sollten Lehrer den Vortragsstil vermeiden. *Professor Barnett* warb bei den Studierenden für einen schülerzentrierten Unterricht, der die Lernenden herausfordert, sich mit ihrem Vorwissen kritisch – und das heißt aktiv – auseinanderzusetzen, um es erforderlichenfalls zu verändern. So empfahl *Professor Barnett* beispielsweise die Bildung kleiner Gruppen, in denen die Teilnehmer miteinander sprechen und sich gemeinsam zu vorliegenden Problemen Fragen stellen und sich entsprechende Antworten geben. Wie stellten sich die Ausführungen von

Professor Barnett nun für die Studierenden dar, nachdem diese sie zur Kenntnis genommen hatten?

Die Befragungen von Holt-Reynolds ergaben, daß die angehenden Lehrer der Empfehlung, Schüler sollten zur aktiven Auseinandersetzung mit einem Unterrichtsinhalt herausgefordert werden, voll zustimmen konnten. Passivität des Lernenden sei auch nach ihrer Überzeugung eine außerordentlich ungünstige Voraussetzung. Hatten die Studierenden damit auch akzeptiert, daß ein darstellender (Vorlesungs-) Stil des Lehrers als ineffektiv zu gelten hat? Die Frage ist zu verneinen, denn alle befragten Studierenden widersprachen der Behauptung *Professor Barnetts,* daß die Hörer eines Vortrags unbedingt passiv blieben, denn – so erklärten sie – sie könnten sehr wohl über dargestellte Ausführungen nachdenken. „Wenn [Schüler] etwas [über ein Mathematikproblem] hören und darüber nachdenken", so erläuterte einer der Lehrerstudierenden seinen Standpunkt, „... dann lernen sie etwas." Und eine andere Studierende erklärte: „Wenn Schüler sich Notizen machen, dann sind sie nicht passiv." Holt-Reynolds erfuhr auch, was die Studierenden unter Passivität bei Schülern verstanden: „‚Passiv' bedeutet, einem Vortrag nicht folgen, sich gar nicht um Verständnis bemühen. ‚Aktiv' bedeutet, über das Dargestellte nachdenken. Viele Schüler sitzen nur da, aber viele Schüler können sehr wohl denken; sie versuchen zu verstehen, was ihnen der Lehrer mitteilt. Der aktive Student versucht, mehr zu lernen." Ob ein Schüler etwas lernt, hängt also nach dem Verständnis der von Holt-Reynolds befragten Studierenden nicht von der Unterrichtsform, sondern von der Motivation der Schüler ab. Es ist nicht das Unterrichtsverfahren, das über Aktivität oder Passivität der Lernenden entscheidet, sondern dessen Wirkung auf die Schüler. „Wenn es ein guter Vortrag ist, dann sind Schüler nicht passiv."

Professor Barnett hatte sich auf vorliegende Forschungsergebnisse gestützt, als er den Studierenden zu begründen versuchte, daß der Lehrervortrag nicht als effektive Unterrichtsform gelten könne. Diese Feststellungen schienen den Erfahrungen seiner Zuhörer zu widersprechen. Sie hatten im Verlauf ihrer eigenen Schulzeit offenbar die Vorstellung entwickelt, daß verständnisvolles Lernen erfolgt, „wenn Schüler zuhören, wiederholen und wenn sie in ihren Notizen die Prinzipien, Regeln und Strategien festhalten, die ihnen der Lehrer dargestellt hat" (Wittrock, 1991). Vor dem Hintergrund dieser Vorstellung stellten sie die Gültigkeit der Feststellungen *Professor Barnetts* in Frage. Gleichzeitig zeigten sie keinerlei Bereitschaft, ihre eigene Wissensgrundlage anzuzweifeln. *Professor Barnett* irrte nach ihrer Meinung, denn ein mitdenkender, Fragen stellender, Notizen anfertigender Schüler ist aus ihrer Sicht ein aktiv Lernender. Die Studierenden hatten eine entscheidende Aussage *Professor Barnetts* mißverstanden. *Professor Barnett* und seine Studenten definierten die Begriffe „aktiv" und „passiv" offenkundig unterschiedlich, ohne dies zu bemerken. Für die Studierenden war „aktiv" alles, was nicht eindeutig als „passiv" zu kennzeichnen ist, und in der „Passivität" befindet sich ein Mensch, der „gelangweilt" ist oder „keiner Beschäftigung nachgeht". Für *Professor Barnett* bedeutete aktiv dagegen, sich mit seinem Vorwissen auseinanderzusetzen, zu prüfen, ob es tatsächlich mit vorliegenden Informationen vereinbar ist und es erforderlichenfalls zu verändern. Dieses Verändern seines eigenen Wissens – auch gegen gewisse Widerstände (s. S. 303) – bezeichnete *Professor Barnett* als Lernen. Die Studierenden sprachen vom Lernen dagegen, als sei es ausschließlich eine Funktion der Motivation: Man lernt alles, was interessant ist. Dieses Lernen findet für sie z. B. statt, wenn ein Mensch Informationen *empfängt*. *Professor Barnett* sprach dagegen von einem Lernen, durch das sich das Wissen und damit das Verständnis verändert, nachdem sich der Lernende damit aktiv auseinandergesetzt hat.

Professor Barnett hatte seine Zuhörer offenkundig nicht ausreichend herausfordern können, die von ihm mitgeteilten Informationen tiefer zu verarbeiten (s. hierzu S. 306ff.). Sie waren nicht bereit, vielleicht auch nicht in der Lage, ihre Aufmerksamkeit sorgfältig auf die Informationen zu richten, die ihrem Vorwissen widersprachen. Sie versuchten kaum, die alternative Theorie zu verstehen oder nach Belegen zu suchen, durch die sie zu stützen wäre. Statt dessen beschäftigten sie sich vor allem mit den Belegen, durch die ihr Vorwissen zu stützen war. Damit bedienten sie sich einer Verarbeitungsstrategie, die häufig angewandt wird, wenn neue Informationen im Widerspruch zu eigenen Theorien stehen (Chinn & Brewer, 1993).

Die Studierenden, die von Holt-Reynolds befragt worden waren, verließen die Lehrveranstaltung mit dem gleichen Verständnis, das sie zu Beginn hatten. Sie nutzen ihr Vorwissen allein dazu, *Professor Barnetts* Aussagen danach zu klassifizieren, ob sie ihnen zustimmen konnten oder nicht! Seine Empfehlung, den Lehrervortrag zu vermeiden, weil er die Schüler in der Passivität belasse, wiesen sie als unzutreffend zurück. Sicher haben sie den von *Professor Barnett* aufgezeigten Zusammenhang oberflächlich „gelernt", denn er könnte sie in einer späteren Prüfung danach fragen. Man könnte von einer „doppelten Buchführung" sprechen. Da dieser Begriff in der Psychopathologie bereits eine feste Bedeutung hat, zieht man es vor, von zwei gleichzeitig vorhandenen Systemen zu sprechen (Silver & Marshall, 1990): Einerseits gibt es Zusammenhänge, die von Wissenschaftlern behauptet werden. Sie sind aus der Sicht der Lernenden allerdings nur in jener Bildungsstätte zu verwenden, der sie gerade angehören. Dort werden sie gelehrt und deren Kenntnis überprüft; Beziehungen zu alltäglichen Ereignissen werden nicht gesehen. Andererseits sind Zusammenhänge bekannt, die im „wirklichen Leben" angewandt werden können. Die von *Professor Barnett* dargestellten angeblich wissenschaftlich fundierten Zusammenhänge dürften die Studierenden jedenfalls nicht veranlaßt haben, im Falle ihrer eigenen Unterrichtsgestaltung auf den Lehrervortrag zu verzichten, jedenfalls solange nicht, wie *Professor Barnett* nicht noch zusätzliche Maßnahmen ergreifen würde, um seine Zuhörer doch noch zu einer „konzeptuellen Veränderung" zu veranlassen.

Die Beobachtungen von Holt-Reynolds stehen möglicherweise auch damit im Zusammenhang, daß die von ihr Befragten allgemein Schwierigkeiten hatten, neue Informationen angemessen zu verarbeiten. Studien mit amerikanischen

Studierenden haben ergeben, daß es vielen nicht gelingt, Kernaussagen wissenschaftlicher Texte richtig herauszuarbeiten. Dennoch glauben sie *fälschlich*, eine Darstellung vollkommen verstanden zu haben (Pressley et al., 1992). Die mehrfach an Lernende gestellte Frage, ob ihnen vorangegangene Ausführungen klar geworden sind, kann deshalb nicht den erwünschten Aufschluß liefern. Selbst Studierende, die im Vergleich zu ihren Kommilitonen über gute Verarbeitungsstrategien verfügen, lernen in einem auffallend hohen Umfang dargebotene Informationen nur mechanisch – sie „ziehen sich den Stoff 'rein", anstatt sich um ein tieferes Verständnis zu bemühen (Wade et al., 1990).

1.3.3 Über die Akzeptanz wissenschaftlicher Erkenntnisse

Die von Diane Holt-Reynolds befragten Studierenden erklärten, daß sie keineswegs allen ihnen mitgeteilten wissenschaftlichen Erkenntnissen zustimmen könnten. Sie offenbarten eine ausgeprägte Tendenz, an ihren vorliegenden Überzeugungen festzuhalten. *Professor Barnett* hatte ihnen zum einen Zusammenhänge dargestellt, die sie akzeptieren konnten, weil sie in Übereinstimmung mit ihrem Vorwissen standen. Er berichtete zum anderen auch über „wissenschaftliche Erkenntnisse", die ihren eigenen Erfahrungen widersprachen. Solche mit ihrem Vorwissen nicht zu vereinbarenden Befunde wiesen die Studierenden zurück. Ihre Ablehnung brachten sie allerdings nicht in offenen Diskussionen zum Ausdruck; sie sprachen nur deshalb darüber, weil Holt-Reynolds sie eingehend befragt hatte. Es muß damit gerechnet werden, daß Studierende im Verlauf ihres Studiums eine Vielzahl „wissenschaftlicher Erkenntnisse" aufnehmen, die sie sich nur deshalb merken, weil in Prüfungen danach gefragt werden könnte. Wie unkritisch sich Studierende gegenüber dargestellten wissenschaftlichen Befunden verhalten können, wenn sie nur oberflächlich verarbeitet werden, zeigte sich in einer Untersuchung von Lili Wong (1987).

Wong beteiligte an ihrer Studie Studierende der Ingenieurwissenschaften und der Psychologie, Lehrerstudierende sowie ausgebildete Lehrer. Der einen Hälfte ihrer Versuchspersonen stellte sie u. a. folgendes „wissenschaftliches Untersuchungsergebnis" vor:

> In ersten bis neunten Schuljahren fand man, daß Schüler mit besseren Leistungstestergebnissen aus Klassen stammten, in denen Lehrer unterrichteten, die ein verhältnismäßig geringes Maß an Kontrolle ausübten und die ihren Schülern ziemlich viel Freiheit bei der Wahl ihrer Unterrichtsaktivitäten boten.

Die Befragten waren offenkundig nicht herausgefordert, dieses Ergebnis mit ihrem Vorwissen zu vergleichen. Sie haben es deshalb mit Sicherheit nur vergleichsweise oberflächlich verarbeitet. Auf Befragen erklärten sie in hoher Einmütigkeit, daß ein solches Untersuchungsergebnis *offenkundig* war. Wie wenig man sich mit dem dargestellten Zusammenhang wirklich auseinandersetzen mußte, um zu einem derartigen Urteil zu gelangen, ergibt sich ebenfalls aus den Befunden der Untersuchung Wongs. Der anderen Hälfte ihrer Versuchspersonen legte sie nämlich jeweils den entgegengesetzten Befund vor. So gab sie ihnen u. a. folgende Untersuchungsergebnis zur Kenntnis:

> In ersten bis neunten Schuljahren fand man, daß Schüler mit besseren Leistungstestergebnissen aus Klassen stammten, in denen Lehrer unterrichteten, die ein verhältnismäßig hohes Maß an Kontrolle ausübten und die ihren Schülern ziemlich wenig Freiheit bei der Wahl ihrer Unterrichtsaktivitäten boten.

Auch diese Feststellung, die sich übrigens auf ein Forschungsergebnis der Pädagogischen Psychologie stützt, hielten die Befragten für *offenkundig*. Der Wissenschaft, so mögen die Befragten stillschweigend gedacht haben, ist jedes Untersuchungsergebnis zuzutrauen. Wong zog jedenfalls aus ihrer Untersuchung den Schluß, „daß Menschen zwischen tatsächlichen Befunden und ihrem jeweiligen Gegenteil nicht unterscheiden können". Diese Feststellung trifft wahrscheinlich in dieser Allgemeinheit nicht zu. Die von ihr befragten Studierenden akzeptierten die dargestellten Befunde vermutlich nur, weil sie nicht zu einer tieferen Verarbeitung herausgefordert worden sind. Dies war auch kaum möglich, denn Aussagen wie etwa „hohes" oder „geringes Maß an Kontrolle" bzw. „viel" oder „wenig Freiheit bei der Bestimmung von Unterrichtsaktivitäten" waren viel zu abstrakt formuliert, als daß sie mit eigenen Erfahrungen in Verbindung gebracht werden konnten. Wenn man keine Grundlage sieht, dargestellte Ergebnisse mit seinem Vorwissen in Beziehung zu setzen, ist man offenbar bereit, Befunde von Wissenschaftlern sehr wohl für möglich zu halten. Mit einer solchen Zustimmung ist schließlich kein Risiko verbunden, denn eine Orientierung für das eigene Verhalten geben solche Befunde ohnehin nicht. Mit einer tieferen Verarbeitung wissenschaftlicher Erkenntnisse ist nur zu rechnen, wenn Lehrende sich nicht auf das Mitteilen beschränken, sondern die Anwendung von Strategien herausfordern, die später eingehender dargestellt werden sollen (s. S. 277f.).

1.4 Voraussetzungen effektiver Unterrichtsarbeit

Einem Lehrer fällt die Aufgabe zu, seinen Schülern dabei zu helfen, Neues zu lernen und deren Entwicklung in erwünschte Richtungen zu lenken. Je besser es ihm gelingt, diese Ziele zu erreichen, desto effektiver muß seine Unterrichtsarbeit sein. Wovon hängt es aber ab, ob er eine effektive Unterrichtsarbeit leisten kann? Muß er eine natürliche pädagogische Begabung besitzen? Welche Voraussetzungen für eine erfolgreiche Arbeit müssen vorliegen und auf welche kann die Pädagogische Psychologie fördernd Einfluß nehmen?

1.4.1 Erfolgreiches Unterrichten – Kunst oder Anwendung wissenschaftlicher Erkenntnisse?

In seinen Vorträgen für Lehrer beschäftigte sich William James (1899) vor etwa hundert Jahren u. a. mit der Frage, worauf erfolgreiches Unterrichten zurückzuführen sei. „Psychologie ist eine Wissenschaft", so erklärte er damals, „und Unterrichten ist eine Kunst." *Kunst* ist nach Nathaniel Gage (1985) „irgendein Prozeß oder Vorgang, dessen ungeheuerliche Komplexität ... den Prozeß im Prinzip zu etwas werden läßt, das nicht auf systematische Formeln zurückzuführen ist". Wenn Unterrichten tatsächlich eine „Kunst" sein sollte, müßte man der wissenschaftlichen Psychologie jegliche Berechtigung absprechen, sich mit Ratschlägen an den Lehrer zu wenden. Das träfe auch für den Fall zu, daß der Unterricht zwar der Forschung zugänglich wäre, diese aber nur Erkenntnisse vorzulegen hätte, die der Lehrer in seiner praktischen Arbeit doch nicht anwenden könnte. Abermals würde die Qualität des Unterrichts ausschließlich von der „Kunst" des Lehrers abhängen. Wäre es gerechtfertigt, die von James vor etwa einem Jahrhundert gegebenen Äußerungen auch heute noch vor Lehrern zu vertreten?

Qualifizierte Lehrer, die ihrem Förderungsauftrag empirisch nachweisbar besonders gut nachkommen, tun im Unterricht einiges, was ihnen nicht explizit im Rahmen der Lehrerausbildung vermittelt worden ist (Coker et al., 1980). Das was Lehrer im Klassenzimmer tun, ist auf ihre persönlichen Überzeugungen und auf ihr implizites Wissen über Lehren und Lernen zurückzuführen. Lehrer orientieren sich an Theorien, die nicht ausschließlich das beinhalten, was etwa in Lehrbüchern der Pädagogischen Psychologie oder in akademischen Lehrveranstaltungen mitgeteilt wird, sondern in großem Umfang auch aus Faustregeln, verallgemeinerten subjektiven Erfahrungen, Werten und Vorurteilen bestehen (Clark, 1988). Diese Wissensgrundlage, das ist nicht zu bezweifeln, gestattet es vielen Lehrern, erfolgreiche Unterrichtsarbeit zu leisten. Das sollte nicht überraschen, denn in sämtlichen Arbeitsgebieten besitzen Menschen, die Meisterleistungen erbringen, etwas, das der wissenschaftlichen Erforschung und damit zugleich einer sprachlichen Beschreibung entzogen ist. Warum sollte man nicht dieses „Etwas" als „Kunst" bezeichnen? Es ist allerdings das Ziel der Pädagogischen Psychologie, zunehmende Anteile dieser „künstlerischen" Tätigkeit wissenschaftlich zu erfassen. Vielleicht läßt sich immer noch die Hälfte der Aktivitäten, die von Lehrern in einem erfolgreichen Unterricht angeregt werden, seinen „künstlerischen" Fähigkeiten zuschreiben. Die andere Hälfte der zu treffenden Entscheidungen setzt entsprechend dieser Schätzung aber fundierte Kenntnisse voraus, die nicht ohne weiteres im Einklang mit dem „intuitiven" Wissen des Lehrers stehen (Coker et al., 1980).

Die Pädagogische Psychologie beteiligt sich daran, Lehrer mit diesem pädagogisch fundierten Wissen vertraut zu machen. Sie hilft beim Aufbau „technischer" Kenntnisse, die den Lehrer in die Lage versetzen sollen, seine Stunde angemessen zu planen, die Aktivitäten von zwanzig oder mehr Schülern zu koordinieren, einen motivierenden Einstieg in die Unterrichtsstunde zu bewerkstelligen, verständliche Fragen zu formulieren, Diskussionen zu leiten, Prüfungsaufgaben zu stellen usw. Kein Stundenablauf läßt sich aber exakt im voraus planen. Immer wieder treten im Klassenzimmer Ereignisse ein, die spontane Entscheidungen und Einfallsreichtum herausfordern. Kein Rezept sagt dem Lehrer, was er zu tun hat, wenn die Aufmerksamkeit seiner Schüler nachläßt, wann es Zeit ist, eine Diskussion zu beenden, wie er auf einen unangemessenen Zwischenruf eines Schülers reagieren sollte. Es ist die künstlerische Komponente des Unterrichten-Könnens, die es einem erfolgreichen Lehrer ermöglicht, solche Krisensituationen scheinbar routinehaft zu bewältigen. Sein Wissen sagt ihm zwar, was man in einem bestimmten Moment alles tun könnte und was man ebenso unterlassen sollte. Erst die Unterrichtskunst ermöglicht es einem Lehrer, das jeweils Richtige zu tun. Der Lehrer benötigt zusätzlich eine wissenschaftliche Grundlage, damit sich seine Unterrichtskunst entwickeln kann. Wenn im folgenden über einige Voraussetzungen des Lehrers informiert wird, effektiv zu unterrichten, dann ist zu bedenken, daß diese künstlerische Komponente unerläßlich ist, auch wenn nicht wiederholt auf ihre Bedeutung hingewiesen wird.

1.4.2 Wissensvoraussetzungen erfolgreicher Lehrer

Jeder kann aus seiner Schulzeit „gute" und „weniger gute" Lehrer benennen. Was aber kennzeichnet den Lehrer, von dem man als Schüler „mitgerissen" ist, an den man auch nach Schulabschluß gerne zurückdenkt? Ist ein „guter Lehrer" vor allem aufgrund bestimmter Persönlichkeitsmerkmale für seine Arbeit im Unterricht qualifiziert? Um die Jahrhundertwende fehlten noch Meßinstrumente, um die Intelligenz und andere Persönlichkeitsmerkmale befriedigend zu erfassen. Deshalb wurden in den ersten Untersuchungen Schüler gebeten, ihre „besten Lehrer" zu kennzeichnen (Kratz, 1896). In späteren Studien setzte man geschulte Beobachter ein. Ihren Protokollen ließ sich beispielsweise entnehmen, daß die sechs ausgeprägtesten Merkmale erfolgreicher Lehrer folgende waren: *gutes Urteilsvermögen, Selbstkontrolle, Besonnenheit, Begeisterungsfähigkeit, Ausstrahlungskraft* und *Anpassungsfähigkeit* (Charters & Waples, 1929). Solche Kennzeichnungen waren – zumindest aus heutiger Sicht – völlig unzureichend. Schwierigkeiten bereitet zudem die Frage, wie solche Merkmalslisten in der Lehrerausbildung berücksichtigt werden können. Die Suche nach überdauernden Persönlichkeitsmerkmalen geriet in eine Sackgasse. Neue Impulse gewann die Forschung erst, nachdem sich um die Mitte des zwanzigsten Jahrhunderts eine Einsicht durchsetzte, die Donald Medley (1979) wie folgt zusammengefaßt hat: „Es kommt mehr darauf an, was ein Lehrer *tut* und weniger, was er *ist*." Es hilft einem Lehrerstudierenden wenig, wenn er erfährt, wie er sein sollte. Es nützt ihm mehr, wenn man ihm mitteilt, was erfolgreiche Lehrer tun. Dieses Tun setzt allerdings entsprechendes Wissen voraus. Die Untersuchung erfolgreicher Lehrer führte zu der Erkenntnis, daß ihr herausragendes Wissen folgendermaßen zu klassifizieren ist (Shulman,

1986; Berliner, 1991): Ihr Handeln im Unterricht wird zum einen bestimmt von fundierten Fachkenntnissen und zum anderen von allgemeinem pädagogischen Wissen, das sich – daran ist hier noch einmal zu erinnern (s. S. 44f.) – zu jedem Zeitpunkt bis zu einem gewissen Grade der vollständigen Beschreibung durch die Wissenschaft entzieht.

1.4.2.1 Fundiertes Fachwissen und seine Bedeutung für die Aktivierung von Lernprozessen

Ein als herausragend zu bezeichnender Lehrer besitzt sehr gute *Fachkenntnisse*. Von Bedeutung ist dabei nicht nur der quantitative Aspekt, das heißt die Menge bekannter Fakten, sondern auch der Organisationsgrad dieses Wissens, denn davon hängt es ab, welche Beziehungen zwischen den Inhalten gesehen werden. Um beispielsweise die Unterrichtseinheit *Französische Revolution* unterrichten zu können, müssen nicht nur Jahreszahlen, Namen und markante Ereignisse präsent sein. Zusätzlich weiß der fachkompetente Lehrer, welche Ereignisse die Revolution auslösten, welche Folgen dieses Ereignis auf nachfolgende Geschehnisse ausübte und vieles mehr. Das von herausragenden Lehrern erworbene Fachwissen hat sich meist im Verlaufe vieler Jahre entwickelt, weil die Auseinandersetzung mit dem jeweiligen Fach unter sehr hoher Motivation, quasi als Hobby, betrieben worden ist.

Mit dem Fachwissen – mag dieses mehr oder wenig umfangreich, stärker oder schwächer organisiert sein – ist zunächst erst eine, wenn auch unerläßliche Voraussetzung gegeben, um unterrichten zu können. Um die jeweiligen Lernziele zu erreichen, muß der Lehrer die Informationen so darstellen, daß seine Schüler sie verarbeiten können. Diese Aufgabe ist in unteren Schulstufen anders zu bewältigen als in mittleren oder höheren Schulstufen. So ist etwa der Begriff *Säugetier* an ältere Schüler nicht ebenso heranzutragen wie an jüngere (Kauchak & Eggen, 1993). In unteren Klassenstufen bedient sich der Lehrer vielleicht lebender Tiere (z. B. eines Meerschweinchens) oder bildlicher Darstellungen, um Merkmale wie „mit Haaren bedeckt" oder „warmblütig" herauszustellen. Etwas ältere Schüler lernen im Unterricht zusätzliche Merkmale kennen, wie z. B. „vorgeburtliche Entwicklung" oder „Herz mit vier Kammern", während der Lehrer in höheren Klassenstufen darüber diskutieren kann, wie sich Säugetiere an ihre Umwelt anpassen, und wie sich primitive Säugetiere von höher entwickelten in ihrer Lebensweise unterscheiden. Derselbe Begriff muß auf jeder Schulstufe anders dargestellt werden, damit dem Erfahrungshintergrund, dem Verständnisniveau und den Interessen der jeweiligen Schüler Rechnung getragen werden kann. Grundsätzlich ist sowohl bei jüngeren als auch bei älteren Lernenden mit Verständnisschwierigkeiten zu rechnen. Ob der Lehrer diesen erfolgreich entgegenwirken kann, hängt ganz entscheidend davon ab, wie fundiert sein Fachwissen ist. Weiß er überhaupt, worauf die Schwierigkeiten des Lernenden zurückzuführen sind? Fehlerhafte Antworten von Lernenden geben dem unerfahrenen Lehrer verhältnismäßig wenige

Aufschlüsse, denn dieser klassifiziert sie zumeist ziemlich einheitlich: Die Antworten sind falsch. Infolge ihrer umfassenden Kenntnisse wissen Lehrer mit hoher Fachkompetenz demgegenüber ziemlich treffsicher, welches Mißverständnis beobachtete Fehler anzeigen und auf welche fehlende Lernvoraussetzungen sie hinweisen. Deshalb besitzen diese Lehrer bessere Möglichkeiten, ihren Schülern bei der Überwindung von Schwierigkeiten zu helfen (Leinhardt, 1988).

Lehrer, die ein tiefes Verständnis für die zu lehrenden Inhalte haben, treten ihren Schülern nicht nur selbstsicherer entgegen, ihnen fallen anscheinend mühelos anschaulichere Beispiele und Vergleiche ein. Sie können sich bei ihren Erläuterungen auch klarer ausdrücken (Cruickshank, 1985). Mangelnde sprachliche Klarheit entsteht, wenn ein Lehrer vage Begriffe (irgendwie, ungefähr) verwendet oder Feststellungen trifft, die gar nicht überprüft worden sind („Wie ihr alle wißt ..."), wenn also Kenntnisse vorausgesetzt werden, die nicht vorhanden sind. Es fördert demgegenüber die Klarheit, wenn er wesentliche Informationen mehrfach wiederholt oder Beziehungen zwischen früheren und späteren Inhalten des Unterrichts herstellt (McCaleb & White, 1980).

1.4.2.2 Allgemeines pädagogisches Wissen

Heute ist es an Universitäten keineswegs selbstverständlich, als Voraussetzung für eine Lehrtätigkeit sowohl fachliches Wissen als auch pädagogische Qualifikationen anzuerkennen. Studenten, die sich auf die Erste Lehrerprüfung vorbereiten, beschäftigen sich zwar intensiv mit ihren Fächern, in denen sie später unterrichten wollen, aber nur mehr oder weniger beiläufig mit Inhalten der Erziehungswissenschaften, deren Bezug zum Erziehungsalltag unter Umständen kaum oder überhaupt nicht mehr sichtbar wird. Es stellt zweifellos eine unglückliche Entwicklung dar, daß pädagogisches Wissen in der akademischen Lehrerbildung für weniger bedeutsam, möglicherweise sogar für überflüssig angesehen wird. Befürworter eines schulpädagogischen Studiums, das sich zum Ziel setzt, unterrichtliches Können zu fördern, können sich auf eine längere Tradition berufen, denn an Universitäten des Mittelalters war man sich sehr wohl bewußt, daß Fachwissen und pädagogische Kenntnisse zusammengehören. Im Rahmen seines Doktorexamens hatte der Kandidat zunächst einen kurzen Vortrag zu halten. Seine Thesen mußte er anschließend gegenüber kritischen Studenten verteidigen (in der sogenannten Disputation). Ein tieferes Verständnis für die Thematik der eigenen Arbeit hatte demonstriert, wer sich in dieser Lehrsituation (die aus Vortrag *und* kritischer Diskussion bestand) behaupten konnte (Ong, 1958).

Ein Lehrender muß fundiertes Fachwissen besitzen und in der Lage sein, dieses in verständliche Darstellungsformen umzusetzen. Er muß zusätzlich Kenntnisse über die Gestaltungsmöglichkeiten von Unterricht besitzen. In der Regel steht ein Lehrer einer größeren Anzahl von Schülern gegenüber. Wie soll er sein Fachwissen erfolgreich an sie herantragen, wenn er nicht weiß, wie das

Verhalten von zwanzig oder dreißig Lernenden zu kontrollieren ist? Hervorragendes Fachwissen, etwa in Chemie oder Physik, reicht jedenfalls nicht aus, die Schüler entsprechend zu fördern. Wenn man das fachliche Können von Lehrern, die in den Naturwissenschaften unterrichten, mit den Leistungsfortschritten ihrer Schüler vergleicht, dann findet man nur einen mäßigen Zusammenhang (Druva & Anderson, 1983). Zu einem „guten" Lehrer gehört also mehr also nur fachliche Kompetenz. Was könnte dieses „Mehr" sein? Lehrern, die von Kollegen ziemlich übereinstimmend wegen ihres guten Unterrichts benannt werden, gelingt es außerordentlich schnell und sicher, die vielfältigen Aktivitäten und Äußerungen in einem Klassenzimmer zu interpretieren und darauf entsprechend zu reagieren. Deshalb besitzen sie zumeist keine Schwierigkeiten, das Geschehen zu kontrollieren. Sie sind in der Lage, den Unterricht relativ effektiv weiterzuentwickeln (Carter et al., 1988). Die Überlegenheit dieser Lehrer zeigt sich – um an dieser Stelle nur ein Beispiel zu nennen – in der flexiblen Anwendung des Prinzips „Wartezeit". Einerseits wirkt es förderlich auf die kognitiven Prozesse eines Schülers, wenn dieser nach einer Lehrerfrage etwas Zeit (mehr als drei Sekunden) zum Nachdenken erhält (Rowe, 1974, 1986). Die Aktivitäten der übrigen Klassenmitglieder können andererseits aber auch schnell außer Kontrolle geraten, wenn der Ablauf des Unterrichts wiederholt durch Pausen unterbrochen wird. Das könnte der Fall sein, wenn der Lehrer zu lange auf die Antwort eines Schülers wartet (Kounin, 1970). Dem Anfänger bereitet es Schwierigkeiten, die Pause nach einer Frage den jeweiligen Umständen entsprechend zu dosieren. Der erfahrene Lehrer weiß dagegen durch Beachtung der aktuellen Klassensituation, welches die jeweils angemessene Wartezeit ist.

Das allgemeine pädagogische Wissen umfaßt Kenntnisse, die grundsätzlich in sämtlichen Unterrichtsfächern Anwendung finden, denn Aufgaben wie die Anregung der Lernmotivation, die Förderung des Behaltens durch geeignete Übungen, das Wechseln der Unterrichtsform, das Überprüfen der Schülerleistungen, die Koordinierung der Schüleraktivitäten usw. müssen alle Lehrer erfüllen. Dennoch wendet ein erfolgreicher Lehrer sein pädagogisches Wissen nicht unabhängig von seiner Fachkompetenz an. Man glaubte früher, daß ein guter Lehrer alle Voraussetzungen besäße, um in sämtlichen Fächern einen hervorragenden Unterricht zu erteilen. Diese Annahme hat sich jedoch inzwischen als Irrtum herausgestellt. Nach heutigem Verständnis kann ein Lehrer nur das Fach, eventuell die beiden Fächern sehr gut unterrichten, die er entsprechend beherrscht. Die starke Fachgebundenheit der Lehrqualifikation hat erhebliche Konsequenzen. So kann, wie David Berliner (1989) feststellt, ein Lehrer mit sehr guten Unterrichtsleistungen etwa im Fach Sozialwissenschaften seine Sachkenntnis nicht automatisch auf die Lehre der Mathematik übertragen. Ebensowenig ist damit zu rechnen, daß ein herausragender Lehrer, der wegen seines guten Unterrichts in einem sechsten Schuljahr bekannt ist, in einem 11. Schuljahr gleiche Erfolge erzielt. Die Lehrqualifikation ist eben in einem sehr hohen Maße zum einen abhängig vom Fach und – wie das zweite Beispiel zeigt – auch von der Klassenstufe!

1.4.3 Schaffung eines positiven Klassenklimas

Ein Blick in die einschlägige Literatur zeigt, daß Pädagogische Psychologen den Begriff „Klassenklima" nur selten oder überhaupt nicht verwenden. Es handelt sich nämlich um einen Begriff, der nicht eindeutig zu definieren ist. Auch die Feststellung, beim Klassenklima handelt es sich um die Gesamtheit der Einstellungen, der Gefühle und der Überzeugungen eines Schülers gegenüber der Lernumwelt (Hamachek, 1987), läßt den Begriff nicht viel klarer werden. Auf der Erlebnisebene haben Menschen jedoch selten Schwierigkeiten, zwischen unterschiedlichen Lernatmosphären zu unterscheiden. „Wenn das Klima positiv ist", so stellen Donald Kauchak und Paul Eggen (1993) fest, „fühlen Schüler sich wohl, sobald sie den Raum betreten, sie wissen, daß sie als Menschen in guter Obhut sind, und sie sind überzeugt, daß sie etwas Wertvolles lernen werden. Wenn das Klassenklima statt dessen negativ ist, sind die Schüler in der Klasse besorgt und sie zweifeln, daß die Unterrichtsstunden ihnen irgend etwas Wertvolles vermitteln werden." Der Pädagogischen Psychologie sollte es nicht gleichgültig sein, ob Schüler sich in der Klasse mehr oder weniger wohlfühlen, denn von diesem Klimafaktor hängt unter anderem ab, welche Leistungen in einer Klasse erbracht werden, ob der Lehrer Probleme mit der Disziplin haben wird, welche Erwartungen Schüler entwickeln, ob diese mit der Schule zufrieden sind und sogar, welche Einstellungen sie ihren Klassenkameraden entgegenbringen (Anderson, 1982). Ähnlich hat sich auch Ernst Benz (1983) geäußert: „In der Lehrerbildung an der Hochschule oder in der Fort- und Weiterbildung der Lehrer stand und steht die Frage nach dem geschicktesten didaktisch-methodischen Instrumentarium im Vordergrund, mit dem die Dominanz des Lehrers abgebaut, Selbsttätigkeit der Schüler aktiviert und ihre Motivation verstärkt werden kann. ... Solche Strategien", so erklärt Benz weiter, „sind sicherlich notwendig, genügen allein aber nicht. Ein Lehrer, der sie anwendet, ansonsten aber distanziert, rollenhaft und eventuell geringschätzig ist, seine personalen Anteile – wie auch die seiner Schüler – weitgehend ausklammert, wird letztlich keine konstruktiven Lernprozesse bewirken und keine vertrauensvolle Beziehung aufbauen können." Nach Kauchak und Eggen hängt das Klassenklima davon ab, wie stark der Lehrer am Leben seiner Schüler Anteil nimmt, in welchem Maße er für einen geordneten Ablauf des Unterrichtsgeschehens sorgen kann und welche Erwartungen er an die Lernenden heranträgt.

1.4.3.1 Mitmenschliches Interesse am Lernenden

Wenn ehemalige Schüler aufgefordert werden, Lehrer zu beschreiben, die bei ihnen einen tieferen Eindruck hinterlassen haben, dann wählen sie in der Regel jene aus, die ihnen ein mitmenschliches Interesse entgegengebracht haben. Vor allem humanistisch orientierte Pädagogen haben darauf hingewiesen, daß eine erfolgreiche Unterrichtsarbeit eine gute Lehrer-Schüler-Beziehung zur Voraussetzung hat. Diese Pädagogen erheben ihre Stimme um so vernehmlicher, weil sie Zeuge eines Wertewandels in der Gesellschaft gewesen sind. Während Befragungen aus dem Jahre 1958 noch ergaben, daß erzieherische Werte wie „Ordnung und Disziplin" sowie „Achtung vor dem Mitmenschen" einen höheren Rangwert erhielten als „vielseitiges Wissen", hatte sich das Verhältnis bereits 20 Jahre später erheblich verändert. Im Jahre 1979 meinten die Befragten, wichtigste Ziele für die Schule seien, daß dort „Kenntnisse für den Beruf" und „vielseitiges Wissen" vermittelt würden (Meulemann, 1982). Ist tatsächlich mit besseren Lernergebnissen zu rechnen, wenn großer Wert auf gute sozial-emotionale Beziehungen, auf „Achtung vor dem Mitmenschen" gelegt wird? Wie Don Hamachek (1987) feststellt, besteht nach vorliegenden Untersuchungsergebnissen keine Berechtigung für die Behauptung, daß in Klassenzimmern, in denen Lehrer großen Wert auf die Entwicklung guter sozial-emotionaler Beziehungen legen, mehr gelernt wird als in anderen, in denen die Wissensvermittlung im Vordergrund steht. Gesichert sei aber, „daß Schüler zumindest gleich viel lernen und – darüber hinaus – nicht nur gegenüber dem, was sie gelernt haben, sondern auch gegenüber sich selbst eine bessere Einstellung besitzen".

Was tun Lehrer, die sich nicht darauf beschränken, nur das Leistungsverhalten ihrer Schüler anzuregen und zu bewerten? Ein Lehrer, den seine Schüler wegen seiner mitmenschlichen Qualitäten besonders schätzten, antwortete auf diese Frage, Schüler müssen wissen, daß er ihnen etwas Nettes sagt, wenn sie das Klassenzimmer betreten. Sie müssen wissen, daß sie sich an ihn wenden können, wenn sie Probleme haben und kein anderer da ist, an den sie sich wenden können. Sie sollen das Gefühl haben, daß sie sich ihm gegenüber öffnen können, um mit ihm ihre Sorgen teilen zu können, die sie sonst mit niemandem besprechen können (Dillon, 1989). Mitmenschliche Anteilnahme eines Lehrers kann sich aber nicht nur offenbaren, wenn seine Schüler Probleme haben. Häufig ist es nur ein freundliches Lächeln oder eine nette Begrüßung, eine Stellungnahme zum neuen Pullover oder zum veränderten Haarschnitt, was dem Schüler signalisiert, daß der Lehrer an ihm als Mensch Interesse hat. Der Lehrer bringt durch solche Äußerungen zum Ausdruck, daß ihm das Wohl des einzelnen „am Herzen" liegt. Es wäre ein Mißverständnis, wenn gefolgert würde, daß diese Anteilnahme nur gegenüber Grundschulkindern zum Ausdruck zu bringen ist. Jugendliche und Erwachsene legen den gleichen Wert darauf, nicht nur als Lernmaschinen, sondern ebenso als Menschen von ihren Lehrenden anerkannt zu werden.

Während die „Lernmaschine" ausschließlich fremdbestimmt ist, beansprucht der Schüler stets einen bestimmten Freiraum für seine Selbstbestimmung. Die Fähigkeit zur Selbstbestimmung ist ein wünschenswertes Ziel, das von einem frühen Lebensalter an der pädagogischen Förderung bedarf, damit sie sich entwickeln kann; sie kann aber nicht, wie einst in der *Summerhill-Schule,* von vornherein als gegeben vorausgesetzt werden.

1.4.3.2 Eindeutige Erwartungen an Lernende in einer verständnisvollen Atmosphäre

In der englischen Schule *Summerhill*, deren Erziehungsphilosophie vor allem in den sechziger Jahren weithin heftige Diskussionen auslöste, hatte man sich besonders nachdrücklich dagegen gewandt, die Freiheit des Kindes einzuengen. So erklärte der Leiter dieses „revolutionären Beispiels einer freien Schule": „Nach meiner Ansicht ist das Kind von Natur aus verständig und realistisch. Sich selbst überlassen und unbeeinflußt von Erwachsenen entwickelt es sich entsprechend seiner Möglichkeiten" (Neill, 1960). Ist cs aber so, daß derjenige Lehrer seinem Förderungsauftrag tatsächlich in bestmöglicher Weise nachkommt, der sich um eine freundliche, liebevolle Atmosphäre im Klassenzimmer bemüht und seinen Schülern gleichzeitig ein Höchstmaß an Entscheidungsfreiheit zugesteht? Wie Hamachek (1987) hervorhebt, haben die geistigen Väter *Summerhills*, also vor allem Abraham Maslow (1962, 1970) und Carl Rogers (1961, 1980), nie erklärt, daß es völlig unwichtig sei, als Lehrer hartes Arbeiten von seinen Schülern zu erwarten, und daß es vielmehr darauf ankäme, ein warmherziger und freundlicher Mensch zu sein. Die Ergebnisse von *Summerhill* würden für eine solche Behauptung auch keinen Anlaß liefern. Von elf befragten Eltern, die diese Schule besucht hatten, waren nur drei bereit, ihre eigenen Kinder wiederum nach *Summerhill* zu schicken, und diese drei nahmen ihre Söhne und Töchter von dieser Schule, bevor sie das dreizehnte Lebensjahr erreicht hatten. Diese Eltern bemängelten nämlich, daß zu wenig Wert auf Leistungsanforderungen gelegt würde (Bernstein, 1968).

Der in der *Summerhill*-Schule praktizierte Lehr- und Erziehungsstil besitzt viele Kennzeichen eines Laissez-faire-Stils. Einen solchen Stil hat Diana Baumrind (1971, 1991) auch bei Eltern gefunden. Diese waren bemüht, das Verhalten ihrer Kinder so wenig wie möglich zu kontrollieren. Ein überwiegendes Gewähren-lassen findet man bei Eltern, denen es entweder gleichgültig ist, was ihre Kinder tun, oder die einfach zu sehr mit anderen Aufgaben beschäftigt sind. Der Laissez-faire-Stil kann aber auch, wie im Fall der *Summerhill*-Schule, von der Überzeugung getragen sein, daß Kinder ein hohes Maß an Selbständigkeit und Kreativität entwickeln, wenn sie über einen großen Freiraum verfügen. Eltern dieser letzten Kategorie sind bemüht, zu ihren Kindern ein liebevolles Verhältnis zu entwickeln; Bestrafungen kommen praktisch nicht vor. Erwartungen und Anforderungen werden kaum an die Söhne und Töchter herangetragen. Die unter einem Laissez-faire-Stil aufgewachsenen Kinder sind nach Baumrinds Beobachtungen tatsächlich aber häufig unzufrieden. Sie zeigen eine hohe Abhängigkeit von anderen, und ihr Selbstwertgefühl ist eher gering! Baumrind hat bei ihren Studien in Elternhäusern nicht nur Verhaltensweisen gefunden, die sie als laissez-faire *(permissive)* bezeichnet, sondern zusätzlich Väter und Mütter entdeckt, deren Interaktionsstil sie als autoritär und autoritativ kennzeichnet. Eine Übersicht findet sich in Tabelle 1.2.

Tabelle 1.2:
Elterliche Interaktionsstile nach Diana Baumrind

Erziehungsstil	Kennzeichen der Eltern	Merkmale des Kindes
Laissez-faire	Gewährung großer Freiräume. Akzeptierend und gesprächsbereit. Kaum Erwartungen und Anforderungen an die Kinder. Praktisch keine Bestrafungen für Fehlverhalten.	Unreifes Verhalten. Geringe Selbstkontrolle, ängstlich, impulsiv. Anspruchsvoll gegenüber den Eltern.
Autoritär	Emotionale Kälte. Forderung nach striktem Gehorsam und nach Anpassung. Keine Erklärung für Anordnungen. Bestrafung bei Mißachtung.	Vergleichsweise unselbständig, zurückgezogen und unzufrieden. Geringe Neugier- und Leistungsmotivation. Geringes Selbstwertgefühl. Sehr mißtrauisch.
Autoritativ	Einflußnahme auf kindliches Verhalten durch klare Regeln und Standards. Hohe Wertschätzung von Disziplin und Selbständigkeit. Konsequenz in Erziehungsmaßnahmen. Bereitschaft, Anordnung mit Kindern zu diskutieren. Trotz klarer Erwartungen besteht emotionale Wärme.	Selbstsicher bei Auseinandersetzung mit neuen Aufgaben, ausdauernd. Gesundes Selbstvertrauen. Zufrieden. Bereitschaft zum Risiko.

Bei einem autoritären Stil herrscht demgegenüber die Überzeugung vor, daß Gehorsam ein erwünschtes Erziehungsziel darstellt. Unter diesen Bedingungen empfängt das Kind viele Anordnungen, die zumeist strikt und ohne Begründung gegeben werden. Bei Mißachtung der elterlichen Autorität muß mit Bestrafungen gerechnet werden. Vielfach geht die hohe Kontrollfunktion des autoritären Erziehungsstils mit emotionaler Kälte einher (Tausch & Tausch, 1991).

Baumrind hat in ihren Studien schließlich elterliche Erziehungsstile entdeckt, die sie als *autoritativ* bezeichnet. In deutlicher Abhebung zum autoritären Stil, unter dem es für Anordnungen der Eltern keinerlei Erklärungen oder gar Rechtfertigungen bedarf, finden unter autoritativen häuslichen Bedingungen sehr wohl Diskussionen statt. Autoritative Eltern sind nämlich bemüht, bei ihren Kindern möglichst volles Verständnis für erzieherische Maßnahmen zu erreichen. Kindern und Jugendlichen wird zudem gestattet, verbal ihre Unzufriedenheit über die erfolgten Anordnungen zu äußern. Autoritative Eltern und Lehrer sind als liebevoll und kindzentriert zu kennzeichnen, aber sie haben auch klare Vorstellungen darüber, welches Verhalten als erwünscht gilt, und sie erwarten, daß diesen Vorstellungen entsprochen wird. Unter einem autoritativen Stil wird Kindern mehr Selbständigkeit und Unabhängigkeit zugestanden, sobald diese in der Lage sind, die damit verbundene höhere Verantwortung zu übernehmen. Aufgrund ihrer hohen Sensibilität gelingt es autoritativen Lehrern und Eltern in der Regel sehr gut, ihre Anforderungen optimal auf die sich ständig ändernden Fähigkeiten der Jungen und Mädchen abzustimmen. Wenn diese daraufhin Verhaltensweisen zeigen, die ein gesteigertes Maß an Selbstkontrolle zum Ausdruck bringen, honorieren Eltern und Lehrer dies mit hoher Wertschätzung (McCaslin & Murdock, 1991). Tatsächlich findet man bei Söhnen und Töchtern, die unter einem autoritativen Erziehungsstil aufge-

1.4 Voraussetzungen effektiver Unterrichtsarbeit

wachsen sind, mehr Selbständigkeit, ein höheres Maß an Unabhängigkeit, größere Selbstsicherheit und im Jugendalter mehr Risikobereitschaft als bei Kindern aus autoritären und Laissez-faire-Elternhäusern (Baumrind, 1987).

Wenn von Eltern und Lehrern klare Regeln für das Verhalten vorgegeben werden und die Folgen im Falle ihrer Beachtung oder Mißachtung zuverlässig vorhersehbar sind, entscheiden die Kinder über ihr Verhalten in Kenntnis der ihm jeweils folgenden Konsequenzen praktisch selbst; solche Erfahrungen begünstigen offenbar die Entwicklung von Selbstkontrolle. Ein Vergleich mag die Zusammenhänge verdeutlichen: In einem Land, das nur vage gehaltene Verkehrsregeln kennt, die von den Ordnungskräften sehr willkürlich ausgelegt werden, ist nicht mit selbstsicheren Verkehrsteilnehmern zu rechnen. Sie wissen in keinem Moment, welches Vergehen man ihnen im nächsten Moment vorwerfen könnte. Sofern ein Land dagegen eindeutige Verkehrsregeln vorgibt, auf deren Einhaltung großer Wert gelegt wird, besitzt jeder Autofahrer weitgehend Kontrolle darüber, ob und welche Strafmandate er sich einhandelt. Allerdings wird die Verkehrsüberwachung – und darin liegt ein Unterschied zu autoritativen Eltern und Lehrern – kaum Maßnahmen ergreifen, durch die den Teilnehmern am Straßenverkehr zunehmend Selbstverantwortung zugestanden werden kann, die – wenn sie gezeigt wird – mit jeweils angemessener Wertschätzung honoriert wird.

Untersuchungen bei Lehrern, die Schüler vergleichsweise gut fördern, haben auch für den Bereich der Schule die positiven Wirkungen eines autoritativen Stils belegt. Solche Lehrerinnen und Lehrer sind sehr erfolgreich in der Bewahrung von Ordnung im Klassenzimmer. In einer Lerngruppe kann kein Gefühl der Sicherheit entstehen, wenn man in jedem Moment mit überraschenden Ereignissen rechnen muß. Wenn der Lärm so stark wird, daß die Mitglieder einer Klasse nichts mehr verstehen können, wenn häufiges Umherlaufen einzelner Klassenmitglieder die Aufmerksamkeit ablenkt, kann kein Lernen mehr stattfinden. Ein Lehrer, dem es nicht gelingt, Ordnung im Klassenzimmer zu bewahren, besitzt offenkundig Schwächen im „Management" von Lerngruppen, denen er unbedingt entgegenwirken muß, damit er seinem Unterrichtsauftrag nachkommen kann. Schüler, sowohl langsamer als auch schneller Lernende, können nicht angemessen gefördert werden, wenn ihnen unklar bleibt, was sie zu erwarten haben und was von ihnen erwartet wird (Doyle, 1986). Erfolgreiche Lehrer stellen weiterhin hohe Leistungsanforderungen. „Wenn wir unseren Kindern wirklich helfen wollen", so erklärt etwa Robert Sternberg (1996), „dann müssen wir nicht nur von hohen Standards reden, sondern sie auch durchsetzen". Erfolgreiche Lehrer zeigen Anerkennung für gute Arbeitsergebnisse und bringen gegenüber ihren Schülern zum Ausdruck, daß sie jederzeit Hilfen geben, wenn sie diese benötigen. Für effektive Lehrer ist kennzeichnend, daß sie freundliches und verständnisvolles Entgegenkommen sehr wohl mit hohen Erwartungen an ihre Schüler verbinden können (Good & Brophy, 1986; Rutter et al., 1979). In Klassen, in denen Lehrer unsicher auftreten, eventuell auch noch Unzufriedenheit äußern und in denen Schülern gleichzeitig zu große Freiräume eingeräumt werden, die diese nicht zu nutzen wissen, finden sich dagegen nur verhältnismäßig niedrige Leistungsniveaus (Wubbels et al., 1991).

1.4.4 Aufbau der nachfolgenden Kapitel

In einem Buch, welches das Lernen in den Mittelpunkt der Betrachtung rückt, stellt sich in *Kapitel 2* zunächst die klassische Frage nach dem Einfluß von „Anlage und Umwelt", über die auch in der Gegenwart Wissenschaftler immer noch sehr kontrovers diskutieren. Im nachfolgenden Abschnitt wird herausgearbeitet, daß Anlage- und Umweltfaktoren stets zusammenwirken. Entschieden wird der Aussage entgegen getreten, daß es irgendeinen Menschen auf dieser Welt gäbe, bei dem sich pädagogisches Engagement nicht lohnen würde, weil seine Genausstattung dem Lernfortschritt zu enge Grenzen setze. Solche Auffassungen finden sich in dem Monumentalwerk des einflußreichen schweizer Entwicklungspsychologen Jean Piaget nicht. Er sah nur die Gefahr, daß Eltern und Lehrer zu hohe Anforderungen zu früh an Kinder und Jugendliche herantragen könnten. Einige pädagogisch psychologisch relevante Erkenntnisse Piagets werden thematisiert und diskutiert.

Die Vorstellungen Piagets von der Denkentwicklung haben vor allem auch unter Pädagogen weithin Beachtung gefunden. Dennoch ist das Wissen über die menschlichen Kognitionen und über die Möglichkeiten ihrer Förderung in der Zeit nach Piagets Tod (1980) soweit vorangekommen, daß die ihm nachfolgende Generation von Wissenschaftlern „vieles von dem prächtigen Gebäude", das Piaget in Jahrzehnten arbeitsintensiver Forschung errichtete, „niedergerissen" hat (Gardner et al., 1996). Wie nunmehr das „Gebäude" aussieht, in dessen Renovierung auch viele Vorstellungen von Lew Wygotski eingeflossen sind, wird in Kapitel 2 ebenfalls dargestellt.

Vor dem Hintergrund seiner besonderen Vorstellung von Entwicklung gibt Piaget nur wenig Einblicke in die kognitiven Prozesse, die bei Auseinandersetzung mit Problemsituationen ablaufen. Wie ist es beispielsweise zu erklären, daß einem Kind die Lösung einer Aufgabe mißlingt, die von der Mehrheit Gleichaltriger bewältigt wird? Das von Piaget hinterlassene Erklärungsdefizit ist von kognitiven Psychologen informationstheoretischer Orientierung aufgefüllt worden. Über ihre Beiträge wird in *Kapitel 4* ausführlicher berichtet. Ihnen ist zu entnehmen, wie ein Mensch Informationen aufnimmt, verarbeitet, speichert und bei Bedarf wieder abruft. Die Kenntnis und – günstigstenfalls – Möglichkeit zur Steuerung dieser Prozesse ist für eine erfolgreiche Lehre, auch für die „Selbst-Lehre", unverzichtbar.

Die ersten Psychologen kognitiver Orientierung sahen viele Ähnlichkeiten zwischen einem Computer, der als Maschine passiv bleibt, und einem Menschen, dessen Verhalten beispielsweise auch Skinner kontrollieren wollte. Zumindest die frühen Psychologen informationstheoretischer Ausrichtung wur-

1.4 Voraussetzungen effektiver Unterrichtsarbeit

zeln deshalb in der Tradition der Behavioristen, deren klassische Lerntheorien in *Kapitel 3* vorgestellt werden. Während der 1960er Jahre sind auch Unterrichtskonzeptionen sehr stark von behavioristisch orientierten Psychologen und Pädagogen beeinflußt worden. Ihre Lerntheorien gehören sogar noch heute zu den Grundlagen der Pädagogischen Psychologie, allerdings weniger, weil von ihnen weiterhin einflußreiche Impulse ausgehen, sondern mehr, weil kritische Diskussionen über Lernen und Lehrern häufig die Kenntnis behavioristischer Begriffe und deren Zusammenhänge voraussetzen.

Das wohl wichtigste Globalziel der Schule besteht darin, bei den ihr anvertrauten Schülerinnen und Schülern die Voraussetzungen zur Bewältigung von Problemen zu entwickeln, wie sie außerhalb des Klassenzimmers vorkommen können. Weit verbreitet ist die Überzeugung, daß es dazu lediglich intellektueller Fähigkeiten bedarf. Über Jahrzehnte hinweg haben Testpsychologen Vorstellungen von der menschlichen Intelligenz entwickelt, die aus heutiger Sicht heftig kritisiert werden müssen, denn ihnen ging es mehr um Selektion als um Förderung. In *Kapitel 5* wird deshalb eine Konzeption von „Intelligenz" vorgestellt, die pädagogischen Interessen zumindest entgegenkommt. Weitere Themen dieses Kapitels sind Erkenntnisse aus der Experten-Novizen-Forschung, die zweifellos auch die Konzeptionen von Unterricht mitbestimmt haben. Im weiteren Abschnitten dieses Kapitels werden ausführlicher die von Konstruktivisten aufgezeigten Möglichkeiten dargestellt und erläutert, konzeptuelle Veränderungen zu erreichen. Ist aber das, was im Kontext Klassenzimmer gelernt wird, wenigstens bis zu einem gewissen Grade auf außerschulische Situationen zu übertragen? Diese Frage steht im Mittelpunkt der Transferforschung. Den Ausführungen des Kapitels 5 ist zu entnehmen, daß ein solcher Transfer nicht so leicht erfolgt, wie Lehrende wohl im allgemeinen – zumindest implizit – annehmen. Dennoch lassen sich immerhin Ratschläge geben, wie dem unzureichenden Transfer, dem „trägen Wissen", entgegengewirkt werden kann.

Es stellt fast schon eine Art Binsenweisheit dar, daß Unterrichten nur erfolgreich sein kann, wenn es dem Lehrer gelingt, die Lernmotivation anzuregen. *Kapitel 6* zeigt auf, daß eine Schule, die eine Orientierung an Darstellungszielen nahelegt, ihrem Auftrag nur unzureichend nachkommt, denn dabei findet Lernen – noch nicht einmal bei sämtlichen Schülern – allenfalls „nebenbei" statt. Deshalb wird dafür plädiert, eine Orientierung an Lernzielen zu erreichen, unter der es allein sinnvoll erscheint, die Neugier des Lernenden anzuregen und möglichst aufrechtzuerhalten. Über förderliche Bedingungen der Neugiermotivation informiert Kapitel 6 ebenfalls. Weiterhin wird auf die negativen Folgen eines Unterrichts hingewiesen, der die Schüler einer Klasse überwiegend oder sogar ausschließlich zum Wettstreit untereinander herausfordert. Statt Rivalität zu schüren, sollten Schüler zum kooperativen Lernen angeregt werden.

Während die Kapitel 1 bis 6 überwiegend über das Lernen und seine Bedingungen informieren, wird *Kapitel 7* sich weitgehend mit der Diagnostik dieser Prozesse sowie ihrer Ergebnisse beschäftigen. Dabei wird herausgearbeitet, daß die Autoren herkömmlicher – auch in der Schule weiterhin verwendeter – standardisierter Schultests implizit von behavioristischen Vorstellungen des Lernens ausgehen. Die Konstrukteure solcher Instrumente lassen sich offenbar von der Überzeugung leiten, daß alle Lernenden den gleichen vom Lehrer kontrollierten Weg zum Ziel gehen. Deshalb bestehen nach dieser Sichtweise auch keine Bedenken, individuelle Lernleistungen mit denen einer Bezugsgruppe zu vergleichen. Aus konstruktivistischer Sicht ist diese Vorgehensweise zu kritisieren, weil davon ausgegangen wird, daß jeder Lernende sein Verständnis vor dem Hintergrund seiner jeweils einmaligen Erfahrungen konstruiert und das heißt gleichzeitig auch, daß er individuelle Lernwege geht. Nach dieser Konzeption verschwimmt die Unterscheidung zwischen Diagnostik und Lernen. Die neuen Verfahren, die verstärkt Anwendung durch Lehrende finden sollten, lassen sich unter dem Begriff der „alternativen pädagogischen Diagnostik" einordnen. Die ausführliche Darstellung eines solchen Verfahrens soll das Anliegen dieses Lehrbuches der Pädagogischen Psychologie abrunden, dem Leser einen umfassenden Einblick in den aktuellen Erkenntnisstand des Lernens und Lehrens zu geben.

2. Kapitel: Pädagogische Förderung aus entwicklungspsychologischer Perspektive

Jede erfolgreiche Unterrichtsarbeit muß die jeweils vorliegenden Eingangsvoraussetzungen der Lernenden berücksichtigen. Ein dreijähriges Kind besitzt in der Regel noch nicht die Feinmotorik seiner Hand, um das Schreiben mit Bleistift und Papier ohne Schwierigkeiten zu erlernen. Ein Schulanfänger kann unter keinen Umständen die Laufgeschwindigkeit eines normalen Achtzehnjährigen erreichen. Solange man Beispiele aus der körperlichen Entwicklung auswählt, wird man bei seinen Feststellungen praktisch keinen Widerspruch erhalten. Lassen sich aber ebenso unproblematisch Alterszuordnungen im kognitiven Bereich treffen? In welchem Alter kann ein Kind verstehen, daß eine Flüssigkeitsmenge unverändert bleibt, wenn sie aus einem breiten in ein schmales Gefäß umgeschüttet wird? Wann können Jungen und Mädchen Aufgaben bewältigen, die etwa folgenden Größenvergleich fordern? „Peter ist kleiner als Karin, aber größer als Thorsten? Wer ist am größten?" Wie alt muß ein Mensch sein, um durch Experimentieren selbständig herausfinden zu können, wovon die Schwingungen eines Pendels abhängen: von der Länge der Schnur oder von der Größe des Gewichts oder von beiden?

Fragen der genannten Art machen deutlich, daß die Bestimmung der Eingangsvoraussetzungen eines Lernenden auch unter entwicklungspsychologischem Aspekt zu erfolgen hat. Seine außerordentlich gut entwickelte Lernfähigkeit verdankt der Mensch normalerweise seinen Erbanlagen. Welche Möglichkeiten und Grenzen werden aber von den Genen geschaffen? Jede pädagogische Theorie enthält explizit oder implizit stets auch Aussagen über das Anlage-Umwelt-Problem. Unter genetischer Kontrolle stehen ebenso Reifungsprozesse, die in maßgeblicher Weise Einfluß darauf nehmen, was ein Mensch in welchem Alter lernen kann. Wie wirken Reifungsprozesse und Umweltanregungen aber zusammen, damit beim Kind Lernprozesse stattfinden, die zu relativ dauerhaften Veränderungen führen? Kann das sich ständig erweiternde Wissen über Anlage- und Umwelteinwirkungen in absehbarer Zukunft möglicherweise noch bessere Erklärungen für die überall in der Welt nachgewiesene Tatsache liefern, daß sich Schüler gleichen Alters bezüglich ihrer Fähigkeiten, ihrer Interessen und zahlreicher weiterer Persönlichkeitsmerkmale nicht selten in beträchtlichem Maße von einander unterscheiden (Hanna, 1993)?

Das vorliegende Kapitel wird Lernen unter entwicklungspsychologischen Fragestellungen beleuchten. Zunächst ist darzustellen, wie das Zusammenwirken von Erbanlagen und Umweltanregungen aus pädagogisch-psychologischer Sicht verstanden werden kann. Sodann soll der Blick auf die außerordentlich einflußreiche Theorie Jean Piagets gerichtet werden. Piaget verstand sich als „genetischer Epistemologe". Als ein solcher studierte er, wie der Mensch zu seinem Wissen, zu seinen Erkenntnissen gelangt. Piaget war nicht nur selbst ein ungewöhnlich aktiver Wissenschaftler, er hat auch außerordentlich anregend auf die wissenschaftliche Diskussion gewirkt. Die Anzahl veröffentlichter Arbeiten, die sich in irgendeiner Weise kritisch mit seinen Beiträgen auseinandergesetzt haben, ist unübersehbar groß. Weder vor noch nach Piaget hat es jemals einen einzelnen Wissenschaftler gegeben, der durch seine Arbeiten einen vergleichbar großen Einfluß auf die Entwicklungspsychologie ausgeübt hätte (Beilin, 1992). Wegen dieses großen Einflusses sollte es nicht überraschen, daß seine Theorie inzwischen weiterentwickelt worden ist. Viele der von Piaget behaupteten Zusammenhänge konnten dabei einer kritischen Nachprüfung nicht standhalten.

2.1 Das Anlage-Umwelt-Problem: Von der Addition zur Interaktion

Am Anfang der Entwicklung eines jeden Organismus steht eine befruchtete Eizelle, auch Zygote genannt. Die menschliche Zygote enthält 23 Chromosomenpaare. Bei Betrachtung eines Chromosoms der Fruchtfliege Drosophila mit Hilfe eines Mikroskops erkennt man unterschiedlich schattierte Abschnitte, die vermutlich einzelne Gene markieren. Menschliche Chromosomen sind dagegen so dicht gepackt, daß einzelne Gene im Lichtmikroskop nicht mehr zu erkennen sind. Bei Genen handelt es sich um informationstragende Abschnitte auf einem Molekül, nämlich dem Chromosom. Die Gesamtheit der Gene einer Zelle und damit eines Organismus bezeichnet man als *Genom*. Unter Genotyp versteht man die individuelle Ausprägung der Information des Genoms eines Organismus im Vergleich zu anderen Lebewesen derselben Art. Wenn man den Begriff *Phänotyp* verwendet, bezieht man sich demgegenüber auf die Merkmale eines Lebewesens, die im Verlauf seiner Entwicklung sichtbar und somit meßbar werden. Die Gesamtheit der Gene, die ein Organismus von seinen Eltern empfangen hat, bezeichnet man als *Genotypus*. Wenn man vom *Phänotypus* spricht, bezieht man sich auf die Merkmale, die im Verlauf der Entwicklung sichtbar und somit meßbar werden. Unter der Bezeichnung „Anlage-Umwelt-Problem" wird die Frage nach den relativen Einflüssen der Erbanlagen (der Gene) einerseits und der Umwelt andererseits auf die Entwicklung eines Organismus erörtert. Es fällt auf, daß in Diskussionen über das Anlage-Umwelt-Problem außerhalb der psychologischen Fachwelt vielfach die Frage gestellt wird, was wohl wichtiger sei: Die Erbanlagen oder die Umwelteinwirkung? Eine so formulierte Frage läßt darauf schließen, daß die Diskutierenden das Zusammenwirken beider Faktoren in einem additiven Sinne auffassen (etwa in der problematischen Feststellung, daß 80 Prozent der Intelligenz auf die Anlagen und 20 Prozent auf die Umwelt zurückzuführen seien). Auch in der Entwicklungspsychologie hat man sich lange Zeit Anlagefaktoren und Umwelteinwirkungen als unabhängige, voneinander isolierbare Einflußgrößen vorgestellt. Die unter einem solchen Verständnis geführten Diskussionen konnten allerdings zu keinem klärenden Ergebnis führen, denn in ihnen wurde von vornherein von dieser nicht zutreffenden Annahme ausgegangen. Darauf hat die Psychologin Anne Anastasi (1958) in einem beachtenswerten Aufsatz hingewiesen.

2.1.1 Entwicklung als Produkt von Erbanlagen und Umwelt

Jedes Lebewesen, so erklärte Anastasi, sei das Produkt von Anlagen (der Genausstattung eines Individuums) und Umwelteinflüssen. Es gibt keine Möglichkeit, den Einfluß der Erbanlagen für sich allein zu studieren, denn sie benötigen stets eine Umwelt, damit sie zum Ausdruck kommen können. Auch die Gene lassen sich nicht einfach ausschalten, denn ohne sie befände sich in der Umwelt kein Organismus, an dem ihr Einfluß zu studieren wäre. Anlagefaktoren und Umwelteinwirkungen müssen stets zusammenwirken, um als Produkt Entwicklung hervorzubringen.

Anastasi wies mit Nachdruck darauf hin, daß es sinnlos sei, danach zu fragen, wieviel Anlage und wieviel Umwelt benötigt würden, damit Entwicklung erfolgen könne. Tatsächlich müssen nämlich die Gesamtheit (also 100 Prozent) der Anlagen eines Organismus und die Gesamtheit (also 100 Prozent) der Umwelt, zusammenwirken, damit Entwicklung stattfinden kann. Ein Vergleich mag hilfreich sein. Die Fläche eines Rechtecks errechnet sich, indem man Länge und Breite multipliziert. Man würde niemals sinnvoll fragen können, ob Länge *oder* Breite die Fläche bestimmen. Hundert Prozent der vorliegenden Länge und hundert Prozent der vorliegenden Breite müssen miteinander multipliziert werden, damit ein Rechteck bestimmter Fläche entstehen kann. Ebenso liegen die Verhältnisse in der menschlichen Entwicklung. Die gleiche Erbausstattung (wie sie nur bei eineiigen Zwillingen vorfindbar ist) kann also zu unterschiedlichen Entwicklungen führen, wenn ihr Träger mit verschiedenen Umwelten interagiert. Weiterhin werden durch die gleiche Umwelt (eine theoretische Annahme, denn tatsächlich erfahren zwei Menschen auch dieselbe Umwelt stets unterschiedlich!), die mit unterschiedlichen Anlagen interagiert, verschiedene Entwicklungen angeregt. Der Pädagoge sollte beachten, daß die Frage nach der Vererbbarkeit der Intelligenz völlig unabhängig von der Frage ihrer Veränderbarkeit zu sehen ist. „Intelligenz könnte teilweise oder sogar hochgradig vererbbar sein und gleichzeitig teilweise oder hochgradig veränderbar sein" (Sternberg, 1996). Für diese Aussage lassen sich viele Belege finden. Obwohl beispielsweise die menschliche Körpergröße in hohem Maße genetisch gesteuert wird, hat sie sich während der letzten hundert Jahren in den Industrienationen aufgrund der dort herrschenden Lebensbedingungen ständig erhöht. Weiterhin wird eine Stoffwechselstörung, PKU genannt, hundertprozentig vererbt; aber ihre Symptome, darunter Schädigungen des Zentralnervensystems und infolgedessen erhebliche intellektuelle Minderleistungen, lassen sich vollkommen verhindern, wenn man bestimmte Umweltbedingungen schafft (keine Verabreichung bestimmter eiweißhaltiger Nahrungsmittel an Betroffene).

Wenn man also Entwicklung zu erklären versucht, bleibt nur eine sinnvolle Frage: Wie haben Anlage und Umwelt bei ihrer Entstehung zusammengewirkt?

2.1.2 Verschiedene Formen der Genwirkung: Die Skala der Indirektheit

Die Wirkungen der Erbanlagen auf das Verhalten sind nach Anastasi stets indirekt. Es gibt demnach kein körperliches und kein Verhaltensmerkmal, das unter direkter Einwirkung der Vererbung entstanden ist. Die Gene wirken stets über die Umwelt (daher: Interaktion von Anlagen und Umwelt!), also indirekt auf die Entwicklung. Mögliche Einflüsse der Gene auf die Entwicklung lassen sich nach unterschiedlichen Graden der *Indirektheit* (bzw. Direktheit) klassifizieren. Je geringer die Möglichkeiten der Umwelt sind, den Beitrag der Gene zu verändern, desto weniger indirekt (also desto direkter) wirken diese auf die Entwicklung. Je stärker es von Umweltgegebenheiten abhängt, wie der Beitrag der Gene zum Ausdruck kommt, desto stärker indirekt (weniger direkt) nehmen die Anlagen Einfluß auf die Entwicklung.

2.1.2.1 Geneinflüsse relativ geringer Indirektheit

Das Studium eineiiger Zwillinge, denen eine identische Erbausstattung zuzuschreiben ist, hat zu dem Ergebnis geführt, daß sich diese Geschwister bezüglich bestimmter Merkmale hochgradig ähneln, und zwar sogar dann, wenn sie frühzeitig voneinander getrennt wurden und in unterschiedlichen Umwelten aufgewachsen sind. Selbstverständlich wirken die dafür verantwortlichen Gene wiederum zunächst auf die Umwelt, denn wenn diese keine ausreichenden „Nahrungsangebote" machen kann, keine erträglichen „Temperaturen" bereithält usw., ist eine Entwicklung von vornherein ausgeschlossen. Nur unter extremen Umweltbedingungen, also etwa bei beträchtlicher Unterernährung, besteht z. B. die Möglichkeit, daß die im genetischen Bauplan vorgesehene Körpergröße nicht erreicht wird. In der Mehrheit der Fälle bestimmen die dafür verantwortlichen Gene also ziemlich direkt die Entwicklung der Körpergröße.

Ein weiteres Beispiel für einen Geneinfluß mit relativ geringer Indirektheit (hoher Direktheit) liefert eine ererbte Anomalie im Chromosomensatz. In jeder Körperzelle eines Kindes, das mit dem sogenannten Down-Syndrom (im Volksmund auch Mongolismus) belastet ist, findet sich ein bestimmtes Chromosom (der Genetiker kennzeichnet dieses mit der Nummer 21) drei- anstatt zweimal.

Ein Down-Syndrom Kind besitzt also einen von der Norm abweichenden Genotypus. Wie wirkt sich nun diese Anomalie auf die Entwicklung aus? Der Einfluß der Gene ist vergleichsweise direkt, denn bis zur Gegenwart gibt es keine Möglichkeit, die Entwicklung von Seiten der Umwelt so zu beeinflussen, daß sie auch nur annäherungsweise normal verläuft. Ein Down-Syndrom erkennt man in sämtlichen Entwicklungsabschnitten betroffener Menschen an bestimmten körperlichen Ausdrucksmerkmalen. Auffallend ist vor allem ein breites, flaches Gesicht und die sichelförmige Augenfalte. Man findet immer eine unterdurchschnittliche Intelligenzentwicklung. Sehr leicht ist aber zu belegen, daß die Gene auch bei einer solchen Chromosomen-Anomalie (allerdings nur in sehr geringem Maße) indirekt auf die Entwicklung wirken, denn der endgültige Entwicklungsverlauf wird stets auch von der Umwelt mitbestimmt (s. hierzu S.66).

Eine weitere Kategorie erblicher Einflüsse betrifft Schädigungen der Sinnesorgane. Welche Folgen hat eine solche Beeinträchtigung auf die Entwicklung Betroffener? Das hängt wiederum von den Umweltbedingungen ab. Wenn ein Kind beispielsweise blind oder taub geboren wird, kann es nicht wie gesunde Gleichaltrige mit der Umwelt interagieren. Ungünstige Folgen für die Entwicklung sind deshalb nicht auszuschließen. Wie allerdings Helen Keller (1917) und ihre Privatlehrerin gezeigt haben (*Keller* wurde allerdings nicht blind geboren, sondern hat erst im Alter von 17 Monaten infolge einer Infektion ihr Seh- und Hörvermögen verloren), lassen sich ungünstige Folgen angeborener (oder früh erworbener) Defekte durch eine intensive Förderung (Umwelt) verringern. Verschiedene Kinder, denen es durch angeborene Abweichungen von der Norm schwer fällt, sich normal mit ihrer Umwelt auseinanderzusetzen, zeigen also keineswegs gleichartige Entwicklungsverläufe, wenn ihnen unterschiedliche individuelle Förderungen zuteil werden; eine Beseitigung der Anomalie erfolgt dadurch aber nicht.

2.1.2.2 Geneinflüsse relativ hoher Indirektheit

Erbeinflüsse, die über soziale Stereotype wirken, besitzen nach Anastasi den höchsten Grad an Indirektheit (sie wirken am wenigsten direkt). Mit dem Begriff *Stereotyp* bezeichnet man das Vorwissen, durch das anderen Menschen allein aufgrund ihrer formalen Zugehörigkeit zu einer sozialen Gruppe (Angehörigen einer Rasse oder ethnischen Gruppe) positive oder negative Merkmale zugeschrieben werden. Stereotype bilden die Grundlage für Vorurteile und Diskriminierungen. Wie ist es möglich, daß Stereotype im Zusammenwirken mit den Genen einen Effekt auf die Entwicklung ausüben können? Dazu muß man sich genauer ansehen, nach welchen Merkmalen die Klassifikation anderer Menschen häufig vorgenommen wird. Vielfach dient ein leicht erkennbares äußeres Merkmal als Grundlage für die Klassifikation. Ein bekanntes Beispiel stellt die Hautfarbe dar. Ebenso können aber auch das Geschlecht, das Alter oder die Körpergröße beachtet werden. Sobald ein Mensch aufgrund eines oder mehrerer solcher Merkmale, die in starkem Maße von den Genen kontrolliert werden, klassifiziert worden ist, kommt es zu einer Stereotypenbildung. Seinem Stereotyp entnimmt man durch unkritische Verallgemeinerung, welche Merkmale *sämtliche* Angehörigen einer bestimmten sozialen Klasse aufweisen. So schreibt man beispielsweise einem als „männlich" klassifizierten Menschen mit Hilfe seines Stereotyps u.a. *Selbstsicherheit, Dominanz, Aggressivität, Unabhängigkeit, hohe technische* und *mathematische Begabungen* zu, ohne jemals geprüft zu haben, ob diese Kennzeichnungen im Einzelfall überhaupt zutreffen. Man beläßt es aber nicht dabei, einem „Mann" solche Merkmale zuzuschreiben, sondern verhält sich ihm gegenüber entsprechend. Ähnlich kann es einem Schüler ergehen, der mit einer Hautfarbe geboren wurde, die nach einem vorherrschenden Stereotyp Ausdruck anderer Merkmale wie etwa Intelligenz, Fleiß, Zuverlässigkeit usw. ist. Das genetisch relativ direkt bestimmte Merkmal kann einen Prozeß der Stereotypenbildung in Gang setzen, dessen Abfolge sich folgendermaßen skizzieren läßt (Lerner, 1986):

1. Auf der Grundlage eines relativ direkt zum Ausdruck kommenden körperlichen Merkmals, etwa der Hautfarbe, werden Menschen in eine Klasse eingeordnet, deren Mitglieder von der Gesellschaft negativ bewertet werden.
2. Sämtlichen Angehörigen dieser Klasse werden unkritisch negative Persönlichkeitsmerkmale zugeschrieben. Beispielsweise wird behauptet, ein Mensch bestimmter Hautfarbe sei u.a. durch geringe Intelligenz, Interesselosigkeit und Faulheit gekennzeichnet.
3. Die Träger dieser unkritisch zugeschriebenen Merkmale werden in einer bestimmten Weise behandelt: Der Lehrer trägt an sie beispielsweise geringere Erwartungen heran oder gibt ihnen weniger Lerngelegenheiten als anderen, die das negativ bewertete körperliche Merkmal nicht besitzen.
4. Die für Träger ungünstig bewerteter Merkmale geschaffenen Situationen schränken die Breite möglicher Verhaltensweisen ein. Schüler bestimmter Hautfarbe werden beispielsweise von ihrem Lehrer seltener aufgerufen, an sie werden geringere Anforderungen gestellt usw.
5. Schließlich erfüllen Träger negativ bewerteter Merkmale allmählich die ungünstigen Erwartungen, die an sie herangetragen worden sind. Schüler bestimmter Hautfarbe entwickeln tatsächlich eine geringere Intelligenz, zeigen nach dem Eindruck des Lehrers zunehmendes „Desinteresse" und „Faulheit". Das durch ein körperliches Merkmale ausgelöste soziale Stereotyp wurde auf dem Wege eines Interaktionsprozesses eine *sich selbst erfüllende Prophezeiung:* Der Schüler erfüllt genau *die* Erwartungen, die andere an ihn herangetragen haben.

Es ist nicht nur die Hautfarbe, die auf dem Weg über soziale Stereotype die Entwicklung eines Menschen mitbestimmen kann. Viele weitere Merkmale, wie z.B. die Beschaffenheit der Haare, die Form der Nase, die Größe weiblicher Brüste, der Größenwuchs, die „Schönheit" des Aussehens, die allgemeine Körperbauform (Lerner, 1986) und vieles mehr können auf dem Wege sozialer Prozesse auf Entwicklungen Einfluß nehmen, die allerdings nicht unbedingt nur in unerwünschte, sondern ebenso auch in erwünschte Richtungen gelenkt werden können.

2.1.3 Veränderung des Zusammenwirkens von Erbanlage und Umwelt in Kindheit und Jugend

Das Zusammenwirken von Anlagen und Umwelt muß stets als ein *Prozeß* verstanden werden. Zusätzlich ist zu beachten, daß der relative Einfluß beider Faktoren im Verlauf eines individuellen Lebens keine Konstante darstellt, sondern sich, wie Sandra Scarr und ihre Forschungsgruppe anhand von Ergebnissen mehrerer Untersuchungen gezeigt hat, allmählich verändert (Scarr & Weinberg, 1983). Nach der von Scarr vertretenen Auffassung nehmen die Gene eines jungen Menschen im Verlauf seiner Entwicklung verstärkt Einfluß darauf, welche Umwelten er sich für seine Erfahrungen auswählt. Die Gene bestimmen demnach also, welche Erfahrungen der einzelne sammelt. Wie Menschen aufgrund bestimmter Genotypus-Umwelt-Effekte „ihre eigenen Umwelten machen" (Scarr & McCartney, 1983), wird an den folgenden ausgewählten Beispielen aufgezeigt.

Jüngere Kinder finden eine andere Umwelt vor als ältere Kinder oder Jugendliche. Das gilt vor allem auch in Hinblick auf die ihnen gewährte Freiheit, genetische Möglichkeiten zu realisieren. Sandra Scarr (1988) geht davon aus, daß sich Eltern beim Ausmaß ihrer Kontrolle über Aktivitäten ihrer Töchter und Söhne an deren Lebensalter orientieren. Ein zunehmendes Maß an Freiheit wird dem Nachwuchs erst im Verlauf der Zeit zugestanden. Dadurch – so erklärt Scarr – verändert sich mit fortschreitender Entwicklung auch die Art des Zusammenwirkens von Erbanlagen und Umwelt.

Während der ersten Lebensjahre ist das Kind seinen Eltern in der Regel noch ziemlich *passiv* ausgesetzt, denn es hat nur verhältnismäßig wenig Möglichkeiten, sich Umwelten auszuwählen, in denen es unabhängige Erfahrungen sammeln könnte. Vater und Mutter regen in der häuslichen Umwelt vor allem solche Aktivitäten an, die ihren eigenen biologischen Neigungen besonders entsprechen. Eltern mit stärker ausgeprägten musikalischen Interessen werden der Musik einen besonderen Stellenwert einräumen. Sofern Eltern das Lesen hoch bewerten, wird man bei ihnen ein reichhaltiges Angebot an Büchern und Zeitschriften finden, und sie werden mit Anerkennung und Freude reagieren, wenn es von ihren Kindern auch genutzt wird. Sofern Söhne und Töchter sich unter solchen Anregungsbedingungen zu „Musikfreunden" oder „Leseratten" entwickeln, haben sowohl die mit den Eltern geteilten Gene, so die Interpretation von Scarr, als auch die von diesen gestalteten Umwelteinflüsse dazu beigetragen.

Im Verlauf der Grundschulzeit und vor allem danach gestehen Eltern ihren Kindern in der Regel ein wachsendes Maß an Freiheit zu. Damit kann nach Scarr eine neue Qualität der Anlage-Umwelt-Interaktion entstehen. Jungen und Mädchen sammeln zunehmend auch Erfahrungen außerhalb der Familie. Damit bietet sich ihnen die Möglichkeit, eine zunehmend *aktive* Rolle beim Auswählen solcher Umwelten zu spielen, in denen sie ihre genetischen Möglichkeiten am besten realisieren können. Das musikalisch talentierte Kind bestimmt nunmehr verstärkt selbst mit, wann und wie lange es Klavier spielt. Vielleicht entscheidet es sich auch für eine Mitgliedschaft im Schulorchester. Bei anderen Jugendlichen wecken bestimmte körperliche Voraussetzungen vielleicht das Interesse, sich während der Freizeit intensiver in einem Sportverein zu engagieren. Scarr spricht von „Nischen-Auswahl" (niche-picking), um damit die Tendenz von Individuen zu kennzeichnen, aktiv solche Umwelten („Nischen") auszuwählen, in denen die jeweils gegebenen genetischen Möglichkeiten optimal zum Ausdruck kommen können.

> Scarrs Konzeptionen stehen in deutlichem Kontrast zu Vorstellungen, die über viele Jahrzehnte durch Intelligenztests entwickelt worden sind, die Leistungsergebnisse als IQ (Intelligenz-Quotient) zusammenfassen. Man hat einmal das Schicksal von Kindern verfolgt, die in den 1940er und 1950er Jahren von den Medien als *Quiz-Kids* vorgestellt worden sind. Bei ihnen handelte es sich um solche Kinder, die einen außerordentlich hohen IQ erzielt hatten. Was ist nun aus diesen *Quiz-Kids* geworden? Dieser Frage ist man zu einem späteren Zeitpunkt nachgegangen (Feldman, 1982). Dabei zeigte sich, daß keineswegs alle den ursprünglich vorhergesagten aussichtsreichen Weg gegangen sind. Nur jene, die ein Tätigkeitsfeld gefunden hatten, das sie interessierte und dem sie auch verhaftet geblieben waren, hatten eine erfolgreiche Karriere eingeschlagen. Trotz ihres hohen IQs gab es aber auch eine Reihe ehemaliger *Quiz-Kids,* denen es nicht gelungen war, eine solche Nische für sich ausfindig zu machen. Ein hoher IQ ist keine ausreichende Grundlage für eine angemessene Nischen-Auswahl. Diese Feststellung soll an anderer Stelle noch ausführlicher begründet werden (s. S. 266f.). Nur soviel sei hier vorweggenommen: Sämtlichen IQ-Tests liegt die fälschliche Annahme zugrunde, daß Intelligenz ein Merkmal des Schülers ist, das sich ohne Berücksichtigung des Umweltbezuges messend erfassen läßt.

Es gibt Hinweise dafür, daß sich hochbegabte Kinder verhältnismäßig früh gegenüber ihrer Umwelt durchsetzen, diejenigen Tätigkeiten ausüben zu können, für die sie besonders veranlagt sind. In der Ausdrucksweise von Scarr könnte man sagen, daß sie ihre Nischen-Auswahl bereits sehr früh in ihrem Leben vornehmen. Nach den Beobachtungen von Ellen Winner (1996) entscheiden sie sich nicht nur spontan, etwa Zeichnungen anzufertigen, Musik zu spielen oder Probleme der Mathematik zu lösen, sondern sie *bestehen* geradezu darauf, das zu tun. Dabei gelangen sie zur Beherrschung ihres bevorzugten Betätigungsgebietes, indem sie auffallend wenig fördernde Hilfen von anderen in Anspruch nehmen. Dennoch stellt Winner zur Vermeidung eines Mißverständnisses ausdrücklich fest, daß Hochbegabung nicht nur auf besondere Gene zurückgeführt werden darf: „Die familiäre Unterstützung, Erziehung und harte Arbeit können darüber entscheiden, ob sich eine Begabung entwickelt oder ob sie verdorrt."

Man hätte Scarr mißverstanden, wollte man ihr vorwerfen, sie unterschätze die Bedeutung der Umwelt, denn ohne diese wären auch nach ihrer Überzeugung die vorhandenen genetischen Möglichkeiten nicht zu realisieren. In Erläuterung ihrer Konzeption stellt sie ausdrücklich fest: „Gemeint ist ... nicht, daß das in der Umwelt vorgefundene Schicksal einer Person durch den Genotyp determiniert wird, – gemeint ist lediglich, daß einige Genotypen mit größerer Wahrscheinlichkeit bestimmte Umwelten erhalten und auswählen als andere. Die Theorie ist also nicht deterministisch sondern probabilistisch" (Scarr, 1984); es wird nicht behauptet, daß Gene Entwicklungen festlegen, sondern daß durch sie bestimmte Entwicklungen wahrscheinlicher werden. Mehrere Untersuchungsergebnisse schienen nach Interpretation Scarrs jedenfalls recht eindeutig dafür zu sprechen, daß den Genen bei der Nischen-Auswahl eine besondere Bedeutung zukommt. So fand sie beispielsweise, daß sich biologisch nicht verwandte Geschwister in früheren Lebensabschnitten stärker als im Jugendalter ähneln. Als Vorschul- oder Grundschulkinder wiesen sie noch verhältnismäßig viele Gemeinsamkeiten auf, weil sie passiv auf die Anregungen des Elternhauses reagiert hatten. Wegen der unterschiedlichen Genausstattungen suchten sie sich im weiteren Verlauf aber unterschiedliche Umwelten, in denen sie nicht mehr die gleichen Erfahrungen sammelten. Folglich verminderte sich ihre Ähnlichkeit. Aufschlußreiche Zusammenhänge ergaben sich weiterhin, als Scarr (und Weinberg, 1983) die getestete Intelligenz von Adoptivkindern mit der Schulbildung ihrer biologischen Mütter (deren Testintelligenz nicht bekannt war) verglich. Die Beziehungen zwischen dem Leistungsniveau der Kinder und dem ihrer biologischen Mütter (mit denen sie nicht zusammenlebten) wurden im Verlauf der Entwicklung bis hin zum Jugendalter zunehmend enger. Wenn also die Nischen-Auswahl eines Jugendlichen, wie Scarr annimmt, teilweise von den Genen mitbestimmt würde, ließe sich plausibel erklären, warum sie in diesen Umwelten Interessen, Vorlieben usw. entwickeln, durch die sie ihren biologischen Eltern in einem höheren Grade als ihren Pflegeeltern ähneln (Plomin & DeFries, 1985).

2.1.4 Reaktionsweiten der Gene

Die Feststellung, daß Gene niemals direkt, sondern stets nur über die Umwelt, also indirekt, zum Ausdruck kommen, geht mit einer bedeutsamen Konsequenz einher: Selbst wenn man bei einem Kind wüßte, welche Gene es von seinen Eltern geerbt hat, wäre nicht genau vorherzusagen, welche Merkmale sich bei ihm entwickeln werden. Der gleiche Genotypus kann ein breites Spektrum von Phänotypen herbeiführen, und zwar in Abhängigkeit von der Umwelt, in der die Entwicklung stattfindet. Gene legen Reaktionsweiten, also Bereiche fest, innerhalb derer der Ausprägungsgrad eines Merkmals in verschiedenen Umwelten variieren kann. Richard Lerner (1986) erläutert den Begriff *Reaktionsweite* an einem Beispiel der Entwicklungspsychologie. Danach hat ein Kind von seinen Eltern einen Genotypus für die Intelligenz geerbt, durch den es unter ungünstigsten Anregungsbedingungen mindestens einen Intelligenz-Quotienten von 40, unter außerordentlich anregungsreichen Bedingungen höchstens einen Intelligenz-Quotienten von 160 entwickeln kann.

Mit dem Begriff der Reaktionsweite der Gene ist aus pädagogisch psychologischer Sicht ein beachtenswerter Zusammenhang angesprochen: Welcher Phänotypus sich entwickelt, entscheiden Umweltbedingungen nicht unerheblich mit. Beispielsweise blieb die intellektuelle Entwicklung von Down-Syndrom Kinder vor vielen Jahrzehnten weit hinter den Durchschnittswerten normaler Kinder zurück. Die Betroffenen blieben für die Dauer ihres Lebens Pflegefälle; viele von ihnen überlebten nicht das 13. Lebensjahr. Damals bestand weithin die Überzeugung, daß die Erbausstattung diesen Menschen enge Grenzen in der Anpassung an die Umwelt setzt. Offenbar hatte man die Möglichkeiten ihrer Intelligenzentwicklung aber unterschätzt. In der Gegenwart findet man nämlich viele Menschen mit Down-Syndrom, deren Lebenserwartung weit jenseits des Jugendalters liegt. Es gelang inzwischen, die intellektuelle Entwicklung dieser Kinder soweit zu fördern, daß viele von ihnen mit Erfolg am Sonderschulunterricht teilnehmen können; einige sind sogar zur Übernahme einfacher beruflicher Arbeiten in der Lage (Lerner, 1986). Wie sind diese Erfolge pädagogischer Bemühungen zu erklären? Sicherlich hat sich nicht der Genotypus geändert, wohl aber kann man heute pädagogisch weitaus effektiver als vor fünfzig Jahren auf diese Menschen einwirken. Hat man mit den heutigen Fördermaßnahmen inzwischen die obere Grenze erreicht, die Gene mit ihrer Reaktionsweite bei Down-Syndrom Menschen setzen? Eine kleine Überlegung soll zeigen, daß diese Frage grundsätzlich unbeantwortet bleiben muß.

Wenn sich bei einem Lernenden trotz intensiver Übungen keine Leistungssteigerungen mehr einstellen, könnte man voreilig vermuten, die genetisch gesetzte Grenze erreicht zu haben. Wer mit Hilfe einer Tastatur einen Schriftsatz erstellt und sich dabei der sogenannten Zweifinger-Methode bedient, wird bezüglich der Schreibgeschwindigkeit trotz fortdauernder Übung eine Grenze erreichen. Erst mit dem Erwerb einer neuen, zehn Finger fordernden Methode lassen sich mehr Zeichen pro Minute schreiben. Weitere Beispiele hat der Sport geliefert. Dort ist in der Vergangenheit wiederholt von fachkundiger Seite versichert worden, daß man mit einem jüngst erzielten Rekord nunmehr die Grenze des „Menschenmöglichen" erreicht habe. Anatomisch-physiologische Gegebenheiten verhinderten angeblich weitere Verbesserungen. Mit Erstaunen nimmt man dann später die Überbietung des früheren Rekords zu Kenntnis; aber auch der neue Leistungshöchststand sollte dann keineswegs der letzte sein. Wenn man nach den Ursachen für solche Erfolge fragt, erhält man die Antwort, daß das Ergebnis auf ständig verbesserte Trainingsmethoden zurückzuführen ist. Nach solchen Erfahrungen reagieren Fachleute inzwischen sehr viel zurückhaltender, wenn sie vorhersagen sollen, bei welcher Leistung in einer sportlichen Disziplin einmal die absolute und damit endgültig nicht mehr überschreitbare Grenze erreicht sein wird.

Wichtige Interaktionspartner von Kindern wie Eltern, Kindergärtner und Lehrer sind offenbar nicht immer bereit, die von Fachleuten gezeigte Zurückhaltung bezüglich des Geneinflusses zu übernehmen. Wie internationale Vergleichsstudien gezeigt haben, unterscheiden sich Kulturen darin, welche Vorstellungen über Intelligenz und andere Fähigkeiten jeweils vorherrschen. Stevenson und Mitarbeiter (1986) hatten mathematische Leistungen amerikani-

2.1 Das Anlage-Umwelt-Problem: Von der Addition zur Interaktion

scher Schüler mit denen von gleichaltrigen Kindern aus Taiwan und Japan verglichen. Im fünften Schuljahr waren die asiatischen Kinder den amerikanischen weit überlegen. Unter den 100 schwächsten mathematischen Leistungen fanden sich 67 Amerikaner; unter den 100 besten rangierte nur ein amerikanischer Schüler. Die Unterschiede in den Leistungen von jungen Asiaten und Amerikanern blieben in den nachfolgenden zehn Jahren bestehen (Stevenson et al., 1993). Stevenson unterlag nicht der Versuchung, die Befunde voreilig auf entsprechende Genunterschiede zurückzuführen. Zunächst bemühte er sich deshalb um die Klärung der Frage, ob asiatische Schüler in anderen Umwelten aufwachsen als amerikanische. Tatsächlich deckte er bemerkenswerte Unterschiede in den Einstellungen der Mütter auf. Eine Feststellung verdient allerdings, bereits an dieser Stelle beachtet zu werden. Stevenson erkundigte sich bei Schülern, ihren Eltern und ihren Lehrern, was nach ihrer Meinung wichtiger für den schulischen Erfolg sei: Anstrengung oder Fähigkeit. Die amerikanischen Schüler brachten ziemlich einheitlich die Überzeugung zum Ausdruck, daß das Leistungsverhalten in der Mathematik vorwiegend von angeborenen Fähigkeiten abhängen würde. Wenn man diese Fähigkeit nicht in ausreichendem Maße besäße, könne man seine Leistungen in diesem Unterrichtsfach kaum verbessern, auch nicht mit gesteigerter Anstrengung. Eltern und Lehrer brachten in unabhängigen Befragungen fast gleichlautende Vorstellungen zum Ausdruck. Im Unterschied dazu spielten asiatische Eltern, Lehrer und Schüler, die Bedeutung einer angeborenen Begabung herunter. Gleichzeitig hoben sie den Wert von Fleiß und Ausdauer für den schulischen Erfolg hervor. Stevenson rechnet mit „verhängnisvollen" Konsequenzen, wenn Eltern das schulische Leistungsverhalten ihrer Kinder allzu bereitwillig auf genetische Faktoren zurückführen: „Wenn Eltern glauben, daß der Erfolg in der Schule vor allem von der Fähigkeit, weniger von der Anstrengung abhängt, besteht eine geringere Bereitschaft zur Anregung von Aktivitäten, die mit schulischen Leistungen in Beziehung stehen" (Stevenson, 1992). Da die amerikanischen Eltern das mathematische Leistungsverhalten ihrer Kinder stärker auf genetische Faktoren zurückführten, also auf Einflüsse, über die sie keine Kontrolle hatten, sahen sie weniger Anlaß, nach Förderungsmöglichkeiten Ausschau zu halten als typische asiatische Eltern.

Auf die Frage, wie deutsche Eltern die Mathematikleistungen ihrer Kinder erklären, läßt sich nur mit Vermutungen antworten, denn Stevenson hatte in seinen Vergleichsstudien keine europäische Stichprobe berücksichtigt. Dennoch sind seine Befunde allgemein von großem Wert, weil sie aufzeigen, daß die Entwicklung des Leistungsverhaltens auch davon abhängt, wie Eltern sich deren Entstehung erklären. Chinesische und japanische Mütter sahen in dem schulischen Leistungsverhalten die *wichtigste* Tätigkeit ihrer Kinder. Bereits nach Eintritt in die Grundschule zeigten asiatische Eltern eine ausgeprägte Bereitschaft, häusliche Aktivitäten auf die Förderung des Leistungsverhaltens ihrer Söhne und Töchter auszurichten (Stevenson & Lee, 1990).

Wie zu erwarten, mußte Harold Stevenson nach Darstellung seiner Untersuchungsergebnisse regelmäßig auf die besorgte Frage von Eltern und Lehrern antworten, ob die asiatischen Schüler und Schülerinnen nicht einen hohen psychologischen Preis dafür bezahlen müssen, daß sie derartig herausragende Leistungen erbringen. Hat man nicht damit zu rechnen, daß chinesische und japanische Schüler angesichts der hohen Anforderungen von Seiten der Eltern emotionale bzw. soziale Auffälligkeiten entwickeln? Eine groß angelegte Studie, die dieser Frage nachging und Schüler des 11. Schuljahres in Taiwan, Japan und Amerika miteinander verglich, belegte tatsächlich einen Zusammenhang zwischen dem mathematischen Leistungsverhalten und psychischen Erschöpfungszuständen – aber nicht bei den Asiaten, sondern bei den Amerikanern (Crystal et al., 1994)!

In den Schulen Japans, Chinas und Taiwans wird bereits in den ersten Schuljahren sehr viel Wert darauf gelegt, daß die Schüler zunächst einmal Zufriedenheit erleben. Wichtiger als die Verfolgung schulischer Leistungsziele ist die Förderung der Bereitschaft zur Übernahme von Verantwortung, nicht nur für die eigene Person, sondern auch für andere. Eine ausgesprochene Leistungsorientierung wird in den Schulen Asiens erst nach Abschluß der Grundschuljahre verfolgt (Lewis, 1994).

Vermeintliche Grenzen in der Entwicklung – das sollten sich Eltern und Lehrer stets vergegenwärtigen – werden grundsätzlich *nur* über *bestimmte* Umweltbedingungen erreicht. Es muß deshalb stets offen bleiben, wie die Gene in einer anderen, vielleicht erst noch zu entwickelnden Umwelt zum Ausdruck kommen könnten. Die gleiche genetische Ausstattung – das wollte Stevenson zeigen – trifft in einer asiatischen Kultur auf andere Umweltbedingungen als in einer westlich geprägten Kultur. Der Begriff „Grenze" – im Sinne von Leistungsgrenze – ist somit *immer* als relativer Begriff zu verwenden. Ein Lehrer, der trotz erheblicher Anstrengungen keine Lernfortschritte bei seinem Schüler erkennt, darf völlig berechtigt zum Ausdruck bringen, daß mit der von *ihm* verwendeten Methode keine Leistungssteigerungen mehr zu erreichen sind. Er läßt mit einer solchen Feststellung gleichzeitig aber die Möglichkeit offen, daß mit einer anderen, von ihm noch nicht eingesetzten Förderungsmaßnahme sehr wohl Erfolge eintreten können.

2.2 Über das Zusammenwirken von Reifung und Lernen

Auch die Frage, welche Rolle Reifungs- und Lernprozesse in der individuellen Entwicklung spielen, hat in der Vergangenheit heftige Diskussionen ausgelöst. Dabei handelt es sich offenkundig um eine Variante des Anlage-Umwelt-Problems. Auf Reifungsprozesse werden solche körperlichen, emotionalen und kognitiven Veränderungen zurückgeführt, die in früheren Lebensabschnitten (d. h. in Kindheit und Jugend) auftreten und nach Interpretation von Entwicklungspsychologen durch Geneinflüsse relativ geringer Indirektheit (hoher Direktheit) zustandekommen.

2.2 Über das Zusammenwirken von Reifung und Lernen

Fast alle Pioniere der Kinder- und Jugendpsychologie haben den Einfluß der Reifungsprozesse auf die Entwicklung überschätzt. Zu ihnen gehörte auch der Arzt und Psychologe Arnold Gesell (1880–1961). Seine Studien richteten sich vor allem auf Veränderungen der Motorik während der ersten Lebensjahre. Ihm war aufgefallen, daß motorische Verhaltensweisen wie Greifen, Sitzen, Stehen und Laufen bei den von ihm beobachteten Kindern fast immer in der gleichen Reihenfolge und in annähernd gleichem Lebensalter auftraten. Diese altersmäßig hohe Übereinstimmung in den Veränderungen verschiedener Kinder interpretierte er als Ergebnis von Reifungsprozessen.

Als Reifungstheoretiker vertrat Gesell den Standpunkt, daß die motorische Entwicklung des Kindes weitgehend unter genetischer Kontrolle steht, während er den Einfluß der Umwelt nur gering veranschlagte. Gesell empfahl, mit dem Training einer motorischen Fertigkeit erst nach Vorliegen der Reifungsvoraussetzungen zu beginnen. Zu frühe Übungsanregungen wären unökonomisch, denn der Aufwand stünde in keinem vertretbaren Verhältnis zu seinen Effekten. Man solle abwarten, bis das Kind *Lernbereitschaft* entwickelt hat. Auch aus heutiger Sicht ist zu bestätigen, daß Geneinflüsse die motorische Entwicklung vor allem während der ersten Lebensjahre in relativ geringer Indirektheit steuern. Der auch in diesem Zusammenhang genutzte Begriff der Indirektheit soll nochmals nachdrücklich daran erinnern, daß die Gene nur im Zusammenwirken mit der Umwelt – was Gesell in dieser Deutlichkeit noch nicht gesehen hatte – motorische Entwicklung hervorbringen. Wenn nämlich Kinder während der ersten beiden Lebensjahre unter extrem anregungsarmen Bedingungen aufwachsen, in denen sie keinerlei Anregungen, noch nicht einmal Gelegenheiten zur körperlichen Aktivität erhalten, verzögert sich ihre motorische Entwicklung ganz erheblich (Dennis & Najarian, 1957).

Auch in der kognitiven Entwicklung setzen die Gene der Leistungsfähigkeit, vor allem während der ersten Lebensjahre, noch Grenzen. Es lag deshalb nahe, den Begriff der Lernbereitschaft auf den kognitiven Bereich zu übertragen. Allerdings wurde sein Verständnis in den fünfziger und teilweise auch in den sechziger Jahren noch stark von den reifungstheoretischen Sichtweisen Gesells mitbestimmt. Als Reaktion darauf mußten Pädagogische Psychologen nachdrücklich mahnen, nicht alles, was Kinder noch nicht können, als Ergebnis mangelnder Reifung zu interpretieren. Damals wurden beispielsweise viele Mädchen und Jungen, denen man mangelnde „Schulreife" attestiert hatte, vom Schuleintritt zurückgestellt, ohne ihnen das anzubieten, was sie besonders benötigt hätten: zusätzliche Lernanregungen. Man verließ sich fälschlich auf autonom verlaufende Nachreifungsprozesse. Um solchen reifungstheoretischen Sichtweisen entgegenzutreten, stellte Hans Aebli im Jahre 1969 nachdrücklich die Notwendigkeit heraus, zuerst immer nach möglichen Lernprozessen zu suchen, um Entwicklungsvorgänge zu erklären, „und erst den durch diese nicht mehr erklärbaren Rest ... der Reifung zuzuschreiben".

Zur Überwindung der damals vorherrschenden Reifungstheorie trugen ganz besonders auch behavioristisch orientierte Psychologen in bemerkenswerter

Weise bei. Bekannte Vertreter wie John Watson (1878–1958) und Burrhus Skinner (1904–1990) gingen davon aus, daß das Verhalten von Organismen vor allem von der Umwelt kontrolliert würde. Allerdings haben weder Watson noch Skinner jemals behauptet, daß das *gesamte* menschliche Verhalten gelernt wird. Immerhin erkennen sie an, daß spezifische Reiz-Reaktionsbeziehungen (Reflexe) nur deshalb konditioniert werden können, weil die biologischen Möglichkeiten dafür gegeben sind. Deren genetische Grundlage wurde zu keinem Zeitpunkt in Frage gestellt (Michael, 1985). Entwicklung ist von Behavioristen allerdings immer nur als das Ergebnis von zunehmend komplexeren Lernprozessen angesehen worden. Lernbereitschaft, so erklärten Vertreter dieser Sichtweise, hänge ,,von geeigneten Reizanregungen und der Gelegenheit für die relevanten Lernerfahrungen", nicht aber vom Lebensalter ab (Tyler, 1964). Lernbereitschaft brauche man nur herzustellen (Brownell, 1951). Allerdings bedarf es dazu der Entwicklung einer angemessenen Abfolge von Lernschritten. ,,Ein Schüler ist bereit, etwas Neues zu lernen, wenn er die notwendigen Leistungsmöglichkeiten durch vorausgehendes Lernen erworben hat", erklärte Robert Gagné beispielsweise. Wenn sich bei einem Schüler Lernschwierigkeiten ergeben, dann deutet das aus seiner Sicht darauf hin, daß dieser zu früh mit neuen Anforderungen konfrontiert worden ist. ,,Die bequeme Ausflucht, daß der Schüler nicht ‚reif' genug ist, um irgendeinen speziellen Gehalt zu lernen, muß mit Bedacht vermieden werden, da sie nur für die früheren Lebensjahre Geltung beanspruchen kann" (Gagné, 1965).

Erhebliche Bedenken gegenüber solchen Auffassungen meldete der schweizer Entwicklungspsychologe Jean Piaget (1896–1980) an. Nach seiner Überzeugung wird das Kind durch ein komplexes Zusammenwirken von Reifung und Umwelt in die Lage versetzt, sich Realität zunehmend zu strukturieren. Piaget ist weder Reifungs- noch Lerntheoretiker. Nach seiner *interaktionistischen* Sichtweise ist zwar ohne Übung keine kognitive Entwicklung zu erwarten; gleichzeitig dürfte es aber auch bei intensivster Übung nicht gelingen, die reifungsbedingte kognitive Entwicklung entscheidend zu beschleunigen. In welcher Geschwindigkeit die Entwicklung voranschreitet, wird nach Piaget somit wesentlich von den individuellen Voraussetzungen des Kindes mitbestimmt. Solchen Vorstellungen konnte sich der russische Psychologe Lev Wygotski nicht anschließen. Entwicklungsprozesse, so lehrte dieser, dürfe der Pädagoge nicht passiv abwarten. Vielmehr solle er versuchen, auf sie, den jeweils gebotenen Möglichkeiten entsprechend, aktiv einzuwirken. Piagets und Wygotskis Konzeptionen haben auf die Unterrichtsgestaltung einen entscheidenden Einfluß ausgeübt. Deshalb werden sie im folgenden ausführlicher dargestellt.

2.3 Erwerb von Kenntnissen nach Jean Piaget

Bereits in sehr jungen Jahren war Piagets Interesse auf biologische Fragen gerichtet. Er hatte die Tierwelt im Genfer See beobachtet und war fasziniert von der Anpassungsfähigkeit dieser Lebewesen an die äußeren Bedingungen. Für Piaget stand fest, daß die Anpassungsfähigkeit höher entwickelter Lebewesen unmittelbar von der Höhe ihrer Intelligenz abhängt. „Intelligenz", so erklärt er, „ist ein besonderer Fall biologischer Anpassung" (Piaget, 1936).

Als Biologe hätte Piaget am liebsten studiert, wie sich das Anpassungsverhalten des Menschen im Verlauf der Menschwerdung (Phylogenese) allmählich verbessert hat. Über welche Denkfähigkeiten verfügten Menschen in ihrer Vorgeschichte? „Unglücklicherweise", so mußte Piaget (1969) feststellen, „sind wir über die Psychologie des primitiven Menschen nicht gut informiert. Aber es gibt überall Kinder um uns herum, und wenn wir diese Kinder studieren, haben wir die besten Chancen, die Entwicklung des logischen Wissens, mathematischen Wissens, physikalischen Wissens usw. zu studieren" (Piaget, 1970). Piaget setzte also auf die damals noch für gültig erachtete „Rekapitulationshypothese" von *Ernst Haeckel*, wonach während der frühen Entwicklung des Einzelwesens (Ontogenese) Entwicklungen während der Stammesgeschichte (Phylogenese) noch einmal durchlaufen werden. Als Piaget in einem Interview einmal gefragt wurde, ob er sich aus dem Studium von Kindern tatsächlich Aufschlüsse über die vorgeschichtliche Intelligenzentwicklung des Menschen erhoffte, erwiderte er: „Ja, selbstverständlich ... Ich mache, was Biologen tun. Wenn ihnen die phylogenetische Abfolge nicht mehr zugänglich ist, studieren sie die Ontogenese" (Evans, 1973).

Die Studien, die Piaget über einen Lebensabschnitt von mehr als 50 Jahren durchführte, hätten wahrscheinlich nicht die außergewöhnliche Beachtung bei Pädagogen gefunden, wenn er durch sie nur beantwortet hätte, wie sich Menschen in ihrer Vorgeschichte einmal ihrer Umwelt angepaßt haben. Piaget konnte jedoch viele Beobachtungsergebnisse vorlegen, denen sich entnehmen ließ, daß das Kind nicht lediglich als „kleiner Erwachsener" anzusehen ist. Ein kleines Kind – so lehrte er – konstruiert sich sein Verständnis von der Welt ganz anders als Erwachsene. Damit Eltern und Lehrer das Kind optimal fördern können, müßten sie darüber informiert sein, wie es denkt, wie es seine Erfahrungen interpretiert und wie es Begriffe (so etwa den Zeitbegriff) anders verwendet als Erwachsene. Sie sollten wissen, wie es dem Kind mittels seiner kognitiven Funktionen gelingt, sich an seine Umwelt anzupassen.

2.3.1 Anpassung durch Assimilation und Akkommodation

Wenn man einem Menschen einen Apfel gibt, kann er diesen nicht sofort hinunterschlucken. Er muß die Frucht erst zerkleinern, bevor er sie durch die Speiseröhre in den Magen rutschen läßt. Durch die Verdauungsvorgänge wird die Nahrung zu körpereigenen Substanzen abgebaut. Dieses Einverleiben und Einpassen in vorhandene Strukturen bezeichnen Biologen als Assimilation.

Piaget geht davon aus, daß solche Assimilationsprozesse auch im intellektuellen Bereich stattfinden. Durch sie werden wahrgenommene Reizgegebenheiten in der Umwelt so interpretiert, daß sie sich in das bereits Bekannte einpassen lassen. Ein Kind weiß, wie es auf einen Apfel reagieren kann: Es führt die Frucht an den Mund, der geöffnet wird, um ein Stück herauszubeißen. Das Kind wiederholt nur, was es bereits viele Male in der Vergangenheit getan hat.

Mit der Aufnahme von Nahrung erfolgt nicht nur eine Assimilation, sondern ebenso eine Akkommodation, d. h. eine Anpassung an vorfindbare Besonderheiten. Um ein Stück von einem Apfel lösen zu können, muß man den Mund öffnen. Es hängt jedoch von der Größe der Frucht ab, wie weit der Mund geöffnet werden muß. Die Sorte des Apfels und sein Reifungsgrad bestimmen mit, wie kräftig zuzubeißen ist. Man muß sich also dem Vorgefundenen anpassen und das heißt: Akkommodieren. Ein Beispiel für Assimilation und Akkommodation liefert Abbildung 2.1.

Abbildung 2.1:
Assimilation und Akkommodation in einer Cartoon-Darstellung

Linus geht an den Keks offenbar mit der Erwartung heran, daß dieser sich – ebenso wie z. B. eine Scheibe Brot – biegen läßt. Wenn Linus sein Wissen von Brotscheiben auf die ihm zunächst nicht bekannten Kekse überträgt, vollzieht er eine Assimilation. Seine Erwartung wird jedoch nicht bestätigt. Er macht die Erfahrung, daß der Keks nicht elastisch ist. Im Unterschied zu einer Brotscheibe zerbricht er sehr viel leichter. Deshalb ist Linus herausgefordert, sein Wissen zu erweitern: Er muß akkommodieren.

Es ist zu beachten, daß jede Erfahrung sowohl Assimilation als auch Akkommodation anregt. Linus wird bereits beim ersten Anblick eines Kekses entdeckt haben, daß sich dessen Aussehen von Brotscheiben unterscheidet. In Zukunft wird er Kekse schneller assimilieren können, obwohl auch dann Akkommodationen erforderlich sind, da es sehr unterschiedliche Arten von Keksen gibt.

Aus pädagogisch-psychologischer Sicht ist von Bedeutung, daß ein Lernender Neues zunächst vor dem Hintergrund des bereits Bekannten interpretiert (s. S. 194ff.). Linus benutzt sein Wissen über Brotscheiben und macht entsprechende Annahmen über den Keks. Es gäbe keinen Anlaß, dieses Wissen in Frage zu stellen und zu erweitern, wenn ihm keine Gelegenheit gegeben würde, Erfahrungen im Umgang mit Keksen zu sammeln.

2.3.2 Schema als grundlegende Wissenseinheit

Bei der Kennzeichnung der Assimilationsprozesse wurde davon ausgegangen, daß beim Menschen etwas vorhanden ist, in das neue Informationen einzuordnen bzw. zu assimilieren sind. Ebenso muß etwas existieren, das sich den Erfahrungen entsprechend verändert. Dieses „Etwas" bezeichnet Piaget als Schema. Bei diesen Schemata handelt es sich um grundlegende Wissenseinheiten, durch die vorausgegangene Erfahrungen geordnet werden und die den Verständnisrahmen für zukünftige Erfahrungen bereitstellen. Piaget war davon überzeugt, daß Kinder ihre Schemata durch ihre Interaktionen mit der Umwelt „konstruieren" (s. S. 25f. und 298ff.). Man hat Schemata mit Karteikarten verglichen, denen sich jeweils entnehmen läßt, was eintreffende Reize bedeuten und wie auf sie zu reagieren ist (Wadsworth, 1989). Zum Zeitpunkt der Geburt und in den ersten Wochen danach verfügt der Mensch erst über eine sehr kleine Anzahl von „Karteikarten"; sie enthalten Informationen über das Greifen und Saugen. Piaget spricht von angeborenen Greif- bzw. Saugschemata. Aufgrund seines Saugschemas „weiß" das Kind, was es tun muß, wenn seine Lippen mit der mütterlichen Brust in Berührung kommen. Das mit einem Reflexschema ausgestattete junge Wesen wartet jedoch nicht stets auf den Auslöserreiz, um zu reagieren. Piaget (1936) beobachtete, daß sein Sohn *Laurent* bereits zwei Tage nach der Geburt ohne erkennbare äußere Veranlassung Saugbewegungen zeigte. *Laurent* konnte zu diesem Zeitpunkt nicht hungrig sein, da seine letzte Mahlzeit noch nicht lange zurücklag. Die Saugaktivität wurde offenbar um ihrer selbst willen ausgeführt. Diese und ähnliche Beobachtungen brachten Piaget zu der Überzeugung, daß ein Schema eine aktive Komponente besitzt, die das Kind veranlaßt, es auch spontan anzuwenden.

Angeborene Schemata sind jedoch noch sehr unzulänglich ausgebildet. Zu einem späteren Zeitpunkt wird man das Kind beobachten, wie es an seinem Finger, an einer Spielente oder an einem Bauklotz saugt. Dabei erfährt es, daß Saugen an der Brust andere Wirkungen hat als Saugen an Gegenständen. Diese Erfahrungen fordern Akkommodationen des Saugschemas heraus. Nach erfolgter Akkommodation weiß das Kind, daß aus einem Bauklotz keine Nahrung zu saugen ist; es kann sein Wissen verallgemeinern. Deshalb wird es auch einen Bauklotz, den es noch niemals zuvor gesehen hat, assimilieren. Es entnimmt seinem „Bauklotz-Schema", was damit möglich ist und was nicht. Ein Schema ist also abstrahiertes Wissen von Handlungen (Saugen, Greifen usw.), Gegenständen (Ball, Keks usw.) und Erlebniszuständen (z. B. das Erleben von Hunger). Es faßt die jeweils formalen Gemeinsamkeiten zusammen.

2.3.3 Intelligenz als Organisationsprozeß

Durch die fortlaufende Auseinandersetzung des Kindes mit seiner Umwelt und der vorhandenen Anpassungsfähigkeit verändern sich die Schemata im Verlauf der Entwicklung. Das Kind sammelt dabei Erfahrungen durch Betrachten und den tätigen Umgang mit Reizgegebenheiten, indem es sie mit den Händen „begreift" oder etwa daran saugt. Grundsätzlich wäre denkbar, daß sich diesen Aktivitäten zugrundeliegende Schemata unabhängig voneinander entwickeln. Diese Unabhängigkeit der einzelnen Funktionen und Prozesse würde der Anpassungsfähigkeit auf die Dauer jedoch Grenzen setzen. Die Überwindung dieser Unabhängigkeit vollzieht sich durch sogenannte Organisationsprozesse.

Beispielsweise sind beim Säugling das Greifen, das Sehen und das Saugen anfänglich noch nicht aufeinander abgestimmt; es scheint, als ob die Augen zunächst ihrerseits Erfahrungen suchen, während *unabhängig* davon Armbewegungen und Greifhandlungen vorgenommen werden. Aber diese Unabhängigkeit bleibt mit fortschreitender Entwicklung nicht bestehen. Organisationsprozesse sorgen dafür, daß sich Greifen und Sehen aufeinander abstimmen: Die Greifbewegungen werden von den visuellen Wahrnehmungen gesteuert, und der mit der Hand gegriffene Baustein wird betrachtet, und vielleicht in den Mund gesteckt, um daran zu saugen.

Sämtliche Schemata eines Menschen sowie die zwischen ihnen bestehenden Beziehungen bilden die jeweilige *Struktur.* So wie verschiedene Teile des menschlichen Auges (Pupille, Netzhaut usw.) zusammenwirken und somit insgesamt eine Struktur darstellen, durch die der Mensch eine wesentliche Voraussetzung zur visuellen Wahrnehmung erhält, gibt es kognitive Strukturen, die dem Menschen das Wissen und Denken ermöglichen. Schemata verändern sich infolge der ablaufenden Akkommodationsprozesse: Sie differenzieren sich und treten in komplizierte Beziehungen zueinander. Dies ermöglicht eine insgesamt wirkungsvollere Auseinandersetzung mit der Umwelt.

2.3 Erwerb von Kenntnissen nach Jean Piaget

In dem Maße, wie sich Schemata infolge der ablaufenden Akkommodationsprozesse verändern, sich also z. B. differenzieren und in kompliziertere Beziehungen zueinander treten – was insgesamt eine wirkungsvollere Auseinandersetzung mit der Umwelt ermöglicht –, entwickeln sich entsprechend höhere *Strukturniveaus*.

2.3.4 Mechanismen kognitiver Entwicklung

Wenn man Kindheit und Jugend als einen Lebenszeitraum sieht, in dem sich das Kind an seine Umwelt anpaßt, muß man auch Aussagen darüber machen, von welchen Faktoren diese Anpassung abhängt. Was treibt die Entwicklung voran? Worauf ist zurückzuführen, daß aus einem Neugeborenen, das mit angeborenen Reflexschemata ausgestattet ist, ein Erwachsener wird, der durch schlußfolgerndes Denken komplizierte Probleme lösen kann. Piaget (1961) benennt vier Faktoren, die Einfluß auf die kognitive Entwicklung nehmen: 1. Reifung, 2. aktive Erfahrungen, 3. soziale Interaktionen und 4. das Streben nach Gleichgewicht.

Piaget hat bereits sehr früh in seinen Arbeiten bezüglich des Prozesses der *Reifung* ein eigenes Verständnis entwickelt und sich damit von einer reifungstheoretischen Position abgesetzt, wie sie z. B. von Arnold Gesell (s. S. 69) vertreten worden ist. Für Piaget ist es wichtig, daß Reifungsprozesse nur im Zusammenwirken mit Umwelteinflüssen wirksam werden können. Dennoch erkennt er an, daß Reifungsprozesse in der Entwicklung eine Rolle spielen (Piaget, 1969). Das Kind könne keine logischen Schlußfolgerungen ziehen, bevor nicht gewisse Ausreifungen des Nervensystems erfolgt seien. Reifungsprozesse schaffen Möglichkeiten. Damit aber aus Möglichkeiten Wirklichkeiten werden können, müssen andere Faktoren hinzukommen, wie z. B. Erfahrungen und soziale Kontakte.

Für Piaget sollte das Sammeln *aktiver Erfahrungen* unter ausschließlicher oder weitgehender Kontrolle des Kindes stehen. Aufgabe der Umwelt (also die von Lehrern oder Eltern) ist nach seiner Meinung vor allem, Materialien bereitzustellen oder Problemsituationen zu schaffen, die das kindliche Interesse herausfordern und den jungen Menschen veranlassen, sich selbständig und aktiv um Problemlösungen zu bemühen. Wichtig ist demnach, daß das Kind Anregungen erhält, die seiner jeweiligen kognitiven Entwicklung entsprechen. So entwickelt ein Kind während der ersten Lebensmonate beispielsweise ein Schema, das auf seine Spielente bezogen ist, wenn es die Gelegenheit erhält, diese zu betrachten und anzufassen („zu begreifen"). Auf der Grundlage dieser konkreten Erfahrungen baut sich der junge Mensch das Verständnis (seine Schemata) für das von ihm Beobachtete auf. Ist das Kind bei diesem Sammeln von Erfahrungen ganz auf sich allein gestellt? Spielen andere Menschen dabei auch eine Rolle?

Piaget (1973) erkennt ausdrücklich an, daß *soziale Interaktionen* für die Entwicklung von Schemata eine Rolle spielen. Im Unterschied zur traditionellen Schule, die seiner Meinung nach direkten Kontakten zwischen Lehrern und Schülern zuviel Bedeutung zuschreibt, sollten vor allem Gleichaltrige Gelegenheit zur Zusammenarbeit erhalten, denn nur zwischen ihnen könne ein ausgeglichenes Geben und Nehmen stattfinden. „Kritik", so erklärte Piaget (1932) einmal, „entsteht aus der Diskussion, und Diskussionen sind nur zwischen Ebenbürtigen möglich: Kooperation ermöglicht deshalb etwas, was intellektuelle Beschränkungen (der unerschütterliche Glaube an das umfangreichere Wissen des Erwachsenen) nicht zustande bringen." Piaget hat zwar die Bedeutung sozialer Kontakte wiederholt herausgestellt, aber dennoch enthalten seine Schriften überwiegend Beispiele für die Auseinandersetzung des Kindes mit seiner Sachumwelt (Tudge & Rogoff, 1989). Sozial vermittelte Erfahrungen nehmen in der Mehrheit seiner Beschreibungen einen verhältnismäßig geringen Raum ein. Piaget hat es weitgehend anderen überlassen, den Einfluß sozialer Kontakte auf die Entwicklung eingehender zu untersuchen (z. B. Bearison, 1991). Er hat allerdings seine Sichtweise im Verlauf seiner Forschungstätigkeit etwas geändert. Während Piaget im Jahre 1923 noch feststellte, daß Kinder, die jünger als sieben Jahre alt sind, wegen ihres egozentrischen Denkens wohl kaum von sozialen Kontakten profitieren könnten, korrigierte er sich später mit dem Zugeständnis, daß sogar schon Kinder, die noch „vorlogisch", nach Piaget voroperational, denken (s. S. 81f.), in der Lage sind, solche Diskussionen zu führen, die ihre Entwicklung vorantreiben. Es steht somit sehr wohl im Einklang mit Piaget, daß die Bedeutung sozialer Einflüsse auf die Entwicklung ausdrücklich herausgestellt wird. Ein Kind mag zwar seine Spielzeugente „begreifen", sie in den Mund stecken, auf den Boden werfen, gegen die Gitterstäbe seines Bettes drücken usw. Das auf diese Weise gewonnene Wissen bliebe jedoch unvollständig, wenn das Kind nicht irgendwann erfahren würde, daß es sich bei seinem Spielzeug um eine Ente handelt. Diese Benennung kann nur auf dem Wege sozialer Vermittlung erfolgen. Andere Menschen sind somit in der Lage, beim Lernenden die Konstruktion von Wissen anzuregen, das weit über seine eingeschränkte Erfahrungswelt hinausgeht.

Alle bisher beschriebenen Mechanismen wirken auf einen weiteren: auf einen *Gleichgewichtszustand*, den Piaget *Äquilibrium* nennt; Piaget geht davon aus, daß Kinder nicht passiv abwarten, bis etwas um sie herum passiert. Statt dessen setzen sie sich aktiv mit ihrer Umwelt auseinander. Dabei sammeln sie allerdings nicht nur Erfahrungen, die sie ohne weiteres assimilieren können. Sie beobachten etwas, das ihnen nicht bekannt ist. Sofern sie auf diese „Diskrepanz" aufmerksam werden, unterstellt ihnen Piaget das Bemühen, für das zunächst Unerklärliche eine Erklärung zu finden. Sie versuchen also, den gestörten Gleichgewichtszustand wieder herzustellen, das „Disäquilibrium" zu beseitigen.

Mit dem Äquilibrationsprinzip verbindet Piaget seine grundlegende motivationale Annahme, wonach Menschen bemüht sind, zwischen Assimilation und Akkommodation ein Gleichgewicht herzustellen, indem sie gesammelte Er-

2.3 Erwerb von Kenntnissen nach Jean Piaget

fahrungen einerseits ordnen und ihnen andererseits vor dem Hintergrund ihres Vorwissens Bedeutung zuschreiben. Viele Erfahrungen lassen sich assimilieren, weil sie im Einklang mit jeweils vorliegenden Erwartungen stehen. Ein fünfjähriges Kind könnte beispielsweise die Vorstellung entwickelt haben, daß „lebendig" sich auf Tiere, wie z. B. Hunde, Katzen, Vögel, Kaninchen, und Menschen anwenden läßt. Wenn es anläßlich eines Zoobesuchs die Gelegenheit erhält, eine Giraffe zu sehen, wird es sein Schema von Lebewesen zwar etwas zu verändern haben, aber grundsätzlich wohl ohne Schwierigkeiten in der Lage sein, dieses neue Tier als lebendes Wesen zu assimilieren. Das gelingt aber möglicherweise nicht mehr, wenn es außerdem zur Kenntnis zu nehmen hat, daß auch Blumen leben. Diese Information könnte beim Kind einen kognitiven Konflikt auslösen, nämlich dann, wenn es auf einen Widerspruch zwischen seinem Wissen und einer neuen Information aufmerksam wird. Ein solches Aufmerksamwerden auf einen Konflikt erfolgt vor allem dann, wenn ein Lernender aufgrund seines Wissens eine Vorhersage macht und daraufhin Beobachtungen sammelt, die mit seiner Vorhersage nicht übereinstimmen. Wenn ein Mensch darauf aufmerksam wird, daß bestimmte Erfahrungen nicht mit seinem Wissen zu vereinbaren sind, liegt eine Störung des Gleichgewichts (Disäquilibrium) vor. Eine Möglichkeit zur Beseitigung des Disäquilibriums erfolgt durch Akkommodation, in deren Verlauf sich das Wissen von den Lebewesen solange verändert, bis allen vorliegenden Informationen Rechnung getragen worden ist.

Wenn Kinder Erfahrungen sammeln, die ihren Erwartungen widersprechen, müssen sie nicht in jedem Fall Anstrengungen zu einer Akkommodation vornehmen. Jean Piaget und seine langjährige Mitarbeiterin Bärbel Inhelder beobachteten beispielsweise einen fünfjährigen Jungen, der sich von dem Wissen leiten ließ, daß kleine Gegenstände schwimmen können, während größere auf den Grund sinken. Als man ihm ein großes Stück Holz zeigte, sagte er voraus, es werde auf den Boden sinken. Der anschließende Versuch enttäuschte ihn jedoch in keiner Weise. Vielmehr versuchte er den Konflikt durch Assimilation zu beseitigen: Er drückte das schwimmende Holz mit aller Kraft unter die Wasseroberfläche und rief aus: „Willst du bleiben, Frechdachs!" (Inhelder & Piaget, 1958). Der Junge war offenbar in seiner kognitiven Entwicklung noch nicht soweit vorangeschritten, daß er zu einer Akkommodation bereit war.

Erfahrungen dürfen demnach nicht zu fremd sein, die *Diskrepanz* zwischen dem Erwarteten und Beobachteten nicht zu groß werden, weil sonst keine Motivation zur Wiederherstellung des Gleichgewichtszustandes (Äquilibration) entsteht. Eine Erfahrung, die nur in geringem Maße vom Erwarteten abweicht, ruft solange keine Störung des Gleichgewichtszustandes hervor, wie sie noch assimiliert werden kann. Wenn die Diskrepanz zwischen vorhandenem Wissen und Umweltinformationen zu groß wird, erfolgt ein Rückzug aus der Problemsituation. Um also den Lernenden optimal zu motivieren, eine Akkommodation vorzunehmen, sind bei ihm *dosierte Diskrepanzerlebnisse* auszulösen. Wegen ihrer zentralen Bedeutung für die Lernmotivation wird in Kapitel 6 ausführlicher über sie berichtet (s. S. 352f.).

Die genannten Mechanismen (Reifung, aktive Erfahrungen, soziale Interaktion und Streben nach Gleichgewicht) sind – zusammen genommen – der Motor der Entwicklung. Sie bewirken, daß aus einem Kind, das zunächst seine angeborenen Reflexe übt, ein Jugendlicher wird, der auf gedanklich abstrakter Ebene mögliche zukünftige Ereignisse vorhersagen kann. Diese Entwicklung ist imponierend, denn der junge Mensch benötigt dazu noch nicht einmal zwei Jahrzehnte.

2.3.5 Kognitive Entwicklung

Piaget hat durch Beobachtung von Kindern in ihrer natürlichen Umgebung versucht, Hinweise auf die Entwicklung ihrer kognitiven Strukturen zu erhalten. Er legte seinen Versuchspersonen bestimmte Probleme vor und stellte ihnen zusätzlich Verständnisfragen über natürliche Ereignisse (z.B. warum scheint am Tag die Sonne? Weshalb bewegen sich die Wolken am Himmel?). Auf der Grundlage seiner Beobachtungen gelangte er zu dem Schluß, daß die kognitive Entwicklung während der Kindheit und Jugendzeit folgende vier Phasen durchläuft: 1. die sensu-motorische Phase, 2. die voroperationale Phase, 3. die Phase der konkreten Operationen und 4. die Phase der formalen Operationen. Eine höhere Phase unterscheidet sich von der vorausgegangenen darin, daß das Kind zum einen über (quantitativ) mehr Informationen verfügt und zum anderen eine neue Qualität des Wissens und Verstehens entwickelt hat. Im Gegensatz zu Wygotski, von dem später die Rede sein wird (s. S. 99ff.), hat Piaget die Überzeugung vertreten, daß die Entwicklung eines jeden Menschen stets einem bestimmten Ziel zustrebt.

Wesentlich ist für Piaget, daß die von ihm beschriebenen Phasen eine invariante Abfolge darstellen, d.h., sie müssen stets in der gleichen Reihenfolge ohne Auslassungen durchlaufen werden. In jeder Phase wird nämlich auf die „Errungenschaften" der vorausgegangenen aufgebaut. Allerdings bezweifelt eine wachsende Anzahl von Entwicklungspsychologen, daß sich die vier von Piaget beschriebenen Phasen tatsächlich klar voneinander abgrenzen lassen. Die Kritiker (z.B. Gelman & Baillargeon, 1983) stellen nicht in Frage, daß sich im Verlauf der Entwicklung die von Piaget beschriebenen Veränderungen zeigen. Mit dem Phasenbegriff geht Piaget allerdings davon aus, daß sich kognitive Fähigkeiten, die bei Auseinandersetzung mit einem Problembereich zum Ausdruck kommen, generell zeigen, also auch bei Aufgaben anderer Bereiche. Das ist jedoch nicht der Fall. Ein Kind, das bei bestimmten Aufgaben formal logisch denkt, tut dies nicht unbedingt auch bei Aufgaben anderer Inhaltsbereiche. Außerdem gibt es große interindividuelle Unterschiede (Unterschiede *zwischen* den Menschen). Ein neunjähriger Schachspieler, der bereits der Meisterklasse zuzuordnen ist, denkt vielleicht in hoch abstrakter Weise über nachfolgende Züge nach, während ein achtzehnjähriger Anfänger auf sehr konkrete Erfahrungen zurückgreift, um sein weiteres Vorgehen festzulegen (Siegler, 1991). Zudem läuft die Entwicklung offenkundig viel kontinuierlicher, als es der Phasenbegriff zum Ausdruck bringt. Deshalb wird im folgenden dieser Begriff gemieden.

2.3.5.1 Sensu-motorische Erfahrungen

Während der ersten beiden Lebensjahre dominiert beim Menschen die Sensu-Motorik. Die Bezeichnung ist entstanden, weil das Kind während dieses Zeitraums der Entwicklung zum einen Erfahrungen mit seinen Sinnesorganen („sensu"), zum anderen mit seinem Bewegungsapparat („motorisch") sammelt und beides aufeinander zu beziehen lernt.

Am Anfang dieses Entwicklungszeitraumes stehen die kindlichen Aktivitäten vor allem unter dem Einfluß von Reflexen. Durch die invarianten Funktionen (Assimilation und Akkommodation) erfolgt die Entwicklung der angeborenen Schemata. Das Kind baut sich sein Wissen von dieser Welt auf, indem es durch aktives Tun zunächst Erfahrungen an seinem eigenen Körper, später an Gegebenheiten seiner Umgebung sammelt. Während der ersten Lebensmonate existieren beim Kind noch keine Symbole für die Dinge seiner Umgebung, ihm stehen noch keine sprachlichen Bezeichnungen zur Verfügung. Die einzige Möglichkeit des Denkens besteht darin, etwas mit den vorgefundenen Dingen zu tun, d. h., sie zu betrachten, zu berühren, in den Mund zu stecken und nach ihnen zu greifen. Während das Kind mit der Objektwelt hantiert, empfängt es über seine Sinnesorgane Rückmeldungen; es wiederholt diejenigen Aktivitäten, die interessante Effekte auslösen. Piaget spricht von „Kreisreaktionen", die er für die frühesten und grundlegendsten Lernmechanismen hält.

Zwischen dem 1. und 4. Lebensmonat treten gehäuft Kreisreaktionen auf, die Piaget als *primär* bezeichnet, weil die ständig wiederholten Aktivitäten (daher „Kreis"-Reaktionen) auf Erfahrungen mit dem eigenen Körper beschränkt sind. Das Entstehen des Daumenlutschens liefert dafür ein Beispiel. Anfänglich werden die Bewegungen der kindlichen Hand offenbar vom Zufall bestimmt. Gelegentlich kommt eine Hand mit den Lippen in Berührung. Diese Berührung stellt wahrscheinlich eine angenehme Erfahrung dar. Das Kind bemüht sich daraufhin nämlich, diese Erfahrung zu wiederholen. Es dauert allerdings noch einige Zeit, bis es ihm gelingt, die Hand gezielt in den Mund zu stecken.

Etwa im Alter von vier Monaten wendet sich das Interesse des Kindes verstärkt den Gegebenheiten seiner Umgebung zu. Es treten *sekundäre* Kreisreaktionen auf (zwischen dem 4. und 8. Monat). Diese Kreisreaktionen heißen sekundär, weil das Kind Aktivitäten wiederholt, die bestimmte Effekte in der Umwelt hervorrufen. Im Alter von sechs Monaten schlägt es beispielsweise zufällig gegen eine Glocke, die über ihm hängt. Dadurch wird ein Geräusch ausgelöst, das dem Kind zu gefallen scheint. Nachfolgend schlägt es wiederholt gegen die Glocke, um sie zum Klingen zu bringen. Durch solche Aktivitäten entdeckt das Kind, daß es Einfluß auf seine Umgebung nehmen kann.

Kreisreaktionen, die Piaget *tertiär* nennt, treten zwischen dem 12. und 18. Lebensmonat gehäuft auf. Dem Kind reicht es fortan nicht mehr aus, interessante Effekte auszulösen. Nunmehr möchte es herausfinden, wie und warum bestimmte Ereignisse auftreten. Zu diesem Zweck werden kleine ,,Experimente" durchgeführt, durch die es zu entdecken gilt, wie sich Effekte ändern, wenn bestimmte Aktivitäten wiederholt und leicht verändert werden. So bietet das tägliche Bad zahlreiche Gelegenheiten, die Eigenarten des Wassers zu entdecken. Das Kind wird beispielsweise auf das Spritzen aufmerksam, wenn es auf die Wasseroberfläche schlägt. Es ,,studiert" daraufhin diesen Effekt, wenn man mit der linken oder rechten, mit einer Ente oder mit dem Badethermometer, ebenso mit den Füßen stärker oder schwächer auf das Wasser einschlägt. Solche Aktivitäten lassen auf Neugier schließen: Das Kind offenbart Interesse an neuen Reizsituationen.

Ein wesentlicher Schritt ist für Piaget mit der Entwicklung der *Objektkonstanz* (oder Objektpermanenz) gegeben. Er bot beispielsweise einem fünf Monate alten Kind für kurze Zeit ein interessantes Spielzeug dar, das er anschließend unter einem Tuch versteckte. Wird seine junge Versuchsperson daraufhin nach dem Gegenstand suchen? Das ist nach Piagets Beobachtungen nicht der Fall. Nach seinem Eindruck verhielten sich Kinder während der ersten sieben Lebensmonate so, als würde ein für sie unsichtbarer Gegenstand auch nicht existieren: ,,Aus den Augen, aus dem Sinn." Erst im Alter von etwa acht Monaten – so stellte Piaget fest – sucht ein Kind nach Gegenständen, die vor seinen Augen versteckt worden sind. Offenbar existieren Objekte fortan auch außerhalb der Sinneserfahrungen.

Piaget gewann aufgrund seiner Beobachtungen den Eindruck, daß sich bestimmte Entwicklungsschritte, wie z. B. die Objektkonstanz, relativ plötzlich entwickeln. Diese Auffassung wird heute nicht mehr geteilt, denn man hat zahlreiche Beobachtungen zusammengetragen, die darauf schließen lassen, daß sich das Verständnis für Gegebenheiten der Umwelt ziemlich kontinuierlich entwickelt. Das gilt auch für die Objektkonstanz. Renee Baillargeon (1991) ließ sich von der Überlegung leiten, daß möglicherweise schon sehr junge Kinder wissen, daß ein verdecktes Objekt fortbesteht, aber noch nicht in der Lage sind, danach zu greifen. Deshalb registrierte sie, wie Kleinkinder auf verdecktes Spielzeug reagierten. Aus ihren Beobachtungen schloß sie, daß schon Kinder im Alter von $3^1/_2$ Monaten ein gewisses Verständnis für das Funktionieren der physikalischen Gegenstandswelt besitzen.

Piaget hielt die Entwicklung von Objektkonstanz für bedeutsam, weil sie nach seiner Meinung den Beginn des symbolischen Denkens markiert. Kennzeichnend für ein Symbol ist, daß es stellvertretend für eine Sache steht. Die Spielente existiert für das Kind fortan – auch wenn es sie nicht sieht oder nicht in den Händen hält, denn es kann sie ,,innerlich", d. h., kognitiv abbilden oder, wie man auch sagt, *repräsentieren*. Die sprachliche Entwicklung unterstützt diesen Prozeß in entscheidender Weise, denn wenn das Kind etwa um seinen ersten Geburtstag das erste Wort sinnvoll spricht, weiß es nicht nur, daß Gegenstände auch existieren, wenn sie nicht zu hören oder zu sehen sind, es ist nunmehr auch in der Lage, sich mit einem Wort auf sie zu beziehen. Es kann von *„Papa"* sprechen, obwohl der Vater gar nicht in der Nähe ist.

Ein Beispiel für eine handlungsmäßige Repräsentation liefert Piaget (1936), der bei seiner fünfzehn Monate alten Tochter folgendes beobachtet hat: Das Kind spielt mit einem Clown, dessen lange Füße zufällig in den Ausschnitt ihres Kleides geraten waren. Nur mit Mühe kann das Mädchen die Puppe loshaken, versucht aber gleich wieder, den Fuß noch einmal an die gleiche Stelle zu bringen. Als die Tochter dabei erfolglos bleibt, schaut sie ihre Hand an und krümmt den Zeigefinger rechtwinklig ab, um die Form des Clown-Fußes nachzuahmen. Sie bewegt daraufhin die Hand ebenso wie vorher den Clown. Dabei gelingt es ihr, den Finger in den Ausschnitt zu stecken.

An dieser Beobachtung wird deutlich, wie die Nachahmung dem Kind dient, um sich ein zunächst unbekanntes Ereignis verständlich zu machen. Der Finger wird zu einem Symbol für den Fuß, denn er wird so bewegt, daß er die für diese Situation entscheidenden Merkmale des Fußes repräsentiert. Das Kind imitiert also mit dem Finger die besondere Form des Fußes und vollzieht damit eine Akkommodation.

Mit der Fähigkeit, sich Gegenstände und Menschen kognitiv zu repräsentieren, Effekte einfacher Aktivitäten vorhersagen zu können, ist das Kind auf die nächste Phase kognitiver Entwicklung vorbereitet. Die kognitiven Aktivitäten werden dann nicht mehr ausschließlich vom Tun, sondern verstärkt vom symbolischen Lernen bestimmt sein.

2.3.5.2 Das voroperationale Denken

Für den Zeitraum, der etwa zwischen dem zweiten und siebten Lebensjahr liegt, sind für ein Kind Denkleistungen typisch, die Piaget als voroperational bezeichnet. Unter Operationen versteht Piaget Ereignisabläufe, die auf gedanklicher Ebene nach einfachen logischen Regeln ablaufen. Der voroperationale Denker kann sich Handlungen, die er bereits tatsächlich ausgeführt hat, gedanklich vorstellen. Entsprechendes gilt für Ereignisse, die vom Kind ausgelöst worden sind. Da aber in den kindlichen Denkabläufen – vor allem während des Vorschulalters – bestimmte Verstöße gegen logische Regeln (einige werden noch dargestellt) immer wieder vorkommen, spricht Piaget vom *vor*operationalen Denken.

Beim Denken auf symbolischer Ebene lassen sich – unterstützt durch die außerordentlich schnell verlaufende Sprachentwicklung – erhebliche Fortschritte registrieren. Das Kind kann nunmehr auch an einen Clown denken, wenn dieser sich nicht konkret vor ihm befindet. Diese symbolische Fähigkeit verhilft dem kindlichen Denken zu einer neuen Qualität (Ginsburg & Opper, 1988). Ebenso beobachtet man häufig Kinder in diesem Altersbereich, wie sie Erfahrungen und beobachtete Handlungen anderer nachahmen. So spielen Vorschulkinder die Rolle ihrer Eltern oder die ihrer Kindergärtnerin; sie geben vor, Auto zu fahren oder spielen Charaktere nach, die sie im Fernsehen beobachtet haben.

Mit Hilfe einiger Münzen lassen sich wesentliche Kennzeichen voroperationalen Denkens bei den meisten Kindern nachweisen (Phillips, 1969). Man legt ihnen zunächst in einer Reihe Münzen mit kleinem Abstand vor. Darunter wird eine weitere Reihe, entweder mit gleichem oder mit größerem Abstand gelegt. Sodann fragt man das Kind, in welcher Reihe sich mehr Münzen befinden.

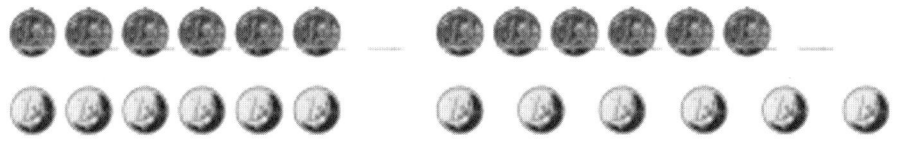

Abbildung 2.2:
Aufgabe zur Demonstration spezifischer Charakteristika voroperationalen Denkens: „Welche Reihe enthält mehr Münzen?"

Die Antworten eines typisch „voroperationalen Kindes" lassen darauf schließen, daß seine Urteile noch sehr stark vom Wahrnehmungseindruck bestimmt werden. Vielfach behauptet es nämlich, daß die Reihe, die den größeren Abstand darstellt, „mehr Münzen" enthält. Wie läßt sich diese Reaktion erklären? Bei der Beantwortung dieser Frage sollte an die Möglichkeit gedacht werden, daß dem Kind bestimmte Lernvoraussetzungen fehlen. Was wird von ihm nämlich verlangt? Es soll zwei Mengen miteinander vergleichen. Steht dem Kind der Mengenbegriff aber wirklich zur Verfügung? Davon kann nicht ohne weiteres ausgegangen werden. Wenn Eltern oder andere Personen dem Kind das Zählen beizubringen versuchen, vermitteln sie ihm häufig nicht, daß sich die Zahl „eins", „zwei" oder „drei" jeweils auf eine bestimmte Menge bezieht. Das wird deutlich, wenn man sich genauer ansieht, wie ein häuslicher „Unterricht" im Zählen vielfach abläuft.

In einer „Lernsituation" liegen vor einem sehr jungen Kind beispielsweise mehrere Apfelsinen. Es folgt die Frage nach der Menge: „Wie viele Apfelsinen liegen vor dir auf dem Tisch?" Wenn sich das Kind nicht äußert, hilft die Mutter vielleicht folgendermaßen nach: Sie zeigt auf die erste Frucht und sagt „eins". Sie weist dann auf die zweite Apfelsine und sagt nunmehr „zwei". Schließlich erfährt das Kind, daß die dritte Frucht mit „drei" in Verbindung zu bringen ist. Könnte das Kind aus einer solchen Demonstration nicht den Schluß ziehen, daß das erste Zählobjekt stets „eins", das zweite immer „zwei" und das dritte „drei" genannt wird? In einem solchen Fall würde das Kind (unerwünscht) lernen, daß Erwachsene von „eins", „zwei", „drei" usw. sprechen und damit Ordinal- oder Rangzahlen (erstens, zweitens, drittens) meinen. Man könnte ein solches Mißverständnis auf Seiten des Kindes aufdecken, indem man ihm zunächst *eine* Apfelsine mit der Frage vorlegt: „Wie viele Ap-

2.3 Erwerb von Kenntnissen nach Jean Piaget

felsinen siehst du?" Es antwortet daraufhin scheinbar richtig: „eine". Sodann legt man eine weitere Frucht hinzu, um die Frage zu wiederholen. Das Kind behauptet wiederum nur dem Anschein nach richtig, daß nunmehr „zwei" Apfelsinen auf dem Tisch liegen. Nachdem eine dritte Frucht ergänzt worden ist, erhält man die Antwort „drei". Wird das Kind bei diesem „Unterricht" aber wirklich darauf aufmerksam, daß mit „zwei" die Menge *zwei* und nicht die *zweite* Apfelsine gemeint ist? Auch diese Frage läßt sich überprüfen. Nachdem man dem Kind nacheinander drei Apfelsinen vorgelegt hat („eine – zwei – drei"), sollte man es auffordern, die *drei* auszuhändigen („Gib mir die drei!"): Wenn es daraufhin nur nach der dritten Apfelsine greift, ist der Verdacht berechtigt, daß das Kind noch keinen Mengenbegriff besitzt. Es spricht zwar von drei Apfelsinen, verwendet aber den Begriff *drei* in der Bedeutung einer Ordinalzahl („dritte"). Wenn der Schulunterricht dieses Mißverständnis nicht bereinigt (und das erfordert einen zumeist stark unterschätzten Übungsaufwand!), wird es die Aufgabe 2 + 2 = 4 im Verständnis von „zweitens" + „zweitens" = „viertens" lernen müssen (Resnick, 1989). Es ist das Ziel der Mengenlehre, diesem Mißverständnis entgegenzutreten. Weitere Verständnisschwierigkeiten sind dann für den zukünftigen Mathematikunterricht vorprogrammiert (siehe hierzu ausführlicher S. 289f.)! Wenn einem Kind in der o. g. Münzaufgabe kein Mengenbegriff zur Verfügung steht, wird es sich bei seiner Antwort auf einen Längenvergleich stützen. Piaget spricht von „Zentrierung", wenn das Kind bei seinem Urteil nur auf ein Merkmal achtet (z. B. Länge) und andere (z. B. Breite oder Menge) unberücksichtigt läßt.

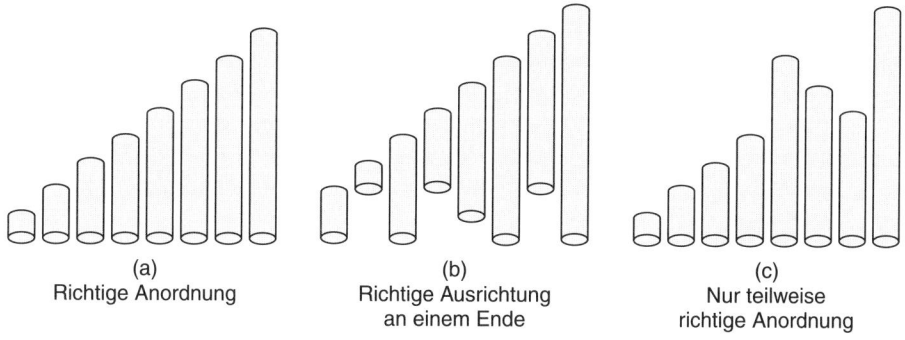

(a) Richtige Anordnung   (b) Richtige Ausrichtung an einem Ende   (c) Nur teilweise richtige Anordnung

Abbildung 2.3:
Verschiedene Anordnung von Stäben durch Kinder, die diese der Größe nach zu ordnen hatten

Die Schwierigkeit des voroperational denkenden Kindes, gleichzeitig mehrere Merkmale zu beachten, zeigt sich auch bei Aufgaben zur *Reihenbildung* (Piaget & Szeminska, 1952). Einem zwei oder drei Jahre alten Kind werden beispielsweise zehn Stäbe unterschiedlicher Länge mit dem Auftrag ausgehändigt, sie der Größe nach zu ordnen. Sollte eine solche Aufgabe nicht von jedem Kind bewältigt werden, wenn man ihm nur ausreichend Zeit läßt? Piaget stellte fest, daß seine jungen Versuchspersonen in der Regel eine Lösung vorlegten, die aus der Sicht eines Erwachsenen als falsch zu bezeichnen ist. Zwei oder drei Jahre alte Kinder sind nicht in der Lage, die Stäbe richtig vom kleinsten zum größten nebeneinander zu legen wie in Abbildung 2.3 a.

Etwas älteren voroperationalen Denkern, mit denen die Reihenbildung geübt worden ist, unterlaufen immer noch Fehler. Sie achten beispielsweise nur auf das eine Ende der Stäbe und „vergessen" das andere Ende, wie in Abbildung 2.3 b, oder sie bilden nur von einem Teil der Stäbe eine richtige Reihe wie in Abbildung 2.3 c.

Nach Piaget fordert die Beherrschung der Reihenbildung vom Kind, daß es bei jedem Stab gleichzeitig zweierlei beachtet: er sollte jeweils länger als der ihm in der Rangordnung vorangehende und jeweils kürzer als der ihm folgende Stab sein. Das voroperational denkende Kind beherrscht noch nicht die logische Operation der *Transitivität*. Wenn nämlich A und B einerseits, B und C andererseits in einer bestimmten Beziehung stehen, läßt sich logisch schlußfolgern, daß dadurch auch die Beziehung von A und C festgelegt ist. Wenn also beispielsweise Stab B größer als Stab A und Stab C größer als Stab B ist, dann erkennt das „voroperationale Kind" nicht, daß Stab C logischerweise größer als A sein muß.

Das voroperationale Denken ist weiterhin dadurch gekennzeichnet, daß das Kind bei einer Ereignisabfolge jeweils einzelne *Zustände*, nicht aber den Prozeß sieht, durch den ein Zustand in einen anderen übergeht (*Transformation*). Das voroperationale Kind ist in der Regel noch ein „nontransformer" Denker, d.h. nicht in der Lage, den Prozeß der Veränderung eines Zustandes in einen anderen zu beachten. Das Kind sieht also lediglich einzelne Zustände. Der Erwachsene erkennt demgegenüber einen Prozeß. Wenn man einem Kind, das voroperational denkt, den Vorgang einer Veränderung vorführt, beachtet es nur den Anfangs- und den Endzustand; es übersieht aber die Veränderungen, die dazwischen liegen. Im Falle der Münzaufgabe gelingt es dem Kind nicht, sich den Veränderungsprozeß zu repräsentieren, obwohl es beobachtet hat, wie die Reihe verlängert worden ist.

Schließlich ist dem voroperational denkenden Kind auch das Verständnis dafür verschlossen, daß Ereignisabfolgen ebenso in umgekehrter Reihenfolge durchlaufen werden können. Das Kind kann sich deshalb auch nicht vorstellen, daß die Verlängerung der Münzreihe wieder rückgängig gemacht werden kann. Ereignisabläufe sind im voroperationalen Denken noch *irreversibel*. Piaget (1924) gibt für diese Besonderheit kindlichen Denkens ein aufschlußreiches Beispiel:

Erwachsener:	Hast du einen Bruder?
Junge:	Ja.
Erwachsener:	Wie heißt er?
Junge:	Jan.
Erwachsener:	Hat Jan einen Bruder?
Junge:	Nein!

2.3 Erwerb von Kenntnissen nach Jean Piaget

Solche Antworten veranlaßten Piaget, dem voroperational denkenden Kind *Egozentrizität* zuzuschreiben. Piaget benutzt den Begriff der Egozentrizität, um damit das Denken zu charakterisieren; er hat nichts mit dem Alltagsverständnis von Egoismus zu tun. Aufschlußreich ist ein Interviewausschnitt, in dem Piaget gebeten wurde, seinen Begriff näher zu erläutern (Hall, 1970):

Frage: Wenn Sie sagen, das kleine Kind sei egozentrisch, was meinen Sie damit genau?

Piaget: Der Begriff hat von allen Begriffen, die ich verwendet habe, die schlimmsten Interpretationen erfahren. ... Wenn ich mich auf das Kind beziehe, dann verwende ich den Begriff in einem epistemologischen Sinne ... Das egozentrische Kind – und alle Kinder sind egozentrisch – betrachtet seinen eigenen Blickpunkt als den einzigen möglichen. Es ist unfähig, sich in die Stellung eines anderen zu versetzen, denn es ist ihm nicht gegenwärtig, daß die andere Person eine Sichtweise hat.

Frage: Würde dies dem Glauben des Menschen entsprechen, daß sich das Universum um die Erde dreht?

Piaget: Das ist exakt das Beispiel, das ich gerade geben wollte. Es ist eine natürliche Tendenz der Intelligenz, und sie wird sehr langsam mit der Reifung des Kindes korrigiert. Wie Sie wissen, glauben viele Kinder, daß die Sonne und der Mond ihnen beim Gehen nachfolgen. Ein mehr prosaisches Beispiel ist die Art, wie ein Kind ein neues Wort schafft und annimmt, daß jedermann genau wüßte, was es damit meint.

Nach Piagets Interpretation bereitet der kognitive Entwicklungsstand dem voroperationalen Denker Schwierigkeiten, sich die Welt aus der Sicht eines anderen vorzustellen; ein solches Kind scheint davon auszugehen, daß sämtliche Sozialpartner ebenso denken und fühlen wie es selbst. Nachprüfungen konnten diese Schlußfolgerungen Piagets nicht immer bestätigen. Nach den Beobachtungen von Rosalind Charlesworth und Willard Hartup (1967) sind Vierjährige häufig sehr wohl in der Lage, auf Wünsche anderer einzugehen, attraktive Spielsachen zu teilen oder sich in deren Nutzung abzuwechseln. Sogar Zweijährige berücksichtigen die Perspektive eines Erwachsenen, wenn sie ihm ein Bild zeigen (Lemperers et al., 1977). Vierjährige sprechen in kürzeren, einfacheren Sätzen, wenn sie sich an einen Zweijährigen, anstatt an einen Erwachsenen wenden. Solche Beobachtungen widersprechen der Auffassung Piagets, wonach Vorschulkinder unfähig sind, die Perspektive anderer einzunehmen (Gelman, 1979).

Eine gewisse Neigung zum egozentrischen Denkens im Sinne Piagets bleibt auch in der weiteren Entwicklung bestehen. Pädagogisch ist es sehr wohl wünschenswert, solchen Neigungen entgegenzuwirken. Mitmenschliche Konflikte entstehen vor allem, wenn die Beteiligten wenig Bereitschaft zeigen, die Sichtweise anderer einzunehmen. Bei gezielten Übungen und durch angemessene Interventionen des Lehrers können Schüler allerdings zur Verminderung ihrer Egozentrizität veranlaßt werden (Chalmers & Townsend, 1990).

2.3.5.3 Konkrete Operationen

Wenn Kinder sich im zweiten oder dritten Schuljahr befinden, gelingt es ihnen in der Regel, „operational", d.h., nach komplizierteren logischen Regeln zu denken. Der Wahrnehmungseindruck wirkt damit nicht mehr dominierend auf den Prozeß der Urteilsbildung. Wie weit das Denken inzwischen fortgeschritten ist, zeigt sich nach Piaget vor allem beim Erkennen von Konstanzen. Abbildung 2.4 zeigt zwei typische Aufgaben, die für Piaget sehr wichtige Erkenntnisleistungen während des konkret operationalen Denkens erfordern.

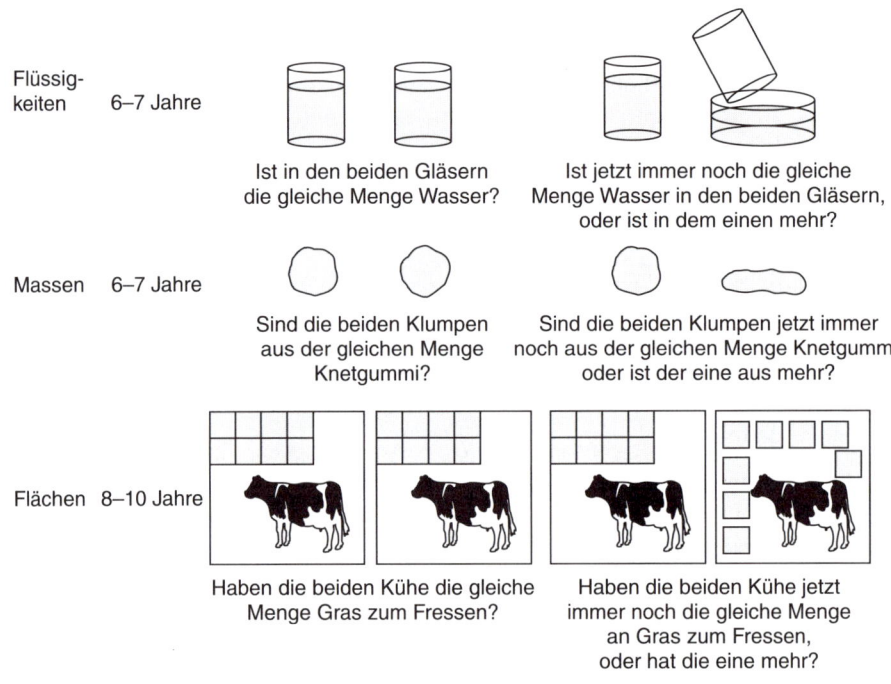

Abbildung 2.4:
Einige typische Aufgaben zur Prüfung des Verständnisses von Konstanzen

Um zu prüfen, ob ein Kind Konstanzen bei Flüssigkeiten erkennt, gießt man vor seinen Augen den Inhalt aus einem schmalen in ein breites Gefäß. Hat sich nach dem Umschütten die Flüssigkeitsmenge vermehrt? Weiterhin formt man aus einem Knetgummiball ein wurstartiges Gebilde. Ist durch diese Umformung mehr Masse entstanden? Während sich das voroperational denkende Kind zumeist noch von seinem Wahrnehmungseindruck täuschen läßt, kennt es als konkret operationaler Denker die richtige Antwort. Wenn einer Menge nichts hinzugefügt oder weggenommen wird, so erklärt es seine Antwort, bleibt sie unverändert (Aspekt der Identität). Auch wenn die Flüssigkeitssäule in dem einen Glas höher, im zweiten Glas niedriger aussieht, berücksichtigt das sieben- oder achtjährige Kind sowohl Höhe *als auch* Breite (Aspekt der Kompensation). Im übrigen, so erklärt ein Grundschüler in der Rechtfertigung seines Urteils, brauche man die Flüssigkeit nur in das erste Gefäß zurückzugießen, um den Beleg zu erhalten, daß die Menge unverändert geblieben ist (Aspekt der Reversibilität). Piaget stellte allerdings fest, daß sich beim Kind das Verständnis für Konstanzen in unterschiedlichen Aufgabenbereichen nicht gleichzeitig entwickelt (Piaget spricht von *horizontaler Décalage),* man beobachtet statt dessen Verschiebungen. Sobald das Kind konkret operational denkt, beherrscht es nach Piagets Beobachtungen auch die Zahlenkonstanz, während sich das Verständnis für Längen- (s. hierzu Abb. 2.2, s. S. 82), Massen- und Flüssigkeitskonstanzen erst anschließend entwickelt (Brainerd & Brainerd, 1972). Verschiebung *(horizontale Décalage)* wird somit zu einer Bezeichnung dafür, daß früher Gelerntes nur in begrenztem Umfang auf andere Aufgabenbereiche übertragen werden kann (Kreitler & Kreitler, 1989). Warum schreitet das Verständnis in diesen Aufgabenbereichen nicht gleichzeitig voran? Über diese Frage wird noch heftig diskutiert (Flavell et al., 1993). Es wäre möglich, daß sich das Verständnis für Konstanzen in den einzelnen Aufgabenbereichen nicht so unabhängig von den individuellen Lernerfahrungen entwickelt, wie Piaget stets behauptet hat (Pasnak, 1987; Kreitler & Kreitler, 1989).

Piaget studierte weiterhin Veränderungen in den Klassifikationsleistungen. Wenn man Kindern im Alter zwischen zwei und fünf Jahren geometrische Figuren aushändigt, die sich nach Form, Größe und Farbe voneinander unterscheiden, und sie zu einer Ordnungsleistung auffordert, wird man bei der Verhaltensbeobachtung auf eine Unregelmäßigkeit aufmerksam. Während das Kind die Aufgabe ausführt, wechselt es das klassenbildende Merkmal: Es beginnt vielleicht damit, mehrere rote Quadrate in eine Reihe zu legen. Sodann ergänzt es die Reihe möglicherweise mit blauen Quadraten und anschließend mit blauen Dreiecken. Es hat den Anschein, als ob das Kind das klassenbildende Merkmal während seiner Arbeit einfach vergißt. Ein solches „Vergessen" wird bei einem Kind, das zu konkreten Operationen fähig ist, kaum noch beobachtet. Dieses wird eine Regel für die Ordnung der Objekte festlegen und einhalten.

Voroperational denkenden Kindern bereitet es auch Schwierigkeiten, Gesamt- und Teilmengen miteinander zu vergleichen. Ein einfacher Versuch mit 15 braunen und 5 weißen Holzperlen macht dies deutlich (Piaget, 1936). Ein typisches fünf- bis siebenjähriges Kind ist nach den Beobachtungen Piagets in der Lage, weiße und braune Perlen voneinander zu trennen. In der Regel wird es auf eine entsprechende Frage hin auch zutreffend antworten, daß mehr braune als weiße Perlen vorhanden sind. Schwierigkeiten zeigen voroperationale Denker jedoch, wenn sie Holzperlen (Gesamtmenge) und braune Perlen (Teilmenge) vergleichen sollen. Eine typische Antwort lautet, daß mehr braune als Holzperlen vorliegen. Piaget schließt aus dieser Beobachtung, daß dem voroperational denkenden Kind die logische Operation der Klassifikation noch nicht gelingt. Erst die konkreten Operationen gestatten es dem Kind, Unterklassen zu addieren (weiße + braune Perlen = Holzperlen) und wieder umzukehren (Holzperlen − weiße Perlen = braune Perlen).

Wie stark das Grundschulkind immer noch der konkreten Erfahrung bedarf, zeigen die Reaktionen auf folgende Aufgabe: Thorsten ist größer als Stephanie und kleiner als Marc. Wer ist am kleinsten? Diese Frage wird das konkret operational denkende Kind in der Regel noch verwirren. Wenn man dem Befragten die genannten Kinder aber tatsächlich vorstellt oder ihm Bilder von diesen Jungen und Mädchen zeigt, gelingt die Antwort zumeist ohne Schwierigkeiten. Von der offenbar noch notwendigen Anschauungsgrundlage können sich Kinder erst lösen, wenn sie in ihrer kognitiven Entwicklung noch etwas weiter vorangeschritten sind.

2.3.5.4 Formale Operationen

Das Grundschulkind ist in seinem Denken immer noch sehr stark auf das tatsächlich Gegebene und konkret Erfaßbare bezogen. Das ändert sich nach den Beobachtungen Piagets etwa im Altersbereich von 11 bis 12 Jahren, wenn sich noch einmal neue Qualitäten der intellektuellen Funktionen offenbaren. Piaget spricht von den „formalen Operationen". Der formale Denker ist in der Lage, logische Schlußfolgerungen zu ziehen; er kann sich auf rein theoretischer Ebene mögliche Entwicklungen vorstellen und gedanklich mehrere Merkmale einer Situation systematisch variieren.

Formalen Denkern gelingt es weiterhin, Problemsituationen sehr viel systematischer zu analysieren als in der vorausgegangenen Entwicklung. In einer physikalischen Problemsituation können sie die wirksamen Variablen isolieren, um diese dann – den Hypothesen entsprechend – zu kombinieren. Das zeigte sich in einem Experiment von Inhelder und Piaget (1958), in dem die Versuchspersonen fünf Glasgefäße mit farbloser Flüssigkeit erhielten. Sie sollten herausfinden, welche beiden Flüssigkeiten vermischt werden müssen, damit eine gelbe Flüssigkeit entsteht. Konkret operational denkende Kinder gingen bei dieser Aufgabe sehr unsystematisch vor. Viele formale Denker fanden dagegen die Lösung, weil sie planmäßig sämtliche möglichen Kombinationen ausprobierten und dabei notwendigerweise auch auf die richtige stießen.

Im Unterschied zu Jugendlichen, die nach Piaget zu formalen Operationen befähigt sind, bereitet es vielen konkreten Denkern erhebliche Schwierigkeiten, unrealistische Annahmen nachzuvollziehen. Wenn man ihnen eine „Aufgabe zum Nachdenken" vorlegt, die mit der Feststellung beginnt: „Angenommen, daß Milch schwarz ist ...", dann protestieren sie häufig sofort mit dem Einwand, das ginge nicht, denn Milch sei weiß. Für viele Probleme in wissenschaftlichen und politischen Bereichen besteht jedoch nur dann die Aussicht, Lösungen zu finden, wenn Maßnahmen und ihre möglichen Effekte vor der Ausführung gedanklich durchgespielt werden. Die Fähigkeit zum Durchdenken von Möglichkeiten ist nach Piaget ein Kennzeichen formaler Operationen.

2.3 Erwerb von Kenntnissen nach Jean Piaget

Piagets Ausführungen zur formal operationalen Denkfähigkeit, die viele Menschen im Alter zwischen 11 und 12 Jahren entwickeln, hatten einen erheblichen Einfluß auf die schulische Arbeit. Lehrpläne sollten diesen Erkenntnissen Rechnung tragen, und entsprechend wurden auch Unterrichtsmaterialien konzipiert, die an jugendliche Schüler die ihnen gemäßen Anforderungen herantrugen. Es ist deshalb im folgenden ausführlicher zu prüfen, ob Piagets Befunde kritischen Nachprüfungen standhalten konnten.

2.3.6 Die Fähigkeit zum abstrakten logischen Denken auf dem Prüfstand

Jean Piaget hat behauptet, daß viele Elf- oder Zwölfjährige eine Denkqualität entwickeln würden, die er als hypothetisch-deduktiv kennzeichnete. Das deduktive Denken stützt sich auf allgemeine Annahmen oder auf „Prämissen", aus denen spezielle Folgerungen abgeleitet werden. Wenn die Annahmen bzw. Prämissen wahr sind (z.B. 1. alle Menschen sind sterblich; 2. Sokrates ist ein Mensch), müssen auch die korrekt daraus abgeleiteten Folgerungen wahr sein (3. Sokrates ist sterblich). Probleme, die deduktives Denken herausfordern, bestehen allerdings nicht notwendigerweise nur aus zwei Annahmen.

Die hohe Wertschätzung des Abstrakten, die Piaget zumindest implizit vorgenommen hat, wurzelt tief in der Kultur, in der er selbst aufgewachsen ist und in der er sein Leben lang gearbeitet hat (Rationalismus). Es überrascht nicht, daß eine Schule, die sich in der gleichen Kultur etabliert hat, diese Wertung ebenfalls als verbindlich anerkennt und zu fördern versucht. Das höchste Ziel ihrer Bildungsanstrengungen ist der junge Mensch, der zu formalen Operationen fähig ist, und dem man folglich zunehmend abstrakte Denkleistungen abverlangt. Dahinter steht die Überzeugung, daß Wissen und konkretes Tun voneinander trennbar sind, bzw. daß diese Denkleistung in dem Sinne abstrakt ist, wie sie vom Kontext der Problemstellung losgelöst ist. Läßt sich der „gebildete" Mensch nun aber tatsächlich als ein abstrakt logischer Denker kennzeichnen? Nutzt er seine vorhandenen Denk*möglichkeiten* tatsächlich, wenn er sich mit Aufgaben auseinandersetzt, die logisches Denken fordern? Löst der formale Denker tatsächlich Probleme, ohne daß es dazu ihrer Einbettung in einen Kontext bedarf?

2.3.6.1 Die Bedeutung eines vertrauten Kontexts

Der konkret operationale Denker kann eine Aufgabe vom Typus „Wenn A größer als B und wenn B größer als C ist, wer ist der Größte?" nur lösen, wenn ihm gestattet wird, an die Stelle der abstrakten Zeichen natürliche Personen zu setzen. Es erleichtert die Aufgabe erheblich, wenn es sich bei diesen Personen um bekannte Namen handelt (s. S. 356f.). Wenn aber der kindlich/jugendliche Denker zur Lösung der genannten Aufgabe solcher Konkretisierungen nicht mehr bedarf, nähert sich seine kognitive Entwicklung nach Piaget allmählich ihrem Höhepunkt. Spätestens nach Erreichung des zwölften Lebensjahres sollte es den meisten Schülern kaum noch Schwierigkeiten bereiten, aus gegebenen Prämissen, in welchen beispielsweise die Beziehung von A und B sowie B und C spezifiziert werden, Schlußfolgerungen über die Beziehung von A und C abzuleiten. Ist damit aber zugleich nachgewiesen, daß dieselben Schüler ihre deduktive Denkfähigkeit nunmehr *allgemein,* d.h., in den verschiedenartigsten Problemsituationen erfolgreich einsetzen können? Zieht ein formaler Denker stets die logisch richtigen Schlüsse, wenn man ihm „konditionale" oder „Wenn-dann-Probleme" vorlegt? Um zu studieren, wie Menschen solche Probleme bewältigen, hat Peter Wason (1968 a) seinen Versuchspersonen vier Karten vorgelegt, die auf der Vorderseite geometrische Figuren wie in Abbildung 2.5 zeigen.

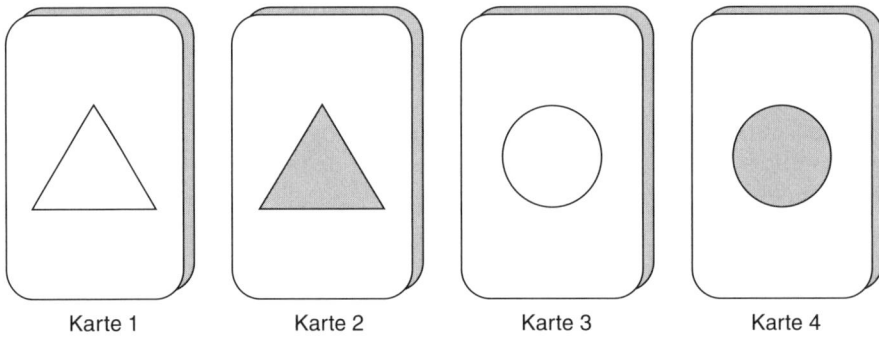

Abbildung 2.5:
Vier Karten, die Peter Wason (1968 a) zum Studium deduktiver Denkprozesse verwendet hat

Die Versuchsteilnehmer erfuhren von Wason, daß jede Karte ein weißes oder ein schraffiertes Dreieck auf der einen und einen weißen oder einen schraffierten Kreis auf der anderen Seite hat. Zu prüfen war nun folgende Behauptung: „Jede Karte mit einem weißen Dreieck auf der einen Seite hat auf der anderen Seite einen schraffierten Kreis. Wie viele und welche Karten muß man wenden, um herauszufinden, ob diese Behauptung zutrifft?" Die richtige Antwort lautet, daß die Karten 1 und 3 zu wenden sind. Die Rückseite von Karte 1 ist auf jeden Fall aufschlußreich, weil geprüft werden muß, ob sie tatsächlich einen schraffierter Kreis enthält. Ebenso ist Karte 3 unbedingt umzudrehen, denn durch Prüfung der Rückseite wird ausgeschlossen, daß sich dort ein weißes Dreieck findet; sollte man ein solches dort tatsächlich entdecken, wäre bei dieser Karte ein Regelverstoß nachgewiesen worden. Welche Antworten haben nun die Versuchspersonen gegeben? Wason stellte fest, daß viele von ihnen falsch reagierten, denn sie erklärten, man müsse die Karten 1 und 4 wenden, um die genannte Behauptung zu prüfen. Sie gingen davon aus, daß gegen die von Wason genannte Regel verstoßen wird, wenn sich hinter dem schraffierten Kreis *kein* weißes Dreieck befindet. Damit waren sie jedoch einem Irrtum aufgesessen, denn aus der Behauptung, daß alle A gleich B sind, folgt nicht notwendigerweise, das alle B gleich A sein müssen (oder konkreter ausge-

2.3 Erwerb von Kenntnissen nach Jean Piaget   91

drückt: aus der Feststellung, daß alle Menschen Lebewesen sind, folgt nicht, daß alle Lebewesen Menschen sind). Nicht selten haben mehr als 90 Prozent der von Wason, und auch der von anderen (Gellatly, 1986, Griggs & Cox, 1982) untersuchten Studierenden die Kartenaufgabe falsch beantwortet, obwohl sie nach Piaget in der Lage sein müßten, formal operational zu denken. Wäre das Lösungsverhalten der Studierenden vielleicht besser ausgefallen, wenn man ihnen vor der Prüfung Zusatzunterricht in formaler Logik erteilt hätte? Damit ist nicht zu rechnen, denn im Veranstaltungsangebot vieler Universitäten findet man Kurse, die ausdrücklich auf die Förderung des logischen Denkens und auf das Erlernen allgemeiner Problemlösungsstrategien abzielen. Die Prüfung von Teilnehmern solcher Veranstaltungen hat aber ergeben, daß es auch ihnen keineswegs besser gelingt, das zuvor Gelernte in anderen Situationen erfolgreich anzuwenden (Chance, 1986; Salmon, 1991).

Läßt sich aus den genannten Befunden tatsächlich nur der Schluß ziehen, daß die meisten Studierenden erhebliche Schwierigkeiten haben, logisch zu denken? Wenn Antworten auf das Kartenproblem von Wason dafür eine Grundlage bieten, müßte man ein entsprechendes Urteil auch über Menschen fällen, die einen Doktorgrad erworben haben. Obwohl Promovierte nach einem längeren Studium ihre Befähigung nachgewiesen haben, eine selbständige wissenschaftliche Abhandlung (Dissertation) zu schreiben, geben sie keinesfalls weniger Falschantworten in Wasons Kartenaufgaben als Studierende, die zunächst nur eine erste akademische Prüfung abgelegt haben (Jackson & Griggs, 1988). Möglicherweise sind die von Wason aufgedeckten Schwächen im logischen Denken unter den besonderen Bedingungen entstanden, die Wason geschaffen hatte. Um diese Vermutung überprüfen zu können, hat man die Aufgabensituation etwas verändert.

Philip Johnson-Laird und Mitarbeiter (1972) legten ihren studentischen Versuchspersonen eine Aufgabe vor, die zur Lösung die gleichen logischen Überlegungen herausforderte wie das Kartenproblem Wasons; es war allerdings in einen Kontext eingebettet worden, der den Versuchspersonen ziemlich gut vertraut war. Statt der Karten mit geometrischen Figuren wurden Briefumschläge in einer Anordnung verwendet; die Abbildung 2.6 wiedergibt.

Abbildung 2.6:
Vier Briefumschläge, die Philip Johnson-Laird und Mitarbeiter (1972) beim Studium deduktiver Denkprozesse verwendet haben

Den Versuchspersonen wurde die Regel mitgeteilt, daß auf allen verschlossenen Briefumschlägen eine Briefmarke klebt. Sie sollten prüfen, ob diese Regel strikt eingehalten worden war. Welche Briefumschläge müssen sie für die geforderte Prüfung umdrehen? Die richtige Antwort lautet, daß die Vorderseite von Umschlag A daraufhin geprüft werden muß, ob er mit einer Briefmarke frankiert ist, und Umschlag D ist umzudrehen, um zu klären, ob er unverschlossen ist. Da die Versuchspersonen von Johnson-Lairds zusätzlich das Kartenproblem von Wason zu lösen hatten, ließen sich die Leistungen in diesen beiden Problemsituationen miteinander vergleichen. Zeigte sich dabei ein Unterschied? Das war in der Tat der Fall, denn wenn Briefumschläge als Material und die Frage nach einer ausreichenden Frankierung das thematische Umfeld des Problems bildeten, lösten 81 Prozent der Versuchspersonen die Aufgabe richtig. Dagegen waren von den Versuchspersonen nur 15 Prozent erfolgreich, wenn sie sich mit der abstrakten Kartenaufgabe Wasons auseinanderzusetzen hatten.

Wie die Analyse der vorliegenden Protokolle ergibt, ist die Briefumschlag-Aufgabe teilweise auch ohne logisches Denken gelöst worden. Dennoch läßt sich zusammenfassend feststellen, daß sich die Leistungen an Aufgaben wie etwa denjenigen von Wason dramatisch verbessern, wenn sie in Sachverhalte eingebettet werden, mit denen die Versuchspersonen hinreichend vertraut sind (Cheng & Holyak, 1985; Griggs & Cox, 1982).

Insgesamt läßt sich feststellen, daß es gar nicht so sehr vom Alter eines Menschen abhängt, ob er konkret- oder formal-operational denkt, sondern vielmehr von der Quantität und der Qualität seiner vorliegenden Erfahrungen in einem Wissensgebiet. Damit wäre zu erklären, warum ältere Jugendliche oder Erwachsene an Aufgaben versagen können, die nach Piagets ursprünglichen Feststellungen Zwölf- und Dreizehnjährige bewältigen sollten (Siegler & Richards, 1982). Ebenso wäre damit auch verständlich, weshalb einige Aufgaben, die formal-operationales Denken fordern, in bestimmten Fällen auch schon einmal von einem Grundschüler bewältigt werden können. Ein Jugendlicher, der sehr sorgfältig ein von ihm entwickeltes Computerprogramm analysiert, um herauszufinden, warum es noch nicht funktioniert, mag sein Wissen über Programmierung und seine formal-operationalen Denkfähigkeiten anwenden, um das Problem zu beheben. Derselbe Jugendliche muß seine logische Denkfähigkeit allerdings nicht notwendigerweise in anderen Problembereichen zeigen. Es hängt von seiner Motivation und seinem Wissen, beispielsweise in den Fächern Philosophie oder Physik ab, ob er deren Probleme auch durch logisches Denken bewältigt. Wer also beim Lösungsversuch einer Aufgabe formal-operational denkt, muß dies nicht auch bei anderen Aufgaben tun, die ihm weniger vertraut sind (Martorano, 1977). Piaget (1972) hat aufgrund zahlreicher Befunde, die seinen eigenen früheren Beobachtungen widersprachen, inzwischen zugestanden, daß ein Mensch formal-operationales Denken wahrscheinlich nur in jenen Bereichen zeigt, in denen er hochgradige Interessen entwickelt hat oder, in denen er besonders fundierte Kenntnisse besitzt. Aber selbst diese Feststellung ist nicht unwidersprochen geblieben. So ist der Mathematiker Gyorgy Polya (1954) beispielsweise der Frage nachgegangen, wie es Mathematikern gelingt, eine Lösung zu finden. Er kam zu der Überzeugung, daß ihr Expertentum nicht in der Anwendung formaler Logik liegt, sondern in der Kenntnis und Anwendung von Strategien (Polya spricht von heuristischen Lösungsmethoden, s. hierzu S. 275f.).

Viele Schülerinnen und Schüler wurden daraufhin von ihren Mathematiklehrern über die von Polya im einzelnen beschriebenen Strategien informiert; aber aus Gründen, die zunächst unerklärlich blieben, zeigten die so Unterrichteten nicht die erwarteten Fortschritte. Erst der Mathematikpädagoge Allan Schoenfeld (1979, 1985) konnte aufzeigen, wo die Schwierigkeiten der Schüler lagen. Es reichte nicht aus, daß man Schülern Lösungsstrategien vorstellt. Der Mathematikunterricht muß vielmehr an mathematisch geeigneten Problemen aufzeigen, wie Strategien funktionieren und was man im einzelnen zu tun hat, um sie sinnvoll anzuwenden. Was Schoenfeld anregte, ist also kurz gesagt, ein Training in „gewußt wie". Schoenfeld konnte Polyas Feststellungen bestätigen: Der gute Mathematiker brilliert nicht durch seine Fähigkeiten in formaler Logik, sondern dadurch, daß er Strategien kennt, die er in geeigneten Situationen spontan anzuwenden, aber auch auszutauschen weiß, wenn sie nicht mehr weiterführen.

2.3.6.2 Überprüfung von Schlußfolgerungen aus erfahrungswidrigen Prämissen

Piaget vertrat die Überzeugung, daß es jugendlichen oder erwachsenen formalen Denkern keine Schwierigkeiten bereitet, unzutreffende Annahmen („Angenommen, daß Milch schwarz ist ...") zu akzeptieren und daraus Schlüsse zu ziehen, die sich aufgrund rein logischer Überlegungen ergeben. Gelingt es in solchen Fällen, das Vorwissen zugunsten der Logik zurückzustellen? Diese Frage hat man u. a. mit Hilfe von Syllogismen als Prüfungsaufgaben zu klären versucht:
   Syllogismen sind seit den ersten systematischen Untersuchungen zum deduktiven Denken durch Gustav Störring (1908, 1926) wiederholt als Aufgabenmaterial verwendet worden.
Syllogismen enthalten zwei Prämissen, aus denen eine Folgerung abgeleitet wird, deren Richtigkeit zu überprüfen ist, wie beim oben bereits genannten Beispiel:
   Alle Menschen sind sterblich
   Sokrates war ein Mensch
   Sokrates war deshalb sterblich
Wenn eine Prämisse nicht zutrifft, muß zwangsläufig auch die Folgerung falsch sein, wie in dem folgenden Beispiel:

*Alle Vögel können fliegen
Der Pinguin ist ein Vogel
Ein Pinguin kann fliegen*
Da die Prämisse, alle Vögel können fliegen, nicht zutrifft, ist auch der gezogene Schluß unzutreffend, obwohl er logisch korrekt abgeleitet ist. Die Entdeckung dieses Fehlers setzt allerdings entsprechende biologische Fachkenntnisse voraus.

Man hat in psychologischen Untersuchungen Prämissen verwendet, die allgemein bekannten Sachverhalten ausdrücklich widersprachen. Werden logische Überlegungen beeinträchtigt, wenn der Inhalt einer Prämisse vom allgemeinen Wissen nicht mehr zu akzeptieren ist, wie etwa im folgenden Beispiel?
*Alle Köche sind Geiger
Jan ist eine Koch
Folglich ist Jan ein Geiger*

Wenn man Syllogismen solchen Menschen vorlegt, die mit dieser Art von Problemen nicht vertraut sind, zeigt sich regelmäßig, daß sie erhebliche Schwierigkeiten haben, wenn Zusammenhänge behauptet werden, die den Erfahrungen der Geprüften widersprechen. Aber auch Jugendliche und Erwachsene, die eine längere schulische Ausbildung hinter sich haben und denen Syllogismen nicht unbekannt sind, geben am häufigsten zutreffende Antworten, wenn in den Prämissen von Zusammenhängen ausgegangen wird, die im Einklang mit ihren alltäglichen Erfahrungen stehen (Johnson-Laird, 1985). Der formale Denker ist also keineswegs allgemein in der Lage, aus erfahrungswidrigen Prämissen logisch zutreffende Schlußfolgerungen zu ziehen, wie Piaget behauptet hatte.

2.3.6.3 Umwandlung abstrakter Aufgabenelemente in visuelle Vorstellungen

Phillip Johnson-Laird und seine Mitarbeiter (1992; Johnson-Laird, 1985) haben über einen längeren Zeitraum studiert, wie Jugendliche und Erwachsene Aufgaben – etwa Syllogismen – bearbeiten, und dabei festgestellt, daß Erwachsene keineswegs immer formal-logisch denken, wenn es darum geht, entsprechende Aufgaben zu lösen. Vielfach versuchen Menschen statt dessen, sich die Problemsituationen kognitiv zu repräsentieren, um daraus dann die Lösung *ablesen* zu können. Dabei wird häufig Gebrauch von visuellen Vorstellungen gemacht. Bereits Gustav Störring (s. S. 93) hatte von seinen Versuchspersonen erfahren, daß sich diese von abstrakten Syllogismen vielfach bildhafte Vorstellungen geschaffen hatten. Welche Rolle können bildliche Vorstellungen spielen, wenn man beispielsweise, gestützt auf jeweils zwei Prämissen, die nachfolgenden Fragen zu beantworten hat?
Alle Köche sind Geiger. 1. Jan ist ein Koch. Ist er ein Geiger?
2. Jan ist ein Geiger. Ist er ein Koch?

2.3 Erwerb von Kenntnissen nach Jean Piaget   95

   3. Jan ist kein Koch. Ist er ein Geiger?
   4. Jan ist kein Geiger. Ist er ein Koch?

Man kann sich diese Aufgabe erleichtern, indem man sich eine bildliche Vorstellung von einer Gruppe von Menschen entwirft, von denen einige eine Geige in ihrer Hand halten, während andere eine Kochmütze tragen (Gray, 1994). Da eine Prämisse besagt, daß alle Köche Geiger sind, gibt man in die Hand eines jeden Kochs eine Geige. Es wird aber ausdrücklich nicht festgestellt, daß alle Geiger Köche sind. Deshalb muß beim Entwurf des Bildes berücksichtigt werden, daß auch einige Nicht-Köche Geige spielen. Darüber hinaus gibt es selbstverständlich viele Menschen, die weder Geige spielen noch als Koch tätig sind. Die auf diese Weise konstruierte Anschauungshilfe könnte einer Darstellung entsprechen, die in Abbildung 2.7 wiedergegeben wird.

Sofern es einem Menschen gelingt, sich auf der Ebene der Vorstellungen eine derartige Form der Abbildung zu konstruieren, kann er sich die Fragen allein durch Ablesen beantworten. Die Antwort auf die erste der oben gestellten Frage lautet *ja,* denn da Jan ein Koch ist, und alle Köche eine Geige tragen, muß auch er Geiger sein. Die zweite Frage läßt sich mit Hilfe der mitgeteilten Informationen nicht beantworten, denn einige Menschen mit Geigen tragen

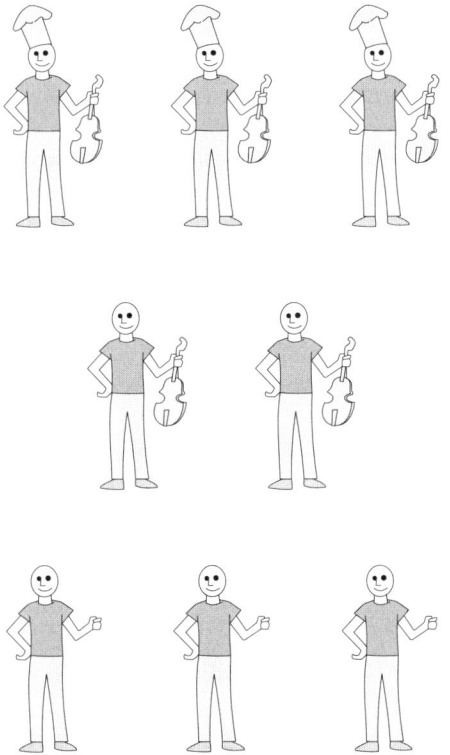

Abbildung 2.7:
Eine Anschauungshilfe, die sich zur Lösung eines Syllogismus nutzen läßt

Kochmützen und andere nicht. Gleiches gilt für die dritte Frage, denn einige Menschen ohne Kochmütze haben Geigen in der Hand und andere nicht. Die vierte Frage ist zu verneinen, denn von den Menschen, die keine Geige haben, trägt auch niemand eine Kochmütze.

Vielen Menschen fällt es leichter, die Richtigkeit von Schlußfolgerungen in Syllogismen zu beurteilen, wenn sie sich visuelle Vorstellungsbilder schaffen. Mit einer guten räumlichen Vorstellungsfähigkeit hat man bessere Aussichten, Syllogismen zu bewältigen, als mit einer überdurchschnittlichen sprachlichen Fähigkeit (Guyote & Sternberg, 1981). Selbstverständlich hilft es allen Lösungssuchenden, wenn Syllogismen Probleme enthalten, die sich leicht in Bilder umsetzen lassen. Sind es vor allem Menschen mit unterdurchschnittlicher und mittlerer Intelligenz, die zur Lösung solcher Probleme auf Anschauungshilfen zurückgreifen? Das ist sicherlich nicht der Fall. Bei Entdeckungen wie etwa der Relativitätstheorie durch *Einstein,* der elektrischen Felder durch *Faraday* oder der Molekularstruktur durch den Chemiker *Kekulé* haben nachweislich visuelle Vorstellungsbilder eine Rolle gespielt.

2.3.7 Der Einfluß Piagets auf die Unterrichtsarbeit

Jean Piaget hat sich in seinen Schriften selten direkt an Lehrer gewandt, um ihnen Anregungen für die Unterrichtsgestaltung zu geben (z. B. Piaget, 1970). Dafür haben sich viele seiner Interpreten darum bemüht, pädagogisch relevante Einsichten aus seinem Werk herauszuarbeiten. Während der Schüler unter dem Einfluß des Behaviorismus letztlich als passiver Empfänger von Lerninhalten gesehen worden ist (s. S. 20f.), hat Piaget demgegenüber mit Nachdruck die aktive Rolle des Menschen in der Konstruktion von Wissen betont (s. S. 25ff.). Da neue Erfahrungen durch vorhandenes Wissen assimiliert werden sollen, möglicherweise erst nach erfolgter Akkommodation, wird auch der Lehrer herausgefordert, seinen Unterricht auf die Lernvoraussetzungen des Schülers abzustimmen.

Ein zur Motivierung im Unterricht bedeutsames Prinzip der Theorie Piagets ist das ,,Problem der Passung" (Hunt, 1961). Danach rufen Darstellungen, die für den Schüler einen zu hohen Bekanntheitsgrad aufweisen, deren Schwierigkeitsgrad zudem sehr gering ist, nur Langeweile hervor. Lernende wenden sich ebenso von Informationen ab, die ihrem Vorwissen in einem sehr hohen Maße widersprechen oder die ihnen zu schwierig erscheinen. Um ,,dosierte Diskrepanzerlebnisse" zu schaffen, müssen Lehrer einen mittleren Grad an Ungleichgewicht beim Lernenden hervorrufen. Wegen der Bedeutung dieses Prinzips für die Aktivierung der Lernmotivation wird es an anderer Stelle ausführlicher erläutert (s. S. 352f.).

Es ist zweifellos auch Piagets Einfluß zu verdanken, wenn ein Unterricht damit beginnt, dem Schüler zunächst sehr konkrete Erfahrungen zu vermitteln. Sachverhalte der Mathematik und der Naturwissenschaften, so kritisiert Piaget

2.3 Erwerb von Kenntnissen nach Jean Piaget

(1973), würden demgegenüber häufig so unterrichtet, als handele es sich dabei um Wahrheiten, die nur durch eine abstrakte Sprache zu vermitteln wären. Tatsächlich bestünde Mathematik aber aus Aktivitäten und Operationen. Deshalb ließe sich das Verständnis der Mathematik nur fördern, wenn der Unterricht das Tun in seinen Mittelpunkt stellt. Bereits im Kindergarten könne man anfangen, mit Längen, Oberflächen, Zahlen usw. konkrete Übungen durchzuführen. Erst allmählich werden abstraktere Vorstellungen an den Lernenden herangetragen. Piaget (1970) kritisiert ebenso, daß Anschauungshilfen im Unterricht häufig als Ersatz für Aktivität verwendet würden. Sie könnten zwar mehr vermitteln als ausschließlich sprachliche Beschreibungen, aber durch sie wären niemals die Aktivitäten des Schülers zu ersetzen. Sie stellen Hilfsmittel dar, die eingesetzt werden sollten, um letztlich das eigene Forschen des Schülers anzuregen.

Da Piaget nur sehr zögernd bereit war, von seinem Phasenkonzept Abstand zu nehmen, hat er ebenso dazu beigetragen, daß Lernende überfordert worden sind. Wenn Schüler nämlich in bestimmten Aufgabenbereichen Anzeichen für logische Denkleistungen erbringen, kann leicht der Schluß gezogen werden, daß sie nunmehr in sämtlichen Bereichen zu konkreten oder formalen Operationen fähig sind. Wenn ein Lehrer daraufhin einen Schüler mit abstraktem Material in einen neuen Aufgabenbereich einführt, muß er allerdings in der Regel erfahren, daß das dargebotene Unterrichtsmaterial eventuell noch mechanisch auswendig gelernt wird, ohne tiefer verarbeitet zu werden (s. S. 226ff.). Wenn die Empfehlung mißachtet wird, Unterrichtsstunden so häufig wie möglich auf konkrete Beispiele aufzubauen, ist nicht damit zu rechnen, daß ein Schüler – auch nicht im Jugend- oder Erwachsenenalter! – motiviert wird. Ein echtes Verständnis kann sich unter solchen Bedingungen in der Regel nicht entwickeln! Im übrigen ist bereits ausführlich belegt worden, daß Piaget die Fähigkeit des Menschen, logisch-abstrakt zu denken, in beträchtlichem Maße überschätzt hat. Nennenswerte Defizite im formal-operationalen Denken zeigen sich vor allem in solchen Aufgabenbereichen, mit denen Jugendliche und Erwachsene nur wenig und gar nicht vertraut sind (s. S. 89f.).

Obwohl Piaget ein unermüdlicher Arbeiter war, konnte es ihm nicht gelingen, auf sämtliche Fragen zur kognitiven Entwicklung eine Antwort zu geben. So erhält der Lehrer von ihm nur unbefriedigende Antworten auf die Frage, warum sich seine Schüler in ihren Leistungen unterscheiden. Warum können einige Schüler mehr Informationen im Gedächtnis behalten als andere? Gibt es unter ihnen Unterschiede im Umfang des Wissens? Gibt es Unterschiede in der Nutzung von Strategien? Der Klärung solcher Fragen haben sich informationstheoretisch orientierte kognitive Psychologen zugewandt (s. S. 181ff.). Eine weitere beachtenswerte Kritik an der Konzeption von Piaget wurde von einem russischen Psychologen vorgetragen: Lew Wygotski.

2.4 Kognitive Entwicklung aus sozial-kultureller Perspektive

Die Bedeutung konkreter Erfahrungen für die kognitive Entwicklung ist von Piaget wiederholt und stets mit Nachdruck herausgestellt worden. Zugleich hat Piaget aber – darauf hat Susan Buck-Morss (1975) aufmerksam gemacht –, sein Hauptinteresse weniger auf die Frage gerichtet, was das Kind mit der konkreten Welt tun kann. Statt dessen interessierte ihn vor allem, wie schnell es in der Lage ist, sich von ihr zu lösen. Zwar betont Piaget, daß das Kind zunächst „sensu-motorische" Erfahrungen sammeln muß, aber das Ziel der kognitiven Entwicklung ist für ihn erst erreicht, wenn der Mensch abstrakte, logisch-mathematische Schlußfolgerungen anstellen kann und damit in der Lage ist, sich von der Welt der Gegenstände zu distanzieren. Der Jugendliche, der grundsätzlich zu formalen Operationen fähig ist, benötigt keine konkreten Inhalte mehr, sondern kann auf eine Reihe logischer Operationen zurückgreifen, die „im Kopf" auszuführen sind. Piaget beschreibt eine Entwicklung, in deren Verlauf sich der Mensch „zunehmend von seinen subjektiven Wahrnehmungen loslöst, so daß eine abstrakte Repräsentation der Wirklichkeit konstruiert werden kann" (O'Loughlin, 1992). Das Ziel der Entwicklung nach Piaget ist somit die Distanzierung des Kindes von den Alltagserfahrungen und der Realität; Wurzeln dieser Entwicklung finden sich aber bereits während des ersten Lebensjahres. Nach Meinung von Buck-Morss (1975) bringt Piaget bei seinen Ausführungen zur Objektkonstanz deutlich zum Ausdruck, daß er Denken und Tun ungleich bewertet. Piaget hebt nämlich nach Erreichung der Objektkonstanz die Befähigung des Kindes hervor, konkrete Gegebenheiten durch Vorstellungen zu ersetzen. Damit, so stellt Buck-Morss fest, würde er die Vorstellung höher bewerten als das konkrete Objekt, für das sie steht. Als Fortschritt sieht Piaget es weiterhin, wenn das Kind am Ende der sensu-motorischen Phase durch symbolisches Spiel in der Lage ist, die Wirklichkeit unverändert zu lassen, während es diese nur noch in der Phantasie verändert. Diese Kritik verdient Beachtung, denn sie fordert dazu heraus, auch die Arbeit in der Schule daraufhin zu untersuchen, inwieweit sie das formal-logische, also das von der Wirklichkeit abgehobene Denken höher bewertet, als das praktische Tun. Wem ist denn geholfen, so ist mit Edward Sampson (1981) zu fragen, wenn Schüler am Ziel ihrer Ausbildung über Probleme logisch-abstrakt nachdenken können (es allerdings nicht ständig und keineswegs in sämtlichen Problembereichen tun, s. S. 287f.), aber deren historische und soziale Wurzeln nicht mehr im Blick haben? Was sind das am Ende für Menschen, so fragt er weiter, die in ihrem Kopf zwar eine Vielzahl von kognitiven Aktivitäten ausführen können, „aber dennoch ziemlich hilflos und offensichtlich gleichgültig bleiben ..., wenn es darum gehen soll, wirkliche Veränderungen in ihrer tatsächlich existierenden sozialen Welt herbeizuführen?" Diese Kritik ist keineswegs unbeachtet geblieben. Vielmehr hat sie entscheidend dazu beigetragen, daß Pädagogische Psychologen den Sichtweisen Lew Wygotskis Beachtung schenkten, der mit Nachdruck darauf hinwies, daß höhere kognitive Prozesse ihren Ursprung in sozialen und kulturellen Prozessen haben.

2.4.1 Soziale Ursprünge individueller kognitiver Funktionen

Piaget leugnete keineswegs völlig, daß die kognitive Entwicklung von den sozialen Erfahrungen eines Kindes mitbeeinflußt wird (s. S. 76). Meistens beschreibt er jedoch Interaktionen des Kindes mit seiner Sachumwelt, wobei allerdings sein Blick vor allem auf das Kind gerichtet bleibt. Nach dem von Piaget entworfenen Bild sind Kinder und Jugendliche sozial isoliert, denn sie stehen außerhalb von Gesellschaft und Geschichte (Burman, 1994). Wie Wissenschaftler konstruieren sie sich selbstständig ihr Wissen und Verständnis von den Gegebenheiten dieser Welt. Damit kommt die Sichtweise des *individuellen* Konstruktivismus zum Ausdruck. Es ist für Piaget ein Verständnis, das nicht auf die spezifischen Probleme bezogen bleibt, mit denen das Individuum Erfahrungen gesammelt hat. Was das Kind vor dem Hintergrund seiner Erfahrungen erreicht hat, ist nach Piaget vielmehr ein *allgemeines* Verständnis, das zur Lösung ähnlicher Probleme in unterschiedlichen Kontexten angewandt werden kann. Eine ganz andere Sichtweise findet sich bei dem russischen Psychologen Lew Semenovich Wygotski (1896–1934). Im Gegensatz zu Piaget und den meisten westlich orientierten Wissenschaftlern erklärt Wygotski, man müsse zunächst die sozialen und kulturellen Prozesse der Umwelt eines Menschen studieren, bevor man dessen kognitive Funktionen verstehen könne (Wertsch & Tulviste, 1992). Die individuelle Entwicklung sei ,,ohne Bezugnahme auf das soziale Milieu, in das das Kind eingebettet ist, nicht zu verstehen" (Tudge & Rogoff, 1989). Die Denk- und Lernfähigkeit des Kindes hätte sich in hohem Maße unter dem Einfluß sozialer Bedingungen entwickelt. Der israelische Pädagoge Reuven Feuerstein, der auf die Arbeiten Wygotskis aufbaut, spricht von ,,vermitteltem Lernen" *(mediated learning)*. Es sind Eltern, Lehrer und Gleichaltrige, die dem Kind *vermitteln,* was in ihrer Umgebung beachtenswert ist, wie Vorgefundenes zu interpretieren ist, und was in einer bestimmten Kultur als Denken gewertet wird (Feuerstein et al., 1987). Wygotski kritisierte Piaget, weil dieser übersehen hat, daß das Kind stets mit Personen interagiert, die in einer besonderen sozialkulturellen Tradition stehen und die dadurch mitbestimmen, was und wie das Kind lernt, und wie es seine Denkfähigkeiten entwickelt; solche Formulierungen bringen die Sichtweise eines *sozialen* Konstruktivismus zum Ausdruck. Es sind überhaupt keine Ziele denkbar, die nicht auch von anderen Menschen mitformuliert sind.

Wygotski war ein Zeitgenosse Piagets (beide sind im Jahr 1896 geboren; Wygotski starb allerdings bereits im Alter von 38 Jahren (1934) an den Folgen seiner Erkrankung: an Tuberkulose). Wygotski ist als Sohn eines Bankangestellten in der Stadt Orsha geboren. Piaget erfuhr von den Arbeiten Wygotskis nach dessen Tod. Erst 25 Jahre später war er in der Lage, dessen Publikationen zu lesen, während Wygotski mit Piagets Theorie sehr vertraut war (Tudge & Rogoff, 1989).

Ebenso wie Piaget wurden auch andere westlich orientierte Wissenschaftler verhältnismäßig spät auf Wygotskis Leistungen bzw. ihre Bedeutung für die Psychologie aufmerksam. Die erste deutsche Ausgabe seines Buches *Denken und Sprechen* (Original: 1934) erschien im Jahre 1964 in der damaligen DDR und 1974 in der Bundesrepublik Deutschland. Die erste englische Übersetzung lag 1962 vor. Dabei handelte es sich zunächst noch um eine zensierte Auflage, denn sämtliche Hinweise auf *Marx* und *Lenin* waren ausgelassen. Wygotskis Arbeiten waren kurz nach seinem Tod auch in seiner Heimat unter Josef Stalin geächtet worden. Als Jude fielen seine Beiträge nicht nur einem offiziellen Antisemitismus zum Opfer. Wygotski ist auch der Vorwurf gemacht worden, Gedanken westlich orientierter und damit „dekadenter" Wissenschaftler aufgegriffen zu haben. Schließlich hatte er in seinen Schriften auf die Notwendigkeit biologischer Grundlagen hingewiesen und das widersprach Stalins „Psychologie", wonach Verhalten als kulturell konditioniert zu gelten hatte (Weinstein, 1990). Wygotskis herausragendes Buch „Pädagogische Psychologie", das 1926 veröffentlicht worden ist, wurde in der Mitte der dreißiger Jahre in der Sowjetunion verboten; es konnte bis 1988 nur mit Erlaubnis der Geheimpolizei in der Zentralbibliothek Moskaus gelesen werden (Davydov & Kerr, 1995). Während der Stalinzeit wurden Wygotskis Gedanken durch russische Psychologen weiterentwickelt; aus politischen Gründen unterließen sie allerdings jede Nennung des Namens Wygotski und erst später konnten sie wagen, Lew Wygotski als den „Mozart der Psychologie" zu bezeichnen (Toulmin, 1981). Während Piaget vom Kind eine Darstellung entwarf, wonach dieses sich wie ein kleiner Wissenschaftler weitgehend selbständig ein Bild von der Welt konstruiert, vertrat Wygotski die Überzeugung, daß die kognitive Entwicklung des Kindes entscheidend von der jeweils besonderen Kultur abhängt, in der es aufwächst. Das Wissen des jungen Menschen, seine Gedanken, Einstellungen, Wertvorstellungen entstehen danach durch Interaktionen mit anderen, aber nicht durch passives Aufnehmen, sondern durch aktive Konstruktion. Für Wygotski und seine „sozio-kulturelle Theorie" reicht es nicht aus, nur die soziale Umwelt allein (für die sich die Behavioristen interessierten) oder nur das Kind allein (für das sich Piaget interessierte) zu studieren, wenn man die Komplexität der kognitiven Entwicklung zu erklären versucht. Das Studium der Interaktionen zwischen einem Kind und seiner sozialen Umwelt ist wichtig, erscheint aus der Sicht Wygotskis aber nur sinnvoll, wenn man das historisch begründete soziale Umfeld versteht, in dem diese Interaktion stattfindet (Tudge & Winterhoff, 1993).

Für Wygotski spielen die Sprache und die soziale Unterstützung eine große Rolle, vor allem wenn sich das Kind in der „Zone der nächstmöglichen Entwicklung" befindet, in einer Situation, in der es bestimmte Anforderungen nicht allein, wohl aber mit Hilfe anderer Menschen erfüllen kann. Wygotski entwickelte seine Vorstellungen nach Meinung einiger Interpreten nicht nur aufgrund politischer Motivationen (während seiner Hauptschaffensperiode fanden in der Sowjetunion gerade die Kollektivierungen statt), aber er hat sicherlich in seinem kurzen Leben mit seiner Arbeit dazu beizutragen versucht, den

Erfolg des neuen sozialistischen Staates zu sichern (Wertsch, 1985). Er nannte sich stolz einen Marxisten (Toulmin, 1981). Die Wurzeln seines Denkens sind aber weiterhin in Traditionen seiner Kultur zu suchen. So gibt es in der russischen Sprache eine enge Verwandtschaft zwischen den Wörtern, die *Lernen, Unterricht haben, studieren* einerseits und *Lehren, unterrichten ausbilden* andererseits bedeuten [*obučit'(sja)* bzw. *obučat'(sja)*]. Danach heißt *obučit'(sja)* [Lernen] in deutscher Übersetzung soviel wie „Selbst-Lehren". Menschliches Lernen ohne soziale Bezüge ist zudem undenkbar.

2.4.2 Soziale Funktionen als Voraussetzung zur Entwicklung individueller psychologischer Funktionen

Für Wygotski gibt es keine allgemeine Entwicklung der kognitiven Funktionen, die sich zu allen Zeiten und sämtlichen Kulturen wiederholt. Um sie zu studieren, darf man seine Aufmerksamkeit deshalb nicht nur auf das Kind und sein Verhalten richten. Statt dessen muß man sich ebenso mit der sozialen Welt beschäftigen, in der sich der junge Mensch entwickelt. „Jede Funktion", so erklärt Wygotski (1978), „tritt in der kulturellen Entwicklung des Kindes zweimal auf: zuerst auf der sozialen Ebene (interpsychisch) und dann innerhalb der des Kindes (intrapsychisch)." Anders ausgedrückt: „Jede höhere psychologische Funktion ... war sozial, bevor sie eine internale, eine individuelle psychologische Funktion wurde; ursprünglich war es eine soziale Beziehung zwischen zwei Menschen" (Rieber & Carton, 1987). Ein Beispiel stellt für ihn die Sprache dar (s. S. 102). Was zunächst zu einem Kind gesagt wird, sagt das Kind später zu sich selbst, zunächst laut und für Außenstehende hörbar und später leise, wenn daraus das leise Sprechen des kindlichen Denkens geworden ist (Tharp & Gallimore, 1988).

Die von Wygotski geforderte soziokulturelle Analyse beginnt mit der Frage, wie sich kulturelle Unterschiede auf die Entwicklung kognitiver Funktionen auswirken (Wertsch, 1991): Was unterscheidet einen Deutschen, der am Ende des zwanzigsten Jahrhunderts lebt, von einem russischen Aristokraten des 19. Jahrhunderts oder von einem französischen Bauern des 16. Jahrhunderts? Jedes Kind erwirbt auf der sozialen Ebene die Symbolsysteme seiner Kultur (Sprache, mathematische Operationen usw.), die unterschiedlich komplex sein können. Kinder, die in einer westlichen Industriekultur aufwachsen, werden auf andere Weise in die Operationen der Addition und Subtraktion eingeführt als Gleichaltrige in Papua Neu-Guinea, wo man zum Abzählen Körperteile zur Hilfe nimmt (Saxe, 1981). Auf dieser Südseeinsel beginnt das Abzählen mit dem rechten Daumen, als nächstes folgen Hand, Arm, Schulter, das rechte Ohr, die Augen; man fährt sodann mit den Körperteilen auf der linken Seite fort, bis schließlich der linke Vorderarm und die Finger erreicht sind. Die höchste Zahl, die mit dieser Methode erreicht werden kann, ist 29. Es ist verständlich, daß es selbst noch Erwachsenen enorme Schwierigkeiten bereitet, einfache Additionen und Subtraktionen vorzunehmen. Die Methode begrenzt zudem die Mengen, die addiert oder subtrahiert werden können. Wenn Piaget sein Studium der kognitiven Entwicklung des Kindes in Papua Neu-Guinea durchgeführt hätte, wäre er zu grundlegend anderen Erkenntnissen, zumindest aber zu der Feststellung gelangt, daß es keine psychologischen Phasen gibt, die für alle möglichen menschlichen Kulturen Gültigkeit beanspruchen könnten.

2.4.3 Zunehmende kognitive Selbststeuerung als Ergebnis sozialer Kontakte

Piaget (1923) berichtete bereits in seinem ersten Buch – *Sprechen und Denken des Kindes* – davon, daß die von ihm im Kindergarten des Genfer Rousseau-Instituts beobachteten Kinder sehr häufig Sprachäußerungen zeigten, die für ihn Ausdruck ihrer Egozentrik waren (s. S. 85). Piaget sah in diesen Sprachäußerungen ein kognitives Defizit, denn er meinte, Vorschulkinder wären noch nicht in der Lage, sich mit sinnvollen Mitteilungen an andere zu wenden. Wygotski hat dieser Interpretation nachdrücklich mit der Behauptung widersprochen, beim „egozentrischen" Sprechen handele es sich vielmehr um einen Fortschritt der kognitiven Entwicklung. Während Piaget davon ausging, daß das Kind seine Egozentrik erst durch soziale Kontakte überwindet, meint Wygotski, diese würden – ja müßten geradezu – dem privaten Sprechen vorausgehen. Das Sprechen beginnt also in der menschlichen Entwicklung damit, daß mit *anderen* gesprochen wird. Wygotskis Auffassung läßt sich mit den Worten Ivana Markovàs (1990) folgendermaßen zusammenfassen: „Das Kind kann mit sich selbst erst dann einen *Monolog* führen, nachdem es die Fähigkeit entwickelt hat, einen Dialog mit anderen zu führen. Verinnerlichtes und monologisiertes Sprechen beim Kind ist nicht egozentrisch im Sinne Piagets, sondern soziales Sprechen, das ein höheres Stadium erreicht hat." Erst nachdem sich beim Kind die Fähigkeit gefestigt hat, sich sprachlich mit anderen zu verständigen, kann es beginnen, die Sprache für seine eigenen kognitiven Prozesse nutzbar zu machen. Das soziale Sprechen geht demnach dem privaten Sprechen voraus.

Wygotski meint, daß sich das private Sprechen des kleinen Kindes aus sozialen Kontakten mit seinen Eltern und anderen Erwachsenen entwickelt. Während es sich mit Aufgaben des täglichen Lebens auseinandersetzt, empfängt es wiederholt Ratschläge; Vater und Mutter teilen ihrem Sohn oder ihrer Tochter mit, was sie tun müssen, um zu einem gewünschten Ziel zu gelangen (Rizzo & Corsaro, 1988). Zunächst wird das Verhalten des Kindes somit von anderen kontrolliert. Die häufigen Kommentare der Eltern besitzen eine Art Vorbildfunktion, denn nachdem das Kind im Verlauf der Zeit sehr häufig erfahren hat, welche Anweisungen andere ihm in Problemsituationen geben, entwickelt sich aus diesen Erfahrungen in sozialen Situationen allmählich die Fähigkeit zur Selbstkontrolle.

Wygotski hat beobachtet, daß Sprachmonologe vor allem in solchen Situationen auftreten, in denen Kinder bei ihrer Auseinandersetzung mit der Umwelt

2.4 Kognitive Entwicklung aus sozial-kultureller Perspektive

Schwierigkeiten erfahren. Ist das Zu-sich-selbst-Sprechen vielleicht als Versuch zu sehen, eine Lösung für ein vorliegendes Problem zu finden? Für Wygotski ist das ganz offenkundig der Fall. Er hat Vorschulkindern Aufgaben gestellt, bei denen jeweils bestimmte Schwierigkeiten zu überwinden waren. Beim Malen fehlte beispielsweise ein bestimmter Farbstift. Wie reagierten Jungen und Mädchen auf solche Problemsituationen? Sobald sich für sie eine Schwierigkeit ergab, nahm die Menge ihrer Sprachäußerungen zu. Eine der jungen Versuchspersonen Wygotskis monologisierte beispielsweise: „Wo ist der Stift? Ich brauche jetzt einen blauen Stift. Macht nichts. Ich nehme einen roten und tue etwas Wasser d'rauf. Dann wird es dunkel und blau" (Wygotski, 1934). Das Kind brachte mit seinem Sprechen zweifellos Gedanken zum Ausdruck, die seiner Lösungssuche eine Richtung gaben, denn das Zu-sich-selbst-Sprechen, das konnte die Forschung inzwischen bestätigen, tritt bei Kindern vor allem bei schwierigen Aufgaben auf, in Situationen also, in denen sie Fehler zu beseitigen versuchen oder einfach noch nicht wissen, welchen Lösungsweg sie einschlagen sollen (Berk & Garwin, 1984).

Wygotski widerspricht der Behauptung Piagets, wonach die Häufigkeit des Zu-sich-selbst-Sprechens im weiteren Verlauf der Entwicklung allmählich abnimmt. Allerdings tritt an die Stelle der gesprochenen zunächst eine geflüsterte Sprache, und schließlich werden die lenkenden Worte nur noch „gedacht". Damit hat sich – nach Wygotski – ein Prozeß der *Verinnerlichung* vollzogen. Häufigkeit und Komplexität des inneren Sprechens erfahren im Verlauf dieses Prozesses sogar noch eine Ausweitung. Diese Feststellung stützt sich auf russische Untersuchungen, in denen inneres Sprechen dadurch erfaßt worden ist, daß man den wechselnden Spannungsgrad beteiligter Muskeln gemessen hat. Danach nimmt das innere Sprechen auch bei Erwachsenen zu, wenn sie sich mit mathematischen Problemen beschäftigen, vor allem mit solchen, die ihnen Schwierigkeiten bereiten. Nachdem man den untersuchten Personen allerdings gleiche Probleme nach erfolgter Bewältigung wiederholt vorgelegt hatte, war festzustellen, daß sie insgesamt weniger als bei den ersten Auseinandersetzungen zu sich sprachen. Ähnliche Zusammenhänge fand man beim Lesen leichter und schwieriger Texte (Sokolov, 1975). Wenn man im Alltagsleben übrigens zufälligerweise auf Erwachsene aufmerksam wird, die sich in einer Problemsituation unbeobachtet glauben, wird man möglicherweise ebenfalls Zeuge, wie sie deutlich hörbar einen Monolog mit sich selbst führen.

Für Wygotski hat sich mit dem Übergang von den hörbaren Monologen zur inneren Sprache ein bedeutsamer Prozeß in der kognitiven Entwicklung vollzogen. Das Kind steuert damit nämlich eigene kognitive Prozesse: es lenkt etwa seine Aufmerksamkeit, plant sein weiteres Vorgehen, verschafft sich Klarheit über eine vorliegende Problemsituation usw. Wenn aber ein Lernender sein privates Sprechen zur Kontrolle seines Denkens nutzt, fragt sich, ob man darauf nicht im Unterricht fördernd einwirken sollte. Die Strategie der Selbstinstruktion hat durch die Arbeiten Wygotskis jedenfalls entscheidende Anregungen erhalten (s. S. 165f.).

2.4.4 Die Zone der nächstmöglichen Entwicklung

Piaget glaubte, daß die kognitive Entwicklung dem Lernen vorauseilt. Zunächst muß das Kind beispielsweise zum voroperationalen Denken befähigt sein, bevor es lernen kann, daß eine bestimmte Menge Flüssigkeit die gleiche bleibt, wenn man ihr nichts hinzufügt und nichts wegnimmt. Einem fünfjährigen Kind ließe sich diese Einsicht nicht „antrainieren", weil dazu eine Qualität des Denkens Voraussetzung sei, die sich erst später entwickeln würde. Diese Auffassung wird von Wygotski (1993) nicht geteilt. Piaget, so erklärt er, habe den Fehler gemacht, daß Denken des Kindes zu untersuchen, ohne den Einfluß des Unterrichts zu berücksichtigen. Da für ihn Unterricht und Entwicklung völlig unterschiedliche Prozesse seien, habe er eine wesentliche Frage nicht gestellt, nämlich die, wie Unterricht und Entwicklung auf verschiedenen Altersstufen zusammenwirken.

Auch jene Psychologen, die Entwicklung mit Hilfe von Tests studieren, schließen nach Meinung Wygotskis eine bedeutsame Frage von vornherein aus, und zwar die nach der *möglichen* Entwicklung. Wenn man beispielsweise zwei Kindern denselben Intelligenztest zur Bearbeitung vorlegt, dann mag dem Ergebnis zu entnehmen sein, daß beide durch ein Intelligenzalter von acht Jahren zu kennzeichnen sind (Wygotski, 1978). Wenn man sich mit diesem Testergebnis begnügen würde, könnte der Schluß gezogen werden, daß die weitere kognitive Entwicklung und das Leistungsverhalten in der Schule für beide Kinder ziemlich ähnlich verlaufen dürfte. Was wäre aber, so fragt Wygotski, wenn die Auseinandersetzung mit diesen beiden Kindern nicht mit der Testprüfung und ihrem Ergebnis abgeschlossen wird, sondern statt dessen jetzt erst beginnt? Diese Frage veranlaßte ihn zu folgender Überlegung (Wygotski, 1978):

> „Diese Kinder sind offenbar in der Lage, Probleme bis zum Niveau Achtjähriger zu bewältigen, aber nicht darüber hinaus. Es sei angenommen, ich würde ihnen verschiedene Wege aufzeigen, solche Probleme anzupacken. ... Unter diesen Bedingungen zeigt es sich, daß das eine Kind Probleme bis zum Niveau Zwölfjähriger bewältigen kann, und das zweite Kind bis zum Niveau Neunjähriger. Nun, gleichen sich die beiden Kinder in geistiger Hinsicht?"

Der Eindruck der Gleichheit beider Jungen entsteht nur, wenn man sich lediglich über das bereits erreichte Entwicklungsniveau dieser Kinder informiert. Ein anderes Bild ergibt sich möglicherweise, wenn sich den beiden Kindern ein Erwachsener zuwendet, um ihnen Möglichkeiten aufzuzeigen, wie sich Probleme eines Intelligenztests lösen lassen. Wenn sich nach diesem Zusatzunterricht ergeben sollte, daß das eine Kind Probleme löst, die normalerweise für Neunjährige bewältigt werden, während das andere nunmehr Leistungen zeigt, die einem Intelligenzalter von zwölf entsprechen, zeigt sich klar, daß sich die Kinder in kognitiver Hinsicht keineswegs gleichen.

2.4 Kognitive Entwicklung aus sozial-kultureller Perspektive

Da für Wygotski die pädagogische Förderung einen außerordentlich hohen Stellenwert besessen hat, mußte er zwangsläufig zum Kritiker herkömmlicher Intelligenztests werden, also solcher Instrumente, die vor allem für Selektionszwecke entwickelt worden sind. Es ist dem Einfluß Wygotskis zuzuschreiben, daß Intelligenzprüfungen nach westlichem Muster in der ehemaligen Sowjetunion zeitweise verboten waren (Brown & French, 1979). Statt dessen wurden Verfahren entwickelt, die deutlich die Förderungsabsicht erkennen lassen: Zu Beginn werden dem Schüler Testaufgaben zur Bearbeitung vorgelegt. Sofern er diese falsch beantwortet, gibt ein Erwachsener ihm Hilfen und beobachtet genau, wie viele zusätzliche Informationen benötigt werden. Ann Brown und Lucia French bewerten diese Vorgehensweise aus pädagogischer Sicht zusammenfassend folgendermaßen: „Die sowjetische diagnostische Testmethode liefert unschätzbare Informationen über das Ausgangsniveau kindlicher Kompetenz und gestattet ebenso Abschätzungen über die Zone potentieller Entwicklung, über das Kompetenzniveau, das mit gebotener Hilfe erreicht werden kann. Darüber hinaus erhalten wir Informationen über die Fähigkeit des Kindes, von der Unterstützung zu profitieren, die ihm Erwachsene anbieten, über seine Lerngeschwindigkeit und über die Möglichkeiten, die neu gewonnenen Fertigkeiten auf andere Aufgaben übertragen zu können."

Einen erheblichen Einfluß haben die Vorstellungen Wygotskis auch auf den israelischen Pädagogen Reuven Feuerstein (1980; Feuerstein et al., 1987; siehe auch Büchel, 1991) ausgeübt. Feuerstein hat vor allem mit Kindern gearbeitet, die aus afrikanischen und asiatischen Ländern nach Israel emigriert und die den schulischen Anforderungen ihres neuen Heimatlandes nicht gewachsen waren. Feuerstein trainierte in einem zeitlich sehr aufwendigen Programm (es erforderte über einen Zeitraum von mindestens zwei Jahren ein Training von drei bis fünf Stunden pro Woche) die kognitiven Funktionen dieser Jungen und Mädchen, die zur Lösung typischer Intelligenzaufgaben erforderlich sind. Während sich diese massive Einflußnahme deutlich positiv auf die intellektuellen Fähigkeiten auswirkte, verbesserten sich die schulischen Leistungen im großen und ganzen nur unwesentlich (Savell et al., 1986). Aus heutiger Sicht ist ein solches Ergebnis zu erwarten, denn es ist zweifelhaft, ob ein Training erfolgreich sein kann, das sich auf die Förderung *allgemeiner* kognitiver Fertigkeiten richtet. Aussichtsreicher scheint es zu sein, die Förderung auf enger zu umschreibende Aufgabenbereiche zu konzentrieren, wie etwa auf das Lösen mathematischer Probleme oder das Leseverständnis (Perkins & Salomon, 1989). Die Verwirklichung der nachdrücklich von Wygotski, Feuerstein und anderen erhobenen Forderung, sich in der schulischen Arbeit darauf zu konzentrieren, Lernmöglichkeiten von Schülern zu diagnostizieren, statt Leistungsprodukte zu messen, dürfte aber weiterhin, in Zukunft wahrscheinlich sogar verstärkt, das Anliegen pädagogisch psychologischer Bemühungen sein.

Das „gute Lernen", ist nach Wygotski (1978) jenes, das der Entwicklung vorausgeht, denn es setzt vielfältige Entwicklungsprozesse in Gang, die ohne

Lernanregungen nicht ablaufen würden. Das gilt vor allem in sozialen Situationen, in denen Lernende von anderen erfolgreich Hilfestellungen empfangen können. Diese anderen sind für Wygotski vor allem Erwachsene, also Eltern und Lehrer, die ihm auch am besten geeignet erscheinen, das Kind in die vorherrschende (sozialistische) Kultur einzuführen. Eben dieses können Gleichaltrige nur leisten, wenn einer von ihnen ein Problemgebiet erheblich besser beherrscht als der Kooperationspartner. In jüngerer Zeit hat der bereits von Piaget geäußerte Gedanke (s. S. 76), daß Gleichaltrige sich gegenseitig fördern können, jedoch auch Unterstüzung gefunden (z. B. Tudge, 1990).

Gleichaltrige bringen mehrere günstige Voraussetzungen mit, um gegenseitig eine Störung des kognitiven Gleichgewichts auszulösen. Dafür gibt es mehrere Gründe (Damon, 1984): *Erstens* haben Gleichaltrige untereinander verhältnismäßig wenig Verständnisprobleme, weil sie sich auf annähernd gleichem Sprachniveau befinden. *Zweitens* läßt sich ein Kind von einem Gleichaltrigen eher herausfordern als von einem Erwachsenen, dessen Feststellungen relativ oberflächlich übernommen werden. *Drittens* nehmen Lernende Entgegnungen, die von ihresgleichen kommen, ernster. *Viertens* besteht unter Gleichaltrigen eine höhere Motivation, Widersprüche zu bereinigen. *Fünftens* fühlen sich Kinder beim Gedankenaustausch untereinander weniger bedroht als in einer Situation, in der sie von einem Erwachsenen korrigierende Stellungnahmen erhalten.

Ist das Lernen in sozialen Situationen tatsächlich vergleichsweise erfolgreich? Lisa Freund (1990) stellte 3- bis 5-jährigen Kindern in einem ihnen vertrauten Kontext Sortieraufgaben, die entweder allein oder unter Mithilfe der Mutter zu bewältigen waren. Die Kinder, die Hilfe empfangen hatten, zeigten einen eindrucksvollen Anstieg der Leistungen, während die Kinder aus der Alleinsituation trotz einiger Rückmeldungen durch den Experimentator nur geringe Lernfortschritte zeigten. Auch das Kooperieren mit *Gleichaltrigen* in Problemlösungssituationen ist häufig Ergebnissen in Alleinsituationen überlegen (Azmitia, 1992; Gauvain & Rogoff, 1989).

Ob sich das von Wygotski angeregte soziale Lernen in einem Klassenzimmer förderlich auswirkt, hängt von den jeweiligen Vorerfahrungen ab. Wenn Schüler im herkömmlichen Unterricht unter Wettstreitbedingungen daran gewöhnt sind, gestellte Aufgaben *allein* zu lösen, können vorübergehend Anpassungsschwierigkeiten auftreten, wenn plötzlich kooperative Lernformen erwartet werden (Rogoff, 1998). Allmählich gewöhnen sich die Schüler jedoch an die veränderte Lernform, und nach ausreichender Praxis und damit einhergehenden Übungsgelegenheiten verbessern sich die Leistungen allmählich (Socha & Socha, 1994).

Für Wygotskis Theorie ist der Kontakt von Bedeutung, den ein Kind mit einem vergleichsweise befähigteren Partner hat. Wygotski unterscheidet zwischen der erfolgten Entwicklung und der potentiellen Entwicklung des Kindes. Die erfolgte Entwicklung bestimmt, was ein Kind ohne Hilfe anderer tun kann, während mit der potentiellen Entwicklung zum Ausdruck gebracht wird, was ein

2.4 Kognitive Entwicklung aus sozial-kultureller Perspektive

Kind unter Anleitung eines Erwachsenen oder eines Kindes, das im Können etwas voraus ist, tun kann. Der Bereich der potentiellen Entwicklung stellt für Wygotski die „Zone der nächstmöglichen Entwicklung" dar (engl.: *zone of proximal development*).

Die Unterschiede im Intelligenzalter, die bei den Kindern des obigen Beispiels (s. S. 104) zwischen 12 und 8 bzw. 9 und 8 lagen, sind Beispiele für diese „Zone". Wer ein Problem nur mit Unterstützung anderer bewältigen kann, befindet sich *in* der Zone. Das Konzept der Zone der nächstmöglichen Entwicklung ist nicht gleichbedeutend mit dem Begriff der Lernbereitschaft. Dieser beschreibt, was ein Kind zu einem bestimmten Zeitpunkt weiß oder tun *kann*. Die „Zone" spezifiziert demgegenüber, was ein Lernender mit Hilfe anderer tun *könnte*.

Wygotski (1978) sah die „Zone" in Abhängigkeit von Reifungsprozessen, denn er stellte fest: „Die Zone der nächstmöglichen Entwicklung ist durch solche Funktionen gekennzeichnet, die noch nicht ausgereift sind, sich aber im Prozeß der Ausreifung befinden. [Es sind] Funktionen, die morgen gereift sein werden, sich aber gegenwärtig noch in einem Embryonalstadium befinden. Diese Funktionen könnte man als die ‚Knospen' oder die ‚Blüten' der Entwicklung bezeichnen." In neueren Arbeiten, in denen Wygotskis Vorstellungen weiterentwickelt worden sind, wird viel stärker die Abhängigkeit der „Zone" von dem jeweils verfügbaren Wissen in einem Lernbereich herausgestellt. Die jeweils von anderen gebotene Hilfe wird im amerikanischen Sprachraum mit dem Bereitstellen eines Gerüstes (*scaffolding*) verglichen: Es findet eine *Einrüstung* statt. Der Begriff geht auf Jerome Bruner zurück (Wood et al., 1976). Dazu erläutert Patricia Greenfield (1984): „Das Gerüst, wie man es aus dem Bauwesen kennt, weist fünf Charakteristika auf: es bietet Unterstützung, besitzt die Funktion eines Werkzeugs, erweitert die Reichweite des Arbeiters, es gestattet dem Arbeiter eine Aufgabe zu verrichten, die sonst nicht ausführbar wäre, und es wird wahlweise eingesetzt, um dem Arbeiter nur Hilfe anzubieten, wenn diese benötigt wird. ... Ein Gerüst würde beispielsweise nicht verwendet, wenn ein Zimmermann 150 cm über dem Boden arbeitet." Ein Gerüst wird aufgebaut, während ein Gebäude errichtet wird, und wieder abgebaut, bevor es vollendet ist. Übernimmt der Lehrer nicht vergleichbare Aufgaben? Er weist dem Lernenden anfänglich die Richtung, damit die Diskrepanz zwischen dem aktuellen Kenntnisstand und dem gewünschten Kenntnisstand überbrückt wird. In dem Maße aber, wie der Lernende voranschreitet und seine Befähigung verbessert, eine Aufgabe selbständig zu bewältigen, wird die Hilfe des Lehrers zurückgenommen („abgebaut").

Die Einrüstung im Sinne Bruners stellt immer eine soziale Situation dar. Durch sie wird ein Kind oder ein Novize (ein Anfänger in einem Lerngebiet) befähigt, mit Hilfe eines anderen ein Problem zu lösen, eine Aufgabe auszuführen oder ein Ziel zu erreichen, das ohne die gebotene Unterstützung unerreichbar wäre. Im Verlauf des Interaktionsprozesses wird der Umfang oder die Art der gebotenen Unterstützung in dem Maß reduziert („abgebaut"), wie der Empfänger

Lernfortschritte in die gewünschte Richtung zeigt. Wer Unterstützung bietet, muß sich sehr gut in das aktuelle Lern- oder Verständnisniveau des Empfängers dieser Hilfe hineinversetzen können, denn es wäre nicht hilfreich, diesem Informationen zu übermitteln, die weit über seinen aktuellen Verarbeitungsmöglichkeiten liegen (Tudge & Rogoff, 1989).

Der Lernende erhält das Gerüst als Stütze, während er sich um ein fundiertes Verständnis bemüht. Das Gerüst wird wieder entfernt, sobald er sein Ziel erreicht hat. Als Beispiel für eine Einrüstung sei daran erinnert, wie man Kinder beim Erlernen des Fahrradfahrens unterstützt (Kauchak & Eggen, 1993). Man läßt sie zunächst Erfahrungen auf einem Dreirad sammeln. Schmerzhafte Erfahrungen können kaum auftreten, während das Kind übt, wie es das Lenken und Treten koordinieren muß, um sich fortzubewegen. Im nächsten Lernschritt erhält das Kind ein Zweirad mit Stützrädern. Es übt nunmehr das Gleichgewicht zu halten, aber seine soziale Umwelt trägt wiederum Sorge dafür, daß möglichst keine schmerzhaften Verletzungen auftreten. Schließlich sitzt das Kind erstmalig auf einem Zweirad ohne Stützräder. Vater und Mutter laufen wahrscheinlich noch neben dem Fahrrad her, um erforderlichenfalls korrigierend einzugreifen. Immer längere Strecken können sie ihre Tochter oder ihren Sohn aber allein fahren lassen. Schließlich steuert das Kind sein Fahrrad ohne die Hilfe der Eltern. Durch das Bereitstellen jeweils angemessener Stützen hat das Kind das obere Ende der Zone der nächstmöglichen Entwicklung erreichen können. Die Eltern haben, ohne sich dessen wahrscheinlich bewußt gewesen zu sein, mindestens zwei Empfehlungen Wygotskis in die Tat umgesetzt. Sie haben dem Lernenden Hilfen zur Verringerung der Aufgabenschwierigkeit geboten und ihm zudem immer wieder durch Ermunterungen gut zugeredet. Gleichzeitig ist ihr Sohn oder ihre Tochter wiederholt ermahnt worden, sich nicht etwas zuzutrauen, was außerhalb der Zone der nächstmöglichen Entwicklung lag.

„Gerüste" werden auch bereitgestellt, um junge Mädchen in einigen Landesteilen Mexikos in die Kunst des Webens einzuführen (Childs & Greenfield, 1980; Greenfield, 1984). Wenn die Auszubildenden alt genug sind, um erste Arbeiten am Webstuhl auszuführen, haben sie bereits unzählige Stunden damit verbracht, ihrer Mutter und anderen Weberinnen bei ihren Tätigkeiten zuzuschauen. Wenn das „Lehrmädchen" endlich das erste Webstück selbst herstellt, befindet sich bei ihm zumeist (d.h. in über 90 Prozent der gesamten Zeit) noch ein Erwachsener. Das erste Produkt ist praktisch nicht von dem einer erfahrenen Weberin zu unterscheiden. Dieses ist möglich, weil die „Lehrerin", das ist in der Regel die Mutter, anfänglich schwierige Teile im Herstellungsprozeß selbst übernimmt. Ihr Einschreiten hat eindeutig die Funktion einer Einrüstung, denn nur dadurch wird es den Lernenden überhaupt ermöglicht, ihr Leinentuch fertigzustellen. Es ließ sich feststellen, daß die Mehrheit der Mädchen sehr genau beobachtet, wie das Vorbild die komplizierten Fertigungsschritte bewältigt. Nachdem ein Mädchen sein erstes Webstück fertiggestellt hat, vermindert sich die Anwesenheit des Erwachsenen auf etwa die Hälfte der Gesamtzeit, und er übernimmt nur noch jene Arbeiten, zu denen die Lernende immer noch nicht in der Lage ist (so versehen sie etwa die Ränder mit einer Webkante). Je erfahrener die Mädchen werden, desto seltener übernehmen die Erwachsenen Teile des Herstellungsprozesses. Nach dem vierten Webstück haben sich die Hilfeleistungen des Erwachsenen bereits auf etwa 40 Prozent verringert. Das gebotene „Gerüst" wird also kontinuierlich „abgebaut". Die „Lehrmeisterinnen" achten bei der Zurücknahme ihrer Hilfen stets sehr sensibel auf das jeweils erreichte Fertigkeitsniveau ihrer „Lehrmädchen".

2.4.5 Soziale Unterstützung durch ein kognitives Lehrlingssystem

Beobachtungen wie man sie an jungen Weberinnen in Mexiko sammeln konnte, haben auf die Bedeutung der *Lehrlingsschaft* aufmerksam gemacht, d. h., auf die Bedeutung der Ausbildung junger Menschen in einem bestimmten kulturellen oder handwerklichen Umfeld. Bei der Lehrlingsschaft handelt es sich um die älteste Form des „Lernens durch aktives Tun", das in dem gleichen Arbeitsfeld stattfindet, in der Lernende es später einmal selbständig anwenden sollen (Collins et al., 1989). Die Lehrlingsschaft rückt interaktive Formen des Lernens in den Vordergrund. Der Meister ist für seinen Lehrling zum einen ein „Vorbild" *(Modell);* im günstigsten Fall nicht nur dadurch, daß er seinem Beobachter demonstriert, wie er als Experte Probleme löst, sondern zusätzlich dadurch, daß er für Außenstehende hörbar über seine Gedanken, Vermutungen, Bedenken usw. beim Problemlösen spricht. Der Meister ist zum anderen ein „Trainer" *(Coach),* der seinem „Schüler" bei der Arbeit zuschaut und ihm positive und negative Rückmeldungen gibt. Die Einweisung in einen Problembereich erfolgt durch erfahrene Vertreter eines Faches, also durch Personen, die hervorragende Möglichkeiten besitzen, die Rolle von Tutoren zu übernehmen, um Lernende in das Gebiet ihrer beruflichen Tätigkeit einzuführen. Sie übertragen dem Lehrling zunächst relativ leichte Aufgaben, die sie allmählich – entsprechend dem Lernfortschritt – durch schwierigere, komplexere Aufgaben ersetzen. Der Beginn der Lehrlingsschaft ist dadurch gekennzeichnet, daß die Verantwortung für den Lernprozeß noch beim Lehrmeister liegt; dieser überträgt seinem Lehrling aber zunehmend ein höheres Maß an Verantwortung für die zu erledigende Arbeit.

Mit der Einführung der Schulpflicht (1717 in Preußen) mußte die Lehrlingsschaft als Ausbildungsform in der Schule weitgehend aufgegeben werden: Das gleichzeitige Unterrichten vieler Schüler in einem Klassenzimmer – also in Isolation zur Arbeitswelt – machte diese praxisorientierte Methode unmöglich.

> Diese Praxisorientierung war zur damaligen Zeit auch durchaus verzichtbar, denn die Kinder kamen überwiegend aus einer häuslichen Umgebung, in der sie sehr früh zur Mitarbeit herangezogen wurden. Nicht selten befanden sie sich in der Rolle eines Lehrlings: der erfahrene Ältere zeigte den Jüngeren durch Vormachen, wie eine Aufgabe zu erledigen ist; eventuell griff er in das Nachmachen des Lernenden korrigierend ein. Die kind-

liche Umwelt war also „handlungsreich", gleichzeitig aber „informationsarm" (Coleman, 1971). Die meisten Menschen konnten weder lesen noch schreiben. Die Schule schaffte zur damaligen Zeit einen sinnvollen Ausgleich, indem sie sich darauf konzentrierte, dem Informationsmangel der jungen Menschen entgegenzuwirken; sie mußte dabei nicht unbedingt handlungsreich sein. In der Zwischenzeit hat sich in den Industrienationen allerdings ein erheblicher Wandel in den Lebensbedingungen vollzogen. Das heutige Kind lebt in der Regel in einer handlungsarmen, zugleich jedoch informationsreichen Umwelt. Welchen Sinn macht es, so fragt auch der Bildungskritiker James Coleman (1971), den Nachwuchs weiterhin in eine Schule zu schicken, die bis zum heutigen Tage insgesamt handlungsarm und informationsreich geblieben ist? Das heutige Kind muß lernen, mit der Informationsfülle, die an einen Menschen herangetragen wird, fertigzuwerden. Der Kenntnisstand explodiert regelrecht. Niemand ist mehr in der Lage, das gesamte Wissen auch nur einer einzigen wissenschaftlichen Disziplin zu verarbeiten und zu behalten (Cornish, 1986). Es wäre deshalb weltfern, wenn man in der heutigen Schule den Schüler noch große Wissensmengen auswendig lernen lassen würde.

Die meisten Schüler der Gegenwart würden zweifellos von der Möglichkeit profitieren, praktische Einsichten darin zu erhalten, wie Experten eines Faches ihre alltäglich auftretenden Probleme anpacken und bewältigen. Betriebliche Praktika von Schülerinnen und Schülern gehen immerhin in die richtige Richtung, sind aber für gründliche „Lehrlings"-Erfahrungen viel zu kurz. Zwar lassen sich Experten grundsätzlich auch in die Schulklasse holen. Ihnen ist meistens allerdings nicht gegenwärtig, was sie selbst alles beachten, wenn sie ihr Wissen in praktischen Situationen anwenden. Wenn sie aber über dieses „implizite" Wissen *(tacit knowledge)* im Unterricht nicht ausdrücklich sprechen, erfahren auch ihre Schüler nicht, wann und unter welchen Bedingungen das ihnen nur noch theoretisch vermittelte Wissen angewandt wird.

Nachdem immer deutlicher erkannt worden ist, daß das in der Schule Gelernte eine unzureichende Grundlage bietet, um damit die Anforderungen der außerschulischen Realität erfolgreich bewältigen zu können, hat man die positiven Aspekte eines „kognitiven Lehrlingssystems" wiederentdeckt (Rogoff, 1990). Der modernen Computertechnologie kommt dabei eine herausragende Rolle zu. Mit Hilfe von multimedialer Software lassen sich Situationen schaffen, in denen Lernende interagieren können. Auf diese Weise erhalten sie die Gelegenheit, Probleme in ihrem natürlichen Kontext zu entdecken und zu verstehen. Zudem können sie beobachten, wie Experten ihr Spezialwissen in praktischen Situationen nutzen und welche Strategien sie zur Lösung von Problemen einsetzen, mit denen sie im Alltagsleben zu tun haben. Über diese neuen interaktiven Lernmittel wird an anderer Stelle ausführlicher berichtet (s. S.286).

Im Rahmen eines kognitiven Lehrlingssystems stehen den Experten eines Fachgebietes viele Arten von Hilfen zur Verfügung, um ihre „Lehrlinge" durch die *Zone* zu führen. Im Mittelpunkt dieser Hilfen steht zumeist das „unterstützende Gespräch", das den Lernenden in einer aktiven Rolle beläßt. Die Hilfen können darin bestehen, daß man das „schwierige" Problem Schritt für Schritt mit dem Lernenden durchgeht, ihn herausfordert, jede seiner Vorgehensweisen sprachlich darzustellen und zu rechtfertigen. Der „Experte" kann dabei Lösungsstrategien aufzeigen, Verständnisfragen stellen, auf widersprüchliche Aussagen hinweisen usw. Indem er seinem „Lehrling" sein hoch entwickeltes Können sichtbar vorführt, bietet er ihm hervorragende Möglichkeiten zur Nachahmung an. Insgesamt ist aber unterrichtliches Bemühen nach Wygotski – das sollte der „Meister" stets beachten – nur dann sinnvoll, wenn man mit den Anforderungen der Entwicklung des Schülers etwas vorauseilt. Während das Kind aus der Sicht Piagets die Fortschritte seiner Entwicklung selbst bestimmt, plädiert Wygotski für eine aktive Einflußnahme durch solche Menschen, die ihm nicht unbedingt im Alter, wohl aber im Wissen und Können voraus sind. Diese Menschen haben allerdings, vor allem wenn es sich bei ihnen um Lehrer (oder Ausbilder) handelt, stets sicherzustellen, daß die Herausforderungen so gestaltet werden, daß der Lernende sie überwiegend erfolgreich besteht, denn Erfolge bieten eine sehr gute Gewähr dafür, daß die wahrgenommene eigene Kompetenz ansteigt (Bandura, 1982). Über diese Zusammenhänge wird später noch ausführlicher informiert (s. S. 345f.).

2.5 Entwicklung des moralischen Urteils

Einen entscheidenden Beitrag zur Erforschung der moralischen Entwicklung des Menschen hat wiederum Jean Piaget geliefert. Er ist zwar vor allem dafür bekannt, daß er sich mit der Wissensaneignung des Kindes und Jugendlichen beschäftigt hat. Dennoch sollte aber seine Arbeit über *„Das moralische Urteil beim Kinde"* (Piaget, 1932) nicht unbeachtet bleiben. Piaget interessierte sich dafür, wie Kinder moralische Regeln entwickeln. Zu diesem Zweck beobachtete und befragte er sie beim Murmelspiel, das sich seiner Meinung nach besonders gut zur Erforschung der Entwicklung der kindlichen Regelpraxis und des Regelbewußtseins eignet. Die Regeln dieses Spiels werden nämlich von älteren Kindern jeweils an die jüngeren weitergegeben, nicht aber durch die Autorität Erwachsener vorgegeben. Zudem konfrontierte er Kinder im Alter bis zu 13 Jahren mit unterschiedlichen Geschichten über Diebstahl, Ungeschicklichkeit, Lüge, Strafe und Gerechtigkeit, um mehr über ihr moralisches Regelverständnis zu erfahren.

Auf der Grundlage seiner Studien beschreibt Piaget eine Entwicklung von einer „heteronomen" Moral, die an Autoritäten (meist den Eltern) orientiert ist und somit durch einseitige Achtung und Zwang gekennzeichnet ist, zu einer „autonomen Moral". Diese wird auch als kooperative Moral bezeichnet, weil sie Zusammenarbeit und gegenseitige Achtung und Anerkennung beinhaltet. Nach Piagets Beobachtungen sehen Kinder im Alter von vier bis acht Jahren Regeln als unantastbar und ‚heilig' an; sie beurteilen Ungeschicklichkeiten nach der Größe des entstandenen Schadens und nicht nach der guten oder schlechten Absicht. Für Kinder dieser Altersgruppe ist es somit schlimmer, wenn ein Mädchen, das für die Mutter etwas basteln wollte, mit der Schere ein großes Loch in die Tischdecke schneidet, als wenn ein anderes Mädchen, das verbotenerweise mit der Schere gespielt hat, ein kleines Loch verursacht.

Auch der Glaube an eine immanente Gerechtigkeit nimmt bei Kindern mit dem Alter ab. Piaget erzählt seinen jungen Versuchspersonen die Geschichte von zwei Jungen, die Äpfel klauen. Einer von ihnen wird erwischt, der andere kann wegrennen, fällt aber in einen Bach, nachdem er eine morsche Brücke betreten hat, die unter ihm zusammenbricht. Fast alle Sechsjährigen sind überzeugt, daß dies die gerechte Strafe für das Stehlen von Äpfeln sei; sie glauben offenbar an eine immanente Gerechtigkeit. Von den elf- bis zwölfjährigen ist nur noch ein Drittel dieser Meinung, denn ,,woher sollte die Brücke wissen, daß der Junge die Äpfel geklaut hat?" Ältere Kinder urteilen auf der Grundlage einer subjektiven Verantwortlichkeit, die Merkmal der autonomen Moral ist. Jüngere stützen ihr Urteil dagegen auf eine objektive Verantwortlichkeit, die kennzeichnend für die heteronome Moral ist.

Piaget hat mit seinen frühen Arbeiten einen entscheidenden Einfluß auf die Theorie der moralischen Entwicklung von Lawrence Kohlberg (1927–1987) genommen. Als Doktorand an der Harvard Universität in Boston hatte sich Kohlberg im Jahre 1958 kritisch mit Piagets Theorie auseinandergesetzt. Bereits im Alter von 18 Jahren hatte Kohlberg Ende 1945 Gelegenheit, Europa zu besuchen. Er war persönlich zutiefst von den Kriegsfolgen, insbesondere von dem unglaublichen menschlichen Leid betroffen, das Opfer des Holocaust erfahren hatten. ,,Dies war nicht nur Zerstörung und Schrecken", so beschrieb Kohlberg (1986a) später einmal seine Reaktion auf dieses Grauen, ,,es war Ungerechtigkeit, wie sie die Welt noch nie gesehen hatte." Die Frage, wie sich auf junge Menschen erzieherisch einwirken ließe, um auf deren Sinn für Gerechtigkeit fördernd einzuwirken, beschäftigte ihn in seinen wissenschaftlichen Arbeiten bis zum Ende seines Lebens. Sein Ziel war es, Menschen zu erziehen, die mit Berechtigung von anderen erwarten, daß sie ihnen Achtung und Anerkennung entgegenbringen; die aber gleichzeitig aus tiefster Überzeugung bereit sein müssen, andere ebenso zu behandeln.

2.5.1 Kohlbergs kognitive Entwicklungstheorie

Lawrence Kohlberg (1981, 1985) hat – ähnlich wie Piaget – eine Theorie der moralischen Entwicklung vorgestellt. Im Rahmen seiner ersten Untersuchungen hat Kohlberg 72 Jungen im Alter von 10 bis 16 Jahren Geschichten vorgelegt, die jeweils ein moralisches Dilemma enthielten. Seine Theorie hat er selbst wiederholt überarbeitet (Kohlberg, 1985, 1986b). Die Versuchspersonen seiner ersten Befragung sind in bestimmten Zeitabständen mehrmals untersucht worden. Somit konnte Kohlberg im Verlauf seiner wissenschaftlichen

Arbeiten auch eine bedeutsame Längsschnittstudie vorlegen (Colby et al., 1983).

2.5.1.1 Unterschiedliche Niveaus moralischer Urteile

In einer der bekanntesten Geschichten Kohlbergs ist von einem Mann namens *Heinz* die Rede, der seine sterbenskranke Frau nur vor dem Tode retten konnte, wenn er ihr ein für ihn unerschwingliches Medikament besorgte. Da der Apotheker die Abgabe verweigerte, bleibt *Heinz* nur die Möglichkeit, seine Frau sterben zu lassen oder das Medikament zu stehlen. Kohlberg wollte von den Befragten nicht nur wissen, wie *Heinz* sich nach ihrer Meinung zu verhalten hatte, sondern zusätzlich, wie sie ihre Aussage begründeten. Kohlberg kam es nicht darauf an, ob die Befragten sich für oder gegen das Stehlen des Medikaments aussprachen; er interessierte sich vielmehr für die jeweils gebotenen Rechtfertigungen. Die Antworten ordnete Kohlberg sodann nach sechs verschiedenen Stufen der moralischen Entwicklung. Sie sind in Tabelle 2.1 übersichtlich dargestellt und mit kurzen Kennzeichnungen und beispielhaften Antworten versehen.

Tabelle 2.1:
Kohlbergs Niveaus und Stufen der moralischen Entwicklung (Kohlberg, 1981, 1987)

Entwicklungs-niveaus	Stufe	Moralische Urteile zum Heinz-Dilemma	
		Befürwortung	Ablehnung
I. Präkonventionelle Ebene	1. Stufe Die Orientierung an Bestrafung und Gehorsam. Motivation, Bestrafung zu vermeiden.	„Wenn man seine Frau sterben läßt, handelt man sich Probleme ein."	„Man darf das Medikament nicht stehlen. Wenn man es dennoch tut, kommt man ins Gefängnis."
	2. Stufe Instrumentell relativistische Orientierung. Eine richtige Handlung zeichnet sich dadurch aus, daß sie die eigenen Bedürfnisse – bisweilen auch die Bedürfnisse anderer – instrumentell befriedigt.	„Eine kurze Zeit im Gefängnis würde einem nichts schaden, wenn man nach der Entlassung seine Frau noch hat."	„Heinz mag zwar nur eine kurze Gefängnisstrafe für das Stehlen der Droge erhalten; aber seine Frau wird nach seiner Entlassung wahrscheinlich tot sein; er hat also nichts davon."
II. Konventionelle Ebene	3. Stufe Guter Junge / nettes Mädchen-Orientierung. Richtiges Verhalten ist, was anderen gefällt oder hilft und ihre Zustimmung findet.	„Niemand wird einen für schlecht halten, wenn man die Droge stiehlt; die eigene Familie wird einen für unmenschlich halten, wenn man es nicht tut."	„Nicht nur der Apotheker wird einen für kriminell halten; andere werden das auch tun."

Tabelle 2.1: Fortsetzung

Entwicklungs-niveaus	Stufe	Moralische Urteile zum Heinz-Dilemma	
		Befürwortung	Ablehung
	4. Stufe Gesellschaftserhaltende Orientierung. Motivation zur Pflichterfüllung und Vermeidung von Schuldgefühlen.	„Wenn man noch ein Mindestmaß an Ehrgefühl hat, wird man seine Frau nicht sterben lassen, nur weil man Angst hat, das einzige zu tun, was sie retten würde."	„Man wird sich schuldig fühlen, wenn man unehrlich gehandelt hat und gegen das Gesetz verstoßen hat."
III. Postkonventionelle Ebene	5. Stufe Soziale-Vertrags-Orientierung. Motivation, rationale und allgemein akzeptierte Regeln zu befolgen und sich die Anerkennung anderer zu bewahren.	„Wenn man seine Frau sterben läßt, kann das nur aus Furcht, nicht aber aufgrund von Überlegungen erfolgen."	„Man würde seine Stellung und Anerkennung in der Gesellschaft verlieren und das Gesetz verletzt haben."
	6. Stufe Orientierung an allgemeingültigen ethischen Prinzipien. Motivation, eigene ethische Prinzipien zu bewahren und die eigene Selbstverdammung zu vermeiden.	„Wenn man das Medikament stiehlt, ... hat man äußerlich zwar das Gesetz gebrochen; man würde die Maßstäbe des eigenen Gewissens aber beachtet haben."	„Wenn man das Medikament stiehlt, ... muß man sich selbst verachten, denn man hat die Maßstäbe des eigenen Gewissens mißachtet."

Die präkonventionelle Ebene der moralischen Entwicklung gleicht in hohem Maße Piagets heteronomer Moral. Der zum Ausdruck gebrachte Gehorsam gegenüber Autoritätspersonen kann sowohl von Kindern als auch von Jugendlichen oder Erwachsenen stammen. Während der späten Kindheit oder im frühen Jugendalter entwickelt sich die Ebene der konventionellen Moral. Typisch für die konventionelle Moral ist die Anpassung an Regeln und soziale Normen, nicht aus Furcht vor Bestrafung oder in Erwartung einer Belohnung, sondern aus dem Bemühen heraus, Anerkennung bei anderen zu finden, ebenso aber aus der Überzeugung heraus, daß die Aufrechterhaltung des bestehenden sozialen Systems für befriedigende mitmenschliche Beziehungen und zur Aufrechterhaltung eines sozialen Ordnungssystems unerläßlich ist. Wenn Menschen die formal operationale Phase des Denkens erreicht haben und zur Rollenübernahme fähig sind, besitzen sie *eine* Voraussetzung, um – nach Kohlberg – das höchste moralische Niveau zu erreichen: die postkonventionelle Ebene. Die wenigen Individuen, die auf dieser Ebene moralische Urteile fällen, erkennen, daß Werte und Gesetze nur relativ sein können und unter bestimmten Bedingungen ignoriert oder geändert werden müssen. Für Menschen, deren Denken sich auf der postkonventionellen Stufe befindet, ist das, was für eine Mehrheit richtig sein mag, in einer von ihnen als einzigartig wahrgenommenen besonderen Situation noch lange keine Richtschnur.

Mit jeder Moralstufe erweitert sich die Fähigkeit, Ereignisse aus verschiedenen Perspektiven zu betrachten (Kohlberg, 1984). Auf der Stufe 1 werden Konfliktsituationen aus der besonderen Interessenlage des Urteilenden heraus bewertet. Die Stufe 2 kann nur mit der Anerkennung erreicht werden, daß Mitmenschen eine Perspektive besitzen, die sich von der des Urteilenden unterscheidet. Stufe 3 verlangt die Koordinierung mehrerer Blickwinkel. Noch höhere Anforderungen stellt Stufe 4, denn sie fordert, sich die Perspektive zu vergegenwärtigen, die für die Gesellschaft als Ganzes zu gelten hat, während im Falle von Stufe 5 eine Betrachtungsweise gefunden werden muß, die gewissermaßen bereits vor der Entstehung einer Gesellschaft vorhanden ist. Schließlich findet man mit Stufe 6 den Zugang zu allgemeingültigen ethischen Prinzipien. Angesichts dieser zunehmenden Komplexität überrascht es nicht, daß zwischen dem Alter von Urteilenden und ihren „moralischen Reifeniveaus" (dem Stufenniveau) enge Beziehungen gefunden wurden (Rest, 1986; Gibbs & Widaman, 1982).

2.5.1.2 Einige kritische Stimmen zu Kohlbergs Theorie

Nachdem sich John Snarey (1985) die Ergebnisse von 45 Studien, die insgesamt in 27 verschiedenen Kulturen durchgeführt worden waren, genauer angesehen hatte, konnte er zusammenfassend feststellen, daß die Universalität der ersten vier Stufen Kohlbergs „schlagend" belegt ist; die frühen Stadien der moralischen Entwicklung treten demnach unter verschiedenartigen Umweltbedingungen in der von Kohlberg beschriebenen Weise auf. Erst jenseits der Stufe 4 verläuft die Entwicklung nicht mehr so einheitlich, sondern trägt vielmehr Besonderheiten der jeweiligen Kultur Rechnung. Kohlberg hat seine Theorie in einer Gesellschaft entwickelt, die den Individualismus sehr hoch bewertet. In den Vereinigten Staaten von Amerika sowie in den Ländern Westeuropas entspricht es der Tradition, die Rechtsprechung auf abstrakte Gesetze zu beziehen. Demgegenüber wird in vielen anderen Ländern dieser Erde, vor allem in Süd-Amerika und Asien, großer Wert darauf gelegt, daß Angehörige dieser Kulturen bei ihren Zielsetzungen und Entscheidungen stets die Ansprüche gegenüber anderen mitberücksichtigen. Es muß sich auch in den moralischen Urteilen widerspiegeln, wenn der einzelne seine persönlichen Interessen denen der Gemeinschaft unterordnet. Man hat beispielsweise tibetanischen Mönchen, Dorfältesten in Kenia und Neu Guinea die Geschichten Kohlbergs vorgelegt. Diese Persönlichkeiten, die wegen ihres verantwortungsbewußten Führungsverhaltens ausgewählt worden waren, gaben Antworten, die für Stufe 3 der moralischen Entwicklung Kohlbergs kennzeichnend waren (Snarey, 1985, 1987). Ein in Indien lebender Hindu sieht bereits in der Tatsache, daß sich *Heinz* in einem Dilemma befindet, einen Hinweis auf frühere Verfehlungen. Die Sünden der Vergangenheit lassen sich nach seiner Glaubensüberzeugung nicht dadurch ungeschehen machen, daß man eine weitere Missetat begeht, also beispielsweise ein Medikament stiehlt (Shweder & Much, 1987). Menschen solcher Kulturen wird Kohlberg mit seiner Vorstellung, die postkonventionelle Moral sei der konventionellen Moral überlegen, nicht gerecht; er hat mit seinen Vorstellungen eindeutig eine kulturelle Voreingenommenheit zum Ausdruck gebracht.

Kritiker haben allerdings auch ohne Rückgriff auf kulturvergleichende Studien die postkonventionelle Moral als höchstes Ziel der Erziehung in Frage gestellt. Nur sehr wenige Menschen erreichen die Stufen 5 und 6. Mit welchen Folgen hätte man zu rechnen, wenn man durch erfolgreiche pädagogische Maßnahmen den Anteil der Menschen erhöhen würde, die auf Kohlbergs Stufe 6 urteilen? Einige Kritiker sagen im Falle erfolgreicher Bemühungen „verheerende Wirkungen" voraus, denn – so fragen sie (u. a. Shweder, 1982) – was würde denn aus einer Gesellschaft werden, wenn die Mehrheit ihrer Mitglieder es vorziehen sollte, nach individuellen moralischen Prinzipien bei gleichzeitiger Mißachtung der von der Gemeinschaft aufgestellten Gesetze zu handeln?

Die kritische Diskussion um die Angemessenheit der höchsten Stufe der moralischen Entwicklung nach Kohlberg ist weiterhin von einer „anderen Stimme" angeheizt worden, die Carol Gilligan (1982) erhoben hat. Als langjährige Mitarbeiterin Kohlbergs war sie bestens mit den Auswertungspraktiken der Befragungsergebnisse vertraut. Im Verlauf ihrer Tätigkeit festigte sich zunehmend ihre Überzeugung, daß die von Frauen in moralischen Konfliktsituationen vielfach vorgetragenen Gedanken unterbewertet wurden. Weibliche Befragte, die sich zu dem *Heinz*-Dilemma geäußert hatten, rechtfertigen nach den Beobachtungen Gilligans sehr viel häufiger als Männer ihre Entscheidung mit Argumenten der folgenden Art: „... ich meine, er (der Apotheker) hatte die moralische Verpflichtung, in diesem Fall Mitgefühl zu zeigen, ... wenn sie (die Frau von *Heinz*) stirbt, schmerzt das viele Menschen und es schmerzt vor allem sie selbst ..." Eine solche Antwort würde nach den Auswertungsvorschriften Kohlbergs, so Gilligan, einer unangemessen niedrigen Stufe der moralischen Entwicklung zugeordnet. Damit würde man der weiblichen Moral in keiner Weise gerecht. Ergebnisse zahlreicher Nachuntersuchungen konnten Gilligans Behauptung, Frauen würden durch Kohlbergs Auswertungsverfahren gegenüber Männern benachteiligt, allerdings nicht bestätigen. Danach sind beide Geschlechter in den einzelnen Stufen Kohlbergs gleich häufig vertreten (Miller & Bersoff, 1988; Walker, 1984, 1989). Zweifellos hat Gilligan zunächst vor allem wegen ihres Vorwurfs der Geschlechterdiskriminierung außerordentlich große Beachtung gefunden. Aus pädagogisch psychologischer Sicht stellt allerdings ihr engagiertes Eintreten, bei Kohlbergs Vorstellungen der moralischen Entwicklung verstärkt weibliche Gesichtspunkte herauszustellen, das weitaus größere Verdienst dar.

Gilligan hat nachdrücklich darauf hingewiesen, daß ein vollständigeres Bild der moralischen Entwicklung nur zu entwerfen ist, wenn noch eine weitere „Stimme" berücksichtigt wird. Es gibt nämlich zum einen die angeblich von Kohlberg favorisierte „männliche" *Gerechtigkeitsmoral*, nach der alle Beteiligten eines moralischen Konflikts die gleichen (abstrakten) Rechte und Pflichten besitzen. Bei der Suche nach einer Lösung muß lediglich nüchtern abgewogen werden, durch welche Entscheidung die Grundrechte am wenigsten verletzt würden. Zum anderen gibt es eine „weibliche" Moral der *Fürsorge* und *Anteilnahme*. Diese Moral rückt die Verantwortung und menschliche Verpflichtung gegenüber Mitmenschen in den Vordergrund. Infolge eines Mißverständnisses wurde zunächst häufig angenommen, Kohlberg hätte diese „weibliche" Moral vernachlässigt. Auf dieses Mißverständnis weisen unter anderem Wolfgang Althof und Detlef Garz (1988) hin, denn sie stellen fest: „Gilligan errichtet einen Pappkameraden, auf den sie einschlägt. Sie mißversteht Kohlberg hier gründlich. Bei ihm ist Gerechtigkeit keine mathematische Formel, sondern ein weitgespanntes moralisches Interesse: Am häufigsten wird es als ‚Respekt vor Menschen' umschrieben." Auf die Kritik Gilligans hin stellte Kohlberg aber noch einmal ausdrücklich klar, daß auch Fürsorge und Anteilnahme Bestandteile seiner Moralvorstellung seien. Kohlberg erkennt somit – ebenso wie Gilligan – ausdrücklich an, daß es das Ziel moralischer Erziehung sein sollte, beide Arten der Moral zu fördern (Gilligan & Attanuci, 1988), denn – so erklären beispielsweise auch Fritz Oser und Wolfgang Althof (1994) – „ein Rechte- und Pflichten-Denken, das ohne Rücksicht auf die konkreten Umstände und die betroffenen Menschen urteilt, (ist) moralisch genauso unterentwickelt ... wie ein Fürsorge-Denken, das komplexe (z.B. soziale und politische) Probleme auf zwischen-menschliches Sich-Umeinander-Kümmern reduziert". Eine „reife Moral", so betonen beide Autoren nachdrücklich, hat beides untrennbar zu vereinen: „Die Gerechtigkeit muß menschlich sein, die Fürsorge darf die Menschenrechte nicht aus den Augen verlieren". Eine Erziehung, die nicht Gerechtigkeitsdenken, Fürsorge und mitmenschliche Anteilnahme *in gleicher Weise* fördert, kommt ihrem Auftrag nur unzureichend nach (Wingfield & Haste, 1987). Ebenso könnte man fragen, ob man Schülern und damit zukünftigen Erwachsenen nicht aufzeigen sollte, wie Konflikte durch Vergebung zu überwinden sind. Robert Enright und seine Mitarbeiter (Enright et al., 1991) analysierten beispielsweise folgende Konfliktsituation: Martin läuft zu seiner Mutter, um ihr zu erzählen, daß Stefan ihm zu Unrecht alle Murmeln weggenommen hat. Sicherlich kann die Mutter daraufhin nach einer gerechten Lösung suchen. Sie hätte aber ebenso die Möglichkeit, Martin einfach zu ermuntern, Stefan zu vergeben. Sie würde damit an das Mitleid appellieren und auf diese Weise vielleicht Martins emotionales Wohlbefinden und darüber hinaus sogar die Sozialbeziehung von Martin und Stefan fördern. Enright hat im Verlauf mehrerer Jahre pädagogische Maßnahmen entwickelt, die das Vergeben-Können von Schülern nachhaltig fördern können. Wie sehr er vom Erfolg seines pädagogischen Programmes überzeugt ist, läßt sich auch daran ablesen, daß er es sogar verfeindeten Konfliktparteien, wie etwa den Kriegsgegnern des früheren Jugoslawiens, zum Einsatz in der Schule angeboten hat, damit ihre Söhne und Töchter bereits in der Schule lernen, wie man auch schwere Verletzungen wieder heilen kann (Enright et al., 1994).

2.5.2 Förderung des verantwortlichen Urteilens und Handelns: Ein integrativer Ansatz

Piaget und Kohlberg verfolgten vor allem das Ziel, einen Beitrag zur Entwicklung des Denkens zu leisten. Es stand – bei Kohlberg zumindest anfänglich – nicht im Vordergrund seines Bemühens, Einflußfaktoren des moralischen

Verhaltens aufzudecken. Kann es aber – wie es Wolfgang Althof und Mitarbeiter (1988) einmal formuliert haben – das Ziel der Schule sein, aus Kindern und Jugendlichen „Heilige im Urteilen, Halunken im Handeln" werden zu lassen? Es liegt im Interesse einer Gesellschaft, daß ihre Mitglieder nicht nur bereit und in der Lage sind, sozial verantwortliche Urteile zu fällen, sondern zudem auch im Einklang mit diesen Urteilen handeln. Man weiß allerdings bereits seit vielen Jahrzehnten, daß es in einem erheblichen Grade von der jeweiligen Situation abhängt, ob ein Kind sich „moralisch" gut verhält oder nicht (Hartshorne & May, 1928). Man hat Jugendlichen das *Heinz*-Dilemma zusammen mit einigen Zusatzaussagen vorgelegt (Sobesky, 1983). In einem Fall erfuhren die Versuchspersonen, daß *Heinz* mit dem Stehlen des Medikaments ein sehr großes Risiko eingehen würde, denn er hätte sicher mit einer Festnahme und mit einer Gefängnisstrafe zu rechnen. Unter einer anderen Bedingung hieß es, *Heinz* könne das Medikament an sich nehmen, ohne daß der Apotheker es jemals merken würde. Wenn die Folgen einer unerlaubten Handlung als höchst unangenehm dargestellt worden waren, hielt nur ein geringer Teil der Befragten das Stehlen für eine angemessene Lösung des Problems; sie gaben deshalb häufiger präkonventionelle Antworten. Es muß auf Einflüsse der Situation zurückgeführt werden, wenn festzustellen ist, daß weder Kinder noch Erwachsene Urteile stets auf demselben moralischen Niveau fällen (Colby et al., 1983).

Versuche im Rahmen pädagogischer Bemühungen zur Förderung der moralischen Urteilsfähigkeit sind trotz der hohen Situationsabhängigkeit nicht grundweg als vergeblich zu bezeichnen. Man muß allerdings zwischen Maßnahmen unterschiedlicher Effektivität unterscheiden. Einen „integrativen" Vorschlag zur Förderung moralischer Urteilsfähigkeit und sozial verantwortlichen Handelns hat Thomas Lickona (1981, 1987) vorgelegt. Er bestätigt die Ergebnisse von Hartshorne und May, wonach moralisches Verhalten von Kindern in hohem Maße von Bedingungen der Situation abhängt. Gleichzeitig ist aber zu belegen, daß sich Kinder in ihrer allgemeinen Bereitschaft zum moralischen Verhalten voneinander unterscheiden. Um derartiges Verhalten zu fördern, reicht es nach Lickonas (1976) Überzeugung nicht aus, Schüler moralische Konfliktsituationen diskutieren zu lassen. Zusätzlich ist es erforderlich, die sozial-emotionale und die Verhaltensebene herauszufordern. Moralisches Verhalten ist nämlich stets auch Ausdruck einer mitmenschlichen Verpflichtung. Entscheidend ist allerdings, ob Mitmenschen nur als Mitglieder einer Institution oder als leibhaftige Individuen gesehen werden. Ein Mensch, der eine vergleichsweise hohe Bereitschaft zeigt, den Staat zu betrügen, muß keineswegs ebenso zur Schädigung seines Nachbarn bereit sein. Wenn Schüler bereit sind, sich gegenüber der Schule destruktiv zu verhalten, muß noch lange nicht erwartet werden, daß sie ihre Mitschüler ebenso behandeln. Diese Feststellungen stützen sich auf Untersuchungsergebnisse, die Wolfgang Althof und seine Mitarbeiter (1988) vorgelegt haben. In einer Zusammenfassung heißt es: „Vergehen werden um so eher toleriert, je mehr sie anonyme Institutionen schädigen, und umgekehrt um so eher als moralisches Versagen betrachtet, wenn der potentielle Schaden für konkrete (bzw. konkret vorstellbare) Menschen

2.5 Entwicklung des moralischen Urteils

nicht zu übersehen ist." Ein Unterricht, der abstrakte Verpflichtungen des einzelnen gegenüber anonymen anderen – und seien dieses auch Mitbürger – herausstellt, dürfte demnach wenig Einfluß auf das Handeln nehmen. Wenn Schülern aber an konkreten Beispielen der Blick dafür geschärft wird, wie ihr Verhalten letztlich auf Menschen „aus Fleisch und Blut" wirkt, werden sie dafür sensibilisiert, daß hinter Institutionen auch Menschen stehen. Mit dem Ladendiebstahl schädigt man dann nicht mehr „lediglich ein Geschäft" oder „irgendeinen Besitzer", sondern einen konkreten Menschen, der sich und vielleicht auch eine Familie ernähren muß. Wer unter Alkoholeinfluß ein Fahrzeug lenkt, verletzt nicht „ein Gesetz des Staates", sondern möglicherweise eine Tochter, die auf dem Weg zu ihrer schwerkranken Mutter ist, die dringend Hilfe benötigt. Es ist also nachvollziehbar, daß Lickona die Notwendigkeit herausstellt, neben der kognitiven auch die sozial-emotionale und damit die menschliche Ebene anzusprechen, denn die Schüler sollen schließlich nicht nur „das Gute wissen", sondern möglichst „das Gute tun". Einem Unterricht, der beides zu fördern sucht, sollte nach Lickona Prozesse ansprechen, die Abbildung 2.8 als einander überlappende Kreisflächen veranschaulicht: Aufbau des Selbstwertgefühls sowie Bildung einer sozialen Gemeinschaft, kooperatives Lernen und Hilfsbereitschaft, Nachdenken über moralische Konfliktsituationen und Treffen gemeinsamer Entscheidungen. Diese vier Prozesse bedingen einander und verstärken sich gegenseitig. Seine Vorstellungen, so erklärt Lickona (1981), hätten sich nicht nur in Grundschulen, sondern ebenso in weiterführenden Schulen bewährt.

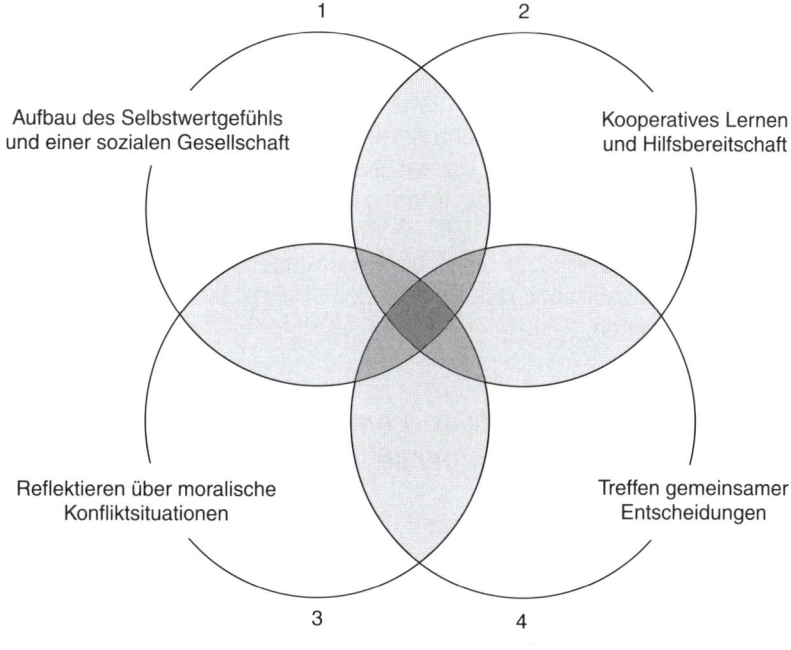

Abbildung 2.8:
Lickonas (1987) Vorstellungen von der moralischen Erziehung

2.5.2.1 Förderung des Selbstwertgefühls in und mit einer menschlichen Gemeinschaft

Eine wesentliche Aufgabe des Lehrers in der Grundschule besteht darin, dem Kind beim Aufbau eines „gesunden" Selbstwertgefühls zu helfen. Das Erleben eigener Tüchtigkeit ist als bedeutsamer Bestandteil des Selbstwerterlebens zu sehen. Solche Erlebnisse können aber nur in der Gemeinschaftssituation entstehen: Kinder müssen miteinander in Kontakt treten, um Erfahrungen zu sammeln, durch die sie lernen, sich gegenseitig anzuerkennen. Wenn ein Mensch sich selbst anerkennt, so lautet ein Grundsatz, fällt es ihm leichter, sich anderen positiv zuzuwenden. Jeder einzelne muß das Gefühl entwickeln, Angehöriger einer Gruppe zu sein, gegenüber der er soziale Verpflichtungen hat.

Als Voraussetzung zur Entwicklung eines „gesunden" Selbstwertgefühls muß der Schüler die Gelegenheit erhalten, sein Können in sozialen Situationen darzustellen. Lickona (1987) berichtet von einer Grundsschullehrerin, die sich zu Beginn eines Schuljahres mit jedem Kind unterhält, um herauszufinden, durch welche Besonderheit oder Einzigartigkeit es sich auszeichnet: Hat es ein Hobby, in dem es Besonderes vollbringt? Ist es körperlich besonders geschickt? Hat es im Vorjahr eine beachtenswerte Anerkennung erhalten? Gibt es bei ihm etwas, auf das es besonders stolz sein kann? „Dieses Etwas", so erklärt die Lehrerin, „mache ich dann auch für mich zu etwas Bedeutsamen. Ich stelle gegenüber dem Kind heraus, wie bedeutsam es für mich ist und daß es etwas besitzt, von dem wir beide nun etwas wissen. Wenn das Kind weiß, daß ich dieses Etwas hoch bewerte, wird es anfangen, auch sich selbst höher zu bewerten." Solchen Bemühungen liegt ein leicht nachvollziehbarer Zusammenhang zugrunde: Ein Mensch wird auf seinen eigenen Wert aufmerksam, indem er die Anerkennung durch andere erfährt. Ein Lehrer, der einer Schülerin mitteilt, daß ihre neue Frisur gut aussieht, der einem Schüler bestätigt, ihm gefalle der Pullover, den er heute trage, der zu den Schuhen eines dritten bemerkt, sie würden sehr bequem aussehen, bringt zum Ausdruck, daß er sich für all die Angesprochenen interessiert, daß sie für ihn wichtig sind, und zwar unabhängig von ihren Leistungen! Solche Erfahrungen lassen sich bereits im Kindergarten, spätestens aber mit Beginn der Grundschule in und durch die Gemeinschaft gewinnen.

2.5.2.2 Förderung kooperativen Lernens und Schaffung einer Atmosphäre gegenseitiger Hilfeleistung

Die Grundschullehrerin, die mit jedem ihrer Schüler das Wissen um bestimmte Besonderheiten teilt, ist nur *eine* Partnerin der sozialen Situation. Die Anerkennung durch Mitschüler ist mindestens ebenso wichtig. In jeder Klassenstufe, so betont Lickona, sollten Schülerinnen und Schüler mit- und voneinander lernen. „Kooperatives Lernen" kann aber nur dann erfolgreich sein, wenn die Beteiligten zur gegenseitigen Unterstützung bereit sind. Um eine entsprechende Bereitschaft zu fördern, schuf die Lehrerin eines fünften Schuljahres am Ende eines Unterrichtstages eine Einrichtung, die sie „Anerkennungszeit" nannte. Sie reservierte jeweils einen kurzen Zeitraum, in der sie ihren Schülerinnen und Schülern die Gelegenheit gab, eine Tat anderer herauszustellen, für die sie besonders dankbar waren. So erklärte ein Mädchen beispielsweise: „Ich bin Julia besonders dafür dankbar, daß sie mir etwas Papier geliehen hat, das ich vergessen hatte. Ich brauchte nur zu sagen, daß ich keines hatte, und sofort gab sie mir etwas von ihrem." Mit solchen zum Ausdruck gebrachten Anerkennungen fördert man nicht nur die gegenseitige Wertschätzung und Hilfsbereitschaft. Bereits in einem vergleichsweise frühen Lebensalter werden junge Menschen dadurch zugleich angeregt, öffentlich zum Ausdruck zu bringen, was vielen Erwachsenen außerordentlich schwer zu fallen scheint (Lickona, 1987): anderen Anerkennung auszusprechen und ebenso bereit zu sein, Anerkennungen entgegenzunehmen. Man sollte auf einen solchen Austausch sozialer Komplimente grundsätzlich nicht verzichten, denn im Alltagsleben dürften Menschen wenig geneigt sein, gute Taten zu wiederholen, sofern ihnen die Empfänger niemals mitteilen, wie sehr sie ihre Hilfeleistung zu schätzen wissen.

Der Anthropologe Ashley Montagu (1976) ist davon überzeugt, daß die Menschheit nur überleben konnte, weil sie Kooperation in jedem Abschnitt ihrer Entwicklung höher bewertet hat als den Wettstreit. Sollte man mit der Förderung der Kooperationsbereitschaft nicht so früh wie möglich in der Schule beginnen, in der kleinen Gesellschaft des Klassenzimmers, in der Kinder einen beträchtlichen Teil ihres Lebens verbringen? Zur Erreichung dieses Zieles genügt es nicht, ihnen während der „Anerkennungszeit" Gelegenheit zu geben, Gedanken und Gefühle auszutauschen, während man ansonsten von ihnen fordert, Leistungen individuell zu erbringen. Erfolgreich *zusammen*arbeiten können Mädchen und Jungen nur, wenn sie sich in die Sichtweise ihrer Mitschüler versetzen können und in der Lage sind, effektiv miteinander zu kommunizieren, bereit sind, die Ideen anderer zu respektieren und mit ihren eigenen in Beziehung zu setzen. Kooperieren heißt weiterhin, Arbeitsteilungen vorzunehmen, Kompromisse einzugehen und Aktivitäten zur Erreichung des gemeinsamen Zieles zu koordinieren (Lickona, 1987). Solche Voraussetzungen zur erfolgreichen und befriedigenden Zusammenarbeit sind nur zu schaffen, wenn der Lehrer ihren hohen Wert anerkennt und sich über einen längeren Zeitraum hinweg engagiert um ihre Förderung bemüht (s. S. 372ff.).

2.5.2.3 Förderung des moralischen Reflektierens

Der dritte Prozeß, der zur Förderung moralischer Erziehung für Lickona von Bedeutung ist, zielt auf die kognitiven Aspekte. Damit wird ein großer Bereich intellektueller Aktivitäten angesprochen: Lesen, Nachdenken und Diskutieren über Sachverhalte mit moralischen Implikationen. Dabei sollte nicht an Konfliktsituationen gedacht werden, die Kohlberg beispielsweise mit seinem

Heinz-Dilemma (s. S. 113f.) in die Diskussion gebracht hat, denn sie sprechen Situationen an, die im Schulalltag praktisch nicht vorkommen. Der Unterrichtsalltag liefert aber viele Gelegenheiten, auftretende Probleme kritisch zu diskutieren. Lickona schildert die Erfahrungen einer Lehrerin, die ihre Klasse angeregt hatte, Hühnereier auszubrüten. Sie schlug eines Tages vor, jeden Tag ein Ei zu öffnen, damit die embryonale Entwicklung studiert werden könne. Kurze Zeit später wandte sich ein Schüler an seine Lehrerin, um ihr folgendes anzuvertrauen: „Ich habe länger darüber nachgedacht – ich finde, es ist einfach zu grausam, ein Ei zu öffnen, um das Küken darin zu töten!" Die Lehrerin hörte dem Jungen aufmerksam zu, ohne ihre Meinung zu äußern. Sie erwiderte lediglich, sie würde die Bedenken der gesamten Klasse zur Diskussion vortragen. Das geschah bei der nächsten Gelegenheit. Der Einwand wurde von allen Schülern akzeptiert, obwohl einige meinten, die Befriedigung der Neugier würde dem Vorgehen ausreichende Berechtigung geben. Wäre es demnach zulässig, menschliches Leben aus Neugier zu zerstören? Die Klasse erörterte das Für und Wider, bis die Frage gestellt wurde, ob es nicht Alternativen gäbe, um das Interesse zu befriedigen. Gibt es nicht möglicherweise in der Bibliothek Abbildungen von Hühner-Embryonen?

Bei Diskussionen moralischer Probleme empfiehlt Kohlberg die Anwendung der „+1-Stufentechnik" (Blatt & Kohlberg, 1975). Danach zeigen sich die stärksten Veränderungen im moralischen Urteilsniveau, wenn Schüler sich mit Argumenten auseinandersetzen, die nicht mehr als eine Stufe von ihrer aktuellen entfernt sind. Wenn sich das Denken eines Schülers beispielsweise auf der Stufe 2 seiner moralischen Entwicklung befindet, dann erhält er nach diesem Vorschlag wirksame Anregungen durch Argumente der Stufe 3; dagegen dürfte sich sein Urteilsniveau wenig oder gar nicht verändern, wenn man ihn mit Argumenten der Stufe 2 oder 4 konfrontiert. Kohlberg geht davon aus, daß mit der +1-Stufentechnik ein kognitiver Konflikt entsteht, der den Lernenden motiviert, sich mit den neuen Informationen zu beschäftigen, also darüber nachzudenken. Durch das Reflektieren sollte sich Verständnis für das Urteilsniveau entwickeln, das ein wenig über dem bisherigen liegt. Der Erfolg der +1-Stufentechnik ist zwar nicht durchgängig zu erwarten; dennoch hat sich Kohlbergs Empfehlung in der Mehrheit der bislang untersuchten Fälle als erfolgreich erwiesen (Enright et al., 1983; Norcini & Snyder, 1986).

Mit Fortschritten in der moralischen Entwicklung ist allerdings kaum zu rechnen, wenn + 1 Argumente lediglich dargestellt werden. Es müssen Diskussionen geführt werden, durch die die Teilnehmer die Gelegenheit erhalten, sich mit abweichenden Meinungen direkt auseinanderzusetzen. Sie sollten vor allem herausgefordert werden, die Überlegungen ihrer Diskussionspartner nachzuvollziehen und kritisch zu betrachten, wie es etwa folgende Bemerkungen zum Ausdruck bringen: „Du hast etwas wichtiges außer Acht gelassen!", „Ich will mal versuchen, Deine Ansicht ein wenig umzuformulieren", „vielleicht liegen unsere Ansichten gar nicht so weit auseinander; sie lassen sich vielleicht sogar zusammenbringen". Solche Bemerkungen bringen die aktive Beteiligung der Diskutierenden klar zum Ausdruck (Berkowitz & Gibbs, 1983). Auf diese

Weise sollen die Teilnehmer herausgefordert werden, vermeintliche Argumentationsschwächen anderer aufzudecken, die es erforderlich machen, Klarstellungen zu geben und diese auch von anderen zu fordern. In „echten" Diskussionen kommen stets auch emotionale Reaktionen dadurch ins Spiel, daß die Teilnehmer gegenseitig ihre Betroffenheit erfahren. Jeder einzelne sollte von den Gedanken und Wertvorstellungen anderer angesprochen werden (Lickona, 1987).

Piaget vertrat die Überzeugung, daß Eltern nicht in der Lage wären, die moralische Entwicklung ihrer Kinder zu fördern, indem sie entsprechende Themen mit ihnen diskutieren. Er glaubte, Väter und Mütter könnten bei ihren Söhnen und Töchtern kein aktives Auseinandersetzen herausfordern, weil diesen lediglich vorgefaßte Überzeugungen übergeben würden. Piaget ging – ebenso wie Kohlberg – infolgedessen davon aus, daß nur Gleichaltrige die Voraussetzungen besäßen, um bei sich gegenseitig das Niveau moralischer Urteile anzuheben. Ist einer solchen Position noch heute vorbehaltlos zuzustimmen? Nicht zu bezweifeln ist, daß Kinder und Jugendliche über ihre eigenen moralischen Vorstellungen sowie über die ihrer gleichaltrigen Partner intensiver nachdenken können als über die von Eltern und Erwachsenen. Somit trifft zu, daß Gleichaltrige vergleichsweise günstige Bedingungen mitbringen, die moralische Entwicklung voranzubringen (Kruger, 1992; Kruger & Tomasello, 1986). Ist daraus nun abzuleiten, daß Eltern und Lehrer tatsächlich keinerlei Möglichkeiten besitzen, auf die moralische Urteilsfähigkeit von Kindern und Jugendlichen fördernd einzuwirken? Piagets Aussagen bedürfen einer Differenzierung.

Wenn Eltern ihre Standpunkte in autoritärer Weise als „Moralpredigt" darstellen und keinerlei Einwände zulassen, können sie tatsächlich die Moralentwicklung ihrer Töchter und Söhne behindern. Wenn aber autoritative Erzieher ihre Ansichten in einer warmen, emotional freundlichen Atmosphäre so darstellen, daß sie auf das kindliche Verständnis abgestimmt sind, und auch echte Diskussionen zulassen, wenn sie humorvoll reagieren, angemessene Verständnisfragen stellen, selbst geduldig zuhören und Gegenmeinungen herausfordern, gelingt ihnen durchaus ein fördernder Einfluß auf die Urteile ihrer Kinder, zumal wenn die Erwachsenen auf einem moralischen Niveau diskutieren, das dem ihrer Kinder ein wenig voraus ist (Boyes & Allen, 1993).

2.5.2.4 Treffen gemeinsamer Entscheidungen

Es bereitet Lehrern zumeist keine Schwierigkeiten, ihre Schüler zum einmütigen Anerkennen moralischer Regeln zu veranlassen („Man soll nicht lügen, stehlen, Vorteile auf Kosten anderer in Anspruch nehmen" usw.). Sind sie damit aber gleichzeitig auch bereit, „moralische Normen" (Lickona, 1987) zu entwickeln, die mit der Verpflichtung verbunden sind, ihr Verhalten danach auszurichten? Es wurde bereits darauf hingewiesen, daß es sehr stark von der Situation abhängt, ob ein Mensch sich von seinen moralischen Überzeugungen leiten läßt (s. S. 118). Dennoch bleibt es das Ziel pädagogischer Bemühungen, den Schüler nicht nur zu einem Menschen werden zu lassen, der weiß, was soziale Verantwortung ist, sondern der in entsprechenden Situationen auch verantwortlich handelt. Wie läßt sich dies erreichen? Die Antwort ergibt sich aus der Einsicht, daß Menschen, denen *von außen* Verhaltensregeln auferlegt werden, nicht unbedingt die Verpflichtung zu ihrer Respektierung übernehmen. Deshalb ist es erforderlich, daß Mitglieder einer Gemeinschaft selbst festlegen, wie sie ihr Zusammenleben regeln wollen, wie Verstöße gegen ihre Gemeinschaft zu ahnden sind. Es reicht allerdings nicht aus, daß Schüler einer Klasse nach eingehenden Diskussionen bestimmte Regeln festlegen. Sie müssen sich zusätzlich auch verpflichten, diese Regeln zu beachten und das heißt, die Bereitschaft entwickeln, ,,kollektive Verantwortung" zu übernehmen. Die Mitglieder einer Klasse treffen sich beispielsweise, um über bestimmte Probleme zu diskutieren: einzelne Mitglieder ,,vergessen" wiederholt, übernommene Verpflichtungen (Gießen der Blumen, Reinigen der Tafel usw.) wahrzunehmen; ein ausländischer Schüler wird immer wieder das Opfer von Diskriminierungen. Zum Auffinden einer Lösung wird die gesamte Klasse beteiligt. Jeder einzelne muß sich öffentlich verpflichten, die gefundenen Regelungen zu respektieren.

Keiner der vier von Lickona genannten Prozesse ist für sich allein wirksam. Wenn der Gemeinschaftssinn der Klasse nur schwach entwickelt ist, werden die Mitglieder kaum jene Diskussionen führen, die zu moralischem Reflektieren Anlaß geben. Sofern sich die Schüler nicht an der Aufstellung von Regeln und Normen beteiligen, die ihr Zusammenleben und -arbeiten ordnen sollen, ist es wenig wahrscheinlich, daß bei ihnen Bedingungen entstehen, unter denen kooperatives Lernen stattfinden kann. Alle Bemühungen sind allerdings von vornherein zum Scheitern verurteilt, wenn sie nicht von einem Lehrer getragen werden, der vom Wert moralischer Erziehung zutiefst überzeugt und folglich auch bereit ist, den keineswegs einfachen Weg mit Geduld und ausreichendem Elan zu beschreiten. Dennoch lohnt der Einsatz für die Aussicht, junge Menschen gefördert zu haben, die innerlich bereit sind, in einer demokratischen Gesellschaft moralische Werte anzuerkennen und durch Taten zu verteidigen.

3. Kapitel: Grundlegende Prozesse des Lernens: Von der Fremd- zur Selbststeuerung

Charles Darwin hat mit seiner Evolutionstheorie erklärt, auf welche Weise sich Lebewesen im Verlauf von vielen Millionen Jahren den sich ständig verändernden Bedingungen angepaßt haben. Der amerikanische Psychologe Edward Thorndike (1874–1949) war von dieser Lehre und dem darin herausgestellten biologischen Anpassungsbestreben der Organismen außerordentlich beeindruckt. Mit Hilfe der Evolutionstheorie Darwins war nämlich plausibel zu erklären, weshalb Lebewesen, die biologisch mit der Fähigkeit zum Lernen ausgestattet sind, einen Anpassungsvorteil besitzen. Die Theorie Darwins ließ jedoch auch eine entscheidende Frage offen: Wie nutzt das Individuum seine Lernfähigkeit, um sich seiner besonderen Umwelt anzupassen? Thorndike setzte sich in seiner Doktorarbeit das Ziel, diese Frage zu klären.

Thorndike nimmt eine bedeutsame Stellung in der Geschichte der Lernpsychologie ein. Er gehörte mit zu den ersten Psychologen, die das Lernen auf *experimentellem* Wege zu erforschen suchten. Gedanken über das Zustandekommen des Lernens hatte man sich bereits sehr viel früher gemacht. Schon vor mehr als 2000 Jahren lehrte Aristoteles, daß sich Lernen durch ,,Bildung von Assoziationen" erklären läßt. Der menschliche Geist verknüpft danach Ereignisse, die in enger zeitlicher Abfolge auftreten. So erinnert man sich (meistens) an den Namen eines Menschen, sobald man dessen Gesicht sieht. Mit dem Wort *Eiffelturm* wird eine bestimmte Konstruktion in einer europäischen Metropole in Verbindung gebracht, und wenn man gelernt hat, daß bestimmte akustische Reize erschreckende Konsequenzen nach sich ziehen, reicht zu einem späteren Zeitpunkt die Darbietung des akustischen Reizes aus, um eine Furchtreaktion auszulösen.

Psychologen unterscheiden heute zwei Formen von Assoziationslernen (Rescorla & Holland, 1982): Die Klassische und die Operante Konditionierung. Im Falle der *Klassischen Konditionierung* lernt ein Organismus, zwei Umgebungs-Reize miteinander zu verknüpfen. So erklärt ein Vierjähriger, nachdem er im Fernsehen beobachtet hat, wie ein Mann von einem Gangster überfallen wird: ,,Wenn ich die Musik gehört hätte, wäre ich nicht um die Ecke gegangen!" (Wells, 1981). Aufgrund seiner Erfahrungen hatte das Kind offenbar gelernt, daß bestimmten Musikformen stets bestimmte Ereignisse vorausgehen. Bei der *Operanten Konditionierung* lernt ein Organismus, bestimmte Verhaltensweisen mit bestimmten Konsequenzen zu assoziieren. So hatte der Vierjährige vermutlich gelernt, daß ein Knopfdruck an einem bestimmten Gerät zur Folge hat, daß bewegte Bilder zu seiner Unterhaltung auf einer Mattscheibe entstehen.

Das vorliegende Kapitel beschreibt die Lernformen der Klassischen und Operanten Konditionierung insoweit, wie sie dazu beitragen können, Prozesse im Klassenzimmer aufzuhellen. Wie aber bereits im ersten Kapitel festgestellt worden ist, besteht Lernen nicht nur ausschließlich darin, daß zwischen zwei Ereignissen eine Assoziation entsteht. Bestimmte Lernformen setzen kompliziertere kognitive Prozesse voraus. Wenn man erklären will, weshalb es allein durch die Beobachtung anderer möglich sein soll, daß neue Verhaltensweisen entstehen, wird man auf zahlreiche kognitive Prozesse verweisen.

3.1 Erlernen von Assoziationen durch Klassische Konditionierung

Der russische Physiologe Iwan Pawlow (1849–1936) hatte sein Forschungsinteresse zunächst darauf gerichtet, Funktionen des Verdauungssystems zu studieren. Da ihm bekannt war, daß die Speicheldrüsen bei Mensch und Tier nach Nahrungsaufnahme auf natürliche Weise, d. h., durch Reizung entsprechender Sinnesorgane in Zunge und Mundschleimhaut, aktiviert werden, verwirrte ihn die wiederholte Beobachtung, daß die Absonderung von Speichel gelegentlich auch erfolgte, wenn noch gar kein Futter gereicht worden war. Seine Versuchstiere speichelten beispielsweise, wenn die Assistenten mit dem Futter zur Tür hereinkamen. Diese für ihn seltsame Beobachtung weckte seine Neugier. Wie ließ sich erklären, daß seine Tiere speichelten, obwohl ihnen noch gar kein Futter gereicht worden war? Zur Klärung dieser Frage wandte sich Pawlow einem Forschungsgebiet zu, auf dem er zuvor noch keine systematischen Erfahrungen gesammelt hatte: der Lernpsychologie.

3.1.1 Klassisches Konditionieren im Experimentalraum

Wenn man das folgende, für die Lernform der Klassischen Konditionierung grundlegende Experiment des Physiologen Iwan Pawlow (1849–1936) erstmalig zur Kenntnis nimmt, fällt es möglicherweise schwer, dessen Bedeutung für die pädagogische Praxis unverzüglich zu erkennen.

> Ausgangspunkt für sein Experiment war ein angeborener oder – wie er im folgenden genannt wird – ein *unkonditionaler Reflex;* ein solcher besteht stets aus einem *unkonditionierten Reiz* (Futter) und einer *unkonditionierten Reaktion* (Speichelabsonderung). Pawlow verwendete in seinem Experiment eine eigens konstruierte Meßapparatur, die ihn in die Lage versetzte, die Menge der Speichelabsonderung seiner Versuchstiere (dabei handelte

es sich immer um Hunde) zu messen. Ein entscheidendes Charakteristikum seines Experiments bestand darin, daß unmittelbar vor Darbietung des Futters ein Klingelzeichen dargeboten wurde, das anfänglich keine Speichelreaktion hervorrief. Sodann löste Pawlow wiederholt unmittelbar vor der Verabreichung von Futter das Klingelzeichen aus, woraufhin die Tiere erwartungsgemäß mit einer Speichelabsonderung reagierten. Nach mehreren Wiederholungen dieser Abfolge zeigte sich, daß die Speichelabsonderung auch durch das Klingelzeichen allein anzuregen war.

Üblicherweise entzieht sich die Sekretion einer Drüse der willkürlichen Steuerung. Unter Anwendung der von ihm aufgedeckten Zusammenhänge gelang es Pawlow aber, eine gewisse Kontrolle über dieses Organ zu erlangen. Tatsächlich zeigte sich in den nachfolgenden Forschungen, daß auch emotionale Reaktionen auf grundsätzlich gleiche Weise zu erlernen sind. Die ungewöhnlich starke Furcht, die ein Schüler gegenüber Prüfungssituationen zum Ausdruck bringt, seine Abneigung gegenüber einem Schulfach oder seine Angst, frei vor der Klasse zu sprechen, stellen nur einige Beispiele für erlernte Reaktionen dar, über die keine unmittelbare Kontrolle besteht. Auf sie kann aber nach Pawlows Entdeckungen unter bestimmten Bedingungen Einfluß genommen werden.

3.1.1.1 Analyse des klassischen Experiments von Pawlow

Um die im Rahmen der Klassischen Konditionierung verwendeten Begriffe sowie die grundlegenden Annahmen Pawlows kennenzulernen, empfiehlt sich eine Orientierung an seinem klassischen Experiment. Wie bereits festgestellt, besteht ein unkonditionierter Reflex aus einem unkonditionierten Reiz (auch UCS genannt; UC für unkonditioniert, nach dem englischen Wort *unconditioned*, S für *Stimulus*, Reiz) und einer unkonditionierten Reaktion (auch UCR genannt; R für response, Verhalten). Nachdem Pawlow mehrfach zunächst den neutralen Reiz (NS) und anschließend den unkonditionierten Reiz dargeboten hatte, konnte er die Speichelsekretion auch durch das Klingelzeichen allein auslösen. Ein ursprünglich neutraler Reiz hatte offenbar die Funktion eines

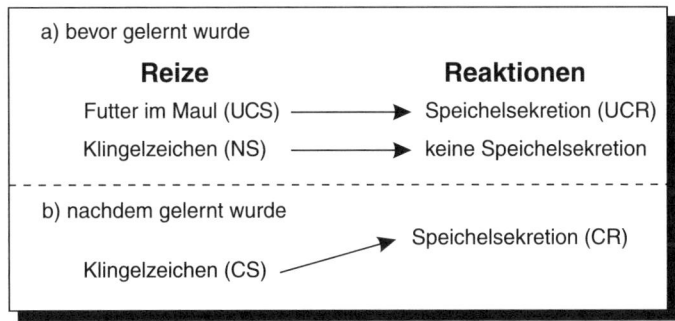

Abbildung 3.1:
Schematische Darstellung einer Klassischen Konditionierung

konditionierten Reizes (auch CS genannt; – C für konditioniert, nach dem englischen Wort *conditioned*) erworben. Die Reaktion, die durch Darbietung eines konditionierten Reizes ausgelöst wird, bezeichnet man als konditionierte Reaktion (CR). Mit Hilfe von Abbildung 3.1 lassen sich die Zusammenhänge veranschaulichen.

Es ist festzuhalten, daß durch eine Klassische Konditionierung *keine neue Reaktion* gelernt wird; so ist z. B. das Speicheln bereits Bestandteil eines Reflexes. Es entsteht lediglich eine neue Reiz-Reaktions-Verbindung (CS-CR). Pawlow stellte in weiteren Untersuchungen fest, daß es zur Auslösung der konditionierten Reaktion nicht stets des gleichen konditionierten Reizes bedarf; die Speichelsekretion ließ sich auch durch einen Reiz auslösen, der dem Klingelzeichen ähnelte. So reagierte der Hund beispielsweise auch nach dem Ertönen eines Gongs oder Flötentons mit Speichelabsonderung. Damit hatte eine Generalisation stattgefunden. Bei einer *Generalisation* handelt es sich um einen Prozeß, bei dem ein Organismus auch auf Reize reagiert, die dem konditionierten Reiz ähneln; es bedarf keiner zusätzlichen Konditionierung für jeden ähnlichen Reiz. Den Prozeß, der einer Generalisation entgegenwirkt, bezeichnet man als *Diskrimination*. Dabei lernt der Organismus, nur auf spezifische Reize zu reagieren und diese von ähnlichen zu unterscheiden. So konnten Pawlows Hunde beispielsweise lernen, nur auf die Darbietung der Klingel, nicht aber auf andere akustische Reize mit Speichelfluß zu reagieren.

Im Verlauf seiner Untersuchungen machte Pawlow eine weitere wichtige Entdeckung. Er stellte fest, daß eine konditionierte Reaktion schwächer wurde (es floß weniger Speichel), nachdem das Tier wiederholt erfahren mußte, daß dem konditionierten Reiz kein Futter (UCS) gefolgt war. Das wiederholte Ausbleiben des UCS schwächt offenbar die Verbindung CS-CR; sie wird – wie man auch sagt – zur *Extinktion,* zum Erlöschen gebracht.

3.1.1.2 Der Erwerb emotionaler Reaktionen

Ohne den Nachweis, daß beim Menschen emotionale Reaktionen durch den Prozeß der Klassischen Konditionierung zu erwerben sind, hätte die mit dem Namen Pawlow verknüpfte Lernform im Rahmen der Pädagogischen Psychologie wohl kaum nennenswerte Beachtung gefunden. In einem ebenfalls klassisch gewordenen (aber sowohl ethisch als auch methodisch fragwürdigem) Experiment von John Watson und Rosalie Rayner (1920) wurde erstmalig überprüft, ob auch Emotionen als Ergebnis eines Konditionierungsprozesses zu konditionierten Reaktionen werden können.

> Als Versuchsperson wählten Watson und Rayner ein elf Monate altes Kind mit dem Namen Albert. Zu Beginn des Experiments zeigte der Junge reflexhaft Furchtreaktionen (UCR) bei überraschend dargebotenen lauten Geräuschen (UCS). Einer weißen Ratte wandte er sich jedoch nach dem Eindruck der Beobachter eher neugierig und interessiert zu. Das Tier löste

3.1 Erlernen von Assoziationen durch Klassische Konditionierung 129

keine Furcht aus; entsprechend definierten die Experimentatoren die Ratte als einen neutralen Reiz.

Die Versuchsanordnung sah vor, daß stets ein lautes Geräusch dargeboten wurde, sobald Albert seine Hand nach der Ratte ausstreckte. Daraufhin reagierte das Kind erwartungsgemäß mit Erschrecken, und es wandte sein Gesicht ab. Nach mehreren weiteren Darbietungen von Geräusch (UCS) und Tier (NS) reagierte er schließlich mit Furcht, sobald er das Tier (inzwischen CS) erblickte. Die Ratte hatte offenbar die Funktion eines konditionierten Reizes erworben. Außerdem ließ sich feststellen, daß Albert fortan auch beim Anblick eines anderen flauschigen Tieres oder eines Bartes – also beim Anblick von Reizen, die dem Originalreiz ähnelten – Furcht zeigte. Es war eine Reizgeneralisation aufgetreten.

Abbildung 3.2:
Konditionierte Furcht als Ergebnis einer Konditionierung bei Albert;
hier gegenüber einem Kaninchen

Inzwischen ist bekannt, daß Watson und Rayner ihr Experiment sehr nachlässig durchgeführt hatten. Die Ergebnisse enthalten zahlreiche Ungereimtheiten. Es muß als Zufall angesehen werden, daß die beiden Autoren zu ihrem Ergebnis gelangten (Harris, 1979; Samuelson, 1980). Dennoch wird heute allgemein von der Möglichkeit ausgegangen, daß emotionale Reaktionen zu konditionieren sind. Viele menschliche Furchtreaktionen sind wahrscheinlich als Ergebnis von NS → UCS → UCR-Abfolgen zustandegekommen, vor allem während der frühen Kindheit (Jacobs & Nadel, 1985). Im Unterschied zu Pawlows Hunden reicht beim Menschen unter Umständen ein einziges besonders schreckenerregendes Ereignis aus, um eine konditionierte Furcht entstehen zu lassen, die für das gesamte weitere Leben bestehen bleibt (Merckelbach et al., 1989).

3.1.2 Klassisches Konditionieren im Klassenzimmer

Konditionierungen finden nicht nur im gut kontrollierten Experimentalraum statt. Vielmehr muß man in sämtlichen Situationen des alltäglichen Lebens damit rechnen, daß neutrale Reize die Funktion konditionierter Reize erwerben. Das Klassenzimmer bietet viele Möglichkeiten für Schüler, Assoziationen zwischen bestimmten Ereignissen und emotionalen Reaktionen entstehen zu lassen. Der Lehrer, das Unterrichtsfach (z. B. Mathematik), die verwendeten Unterrichtsmaterialien (etwa Schulbücher) oder die Schule als Institution mögen für einen Schüler anfänglich die Funktion neutraler Reize besitzen. Nach Wahrnehmung dieser ursprünglich neutralen Reize erlebt der Schüler häufig Maßnahmen (Lob oder Tadel, Anerkennung oder Mißbilligung von Leistungsergebnissen), die bei ihm entweder Stolz oder Freude, Unzufriedenheit oder Beschämung auslösen. Diese emotionalen Konsequenzen von Erfolg und Mißerfolg können zum Bestandteil Klassischer Konditionierung werden. Bei mehrfacher Wiederholung dieser Abfolge werden aus den ursprünglich neutralen allmählich konditionierte Reize und diese zu Auslösern emotionaler Erlebnisse, wie z. B. Freude oder Angst.

Der Lehrer sollte sich wegen des von Pawlow aufgezeigten Zusammenhanges stets darum bemühen, daß seine Schüler mit den Reizen des Klassenzimmers (von dem er ein Teil ist) vorwiegend positive Gefühle verbinden. Deshalb ergeht an Lehrerinnen und Lehrer die Empfehlung, den Forderungen humanistisch orientierter Psychologen zu folgen und ein möglichst positives Klassenklima zu gestalten (s. S. 49ff.). Sie selbst und andere „Reize" der Schule werden zu konditionierten Reizen. Jeder Mensch, der bereits Erfahrungen in Leistungssituationen gesammelt hat, weiß, daß Erfolge in der Regel angenehme Gefühle (Freude, Stolz usw.), Mißerfolge dagegen unangenehme Gefühle (Unzufriedenheit, Enttäuschung) nach sich ziehen (s. S. 338f.). Es ist wichtig, daß Schüler ihre Mißerfolge auf die konkrete Aufgabenstellung beziehen und nicht als allgemeine (Ab-)Wertung ihrer Person verstehen. Das gelingt ihnen, wenn sie vom Lehrer eine allgemeine Wertschätzung erfahren.

Wie durch bestimmte Erfahrungen in der Schule Furchtreaktionen erlernt werden können, läßt sich an einem Beispiel veranschaulichen. Mädchen und Jungen beginnen ihre Schulzeit mit einer bereits früher gelernten S-R-Beziehung: Auf einen ernsten Tadel (UCS) reagieren sie reflexhaft mit Furcht (UCR). Für diese Kinder hatte der Lehrer anfänglich die Funktion eines neutralen Reizes (NS), denn zunächst werden bei ihnen bei seinem ersten Auftreten keine auffälligen emotionalen Reaktionen ausgelöst. Die Situation läßt sich folgendermaßen skizzieren:

3.1 Erlernen von Assoziationen durch Klassische Konditionierung

vorher

1. vor Konditionierung: Tadel   (UCS)   → (UCR) Furchtreaktion
   Lehrer (NS)   → keine emotionale Reaktion

Es sei nun einmal angenommen, daß einer dieser Schüler bereits im Verlauf des ersten Schuljahres wiederholt tadelnde Stellungnahmen des Lehrers empfängt. Damit entsteht eine Situation, die aus dem klassischen Versuchsablaufs Pawlows bereits bekannt ist:

nachher

2. Konditionierung: Lehrer (NS) tadelt (UCS)   → Furchtreaktion (UCR)

Die wiederholte Abfolge – Anblick des Lehrers → Tadel → Furchtreaktion – bewirkt nach den Gesetzmäßigkeiten der Klassischen Konditionierung, daß nach einiger Zeit bereits der Anblick (!) des Lehrers, der inzwischen zu einem konditionierten Reiz geworden ist, genügt, um eine Furchtreaktion auszulösen.

3. nach Konditionierung: Lehrer (CS) → Furchtreaktion (CR)

Ebenso wie der Lehrer können auch weitere Gegebenheiten des Schulalltags ihre Neutralität für das Kind verlieren. Wenn ein Lernender vor allem im Mathematikunterricht getadelt wird und Mißerfolge dort erlebt, ist damit zu rechnen, daß durch Konditionierung eine Abneigung gegenüber diesem Fach entsteht. Derartige Lernprozesse sind in hohem Maße unerwünscht. Schüler, die schließlich bereits beim Anblick von Mathematikaufgaben zittern, schwitzen oder mit Herzklopfen reagieren, besitzen selbstverständlich sehr ungünstige Voraussetzungen, um sich erfolgreich mit Problemen dieses Faches auseinanderzusetzen. Die erlebte Angst bindet die Aufmerksamkeit und behindert die konzentrierte Bearbeitung des vorliegenden Problems (s. S. 387f.).

Nicht alle Prozesse im Klassenzimmer stehen unter der Kontrolle des Lehrers. Möglicherweise haben bestimmte Konditionierungen bereits sehr viel früher bei anderen Lehrern stattgefunden. Gibt es Möglichkeiten, Ergebnisse solcher Lernprozesse wieder vergessen zu lassen (zur Extinktion zu bringen)? Kann man einem Schüler helfen, eine negative, vielleicht Angst besetzte Einstellung zu einem Unterrichtsfach zu verändern, Unterricht also wieder positiv zu erleben? Eine ähnliche Frage stellten sich bereits John Watson und Rosalie Rayner, nachdem ihr elf Monate alter Junge gelernt hatte, auf pelzige Tier mit Furcht zu reagieren. Was muß man tun, um eine solche Konditionierung wieder rückgängig zu machen? Im Fall von Albert besaßen die beiden Psychologen seinerzeit keine Gelegenheit, ihre Frage zu beantworten. Ihre Versuchsperson hatte nämlich nach Abschluß des Experiments den Wohnort gewechselt. Der Junge stand deshalb für weitere Untersuchungen nicht mehr zur Verfügung. Erst einige Jahre später fand sich ein Kind, das als „ein etwas älter gewordener Albert" anzusehen war. Mary Cover Jones (1924a, 1924b) wurde auf den 34 Monate alten Peter aufmerksam, den sie als gesund und in jeder Hinsicht normal beschrieb. Allerdings zeigte er eine übertriebene Furchtreaktion auf Kaninchen, Ratten, Pelzmäntel, Federn und Baumwolle, die aber nicht experimentell erzeugt, sondern auf natürliche Weise erworben war. Jones deckte damals einige Möglichkeiten auf, mit deren Hilfe sie Peter von seinen Furchtreaktionen befreien konnte.

Jones machte sich die Tatsache zunutze, daß Peter gerne Plätzchen und Süßigkeiten aß. Deshalb bot sie ihm Gebäck (UCS) an, das bei ihm angenehme Reaktionen (UCR) auslöste. Gleichzeitig befand sich das Kaninchen (CS), vor dem sich Peter fürchtete (CR), in einiger Entfernung von Peter auf der anderen Seite des Raumes. Im Verlauf mehrerer Tage, immer dann, wenn Peter sein Lieblingsgebäck verspeiste, wurde das Kaninchen etwas näher an den Jungen herangerückt. Schließlich löste das Kaninchen keine Furchtreaktionen mehr aus, auch dann nicht, wenn es auf den Schoß des Jungen gesetzt wurde. Die unkonditionierte Reaktion – „Freude" auf das Verspeisen der Kekse – „ersetzte" die ehemals konditionierte Furchtreaktion und wurde zu einer neuen konditionierten Reaktion auf den Reiz „Kaninchen".

Die von Jones angewandte Methode zum Abbau von Furcht fand über mehrere Jahrzehnte keine Beachtung. Erst durch die Arbeiten von Joseph Wolpe (1958) wurde in den späten 1950er Jahren der Grundgedanke wieder aufgegriffen. Er nannte seine Methode *systematische Desensibilisierung*. Auch Wolpe ging davon aus, daß es bestimmte Reaktionen gibt, die miteinander unvereinbar sind. Ein Mensch kann sich beispielsweise nicht im Zustand der Entspannung befinden und gleichzeitig Furchterlebnisse haben. Wenn es also gelänge, so überlegte er damals, Menschen durch geeignete Übungen zur völligen Entspannung zu bringen und sie in diesem Zustand dann mit dem furchtauslösenden Reiz zu konfrontieren, müßten sie ihre Furcht allmählich überwinden können. Es käme nur darauf an, daß behutsam und systematisch vorgegangen wird. Wolpe hatte mit seiner Vorgehensweise Erfolg!

Wie würde man beispielsweise einem Schüler helfen können, der mit erheblicher Furcht reagiert, sobald er eine Klassenarbeit zu schreiben hat? Der Schüler wird zunächst lernen müssen, sich völlig zu entspannen. Dann erkundigt man sich bei dem Schüler, wie stark Situationen, die etwas mit einer schriftlichen Prüfungssituation zu tun haben, Furchtreaktionen auslösen. Die Antworten werden in eine Hierarchie gebracht, die von der erregendsten bis zu der am wenigsten erregenden Situation reicht. Möglicherweise ergibt sich für diesen Schüler folgende Abfolge, die mit derjenigen Situation beginnt, die am wenigstens angstauslösend wirkt:
1. Der Lehrer kündigt eine Klassenarbeit an, die in der nächsten Woche geschrieben werden soll.
2. Der Schüler übt am Tag vor der Klassenarbeit noch einmal Aufgaben, die vorkommen könnten.
3. Schultasche packen am Morgen vor der Klassenarbeit.
4. Sich am Tag der Klassenarbeit auf den Weg in die Schule machen.
5. Am Tag der Klassenarbeit die Schule betreten.
6. Vor dem Klassenzimmer stehen, in dem die Arbeit geschrieben wird.
7. Das Klassenzimmer betreten.

8. Sich auf den Platz setzen, an dem die Klassenarbeit geschrieben wird.
9. Der Lehrer verteilt die Aufgabenhefte.
10. Sitzen vor dem Aufgabenheft und Betrachtung einer Mathematikaufgabe.

Die nächste Sitzung beginnt damit, daß sich der Schüler zunächst völlig entspannt. Sodann soll er sich möglichst wirklichkeitsnah diejenige Situation vorstellen, die ihm die geringste Prüfungsangst bereitet (Ankündigung der Klassenarbeit eine Woche im voraus). Dies geschieht solange, bis die Situation ohne Angst zu ertragen ist. Sodann erfolgt wieder eine Entspannungsübung, der die Aufforderung folgt, sich in die Situation zu versetzen, die in der Hierarchie an der zweiten Stelle steht. Die Vergegenwärtigung einer Situation dauert solange an, bis sie keine Angst mehr auslöst. Bis auch die jeweils an der Spitze der Hierarchie stehende Situation ohne besondere Erregung ertragen werden kann, vergehen im Durchschnitt 10 bis 15 Sitzungen.

Der Schüler hatte sich in dem eben geschilderten Beispiel die furchtauslösenden Situationen lediglich auf der Vorstellungsebene vergegenwärtigt. Noch wirkungsvoller ist es, wenn man die jeweiligen Situationen nacheinander tatsächlich aufsucht (Lazarus & Fay, 1975). Vielfach wird deshalb versucht, Vorstellungs- und *life*-Situationen zu kombinieren. Wodurch wird aber der Furchtabbau erreicht? Viele Psychologen nehmen an, daß der Erfolg der systematischen Desensibilisierung vor allem auf Extinktionsprozesse zurückzuführen ist. Durch die Entspannungsübungen wird man wahrscheinlich ermutigt, sich mit der gefürchteten Situation auseinanderzusetzen (Levin & Gross, 1985). Sofern man dabei die Erfahrung gewinnt, daß tatsächlich nichts passiert, verliert sie ihren angstauslösenden Charakter. Damit wäre *eine* Bedingung, unter der ungünstige Leistungen entstehen, beseitigt worden.

3.2 Operantes Konditionieren

Behavioristen, die über mehrere Jahrzehnte einen außerordentlich starken Einfluß vor allem auf die amerikanische Psychologie ausübten, gingen davon aus, daß Verhalten unter der Kontrolle der Umwelt steht (s. S. 20). Wenn man es verändern wolle, müsse man das Lernen studieren. Edward Lee Thorndike hatte bereits gezeigt, daß Verhalten durch seine Konsequenzen geregelt, man sagt auch kontrolliert würde. Er experimentierte mit hungrigen Katzen, die zu lernen hatten, wie die Tür eines Käfigs zu öffnen ist, damit der Weg zu einem Futternapf frei wird.

Die Beobachtungen an seinen Katzen veranlaßten Thorndike (1898) zu der Feststellung, daß Lernen vielfach durch *Versuch und Irrtum* zustande kommt; also durch Auswählen von Verhaltensweisen (R) und durch deren Verbindung mit Sinnesreizen (S). In einer Problemsituation zeigten seine als Versuchstiere ausgewählten Katzen in scheinbar zufälliger Abfolge zunächst diejenigen Verhaltensweisen, zu denen sie fähig waren. Nacheinander wurde eine Verhaltensweise nach der anderen ausprobiert, und nach jeder Ausführung erfuhren sie deren Konsequenzen. Verhaltensweisen, so schlußfolgerte Thorndike (1898), werden in Abhängigkeit von ihren jeweiligen Konsequenzen ausgewählt und verändert. Die Auftretenshäufigkeit einer Verhaltensweise steigt an, wenn ihr angenehme Konsequenzen (*„satisfier"*) folgen, und sie vermindert sich im Falle unangenehmer Konsequenzen (*„annoyer"*). Eine Verhaltensweise wird somit zu einem „Instrument", eine angenehme Konsequenz herbeizuführen und eine unangenehme zu vermeiden. Diese Formulierung ist der Hintergrund des Begriffs der „Instrumentellen Konditionierung": Eine Aktivität ist Mittel zur Erreichung einer bestimmten Konsequenz. Bereits die von Thorndike formulierte Reiz-Reaktions-Theorie (S-R) des Lernens hat also die Bildung von Assoziationen zwischen Reizen und Reaktionen zum Gegenstand.

Der Lernpsychologe Burrhus Frederic Skinner (1904–1990) setzte sich zu Anfang seiner wissenschaftlichen Laufbahn u. a. auch mit den Arbeiten Thorndikes auseinander, deren zugrundeliegende Fragestellung ihm jedoch zu eng erschien. Skinner wollte nämlich nicht nur erforschen, unter welchen Bedingungen sich Verhalten verändert. Ihn interessierte zusätzlich, wie sich Verhalten unter Kontrolle bringen läßt oder genauer: Welche äußeren, im Experimentalraum veränderbaren, Bedingungen das Verhalten wirksam beeinflussen. Thorndike konnte seinen Versuchstieren zwar für einige Zeit die Nahrung entziehen, um zu erreichen, daß diese früher oder später Aktivitäten zeigen würden, die auf die Erlangung von Nahrung gerichtet waren. Thorndike besaß jedoch in keinem Stadium seines Experimentes Kontrolle über das Verhalten der Tiere in der Weise, daß er unmittelbar Einfluß darauf nehmen konnte, wann sie eine bestimmte Verhaltensweise zeigten. Der Begriff *Kontrolle* im hier verstandenen Sinne wird häufig mißverstanden. Man hat Kontrolle über ein Verhalten, wenn man Bedingungen schafft, die mit erhöhter Wahrscheinlichkeit Einfluß auf ein bestimmtes Verhalten nehmen. So „kontrollieren" Wolken beispielsweise, ob man einen Schirm mitnimmt. Wenn sich dunkle Wolken am Himmel finden, ist die Wahrscheinlichkeit erhöht, daß man Verhaltensweisen zeigt, die einen Schutz gegen möglichen Regen ermöglichen (Jenson et al., 1988). Die von Skinner aufgezeigten Verfahren, Verhaltensweisen anderer in gewünschter Weise zu verändern, weckten auch das Interesse von Lehrern. Sie erhofften sich von seinen Erkenntnissen u. a. Hilfen bei der Veränderung von Verhaltensweisen im Klassenzimmer, die ihnen unerwünscht bzw. störend erschienen. Die für den pädagogischen Bereich entwickelten Verfahren zur Veränderung von Verhaltensweisen sollen nachfolgend beschrieben werden, nachdem einige Grundlagen der Lerntheorie Skinners, die *Operante Konditionierung,* kurz vorgestellt worden sind. Die Operante Konditionierung kennt auch die instrumentelle Verhaltensweise sowie nachfolgende Konsequenzen, die Thorndike beschreibt. Es kommt bei Skinners Lernform aber noch etwas hinzu, was sich bei Thorndike nicht findet: der Diskriminative Reiz; seine Funktion wird später erläutert (s. S. 146ff.). Wegen dieses zusätzlichen Elementes ist die Operante Konditionierung Skinners nicht mit der Instrumentellen Konditionierung Thorndikes identisch.

3.2.1 Einige Grundlagen der Operanten Konditionierung

Bereits als Zweiundzwanzigjähriger hatte Skinner Experimente zum Studium sogenannter instrumenteller Verhaltensweisen durchgeführt (Skinner, 1956). Er veranlaßte Ratten, einen etwa 20 cm langen Gang entlangzulaufen, an dessen Ende (dem „Ziel") Futter bereitstand. Skinner mußte aber sehr bald feststellen, daß es mühsam war, die Ratten jedesmal am Ziel zu packen, um sie zurück an die Startposition zu bringen. Deshalb baute er einen zweiten Gang, den die Tiere zurücklaufen mußten. Aber auch nach dieser Veränderung blieb ihm die Aufgabe, am Ziel ständig das aufgefressene Futter zu ersetzen. Aus diesem Grund baute Skinner eine Vorrichtung, durch die sich die Tiere am Ziel selbst bedienen konnten. Wozu war nun aber eigentlich der 20 cm lange Gang noch erforderlich? Durch die Einrichtung der Selbstbedienung wurde er überflüssig, denn diese ließ sich auch in einen Käfig einbauen. Damit entstand das, was man später einen Skinner-Käfig (oder auch Skinner-Box) nannte. In ihm hatten hungrige Ratten einen Hebel zu drücken, um Futterpillen zu erhalten:

Skinner konnte bei seinem automatisierten Käfig zunächst allerdings nicht mehr bestimmen, wann der Hebel gedrückt wurde und wann nicht. In dieser Situation wurde Skinner darauf aufmerksam, daß es nicht ausreicht, 1. das Verhalten und 2. dessen Konsequenzen zu studieren. Um Kontrolle über das Verhalten eines Lebewesens zu gewinnen, muß man 3. Reize berücksichtigen, die dem Verhalten vorausgehen. Die Abfolge läßt sich folgendermaßen darstellen.

$$\text{Vorausgehende Reizbedingung} \longrightarrow \text{Verhalten} \longrightarrow \text{Nachfolgendes Reiz-Ereignis}$$
$$S \longrightarrow R \longrightarrow S^+ \text{ (oder } S^-\text{)}$$

Die vorausgehende Reizbedingung (S) kann unter bestimmten Voraussetzungen zu einem Signal werden. Im Falle ihrer Präsenz kann mit einem bestimmten Verhalten R (etwa Druck auf einen im Käfig vorhandenen Hebel) ein bestimmter Effekt (S^+) in der Umgebung (z. B. Bereitstellung von Futter) ausgelöst werden. Es handelt sich also um eine Verhaltensweise, die als Eingriff, als „Operation", vorgenommen wird, damit in der Umgebung ein Effekt ausgelöst wird. Skinner sprach infolgedessen von einem *operanten Verhalten*. Operantes Verhalten wird also nicht nur von seinen Konsequenzen, sondern zusätzlich von den jeweils vorausgehenden Reizbedingungen kontrolliert.

3.2.1.1 Erhöhung der Auftretenshäufigkeit von Verhalten durch Verstärkung

Nachdem Thorndike eine seiner Katzen zum ersten Mal in den Käfig gesetzt hatte, zeigte sie Verhaltensweisen in einer bestimmten (scheinbar zufälligen) Abfolge: Das Tier drückte beispielsweise seinen Körper gegen die Gitterstäbe, kratzte mit den Krallen auf dem Boden oder „miaute" anschließend. Das Hebeldrücken (durch das Futter erlangt werden konnte), erfolgte (ebenso zufällig) aber erst nach einigen Minuten. Nach mehr als 25 Versuchsdurchgängen reagierte das hungrige Tier dagegen viel angepaßter: Es drückte den Hebel bereits wenige Sekunden nach Beginn eines neuen Versuches. Wie läßt sich diese Verhaltensveränderung erklären? Nach Thorndikes *Effektgesetz* wird die richtige „Antwort" (Hebeldrücken) wegen ihrer befriedigenden Konsequenzen (Erlangung von Futter) „eingestanzt". Unbefriedigende Konsequenzen bewirken dagegen ein „Ausstanzen" der Verhaltensweise.

Skinner griff den Gedanken, daß Verhalten durch seine Konsequenzen verändert wird, auf und baute ihn weiter aus. Gleichzeitig achtete er darauf, daß Begriffe wie „befriedigend" oder „unbefriedigend" vermieden wurden, denn was Versuchstiere fühlen, interessiert einen strikten Behavioristen – wie es Skinner nun einmal war – nicht. Die Erklärung des Verhaltens suchte Skinner folglich nicht *im,* sondern *außerhalb* des Organismus. Skinner unterließ es strikt, über mögliche Erlebniszustände zu spekulieren, die nach einer Verhaltensweise auftreten. Vielmehr beschränkte er sich auf die Feststellung, daß Konsequenzen die Wahrscheinlichkeit des Auftretens einer Verhaltensweise verändern können. Die Verstärkung ist für ihn der Mechanismus, durch den die Wahrscheinlichkeit des Auftretens einer Verhaltensweise erhöht wird. „Das einzige definierende Merkmal eines verstärkenden Reizes", so stellte Skinner (1953) fest, „besteht darin, daß er verstärkt." Woher weiß ein Lehrer aber, ob ein Reiz verstärkt? Eine Möglichkeit zur Klärung dieser Frage sieht Skinner nur darin, daß man eine Verhaltensweise beobachtet, ihr sodann systematisch ein bestimmtes Ereignis folgen läßt, um nunmehr darauf zu achten, ob sich ihre Auftretenshäufigkeit daraufhin erhöht. Sollte man tatsächlich eine Veränderung feststellen, klassifiziert man das Ereignis unter den vorliegenden Bedingungen als eine *positive* Verstärkung für diesen Organismus. Ob ein Reiz aber die Funktion eines Verstärkers besitzt, kann nach Skinner niemals im voraus bestimmt werden. Mit diesem Standpunkt sind allerdings bedeutsame Konsequenzen verbunden. Ein Ereignis, das ein spezifisches Verhalten eines bestimmten Schülers in der aktuellen Situation verstärkt, muß keineswegs auch zu einem späteren Zeitpunkt verstärkend wirken. Kann ein Lehrer demnach niemals voraussagen, ob sein Lob, seine anerkennende Stellungnahme die Funktion einer Verstärkung haben wird? Diese Frage bringt Skinner, der ansonsten stets fordert, Antworten strikt auf Beobachtungsdaten zu beschränken, offenkundig in eine gewisse Schwierigkeit, denn er stellt fest: „Einen gewissen Erfolg bei Mutmaßungen über verstärkende Kräfte erzielen wir nur, weil wir gewissermaßen eine grobe Abschätzung *[crude survey]* vorgenommen haben. Wir haben den verstärkenden Effekt eines Reizes bei uns selbst erfaßt und nehmen an, daß er den gleichen Effekt auf andere hat. Dabei können wir nur erfolgreich sein, wenn wir selbst dem im Blick befindlichen Organismus ähneln und wenn wir unser eigenes Verhalten korrekt eingeschätzt haben" (Skinner, 1953).

Nach Skinner kann man ein Verhalten nur in der Hoffnung belohnen, daß es daraufhin wiederholt auftritt. Ob ein als Belohnung gemeintes Ereignis vom

Empfänger auch tatsächlich als solches interpretiert wird, bleibt stets fraglich. Eltern können ihre Tochter für ein gutes Abiturzeugnis vielleicht mit dem Geschenk einer Reise zu „belohnen" versuchen. Wenn die Tochter an einer solchen Unternehmung aber gar nicht interessiert ist, wird sie darin auch keine Belohnung sehen. Ein derartiges Mißverständnis schließt Skinner mit dem Begriff Verstärkung aus, denn eine solche liegt für ihn nur dann vor, wenn sich die Häufigkeit des Auftretens einer Verhaltensweise tatsächlich erhöht. Deshalb stellt Skinner (1986) klar: „Wir belohnen Menschen, wir verstärken Verhalten."

3.2.1.2 Erhöhung der Auftretenshäufigkeit von Verhalten durch Vermeidung aversiver Reize

Bei weitem sind nicht alle operanten Verhaltensweisen – wie Skinner feststellt – auf die Erlangung von Annehmlichkeiten des Lebens gerichtet. Für tierische und menschliche Lebewesen stellt sich häufig ebenso das Problem, unangenehme *(aversive)* Reize abzuwehren. Behavioristisch orientierte Lernpsychologen verwendeten in Tierexperimenten noch ziemlich häufig elektrische Schläge als aversive Reize. Für ein Kind ist vielleicht das „Schimpfen" der Mutter oder des Lehrers aversiv. Ein Reiz ist dann aversiv, wenn Organismen auf diesen mit Flucht oder Vermeidung reagieren. Skinner äußert sich kritisch über einen übermäßigen Einsatz aversiver Reize in der Schule, denn durch diese sei der Schüler nicht optimal zu fördern. Sie können nämlich zum Auslöser zahlreicher unerwünschter Nebeneffekte werden. Auf aversive Reize wird zum einen häufig mit Fluchtverhalten reagiert, wozu auch Unaufmerksamkeit, Nachlässigkeit und Vandalismus gehören. Zum andern sind mit aversiven Reizen emotionale Nebeneffekte, wie etwa Gleichgültigkeit, Angst, Verärgerung, Verdruß usw., also solche Gefühle verbunden, die das Lernen behindern (Skinner, 1968). Mehrere Umstände sind nach Meinung Skinners dafür verantwortlich, daß Lehrer nach seinen Beobachtungen verhältnismäßig häufig aversive Reize einsetzen.

Erstens, so stellt Skinner (1989) fest, findet der heutige Unterricht in einer künstlichen Umgebung statt, denn er bereitet Mädchen und Jungen auf eine Welt vor, in die sie erst in Zukunft eintreten werden. Lehrer mögen zwar versuchen, Exkursionen zu unternehmen, um das wirkliche Leben zu studieren. Sie können den Unterricht auch bereichern, indem sie das Leben „da draußen" in das Klassenzimmer holen. So lassen sie etwa Pflanzen studieren, die als Anschauungsgrundlage mit in den Unterricht gebracht worden sind. Der größte Teil der Welt läßt sich während eines Zeitraumes von 13 Schuljahren jedoch nicht in die Schule bringen. Um die Schüler unter diesen Umständen zu aktivieren, muß der Lehrer auf Verhaltenskonsequenzen, auch auf solche aversiver Art, zurückgreifen, die mit denen des wirklichen Lebens nicht übereinstimmen.

Zweitens sieht Skinner ein Problem darin, daß sich heute 20, 25, 30 oder gar mehr Lernende einen Lehrer teilen müssen. Die Zeit ist lange vorbei, daß ein Schüler zu einem bestimmten Zeitpunkt jeweils von einem Tutor unterrichtet worden ist. „Je größer die Klasse oder die Schule, desto schlimmer sind die Probleme, mit denen sich der Lehrer auseinanderzusetzen hat" (Skinner, 1989). Da Jungen und Mädchen in Klassenverbänden nur noch von Ereignissen hören und lesen, diese aber nicht mehr direkt erfahren können, haben sie vergleichsweise selten Gelegenheit, etwas zu tun, was für sie Sinn hat oder sichtbar zu einem Erfolg führt (Skinner, 1987). Unter diesen Umständen mag es überraschen, daß Schüler überhaupt bereit sind, unterrichtliche Aufgaben zu erledigen. Sie tun es nur, so meint Skinner, weil Lehrer häufig aversive Reize einsetzen, die Schüler vermeiden können, wenn sie das vom Lehrer Gewünschte tun (Skinner, 1987). Wenn Verhaltensweisen häufiger auftreten, nachdem in ihrem Gefolge aversive Reize vermieden oder beendet wurden, spricht Skinner von *negativer Verstärkung*, „denn es ist ja das Nichtvorhandensein nach dem Vorhandensein, das wirksam ist, mit anderen Worten, die Tatsache, daß der Stimulus beseitigt wurde" (Skinner, 1971). Im Gegensatz zur positiven Verstärkung wird also ein Reiz in einer vorliegenden Situation entfernt. Schüler können aversive Reize wie die Kritik ihres Lehrers oder eine schlechte Zensur vermeiden; sie müssen dazu allerdings die erwünschte Verhaltensweisen häufiger zeigen. Positive und negative Verstärkung haben also den gleichen Effekt. Beide erhöhen die Wahrscheinlichkeit des Auftretens einer operanten Verhaltensweise.

Von negativen Verstärkern wird im alltäglichen Unterricht relativ viel Gebrauch gemacht. Sie treten dort häufig in Form von Drohungen auf („Ihr bekommt keine Zusatzarbeit auf, wenn ihr gut mitarbeitet!"). Im Unterschied zur Bestrafung, über die noch zu sprechen sein wird (s. S. 144f.), kann bei der negativen Verstärkung der aversive Reiz („Zusatzarbeit" ist im vorliegenden Fall ein intendierter aversiver Reiz) durch eigene Aktivität vermieden werden. Wenn die Schüler gut mitarbeiten (also zur Vermeidung der Zusatzarbeit gute Mitarbeit *häufiger* zeigen), erhalten sie keine „Zusatzarbeit". Der Einsatz aversiver Reize ist aus pädagogischer Sicht grundsätzlich problematisch; sie können nämlich, wie bei der Kennzeichnung der Bestrafung noch ausführlicher dargestellt wird, Fluchtverhalten auslösen. Unter bestimmten Umständen kann aus einer Maßnahme, die als negativer Verstärker gedacht war, sogar eine positive Verstärkung werden. Das ist beispielsweise der Fall, wenn der Lehrer seinen Schülern androht, daß er ihnen eine Strafarbeit (aversiver Reiz) auftragen würde, wenn sie weiterhin „schwatzten" (Versuch des Einsatzes eines negativen Verstärkers). Wenn es nun aber zwei Schülern unter diesen Bedingungen dennoch gelingen sollte, ihre Unterhaltung vor dem Lehrer zu verbergen, könnten sie es als Genugtuung erleben (positive Verstärkung), den Lehrer „ausgetrickst" zu haben. Im Falle einer solchen Reaktion könnte das unerwünschte Verhalten fortan sogar häufiger auftreten, statt seltener zu werden.

3.2.1.3 Unterscheidung zwischen primären und sekundären Verstärkern

Thorndike und Skinner erwarteten, daß Futter für ein hungriges Tier die Funktion besitzen würde, Verhalten zu verstärken, denn die mehr oder weniger regelmäßige Aufnahme von Nahrung ist zur Aufrechterhaltung biologischer Lebensvorgänge unerläßlich. Ebenso ist ein durstiger Organismus auf Wasser und ein fröstelnder Körper auf Wärme angewiesen. Wenn es sich bei Verstärkern um Reize handelt, die den biologischen Bedarf des Körpers befriedigen, spricht man von primären Verstärkern. Es wird manchmal behauptet, daß primäre Verstärker solche Konsequenzen eines Verhaltens sind, die ohne Lernprozeß verstärkend wirken. Das trifft so allgemein jedoch nicht zu, denn ob das Verhalten eines Hungrigen mit Froschschenkeln oder rohen Fischen zu verstärken ist, hängt nicht unerheblich von den Erfahrungen ab, die dieser in seiner Kultur gesammelt hat.

Auch Skinner hat sich nicht nur auf die Verabreichung primärer Verstärker beschränkt. Ein Reiz kann zu einem sekundären Verstärker werden, wenn er mit einem primären Verstärker assoziiert worden ist. Ein solcher Lernprozeß läßt sich mit Hilfe des Skinner-Käfigs demonstrieren. Wenn durch das Hinunterdrücken des Hebels jedesmal ein spezifisches Geräusch entsteht, erwirbt dieser akustische Reiz nach mehreren Koppelungen allmählich die Funktion eines sekundären Verstärkers. Fortan genügt es – zumindest für einige Zeit – dieses Geräusch als Verhaltenskonsequenz auftreten zu lassen; es hat dann die Wirkung eines (sekundären) Verstärkers des Hebeldrückens. Ebenso haben Münzen oder Geldscheine dadurch einen Wert für die meisten Menschen, daß sie sich zum einen gegen primäre Verstärker (Nahrungsmittel, Getränke usw.) eintauschen lassen. Zum anderen genießt der Wohlhabende möglicherweise auch andere sekundäre Verstärker, nämlich dann, wenn ihm aufgrund seines Reichtums Anerkennung und Respekt entgegengebracht wird.

Im Unterricht wird ausgiebiger Gebrauch von sekundären Verstärkern gemacht. So können die gute Zensur, das Lob des Lehrers oder das anerkennende Schulterklopfen jeweils als sekundärer Verstärker gedacht sein. Wiederum ist aber in Erinnerung zu rufen, daß sekundäre Verstärker *stets* eine bestimmte Lerngeschichte voraussetzen. Es ist sehr wohl möglich, daß einzelne Schulanfänger in einer Umwelt aufgewachsen sind, in der für sie keine Gelegenheit bestanden hat, etwa eine symbolische Anerkennung (ein Lob, eine freudige Zustimmung, Zensuren usw.) mit primären Verstärkern zu assoziieren. Sie sind folglich auf das in der Schule übliche Verstärkersystem nicht ausreichend vorbereitet. Der Lehrer bringt einem solchen Kind beispielsweise etwas zum Ausdruck, was für ihn ein Lob darstellt; aber das Kind bringt mit dieser Stellungnahme keine positiven Reize in Verbindung; die vom Lehrer intendierte Wirkung bleibt folglich aus. Um solche Kinder mit den in der Schule üblichen Verstärkungsregeln vertraut zu machen, bedarf es des Einsatzes spezieller Programme, durch die fehlende Lernvoraussetzungen nachträglich aufgebaut werden.

3.2.1.4 Stabilisierung der Verhaltensveränderung durch partielle Verstärkung

Bisher wurde stillschweigend davon ausgegangen, daß der einer Verhaltensweise folgende Reiz, der eine Verstärkung bewirken soll, regelmäßig auftritt. Die Verabreichung seiner solchen kontinuierlichen Verstärkung empfiehlt sich, sofern sich der Schüler noch in einem sehr frühen Stadium des Lernprozesses befindet. In fortgeschrittenen Abschnitten ist aber eine partielle Verstärkungsform wirkungsvoller. Sie stellt auch im Alltagsleben die Regel dar. Dort kommen Verstärkungen vielfach nur gelegentlich vor, und sie sind häufig nicht vorhersehbar.

> „Wir finden nicht immer gute Eis- oder gute Schneeverhältnisse vor, wenn wir Schlittschuh- oder Skilaufen gehen. Wir erhalten nicht immer eine gute Mahlzeit im Restaurant (...). Wir bekommen nicht immer Anschluß, wenn wir einen Freund anrufen, denn der Freund ist nicht ständig zu Hause. Die Verstärkungscharakteristika der Industrie und der Erziehung sind fast immer partiell, denn es ist gar nicht durchführbar, Verhalten dadurch zu kontrollieren, daß man jede Verhaltensweise verstärkt" (Skinner, 1953).

Wenn ein Schüler, der überwiegend passiv am Unterricht teilnimmt, während eines Übergangsstadiums nach jeder Wortmeldung eine Verstärkung erhält, bestehen gute Voraussetzungen, daß aus einem zurückhaltenden Schüler ein aktiver Teilnehmer des Unterrichts wird. Nach Aufbau der erwünschten Verhaltensweise sollte sich das Bemühen des Lehrers darauf richten, sie zu stabilisieren. Fortan ist folglich ein Übergang zu partiellen Verstärkungsplänen zu empfehlen.

Insgesamt unterscheidet man zwischen zwei Gruppen von partiellen Verstärkungsprogrammen. Bei *Intervallprogrammen* müssen jeweils bestimmte Zeitintervalle vergehen, bevor eine weitere Verstärkung stattfinden kann. Sofern dagegen eine bestimmte Anzahl von Verhaltensweisen als Voraussetzung für eine Verstärkung betrachtet wird, spricht man von *Quotenprogrammen*. Im Unterricht werden Intervallprogramme ebenso wie Quotenprogramme angewandt.

Lehrer machen Gebrauch von einem Programm mit festen Intervallen (sog. fixiertes Intervallprogramm), wenn sie den Lernenden jeweils nach Ablauf bestimmter, gleichbleibender Zeitintervalle Gelegenheiten geben, Verstärkungen zu empfangen. Wenn Schüler beispielsweise jeweils am letzten Tag einer Woche einen Vokabeltest zu erwarten haben, ist die Möglichkeit einer Verstärkung (nach guter Vorbereitung und bei richtiger Beantwortung) vorhersagbar. Es besteht allerdings die Gefahr, daß Schüler sich erst dann auf die Prüfungssituation vorbereiten, wenn diese unmittelbar bevorsteht. Wenn sich der Zeitabstand zwischen möglichen Verstärkungen dagegen in nicht vorhersagbarer Weise verändert, liegt ein variables Intervallprogramm vor; so müssen Schüler etwa jederzeit damit rechnen, aufgerufen zu werden oder einen Vokabeltest schreiben zu müssen. Es besteht unter diesen Bedingungen allerdings – zumindest für einige Schüler – die Gefahr, daß sie gesteigerte Prüfungsangst entwickeln. Lehrern, die dieser Ängstlichkeit entgegenwirken möchten, zugleich aber eine gleichbleibende Arbeitsaktivität anstreben, wird empfohlen, häufige, jeweils aber nur kurze, nicht vorher angekündigte Prüfungssituationen ein- oder mehrmals in der Woche zu schaffen (Kika et al., 1992). Im Falle eines fixierten Quotenprogramms erhalten Schüler in vorhersagbarer Weise Verstärkungen in Abhängigkeit von einer bestimmten Anzahl aufgetretener Verhaltensweisen. Ein Beispiel liefert der Lehrer, der seiner Klasse mitteilt, daß jeder Schüler mit der Erledigung der Hausaufgaben beginnen kann, der mit dem für den Unterricht gegebenen Arbeitsauftrag fertig ist. In vielen Klassenzimmern folgt der Lehrer einem variablen Quotenprogramm, wenn er entscheidet, jeweils denjenigen Schüler aufzurufen, der sich bereits mehr oder weniger häufig vergeblich gemeldet hat.

3.2.2 Entstehung neuer Verhaltensweisen durch Ausformung

Die bisherige Darstellung baute darauf auf, daß sich eine Verhaltensweise bereits im Repertoire eines Individuums befindet. Damit ist aber erst ein sehr kleiner Teil von Problemen gelöst, die im Rahmen von Lernprozessen und auch eines alltäglichen Unterrichts auftreten. Menschen würden niemals das Schreiben lernen, wenn man darauf zu warten hätte, bis die einzelnen Schriftzeichen erstmalig „von allein" auftreten. Um den Aufbau von Verhaltensweisen zu erreichen, die spontan gar nicht oder erst nach einer erheblichen Wartezeit auftreten würden, setzt man in der Operanten Konditionierung ein Verfahren ein, das unter der Bezeichnung Verhaltensausformung (engl. *shaping*) bekannt geworden ist.

Bei der Verhaltensausformung handelt es sich um einen Prozeß, in dessen Verlauf „sukzessiv", also nacheinander, solche Verhaltensweisen verstärkt werden, die jeweils die vergleichsweise größte Annäherung an das erwünschte Endverhalten aufweisen.

Am Anfang eines Ausformungsprozesses wird man Verhaltensweisen großzügig verstärken. Der Verstärker bewirkt nämlich nicht nur, daß die Auftretensfrequenz der unmittelbar zuvor gezeigten Verhaltensweise ansteigt; sie führt weiterhin dazu, daß Verhaltensweisen entstehen, die nicht unmittelbar verstärkt worden sind (Reynolds, 1968). Das Individuum zeigt als Folge quantitativ mehr, aber keineswegs stets identische Verhaltensweisen und verbessert damit die Voraussetzung, auch die Verhaltensweisen zu zeigen, die den gewünschten ähneln. Wenn man beispielsweise die kindliche

Äußerung „dada" verstärkt, ist damit zu rechnen, daß das Kind auch „baba" und „gaga" sagt (Reynolds, 1968).

Skinner erprobte die Ausformungsprozedur zunächst an Tieren. Später (1954, 1958) reizte es ihn jedoch, seine Erkenntnisse auch im menschlichen Bereich anzuwenden. Die wohl inzwischen bekannteste Anwendungsform ist die „Programmierte Unterweisung" (s. S. 21f.). Man hat die Verhaltensausformung aber auch auf anderen Gebieten eingesetzt, so etwa zur Förderung des Sozialverhaltens (Hart & Risley, 1968), zur Unterstützung der Teilnehmer am Mathematikunterricht (Schulze, 1973), zur Erhöhung der Diskussionsbereitschaft und zur Förderung motorischer Prozesse (Becker et al., 1971). Da die Methode der Verhaltensausformung stets in sozialen und damit in komplexen Situationen eingesetzt worden ist, läßt sich im Falle von positiven Befunden nicht immer mit Sicherheit ausschließen, daß an ihrem Zustandekommen auch andere Lernformen als nur die Operante Konditionierung beteiligt waren.

Bei der Ausformung wird also jeder Fortschritt, jede Annäherung an ein Ziel verstärkt. Die Methode setzt deshalb voraus, daß ein jeweils zu erreichendes Endverhalten in Teilziele zerlegt wird, deren Aneinanderreihung so erfolgt, daß sie kleine Schrittfolgen bilden, die der Schüler zu durchlaufen hat. In der Praxis würde sich ein Lehrer, der die Handschrift seines Schülers zu verbessern versucht, nicht auf die Feststellung beschränken, daß dieser besser schreiben müsse. Vielmehr sollte er aus vorliegenden Schreibproben jene Buchstaben und Wörter heraussuchen und hervorheben (z. B. indem er sie einkreist), die bezüglich ihrer Ausgestaltung seinen Vorstellungen von guter Schrift im Vergleich zu allen anderen am nächsten kommen. Dieser Vorgang wiederholt sich, bis der Schüler seine Handschrift den Zielvorstellungen seines Lehrers in befriedigender Weise angenähert hat. Ebenso geht man beim sportlichen Training vor. Jede Bewegung oder Bewegungsfolge im Rahmen einer Übung, die den Zielvorstellungen vergleichsweise am meisten entspricht, wird verstärkt.

3.2.3 Verminderung der Auftretenshäufigkeit von Verhalten durch Extinktion

Wie bereits dargestellt, stellte Skinner fest, daß sich die Auftretenshäufigkeit von Verhaltensweisen auch dann erhöht, wenn keine kontinuierliche, also nur eine partielle Verstärkung erfolgt. Mit welchen Auswirkungen ist aber zu rechnen, wenn einer zuvor verstärkten operanten Verhaltensweise keine Konsequenzen mehr folgen? Nach systematischem Entzug von Verstärkern ist es wahrscheinlich, daß eine zuvor verstärkte operante Verhaltensweise zur Extinktion gebracht wird. Im Falle einer Extinktion erfolgt die *Absenkung der Auftretensfrequenz* einer operanten Verhaltensweise bis auf das Niveau, das vor der Verstärkungsphase bestanden hat. Der Begriff Extinktion (= Auslöschung) ist also irreführend, denn es kann im Falle eines konsequenten Verstärkerentzugs keine völlige Löschung bzw. Eliminierung der Verhaltensweise erfolgen, da grundsätzlich nur Verhaltensweisen verstärkt werden können, die

3.2 Operantes Konditionieren

bereits zum Verhaltensrepertoire gehören, also eine Auftretenswahrscheinlichkeit besitzen, die größer als Null ist.

Unmittelbar nach Beginn einer Extinktionsprozedur muß mit einer *vorübergehenden Erhöhung* statt mit einer Verminderung der Auftretensfrequenz einer Verhaltensweise bzw. der Stärke ihres Auftretens gerechnet werden (Reynolds, 1968). Die Ratte, die im Skinner-Käfig bislang für jeden Hebeldruck Futter erhalten hat, reagiert auf das Ausbleiben des Verstärkers mit gesteigerter Aktivität. Das Ausbleiben der Verstärkung zu Beginn einer Extinktionsphase ruft auf Seiten des Individuums vermutlich eine Frustration hervor, die nach den Beobachtungen von Amsel und Russel (1952; Amsel, 1972) mit einer Aktivierung des Organismus verbunden ist. Das könnte wenigstens teilweise die geschilderte Reaktion am Anfang eines Extinktionsprozesses erklären.

Wie schnell sich nach konsequentem Entzug von Verstärkern die Auftretenshäufigkeit einer Verhaltensweise absenkt, hängt von der Lernvorgeschichte ab. Wenn eine Verhaltensweise zuvor kontinuierlich verstärkt worden ist, nimmt ihre Auftretenshäufigkeit nach Ausbleiben weiterer Verstärker sehr schnell ab. Ein Beispiel liefert ein defekter Verkaufsautomat (der normalerweise kontinuierlich verstärkt). Nachdem man erstmalig erfahren hat, daß er zwar Geld akzeptiert, aber dafür anschließend keine Ware freigibt, wird man kaum weitere Versuche unternehmen. Die operante Verhaltensweise ‚Geldeinwurf' wird vermutlich nach dem ersten Fehlschlag extingiert sein. Wenn eine Verhaltensweise dagegen zuvor partiell verstärkt worden ist, wird es nach dem konsequenten Entzug von Verstärkern länger dauern, bis ihre Auftretenshäufigkeit abnimmt. Man denke nur an einen Spielautomaten, dessen Verstärkungen normalerweise nach einem variablen Quotenprogramm erfolgen. Wenn eine solche Maschine infolge eines Defekts von einem bestimmten Zeitpunkt an keinerlei Gewinne mehr auszahlt, wird der zuvor partiell verstärkte Spieler noch längere Zeit fortfahren, Münzen in den Automaten zu werfen. Der Münzeinwurf wird in diesem Fall erst allmählich zur Extinktion gebracht.

Skinner hat die Folgen eines konsequenten Entzugs von Verstärkern vor allem im Tierexperiment beobachtet. Lassen sich seine Beobachtungen ohne weiteres auf die Bedingungen des Klassenzimmers übertragen? Danach müßte man einem Lehrer empfehlen, einen Schüler, der auffälliges Verhalten zeigt, einfach zu ignorieren. Das fällt Lehrern nicht immer ganz einfach, wie auch William Jenson und seine Mitarbeiter (1988) feststellen: „Das Ausmaß, mit dem ... unerwünschtes Schülerverhalten tatsächlich durch ihre Aufmerksamkeitszuwendung aufrechterhalten wird, überrascht viele Lehrer. Lehrer nehmen oft an, daß ihre Ermahnungen oder Anordnungen, sich angemessen zu verhalten, bestrafend wirken, während sie in Wirklichkeit verstärken." Der Schüler hat unter diesen Bedingungen also gelernt, daß er nur unerwünschtes Verhalten zeigen muß, um so die Aufmerksamkeit des Lehrers auf sich zu ziehen, die er sonst wegen schwacher Leistungen nicht auf sich lenken kann. Aus der beabsichtigten Ermahnung des Lehrers wird dadurch unbeabsichtigt die Verstärkung einer unerwünschten Verhaltensweise, anstatt sie durch konsequente

Zurückhaltung jeglicher Aufmerksamkeitszuwendung zur Extinktion zu bringen.

Es wäre weiterhin möglich, daß das Verhalten eines Schülers tatsächlich ignoriert wird, daß der so behandelte Schüler das aber gar nicht bemerkt. Je größer die Schulklasse ist, desto mehr Schüler müssen pro Zeiteinheit unbeachtet bleiben. Denkbar wäre aber auch, daß ein Schüler sehr wohl feststellt, daß der Lehrer dem Verhalten keine Konsequenzen folgen läßt; er könnte aus seiner Reaktion aber auch den Schluß ziehen, daß das Verhalten toleriert wird. Das Ignorieren einer unerwünschten Verhaltensweise durch den Lehrer bleibt vor allem dann wirkungslos, wenn sie durch Mitschüler verstärkt wird.

Im pädagogischen Alltag sollte man nicht davon ausgehen, daß sich eine unerwünschte Verhaltensweise schon allein dadurch abbauen läßt, daß man sie ignoriert. Eine Verhaltensweise läßt sich durch geeignete Maßnahmen nur dann zur Extinktion bringen, wenn man gleichzeitig gewünschte Verhaltensweisen verstärkt (O'Leary & O'Leary, 1977). Bestimmte Aktivitäten, wie beispielsweise offene Aggressionen gegenüber Mitschülern oder dem Lehrer, bedürfen ausnahmsweise des Einsatzes von Bestrafungsreizen, die das nicht zu tolerierende Verhalten sofort unterbinden.

3.2.4 Unterdrückung operanten Verhaltens durch Bestrafung

Der „Vater" der Operanten Konditionierung, Burrhus Skinner (1953), war stets bemüht, Verhaltensveränderungen durch „positive" Maßnahmen zu erreichen. Das Mittel der Bestrafung lehnte er entschieden ab. „Ein Lehrer, der straft", so erklärte er, „bringt Schülern bei, daß Bestrafung ein Weg ist, Probleme zu lösen" (Skinner 1989). Das eigentlich erstrebte Ziel, eine unerwünschte Verhaltensweise auszulöschen und diese durch eine andere zu ersetzen, erreicht er dagegen nicht. Statt dessen nimmt der Lehrer einige Nebeneffekte in Kauf, die seine Arbeit auf lange Sicht eher erschweren als erleichtern werden.

Bestrafung ist jeder Reiz (Maßnahme, Ereignis usw.), der die Wahrscheinlichkeit des Auftretens einer Verhaltensweise vermindert, in dessen Gefolge er auftritt. Allgemein unterscheidet man zwischen zwei Formen der Bestrafung: In einem Fall wird ein aversiver Reiz dargeboten, wie etwa bei der Schelte oder einem Tadel. Im zweiten Fall erfolgt die Wegnahme eines positiven Verstärkerreizes; so entfernen Eltern etwa das Fernsehgerät aus dem Zimmer der Tochter oder des Sohnes oder entziehen den Kindern ein anderes Privileg. Zu beachten ist, daß eine beabsichtigte Bestrafung stets mit einer Aufmerksamkeitszuwendung verbunden ist. Wenn ein Lehrer einen Schüler ermahnt oder tadelt, kann dieser es vor allem genießen, in den Blickpunkt der Aufmerksamkeit gerückt zu werden. In einem solchen Fall würde aus der gedachten aversiven Maßnahme in Wirklichkeit ein Verstärker. Unter Umständen können einzelne Schüler es auch genießen, wenn der Lehrer ihnen ihr Fehlverhalten in Anwesenheit anderer vorhält. In einer Studie von Dan O'Leary und seinen

Mitarbeitern (1970) wurden Lehrer gebeten, einen auffälligen Schüler so leise zu tadeln, daß nur dieser die Zurechtweisung hören konnte. Diese Maßnahme war sehr viel wirkungsvoller als Ermahnungen, die von allen weiteren Mitgliedern der Klasse verstanden wurden. In diesem letzteren Fall verstärkte sich das störende Verhalten noch oder es blieb zumindest unverändert.

Vielfach besteht die Erwartung, daß unerwünschtes Verhalten durch Bestrafung extingiert wird. Bereits in weiter zurückliegenden Tierversuchen wurde festgestellt, daß durch Bestrafung Verhaltensweisen lediglich *unterdrückt* werden (Estes, 1944); unter bestimmten Bedingungen gelingt dies allerdings sehr dauerhaft (Matson & DiLorenzo, 1984). Stets wird dem Bestraften mit einer solchen Maßnahme lediglich mitgeteilt, daß unerwünschtes Verhalten in einer vorliegenden Situation zu unterlassen ist. Er erfährt dadurch noch nicht, welches Verhalten erwünscht ist. Interesse an schulischer Arbeit kann sich aber nicht bereits dadurch entwickeln, daß Desinteresse bestraft wird (Skinner, 1968).

Eine Bestrafung löst stets negative emotionale Reaktionen bei ihrem Empfänger aus, d.h. etwa, daß dieser mit Ängstlichkeit oder Verärgerung reagiert. Es muß damit gerechnet werden, daß diese negativen Gefühle mit Gegebenheiten der Situation assoziiert werden. Vor allem bei wiederholter Bestrafung im Klassenzimmer können sich diese aversiven Gefühle auf den Lehrer, auf das Unterrichtsmaterial (Schulbücher, Hefte) bzw. auf alles übertragen, was mit Schule in Beziehung steht (s. S.130f.). Der Bestrafte lernt allmählich, diese aversiven Situationen zu vermeiden. Ein solcher Schüler versucht möglicherweise, dem Unterricht fernzubleiben. Sollte ihm das nicht gelingen, kann er sich „psychologisch" vom Unterricht zurückziehen: Er verweigert seine Mitarbeit im Unterricht.

Die Verwendung aversiver Reize kann sogar Folgen haben, die den Absichten des Strafenden geradezu zuwiderlaufen. Das ist vor allem der Fall, wenn ein zu unterdrückendes Verhalten nicht *konsequent,* also nach jedem Auftreten bestraft wird. Darauf verweisen u. a. Vertreter der sozial-kognitiven Lerntheorie, die auch kognitive Prozesse wie *Erwartungen* anerkennen (s. S. 333). Nach den bisherigen Überlegungen dürfte verständlich sein, daß dann die typische Situation einer negativen Verstärkung eintritt: Aufgrund früherer Beobachtungen hat man beispielsweise gelernt, daß ein bestimmtes Verhalten (etwa zu schnelles Fahren im Straßenverkehr) mit einer Buße geahndet wird. Wenn man anschließend aber feststellt, daß dieser Verhaltensweise gelegentlich (oder sogar meistens) nicht die erwartete Bestrafung folgt, ergibt sich eine negative Verstärkung, und entsprechend wird diese Verhaltensweise zukünftig häufiger auftreten (Bandura, 1977, 1986). Man freut sich, der Bestrafung entgangen zu sein, für die das gezeigte Verhalten Anlaß gegeben hätte.

Der Einsatz einer Bestrafung kann aus pädagogischer Sicht allenfalls gerechtfertigt werden, wenn eine Verhaltensweise in einer bestimmten Situation unverzüglich beendet werden muß (wie im Falle starker Aggressionen). Diese Maßnahme sollte aber nur angewandt werden, wenn dem Lernenden gleichzeitig Gelegenheit geboten wird, die jeweils erwünschte Verhaltensweise auszuführen (Skinner, 1953). In jedem Fall empfiehlt sich, die Bestrafung mit einer Erklärung für ihre Notwendigkeit zu verabreichen (Cheyne & Walters, 1969, Parke, 1969). Vielleicht reicht sogar bereits allein eine Erklärung, um ein Verhalten erfolgreich zu unterdrücken, zumindest in solchen Fällen, in denen sie ,,von einer Bestrafungsgeschichte gestützt wird" (Walters & Grusec, 1977) oder – anders ausgedrückt – in denen der Lernende über Erfahrungen verfügt, mit deren Hilfe er den ,,Ernst" einer mahnenden Erklärung erfassen kann. Solche Erklärungen müssen jedoch auf die kognitive Entwicklung des Kindes abgestimmt sein. Im Vorschulalter sollten sie sehr konkret formuliert sein (,,Du fällst hin, wenn du so schnell läufst, denn der Boden ist sehr glatt"). Mit fortschreitendem Alter können auch abstraktere Erklärungen wirksam sein, die auf die Rechte und Gefühle anderer abheben (,,Andere Kinder werden traurig sein, wenn sie mit diesem Spielzeug nicht mehr spielen können, weil du es zerbrochen hast!"). Sollten Kinder nach solchen Erklärungen das erwünschte Verhalten zeigen, darf allerdings nicht vergessen werden, dieses zu verstärken. Anderenfalls wird sich sehr bald wieder der Eindruck ergeben, auf Bestrafungen nicht verzichten zu können.

3.2.5 Aufbau diskriminativer Reize

Bisher war ausschließlich von den Konsequenzen die Rede, also von positiven oder negativen Ereignissen, die einer Verhaltensweise folgen. Damit ist ein wesentlicher Bestandteil der Operanten Konditionierung noch nicht benannt worden. Tatsächlich erhält man eine Verstärkung nicht dafür, daß eine bestimmte Verhaltensweise *überhaupt* gezeigt wird, sie muß zudem situationsangemessen sein. So wird ein Schüler im Unterricht nicht dafür gelobt, daß er irgend etwas sagt; vielmehr verstärkt der Lehrer ihn nur, nachdem er auf eine Frage oder einen Impuls richtig reagiert hat. Der Lernende muß wissen, welche Konsequenzen eine operante Verhaltensweise unter bestimmten Bedingungen nach sich zieht. Richtige Unterscheidungen werden im alltäglichen Leben ständig gefordert. Aktivitäten, die während des Unterrichts unangebracht sind (etwa Umherlaufen), können während der Pause auf dem Schulhof sehr wohl angemessen sein und umgekehrt. Ein Geschäft kann man nur betreten, wenn es geöffnet hat. Wer sich in einem Gebäude befindet und ,,austreten" muß, kann nicht in jeden Raum hineingehen, sondern nur in solche, die als ,,WC" ausgewiesen sind und auch dort ist eine Unterscheidung zwischen ,,männlich" und ,,weiblich" zu beachten. Woher weiß ein Mensch jeweils, ob eine Verhaltensweise in einer vorliegenden Situation angemessen ist oder nicht? Die gewünschten Informationen geben ihm diskriminative Reize. Ein diskriminativer Reiz informiert den Organismus, daß einer bestimmten operanten Verhaltensweise eine Verstärkung folgen *kann*.

> Auch Skinners Ratte lernte, daß das Hebeldrücken nur unter bestimmten Bedingungen zur Freigabe einer Futterpille führte. Eine Verstärkung erfolgte lediglich, wenn eine Lampe im Käfig eingeschaltet war. Das Ver-

3.2 Operantes Konditionieren

suchstier lernte, zwischen zwei Reizbedingungen zu unterscheiden (zu diskriminieren): unter der einen Bedingung (Licht eingeschaltet) folgte auf den Hebeldruck eine Verstärkung, unter der anderen (Licht ausgeschaltet) blieb ein Hebeldruck ohne Konsequenz. Damit war Skinner seinem Bemühen, Verhaltenskontrolle zu erreichen, einen bedeutsamen Schritt nähergerückt. Über den Reiz, der zu Beginn des Experiments eher oder später den Hebeldruck ausgelöst hatte, besaß der Versuchsleiter nämlich keine Kontrolle. Sobald aber dieser Reiz durch einen diskriminativen Reiz ersetzt worden war, stand die operante Verhaltensweise ‚Hebeldrücken' unter Reizkontrolle; sie wurde vom diskriminativen Reiz ‚Licht' kontrolliert.

Ein Reiz, der anzeigt, daß einer bestimmten Verhaltensweise mit erhöhter Wahrscheinlichkeit eine positive Verstärkung folgen wird, bezeichnet man als diskriminativen Reiz (S^D). Ein Reiz, der dagegen signalisiert, daß einer Verhaltensweise keine Verstärkung folgt, wird mit dem Kürzel S^Δ oder S Delta gekennzeichnet.

Wenn der Lehrer sich mit einer Aufforderung an seine Schüler wendet, bietet er nach diesem Konzept einen diskriminativen Reiz dar. Wenn beispielsweise alle Schüler der Aufforderung nachkommen, die Hefte auf den Tisch zu legen, besitzt die Lehreräußerung in der Tat die Funktion eines diskriminativen Reizes. Ebenso besitzt jede Frage im Unterricht, die eine Antwort nach sich zieht, die Funktion eines diskriminativen Reizes. Vielen Lehrern gelingt es auch, durch einen ernsten und damit markanten Gesichtsausdruck zu signalisieren, daß ab sofort jegliches Sprechen zu unterbleiben hat und die Aufmerksamkeit dem Unterricht zuzuwenden ist. Wie läßt sich aber die Beobachtung erklären, daß ein Lehrer sich wiederholt mit Aufforderungen an seine Klasse wendet, die jedoch von den Schülern ignoriert werden? Weshalb reagieren Mitglieder einer Schulklasse mit Schweigen auf eine Lehrerfrage, obwohl wenigstens einige die Antwort wissen? Warum müssen einige Lehrer erfahren, daß ein „ernster Gesichtsausdruck" keinen Schüler veranlaßt, die Unterhaltungen mit dem Nachbarn einzustellen? Die Antwort der Konditionierungstheoretiker lautet, daß diese Lehrer versäumt haben, eine „differentielle Verstärkung" durchzuführen. Bei einer differentiellen Verstärkung wird nach dem Auftreten einer operanten Verhaltensweise (R_1) nur dann eine Verstärkung gegeben, wenn ihr der diskriminative Reiz S^D und nicht, wenn ihr S^Δ vorausgegangen ist. Die Zusammenhänge lassen sich an einem Beispiel veranschaulichen, in dem der Lehrer die Schüler aufgefordert hat, ihr Übungsheft aus der Tasche zu nehmen und auf den Tisch zu legen (Tuckman, 1992):

$$S^D \longrightarrow R_1 \longrightarrow S^R$$

„Legt das   (Schüler legt   „Sehr gut"
Übungsheft auf   Übungsheft auf
den Tisch!"   den Tisch)

Wenn Schüler dagegen die Aufforderung des Lehrers ignorieren und statt dessen mit dem Nachbarn reden (oder etwas anderes tun), wird keine Verstärkung verabreicht:

$$\text{intendierter } S^D \longrightarrow R_2$$
„Legt das Übungsheft (Schüler schwatzen)
auf den Tisch!"

Ebenso sollte der Lehrer nicht verstärken, wenn die Schüler das Übungsheft auf den Tisch legen, obwohl sie dazu gar nicht aufgefordert worden sind:

$$R_1$$
Schüler legt Übungsheft auf den Tisch

Die aufgezeigten Zusammenhänge mögen zwar trivial erscheinen. Sie zeigen aber auf, wie wichtig es für einen Lehrer ist, daß er seinen Hinweisen einen auf Konsequenzen bezogenen Sinn zuweist. Durch diese Bedeutungszuweisung werden aus beliebigen Aussagen oder körperlichen Ausdrucksmerkmalen Reize („ernstes Gesicht"), die bestimmte Konsequenzen ankündigen: „diskriminative Reize". Eine Ankündigung, die erst durch den Hinweis „Jetzt meine ich es aber ernst!" Bedeutung erlangt, war bislang offenkundig keineswegs ein „Signal"; sie besaß keinen diskriminativen Wert, war also weder S^D noch S^Δ. Systematische Beobachtungen im Klassenzimmer haben jedoch ergeben, daß dieser Zusammenhang im praktischen Unterrichtsalltag vielfältig ignoriert wird. Das ist auch der Fall, wenn der Lehrer einen diskriminativen Reiz präsentiert, die Schüler daraufhin die gewünschte operante Verhaltensweisen zeigen, dafür aber *niemals* (auch nicht partiell) eine Verstärkung erhalten. Ein Reiz (z. B. eine Aufforderung des Lehrers) wird nämlich nur dadurch zu einem diskriminativen Reiz, daß er die prinzipielle Möglichkeit anzeigt, für eine operante Verhaltensweise eine Verstärkung zu erhalten. Sofern diese Verstärkung systematisch ausbleibt, kann ein Reiz nicht zu einem diskriminativen werden. Die vorher möglicherweise vorhandene Bedeutungszuweisung wird extingiert.

Wenn ein Schüler auf einen diskriminativen Reiz gar nicht oder nicht angemessen reagiert, besteht auch die Möglichkeit, daß sich dieser für ihn nicht ausreichend von anderen diskriminativen Reizen abhebt. Um in einem solchen Fall das Unterscheidungslernen des Schülers zu fördern, kann man auf diskriminative Hilfsreize (engl. *prompts*) zurückgreifen. Ein diskriminativer Hilfsreiz soll also die Wahrscheinlichkeit erhöhen, daß nach Darbietung des normalen diskriminativen Reizes die gewünschte Verhaltensweise auftritt.

Der pädagogische Alltag liefert eine große Anzahl von Beispielen für solche *„prompts"*, also diskriminative Hilfsreize. Eine Mutter möchte z. B. erreichen, daß ihr Kind dem Vater bei dessen Abschied nachwinkt. Sein Fortgehen „sieht" das Kind jedoch noch nicht als diskriminativen Reiz. Die Mutter versucht es daraufhin mit einem diskriminativen Hilfsreiz in der Hoffnung, die Auftretenswahrscheinlichkeit der gewünschten Bewegung zu erhöhen; sie gibt etwa den verbalen Hinweis: „Mach' winke-winke!" Sollte das Kind daraufhin wunschgemäß reagieren, darf sie nicht vergessen, der operanten Verhaltensweise ,Winken' eine Verstärkung folgen zu lassen. Ein Lehrer bietet seinen Schülern das Wort *singen* dar und fragt sie daraufhin: „Ist das Wort ein Verb?"

3.2 Operantes Konditionieren   149

Wenn er daraufhin keine Antwort erhält, kann der Lehrer es mit einem diskriminativen Hilfsreiz versuchen: „Beschreibt das Wort eine Tätigkeit?" Wenn eine Schülerin daraufhin antwortet, „Ja, also ist *singen* ein Verb", reagiert der Lehrer abschließend mit einer Verstärkung: „Richtig, Katrin, *singen* ist ein Verb" (Alberto & Troutman, 1990).

Ein weiteres Beispiel für den Einsatz diskriminativer Hilfsreize liefert Abbildung 3.3. Sie verdeutlicht, wie Kinder in ihrem Lernprozeß unterstützt werden, die zu Beginn des Schreibenlernens Schwierigkeiten zeigen, ähnlich aussehende Buchstaben voneinander zu unterscheiden (Reese, 1966). Sie verwechseln vielfach die Buchstaben ‚M' und ‚N', diskriminieren nicht zwischen ‚4' und ‚7' usw. In einem solchen Fall kann man Buchstaben, die ein ähnliches Aussehen besitzen unter Verwendung diskriminativer Hilfsreize stärker voneinander abheben (Abb. 3.3). Es werden einfach weitere Unterscheidungsreize hinzugefügt, die mit Fortschreiten des Diskrimationslernens allmählich ausgeblendet werden können.

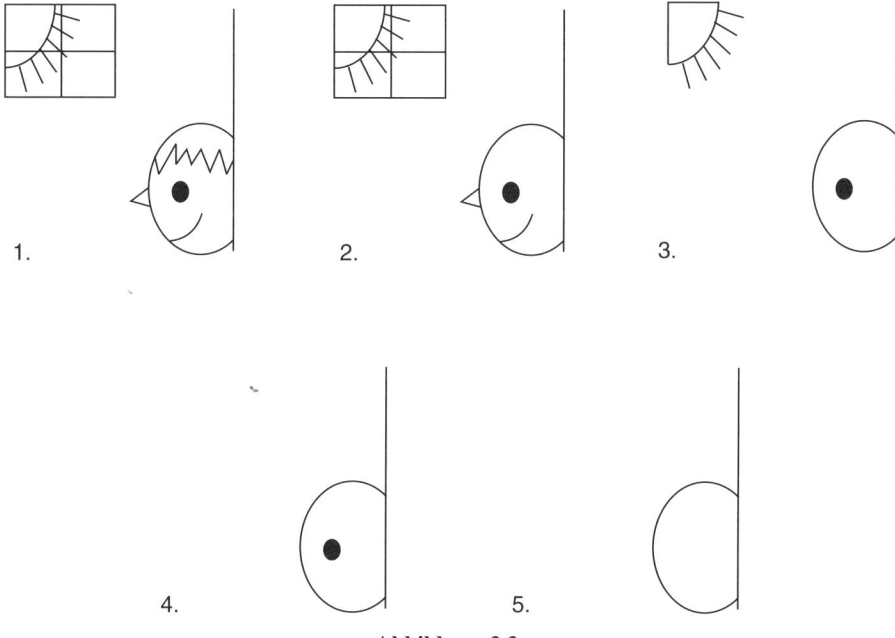

Abbildung 3.3:
Beispiel für eine Reizsequenz zur Förderung der Beachtung besonderer Charakteristika des Buchstaben ‚d' durch Verwendung eines diskriminativen Hilfsreizes

Durch Verwendung diskriminativer Hilfsreize unterscheidet sich der Buchstabe ‚d' offenkundig von einem normalen ‚b' (welches man grundsätzlich ebenfalls mit anderen diskriminativen Hilfsreizen ausstatten könnte). Das Beispiel verwirklicht gleichzeitig eine Forderung: diskriminative Hilfsreize sollten allmählich, aber so schnell wie möglich wieder *ausgeblendet* werden (im Englischen spricht man bei Ausblendung von *fading*), denn diskriminative Hilfsreize dürfen für den Lernenden nicht zu einem unentbehrlichen Element werden. Das Ziel bleibt stets, die gewünschte Reaktion auf S^D allein zu erreichen. Dem Kind in dem weiter oben genannten Beispiel sollte schließlich der Anblick des sich entfernenden Vaters genügen, um daraufhin mit Winken zu reagieren. Das Wort *singen* sollte ausreichen, um es als Verb identifizieren zu können.

3.2.6 Einflüsse behavioristisch orientierter Lernforschung auf die Unterrichtsarbeit

Etwa seit der Mitte des zwanzigsten Jahrhunderts entwickelte sich eine behavioristisch orientierte Lernforschung, die revolutionären Einfluß auf die Unterrichtsarbeit nahm. Man wies Lehrer darauf hin, daß ihre Hauptaufgabe darin bestünde, beobachtbares Verhalten zu verändern. Bereits in der Planungsphase sollten sie ihre Lernziele entsprechend ‚operationalisiert' formulieren, damit sie Kriterien zur objektiven Messung des Lernfortschrittes hätten (s. S. 393ff.). Optimal fördern lassen sich Schüler nach dieser Sichtweise vor allem, wenn man ihre jeweiligen Lernvoraussetzungen beachtet und sie zur ständigen Auseinandersetzung mit den Aufgaben aktiviert.

Wie ihre Kollegen anderer Fachgebiete haben auch Pädagogische Psychologen inzwischen längst die ‚kognitive Wende' vollzogen. Die Anzahl wissenschaftlicher Veröffentlichungen mit klar erkennbarer behavioristischer Orientierung ist deshalb in der Gegenwart verhältnismäßig gering. Man findet sie aber weiterhin in der seit 1968 erscheinenden Zeitschrift *Journal of Applied Behavior Analysis* (JABA). Es wäre aus heutiger Sicht zweifellos bedauerlich, wenn die Erkenntnisse behavioristisch orientierter Unterrichtsforschung in Vergessenheit geraten würden. Um einer solchen unangemessenen Vernachlässigung entgegenzuwirken, sollen im folgenden einige Beiträge dieser pädagogisch psychologisch bedeutsamen Epoche noch einmal besonders herausgestellt werden. Zahlreiche dieser Vorstellungen werden zudem an anderer Stelle weiter vertieft.

3.2.6.1 Konzentration auf beobachtbares Schülerverhalten

Wie bereits im 1. Kapitel festgestellt wurde, verstehen Behavioristen unter Lernen „eine relativ dauerhafte Verhaltensveränderung als Ergebnis von Erfahrungen". Daraus ergibt sich folgerichtig ein Auftrag an die Unterrichtsforschung: Ihre Vertreter sollen aufdecken, wie die beobachtbaren Unterrichtsaktivitäten des Lehrers Einfluß auf das Schülerverhalten nehmen. Man soll also keine Spekulationen über Lernen „an sich" anstellen. Da diese Prozesse ohnehin nicht direkt zugänglich seien, bestünde eine zu hohe Gefahr fehlerhafter Aussagen. Man könne nicht davon ausgehen, daß Schüler bereits deshalb lernen, weil sie durch den Unterricht dazu angeregt worden sind. Lernziele müßten von vornherein so formuliert werden, daß auf der Grundlage von Verhaltensbeobachtungen klar entschieden werden könne, ob sie erreicht sind oder nicht. Die Forderung richtete sich darauf, in der Unterrichtsarbeit nur noch „operationalisierte Lernziele" zu verwenden, das heißt, sie sollten verhaltensorientiert definiert werden: Ihnen muß zu entnehmen sein, welche konkreten Aktivitäten ein Schüler nach Erreichen eines Lernziels zeigen soll (ausführlicher informiert das Kapitel 7 über operationalisierte Lernziele, s. S. 399ff.).

Ursprünglich wurde die Diskussion über operationalisierte Lernziele von Ralph Tyler (1934) angeregt. Ihm ging es zunächst vor allem darum, Ziele so zu definieren, daß sie von allen Lehrern in gleicher Weise verstanden würden. Solange man so vage Begriffe wie ‚Verständnis', ‚Begreifen' oder ‚Bewerten' bei der Beschreibung von Lernzielen verwende, so erklärte er, schaffe man alle Voraussetzungen, daß jeder Lehrer sie auf seine besondere Weise interpretiert. Völlig eindeutig wäre ein Lernziel dagegen zu bestimmen, wenn es das angestrebte Schülerverhalten herausstellt. Tyler schlug deshalb vor, bei der Definition von Lernzielen nur Begriffe wie ‚Auswählen', ‚Unterscheiden', ‚Aufzählen' usw. zu verwenden. Im Jahre 1950 veröffentlichte Tyler ein Buch, das in deutscher Sprache unter dem Titel *Curriculum und Unterricht* (1973) erschienen ist. Es gibt in der Geschichte der Unterrichtswissenschaft wahrscheinlich nur wenige Bücher, die einen noch stärkeren Einfluß auf die Ausbildungsinhalte zukünftiger Lehrer genommen haben als diese Arbeit. Unter anderem wird darin bei der Formulierung von Lernzielen gefordert, erstens das besondere Verhalten zu benennen, das der Lehrer beim Schüler entwickeln will, und zweitens die Bedingungen zu spezifizieren, unter denen das gewünschte Verhalten gezeigt werden soll. Solche Ausführungen standen voll im Einklang mit den Vorstellungen Skinners (1968). Der Weg, sich fortan verstärkt dem Schüler*verhalten* zuzuwenden und dafür konkret benennbare, für den Fachmann und den Schüler erkennbare Zielkriterien anzugeben, war damit eindeutig vorgegeben.

3.2.6.2 Unterschiedlicher Zeitbedarf zum Erlernen jeweils relevanter Lernvoraussetzungen

Benjamin Bloom (1976) besuchte häufiger Schulklassen, um Gelegenheit zur Beobachtung von Unterrichtsstunden zu erhalten. Dabei war ihm aufgefallen, daß Lehrer ihren Unterricht jeweils nach Einheiten ordneten, die vielfach bezüglich ihrer Inhalte und ihrer Abfolge den Vorgaben der verwendeten Schulbücher entsprachen. Um sich über die Lernfortschritte der Schüler zu informieren, führten die Lehrer nach Abschluß jeder Unterrichtseinheit Wissenstests durch, die erwartungsgemäß Leistungsunterschiede aufdeckten. Wie waren diese Unterschiede aber zu erklären? Wird der Lernfortschritt eines Schülers nicht wesentlich von seiner ‚Intelligenz', seinen ‚Fähigkeiten', seinen ‚Lernstrategien' und anderen Voraussetzungen *in* der Person bestimmt? Muß man mangelnde Sprach- oder unzureichende Mathematikleistungen nicht auf entsprechend geringe Begabungen zurückführen oder umgekehrt? Behavioristisch orientierte Unterrichtswissenschaftler verneinen solche Fragen. In ihren Antworten nehmen sie keine Persönlichkeitsmerkmale in Anspruch, da sich darüber aus ihrer Sicht ohnehin nur Spekulationen anstellen lassen. Sie greifen vielmehr auf Vorstellungen zurück, die John Carroll (1963) in einem ebenfalls außerordentlich viel beachteten Aufsatz dargestellt hat. Carroll wandte sich gegen die weit verbreitete Vorstellung, wonach die Lernfortschritte eines Schülers wesentlich von seiner Leistungsfähigkeit mitbestimmt werden. Er behauptete vielmehr, daß nahezu alle Schüler die Voraussetzungen besäßen, die Anforderungen des Unterrichts zu erfüllen. Sie würden sich allerdings darin unterscheiden, daß einige mehr Zeit als andere benötigen um die jeweiligen Lernziele zu erreichen. Anstatt Schüler nach dem Ausprägungsgrad ihrer Leistungsfähigkeit zu unterscheiden, könne man sie danach einteilen, ob sie schneller oder langsamer lernen. Wenn der Lehrer allen Schülern (1) die von ihnen jeweils benötigte Lernzeit zur Verfügung stellt und (2) gleichzeitig jeden dazu anregt, diese Zeit auch zu nutzen, dann müßte allen – oder wenigstens den meisten – die Erreichung der Lernziele gelingen. Aus dieser Sicht wird der Lernfortschritt also von zwei Bedingungen bestimmt, die der Umweltkontrolle zugänglich sind. Es ist in starkem Maße nachvollziehbar, daß Behavioristen von solchen Schlußfolgerungen angesprochen wurden.

Der Lernerfolg, so hatte Carroll weiterhin herausgestellt, wird nicht allein dadurch bestimmt, daß dem Schüler ein ausreichendes Maß an Zeit zur Verfügung gestellt wird. Es muß zudem sichergestellt werden, daß er die zur Verfügung gestellte Zeit auch nutzt (s. S. 6f.). Damit war die Qualität der Instruktion in den Blickpunkt gerückt worden. Bloom sah sich das Vorgehen der Lehrer noch einmal genauer an. Es erschien ihm durchaus vernünftig, den Unterrichtsstoff in kleinere Einheiten aufzuteilen und an deren Ende jeweils einen Wissenstest durchzuführen. Einen Mangel erkannte er jedoch darin, daß die Lehrer aus den Testergebnissen keine Schlußfolgerungen für ihr weiteres Vorgehen zogen. Spätere Einheiten bauen doch häufig auf früheren auf; die Bewältigung einer früheren Aufgabe liefert in der Regel eine Voraussetzung zur Bewältigung der zweiten, die Bewältigung der zweiten Aufgabe ist Voraussetzung zur Bewältigung einer dritten usw. Den früheren Einheiten in einer Lernsequenz kommt folglich eine kritische Rolle zu. Wenn sich nämlich ein Schüler der nachfolgenden Einheit zuzuwenden hat, obwohl er die vorausgegangene noch gar nicht beherrscht, muß er Schwierigkeiten mit allen Aufgaben haben, die den ersten grundlegenderen folgen. Durch das Vorgehen der Lehrer, so schlußfolgerte Bloom, wurden die Leistungsunterschiede möglicherweise erst hervorgerufen, und diese mußten sich zwangsläufig noch verstärken, je weiter der Unterricht vorangeschritten ist.

Die Überlegungen Carrolls und Blooms bildeten die Grundlage für die provozierende Behauptung, daß praktisch alle Schüler dazu gebracht werden können, jede Lernaufgabe zu bewältigen. Es müßte nur sichergestellt werden, daß jeder einzelne genügend Zeit zur Verfügung hat, damit die Lernvoraussetzungen für weitere Anforderungen entstehen können. Skinner hatte durch seinen programmierten Unterricht bereits aufgezeigt, wie im einzelnen vorzugehen ist: in kleinen Lernschritten, die jeweils aufeinander aufbauen und den Lernenden allmählich zum Lernziel führen (s. S. 21f.). Wie in Skinners Lernprogrammen dürfe der Unterricht niemals voranschreiten, bevor sich der Lehrer nicht überzeugt hat, daß die für nachfolgende Aufgaben relevanten Lernvoraussetzungen vom Schüler beherrscht werden. Damit war das Konzept des „zielerreichenden Unterrichtens" *(Mastery-Learning)* entstanden.

Benjamin Blooms Konzept des zielerreichenden Lernens geht von der Grundüberzeugung aus, daß praktisch alle Jungen und Mädchen die schulischen Lernziele erreichen können, „sofern Schülern geholfen wird, wann und wo immer sie Lernschwierigkeiten haben, [weiterhin] wenn ihnen ausreichend Zeit gegeben wird, bis ihnen die Beherrschung *(mastery)* gelingt, und wenn klare Kriterien dafür vorliegen, wann diese Beherrschung als erreicht gelten kann" (Bloom, 1974). In Fortführung des auf Carroll zurückgehenden Gedankens, wonach Leistungsunterschiede bei Schülern entstehen, wenn allen die gleiche Menge Zeit zur Verfügung gestellt wird, fordert Bloom, jedem Schüler soviel Zeit zur Verfügung zu stellen, wie er zur Erreichung der jeweiligen Lernziele benötigt. Ein Arzt, so argumentiert Bloom (1976), behandelt doch auch nicht alle Patienten gleich; er wird einen Patienten mit einer Erkältung anders behandeln als einen zweiten mit einer doppelten Lungenentzündung, und er wird selbstverständlich davon ausgehen, daß letzterer mehr Zeit benötigt, bis er wieder gesund ist. Entsprechend sollte man bei Schülern verfahren. Lernende in der Schule müßten so lange „behandelt" werden, bis sie die zu Anfang festgelegten Leistungsanforderungen erfüllt haben. Wenigstens 80 Prozent der Schüler sollten dazu gebracht werden können, ein Leistungsniveau zu erreichen, das im herkömmlichen Unterricht nur von 20 Prozent der Mädchen und Jungen erreicht wird.

Bloom (1976) hat seine Vorstellungen mit Hilfe einer Graphik veranschaulicht, die Abbildung 3.4 wiedergibt. Unter den Bedingungen des herkömmlichen Unterrichts findet der Lehrer vor Beginn seiner Arbeit eine gewisse Verteilung des Leistungsniveaus seiner Schüler vor. Nach Blooms Überzeugung wird aber nichts getan, um dieser Verteilung entgegenzuwirken. Der Lehrer erreicht sogar das Gegenteil, denn „die Armen werden ärmer und die Reichen werden reicher". Die Schüler mit höherer Leistungsfähigkeit profitieren unter den Bedingungen des herkömmlichen Unterrichts mehr als die leistungsschwächeren. Dies müßte, so forderte Bloom, mit Hilfe des zielerreichenden Lernens geändert werden. Leistungsschwächeren Schülern sollte man solange zusätzlichen Unterricht erteilen, bis sich ihre Leistungen denen der Befähigten angepaßt hätten. Dem Unterricht weist Bloom somit die Funktion zu, vorgefundene Verteilungen zu verringern. Die Armen müssen bereichert werden, ohne daß den Reichen etwas genommen wird.

Vorliegende Nachprüfungen haben ergeben, daß alle Schüler, aber vor allem schwächere, mehr und bessere Leistungen erbringen, wenn sich Lehrer durch Gewährung von Zusatzunterricht im Sinne der Bloomschen Forde-

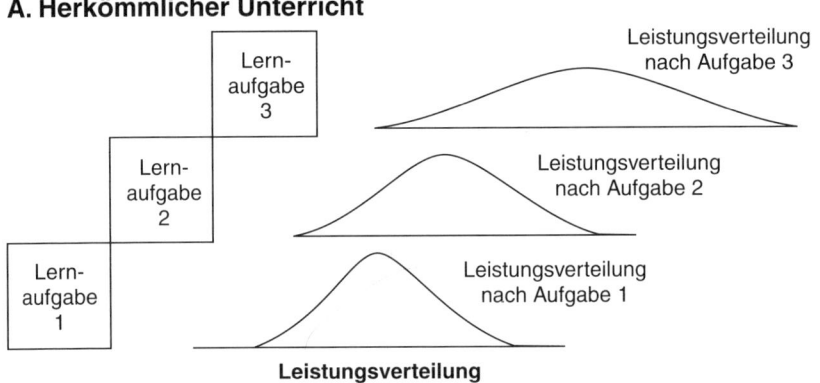

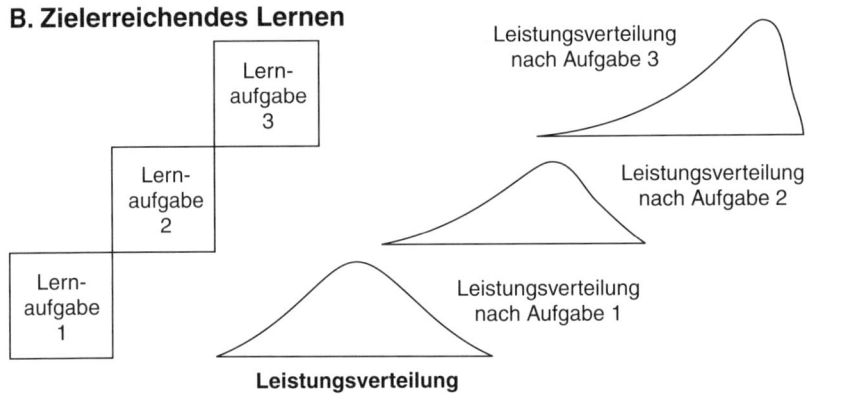

Abbildung 3.4:
Von Benjamin Bloom behauptete Veränderungen in der Verteilung des Leistungverhaltens von Schülern unter Bedingungen des herkömmlichen Unterrichts und des zielerreichenden Lernens

rungen auf die jeweils besonderen Fähigkeiten der Schüler einstellen. Erhebliche Schwierigkeiten bereitet allerdings im normalen Schulalltag die Antwort auf die Frage, woher der Lehrer die zusätzliche Unterrichtszeit nehmen soll, die schwächere Schüler benötigen. Es bleibt dem Lehrer nur die Möglichkeit, mit einzelnen Jungen und Mädchen weiter zu arbeiten, wenn die Befähigteren bereits nach Hause gegangen sind. Es müßte also eine Lösung des Zusatzunterrichtproblems gefunden werden, die allenfalls in Modellstudien zu verwirklichen ist (Kulik et al., 1990; Slavin, 1987).

3.2.6.3 Unterscheidung zwischen passiver und aktiver Beteiligung

Schüler lassen sich nicht nur nach ihrem Leistungsniveau bzw. nach der Schnelligkeit ihres Lernfortschrittes unterscheiden, sondern auch nach dem Umfang ihrer aktiven Beteiligung am Unterricht. Dabei ergibt sich sogar ein ziemlich eindeutiger Zusammenhang: Schüler mit besseren Leistungen beteiligen sich intensiver am Unterricht als schwächere (Greenwood et al., 1984). Es ist deshalb sinnvoll, Schüler danach zu unterscheiden, ob sie sich aktiv oder passiv beteiligen. Eine aktive Beteiligung liegt vor, wenn der Lernende für jeden Beobachter sichtbar etwas tut: Er stellt etwa mathematische Berechnungen an, schreibt etwas in sein Heft, versucht unter Verwendung von Körpern eine Waage ins Gleichgewicht zu bringen, oder gibt auf eine Frage des Lehrers eine Antwort. Im Falle einer passiven Beteiligung hört der Schüler dem Unterricht stillschweigend zu, wartet darauf, daß der Lehrer ihm weiterhilft oder hört zu, während andere einen Text vorlesen.

Bei der aktiven bzw. passiven Beteiligung handelt es sich nicht um ein allgemeines Merkmal des Schülers, sondern um eine Kennzeichnung, die zunächst einmal für eine bestimmte unterrichtliche Situation zutrifft. Ein Schüler kann sich also in einer Situation aktiv, in einer anderen passiv beteiligen. Aus behavioristischer Sicht besteht aber stets das Ziel, für jeden Schüler ein möglichst hohes Maß aktiver Beteiligung zu erreichen. Da jeder Verhaltensweise zudem möglichst immer positive Konsequenzen folgen sollten, ergibt sich aus behavioristischer Sicht die Forderung, dem Schüler bevorzugt Aufgaben zu stellen, auf die in 80 bis 90 Prozent der Fälle zutreffende Reaktionen folgen können, die also eher leicht sind.

3.2.6.4 Bestimmung angemessener Verhaltenskonsequenzen, dargestellt am Beispiel des Lehrerlobes

Vor einigen Jahren klebte an einigen Autos ein Aufkleber mit der Frage: „Hast du dein Kind heute schon gelobt?" Die Fahrer wollten auf diese Weise offenbar ihre Überzeugung zum Ausdruck bringen, daß Kinder insgesamt zu wenig gelobt werden. Was aber sollte darüber hinaus erreicht werden? Wollte man Eltern einfach nur auffordern, die Anzahl lobender Stellungnahmen gegenüber ihren Kinder quantitativ zu erhöhen?

Wenn sich ein Autofahrer mit einem solchen Appell an seine Umwelt wendet, muß er von der allgemein positiven Wirkung des Lobes überzeugt sein („je häufiger, desto besser"), denn er ermuntert offenbar dazu, eine solche positive Stellungnahme häufiger auszusprechen. Wie stehen behavioristisch orientierte Lernpsychologen zu einem solchen Appell? Sie weisen auf die Notwendigkeit hin, zwischen einfachen Konsequenzen einerseits und beispielsweise positiven Verstärkern andererseits zu unterscheiden. Eltern und Lehrer kontrollieren eine Vielzahl von Konsequenzen kindlicher Verhaltensweisen. Sie können mit Lächeln, verbalen Stellungnahmen, mit der Gewährung kleiner Privilegien oder mit Geschenken auf wünschenswerte Verhaltensweisen reagieren und damit die Erwartung verbinden, daß der Empfänger seine Aktivitäten zukünftig wiederholt, eventuell sogar noch häufiger zeigt. Skinner hat aber stets darauf verwiesen, daß solche Konsequenzen nicht notwendigerweise die Funktion von Verstärkern besitzen; sie waren als solche lediglich intendiert. Von einem Verstärker ist nur zu sprechen, wenn nachgewiesen werden konnte, daß sich durch ihn die Auftretensfrequenz des Zielverhaltens erhöht hat. Im Erziehungs- und Unterrichtsalltag wird häufig versucht, Verhaltensweisen durch lobende Anerkennungen zu verändern. Genauere Nachprüfungen ergeben jedoch nicht selten, daß mit solchen intendierten „Verstärkern" lediglich Konsequenzen (aber nicht Verstärker im Sinne Skinners) gesetzt worden sind, denn eine Verhaltensveränderung war nicht zu registrieren. Im folgenden ist deshalb der Frage nachzugehen, welche Bedingungen die Wahrscheinlichkeit erhöhen, daß aus lobenden Stellungnahmen tatsächlich positive Verstärker werden. Wodurch erhält ein Verstärkerreiz überhaupt seine verstärkende Funktion? Autoren, die sich am radikalen Behaviorismus orientieren, haben diese Frage in der Vergangenheit anders beantwortet als Autoren, die den Lernenden als Verarbeiter von Informationen sehen. Die fehlende Übereinstimmung in den Antworten ist auch zu erwarten, weil aus kognitiver Sicht lobende und tadelnde Stellungnahmen des Lehrers vom Empfänger interpretiert werden (s. S. 335ff.). Ein klärendes Wort in dieser strittigen Frage wäre nicht zuletzt auch für Lehrer von erheblicher Bedeutung.

Sollte, vor allem in der Tradition Thorndikes (s. S. 133f.), die Verstärkung ihre Funktion durch ihren angenehmen Gefühlszustand *(„satisfier")* erhalten, wäre dem Lehrer anzuraten, seinen Schülern ausschließlich positive Rückmeldungen zu geben. Nach einem Lob müßte sich ein Schüler „gut fühlen". Sollten die Informationstheoretiker demgegenüber Recht haben, dann würde die Verstärkung ihre Wirkung durch ihre *informative* Funktion erfüllen, denn aus ihrer Sicht prüft ein Lernender mit seiner Verhaltensweise einen Wenn-Dann-Zusammenhang bzw. eine Regel, die folgenden Wortlaut haben könnte: „Wenn ich dieses Verhalten zeige, weiß ich, daß es bestimmte angenehme Konsequenzen herbeiführt." Wenn der Lernende daraufhin die als Verstärker wirkende Information erhält, daß seine Regel weiterhin Gültigkeit besitzt, wird er das daraus abgeleitete Verhalten in Zukunft wiederholen. Sollte es dem Lernenden vor allem auf diese informativen Rückmeldungen und nicht auf einen angenehmen Gefühlszustand ankommen, dann bedeutet das etwa für den Lehrer, daß er auch kritische Rückmeldungen geben darf. Der Lernende muß ihnen nur entnehmen können, *was* er an seinem Regelwissen noch verbessern muß, damit ihm zukünftig bessere Vorhersagen über Verhaltenskonsequenzen gelingen. Die augenblickliche Forschungslage scheint den Standpunkt der Informationstheoretiker zu bestätigen. In Auswertung einschlägiger Untersuchungsergebnisse stellen Ellen Gagné und ihre Mitarbeiter (1993) fest, daß Menschen vor allem „Informationssucher" zu sein scheinen und es ihnen offenbar weniger darauf ankommt, sofortigen Genuß zu erleben. Ein solches Charakteristikum des Menschen, so ergänzen die Autoren, hat sich auf seine Anpassungsfähigkeit förderlich ausgewirkt. Er wurde dadurch veranlaßt, „neue Umgebungen in dem Bemühen zu untersuchen, sie zu verstehen und letztlich zu lernen, wie man in neuen Umgebungen existieren kann. Hätten wir während der letzten vier Millionen Jahre die Suche nach dem Genuß auf Kosten der Informationen betrieben, wäre zu bezweifeln, daß wir als Gattung überlebt hätten".

3.2 Operantes Konditionieren

Vor dem Hintergrund des aktuellen Forschungsstandes ist die Berechtigung des Aufklebers, von dem eingangs die Rede war, noch einmal zu überprüfen. Sollte man Lehrer ermahnen, ihre Schüler *häufiger* zu loben? In dieser sehr allgemeinen Formulierung wird man die Frage verneinen müssen. Zu befürworten ist aber, dem Lernenden regelmäßig informative Rückkoppelungen über sein Wissen zu geben, damit er Hinweise erhält, ob er sich weiterhin auf dem richtigen Weg befindet. Man darf sich dem Lernenden gegenüber auch kritisch äußern, vorausgesetzt, die Mitteilungen sind für den Lernenden so informativ, daß er möglichst genau erfährt, wie er sein Wissen von dieser Welt noch verbessern kann.

Auf eine sicherlich nicht beabsichtigte, unerwünschte Konsequenz des Lehrerlobes haben Vertreter der Attribuierungstheorie hingewiesen, auf die ausführlicher erst im 6. Kapitel eingegangen wird (s. S. 335ff.). Es konnte aufgedeckt werden, daß sich lobende und tadelnde Stellungnahmen tatsächlich vor allem auf den Grad der aufgewandten Anstrengung beziehen (Weiner & Kukla, 1970). Wenn ein Lehrer den Eindruck gewinnt, daß das Leistungsergebnis eines Schülers auf intensives Bemühen („Fleiß") zurückzuführen ist, wird er mit stärkstem Lob reagieren. Sollte demgegenüber ein Schüler versagen, weil er nach Überzeugung des Lehrers keine hinreichenden Anstrengungen unternommen hat („Faulheit"), ist eine tadelnde Stellungnahme wahrscheinlich. Ältere Schüler entnehmen ihrem Alltagswissen aber auch, daß mangelnde Fähigkeit durch eine entsprechende Erhöhung der Anstrengung ausgeglichen werden kann (Kun & Weiner, 1973). Sie entnehmen ihrem Alltagswissen aber ebenso, daß ein begabter Schüler bereits mit ziemlich geringem Anstrengungsaufwand vergleichsweise gute Leistungen erbringen kann. Die Kenntnis dieser Zusammenhänge gestattet es Schülern, lobenden und tadelnden Stellungnahmen des Lehrers zu entnehmen, welchen Grad der Anstrengung er jeweils unterstellt und für wie befähigt er die Adressaten seiner wertenden Stellungnahme hält (Meyer, 1982). Wenn also zwei Schüler das gleiche Leistungsergebnis erzielt haben und nur einer der beiden eine Anerkennung empfängt, läßt sich erschließen, daß sich der Gelobte nach Wahrnehmung des Lehrers mehr angestrengt haben muß. Wegen des kompensatorischen Verhältnisses von Begabung und Anstrengung ist zusätzlich die Schlußfolgerung möglich, daß der Lehrer den von ihm gelobten Schüler vergleichsweise geringe Fähigkeiten zuschreibt; eine entsprechende Wahrnehmung des Lernenden wirkt mindernd auf sein Selbstvertrauen (s. S. 363). Dieser unerwünschte Effekt tritt vor allem auf, wenn Schüler für die erfolgreiche Bearbeitung leichter Aufgaben gelobt werden (die erfolgreiche Bearbeitung schwieriger Aufgaben wird stets auch höhere Befähigungen voraussetzen). Außerdem ist mit solchen Wirkungen vorwiegend unter darstellungsorientierten, nicht aber bei lernzielorientiertem Schülerverhalten zu rechnen (s. S. 366f.). Allerdings ist nicht zu bestreiten, daß die Erkenntnisse der Attribuierungstheoretiker den Appell des Autoaufklebers noch problematischer erscheinen lassen. Wenn ein Lehrer einen Schüler nämlich nach einem Mißerfolg tadelt, kann er ihm auf nichtsprachlichem Wege durchaus auch etwas Positives übermitteln. Er teilt ihm auf diese Weise indirekt mit, daß er ihn für einen befähigten Schüler hält, der mehr leisten könnte, wenn er sich nur entsprechend bemühen würde. Jacquellynne Parsons und ihre Mitarbeiterinnen (1982) gelangten deshalb auch zu folgender Feststellung: „Wer die Empfehlung gibt, daß Lehrer Kritik vermeiden sollten, und statt dessen großzügiger zu loben hätten, übersieht die Bedeutung des Kontexts, innerhalb dessen der informative Gehalt jeder Mitteilung bestimmt wird. Eine geschickt ausgewählte Kritik kann eine viel positivere Information übermitteln als ein Lob. Gehäuft oder voraussetzungslos gegebenes Lob besitzt keinerlei Bedeutung. Ein unaufrichtiges Lob, daß nicht mit den Erwartungen des Lehrers im Einklang steht, kann auf viele Schüler ungünstige Wirkungen haben." Wie läßt sich solchen unerwünschten Effekte aber entgegenwirken?

Pädagogische Psychologen (Brophy, 1981; O'Leary & O'Leary, 1977; Krampen, 1985, 1987) haben Leitlinien erarbeitet, die bei einem Lob (einer Rückmeldung) beachtet werden sollten. So wird u. a. empfohlen, ein Lob *systematisch* auf das anzuerkennende Verhalten zu beziehen. Der Lernende sollte der Stellungnahme des Lehrers stets entnehmen können, auf welche Aspekte seines Verhaltens sie sich bezieht (Spielberger & DeNike, 1966; Bandura, 1986). In einer Diskussion wird etwa hervorgehoben: „Du hast andere ausreden lassen, auch wenn sie Standpunkte vertraten, denen du nicht zustimmen konntest. Das hast du gut gemacht." Für den Lernenden ist ein solches Lehrerurteil aufschlußreicher als beispielsweise die pauschale Feststellung: „Du warst sehr rücksichtsvoll (oder tolerant)." Gleiches gilt für Kommentare, die Lehrer etwa unter Klassenarbeiten schreiben. Sie sollen den Schüler darüber informieren, was ihm gut gelungen ist. Ebenso dürfen sie ihm aufzeigen, was sich noch verbessern läßt. Eine Lehrerbemerkung, wie etwa „Gut gemacht! Weiter so!" sollte in jedem Fall unterbleiben, denn durch sie wird nur die Kontrollfunktion des Lehrers herausgestellt, ohne daß der Schüler irgendeine aufschlußreiche Information über seine Arbeit enthält. Solche Rückmeldungen des Lehrers wirken beeinträchtigend auf die Motivation des Schülers (siehe hierzu ausführlicher S. 347). Auf der Grundlage ihrer Erfahrungen mit Schülern sechster Schulstufen haben Maria Elawar und Lyn Corno (1985) vier Fragen formuliert, die dem Lehrer als Leitlinien dienen können, um die Aufmerksamkeit des Schülers auf bestimmte Schwächen seiner Arbeit zu richten: Welches ist der zentrale Fehler? Welches ist der wahrscheinliche Grund für diesen Fehler? Welche Hinweise helfen dem Lernenden am meisten, damit er diesen Fehler in Zukunft vermeidet? Welche guten Aspekte seiner Arbeit könnte man dem Schüler gegenüber hervorheben?

Ein Lob sollte weiterhin nur gegeben werden, nachdem ein Schüler wirkliche Verbesserungen, so etwa in seinen Leistungen oder seinen Arbeitsstrategien, gezeigt hat. Einem Schüler wird durch ein Lob etwa mitgeteilt, daß er jetzt bei der Bearbeitung seiner Mathematikarbeiten sorgfältiger arbeitet, indem er nach jedem Ergebnis noch einmal die Probe macht. Darauf sei seine geringere Fehlerzahl zurückzuführen. Zu beachten ist auch, daß ein Lob niemals gegeben werden sollte, um einem Lernenden nach einer Reihe von Mißerfolgen Trost zuzusprechen; es muß ein wirklicher Anlaß für die Anerkennung vorliegen.

Aus motivationspsychologischen Gründen (s. S. 362) sollte eine anerkennende Stellungnahme den Lernenden darauf aufmerksam machen, daß *er selbst* Fortschritte gemacht hat, nicht aber *im Vergleich zu anderen* besser abgeschnitten hat (Krampen, 1985)! Hinweise auf Fähigkeiten, vor allem dann, wenn diese als unveränderlich wahrgenommen werden („Du hast wirklich Talent!"), sollten ausnahmslos unterbleiben. Schließlich ist Lehrern zu empfehlen, einzelne Schüler niemals vor anderen als Vorbild herauszustellen, denn dadurch kann der Herausgestellte in soziale Konflikte mit anderen Lernenden geraten. Wenn ein Lernender dagegen erfährt, daß er sich einem erstrebten Ziel annähert, unabhängig von der Leistungsgüte anderer, ist dagegen mit einem motivierenden Einfluß zu rechnen (Harackiewicz et al., 1987), allerdings läßt sich diese Rückmeldung wirklich glaubhaft nur übermitteln, wenn Lehrer ihre Schüler zu einer Lernzielorientierung angeregt haben (s. S. 366).

3.3 Einige Grundlagen der sozial-kognitiven Lerntheorie

In den Chor der Kritiker, die zu Beginn der sechziger Jahre Unzufriedenheit mit dem strikten behavioristischen Ansatz bekundeten, reihte sich auch Albert Bandura ein. Zwar sieht dieser Begründer des sozial-kognitiven Ansatzes die Wurzeln seines eigenen Konzepts im Behaviorismus, er hat sich von diesem allerdings im Verlauf seiner Forschungstätigkeit zunehmend entfernt. Insbesondere Skinners Operante Konditionierung schien ihm keine ausreichende Erklärung für menschliches Lernen zu bieten. „Wenn Handlungen ausschließlich durch Belohnungen und Bestrafungen bestimmt würden," so erklärt er, „müßten sich Menschen wie Wetterfahnen verhalten und sich ständig in andere Richtungen drehen, damit sie sich den Launen anderer anpassen können" (Bandura, 1977). Kognitionen ermöglichen es dem Menschen, sich von solchen Launen unabhängig zu machen. Auf kognitive Prozesse greift Bandura (1986) auch bei seiner Kennzeichnung des Lernens zurück, wenn er feststellt, es handele sich dabei weitgehend „um eine informationsverarbeitende Aktivität, durch die Informationen über die Struktur von Verhaltensweisen und über Umweltereignisse in symbolische Repräsentationen, die als Wegweiser für Handlungen dienen, umgewandelt werden". Skinner (1953) hält es zwar für möglich, daß kognitive Prozesse Verhaltensänderungen begleiten, er schließt jedoch aus, daß sie auf solche Einfluß nehmen können; hier stehen sich zwei Autoren mit unterschiedlichen Auffassungen gegenüber.

Ein Mensch lernt für Bandura nicht nur durch Auswertung von Verhaltenskonsequenzen, sondern auch dadurch, daß er andere (sog. Modelle) beobachtet. Auf diese Weise ist er in der Lage, sich die Erfahrungen, die andere gewonnen haben, zunutze zu machen. Wie sollte auch ein Lehrling die von ihm geforderten handwerklichen Kenntnisse erwerben, wenn er keine Gelegenheit hätte, seinem Meister gelegentlich „auf die Finger" zu schauen (s. S. 110ff.)? Dabei ist es nicht erforderlich, daß Modelle dem Beobachter leibhaftig gegenüber treten. Verhaltensabfolgen, die über Filme – eventuell auch mit Zeichentrick-Inhalten – dargeboten werden, können ebenso zum sozial-kognitiven Lernen anregen.

Bandura hebt weiterhin hervor – auch darin unterscheidet er sich von Skinner –, daß nicht ausschließlich die Umwelt bestimmt, wann und was gelernt wird, denn „Verhalten schafft teilweise die Umwelt, und die resultierende Umwelt beeinflußt ihrerseits das Verhalten" (Bandura, 1977). Bandura rückt statt dessen den Begriff des „wechselseitigen Determinismus" in den Mittelpunkt seiner Vorstellungen. Er versteht darunter einen Prozeß, bei dem Merkmale der Person, Umweltfaktoren und das Verhalten als „verschachtelte Determinanten" aufeinander wirken. So erwartet ein aggressives Kind beispielsweise, daß ihm andere feindselig begegnen. Diese Wahrnehmung veranlaßt das Kind, diesen anderen aggressiv entgegenzutreten. Als Folge davon verhalten sich die anderen im Verlauf der Begegnung tatsächlich aggressiver. Das wiederum hat zur Folge, daß die ursprünglichen Erwartungen des Kindes bestätigt und möglicherweise verstärkt werden (Bell-Gredler, 1986).

Ob und in welchem Umfang ein Beobachter das Verhalten anderer imitiert, wird von vier Prozessen mitbestimmt: Aufmerksamkeit, Erinnerung, Wiedergabe und Motivation. Die Palette des durch Beobachtung zu Erlernenden ist breit. Sie reicht vom Erlernen neuer Verhaltensweisen über die Veränderung von Hemmungsmechanismen bis hin zur Erregung von Emotionen. Nicht alle Vorbilder besitzen jedoch die gleiche Attraktivität zur Nachahmung ihres Verhaltens. Über einige aufschlußreiche Zusammenhänge soll im folgenden ausführlicher informiert werden.

3.3.1 Kennzeichnung des Beobachtungslernens

Grundlegende Erkenntnisse über das Beobachtungslernen gewann Bandura in Experimenten, die er zusammen mit zwei Mitarbeiterinnen durchführte: Dorothea und Sheila Ross (Bandura, Ross & Ross, 1963a, 1963b). In ihren Untersuchungen sahen Vorschulkinder eine Frau, die eine Reihe aggressiver Verhaltensweisen zeigt. So nähert sich dieses Modell einer aufgeblasenen Gummipuppe, um diese für etwa zehn Minuten zu mißhandeln: Das Modell schlägt u. a. mit einem Hammer auf die Puppe ein, mißhandelt diese mit den Fäusten, wirft sie in die Luft usw. Diese Handlungen werden von entsprechenden verbalen Äußerungen begleitet, wie etwa: „Schlagt sie nieder! – Gebt ihr eins auf die Nase" usw. Unter einer weiteren Versuchsbedingung sahen junge Versuchspersonen das aggressive Verhalten der Frau in einem Film. Mitglieder einer dritten Gruppe erhielten die Gelegenheit, eine aggressive Katze in einem Zeichentrickfilm zu beobachten. Eine vierte (Kontroll-)Gruppe sah keinerlei Aggressionen.

Nach dieser Beobachtungsphase erfolgte eine Testphase. Im Anschluß an die verschiedenen Modellvorführungen wurden die Kinder einzeln in einen zwei-

3.3 Einige Grundlagen der sozial-kognitiven Lerntheorie

ten Experimentalraum geführt, in dem sich viele attraktive Spielsachen befanden. Allerdings erklärte man den Versuchspersonen, daß sie diese nicht berühren dürften, weil sie für andere Kinder reserviert seien. Diese kleine Zwischenszene sollte frustrierend wirken. Schließlich brachte man die Kinder einzeln in einen dritten Versuchsraum, der weniger, zudem älteres und insgesamt uninteressanteres Spielzeug, darunter auch eine kleine aufgepumpte Gummipuppe, enthielt. In diesem Raum ließ man die jungen Versuchspersonen vorübergehend allein. Wie reagierten die Kinder nun auf die mögliche Enttäuschung, mit unattraktivem Spielzeug allein gelassen zu sein? Unauffällig beobachtete die Versuchsleiterin die Jungen und Mädchen in dieser Situation.

Die Kinder, die das aggressive Verhalten eines Modells, entweder *life,* im Film oder als Zeichentrick gesehen hatten, reagierten insgesamt aggressiver als die Mitglieder der Kontrollgruppe. Kinder der ersten drei Gruppen attakkierten die Gummipuppe, und zwar fast auf gleiche Weise wie das zuvor beobachtete Modell.

Später hat Bandura (1965) das geschilderte Experiment etwas variiert. In einem der Anschlußexperimente hatte das Verhalten des Modells unterschiedliche Konsequenzen: Unter der ersten Bedingung waren die Aggressionen von positiven Konsequenzen gefolgt. Unter einer zweiten Bedingung führten die gleichen Verhaltensweisen zu Bestrafungen. In einer dritten Version des Filmes gingen die Aggressionen mit keinerlei Konsequenzen einher. Die Kinder der Gruppe 1 (Aggressionen wurden belohnt) ahmten das aggressive Modell häufiger und ausgeprägter nach als die Kinder, die den Film unter der zweiten (Aggressionen wurden bestraft) oder dritten Bedingung (Aggressionen blieben ohne Konsequenzen) gesehen hatten.

Die von den Versuchspersonen in der abschließenden Testphase der Experimente jeweils gezeigten Aggressionen wertete Bandura als Ergebnis des „Beobachtungslernens", denn die stets zuvor vom Modell gezeigten Handlungen waren in sämtlichen Fällen so ungewöhnlich, daß sie sich zuvor nicht im Verhaltensrepertoire der Kinder befunden haben könnten.

Experimenten dieser Art entnahm Bandura, daß sich das Beobachtungslernen in mehrfacher Hinsicht von dem Verstärkungslernen Skinners unterscheidet. Zwar verwendete auch Bandura den Verstärkungsbegriff; er besaß für ihn jedoch eine andere Funktion. Außerdem entnahm Bandura seinen Experimenten, daß es sinnvoll ist, zwischen Lernen und Verhalten zu unterscheiden.

3.3.1.1 Unterscheidung zwischen Lernen und Verhalten

Man könnte dem Experiment von Bandura, Ross und Ross entnehmen, daß Kinder unter den drei Bedingungen des Experiments unterschiedlich viel gelernt hatten. Das trifft jedoch nicht zu. Wenn man den jungen Versuchspersonen nämlich attraktive Belohnungen für gute Nachahmungen in Aussicht stellte, verschwanden die Verhaltensunterschiede zwischen den drei Gruppen, in denen Aggressionen vorgeführt worden waren. Sobald ein Anreiz für richtige Nachahmungen geboten wurde, waren auch die Kinder, die die zweite und dritte Version des Filmes gesehen hatten, in der Lage, die beobachteten aggressiven Verhaltensweisen nachzuspielen.

Es ist demnach möglich, daß Lernprozesse stattfinden, die nicht unmittelbar im Verhalten zum Ausdruck kommen. Im Unterschied zu den Konditionierungstheoretikern unterscheidet Bandura zwischen Lernen und Verhalten. Lernen wird definiert als der Erwerb symbolischer Repräsentationen in sprachlicher oder bildlicher Form; diese können als Leitlinien für späteres Verhalten dienen. Obwohl die Versuchspersonen des Experimentes von Bandura und seinen Mitarbeiterinnen in sämtlichen Gruppen die gleichen Verhaltensweisen eines Erwachsenen beobachtet hatten, zeigten nur die Mitglieder der ersten Gruppe, daß es offenbar angemessen war, Aggressionen in der vorliegenden Situation offen zu zeigen. Die Versuchspersonen der zweiten Gruppe hatten dagegen gesehen, daß es keineswegs erwünscht war, wütend auf eine Gummipuppe einzuschlagen. Die Mitteilung, daß gute Nachahmungen belohnt würden, veranlaßte diese Kinder dann möglicherweise zu einer Korrektur ihres früheren Eindrucks, denn der Versuchsleiter hatte ihnen durch seine Ankündigung gleichzeitig signalisiert, daß die Situation nunmehr das Zeigen von Aggressionen nicht nur zulasse, sondern sogar honoriere. Diese Trennung von Lernen und Verhalten ist jedem Lehrer zweifellos vertraut, denn er berücksichtigt, daß Leistungen, die ein Schüler unter Prüfungsbedingungen erbringt, nicht notwendigerweise ein gutes Abbild seines bisherigen Lernens darstellen.

3.3.1.2 Lernen durch stellvertretende Verstärkung

Es gibt ein altes Sprichwort, nach dem nichts so erfolgreich ist, wie der Erfolg. Ein Mensch, der nach Einschätzung seiner Beobachter etwas getan hat, was ihm Erfolge eingebracht hat, wird in der Regel viele Nachahmer finden. Bandura (1986) erklärt diesen Zusammenhang durch den Begriff der stellvertretenden Verstärkung. Eine solche liegt vor, wenn ein Beobachter wahrnimmt, daß bei einem Modell eine Verhaltensweise verstärkt und diese daraufhin nachgeahmt wird. Die jungen Teilnehmer des geschilderten Experiments von Bandura, Ross und Ross imitierten Aggressionen gegenüber einer Gummipuppe, nachdem ihnen vorgeführt worden war, daß ein solches Verhalten belohnt wird. Ein Verhalten mit anfänglich geringer spontaner Auftretenswahrscheinlichkeit (Schlagen der Gummipuppe) trat in Abhängigkeit von den Konsequenzen, die ein „Modell" dafür erhalten hatte, entweder häufiger oder seltener auf. Die beobachtete Konsequenz wirkte folglich so, als hätten die Kinder sie selbst erfahren. Stellvertretende Verstärkung liegt auch vor, wenn man sich darüber freut, einen anderen Menschen glücklich gemacht zu haben. Eine stellvertretende Verstärkung kann die gleichen, eventuell sogar noch stärkere Effekte als eine direkte Verstärkung nach sich ziehen (Bandura, 1986). Das gilt auch für eine stellvertretende Bestrafung. Wenn ein Beobachter feststellt, daß ein an-

3.3 Einige Grundlagen der sozial-kognitiven Lerntheorie

derer für eine Verhaltensweise bestraft wird, wächst die Wahrscheinlichkeit, daß er eine solche Verhaltensweise nicht nachahmt. Auf diesen Zusammenhang beziehen sich vermutlich auch Befürworter der „abschreckenden Wirkung" von Bestrafung.

Verstärkungen besitzen aus der Sicht der sozial-kognitiven Lerntheorie eine andere Funktion als in der Operanten Konditionierung. Sie informieren den Beobachter über den Wert oder die Angemessenheit bestimmter Verhaltensweisen (Moore & Eisenberg, 1984). So nahm ein Teil der Kinder in dem Experiment von Bandura und Mitarbeiterinnen zur Kenntnis, daß Aggressionen belohnt wurden. Daraus dürften sie den Schluß gezogen haben, daß es erwünscht ist, wenn solche Verhaltensweisen gezeigt werden. Unter der zweiten Bedingung wären die Kinder wahrscheinlich auch motiviert gewesen, nach der erfolgten Frustration mit Aggressionen zu reagieren. Aber sie hatten durch Beobachtung des Modells erfahren, daß ein solches Verhalten nicht erwünscht war, denn es hatte negative Konsequenzen.

Lehrer sollten den Einfluß der stellvertretenden Verstärkung bei ihren Maßnahmen beachten: Wenn sie die Leistungen eines Schülers lobend herausstellen, einen anderen für sein Verhalten tadeln, dann haben sie stets zahlreiche Beobachter. Wenn also ein Schüler ständig ungefragt Antworten in die Klasse ruft, dann ist für die übrigen Klassenmitglieder die Reaktion des Lehrers sehr aufschlußreich. Sollte er das Verhalten nicht ausdrücklich mißbilligen, könnten andere den Schluß ziehen, daß es von ihm zumindest toleriert wird.

3.3.2 Wirkungen des Beobachtungslernens

In der sozial-kognitiven Lerntheorie wird zwischen Modellieren und Nachahmen bzw. Imitieren unterschieden. Modellieren geht über das Kopieren beobachteter Verhaltensweisen hinaus. Durch Modellieren kann die Wahrscheinlichkeit ihres Auftretens auch erhöht oder gesenkt werden. Zumeist wird durch Beobachtung anderer keine exakte Kopie der beobachteten Verhaltensabfolge im Gedächtnis gespeichert. Vielmehr erwirbt man als Ergebnis des Beobachtungslernens allgemeine Verhaltensstile. Das zeigte sich auch in dem Experiment, in dem Vorschulkindern aggressive Modelle vorgeführt worden sind (s. S. 160f.).

Wenn ein Kind beobachtet, wie ein Erwachsener aggressiv auf eine Gummipuppe einschlägt, dann entwickelt sich bei ihm eine allgemeine Vorstellung oder ein Schema (zum Schemabegriff siehe S. 194ff.). Ein solches Schema enthält die wesentlichen Merkmale der vorgeführten Aggressionen; der Beobachter merkt sich nicht jede kleine Einzelheit. Im dritten Abschnitt des Experiments von Bandura, Ross und Ross haben mehrere Kinder einige spezifischen Verhaltensweisen, so etwa das Einschlagen auf die Puppe mit einem Hammer, ziemlich exakt imitiert. Darüber hinaus zeigten sie aber auch eigene Improvisationen. Sie behandelten die Gummipuppe und andere Spielsachen zwar aggressiv, aber auf eine Weise, die ihnen vom Modell in dieser besonderen Form nicht vorgeführt worden war. Die Versuchspersonen hatten folglich in der ersten Beobachtungsphase des Experiments von Bandura et al. nicht nur die spezifischen Möglichkeiten kennengelernt, eine Puppe zu mißhandeln, sondern dies zugleich als allgemeine Mitteilung verstanden, daß Aggressionen in der vorliegenden Situation zulässig, zumindest aber möglich waren.

Ebenso können auch unerwünschte oder gar kriminelle Handlungen wiederholt werden. Über einen längeren Zeitraum war das Entführen von Flugzeugen weithin unbekannt. Das änderte sich nach der ersten Entführung eines Flugzeugs im Jahre 1961 nach Kuba. Die damaligen Akteure mit ihrer erpresserischen Vorgehensweise hatten für viele als Modelle gewirkt, denn in den nachfolgenden 14 Jahren mußten sich 71 Nationen mit dem Problem der Luftpiraterie auseinandersetzen (Bandura, 1979).

3.3.2.1 Gewinnung relevanter Informationen

Nachdem Autofahrer andere Verkehrsteilnehmer beobachtet haben, die wegen zu schnellen Fahrens ein Bußgeld bezahlen mußten, neigen sie selbst zur einer Drosselung ihrer eigenen Geschwindigkeit (Kazdin, 1989). Aber es gibt selbstverständlich auch die Umkehrung: Da die meisten Geschwindigkeitsüberschreitungen straffrei bleiben, werden selbst folgsame Fahrschüler sehr schnell nach ihrer Prüfung „ganz normale Autofahrer" – und fahren so schnell wie all die anderen auch. Diese anderen sind offenbar „erfolgreiche Modelle" für Anfänger. Eine wichtige Funktion des Beobachtungslernens ist es demnach, relevante Informationen mit Hilfe anderer zu gewinnen. Wer im Rahmen eines festlich gestalteten Abendessens zum ersten Mal in seinem Leben Austern vorgesetzt bekommt, schaut sich bei anderen genau an, wie man Austern ißt und versucht, die beobachteten spezifischen Verhaltensweisen nachzuahmen. Möglicherweise sucht man bei seinen Tischnachbarn aber auch nur nach diskriminativen Hilfsreizen: Man möchte wissen, welches Besteck man beim nächsten Gang verwendet.

Auch im Unterricht wird davon ausgegangen, daß Lernende vorgeführtes Verhalten nachahmen. Der Tennislehrer macht seinem Schüler wiederholt vor, wie man die Vor- und Rückhand spielt. Auf grundsätzlich gleiche Weise kann man Lernenden helfen, die Schwierigkeiten bei Subtraktionsaufgaben zeigen, vor allem wenn ein Zehnerübergang erforderlich ist, wie bei 12 – 5. In einer Studie lernten Grundschüler des zweiten Schuljahres das „Borgen eines Zehners", indem sie andere beobachteten. Unter einer ersten Bedingung diente ein anderer Zweitkläßler als Modell, unter einer zweiten Bedingung der Lehrer. Es zeigte sich, daß die Beobachtung eines Mitschülers nicht nur zu besseren Leistungen bei Subtraktionsaufgaben führte, sondern daß es auch das Vertrauen in die eigene Lernfähigkeit mehr stärkte als die Lehrerdemonstration (Schunk & Hanson, 1985). Vor allem wenn Schüler an ihrer eigenen Leistungsfähigkeit in einem Unterrichtsfach zweifeln und deshalb den Aufgaben mit Befürchtungen entgegentreten, empfiehlt es sich, sie mit leistungsstärkeren Schülern als Vorbilder zu konfrontieren bzw. mit solchen, die bei „schwierigen" Aufgaben trotz wiederholter Fehlschläge Ausdauer zeigen und dadurch schließlich Erfolge erzielen (Schunk, 1987). Für den Einsatz von Mitschülern als Tutoren gibt es also überzeugende Argumente – sie sind dabei offenbar die „besseren Modelle" für Schüler.

Gleichaltrige Vorbilder bewähren sich auch bei der Vermittlung nicht-schulischer Lerninhalte. So hörten fünf bis sieben Jahre alte Kinder beispielsweise von einem Erwachsenen, wie gefährlich es sein kann, sich von Fremden ansprechen zu lassen. Sie erfahren, wie sie sich am besten verhalten, wenn ein Unbekannter sie zum Mitkommen auffordert. Als diese Kinder im Anschluß an die Lektion auf einem Spielplatz tatsächlich einem freundlichen Fremden begegneten, widerstanden ihm nur wenige. Eine andere Gruppe erhielt die Gelegenheit zur Beobachtung eines anderen gleichaltrigen Kindes. Dieses demonstrierte Techniken zur Abwehr von Fremden. Wenn man mit Kindern dieser Gruppe das Abwehrverhalten zusätzlich mündlich wiederholte, widerstanden die meisten Kinder den Verlockungen des Fremden (Poche et al., 1988).

3.3.2.2 Erlernen kognitiver Strategien

Man kann das Modell nutzen, um bestimmte Vorgehensweisen bei der Lösung von Aufgaben zu demonstrieren. Eine Variante stellt das „kognitive Modellieren" dar. Dabei gibt das Modell (der Lehrer) den Lernenden nicht nur Erklärungen, sondern – in einer Variante – verbalisiert zusätzlich seine Gedanken und nennt Gründe für seine eigenen Vorgehensweisen (Meichenbaum, 1977). Donald Meichenbaum erhielt entscheidende Anregungen aus den Arbeiten Wygotskis. Wie bereits an anderer Stelle festgestellt worden ist (s. S. 102f.), vertrat Wygotski den Standpunkt, daß reifes Denken im wesentlichen inneres Sprechen ist. Die Fähigkeit zum inneren Sprechen, so lehrte er, sei das Endprodukt eines Prozesses, der mit hörbaren Selbstverbalisierungen des Kindes beginnt. Kinder, die keinen hinreichenden Gebrauch von diesen Selbstverbalisierungen machen, können Schwierigkeiten bei der Bewältigung von Problemsituationen haben. Gelingt es, ihnen diese Strategie zu vermitteln, dann ist mit einer Veränderung ihres Verhaltens zu rechnen.

Der Lehrer hat vielfach Gelegenheit, seinen Schülern in alltäglichen Problemsituationen modellhaft vorzuführen, daß man darin zu sich selbst sprechen kann. Brenda Manning (1991) beschreibt einen Lehrer, der sich während der Unterrichtsstunde mit einem defekten Overhead-Projektor auseinandersetzen muß. Der Lehrer demonstriert seinen Schülern, daß es durchaus möglich und angemessen sein kann, in solchen Situationen laut zu sich selbst zu sprechen. Im Einklang mit Donald Meichenbaums Empfehlungen definiert er zunächst das Problem, und anschließend zeigt er, wie Selbstverbalisierungen sein Verhalten lenken:

„Warum läßt sich dieser Overhead-Projektor nicht einschalten? Mal sehen. Ich versuche ihn nochmals anzuschalten. Dieser Pfeil zeigt nach rechts. Habe ich den Schalter nun nach links oder nach rechts gedreht? – Nochmal versuchen." – Nach einer Frustration demonstriert der Lehrer weiterhin durch laut dargestellte Selbstinstruktion, wie man eine solche Situation bewältigt: „Das kann einen leicht frustrieren. Am besten tief Luft holen und Ruhe bewahren. Da muß es eine Lösung geben." Nachdem eine Lösung gefunden wurde, verstärkt sich der Lehrer selbst. „Ich habe mich nicht unterkriegen lassen und stelle fest, daß die Steckdose nicht funktioniert. Ich probiere es 'mal mit dieser Steckdose. He! – die funktioniert!"

Es gibt zahlreiche Gelegenheiten für einen Lehrer, seinen Schülern während des Unterrichtsalltags diese Form der Selbststeuerung offen vorzuführen. Ihnen wird auf diese Weise vermittelt, daß es in Problemsituationen sehr wohl angemessen sein kann, Selbstgespräche zu führen.

Das kognitive Modellieren läßt sich auch im Fachunterricht einsetzen. In einer Mathematikstunde kann man Schülern erklären, wie bestimmte Aufgaben zu rechnen sind. Dale Schunk (1981) stellte fest, daß es das Verstehen und entsprechend die Leistungen fördert, wenn der Lehrer seine Vorgehensweise bei einer Aufgabe Schritt für Schritt vor seinen Schülern verbalisiert. So soll beispielsweise die Aufgabe 276 : 4 bearbeitet werden. Der Lehrer könnte seine Vorgehensweise durch folgende Feststellungen beschreiben und erläutern (Schunk, 1991):

„Ich beginne bei der Zahl 276 ganz links und gehe nach rechts, bis ich eine Zahl habe, deren Wert gleich 4 oder größer ist. Ist 2 größer als 4? Nein. Ist 27 größer als 4? Ja. Meine erste Division ist also 27 dividiert durch 4. Nun muß ich 4 mit einer Zahl multiplizieren, die entweder 27 oder etwas weniger ergibt. Wie ist es mit der 5? 5 x 4 = 20. Nein, das ist zu wenig. Ich versuch es 'mal mit 6. 6 x 4 = 24. Das könnte richtig sein. Ich versuche es aber nochmal mit der 7. 7 x 4 = 28. Das ist zuviel. 6 ist also richtig."

Dabei hat es sich übrigens als hilfreich erwiesen, fehlerhafte Lösungswege in die Selbstverbalisierungen einzubauen (wie in dem Projektorbeispiel), um vorzuführen, wie man solche entdeckt und wie man konstruktiv auf sie reagieren kann. Empfehlenswert ist weiterhin, Selbstverstärkungen zu verbalisieren („Das habe ich schon 'mal recht gut gemacht."), vor allem für solche Schüler, die bei Schwierigkeiten dazu neigen, an ihrem Können zu zweifeln (Schunk, 1991 a). In praktisch jedem Unterrichtsfach fördert das die Selbstwahrnehmung des Schülers und seine Möglichkeit, sich selbst zu steuern.

3.3.3 Komponenten des Beobachtungslernens

Albert Bandura (1986) unterscheidet beim Beobachtungslernen vier Komponenten. Beobachter müssen zunächst einmal ihre Aufmerksamkeit auf das Mo-

3.3 Einige Grundlagen der sozial-kognitiven Lerntheorie

dell richten. Das Verhalten, das in den Blickpunkt ihrer Aufmerksamkeit geraten ist, muß sodann im Gedächtnis fixiert werden, bevor es zu einem späteren Zeitpunkt reproduziert werden kann. Ob ein Beobachter ein solches Verhalten dann auch tatsächlich zeigt, hängt von seiner Motivation ab.

Beobachtungslernen beginnt also damit, daß die *Aufmerksamkeit* des Beobachters erregt wird. Bei der Aufmerksamkeit handelt es sich um einen Prozeß, der aus dem gesamten Reizangebot der Umwelt eine Auswahl für die weitere Verarbeitung vornimmt (s. hierzu auch S. 185f.). Mehrere Faktoren bestimmen mit, welche Selektion vorgenommen wird. Dazu gehören nach den Feststellungen Banduras (1977) sowohl Merkmale des Modells als auch die wahrgenommene Relevanz des Verhaltens. Menschen, die als kompetent, freundlich und mächtig wahrgenommen werden, besitzen gute Voraussetzungen, die Aufmerksamkeit zu erregen. Diese Bedingung wird von vielen Lehrern erfüllt, die bei ihren Schülern den Eindruck erwecken können, ihr Fachgebiet gut zu beherrschen und die zudem freundliche Beziehungen zu ihren Schülern entwickelt haben. Ein weiteres bedeutsames Lehrermerkmal ist die *Begeisterungsfähigkeit*. Lehrer, die ihre Schüler in hohem Maße mitreißen können, haben offenkundig an dem, was sie zu vermitteln versuchen, Interesse. Sie können ihre Schüler davon überzeugen, daß das, was sie lernen, bedeutsam ist. „Solche Lehrer ... sind treffliche Modelle, deren Engagement zur Identifikation und Inspiration herausfordert", stellen Raymond Wlodkowski und Judith Jaynes (1990) fest. Begeisterung wird durch sprachliche Äußerungen, vor allem aber auf nichtsprachlichem Wege (Lautstärke, durch Augenkontakt, Gesten, intensive Bewegungen) zum Ausdruck gebracht (Collins, 1978).

Bevor man Verhalten nachahmen kann, muß man das Beobachtete in das *Gedächtnis* transferieren. Nach Bandura (1977) kann das Beobachtete im Gedächtnis zum einen in bildlicher, zum anderen in sprachlicher Form repräsentiert sein. Ein bedeutsamer Prozeß zur Förderung des Behaltens ist die Wiederholung (s. S. 188f.). Lernende sollten beobachtetes Verhalten auf der Vorstellungsebene oder durch körperliche Nachahmung wiederholen (beispielsweise Schwimmbewegungen). Spitzensportler (etwa Schlittschuhläufer oder Leichtathleten) werden von ihren Trainern ausdrücklich zum „stillen Wiederholen" der vorgeschriebenen Übungen herausgefordert, denn es kann nachgewiesen werden, daß sich Leistungen durch „mentales Training" steigern lassen (Feltz & Landers, 1983), vor allem dann, wenn sie eine starke kognitive Komponente besitzen, wie etwa beim Tauchen oder Hochsprung (Onestak, 1991). Unterschiede, die bei Spitzenathleten auf körperlich-motorischer Ebene bestehen, sind für Erfolge und Mißerfolge kaum noch ausschlaggebend, denn wegen des intensiven Trainings bleiben hier keine Reserven mehr; sie liegen eher in der psychologischen Vorbereitung (Iso-Ahola & Hatfield, 1986). Das Üben körperlicher Bewegungen auf der Ebene der Vorstellungen hilft Athleten wahrscheinlich, ihre Bewegungen in interne symbolische Repräsentationen umzusetzen. Ihre Bewegungen werden ihnen noch vertrauter. Zusätzlich erreicht man bei ihnen eine höhere Automatisierung der Bewegungsabläufe (Vealey, 1986).

Nach Speicherung des Beobachteten im Gedächtnis sollte eine *Reproduktion* möglich sein. Das ist jedoch in alltäglichen Unterrichtssituationen häufig nicht der Fall. Viele Schüler richten nämlich ihre Aufmerksamkeit nicht auf alle Aspekte der Lehrerdemonstration. Das Beobachtete – zumal wenn es sich um komplexere Aufgaben handelt – wird gedächtnismäßig zunächst noch unzulänglich erfaßt. Deshalb bietet die Reproduktion des Verhaltens die Gelegenheit, dieses zu vervollkommnen. Auf noch vorhandene Fehler bzw. bestehende Schwächen wird man zum einen durch Selbstbeobachtung aufmerksam. Eine günstige Förderungsbedingung ist zum anderen gegeben, wenn Lehrer sich die Wiedergabe des Schülerverhaltens genau ansehen und daraufhin möglichst objektive Rückmeldungen geben. Bei diesen „informativen Rückmeldungen" sollte der Lehrer keine negativen Bewertungen vornehmen und es vor allem vermeiden, Enttäuschung oder Unzufriedenheit mit dem Gezeigten zu äußern (Vasta, 1976).

Wie bereits ausgeführt wurde, unterscheidet die sozial-kognitive Theorie zwischen Lernen – im Sinne der Veränderung oder des Neuerwerbs der kognitiven Repräsentation eines Verhaltens – und dem tatsächlichen, beobachtbaren äußeren Verhalten (s. S. 161f.). Ob ein Verhalten nachgeahmt wird, hängt von der *Motivation* des Lernenden in einer gegebenen sozialen Situation ab. Bandura (1977) unterscheidet drei Formen der Verstärkung, von denen zwei bereits genannt wurden: Ein Beobachter kann ein Verhalten nachahmen und dafür eine *direkte Verstärkung* erhalten (s. S. 135f.). Die Verstärkung kann weiterhin *stellvertretend* sein (s. S. 162f.). Nachdem ein Beobachter gesehen hat, daß andere für eine bestimmte Verhaltensweise eine Belohnung erhalten haben, steigt seine Bereitschaft, dieses Verhalten nachzuahmen. Die Werbung setzt diese stellvertretende Verstärkung in erheblichem Maße in der Erwartung ein, daß die jeweils Angesprochenen die damit verbundenen Effekte zeigen. Als dritte Form der Verstärkung nennt Bandura die *Selbst-Verstärkung,* die für Lehrer und Schüler von erheblicher Bedeutung ist. Das Ziel pädagogischer Einwirkung ist stets, den Lernenden zur Selbststeuerung seines Verhaltens zu veranlassen, und dabei könnte auch die Selbst-Verstärkung eine Rolle spielen.

3.3.4 Steuerung des eigenen Lernens

Nach der traditionell behavioristischen Sichtweise hängt das Verhalten des Schülers ausschließlich von Bedingungen der Umwelt ab. Danach muß der Lehrer dafür Sorge tragen, daß den Verhaltensweisen seiner Schülerinnen und Schüler bestimmte, möglichst positive Konsequenzen folgen, damit eine Annäherung an die jeweiligen Lernziele erfolgt. Der Lehrer kann dabei allerdings nur erfolgreich sein, wenn er Kontrolle über das Verhalten jedes einzelnen Schülers behält. Wie soll er diese Aufgabe aber bewältigen, wenn er Klassen mit zwanzig und mehr Mädchen und Jungen zu unterrichten hat? Ein noch größeres Problem ist die Übertragung des in einer Situation Gelernten auf eine andere. Anita und Robert Woolfork (1974) hatten Schüler, die während des

3.3 Einige Grundlagen der sozial-kognitiven Lerntheorie

normalen Unterrichts erhebliche Konzentrationsschwierigkeiten zeigten, zu einer kleinen Lerngruppe von jeweils sechs Schülern zusammengefaßt. Unter Einsatz systematischer Verstärkung lernten die Schülerinnen und Schüler, dem Unterricht des Lehrers aufmerksam zu folgen. Nachdem die Teilnehmer dieses Verstärkungsprogrammes aber in ihre eigentliche Klasse zurückgekehrt waren, zeigten sich wiederum ihre früheren Probleme. Solche enttäuschenden Ergebnisse intensivierten die Suche nach Verfahren, die eine bessere Übertragung des Gelernten auf neue Situationen gewährleisten könnten. Es kam zu einer Wiederentdeckung der Notwendigkeit, den Schüler zum Partner werden zu lassen: Die Kontrolle, die nach den früheren Vorstellungen ausschließlich oder zumindest überwiegend beim Lehrer gelegen hatte, mußte – so erkannte man – wenigstens teilweise dem Schüler übertragen und von ihm übernommen werden.

Albert Bandura (1986) begann seine Arbeiten zum selbstgesteuerten Lernen in der Überzeugung, daß Menschen „selbst-leitende" Fähigkeiten besitzen, die sie in die Lage versetzen, in bestimmtem Umfang Kontrolle über ihre eigenen Gedanken, Gefühle und Handlungen" auszuüben. Wie weit sich (der „ältere") Bandura von seiner ursprünglichen behavioristischen Orientierung entfernt hat, wird daran deutlich, daß der Schüler nicht mehr als passiver Empfänger von Informationen gesehen wird. Nach sozial-kognitiver Sicht leistet er statt dessen einen aktiven Beitrag zur Erreichung der ausgewählten Lernziele, und auf dem Weg dorthin übt er ein erhebliches Maß an Selbstkontrolle aus (siehe hierzu auch Schunk, 1989). Ob ein Schüler zur Selbststeuerung seines Lernens zu motivieren ist, hängt teilweise von seinem Vertrauen in die eigene Fähigkeit ab, diese Selbststeuerung vornehmen zu können. Bandura spricht von Selbstwirksamkeitserwartungen (engl. *self-efficacy*). Ein Schüler wird nur dann bereit sein, Kontrolle über sein Lernen zu übernehmen, wenn er zum einen „weiß, wie man das macht" (instrumentelles Wissen), und zum anderen glaubt, die erforderlichen selbst-leitenden Fähigkeiten zu besitzen.

Ein sozial-kognitives Modell des selbstgesteuerten Lernens ist in Abbildung 3.5 dargestellt. Es wird davon ausgegangen, daß Schüler sich Lernziele auswählen, wie etwa ein Lehrbuch durchzuarbeiten, ein mathematisches Problem zu lösen oder ein Referat vorzubereiten. Die Schüler unterscheiden sich aber in ihren Urteilen eigener Selbstwirksamkeit, also in ihrer Überzeugung, über die inneren Voraussetzungen zur Erreichung dieser Ziele zu verfügen. Dabei sind beim selbstgesteuerten Lernen drei Teilprozesse zu unterscheiden: Selbstbeobachtung, Selbstbewertung und Selbstreaktion.

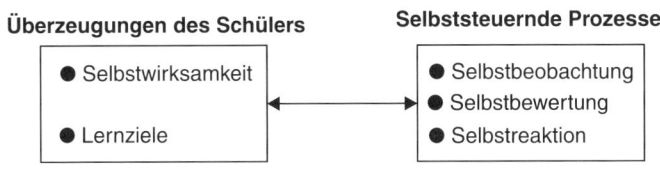

Abbildung 3.5:
Das sozial-kognitive Modell des selbstgesteuerten Lernens nach Schunk (1989)

3.3.4.1 Förderung von Selbstwirksamkeitserwartungen

Schüler und Studierende befinden sich ziemlich häufig in Situationen, in denen sie für sich zu klären haben, ob sie sich bestimmten Anforderungen stellen können und wollen. So mögen sie sich etwa Fragen der folgenden Art stellen: „Melde ich mich für das Referat, das ich weitgehend selbständig auszuarbeiten und vor der Klasse vorzutragen hätte?" – „Sollte ich mich nach dem Abitur um einen Studienplatz in der Medizin bewerben?" – „Beteilige ich mich an der Klausur, die zum Abschluß des Seminars geschrieben wird?" – „Bin ich in der Lage, mich von der Abhängigkeit des Rauchens zu lösen, das bei mir bereits zur Sucht geworden ist?" – „Sollte ich mich nach Lektüre dieses Buches in Pädagogischer Psychologie prüfen lassen?" – Nach Banduras (1986, 1989) sozial-kognitiver Theorie hängt die Antwort eines Menschen auf solche Fragen nicht unerheblich von seinen Selbstwirksamkeitserwartungen ab – also der eigenen Einschätzung des persönlichen „Wirkungsgrades".

Selbstwirksamkeitsurteile betreffen die *subjektive Einschätzung* eines Menschen, über die zur Bewältigung einer bestimmten Aufgabenart erforderlichen Voraussetzungen (Fertigkeiten, Fähigkeiten usw.) zu verfügen (Bandura, 1986). Die Selbstwirksamkeit ist nicht gleichzusetzen mit Begriffen wie Selbstkonzept oder Selbstwertgefühl, bei denen es sich um globalere Merkmale handelt. Selbstwirksamkeit ist dagegen sehr viel aufgabenspezifischer. Man mag hohe Selbstwirksamkeitserwartungen haben, ein Lehrbuch der Pädagogischen Psychologie lesen und verstehen zu können, aber gleichzeitig daran zweifeln, daß eine *Einführung in die Informatik für Betriebswirtschaftler* zu bewältigen ist. Von der subjektiv wahrgenommenen Selbstwirksamkeit eines Menschen hängt es ab, welchen besonderen Aufgabensituationen er sich zuwendet, welchen Anstrengungsaufwand er einbringt, wie ausdauernd er sich bei Schwierigkeiten weiterhin um die Erreichung des ausgewählten Zieles bemüht und wie gut es ihm gelingt, Angstgefühle zu kontrollieren (Bandura et al., 1982).

Ob ein Mensch sich als wirksam erlebt, bestimmt sich weiterhin danach, ob sich nach seiner Wahrnehmung das eigene Potential, eine Aufgabensituation bewältigen zu können, *verändert* hat. Wenn sich beispielsweise eine Schülerin mit Mathematikaufgaben auseinandersetzt, aber nicht zu dem Eindruck gelangt, daß sich ihr Wissen oder Können dadurch verändert hat, wird sie sich in diesem Sinne nicht als „selbst"-wirksam erleben, auch nicht bei günstiger Benotung ihrer Arbeitsergebnisse durch den Lehrer. Erst wenn sich bei ihr der Eindruck einstellt, daß sich ihr zugrundeliegendes Wissen durch die Bearbeitung von Mathematikaufgaben erweitert, ihr mathematisches Können verbessert hat, ist mit dem Urteil zu rechnen, die eigene Wirksamkeit gesteigert zu haben.

Das tatsächliche Leistungsverhalten eines Menschen wird von seiner wahrgenommenen Selbstwirksamkeit mitbestimmt. Wenn also mehrere Schülerinnen und Schüler gleiche (höhere, mittlere oder geringe) Fähigkeiten besitzen, dann ist es wahrscheinlich, daß diejenigen bessere Ergebnisse erbringen, die an die

3.3 Einige Grundlagen der sozial-kognitiven Lerntheorie

Bewältigung der ihnen vorgelegten Aufgabe *glauben*, während jene weniger leisten dürften, die an ihrem Erfolg subjektiv zweifeln (Bandura, 1986). Die Selbstwirksamkeitserwartungen eines Schülers stellen also eine bessere Grundlage für eine zuverlässige Vorhersage seines zukünftiges Leistungsverhaltens dar als seine Fähigkeiten.

Die aufgezeigten Zusammenhänge gelten nicht nur für Schüler. Auch Lehrer lassen sich nach ihrer subjektiven Überzeugung unterscheiden, ob sie bei ihren Schülern etwas bewirken können. Ein Lehrer, der etwa der Feststellung zustimmt, „daß ein Lehrer in Wirklichkeit nicht viel bewirken kann, weil Motivation und Leistungsverhalten des Schülers weitgehend von der häuslichen Umgebung abhängen", besitzt geringere Selbstwirksamkeitserwartungen als sein Kollege, der versichert, daß er das Interesse seiner Schüler am Lernen wecken kann (Woolfolk & Hoy, 1990). In den Schulklassen von Lehrern, die nach eigener Einschätzung die Anforderungen des Unterrichts gut bewältigen, die also überzeugt sind, fördernd auf das Lernen im Klassenzimmer einwirken zu können, finden sich vergleichsweise viele Schüler, die gute Leistungsfortschritte zeigen (Gibson & Dembo, 1984). Tatsächlich sind Lehrer mit hoher wahrgenommenen Selbstwirksamkeit gute Förderer ihrer Schüler (Ashton & Webb, 1986). Das überrascht nicht, wenn man sich ihren Unterricht genau ansieht. Lehrer mit hoher wahrgenommener Selbstwirksamkeit lassen sich während einer Unterrichtsstunde nicht so leicht von der Verfolgung ihrer Unterrichtsziele abbringen, sie widmen Schülern, die Schwierigkeiten beim Verständnis zeigen, ihre Aufmerksamkeit; sie äußern ihnen gegenüber Anerkennung, wenn sie schließlich erfolgreich sind, und sie fördern die Selbstverantwortung der Schüler für ihr Lernen (Ashton & Webb, 1986). Wenn Lehrer dagegen Zweifel haben, daß sie auf das Lernen ihrer Schüler fördernd einwirken können, sind sie demgegenüber eher bereit, sich von Ereignissen ablenken zu lassen, die nicht zu ihrem Unterrichtsziel gehören; sie resignieren ziemlich schnell bei Schülern, die etwas nicht verstanden haben, und sie zeigen auch eine vergleichsweise hohe Bereitschaft, Lernende für ihr Versagen zu kritisieren.

Welche Möglichkeiten haben Eltern und Lehrer, bei Mädchen und Jungen die subjektive Einschätzung zu fördern, daß sie bei schulischen Aufgaben erfolgreich sein werden? Wovon hängt die Selbstwirksamkeit in einer bestimmten Aufgabensituation ab? Bandura (1977, 1986) nennt vier verschiedene Informationsquellen, die Einfluß auf die wahrgenommene Selbstwirksamkeit eines Menschen nehmen: die bisherige Erfolgsgeschichte, stellvertretende Erfahrungen, ermunterndes Zureden und den physiologischen Erlebniszustand.

Der größte fördernde Einfluß auf die wahrgenommene Selbstwirksamkeit geht von den Erfahrungen mit ähnlichen Aufgabensituationen aus. Wenn man also in der Vergangenheit bei bestimmten Aufgaben Erfolge erzielt hat, wird das Vertrauen gestärkt, auch bei ähnlichen aktuellen und zukünftigen Anforderungssituationen erfolgreich zu sein. Umgekehrt gilt auch, daß die wahrgenommene Selbstwirksamkeit eines Menschen sinkt, wenn er mit Aufgaben bestimmter Art Mißerfolge erzielt hat. Wenn sich Mißerfolge in einem Zeitraum häufen, zu dem sich Selbstwerturteile erst noch ausbilden, dämpfen sie den Optimismus in zukünftige Erfolge besonders nachhaltig. Sofern dagegen anfänglich – also beispielsweise während der Grundschuljahre eines Kindes – die Erfolge die Oberhand behalten, ist mit der Entwicklung eines relativ robusten Selbstwirksamkeitsurteils zu rechnen, das auch von späteren gelegentlichen Mißerfolgen nicht mehr so leicht zu erschüttern ist (Bandura, 1981, 1986). Entsprechende Zusammenhänge lassen sich auch bei Lehrern beobachten. Sollten Lehrer allerdings zu der Einschätzung gelangen, daß sie den Anforderungen im Klassenzimmer nicht gewachsen sind, besteht eine erhöhte Wahrscheinlichkeit, daß sich ihre eigene von ihnen wahrgenommene „instruktionale Selbstwirksamkeit" vermindert (Dembo & Gibson, 1985).

Eine weitere Determinante der Selbstwirksamkeit ist mit der stellvertretenden Verstärkung gegeben. Wenn man sich in einer Aufgabensituation befindet und dabei feststellt, daß andere, die der eigenen Person ähneln (sog. Bezugspersonen), erfolgreich sind, steigt das Zutrauen in die eigene Kompetenz (Bandura, 1986). „Wenn der (die) das kann", so sagt sich der Beobachter, „muß ich das auch können."

Die Selbstwirksamkeitserwartungen werden weiterhin durch „gutes Zureden" im Sinne eines ermutigenden Zuspruchs gefördert. Viele Eltern und Lehrer wissen das und wenden es intuitiv an: „Ich weiß, daß du es schaffen wirst!", sagt die Mutter vor einer entscheidenden Prüfung zu ihrer Tochter. An Stelle der Mutter können auch der Lehrer, der Trainer, der Freund oder die Freundin diese Zusicherung geben – es muß sich nur immer um einen glaubwürdigen Partner handeln.

Der Lehrer muß seinem Schüler also überzeugend vermitteln, daß er echtes Vertrauen in seine Fähigkeiten hat; nur unter diesen Bedingungen lernt der Schüler, Selbstvertrauen zu entwickeln. Ermunterndes Zureden, das zur Steigerung der Selbstwirksamkeitserwartungen führt, fördert die Bereitschaft von Kindern, härter zu arbeiten und bessere Leistungen zu erbringen (Schunk, 1982, 1983). Routiniert und floskelhafte „Du-schaffst-das-schon"-Sätze sind aber wirkungslos, wenn sie nicht gar das Gegenteil bewirken.

Nicht selten gehört zum guten Zureden auch die Feststellung, daß wirklich kein Anlaß bestehe, aufgeregt zu sein. Damit wird versucht, die physiologische Erregung zu dämpfen, die mit Belastungssituationen häufig verbunden ist (s. S. 385f.). Schülerinnen und Schüler kennen ebenso wie Studierende die Erfahrung, daß beim Gedanken an eine bevorstehende Prüfung innere Erregung, Herzklopfen, Schweißausbruch oder Zittern entstehen. Sie haben möglicherweise gelernt, diese physiologischen Symptome als Zeichen der Nervosität zu deuten, die sie wiederum als Hinweis auf unzureichendes Können deuten. Die wahrgenommene Selbstwirksamkeit wird durch solche inneren Erregungszustände vermindert. Wenn es gelingt, die Prüfungsangst durch Anwendung geeigneter Maßnahmen unter Kontrolle zu bringen (s. S. 388ff.), ist nicht nur mit einem Anstieg der wahrgenommenen Selbstwirksamkeit, sondern auch mit einer Verbesserung der Leistung zu rechnen (Barrios, 1983).

3.3.4.2 Akzeptierung herausfordernder Ziele

Die Bestimmung von Lernzielen stellt eine bedeutsame Aktivität des Schülers beim selbstgesteuerten Lernen dar. Er muß möglichst genau wissen, „wohin die Reise geht", wobei es durchaus leistungsfördernd ist, wenn sich Kinder in dem, was sie sich selbst zutrauen, ein wenig überschätzen (Bandura, 1990; Helmke, 1992). „Personen mit illusionärem Optimismus", so fassen Gabriele Oettingen und Todd Little (1994) die Ergebnisse einschlägiger Untersuchungen zusammen, „sind nicht nur weniger anfällig für depressive Verstimmtheiten, sie sind auch eher bereit, Hilfestellungen zu geben, sind umgänglicher und populärer. Außerdem sind sie kreativer und mutiger, wenn es um folgenschwere Lebensentscheidungen geht. Zudem ist die Persistenz [Ausdauer] und Geduld im Überwinden von Schwierigkeiten und Barrieren erhöht. Insgesamt hilft eine ins Positive gefärbte Sicht der eigenen Zukunft und des eigenen Potentials nicht nur dem momentanen Wohlbefinden, sondern fördert den Leistungserfolg und die effiziente Gestaltung des weiteren Lebensweges." Allerdings sollte der Optimismus nicht ins Uferlose gehen und sich damit von der Wirklichkeit zu sehr entfernen. Deshalb ergänzen Oettingen und Little ihre Ausführungen mit der Mahnung: „Ein übertriebener Optimismus handelt sich schnell wieder Nachteile ein." Das Vorliegen eines von einem gewissen Optimismus getragenen Lernzieles reicht zur Selbststeuerung des Lernens allerdings noch nicht aus. Der Schüler muß bereit sein, das Ziel für sich als verbindlich zu akzeptieren, so daß es „sein" Ziel wird. Nur bei Vorliegen dieser Voraussetzung ist nämlich mit hohem Anstrengungseinsatz zu rechnen (Schunk, 1985).

Mehrere Untersuchungen im Rahmen der sozial-kognitiven Lerntheorie sollten klären helfen, welchen Einfluß Ziele auf das Verhalten ausüben, die in näherer oder fernerer Zukunft liegen. Die Ergebnisse sind weitgehend übereinstimmend ausgefallen (Schunk, 1991a). Naheliegende Ziele eröffnen die Möglichkeit, dem Lernenden verhältnismäßig schnell mitzuteilen, daß er Fortschritte gemacht hat, und das wiederum fördert sein Urteil über die eigene Wirksamkeit und entsprechend seine Motivation. Das gilt vor allem für jüngere Lernende. Bei weiter in der Zukunft liegenden Zielen ist es schwerer, ein Vorankommen zu bemerken, selbst dann, wenn Fortschritte tatsächlich stattfinden.

Wenn Lernende Ziele selbst bestimmen können, werden sie solche bevorzugen, durch die sie optimal herausgefordert werden. Wenn sie nämlich „leichte" Ziele erreichen, können sie sich kaum anerkennend „auf die Schulter klopfen". Das Erleben eigener Wirksamkeit findet nicht statt, wenn nur Aufgaben gelöst werden, deren Beherrschungsgrad ohnehin hoch ist. Sehr schwierige Ziele werden ebenso gemieden, weil sie keine Aussicht auf Erfolg eröffnen. Ziele, die demgegenüber verstärkte Anstrengungen fordern, aber erreichbar sein können, besitzen für Schüler einen hohen Anreiz, weil nur sie zum positiven Erleben eigener Wirksamkeit führen. Das gilt aber nicht für Ziele, die ausschließlich vom Lehrer vorgegeben worden sind (siehe hierzu S. 343f.).

In den Schulen der Deutschen Demokratischen Republik hatten Schüler weniger Möglichkeiten als in der Bundesrepublik, selbständig Ziele auszuwählen. Die Unterrichtsgestaltung war „unidimensional" (Anweiler et al., 1990). „Feste Lehrplanbindung bestimmte die Materialien (z. B. Lehrbücher, Schautafeln, Ansichtsmaterialien) sowie den Zeitraum, in dem Lehrstoff bewältigt werden mußte. Die Lehrer, die unmittelbar an den Lehrplan gebunden waren, hatten wenig Spielraum, auf die individuellen Bedürfnisse der Kinder einzugehen." Muß sich ein solches schulisches Umfeld nicht ungünstig auf schulleistungsbezogene Überzeugungen auswirken? Gabriele Oettingen und andere (1992) führten zu Beginn der Wiedervereinigung Deutschlands eine Untersuchung mit Ost- und Westberliner Schulkindern durch. Es zeigten sich beim Vergleich dieser Schüler aus ungleichen Gesellschaftssystemen deutliche Unterschiede im Niveau der Selbstwirksamkeitsurteile. Die Ostberliner Kinder der älteren Schulstufen (ab dem fünften Schuljahr) äußerten sich bezüglich der Möglichkeiten, die eigenen Schulleistungen beeinflussen zu können, weniger optimistisch als die Westberliner Schüler. Kinder aus sozialistisch geprägten Schulen führten ihre Leistungsergebnisse sehr viele häufiger auf Glück und andere äußere Faktoren (z. B. einflußreiche Personen) zurück und weniger auf innere Faktoren wie Anstrengung und Fähigkeit (s. hierzu s. S. 335ff.). Wie sollten sie sich unter diesen Umständen herausfordernde Ziele setzen?

3.3.4.3 Kenntnisnahme eigener Leistungsergebnisse durch Selbstbeobachtung

Die Beobachtung eigener Aktivitäten ist ein bedeutsamer Bestandteil des selbstgesteuerten Lernens. Dadurch erhält der Schüler wertvolle Informationen über das eigene Verhalten. Er erfährt auf diese Weise, was ihm bei seinen schulischen Arbeiten bereits recht gut gelingt und was er noch verbessern könnte. Es empfiehlt sich zusätzlich, auch die situativen Umstände zu registrieren, unter denen beobachtete Verhaltensweisen auftreten (Schunk, 1989). So mögen Schüler etwa darauf aufmerksam werden, daß sie ihren schulischen Hausarbeiten mehr Aufmerksamkeit zuwenden können, nachdem sie eine Pause eingelegt haben oder daß sie bestimmte Aufgaben besser allein als gemeinsam mit einem Freund erledigen können usw.

Die Selbstbeobachtung ist nicht nur informativ, sondern zusätzlich offenbar auch motivierend. Bekannte Schriftsteller, wie etwa *Anthony Trollope, Ernest Hemingway* und *Irving Wallace,* notierten sich täglich die Zeiten, zu denen sie mit Schreiben beschäftigt waren, um auf diese Weise Kontrolle über die Anzahl der fertiggestellten Wörter und Seiten zu bewahren (Wallace & Pear, 1977). Die Wirkungen der Selbstbeobachtungen sollten nicht unterschätzt werden, denn durch sie allein können bereits Verhaltensveränderungen zustandekommen. Viele Menschen, die sich das Rauchen abgewöhnen möchten, werden erst auf ihr intensives Rauchen aufmerksam, wenn sie eine Zeitlang „Rauch-Protokolle" in Form von Strichlisten führen. Studierende registrierten täglich die Zeit, die sie für die Bearbeitung von Studientexten aufgewandt hatten; ihre Leistungen und entsprechend ihre Zensuren verbesserten sich daraufhin mehr als bei Kommilitonen, die nicht zu einer solchen Selbstbeobachtung angeregt worden waren (Yates & Zimbardo, 1977; Mace & Kratochwill, 1988).

Im Unterschied zu gut kontrollierten experimentellen Studien gelingt es zwar im alltäglichen Leben nicht immer eindeutig, Selbstbeobachtung und Selbstbewertung voneinander zu trennen. Mit diesem Hinweis auf methodische Schwierigkeiten wird aber in keiner Weise in Frage gestellt, daß es sich bei der Selbstbewertung um einen weiteren wichtigen Prozeß im Rahmen des selbstgesteuerten Lernens handelt.

3.3.4.4 Bewertung des eigenen Verhaltens

Noch vor der Einschulung und zu Beginn der Schulzeit neigen Kinder dazu, ihre eigene Tüchtigkeit vergleichsweise optimistisch einzuschätzen. Im Verlauf der Schulzeit wird die Selbsteinschätzung allerdings bei fast allen Kindern zunehmend realistischer. In besonderer Weise verstärkt wird eine solche Veränderung durch einen Lehrer, der seinen Schülern eine differenzierte und öffentliche Leistungsrückmeldung gibt. Vor diesem Hintergrund überrascht es nicht, daß Gabriele Oettingen und andere (1992) in ihrer zum Zeitpunkt der Einigung Deutschlands durchgeführten Untersuchung fanden, daß Ostberliner Kinder im Glauben an ihre Selbstwirksamkeit pessimistischer waren als gleichaltrige Westberliner (s. S. 174). In der Deutschen Demokratischen Republik waren Zensuren nämlich öffentlich, das heißt, für alle Schüler einsehbar gegeben worden. Außerdem hatte man Wert darauf gelegt, daß den Eltern der relative Leistungsstand ihrer Kinder rückgemeldet wurde. Da die Ostberliner Schüler ihre Möglichkeiten, die eigenen Schulleistungen zu kontrollieren, verhältnismäßig gering einstuften, erlebten sie sich offenkundig weitgehend als fremdbeurteilt, als „Opfer" der Beurteilung durch andere, und sie hatten vermutlich wenig Möglichkeiten zur Entwicklung einer Selbstbeurteilung. Vor allem weniger leistungsfähige Kinder mußten ihren Optimismus, den sie während der Vorschulzeit entwickelt hatten, aufgrund der „realistischen" Lehrerurteile sehr schnell korrigieren. Die schulischen Rahmenbedingungen in Ost-Berlin haben somit „die Selbstwirksamkeitsurteile gerade der weniger intelligenten Schüler ungünstig beeinflußt, der Schülergruppe also, die eine motivationale Unterstützung durch positive Selbstwirksamkeitsurteile am dringendsten notwendig hätte" (Oettingen & Little, 1994).

Die Selbstbeurteilung setzt einen Gütemaßstab voraus, mit dessen Hilfe sich eigene Handlungsresultate bewerten lassen. Das Ergebnis der Selbstbeurteilung hängt u.a. davon ab, welche Art von Gütemaßstab verwendet wird. Bei Vorliegen eines *absoluten Maßstabs* wird überprüft, ob ein vorher festgelegtes Ziel erreicht worden ist oder nicht. So kann ein Schriftsteller etwa ermitteln, ob er die von ihm selbst für einen Tag geforderte Anzahl der Seiten tatsächlich geschrieben hat oder nicht. Im Falle eines *sozial-bezogenen Gütemaßstabs* wird die Einzelleistung mit den Leistungen relevanter anderer (etwa Schüler der gleichen Schulstufe oder derselben Schulklasse) verglichen. Die Benotung stellt in der Regel das Ergebnis eines solchen sozialen Vergleichs dar. Auf gleiche Weise bestimmen Sportler die Güte ihrer eigenen Leistung, etwa durch Beteiligung an einem Wettbewerb. Schließlich läßt sich die Güte der eigenen Leistung auch ermitteln, indem man sie mit seinen eigenen Leistungen bei ähnlichen Aufgaben in der Vergangenheit vergleicht. In einem solchen Fall liegt ein *individual-bezogener Gütemaßstab* vor. Der Schüler fragt sich bei Orientierung an diesem Maßstab, ob er in Annäherung an ein Lernziel Fortschritte gemacht hat. In der Schule wird die Leistungsbewertung nach allen drei Arten von Maßstäben vorgenommen. Allerdings soll an anderer Stelle noch ausführlich Kritik an der Tatsache geübt werden, daß der sozial-bezogene Maßstab im schulischen Bereich vielfach überbetont wird (s. S. 361). Sicherlich ist der Bezug zu sozialen Maßstäben für den einzelnen unersetzlich. Wie sollte ein Schüler wissen, ob er sich für den Leistungskurs Mathematik entscheiden soll, wenn er zuvor niemals die Gelegenheit gehabt hätte, über einen sozialen Vergleich die eigenen Qualifikationsvoraussetzungen für eine solche Anforderungssituation zu bestimmen? Der soziale Vergleich fördert allerdings nicht das Erlebnis eigener Veränderung, wenn er nicht durch die Feststellung ergänzt werden kann, in einem definierten Aufgabenbereich selbst Fortschritte gemacht zu haben. Wie bereits festgestellt wurde, wird die eigene Wirksamkeit erlebt, wenn man nach eigener Wahrnehmung einem bedeutsamen Ziel nähergekommen ist.

Bandura konnte nachweisen, daß Erwachsene eine beachtenswerte Rolle spielen, wenn Kinder ihren Gütemaßstab entwickeln. In einem Experiment von Bandura und Kupers (1964) hatten Kinder bei einem Kegelspiel die Gelegenheit, ein Modell zu beobachten, das unter einer ersten Bedingung hohe, unter einer zweiten Bedingung geringe Anforderungen an sich stellte. Anschließend beobachtete man die Kinder, wie sie sich in einer Situation allein verhielten. Es ergaben sich deutliche Hinweise dafür, daß Beobachtungslernen stattgefunden hatte, denn die Kinder unter der Bedingung 1 schienen ebenfalls hohe Anforderungen an sich zu stellen; sie waren nämlich mit ihren Leistungen zumeist unzufrieden, während die Kinder der Bedingung 2 sogar relativ schwache Leistungen zu akzeptieren vermochten. Dieses Ergebnis offenbart einen wesentlichen Zusammenhang: Wenn Eltern oder Lehrer sowohl im Handeln als auch in Worten sich selbst gegenüber „Nachsicht" offenbaren, müssen sie damit rechnen, daß sich auch ihre Kinder bzw. Schüler mit mittelmäßigen Leistungen zufrieden geben (Jones & Evans, 1980).

3.3.4.5 Bestimmung eigener Verhaltenskonsequenzen

Wie den Bekenntnissen zahlreicher Schriftsteller zu entnehmen ist, registrieren sie täglich genau den Fortgang ihrer Arbeiten (Wallace & Pear, 1977). Erst bei Erfüllung der jeweils gesetzten Standards gestatten sie sich eine Belohnung, z. B. in Form einer Pause oder eines materiellen Verstärkers (etwa ein Stück Schokolade als Belohnung). *Ernest Hemingway* mußte zunächst sein Soll erfüllt haben, bevor ihm sein Gewissen gestattete, zum Angeln zu gehen. Die Belohnung kann somit auch ein angenehmer emotionaler Zustand sein: Man ist mit sich zufrieden oder stolz auf die vollbrachte Leistung. In all diesen Fällen spricht Bandura von Selbstverstärkung. Eine solche liegt vor, wenn ein Mensch eine uneingeschränkte Kontrolle über verfügbare Verstärker besitzt, die er sich selbst nach Erreichung bestimmter Ziele verabreichen kann. „Es existieren zahlreiche Belege," so behauptet Bandura (1978), „die zeigen, daß Menschen, die sich für ihr eigenes Verhalten belohnen, höhere Leistungsniveaus erreichen als jene, die dieselben Aktivitäten nach Anweisung ohne Verstärkung ausführen, die nicht-kontingent belohnt werden oder die ihr eigenes Verhalten überwachen und sich Ziele setzen, sich aber für das Erreichte keine Belohnungen verabreichen" (nicht-kontingent heißt hier: unregelmäßig).

Wenn die Bewertung des eigenen Verhaltens ungünstig ausfällt, wenn man also den eigenen Anforderungen nicht gerecht geworden ist, kann man für sich negative Konsequenzen bestimmen. Man versagt sich eine attraktive Tätigkeit, oder man fühlt sich einfach schlecht, erlebt Unzufriedenheit oder Beschämung. Wenn seine Leistungen hinter dem Soll zurückgeblieben waren, nahm der Schriftsteller *Anthony Trollope* z. B. wahr, wie „ihm die Trägheit ins Gesicht starrte" oder wie ihm „der Schmerz ans Herz ging" (Wallace & Pear, 1977). Dabei wird folgendes deutlich: Dreh- und Angelpunkt ist offenbar die – nach Maßgabe der eigenen Selbstwirksamkeitsüberzeugungen vorgenommene – Sollwert-Definition. Dies ist ein zentraler Punkt des in anderen, z. B. betrieblichen Zusammenhängen betonten Konzepts der Leistungsbeurteilung durch Zielvereinbarung (*„Management-by-Objectives"* [MbO]): Es besteht eine wichtige Wechselwirkung zwischen eingeschätzter Selbstwirksamkeit, formulierter Zielvorstellung und Verstärkungskonsequenz (Haitzmann, 1996; Stroebe & Stroebe, 1996). Es reicht offensichtlich nicht aus, sich „hohe Ziele" zu setzen; nur erreichbare Ziele fördern das Selbstwirksamkeitsurteil.

Ob die Selbstverstärkung wirklich ein effektiver und zentraler Bestandteil des selbstgesteuerten Lernens ist, wie Bandura behauptet, läßt sich zum gegenwärtigen Zeitpunkt abschließend noch nicht entscheiden, denn die Erforschung der Selbstverstärkung und ihrer Wirkungen ist mit erheblichen methodischen Schwierigkeiten belastet (Brigham, 1982). Einige Psychologen vertreten die Überzeugung, daß es ausreicht, sich Ziele zu setzen, und die eigenen Fortschritte zu registrieren, um die Lernmotivation anzuregen und aufrechtzuerhalten; sie bezweifeln, daß von der Selbstverstärkung zusätzliche Effekte ausgehen (Hayes et al., 1985). Zu beachten ist aber, daß solche Bedenken die Prozesse der Selbststeuerung insgesamt nicht in Frage stellen.

3.4 Die Bedeutung behavioristischer Lerntheorien für die Unterrichtsarbeit

Die „Blütezeit" der behavioristischen Lerntheorien liegt inzwischen viele Jahrzehnte zurück und das Bemühen, Lernen unter Inanspruchnahme kognitiver Prozesse zu erklären, erscheint in der Gegenwart selbstverständlich. Wenn ein Pädagogischer Psychologe heute gefragt würde, ob er behavioristisch orientiert ist, wird er sich in seiner Antwort vermutlich nicht auf ein „Nein" beschränken. Sollte die Pädagogische Psychologie aber tatsächlich solche Lernformen – wie etwa die Klassische oder Operante Konditionierung – *völlig* ignorieren? Müssen ebenso die älteren Erkenntnisse der sozialen Lerntheorie inzwischen als überholt gelten? Wenige Psychologen wären bereit, auf diese Frage mit einem eindeutigen „Ja" zu reagieren.

Für einen Schulanfänger mag die Schule im allgemeinen oder mögen Unterrichtsfächer wie Mathematik oder Englisch noch die Funktion neutraler Reize besitzen. Wie ist aber zu erklären, daß bei Schulabgängern aus diesen ursprünglich neutralen Reizen solche (konditionierten Reize) geworden sind, die emotionale Reaktionen auslösen können? Worauf ist es zurückzuführen, daß das Unterrichtsfach Mathematik bei vielen Menschen noch während ihres Erwachsenenalters mit Angst besetzt ist? Warum gelingt es umgekehrt aber auch vielen Schülern, positive Gefühle und Einstellungen zur Schule zu entwickeln? Auf der Suche nach Erklärungen wird man an der Klassischen Konditionierung auch heute nicht vorbeigehen.

Lehrer zeigen während des Unterrichts zahlreiche Aktivitäten, die darauf gerichtet sind, das Verhalten von Schülern zu verändern: Er nickt zustimmend mit dem Kopf, ignoriert unerwünschtes Dazwischenrufen, stellt attraktive Ereignisse für den Fall in Aussicht, daß die Klasse bestimmte Bedingungen erfüllt. Vor allem beim Herstellen und Bewahren von Disziplin wird der Lehrer – ob er sich dessen bewußt ist oder nicht – auf Prinzipien der Operanten Konditionierung zurückgreifen (Charles & Senter, 1995; Emmer et al., 1993).

Lassen sich Verhaltensveränderungen aber tatsächlich nur mit Hilfe der direkten (im Sinne von Skinner) Verstärkung und Bestrafung erreichen? Bandura als prominentester Vertreter der sozialen Lerntheorie erkannte bereits sehr früh in seiner Forschungskarriere die Begrenztheit der Operanten Konditionierung. Er konnte belegen, daß Menschen in beachtlichem Umfang auch dadurch lernen, daß sie andere beobachteten, die ihnen als Vorbilder dienen. Ein Lehrer, der sich seiner Klasse als „Modell" darstellt, kann einem Schüler helfen, neue Verhaltensweisen zu entwickeln und darüber hinaus Einfluß darauf nehmen, ob deren Auftreten gefördert, gehemmt oder enthemmt wird.

Es wäre sicherlich verfrüht, die klassischen Lerntheorien als völlig überholt zu bezeichnen, denn die darin behaupteten Zusammenhänge und verwendeten Begriffe finden bis zur Gegenwart in der pädagogisch-psychologischen Literatur Erwähnung. Gleichzeitig wird aber anerkannt, daß mit der Klassischen

3.4 Die Bedeutung behavioristischer Lerntheorien für die Unterrichtsarbeit

und Operanten Konditionierung nur ein eng begrenzter Ausschnitt zur Erklärung des menschlichen Verhaltens vorliegt. Skinner kann mit seiner Lernform zwar beschreiben, wie es mit Hilfe von Verstärkerreizen gelingen kann, die Menge der von einem Schüler aufgebrachten Arbeitszeit zu erhöhen; es bleibt aber kognitiv bzw. konstruktivistisch orientierten Lerntheoretikern überlassen, Möglichkeiten aufzuzeigen, wie derselbe Schüler diese Arbeitszeit auch effektiv zum Lernen und Verarbeiten von Informationen nutzt.

4. Kapitel: Lernen als aktive Verarbeitung von Informationen

Im Mittelpunkt behavioristisch orientierter Lernformen, über die in Kapitel 3 ausführlicher berichtet wurde, steht das beobachtbare Verhalten. Albert Bandura hat zwar zur Erklärung des Beobachtungslernens kognitive Prozesse in Anspruch genommen (und sich dadurch von radikalen Behavioristen wie etwa Skinner abgesetzt), aber damit hatte er zunächst das behavioristische Lager noch nicht verlassen. Gleiches gilt für Psychologen, auf deren Beiträge in diesem Kapitel zurückgegriffen werden soll. Diese verfolgen – oder besser: verfolgten – informationstheoretische Ansätze; ihre „Blütezeit" hatten sie in den 1960er und 1970er Jahren. Sie gehen davon aus, daß zwischen der Informationsverarbeitung des Menschen und der des Computers gewisse Ähnlichkeiten bestehen. Entsprechend orientieren sie sich an einem passiven Menschenbild. Von radikalen Behavioristen heben sie sich allerdings dadurch ab, daß sie kognitive Prozesse *im* Menschen studieren. Ihre Forschungen richten sich auf die Klärung der Frage, wie Menschen Informationen aufnehmen, verarbeiten, speichern und aus ihrem Gedächtnis bei Bedarf abrufen. Trotz ihres Studiums innerer – also von außen nicht unmittelbar beobachtbarer – Prozesse, sind diese Forscher solange als Behavioristen anzusehen (man bezeichnet sie allerdings wegen ihrer Beschäftigung mit Prozessen *im* Organismus als Neo- und auch als kognitive Behavioristen), wie sie von einem passiven Lernenden ausgehen, d.h., von einem Lernenden, dessen informationsverarbeitende Prozesse – wie im Falle des Computers – *von außen* kontrolliert werden können.

Erst wenn das Studium der kognitiven Prozesse zu der Anerkennung führt, daß der Lernende etwas tut, was sich der Kontrolle von außen (also etwa durch den Lehrer) entzieht, ist die behavioristische Orientierung aufgegeben worden und ein entscheidender Schritt in Richtung auf die konstruktivistische Sichtweise des Lernens getan; darin wird von einem aktiven Lernenden ausgegangen, der vor dem Hintergrund seines Vorwissens neue Informationen *auf seine besondere* Weise verarbeitet.

Obwohl zur Erforschung kognitiver Prozesse – wie verarbeiten, speichern und abrufen von Informationen – zunächst vor allem informationstheoretisch orientierte Psychologen beigetragen haben, läßt sich ihr passives Menschenbild nicht mehr aufrecht erhalten. In dem Moment, wo anerkannt wird, daß der Lernende Informationen vor dem Hintergrund des bereits Bekannten auswählt, interpretiert – und das heißt gleichzeitig auch ordnet – tut er etwas *von sich aus* hinzu. Er verändert folglich das – beispielsweise vom Lehrer – ihm dargestellte Lernmaterial. Er setzt weiterhin mehr oder weniger effektive Lernstrategien ein, deren Entwicklung der Lehrer zwar fördern kann, die aber letztlich als Kontrollen seines Lernprozesses anzusehen sind.

Somit werden in diesem Kapitel Forschungsbeiträge aus (neo-)behavioristischer und konstruktivistischer Sicht zusammengeführt, um aufzuzeigen, wie der Mensch aus heutiger Sicht Informationen aufnimmt, verarbeitet und aus seinem (Massen-)Speicher abruft. Auch bei einer Orientierung an einem aktiven Menschenbild gehen die Beiträge der Neo-Behavioristen also nicht völlig verloren, sie erfahren aber in diesem Rahmen eine Interpretation; sie werden folglich im Kapitel nicht so wiedergegeben, wie sie die originären Informationstheoretiker einmal dargestellt haben.

4.1 Das menschliche System zur Verarbeitung von Informationen

Das menschliche Gedächtnis gleicht in mehrfacher Hinsicht einer Bibliothek. Eine solche Institution erwirbt Informationen in Form von Büchern, Zeitschriften und anderen Medien wie z. B. Ton- und Videokassetten oder CDs. Ziel der Literaturbeschaffung ist die Bereitstellung (Speicherung) in Bibliotheksregalen. Bücher und anderes Lesematerial können von Benutzern ausgeliehen (abgerufen) werden. Eine Bibliothek ist ein in mehrfacher Hinsicht nützliches Modell für das menschliche Gedächtnis: Nach ihrem Eintreffen wird Literatur katalogisiert, d. h., auf ein Medium übertragen. So kann ein Buch etwa durch eine Katalogkarte „repräsentiert" werden.

Informationen werden dem Gedächtnis übertragen, wo sie gespeichert werden und aus dem sie bei Bedarf abgerufen werden. Die Übertragung von Informationen in das Gedächtnis erfolgt manchmal ohne größere Anstrengungen. Man spricht in solchen Fällen von *automatischer Verarbeitung*. Die meisten Menschen können sich noch ohne weiteres vergegenwärtigen, was sie am Vortag zu Abend gegessen haben, ohne daß von ihnen erhebliche Mühe aufgewandt wurde, sich die mit diesem Essen verbundenen Einzelheiten zu merken. Schüler werden sich an zahlreiche Hausaufgaben erinnern, etwa Auswendiglernen von Gedichten, die sie erst sicher behalten konnten, nachdem sie beträchtliche Anstrengungen unternommen hatten; sie mußten in solchen Fällen eine *anstrengungsabhängige Verarbeitung* vornehmen. Wie ist es ihnen aber überhaupt gelungen, sich geschichtliche Details, Vokabeln oder physikalische Gesetze zu merken? Eine Antwort auf diese Frage haben Richard Atkinson und Richard Shiffrin bereits im Jahre 1968 gegeben. Gestützt auf damals vorliegende Forschungsergebnisse entwickelten sie die Vorstellung, daß das menschliche Gedächtnis aus drei Komponenten bestehe: Einem Sensorischen Register, einem Kurzzeit- und einem Langzeitgedächtnis. Diese Speichersy-

4.1 Das menschliche System zur Verarbeitung von Informationen   183

steme sind in Abbildung 4.1 schematisch dargestellt. Wie daraus ersichtlich wird, müssen – gestützt auf heute vorliegende Erkenntnisse – zusätzliche Prozesse angenommen werden, damit Informationen aus der Umwelt ausgewählt und verarbeitet werden können. Auf keinen Fall sollte der Eindruck entstehen, daß sich an drei verschiedenen Stellen des menschlichen Gehirns Abteilungen befinden, in denen jeweils bestimmte Prozesse ablaufen. Die Abbildung zeigt lediglich Möglichkeiten auf, wie man sich Beobachtungen aus dem Lern- und Behaltensbereich übersichtlich ordnen und erklären kann.

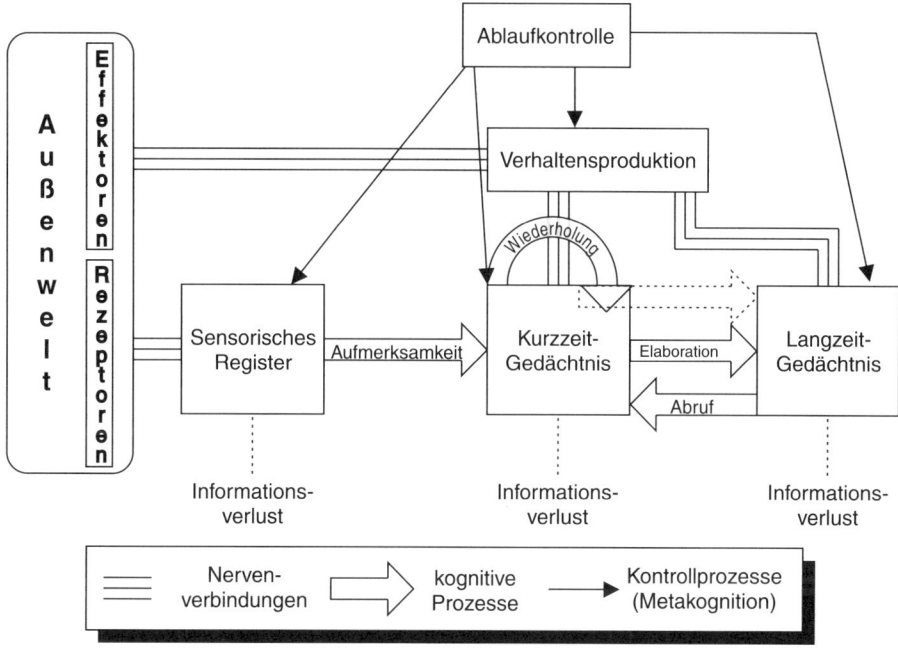

Abbildung 4.1:
Das menschliche Informationsverarbeitungssystem

Es wird bei Abbildung 4.1 vorausgesetzt, daß (nicht dargestellte) Informationen (in Form von physikalischer und chemischer Energie über die Außenwelt) auf die menschlichen Sinnesorgane bzw. ihre Rezeptoren treffen. Diese Informationen werden dort verschlüsselt und anschließend dem Nervensystem übergeben, das sie an die „Zentrale", also an das Gehirn weiterleitet. Das Sensorische Register speichert diese Informationen dann für sehr kurze Zeit. Nur eine kleine Auswahl von Informationen, nämlich jene, auf die der Lernende seine Aufmerksamkeit richtet, wird dem Kurzzeitgedächtnis übergeben, während die anderen Inhalte gelöscht werden. Dadurch wird weiteren von den Rezeptoren stammenden Übermittlungen Platz gemacht. Die für das Kurzzeitgedächtnis ausgewählten Inhalte werden entweder sehr schnell wieder vergessen, oder es erfolgt ihre Weiterverarbeitung, bevor sie dem Langzeitgedächtnis übergeben werden. Inhalte des Kurzzeitgedächtnisses können mit Hilfe des prozeduralen Gedächtnisses, von dem später ausführlicher die Rede sein wird (s. S. 194), verarbeitet, aber auch – z. B. sprachlich – wiedergegeben werden, indem ein „Verhaltens-Generator" ausgelöst wird, der entsprechend der Abbildung 4.1 die Verhaltensproduktion vornimmt, d. h., angemessene motorische Aktivitäten steuert. Informationen, die das Langzeitgedächtnis erreicht haben, verbleiben auf unbestimmte Zeit in diesem Speicher. Der Lernende kann sie aus dem Langzeitgedächtnis abrufen und als Kopie ins Kurzzeitgedächtnis zurückübertragen, von wo aus sie wiederum über einen Verhaltensgenerator zum Ausdruck gebracht werden können. Der Verhaltensgenerator übermittelt über das Zentralnervensystem Informationen an die Effektororgane (Muskeln). Mit seinen Effektoren wirkt der Lernende auf seine Umwelt: Er öffnet beispielsweise ein Türschloß oder produziert mit seinen Stimmwerkzeugen Sprache. Ausführungskontrollprozesse sind für das Funktionieren des gesamten Informationsverarbeitungssystems verantwortlich: sie planen, überwachen und steuern. Diese Prozesse werden im folgenden ausführlicher betrachtet.

4.1.1 Das Sensorische Register

Wenn man einen Bleistift zur Hand nimmt und diesen vor den geradeaus blickenden Augen hin- und herbewegt, wird man wahrscheinlich eine Art Schatten sehen, der dem Bleistift nachzufolgen scheint. Ebenso kann man feststellen, daß ein Kneifen in den Arm einen „Nacheffekt" hinterläßt. Solche Erfahrungen verweisen auf die Existenz eines Sensorischen Registers. Rezeptoren verwandeln die physikalische Energie (Umweltreize) in Signale, die dem Nervensystem verständlich sind, um sie an die Sensorischen Register des Zentralnervensystems weiterleiten zu können. Sensorische Register lassen sich nach den verschiedenen Arten von Sinnesorganen unterscheiden; das visuelle und das akustische Register sind bislang am besten untersucht worden, weniger dagegen jene Register, die Tast-, Geruchs- und Geschmacksinformationen speichern. Die Informationen werden in diesen Systemen nur sehr kurze Zeit gespeichert: visuelle Informationen bleiben ungefähr eine Sekunde, akustische Informationen ca. vier Sekunden erhalten (Moates & Schumacher, 1980).

Das Nervensystem verbindet mit einem Sensorischen Register mehrere Zeitmomente (Uttal, 1983). Das visuelle Sensorische Register ermöglicht es dem Menschen, die Bewegung eines Objekts als solche wahrzunehmen; denkbar wäre statt dessen, daß mehrere aneinandergereihte Objekte gesehen werden, die unverbunden erscheinen. Die Inhalte des Sensorischen Registers werden allerdings in keiner Weise verarbeitet; sie ähneln folglich noch in hohem Maße den physikalischen Reizen, die sie – allerdings in die Sprache des Nervensystems umgewandelt – repräsentieren. Wenn man einem Sprecher im Radio zuhört, dann speichert das sensorische System (das auditive Register) seine Sprache noch nicht als Wörter oder Sätze, denn solche sinngebenden Einheiten werden erst später nach Ablauf weiterer Informationsverarbeitungsprozesse „entdeckt". Dennoch erfüllt die Ultrakurzzeitspeicherung eine wichtige Funktion: Durch sie werden Informationen aus den Sinnesorganen solange „festgehalten", bis ein in der Regel sehr kleiner Teil zur weiteren Verarbeitung ausgewählt worden ist. Der Vorteil zeigt sich z. B. beim Lesen von Sätzen: Aus dem Sensorischen Register müssen Wörter zur weiteren Verarbeitung nicht nacheinander einzeln ausgewählt werden. Das System kann vielmehr warten, bis sich kleinere Sätze oder Satzteile im Register befinden, die dann als „sinnvolle Einheiten" (s. S. 186f.) dem Kurzzeitgedächtnis übertragen werden. Auf diese wichtige Funktion des Sensorischen Registers greift auch eine Fremdsprachenschülerin beim Unterscheiden ähnlich klingender Wörter zurück: Sie verwechselt möglicherweise die deutschen Wörter *Zeiten* und *Seiten* oder die englischen Wörter *seal* und *zeal* (Neisser, 1967). Der Lehrer teilt ihr daraufhin korrigierend mit: „Nein, nicht seal, *zeal!*" Die Lernenden könnten mit diesem Hinweis ohne ihr Sensorisches Register nichts anfangen, denn dieses muß die beiden akustischen Informationen kurze Zeit präsent halten, damit diese miteinander verglichen werden können.

Aus pädagogisch psychologischer Sicht sind mindestens zwei Funktionen des Sensorischen Registers erwähnenswert. Erstens müssen Schüler Aufmerksamkeit aufwenden (s. S. 57f.), um relevante Informationen aus diesem Register abzulesen, bevor die Inhalte wieder gelöscht sind. Zweitens benötigen vor allem jüngere Schüler ausreichend Zeit, um komplexere Informationen in den weiteren Verarbeitungsprozeß gelangen zu lassen. Ihr im Langzeitgedächtnis gespeichertes Wissen reicht nicht aus, um sinnvolle Einheiten zu erkennen, die in ihrer Gesamtheit aus dem Sensorischen Register „abgelesen" werden können.

4.1.1.1 Auswahl von Informationen durch Aufmerksamkeit

Während der Leser sich mit dem vorliegenden Text beschäftigt, treffen von allen Sinnesorganen unzählige weitere Informationen in seinen Sensorischen Registern ein. Die Aufmerksamkeit richtet sich wahrscheinlich auf die gedruckten Buchstaben. Vielleicht erfaßt das Auge auch noch einige Details außerhalb des Buches, eventuell die Hände, ein Lineal oder ein Lesezeichen. Aus dem Hintergrund ist das Ticken einer Uhr und das Rauschen des Straßenverkehrs zu hören. Irgendwo wird Musik gespielt. Hautsinnesorgane informieren über die Raumtemperatur, und die Geschmacksorgane registrieren den Pfefferminzgehalt des Kaugummis. Der Kaffeegeruch aus einem Becher dringt in die Nase ein und reizt dort Sinneszellen. Die Sensorischen Register werden von vielen weiteren Informationen regelrecht bombardiert; sie gehen allerdings verloren, wenn sie nicht aufmerksam erfaßt werden. Während der ersten Grundschuljahre kann es einem Kind durchaus noch Schwierigkeiten bereiten, Informationen aus verschiedenen Quellen gleichzeitig zu verarbeiten. Wenn Schüler sich beispielsweise darauf zu konzentrieren haben, einen Text von der Tafel abzuschreiben, und der Lehrer *in diesem Moment* zusätzliche Informationen mitteilt, dann liegt der Engpaß nicht in den visuellen und akustischen Sensorischen Registern, denn diese besitzen eine sehr hohe Kapazität, sondern in der Verteilung der Aufmerksamkeit auf mehrere Informationsquellen. Zugleich muß ein Schulkind in der Lage sein, irrelevante Informationen zu ignorieren, die in jedem Klassenzimmer durch die Anwesenheit anderer entstehen und die auch außerhalb des Klassenzimmers, auf dem Schulflur oder möglicherweise auf der Straße, produziert werden. Schüler müssen spätestens im Verlauf der Grundschulzeit lernen, sich von solchen Reizgegebenheiten nicht ablenken zu lassen und sich statt dessen auf die Unterrichtsarbeit zu konzentrieren. Der Unterricht sollte deshalb so gestaltet sein, daß er abwechslungsreich und motivierend genug ist, um die Aufmerksamkeit auf sich zu ziehen. So unterbricht der Lehrer regelmäßig Arbeitsphasen, die gesteigerte Konzentration von den Schülern fordern, indem er Phasen einschiebt, die den Lernenden Entspannung und Auflockerung ermöglichen.

Der Lehrer kann *bis zu einem gewissen Grade* feststellen, ob die Kinder in seiner Klasse aufmerksam sind (Grabe, 1986). Eine Schülerin, die ihren Blick auf den Lehrer richtet, hört seinen Ausführungen wahrscheinlich zu, während eine andere, die aus dem Fenster schaut, ihre Aufmerksamkeit vermutlich auf andere Gegebenheiten richtet. Da es sich bei Aufmerksamkeitszuwendung aber um innere Prozesse handelt, können mimischer Ausdruck bzw. das Verhalten eines Schülers den Lehrer täuschen, denn viele Jungen und Mädchen haben im Verlauf der Schulzeit die Strategie entwickelt, stets die Augen auf den Lehrer gerichtet zu halten, ohne ihm damit auch gleichzeitig die Aufmerksamkeit zuzuwenden.

Der Lehrer hat mehrere Möglichkeiten zur Verfügung, die Aufmerksamkeit auf sich oder auf bestimmte Aspekte des Unterrichtsmaterials zu lenken. So wird der Lernende beispielsweise ermahnt, genau zuzuhören oder besonders acht zu geben. Der Einsatz von Medien, wie Overheadfolien, Wandbilder und mitgebrachte Gegenstände, dient nicht nur dazu, Veranschaulichungen anzubieten, sondern hat auch die Funktion, Abwechslung in das Unterrichtsgeschehen zu bringen. Weiterhin wenden Schüler dem Lehrer eher ihre Aufmerksamkeit zu, wenn er sich – zumindest in gewissen Abständen – im Klassenzimmer umher bewegt, seine Stimme so variiert, daß er gelegentlich schneller, aber auch manchmal langsamer, hin und wieder lauter, aber dann auch wieder leise spricht. All diese Empfehlungen sind darauf gerichtet, Monotonie zu vermeiden. Die Nutzung eines Overheadprojektors bietet gute Möglichkeiten der Veranschaulichung von Sachverhalten. Wenn man den Schülern aber eine Folie nach der anderen darbietet, muß mit einem allmählichen Nachlassen der Aufmerksamkeit gerechnet werden. Deshalb kann sich die Tafel sehr wohl noch neben dem Projektor behaupten.

4.1.1.2 Auswahl sinnvoller Einheiten durch Wahrnehmungsprozesse

Da der Mensch wegen der „Enge der Aufmerksamkeit" eine begrenzte Verarbeitungskapazität besitzt, ist es für den Lernenden zweckmäßig, möglichst viele grundlegende Prozesse zu *automatisieren*. Man denke an einen Schüler mit schwachen Lesekenntnissen, der einen erheblichen Teil seiner Aufmerksamkeit benötigt, um unbekannte oder noch wenig vertraute Wörter auszusprechen. Er muß einen erheblichen Teil seiner kognitiven Kapazität darauf verwenden, sinnvolle Buchstabenkombinationen zu erkennen. Ihm bleibt kaum noch freie Kapazität, um auch noch die Bedeutung des Gelesenen zu erfassen. Demgegenüber gelingt es dem guten Leser, geschriebene Wörter automatisch zu erkennen. Er besitzt deshalb den Vorteil, einen sehr großen Anteil seiner Aufmerksamkeit darauf zu richten, das Gelesene zu verstehen. Deshalb ist es für den schulischen Lernprozeß von Grundschülern so wichtig, daß sie das Lesen und andere grundlegende Fertigkeiten automatisieren und das heißt, daß sie zu einer entsprechend intensiven Übungstätigkeit angeregt werden (Shiffrin & Schneider, 1977).

Damit im Sensorischen Register „ultrakurz" gespeicherte Informationen wahrgenommen werden können, müssen sie mit den Inhalten des Langzeitgedächtnisses verglichen werden. Das geschieht auch beim Lesen *dieses* Textes. Mit Hilfe der Wahrnehmung gelingt es, auch anderen Reizgegebenheiten im Sensorischen Register Bedeutung zuzuschreiben. Wenn man beispielsweise den Blick auf eine orangefarbene Frucht richtet, dürfte es wegen der bereits umfangreichen Erfahrungen und entsprechend erfolgter Automatisierung in kürzester Zeit gelingen, die Reizgegebenheit als eine Apfelsine zu erkennen. Das gilt selbstverständlich nur unter der Voraussetzung, daß im Langzeitgedächtnis Informationen über das Aussehen einer Apfelsine gespeichert sind. Was in das Kurzzeitgedächtnis übertragen wird, ist also nicht die im Sensorischen Gedächtnis gespeicherte Reizgegebenheit, sondern deren Interpretation! Erwartungen nehmen auf diese Interpretation einen entscheidenden Einfluß. Dieselbe Reizgegebenheit wird durch Veränderung der Erwartung des Wahrnehmenden unterschiedlich interpretiert. So läßt sich beispielsweise die Reizgegebenheit „Β" in Abhängigkeit von der jeweils vorliegenden Erwartung (Zahl oder Buchstabe) entweder als 13 oder als B interpretieren. Ein vorgefundener Winkel (Λ) und eine waagerechte Gerade (–) deutet der Leser als „A", wenn im Rahmen einer Textdarbietung ein solcher Buchstabe erwartet werden kann. Zu Beginn des Leselernprozesses konzentriert sich der Schüler möglicherweise noch auf jeden einzelnen Buchstaben. Nachdem er aber ausreichende Erfahrungen im Lesen gesammelt hat, gelingt es ihm, ein ganzes Wort, später sogar Teile eines Satzes als sinnvolle Einheit wahrzunehmen und in das Kurzzeitgedächtnis zu übertragen, in dem eine weitere Verarbeitung erfolgen kann.

Schülerinnen und Schüler können nicht alles verarbeiten, was ihnen in einer Unterrichtsstunde oder in einem Schulbuch in Form von Informationen angeboten wird. Sie treffen in jedem Moment eine Auswahl. Zu berücksichtigen ist allerdings, daß Lernenden häufig die Entscheidung schwerfällt, welche Teile der ihnen mitgeteilten Informationen wichtig und welche unwichtig sind (Mayer, 1984; Reynolds & Shirley, 1988). Beobachten kann man dies z.B. dann, wenn Studienanfänger mit einem Textmarker ganze Passagen einfärben, statt sich auf wenige wichtige Aussagen zu konzentrieren. Wer erst noch mit einem Problemgebiet vertraut werden muß, hält womöglich alles für wichtig. Erst mit dem Voranschreiten im Lernprozeß wird der Schüler darauf aufmerksam, was bedeutsam und was nebensächlich ist. Eine der Hauptaufgaben des Lehrers liegt darin, den Lernenden in diesen ständigen Entscheidungsprozessen zu unterstützen.

4.1.2 Das Kurzzeitgedächtnis

Beim Kurzzeitgedächtnis handelt es sich – bildlich gesprochen – um eine Art Arbeitsplatz, an dem eine aktive Verarbeitung vorliegender Informationen erfolgt. Hier werden die Informationen aus der Umwelt mit dem Wissen, das im Langzeitgedächtnis gespeichert ist, in Beziehung gesetzt. Nur bei intakter Funktion des Kurzzeitgedächtnisses sind kognitive Leistungen wie etwa Lesen und Sprechen möglich (Gathercole & Baddeley, 1992; Hulme & Mackenzie, 1992). Der Arbeitsspeicher ist auch als Zentrum des Bewußtseins bezeichnet worden (Kolodner, 1984), denn wenn Menschen bewußt über etwas nachdenken, sich aktiv an eine Einzelheit zu erinnern versuchen oder sich einfach nur Tagträumereien hingeben, finden die entsprechenden Prozesse in ihrem Arbeitsspeicher statt (Anderson, 1990). Der „Arbeitsplatz" Kurzzeitgedächtnis hat zwei bedeutsame Begrenzungen: Informationen können zum einen nur verhältnismäßig kurzzeitig gespeichert werden, zum anderen ist die Kapazität zur Speicherung von Informationen ziemlich gering.

4.1.2.1 Eng begrenzte Speicherdauer

Informationen, die in das Kurzzeitgedächtnis übertragen worden sind, können dort nur etwa 20 bis höchstens 30 Sekunden gespeichert werden (Peterson & Peterson, 1959). Wenn Informationen in diesem System länger zur Verfügung stehen sollen, müssen sie laut oder leise wiederholt werden. Diese „erhaltende Wiederholung" kann weitgehend mechanisch und bei gleichzeitig geringer Aufmerksamkeitszuwendung erfolgen. Damit werden allerdings nur wenige, möglicherweise aber auch überhaupt keine Verbindungen mit Informationen hergestellt, die sich im Langzeitgedächtnis befinden.

Insgesamt reicht die Möglichkeit des Kurzzeitgedächtnisses aus, Informationen kurzfristig zu speichern, um viele alltägliche Operationen auszuführen. Das Kopfrechnen stellt ein bekanntes Beispiel dar. Gegeben sei die Aufgabe, die Zahl 36 mit 6 zu multiplizieren. Man errechnet zunächst 6×6 und erhält als Ergebnis 36. Die 36 muß im Kurzzeitgedächtnis gespeichert werden, während die Aufgabe 30×6 gerechnet wird. Es ergibt sich 180, zu der die 36 zu addieren ist. Die zur Verfügung stehende Speicherzeit reicht aus, eine solche Aufgabe im Kopf zu errechnen. Das setzt allerdings voraus, daß das 1×1 ebenso wie die Addition von Zahlen in früheren Lernabschnitten intensiv geübt worden ist. Sollte das der Fall sein, lassen sich die erforderlichen Teilergebnisse schnell und ohne größeren Anstrengungsaufwand aus dem Langzeitgedächtnis abrufen.

Für sprachliche Informationen reicht die Speicherkapazität des Kurzzeitgedächtnisses in der Regel aus. Wenn ein geübter Leser einen längeren Satz – wie den vorliegenden – liest, ist es erforderlich, daß der Anfang solange im Kurzzeitgedächtnis behalten wird, bis auch das letzte Wort vor dem Punkt gelesen worden ist. Erst die Verarbeitung des ganzes Satzes ermöglicht es, seine inhaltliche Aussage zu erkennen. Danach ist dann zu entscheiden, ob der Inhalt dieses Satz so bedeutungsvoll ist, daß er dem Langzeitgedächtnis übergeben werden soll.

Mit welchen Folgen muß man rechnen, wenn das „Einlesen" weiterer Wörter eines Satzes so langsam erfolgt, daß die vorausgegangenen Satzteile bereits wieder gelöscht sind? In solchen Fällen hat man mit Leseschwierigkeiten zu rechnen. Dem Leser bleibt gar nichts anderes übrig, als die Bedeutung des vorliegenden Textes zu erraten, und dabei unterlaufen ihm häufig Verständnisfehler (Davey, 1987). Diese Schwierigkeiten lassen sich nur überwinden, wenn ein betroffener Schüler durch Überlernen, d.h., durch *intensive und regelmäßige* Leseübungen in die Lage versetzt wird, die Worterkennung zu automatisieren. Solange ein Lernender beim lauten Vorlesen noch unmotivierte Pausen einlegt, mangelnde Flüssigkeit zeigt, gibt er deutliche Hinweise, daß der Automatisierungsgrad bei ihm noch nicht weit genug fortgeschritten ist. Das bedeutet, daß er weiterhin zuviel Anstrengung und Energie aufwenden muß, um Gelesenes zu verarbeiten. Pausen beim Vorlesen zeigen an, daß das Kurzzeitgedächtnis noch nicht bereit ist, die Verarbeitung weiterer Textteile vorzunehmen (Samuels, 1988).

Nachdem die vergleichsweise kurze Behaltensdauer der Inhalte im Kurzzeitgedächtnis dargestellt worden ist, stellt sich eine weitere Frage: Welche Informationsmenge läßt sich innerhalb der zeitlichen Spanne von 20 bis 30 Sekunden in diesem Gedächtnissystem speichern?

4.1.2.2 Eng begrenzte Speicherkapazität

Die Speicherkapazität des Kurzzeitgedächtnisses ist verhältnismäßig gering. In einem klassischen Aufsatz hat George Miller (1956) nach Durchsicht einer großen Anzahl experimenteller Ergebnisse festgestellt, daß sich ein Erwachsener etwa sieben Informationseinheiten gleichzeitig in diesem Speicher präsent halten kann (7 +/– 2). Hätte Miller lediglich aufgezeigt, wie begrenzt die Kapazität des menschlichen Kurzzeitspeichers ist, wäre seinem Beitrag wahrscheinlich keine nachhaltige Beachtung geschenkt worden. Er ging aber einen Schritt weiter, indem er überzeugend darlegte, wie sich diese engen Grenzen überwinden lassen. Eine Informationseinheit kann nämlich mehr oder weniger Einzelinformationen umfassen, also z.B. sieben sinnlos aneinandergereihte einzelne Zeichen, aber auch die gleiche Anzahl von Wörtern oder sinnvollen Sätzen. Bei Kindern ist die Behaltenskapazität erheblich geringer: Dreijährige können sich nur drei Ziffern kurzzeitig merken, das Kurzzeitgedächtnis Siebenjähriger kann schon fünf Ziffern speichern, während im Alter von etwa elf

Jahren zumeist die gleiche Menge wie bei Erwachsenen behalten wird (Gagné et al., 1993). Die Grenzen des Arbeitsgedächtnisses treten bei Kindern erster Schuljahre deutlich in Erscheinung, sofern sie das Lesen noch nicht automatisiert haben. Der größte Teil des Speichersystems wird dann benötigt, um visuelle Zeichen in sprachliche Lautäußerungen zu übersetzen. Deshalb bleibt für den noch ungeübten Leser nur wenig Platz, sich gleichzeitig den Bedeutungsgehalt zu erschließen (Samuels, 1983). Wenn man ihn nach dem Inhalt des Gelesenen fragt, reagiert er nur mit Ratlosigkeit. Erst nach intensiven Leseübungen gelingt es ihm, Entschlüsselungsprozesse zu automatisieren. Damit hat er sich schließlich die Verarbeitungskapazität verschafft, die er benötigt, um sich den Inhalt des Geschriebenen zu erschließen.

Die von Miller herausgestellte Begrenzung der Speicherkapazität bezieht sich auf neue Informationen. Viele alltägliche Aktivitäten wären nicht erfolgreich auszuführen, wenn das Kurzzeitgedächtnis nur „Platz" für sieben sinnvolle Einheiten hätte. Man vergegenwärtige sich einmal die Situation, in der man eine siebenstellige Telefonnummer so lange behält, bis der Wahlvorgang abgeschlossen ist. Zusätzlich wird das Wissen über die Bedienung des Telefons genutzt. Dem Anrufer bleibt auch gegenwärtig, wen und warum er anrufen will. Das Wissen, das der Bedienung des Telefons zugrunde liegt, ist allerdings hochgradig automatisiert. Deshalb kann zusätzlich noch die Telefonnummer vorübergehend präsent gehalten werden. Die Anzahl der Ziffern, die sich im Kurzzeitgedächtnis speichern läßt, ist sogar noch zu steigern, wenn man sich bestimmter Behaltensstrategien bedient, die eine „tiefere" Informationsverarbeitung voraussetzen. Wie viele der folgenden 15 Ziffern lassen sich beispielsweise in der vorgegebenen Reihenfolge auswendig wiedergeben, nachdem man sie sich nur 10 Sekunden angesehen hat?

258111417202326

Sofern man jede Ziffer einzeln verarbeitet, ist nach Miller zu erwarten, daß nicht alle Ziffern reproduziert werden können. Ordnet man die Ziffern jedoch nach Dreiergruppen (258, 111, usw.), wird wahrscheinlich mehr behalten, denn jede Dreiergruppe stellt eine sinnvolle Einheit dar. Eine genauere Betrachtung der Zahlen läßt noch eine weitere Ordnung sichtbar werden: Ihre Entdeckung erhöht die Behaltensleistung erheblich (jede nachfolgende Zahl ergibt sich durch Addition von 3: 2 5 8 11 14 17 20 23 26). Solche Ordnungsleistungen lassen sich auf die bedeutsamste Funktion des Kurzzeitgedächtnisses zurückführen: Die Verarbeitung von Informationen.

4.1.2.3 Verlängerung der Behaltensdauer durch aufarbeitende Wiederholung

Neben der erhaltenden Wiederholung, auf die bereits hingewiesen worden ist, gibt es im Kurzzeitgedächtnis eine „aufarbeitende Wiederholung". Dabei erschließt sich der Lernende die Bedeutung neuer Informationen, indem er diese mit Inhalten in Beziehung setzt, die sich bereits in seinem Langzeitgedächtnis befinden – er verbindet also das Neue mit Vorhandenem. Von der aufarbeitenden Wiederholung hängt es ab, ob und inwieweit der Lernende Erfahrungen *versteht,* die ihm im Rahmen des Unterrichts vermittelt werden. Die spontane Bereitschaft zur „Aufarbeitung" von Lernmaterial wächst bei Kindern mit zunehmendem Alter (Pressley & Levin, 1977 a, 1977 b). Jüngere Schüler benötigen häufig eine ausdrückliche Aufforderung, wie sie eine Aufarbeitung vornehmen sollten. Gleichzeitig ergeben sich aber auch Unterschiede bei Gleichaltrigen, und es erscheint gesichert, daß diese Unterschiede in Beziehung zum Leistungsverhalten stehen (Bransford et al., 1981; Peterson et al., 1982).

> David Ausubel war sich der außerordentlich großen Bedeutung bewußt, die das Vorwissen des Lernenden für diesen „Verständnisgewinnungsprozeß" besitzt, denn am Anfang seines Lehrbuchs *Pädagogische Psychologie* wandte er sich an Lehrer mit der Feststellung: „Wenn ich die gesamte Pädagogische Psychologie auf nur ein einziges Prinzip zu reduzieren hätte, würde ich folgendes sagen: Der wichtigste Einzelfaktor, der das Lernen beeinflußt, ist das, was der Lernende bereits weiß. Ermittle dies und unterrichte ihn [oder sie] entsprechend" (Ausubel et al., 1978). Sigmund Tobias (1982) bestätigte diesen Zusammenhang und ermahnte Lehrer zusätzlich, sich nicht zu viele Gedanken über die Fähigkeiten ihrer Schüler zu machen, sich auch nicht ständig zu fragen, wie diese sich darin unterscheiden. Vielmehr sollten Lehrer alles tun, um die Aufarbeitungsprozesse der Lernenden zu fördern, und zwar dadurch, daß sie konsequent auf dem Wissen aufbauen, das die Schüler bereits mit in die Unterrichtsstunde bringen.

Wenn man Informationen intensiver verarbeitet (und dadurch auch besser versteht), fördert man gleichzeitig die zu einem späteren Zeitpunkt abrufbaren Erinnerungen. Das zeigte sich eindeutig in einem Experiment von Fergus Craik und Endel Tulving (1975). Sie boten ihren Versuchspersonen mehrere Begriffe dar (z. B. Hund, MARKT, Himmel, Hai, FREUND). Anschließend stellten sie Fragen, deren Beantwortung entweder eine oberflächliche, eine mittlere oder eine tiefe Verarbeitung dieser Begriffe voraussetzte. Um eine vergleichsweise *oberflächliche* Verarbeitung anzuregen, sollten die Versuchspersonen mitteilen, ob der ihnen jeweils dargebotene Begriff in Großbuchstaben geschrieben war. Eine mittlere Verarbeitung wurde angenommen, wenn sie feststellen sollten, ob sich etwa der Begriff *Hund* mit *bunt* reimt; es war also eine *phonologische* Verarbeitung vorzunehmen. Eine dritte Art von Fragen forderte eine *semantische* Verarbeitung, d. h., ein Vordringen zur Bedeutungsebene. So war u. a. zu klären, ob sich ein dargebotenes Wort durch ein bedeutungsgleiches ersetzen ließ, oder ob dieses sinnvoll in einen ebenfalls dargebotenen Satz paßte (so beispielsweise: Die Frau ging mit dem _____ spazieren). Als die Versuchspersonen später die Begriffe aus dem Gedächtnis wiederzugeben hatten, zeigte sich, daß sie die besten Behaltensleistungen erbrachten, wenn sie die dargebotenen Begriffe semantisch verarbeitet hatten, geringere Reproduktionsleistungen ergaben sich bei phonologischer, die schwächsten bei oberflächlicher

Verarbeitung. Solche Zusammenhänge finden sich auch bei der Auseinandersetzung mit Texten. Wenn man Studierende auffordert, einen Text „langsam und sorgfältig" zu lesen, dann muß mit einer oberflächlichen Verarbeitung gerechnet werden. Gleiches gilt für Lernende, die sich mit Lernmaterial eines Unterrichtsfachs zu beschäftigen haben, in dem sie bereits wiederholt Mißerfolge erfahren mußten. Aus ihrer Sicht lohnt sich der erhöhte Anstrengungseinsatz für eine tiefere Verarbeitung nicht (Appleton, 1997b). Jedenfalls wird in späteren Gedächtnisprüfungen verhältnismäßig wenig von dem Gelesenen reproduziert. Bessere Behaltensleistungen werden demgegenüber erbracht, wenn man die Leser herausfordert, mitgeteilte Inhalte in eigenen Worten wiederzugeben (Glover et al., 1981). Eine noch tiefere Verarbeitung von Informationen findet statt, wenn man Lernende anregt, diese mit den eigenen Erfahrungen in Beziehung zu setzen. Wenn man beispielsweise eine Liste mit Adjektiven nicht nur auf der Bedeutungsebene analysiert, sondern zudem prüft, ob sich mit ihnen die eigene Person kennzeichnen läßt, erhält man bei weitem die besten Gedächtnisleistungen; man spricht von einem *Selbstbezugseffekt* (Klein & Kihlstrom, 1986; Rogers et al., 1977), der auch bei der Lernmotivierung eine große Rolle spielt (s. S. 365f.). Informationen, die in irgendeiner Weise mit der eigenen Person in Beziehung zu setzen sind, gelten als besonders bedeutungsträchtig. Der Selbstbezugseffekt wirkt bereits bei Kindern, die jünger als zehn Jahre alt sind. Bei älteren Grundschülern ist sogar noch ein stärkerer Effekt zu beobachten (Halpin et al., 1984), ebenso bei Erwachsenen (Rogers, 1983). Man kann diesen Selbstbezugseffekt sowohl beim Erlernen von Textmaterialien nutzen als auch in Situationen, in denen beziehungslose Einzelwörter behalten werden müssen (Reeder et al., 1987). Allgemein darf erwartet werden, daß Material, das mit Selbstbezug gelernt worden ist, in späteren Behaltensprüfungen verhältnismäßig mühelos wieder aus dem Langzeitgedächtnis abgerufen werden kann.

4.1.3 Das Langzeitgedächtnis

Die Leistungen des Langzeitgedächtnisses erscheinen auf den ersten Blick höchst widersprüchlich. So berichtet bereits George Stratton (1917) von polnischen Juden, die in der Lage waren, den Inhalt des zwölfbändigen Talmuds, der aus tausenden von Seiten besteht, auswendig wiederzugeben. Wenn man auf irgendeiner Seite eine Nadel durch diese und die nachfolgenden Seiten eines Bandes des umfangreichen Werkes hindurchstach, waren diese Gedächtnisexperten in der Lage, von jeder nachfolgenden Seite zu sagen, welches Wort die Nadel jeweils markierte. In der jüdischen Gemeinde bezeichnete man diese Gedächtnisexperten als „Shass Pollak"; bei *Shass* handelt es sich um eine Abkürzung der hebräischen Bezeichnung für Talmud, und *Pollak* steht für Pole. Es gibt aber noch andere beachtliche Leistungen, die einzelne Menschen ihrem Langzeitgedächtnis verdanken. So stellte der Japaner *Hideaki Tomoyori* einen Weltrekord damit auf, daß er von der Konstanten *pi* (= 3,14159....) 40 000 Ziffern auswendig hersagen konnte; er benötigte zu diesem Erinnerungsmarathon 17 Stunden und 21 Minuten (Biederman et al., 1992). Ein Kellner, den Karl Ericsson (1985) untersuchte, konnte sich in dem Restaurant, in dem er arbeitete, bis zu 20 Bestellungen für Menüs merken. Wegen der angebotenen Wahlmöglichkeiten gab es für ein mehrgängiges Menü theoretisch 600 verschiedene Kombinationsmöglichkeiten!

Solchen Behaltensleistungen stehen aber auch andere Beobachtungen gegenüber. Der Pionier der Gedächtnisforschung, Hermann Ebbinghaus (1885), mußte nach dem Erlernen „sinnloser Silben" feststellen, daß er von diesen bereits nach 20 Minuten fast vierzig Prozent wieder vergessen hatte. Wird sinnvolles Material länger behalten? Wie lange kann man sich nach Schulabschluß noch an Unterrichtsinhalte, beispielsweise an Fremdsprachen, erinnern, wenn inzwischen keinerlei Übung mehr erfolgt ist? Diese Frage prüfte Harry Bahrick (1984) am Beispiel der spanischen Sprache. Die ehemaligen Schüler hatten nach drei Jahren bereits einen erheblichen Teil von dem wieder vergessen, was sie seinerzeit im Unterricht gelernt hatten. Das zu diesem Zeitpunkt nachgewiesene Behaltensniveau verminderte sich allerdings während der nachfolgenden Jahrzehnte nur noch unwesentlich. Während aber Inhalte, die unter experimentellen Bedingungen gelernt worden sind, ziemlich schnell wieder vergessen werden, ist das früher im Unterricht Gelernte bei ehemaligen Schülern noch ziemlich lange Zeit nachzuweisen (Semb & Ellis, 1994). Zu beachten ist aber, daß es in hohem Maße von der Qualität der Unterrichtsarbeit abhängt, wie schnell schulisches Wissen im Verlauf weiterer Lebensabschnitte wieder vergessen wird.

Selbstverständlich ersetzen Berichte über spektakuläre Behaltensleistungen ebensowenig wie alltägliche Erfahrungen mit dem Vergessen die eingehende Erforschung des Langzeitgedächtnisses. Darin speichert der Mensch sämtliche Informationen, die ihm längere Zeit (Minuten oder auch Tage, Monate oder gar Jahre) zur Verfügung stehen sollen. Immerhin – so schätzt man – könnte ein Studierender nach Erlangung seines Diploms zwischen 50 000 und 200 000 Wörter kennen (Charness & Bieman-Copland, 1992). Wie sind diese Informationen im Gedächtnis repräsentiert? Wenn man Schüler fragt, was sie aus einer früheren Unterrichtsstunde noch wissen, dann werden sie den Inhalt wahrscheinlich in verbaler Form gespeichert haben. Sie geben die Lerninhalte zwar nicht wörtlich wieder, sie fassen diese aber als Bedeutungsinhalte zusammen. Wenn man sich dagegen bei ihnen erkundigt, wie ihr Lehrer angezogen war, dann werden sie Erinnerungen in bildlicher Form aktivieren. Ein gut aufgebauter Unterricht nutzt sowohl sprachliche als auch bildliche Darstellungen.

Die Aufgabe des Gedächtnisses besteht aber nicht nur darin, Gelerntes zu speichern, damit es später wieder abgerufen werden kann. Wenn man beispielsweise zu beantworten hat, ob ein Hecht ein Fisch ist, dann wird man die dazugehörige Antwort sicherlich dem Gedächtnis entnehmen können. Wenn zusätzlich herausgefunden werden soll, ob der Hecht auch ein Lebewesen ist, dann besteht sehr wohl die Möglichkeit, daß das Wissen, Hechte sind Lebewesen, niemals in dieser spezifischen Feststellung gelernt worden ist. Da aber bekannt ist, daß der Hecht ein Fisch ist und Fische Lebewesen sind, läßt sich schlußfolgern, daß Hechte Lebewesen sind. Das Gedächtnis dient also auch dazu, Informationen bereitzustellen, aus denen sich Antworten durch logische Schlüsse ableiten lassen.

Eine für die schulische Arbeit nützliche Unterscheidung von Wissen im Langzeitgedächtnis berücksichtigt, daß Schüler zum einen viele Fakten zu lernen haben, aber ebenso Kenntnisse darüber besitzen müssen, *wie* bestimmte Ziele zu erreichen sind. Entsprechend wird zwischen deklarativem und prozeduralem Wissen unterschieden (Anderson, 1983). Man greift auf sein deklaratives Wissen zurück, wenn man Feststellungen trifft, die Tatsachen, Ereignisse oder Theorien enthalten. Mit Feststellungen wie etwa, daß Berlin die deutsche Hauptstadt ist, daß der Zweite Weltkrieg 1945 endete und daß einige Psychologen das Gedächtnis in ein Sensorisches Register, ein Kurzzeit- und ein Langzeitgedächtnis unterteilen, gibt man Inhalte des deklarativen Gedächtnisses wieder. Der Schüler, der eine Regel der Grammatik lernt, der weiterhin im Unterricht erfährt, nach welcher Formel das arithmetische Mittel berechnet wird oder zur Kenntnis nimmt, nach wie vielen Sekunden er einen Hundert-Meter-Lauf beendet haben sollte, um eine gute Leistung bescheinigt zu bekommen, erweitert sein deklaratives Wissen.

Während deklaratives Wissen zum Inhalt hat, *was* gegeben ist, bezieht sich das prozedurale Wissen darauf, *wie* etwas zu tun ist. Wie kann man sich nähere Informationen über den Zweiten Weltkrieg beschaffen? Welche Bücher könnten darüber Aufschluß geben? Bei vielen Aufgaben wird auf beide Wissensarten zurückgegriffen. Man entnimmt seinem deklarativen Wissen, daß ein mehrbändiges Lexikon viele Informationen enthält. Die korrekte Nutzung dieses Werkes zur Klärung einer bestimmten Frage ist nur mit Hilfe des prozeduralen Wissens möglich. Die nachgelesenen Informationen können wiederum das deklarative Wissen erweitern. Was gehört aber nun zu diesem deklarativen Gedächtnis? Was entnimmt der Lernende seinem Langzeitgedächtnis, wenn er Beobachtetes verständlich zu machen versucht. Die Informationen sind, wie anschließend ausführlich dargestellt wird, in geordneter Form gespeichert. Jeder Lehrer sollte über die Ordnungseinheiten des Langzeitgedächtnisses und ihre Beziehungen untereinander informiert sein, wenn er sich an den Lernenden wendet, um dessen Wissen und Können zu fördern.

4.2 Das Schema als komplexe Wissenseinheit des Deklarativen Gedächtnisses

Im Alltagsleben vergegenwärtigen Menschen sich normalerweise nicht, wie häufig sie auf ihr gespeichertes Wissen zurückgreifen, wenn sie sich in ihrer Umwelt orientieren oder sich Beobachtetes verständlich zu machen versuchen. Sollte das Gedächtnis ihnen aber in einer Situation den notwendigen Verständ-

4.2 Das Schema als komplexe Wissenseinheit des Deklarativen Gedächtnisses

nishintergrund nicht zur Verfügung stellen, sind sie verunsichert. Eine solche Verwirrung läßt sich zum Zwecke der Demonstration auch im Klassenzimmer hervorrufen. Man braucht nur Schülern – sie sollten schon etwas älter sein – die nachfolgend abgedruckte Textpassage mündlich oder schriftlich (etwa über einen Overheadprojektor) darzubieten. Anschließend fordert man sie auf, das Gehörte oder Gelesene aus dem Gedächtnis wiederzugeben.

> Der Vorgang ist eigentlich ganz einfach. Man bildet zunächst aus sämtlichen Stücken mehrere Haufen. Selbstverständlich kann auch schon ein Stapel hinreichen; das hängt ganz davon ab, wieviel zu tun ist. Wenn man selbst keine geeigneten Geräte im Hause hat, ist der nächste Schritt, dort hinzugehen, wo sich solche finden. Ansonsten kann man sich sofort an die Arbeit machen. Es ist wichtig, daß man einen Gang nicht überfrachtet. Das heißt, es ist besser, eher zu wenig als zu viele Stücke auf einmal zusammenzupacken. Auf kurze Sicht mag man die Notwendigkeit nicht einsehen, aber es können leicht Komplikationen auftreten. Unaufmerksamkeit bei den Vorbereitungen kann auch teuer werden. Zu Anfang mag der ganze Vorgang etwas kompliziert erscheinen. Sehr bald wird so etwas jedoch zu den Erfordernissen des alltäglichen Lebens gehören. Es fällt einem schwer, sich vorzustellen, daß sich die erforderliche Sorgfalt für diese Aufgabe in naher Zukunft einmal erübrigen könnte; aber wie das später einmal aussehen wird, weiß man jetzt noch nicht. Wenn die gesamte Angelegenheit erledigt ist, wird man die Stücke wieder nach Kategorien ordnen. Man kann sie an den dafür vorgesehenen Platz bringen. Irgendwann wird man dann alle Stücke wieder benutzen und dann beginnt der ganze Zyklus wieder vorn vorne. Aber das ist nun einmal eines der Erfordernisse des Lebens (Bransford & Johnson, 1972).

Diese Textpassage ruft bei Hörern oder Lesern Verwirrung hervor, weil die Adressaten nicht wissen, wovon die Rede ist. Dennoch wird ein Ablauf beschrieben, der zumindest den meisten von ihnen nicht unbekannt sein dürfte. Hätte der Lehrer ihnen nämlich von vornherein mitgeteilt, daß der Text vom „Wäschewaschen" handelt, wäre er sicherlich besser verarbeitet worden. Das Verständnis dieses Textausschnittes setzt voraus, daß der Adressat ein allgemeines begriffliches Vorverständnis, ein *Schema* besitzt, das Informationen über das Wäschewaschen enthält. Den Schema-Begriff hat bereits Jean Piaget verwendet (s. S. 73f.). Der Britische Psychologe Sir Frederic Bartlett (1932) führte ihn vor mehr als einem halben Jahrhundert in die Gedächtnispsychologie ein, um damit bestimmte Erinnerungsfehler seiner Versuchspersonen zu erklären. Kognitive Psychologen sprechen von Schemata, wenn von „geordneten Wissensstrukturen" die Rede ist. Als Schema bezeichnet man das allgemeine Wissen über ein Ereignis oder einen Gegenstand, das auf der Grundlage vorausgegangener Erfahrungen entstanden ist (Cohen, 1989); ein Schema faßt bedeutsame Merkmale von Reizgegebenheiten in abstrakter Form zusammen. So enthält das Buch-Schema eines Menschen beispielsweise die Gemeinsamkeiten all jener Bücher, mit denen er bereits Erfahrungen gesammelt hat.

Es ist keineswegs unerheblich, in welchem Kontext ein Mensch seine Erfahrungen sammelt. Diese entstehen im Alltagsleben und auch in der Schule. Entsprechend lassen sich Schul-Schemata von Alltags-Schemata unterscheiden. Schemata sind also kontextspezifisch. Vor allem Alltags-Schemata können unzulänglich oder unvollständig sein und Erklärungen nahelegen, die Fachleute eines Gebietes als Ausdruck eines „Mißverständnisses" deuten würden (s. S. 302f.).

Bedeutsam ist weiterhin, wie sich ein Mensch fühlt, während er bestimmte Lernerfahrungen sammelt. So verbinden einige Menschen mit dem Unterrichtsfach Mathematik negative Einstellungen, weil die Auseinandersetzung mit dort gestellten Aufgaben bei ihnen unangenehme Gefühle ausgelöst hat. Schemata beinhalten auch diese Gefühle (Claxton, 1990). So verbindet ein Schüler mit seinen schulischen Erfahrungen allgemein oder in einem bestimmten Unterrichtsfach angenehme Gefühle, weil er die Auseinandersetzung mit den Lernaufgaben etwa als „interessant" und nicht als „langweilig" erlebt hat, weil die Bewältigung der Anforderungen außerdem mit „Stolz" und „Zufriedenheit" statt mit „Enttäuschung" und „Beschämung" als emotionale Folge verbunden war (s. S. 339).

Schemata spielen beim Verstehen und Verarbeiten von Informationen eine bedeutsame Rolle. Wenn man beispielsweise im Freien in einiger Höhe über sich etwas kreisen sieht, was „klein und schwarz" aussieht, dann folgert man in der Regel, daß das Beobachtete in die Vogel-Kategorie einzuordnen ist. Obwohl man aus der Entfernung nichts Näheres erkennt, weiß man von diesem „Vogel", daß er u. a. Federn, Krallenfüße und einen Schnabel hat. Dieses Wissen entnimmt man seinem Vogel-Schema, das die Merkmale repräsentiert, die für die meisten Vögel kennzeichnend sind (keineswegs für alle, denn ein gerade aus dem Ei geschlüpftes Junges besitzt noch keine Federn und kann auch nicht fliegen).

Margaret Matlin (1994) verdeutlicht an einem Beispiel, wie viele Informationen man seinem Schema-Wissen entnehmen kann, um den folgenden kurzen Satz zu verstehen: *Als Lisa mit ihrem Ballon von dem Geschäft zurückkehrte, fiel sie hin, und der Ballon schwebte von dannen.* Man folgert fast selbstverständlich aus dieser Mitteilung, daß Lisa wahrscheinlich ein Kind und keine Vierzigjährige ist. Sie hat den Ballon im Geschäft erhalten. Er ist mit einem leichten Gas gefüllt und an einem Band befestigt. Als Lisa fiel, hat sie das Band losgelassen. Bei diesem „Unfall" hat sie vielleicht ihr Knie aufgeschlagen, möglicherweise blutete es. „Ein Satz der zunächst einfach erschien, wird unmittelbar durch eine erstaunliche Menge an Informationen über Objekte und Ereignisse in unserer Welt angereichert." Ohne Verfügung über geeignete Schemata wäre eine solche Ausgestaltung einer nüchternen Information unmöglich.

Zunächst ist im folgenden über die Gemeinsamkeiten zu sprechen, die das Schema in abstrakter Form über verfügbare Kategorien bereithält. Schemata gestatten aber nicht nur die Einordnung wahrgenommener Reizgegebenheiten

(z. B. „Das ist ein Vogel"), sondern sie ermöglichen es auch, Zusammenhänge darzustellen (etwa „Vögel können fliegen"), die als *Propositionen* gespeichert sind. Weiterhin entnimmt man seinem Schema Informationen über das typische Aussehen einer bekannten Gegebenheit. So entsteht etwa die bildliche Vorstellung von einem Vogel. Schließlich ist noch über einen dritten grundlegenden Inhalt des deklarativen Gedächtnisses zu sprechen: Es speichert Ereignis-Schemata.

4.2.1 Schemata als kognitive Repräsentation von Begriffen

Alle Lebewesen stehen vor dem Problem, sich an eine Welt anzupassen, die außerordentlich komplex ist, und in der sich selten zwei Objekte oder Ereignisse einander vollkommen gleichen. Ein Individuum würde sich hoffnungslos in Einzelheiten verlieren, wenn es auf jede Gegebenheit in dieser Welt gesondert zu reagieren hätte. Eine Anpassung an die Umweltgegebenheiten könnte unter solchen Umständen nicht erfolgen. Obwohl die meisten Menschen beispielsweise grundsätzlich in der Lage wären, mehrere tausend Farben zu unterscheiden, kommen sie im praktischen Alltag mit erheblich weniger Farben und den entsprechenden Bezeichnungen aus. Man spricht von *rot* und vernachlässigt, daß diese Farbe in scheinbar unendlicher Vielfalt auftreten kann. Auch *vierbeinige Haustiere, die bellen*, kommen in unterschiedlicher Größe, mit verschiedenartigem Fell und in jeweils charakteristischen Formen vor, dennoch lassen sie sich alle in die Kategorie „Hund" einordnen. Die Verringerung der Komplexität in überschaubare Einheiten erfolgt durch „Begriffe". Begriffe fassen nicht nur vorausgegangene Erfahrungen in geordneter Form zusammen, sie ermöglichen es auch, neuen Beobachtungen Bedeutung zuzuschreiben. Wenn sich einem Menschen eine vierbeiniges kleines Lebewesen mit wedelndem Schwanz nähert, kann er für sich die Feststellung treffen, daß es sich dabei um einen Hund handelt, auch wenn er dieses besondere Tier niemals zuvor in seinem Leben gesehen hat. Die Einordnung ermöglicht es sogar, über das Beobachtete hinauszugehen: Auch wenn das Tier noch keinerlei Lautäußerung von sich gegeben hat, läßt sich die Feststellung treffen, daß „ein Hund bellen kann". Durch die Verfügung über Begriffe ist es dem Menschen möglich, Ereignisse und Gegebenheiten einer außerordentlich komplexen Welt zu verstehen und über sie nachzudenken. Das jeweils gefundene Verständnis bestimmt wiederum entscheidend mit, wie auf das Beobachtete reagiert wird. Man denke an einen Arzt, der einen Patienten eingehend untersucht und schließlich seine Befunde in einem Begriff zusammenfaßt: „Grippe". Von der Angemessenheit dieser Kategorisierung hängt möglicherweise das Leben seines Patienten ab! Mit der Zusammenfassung seiner diagnostischen Befunde unter dem Begriff „Grippe" hat der Arzt eine beachtliche Anzahl von Beobachtungen an seinem Patienten in eine Ordnung gebracht. Solche Ordnungsleistungen müssen alle Menschen in vielfältiger Form erbringen.

Wenn man sich in einem normalen Haushalt genauer umsieht, wird man viele Hinweise auf bereits zu einem früheren Zeitpunkt erbrachte Ordnungsleistungen erhalten. So findet man etwa in einem Schrank überwiegend Kleidungsstücke, möglicherweise unterteilt in Unter- und Oberbekleidung. Wenn mehrere Bücherregale vorhanden sind, erhält man auch dort Belege für den Ordnungssinn ihres Besitzers, denn dieser hat vermutlich Nachschlagewerke, Belletristik- und Sachbücher jeweils zusammengestellt. Alle Arten von Sammlungen, ob es sich dabei um Bücher, CDs, Briefmarken oder Kleidungsstücke handelt, werden in der Regel nach Gemeinsamkeiten sortiert. Hinter solchen Ordnungen stehen Begriffsvorstellungen. Bei einem Begriff handelt es sich um eine Kategorie, in die sich Gegenstände, Vorstellungen und Ereignisse einordnen lassen, die bestimmte Gemeinsamkeiten aufweisen. Dieses Zusammenfassen in Kategorien hat erhebliche Vorteile. Der Bücherfreund erhöht durch seine Ordnung die Aussicht, ein gesuchtes Buch ziemlich schnell ausfindig machen zu können. Das Kategorisieren begünstigt auch die menschliche Verarbeitung von Informationen, denn durch sie erübrigt es sich, sämtliche individuellen Merkmale einer Gegebenheit speichern zu müssen. Dieses Zusammenfassen ist bereits menschliches Denken, und es ist zugleich die Voraussetzung für weitergehende Überlegungen (Johnson-Laird & Wason, 1977). Wie aber lernt man Begriffe?

Grundsätzlich kann man zahlreiche Regeln unterscheiden, mit deren Hilfe sich Kategorien definieren lassen. Nach der Merkmalstheorie werden Begriffe durch akzentuierte Merkmale definiert. Demnach ist ein Mensch beispielsweise nur dann ein „Junggeselle", wenn er drei Voraussetzungen erfüllt: er muß 1. männlich, 2. unverheiratet und 3. ein Erwachsener sein. Beim Fehlen auch nur einer dieser drei Voraussetzungen kann nicht von einem *Junggesellen* gesprochen werden. Aus der Sicht der Prototyptheorie nehmen Menschen dagegen die Einordnung eines Objektes, eines Ereignisses oder eines Gedankens in eine Kategorie vor, wenn eine hinreichende Ähnlichkeit zu einem Musterbeispiel (Prototyp) wahrgenommen wird. Merkmals- und Prototyptheorie haben entsprechend ihrer Sichtweise unterschiedliche Untersuchungsbedingungen geschaffen, um das Lernen von Begriffen zu studieren.

4.2.1.1 Kategorisierung nach einer festliegenden Anzahl relevanter Merkmale

Seit einer ersten, heute schon als klassisch geltenden Studie von Clark Hull (1920) über Begriffsbildung hat man vielfach einen Begriff als Bezeichnung für eine Kategorie definiert, in die nach bestimmten Regeln Objekte oder Ereignisse eingeordnet werden. Danach besteht das Erlernen eines Begriffes im wesentlichen aus dem Erlernen der zur Definition erhobenen *(relevanten)* Merkmale. Das Begriffslernen nach dieser Vorgehensweise läßt sich auch im Klassenzimmer demonstrieren.

Der Lehrer hat zahlreiche Abbildungen mitgebracht, die verschiedene geometrische Figuren unterschiedlicher Größe, Form und Farbe darstellen. Im Rahmen eines kleinen Versuches denkt er sich für jeden Schüler relevante Merkmale aus, die jeweils eine Figur kennzeichnen. Wird der Schüler diese Merkmale erraten? Die Aufgabe eines jeden Schülers besteht darin, nacheinander auf Figuren zu zeigen, um aufgrund der Lehrerreaktion herauszufinden, ob sie Träger dieser Merkmale sind. Der Lehrer antwortet lediglich mit „ja" oder „nein", um mitzuteilen, ob die ausgewählte Figur die jeweils bedeutsamen, also relevanten Merkmale besitzt. So reagiert er beispielsweise auf das kleine rote Rechteck, den kleinen grünen Kreis und das große blaue Dreieck mit „nein". Erst als der Schüler auf das kleine rote und anschließend auf das kleine grüne Dreieck zeigt, antwortet der Lehrer mit „ja". Dabei wirkt es offenkundig erschwerend auf den Begriffserwerb, daß jede Figur auch Träger eines irrelevanten Merkmales ist. Im vorliegenden Fall ist die Farbe der Figur offenbar irrelevant; könnte die Form es vielleicht auch sein?

Beim Begriffserwerb könnte der Schüler folgendermaßen vorgegangen sein: Er beachtete bei jeder Figur ein Merkmal und stellte die Hypothese auf, daß dieses das vom Lehrer vorher stillschweigend festgelegte sein könnte („Ist es die Viereckigkeit?", „Ist es die Größe der Figur?"). Wenn sich seine Hypothese als falsch erweist, wählt er ein anderes Merkmal aus, das zur Grundlage einer weiteren Hypothesenprüfung wird. Nach Auswahl weiterer Beispiele erkennt der Schüler schließlich das *relevante* Merkmal (Dreieckigkeit). Diese Methode des Begriffserwerbs erfolgt also über eine Hypothesenprüfung (Bruner et al., 1956). Ein Durchgang ist erfolgreich abgeschlossen, sobald der oben genannte Schüler in der Lage ist, Dreiecke unterschiedlicher Größe zu kategorisieren.

Dieser Methode des Begriffserwerbs liegen folgende Annahmen zugrunde (s. hierzu auch Eckes & Six, 1984):
1. Jede Kategorie ist durch das Vorhandensein einer (zumeist) kleineren Anzahl von *relevanten* Merkmalen definiert (im vorliegenden Fall war das Merkmal Dreieckigkeit zu suchen; der Lehrer hätte auch entscheiden können, daß Rechtwinkligkeit *und* Dreieckigkeit relevant gewesen wären). Der Lernende steht stets vor der Aufgabe, das relevante Merkmal bzw. die relevanten Merkmale zu finden.
2. Ein Objekt bzw. Ereignis gilt nur dann als Beispiel der jeweils definierten Kategorie, wenn es Träger eben dieser relevanten Merkmale ist. Ein Ereignis oder Objekt *ist* einer Kategorie zugehörig oder nicht; es gibt keine abgestufte Klassenzugehörigkeit (eine Figur ist also rechtwinklig oder nicht; nicht rechteckige Figuren sind in andere Kategorien einzuordnen).
3. Innerhalb einer bestimmten Abstraktionsebene sind die einzelnen Kategorien klar voneinander unterschieden; ein Objekt oder Ereignis kann nicht gleichzeitig zwei Kategorien angehören (entsprechend ist ein rechtwinkliges von einem nicht-rechtwinkligen Dreieck zu unterscheiden, erst auf der Abstraktionsebene *Dreiecke* lassen sich beide zu einer Kategorie zusammenfassen).
4. Die einzelnen relevanten Merkmale unterscheiden sich nicht nach ihrer Bedeutung; sie sind alle gleich wichtig (im Falle der geometrischen Figuren kommt dem Merkmal *rechtwinklig* die gleiche Bedeutung zu wie dem Merkmal *dreieckig*.

In älteren Studien waren Begriffe – wie im obigen Beispiel – zu entdecken. Damit ist die Anwendbarkeit auf Unterrichtssituationen sehr begrenzt. Begriffe werden nämlich viel effektiver gelernt, wenn der Lehrer direkte Definitionen vorgibt und diese durch zusätzlich dargebotene Beispiele erläutert (Francis, 1975; Woodson, 1974). Weiterhin ist zu berücksichtigen, daß sich nicht alle Gegebenheiten so klar definieren und durch eindeutige Merkmale voneinander unterscheiden lassen, wie etwa geometrische Figuren. Erst durch die Arbeiten von Eleonor Rosch (1973, 1978) hat sich das Forschungsinteresse verstärkt der Kategorisierung *natürlicher* Begriffe zugewandt.

4.2.1.2 Kategorisierung nach charakteristischen Merkmalen

Gegebenheiten der natürlichen Umwelt lassen sich keineswegs immer eindeutig kategorisieren. Das spiegelt sich in verwendeten Begriffen wider, die entsprechend unscharf (engl. *fuzzy*) definiert sind. Wie schwierig es sein kann, einen alltäglichen Gebrauchsgegenstand unter einen bestimmten Begriff zu fassen, veranschaulicht Abbildung 4.2. Wie viele Tassen sind hier dargestellt?

Abbildung 4.2:
Eine Auswahl unterschiedlicher Arten von Trinkgefäßen. Welche Zeichnungen stellen positive Beispiele für den Begriff „Tasse" dar?

Der einzelne Betrachter mag für sich selbst vielleicht noch eindeutig festlegen können, welche Trinkgefäße für ihn *Tassen* und welche für ihn *Becher* darstellen. Wenn er seine eigenen Zuordnungen aber mit den Urteilen anderer vergleicht, wird er wahrscheinlich feststellen, daß es sich beim Begriff Tasse um einen unscharfen Begriff *(fuzzy concept)* handelt. Im alltäglichen Sprach-

4.2 Das Schema als komplexe Wissenseinheit des Deklarativen Gedächtnisses

gebrauch werden – worauf Philosophen bereits wiederholt hingewiesen haben (z. B. Wittgenstein, 1969) – Gegebenheiten zusammengefaßt, die sich nicht vollständig über eine bestimmte Anzahl von Merkmalen definieren lassen. Ludwig Wittgenstein hat dies am Begriff *Spiel* aufgezeigt: das Spielmaterial kann maximal variieren. Einige Spiele erfordern mehrere Beteiligte, bei anderen unterhält man sich allein. Die meisten Spiele sind auf Gewinnen und Verlieren ausgelegt, aber nicht alle (das kindliche Spiel oder das musikalische). Viele Spiele sollen unterhalten. Gilt das aber auch für solche, die professionell ausgeübt werden, wie etwa beim Fußball? – Immerhin wird nicht jedes Fußballspiel professionell ausgeübt. Man mag – wie Wittgenstein festgestellt hat – Ähnlichkeiten und Beziehungen zwischen verschiedenen Spielen entdecken; man wird aber keine Merkmale finden, die *allen* Spielen gemeinsam sind. Der natürlichen Umwelt des Menschen lassen sich viele weitere Beispiele entnehmen. Kann man beispielsweise stets zwischen einem Strauch und einem Busch, einem Teich und einem See, einem Strom und einem Fluß unterscheiden? Weiß man bei einem jungen Menschen immer genau, ob es sich bei ihm um einen Jugendlichen oder um einen Erwachsenen handelt? Ist es berechtigt, einen Aufzug noch als Verkehrsmittel zu bezeichnen? Welches Verständnis hinterläßt ein Lehrer, der sich auf ein bestimmtes Verhalten seiner Schüler bezieht und dazu erklärt, es sei „nicht akzeptabel"? Wissen die so Adressierten daraufhin genau, welche Verhaltensweisen in die Kategorie „akzeptabel" fallen – oder wenigstens in diejenige des „Nicht-akzeptablen"? Die Übergänge zwischen natürlichen Gegebenheiten sind fließend und folglich nicht eindeutig durch bestimmte Merkmale voneinander abgehoben. Darauf wird man auch aufmerksam, wenn man Personen befragt, die sich als *Liberale* bezeichnen. Wenn man sie fragt, was sie darunter verstehen, wird man vermutlich keine übereinstimmenden Antworten erhalten.

Eleonor Rosch (1975, 1978) meint, daß sich Begriffe unter natürlichen Umweltbedingungen nach „Prototypen" oder „besten Beispielen" ordnen lassen. Die Tasse Nr. 1 der Abbildung 4.2 stufen viele Betrachter als *gutes Beispiel* ein. Das Trinkgefäß Nr. 11 wird demgegenüber vielfach nicht mehr als Tasse bezeichnet, weil es für viele Menschen zu sehr vom *Prototyp* Tasse abweicht. Weiterhin kommt nach den Befunden von Rosch (1975) ein *Spatz* dem „inneren Idealbild" eines *Vogels* sehr nahe; für den Begriff *Vogel* wäre der *Spatz* somit ein besseres Beispiel als das *Huhn* oder der *Pinguin*. Wenn man ein Beispiel für eine *Frucht* benennen soll, wird man wahrscheinlich *Apfel* oder *Birne*, nicht aber *Feige* nennen. Ein Prototyp entsteht, indem man auf der kognitiven Ebene eine Art Mittelwert von sämtlichen Beispielen bildet, die man im Laufe der Zeit beobachtet hat. Auf diese Weise entsteht ein Beispiel, welches den jeweiligen Begriff am besten darstellt (Prototyp). Durch zusätzliche Regeln wird spezifiziert, welcher Grad der Abweichung eines Beispiels vom Idealbild noch toleriert werden kann. Ein Beispiel gilt als typisch, wenn es dem Idealbild weitgehend entspricht; es gilt als weniger typisch, wenn es vom Prototyp zwar abweicht, aber dennoch innerhalb tolerierbarer Grenzen verbleibt. Nach der Prototyptheorie wird nicht auf die relevanten Merkmale geachtet, die einen Begriff definieren, sondern auf charakteristische Merkmale einer beobachteten Reizgegebenheit. Wenn man Menschen auffordert, für alltägliche Begriffe, beispielsweise für *Vogel* oder *Früchte,* Kennzeichnungen zu geben, nennen sie in der Regel mehr charakteristische als relevante Merkmale (Rosch & Mervis, 1975). Während jedes Beispiel sämtliche relevanten Merkmale besitzen muß (ein Junggeselle ist erwachsen *und* männlich *und* unverheiratet), beachtet man beim Vergleich einer Gegebenheit nur bestimmte, eben charakteristische Merkmale. Charakteristisch ist beispielsweise für einen Vogel, daß er fliegen kann, obwohl es sich dabei nicht um ein relevantes Merkmal handelt, denn nicht alle Vögel können fliegen (wie etwa der Strauß). Und nicht alle Tiere, die fliegen können, sind Vögel – so sind Fledermäuse Säugetiere.

Die Schnelligkeit, mit der Begriffszuordnungen von Versuchspersonen vorgenommen werden, hängt davon ab, wie sehr die dargestellten Beispiele einem verfügbaren Prototyp entsprechen bzw. von diesem abweichen. Wenn man Schüler fragt, ob ein *Spatz* ein „Vogel" ist, werden sie ziemlich schnell ihre Zustimmung mitteilen. Dagegen wird die Antwort, ob ein *Huhn* als „Vogel" anzusehen ist, erst mit Verzögerung eintreten (Rosch, 1973; Rosch & Mervis, 1975). Auch bei den Behaltensleistungen findet man ähnliche Zusammenhänge. Lernende, die sich Wörter zu merken haben, die alle zu einer bestimmten Kategorie gehören, werden typische Begriffe schneller als untypische Begriffe reproduzieren (Smith & Medin, 1981).

Kritisch läßt sich gegenüber der Prototyptheorie ins Feld führen, daß sie situative Bedingungen unberücksichtigt läßt. Was nämlich besonders typisch ist, wird wesentlich auch vom jeweiligen Umfeld mitbestimmt (Roth & Shoben, 1983). Gibt es wirklich so etwas wie einen *typischen* Vogel? Muß man nicht vielmehr fragen: In welcher Umgebung? Wahrscheinlich nutzen Menschen gar nicht ein einziges typisches Beispiel, um einem Begriff Bedeutung zuzuschreiben, sondern zahlreiche typische Beispiele (Ross & Spalding, 1994). So könnte es einen typischen Singvogel geben, der klein ist, fliegt, Nester baut usw. Weitere Prototypen wären für Raubvögel anzunehmen, für große Vögel, die nicht fliegen können (etwa Vogel Strauß), für Wasservögel und noch weitere vergleichbare Vögel. Man würde demnach einen Adler nicht, wie Rosch es nahegelegt hat, mit einem Prototyp Singvogel, sondern, wie Brian Ross und Thomas Spalding meinen, mit dem Prototyp Raubvogel vergleichen. Die jeweilige Umgebung würde eine wichtige Rolle spielen, um bei Beobachtung eines Vogels den jeweils naheliegenden Prototyp zu „aktivieren".

Die beiden dargestellten Ansätze zum Begriffserwerb sollten nicht so gesehen werden, als stünden sie im Gegensatz zueinander. Tatsächlich kann man den Prototypenansatz so definieren, daß er eine Reihe von Merkmalen berücksichtigt, von denen einige eine höhere Gewichtung erhalten als andere (Neumann, 1977). Ebenso besteht die Möglichkeit, die Merkmale eines Begriffs in solche zu teilen, die ihn definieren (also relevant, notwendig sind) und solche, die ihn charakterisieren (d.h. häufiger vorkommen, typisch, aber nicht notwendig sind).

4.2.1.3 Anerkennung einer Prototyporientierung und Förderung einer Merkmalsorientierung im Unterricht

Entwicklungspsychologische Forschungen haben ergeben, daß Kinder Begriffe zunächst auf der Grundlage klarer Beispiele lernen (Rosch, 1978; Shepp, 1978). Sie speichern diese Beispiele als Prototypen. Wenn sie mit einem weiteren Ereignis oder Objekt konfrontiert werden, vergleichen sie es mit den bereits vorhandenen Prototypen und entscheiden nach dem Ähnlichkeitseindruck, ob es einem der gespeicherten Kategorien zugeordnet werden kann. Zu beachten ist, daß sich die Orientierung an Prototypen in vielen Situationen des Alltagslebens bewährt, und eine ständige Berücksichtigung relevanter Merkmale möglicherweise sogar verwirren kann. Darauf wollen auch Peter Lindsay und Donald Norman (1977) aufmerksam machen, indem sie folgende Feststellung treffen: „Der typische Hund bellt, hat vier Beine und frißt Fleisch. Wir erwarten das von allen Hunden, die es gibt. Trotzdem würde es uns nicht überraschen, einem Hund zu begegnen, der nicht bellt, nur drei Beine hat oder Fleisch nicht essen mag." Die Orientierung an typischen Beispielen kann sich sehr wohl auch im Unterricht bewähren. Das gilt ebenso für Erwachsene, die in wissenschaftlichen Institutionen lernen. So hat man Studierenden der Medizin in einer Situation „typische Erscheinungsbilder", also Prototypen, einer Krankheit dargestellt, während man ihnen unter einer anderen Bedingung an mehreren Beispielen zeigte, wie unterschiedlich sich diese tatsächlich äußern kann. Die Studierenden lernten schneller, selbständig Krankheitsbilder zu diagnostizieren, wenn sie zunächst nach dem Prototypenansatz in das Problemgebiet eingeführt worden waren (Bordage, 1987). Wenn es allerdings um das Erlernen sehr abstrakter Begriffe (etwa Gerechtigkeit) geht, findet der Prototypansatz seine (unbestrittenen) Grenzen, denn – darauf weist Michael Eysenck (1984) hin – bei ausschließlicher Verwendung von Prototypbeispielen könnte beim Schüler das Mißverständnis fortbestehen, daß es sich bei charakteristischen Merkmalen auch immer um relevante Merkmale handelt („Alle Vögel können fliegen und leben auf Bäumen"). Wenn im Biologieunterricht erarbeitet werden soll, daß auch *Huhn* und *Pinguin* „Vögel" sind, dann wird sich beim Schüler solange keine Akkommodation vollziehen, wie bei ihm der Eindruck fortbesteht, daß die vom Lehrer befürwortete Klassifikation letztlich nur auf einer willkürlichen Entscheidung der Wissenschaft beruht. Es kennzeichnet den Fachmann, daß er „seine" Definition überzeugend begründen kann, also genau zu begründen vermag, warum Amsel, Schwan und Pinguin in eine Klasse gehören. Die Klassifikation nach Prototypen mag sich im Alltagsleben vielfach bewähren, erreicht aber auch dort unter bestimmten Voraussetzungen ihre Grenzen, wie sich leicht an einem Beispiel aus der Medizin nachvollziehen läßt. Patienten orientieren sich zumeist an entsprechenden Prototypen, wenn sie entscheiden müssen, ob sie an „Grippe", an einer „Nierenentzündung" oder an „Bronchitis" erkrankt sind. Zumeist wird sich diese vorwissenschaftliche Klassifikation auch bewähren. Unter Umständen kann das Festhalten an einer Prototyporientierung aber auch lebensgefährliche Konsequenzen haben, etwa dann, wenn Krankheitssymptome nicht dem für typisch gehaltenen Erscheinungsbild entsprechen (Bishop, 1991). So ist nicht auszuschließen, daß ein Mensch mit einer akuten Herzattacke die Symptome mißdeutet, weil sie nicht genau seinem Prototyp von einem solchen Anfall entsprechen; es besteht folglich die Gefahr, daß er sich zu spät um Hilfe bemüht. Es kann also in einem entscheidenden Moment lebensrettend für einen gefährdeten Patienten sein, wenn der behandelnde Arzt ihn rechtzeitig zu einer Akkommodation seiner Wissensstruktur veranlaßt. Es würde die Anpassung des Menschen an seine Umwelt keineswegs fördern, wenn er Klassifikationen entweder *nur* nach relevanten Merkmalen oder *ausschließlich* nach Prototypen vornehmen sollte. Beide Klassifikationsgrundlagen können sich bewähren, nur eben nicht in den gleichen Situationen (Tennyson & Cocchiarella, 1986). Der Lehrer wird seinen Unterricht häufig mit typischen Beispielen beginnen und erst im weiteren Verlauf seiner Arbeit Merkmale herausarbeiten lassen, nach denen Wissenschaftler klassifizieren. Letztlich muß es aber dem Fachlehrer überlassen bleiben, unter Berücksichtigung dieser Feststellung sein unterrichtliches Vorgehen auszurichten.

4.2.1.4 Begriffe als kognitive Werkzeuge

Begriffe wurden bislang als Kategorien verstanden, denen sich nach bestimmten Definitionsregeln Beispiele zuordnen lassen. Ebenso wie aber bereits Piagets Zielsetzung eines formalen Denkers kritisch beleuchtet worden ist (s. S. 89f.), muß auch hier gefragt werden, mit welcher Rechtfertigung der Unterricht Begriffe an den Schüler heranträgt, die letztlich nur noch ,,in seinem Kopf" vorhanden sein sollen. Wissen und Tun, so erläutern John Brown, Allan Collins und Paul Duguid (1989), gehören nun einmal untrennbar zusammen. Das Verständnis des Lernenden ist stets in seine Erfahrungen eingebettet, und zu diesen Erfahrungen gehören zum einen die jeweiligen Umweltgegebenheiten *und* zum anderen die Aufgabe, die unter bestimmten situativen Bedingungen zu bewältigen ist. Indem der heutige Unterricht in der Schule das Sammeln von Erfahrungen stets in demselben Raum, im Klassenzimmer, stattfinden läßt, kann er auch nur noch ein sehr einseitiges Verständnis fördern. Damit hat er auch an Effektivität eingebüßt. Man vergegenwärtige sich einmal, wie schnell und wirkungsvoll Menschen außerhalb der Schule Begriffe dadurch lernen, daß sie in natürlichen Situationen miteinander sprechen. Ein durchschnittlicher Siebzehnjähriger hat durch Zuhören, Reden und Lesen etwa 5000 Wörter pro Jahr gelernt. Im Verlauf von mehr als 16 Jahren erfolgt somit eine Erweiterung des Wortschatzes um durchschnittlich 13 Wörter pro Tag (Miller & Gildea, 1987). Im Gegensatz dazu verläuft das Lernen abstrakter Definitionen, die keinen Bezug mehr zu konkreten Situationen haben, extrem langsam. ,,Es steht kaum ausreichend Zeit im Klassenzimmer zur Verfügung, um mehr als 100 oder 200 Wörter im Jahr zu lehren. Darüber hinaus ist vieles von dem, was gelehrt worden ist, in praktischen Situationen nutzlos" (Brown et al., 1989).

4.2 Das Schema als komplexe Wissenseinheit des Deklarativen Gedächtnisses

Ein Begriff läßt sich am besten als eine Kategorie verstehen, die als ein „kognitives Werkzeug" *(cognitive tool)* in jeweils bestimmten alltäglichen Situationen verwendet werden kann. Darauf hat bereits John Dewey (1933) nachdrücklich hingewiesen. Auch bei einem Werkzeug reicht es nicht aus, daß man weiß, *was* es ist; man muß zusätzlich wissen, *wie* man damit umgeht. Viel zu häufig haben Schüler Definitionen oder Formeln auswendig zu lernen, ohne zu wissen, was sie mit ihnen anfangen können. Statt dessen sollte man neue Informationen durch Aktivitäten lernen, die in einem situativen Aufgabenfeld sinnvoll sind.

Robert Sherwood und Mitarbeiter (1987) liefern dafür ein Beispiel. Sie erkundigten sich bei Studierenden des ersten Semesters, was sie über *Logarithmen* wußten. Wie könnte die Kenntnis von Logarithmen genutzt werden, um sich die Bewältigung bestimmter Probleme zu erleichtern? Alle Befragten konnten bestätigen, daß sie sich in der Schule mit Logarithmen beschäftigt hatten. Woran dachten sie, wenn sie sich an Logarithmen nachträglich noch einmal erinnern sollten? Sie wußten nur noch, daß im Mathematikunterricht Aufgaben zu lösen waren, die mit Logarithmen zu tun hatten. War von den Lehrern dieser ehemaligen Schüler vielleicht versäumt worden, auf den Nutzen von Logarithmen hinzuweisen? Das ist unwahrscheinlich, denn Lehrer führen Begriffe und damit zusammenhängende Prozeduren zumeist ein, indem sie einige Hinweise auf deren Nützlichkeit geben. Das reicht jedoch für Schüler nicht aus, für die Taschenrechner und Computer zu alltäglichen Gebrauchsgegenständen geworden sind. Wenn Schüler auch heute noch die Werkzeugfunktion von Logarithmen kennenlernen sollen, wird es nützlich sein, mit ihnen einen Ausflug in die Geschichte zu unternehmen, um ihnen möglichst gut nachvollziehbar zu vermitteln, welche Hilfen sie etwa während des 17. Jahrhunderts boten: Um die gewaltigen Datenmengen zu verarbeiten, nutzten Astronomen damals nämlich Logarithmen. Sollten nicht Schüler auch noch heute nachvollziehen können, wie sehr die damaligen Arbeiten erleichtert wurden, wenn durch Logarithmen mühsame Multiplikationen vermieden werden konnten, indem man sie durch einfachere Additionen ersetzte? Für die Astronomen waren Logarithmen keine Aufgaben, die sich nur in Schulbüchern fanden, sondern Werkzeuge, die ihnen tagtäglich wertvolle Dienste leisteten!

Der Lernende muß deklaratives und prozedurales Wissen (s. S. 194f.) durch aktives Sammeln von Erfahrungen in jenen besonderen Situationen erwerben, in denen ein Werkzeug eingesetzt werden soll. Von solchen Situationen, die man als „authentisch" bezeichnet, war bereits an anderer Stelle die Rede (s. S. 15). Dort wurde festgestellt, daß eine Lernsituation als authentisch zu gelten hat, wenn sie alle oder zumindest möglichst viele Ähnlichkeiten mit jenen hat, die Schüler außerhalb der Schule vorfinden. Von authentischem Lernen spricht man, wenn Übungen innerhalb eines – möglicherweise auch simulierten – Kontexts stattfinden, den Schüler im realen Leben vorfinden oder in Zukunft einmal vorfinden werden. Die jeweiligen Erfahrungen bestimmen auch die Verwendung des Gelernten: „Ebenso wie beispielsweise der Zimmermann und der Schreiner das Stemmeisen unterschiedlich verwenden, nutzen auch Ingenieure und Physiker mathematische Sätze unterschiedlich" (Brown et al., 1989).

Wenn Erfahrungen in einer bestimmten Situation gesammelt werden, entstehen Begriffe, mit denen der Lernende mehr verbindet als nur die sie definierenden Merkmale. Folglich muß die bisher gegebene Kennzeichnung des *Begriffs* (s. S. 197f.) erweitert werden. Darauf haben auch Martin Tessmer, Brent Wilson und Marcy Driscoll (1990) hingewiesen, denn sie stellen fest: „Ein einzelner Begriff im Gedächtnis mag schließlich eine Definition oder definitorische Merkmale beinhalten, positive und negative Beispiele, Vorgehensweisen zur Klassifikation/Identifikation, Beziehungen zu ähnlichem Wissen, affektive Assoziationen und Regeln zur Anwendung in bestimmten situativen Feldern." Ein Begriff entspricht somit einem Schema (s. S. 194), denn in beiden Fällen ordnen sich Informationen um ein Thema, und das ist im Falle eines Begriffes seine Bezeichnung. In Hinblick auf das Lernen in schulischen Situationen ergänzen Tessmer et al. diese Feststellung durch folgenden bedeutsamen Zusatz: Wenn man es versäumt, die genannten zusätzlichen Elemente zu lehren, läuft man Gefahr, daß Schüler das Gelernte mechanisch abspeichern. In einem solchen Fall sind sie höchstwahrscheinlich nicht mehr in der Lage, den Begriff in Problemsituationen sinnvoll zu verwenden. In unzähligen Mathematikstunden haben Schüler die Berechnung von Flächen lernen müssen. Wurde aber stets geprüft, ob sie damit zugleich auch in der Lage waren, Flächen außerhalb schulischer Situationen zu berechnen? Statt sie mit abstrakten Figuren zu konfrontieren, die man auf die Wandtafel zeichnet, könnte man die Lernenden doch wenigstens mit Flächen konfrontieren, die im Gebäude der Schule und ihrem Umfeld tatsächlich vorkommen. Sollte man nicht im Sprachunterricht Texte verwenden, die auch außerhalb der Schule tatsächlich gelesen werden? Viele Grundrechnungsarten lassen sich an Aktivitäten üben, die Kinder aus einem Supermarkt oder einer Bank bereits kennen. Schüler lernen den Begriff „Gerechtigkeit" nicht allein dadurch, daß sie Situationen klassifizieren, die Beispiele für gerechtes und ungerechtes Verhalten enthalten, sondern indem sie außerdem üben, den Begriff in sinnvoller Weise in Situationen zu verwenden, die im Alltagsleben tatsächlich vorkommen.

Es empfiehlt sich in der Schule, Begriffe regelmäßig zu wiederholen und ihre Verwendung in möglichst verschiedenen Zusammenhängen zu verwenden. Allerdings ist zu beachten, daß der Lernende die Bedeutung eines Begriffs am besten erfaßt, wenn er ihn zunächst anhand von Beispielen innerhalb *eines* Inhaltsbereichs kennenlernt. Erst später ist seine Verwendung in verschiedenartigen Sachzusammenhängen für den Lernenden hilfreich (Nitsch, 1977).

> Als Beispiel denke man an den Begriff „Entwicklung". Die Pflanze, die sich im Klassenzimmer, aber auch bei den Schülern zuhause findet, *entwickelt* sich, indem bei ihr bestimmte Veränderungen in der Zeit auftreten; spätere Veränderungen bauen dabei auf frühere auf. Es hilft dem Schüler, wenn er den Begriff *Entwicklung* zunächst an Beispielen aus der Pflan-

zenwelt studiert. Später läßt sich der Begriff auch auf die Tierwelt anwenden. Der Schüler entdeckt, daß er selbst, ebenso seine Verwandten, Freunde und Angehörige Entwicklungen durchlaufen. Was haben diese Entwicklungen mit denen der Pflanzen gemeinsam? Wiederum mag der Lernende das gleiche Prinzip entdecken: Veränderungen des Menschen lassen sich bis zu einem gewissen Grade nach dem Lebensalter ordnen. Spätere Entwicklungsabschnitte werden von früheren Bedingungen mitbestimmt, bei Kindern ebenso wie bei den Eltern und Großeltern. Das Studium über die Entwicklung verschiedener Tierarten gibt weiteren Anlaß, den Begriff *Entwicklung* zu studieren und anzuwenden. Weitere Möglichkeiten liefert die Geschichte. Auch das industrielle Zeitalter hat sich *entwickelt.* Gibt es nicht ebenso eine Stadtentwicklung? Welche Beispiele liefert die eigene Wohngegend für *Entwicklungen?* Weitere Fragen lassen sich anschließen: Was bedeutet die Feststellung, daß sich Entwicklungen nicht rückgängig machen lassen? Gilt das für den Menschen ebenso wie für Pflanzen? Welche Beispiele liefert die Geschichte für diese Feststellung? Es ist wichtig, daß der Schüler nicht nur Beispiele aus der Biologie, der Geschichte, der Kultur usw. findet, sondern immer wieder herausarbeitet, welche relevanten Merkmale alle Entwicklungen gemeinsam haben. Wo taucht der Begriff im alltäglichen Leben auf? Verwenden ihn auch die Medien? In welchem Zusammenhang? Meinen Politiker etwas anderes als Ärzte oder Verkehrsplaner, wenn sie den Begriff verwenden? Die Anwendung von Begriffen in verschiedenartigen (vor allem auch in Alltags-) Situationen erhöht die Wahrscheinlichkeit ihrer sinnvollen Nutzung in Zusammenhängen, die der Unterricht nicht ausdrücklich thematisiert hat.

Wenn die Schule das Ziel verfolgt, ihre Schülerinnen und Schüler auf die Anforderungen des „wirklichen Lebens" vorzubereiten, darf sie nicht darauf verzichten, als Lern- und Erfahrungsfeld stets auch authentische Unterrichtssituationen auszuwählen!

4.2.2 Propositionen als grundlegende Wissenseinheiten

Man hat das Langzeitgedächtnis mit einem großen Lexikon auf kognitiver Ebene verglichen (Klatzky, 1980). Begriffe sind im menschlichen Speicher allerdings nicht alphabetisch geordnet, sondern auf vielfältige Weise miteinander verknüpft. Über verschiedene Arten ihrer Verknüpfung im Langzeitgedächtnis soll im folgenden eingehender informiert werden, weil die moderne Unterrichtspsychologie in erheblichem Umfang auf die Kenntnis solcher Strukturen aufbaut. Visuelle und sprachliche Gedächtnisinhalte sind nun einmal – zumindest nach der *propositionalen Theorie* John Andersons (1990) – im menschlichen Gedächtnis in Form unzähliger sog. Propositionen (siehe unten) gespeichert; diese Propositionen stehen ihrerseits netzartig miteinander in Verbindung.

Auf der Grundlage vorausgegangener Lernerfahrungen haben sich im Gedächtnis zwischen den verschiedenen Begriffen Verbindungen (Assoziationen) gebildet. Diese Beziehungen stellen einige kognitive Psychologen als ,,Propositionen" dar. Im Englischen sagt man entsprechend: to ,,propose" a relationship. Eine Proposition ist die kleinste Bedeutung, Sinn oder eine Eigenschaft zuweisende Informationseinheit, die ein Urteil darüber zuläßt, ob eine Aussage richtig oder falsch ist (Schunk, 1991 b). Folglich handelt es sich bei ,,Rotkehlchen" oder ,,Vogel" nicht um Beispiele für Propositionen, sondern lediglich um Begriffe (Man kann nicht sinnvoll fragen, ob z.B. das Rotkehlchen zutrifft).

Sofern man einem Begriff aber etwas hinzufügt, so daß eine überprüfbare Aussage entsteht, ergibt sich eine Proposition. Die folgenden beiden Sätze beinhalten Propositionen: ,,Der Bleistift ist spitz" und ,,Die Schülerin ist fleißig". Eine Proposition beschreibt eine Beziehung zwischen einem oder mehreren Verben, Adjektiven oder Adverbien einerseits und Informationen über eine Gegebenheit (Subjekt) andererseits. Man entnimmt einer Proposition also etwas über das Subjekt, das etwas tut, weiterhin über Ziele einer Aktivität, oder über Ziele, die durch eine Aktivität erreicht worden sind, über die Zeit, in der eine Aktivität stattfindet usw. Propositionen lassen sich so darstellen, daß eine darin enthaltene Beziehung zum Ausdruck gebracht wird. Die Proposition ,,auf (Bleistift, Schreibtisch)" benennt beispielsweise eine Beziehung zwischen einem Bleistift und einem Schreibtisch. Sie besagt, daß *der Bleistift auf dem Tisch ist*. Eine andere Proposition beinhaltet: *schreibt (Schülerin)* und beinhaltet, daß *die Schülerin schreibt*. *Die Schülerin spitzt den Bleistift* läßt sich als Proposition folgendermaßen darstellen: *spitzt (Schülerin, Bleistift)*. Die Propositionen, die das Gedächtnis speichert, sind allerdings sehr viel abstrakter als es ihre Darstellung durch die soeben genannten Beispiele wiedergeben kann.

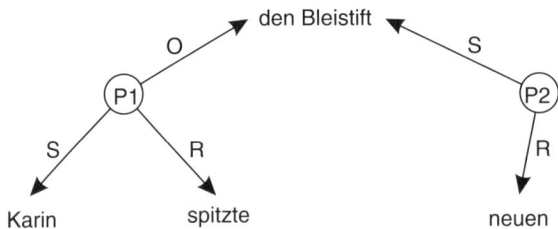

Abbildung 4.3:
Das propositionale Netzwerk des Satzes ,,Karin spitzte den neuen Bleistift".
Die Knoten oder Kreise repräsentieren die Propositionen (P 1 und P 2).
Die Pfeile verweisen auf die Elemente der Propositionen und benennen sie als
S = Subjekt, O = Objekt und R = Relation

Ein Satz wird bedeutungsträchtiger, wenn er mehrere Propositionen enthält, wie etwa die Feststellung: ,,Karin spitzte den neuen Bleistift." Darin finden sich zwei Propositionen, nämlich: 1. ,,Karin spitzte den Bleistift" [spitzte (Karin, Bleistift)] und 2. ,,Der Bleistift ist neu" [neu (Bleistift)]. Durch ein ,,pro-

4.2 Das Schema als komplexe Wissenseinheit des Deklarativen Gedächtnisses

positionales Netzwerk" läßt sich die Beziehung einer Informationseinheit zu anderen Einheiten beschreiben. Abbildung 4.3 zeigt, wie sich die Beziehung darstellen läßt, die in dem Satz enthalten ist: „Karin spitzte den neuen Bleistift".

Wie werden Propositionen im menschlichen Gedächtnis gespeichert? Um diese Frage zu klären, las Jaqueline Sachs (1967) ihren Versuchspersonen zunächst eine Geschichte vor. Anschließend überprüfte sie, ob sie Sätze wiedererkennen konnten, die entweder der Mitte oder dem Ende der Geschichte entnommen waren. Einige der Sätze stimmten mit denen der Geschichte überein (Originalsatz), während andere entweder umformuliert worden waren oder sogar veränderte Bedeutungen enthielten. Die folgenden Sätze liefern dafür Beispiele:

Originalsatz:	Er schickte darüber einen Brief an Galileo.
Veränderte Satzformulierung:	Er schickte an Galileo einen Brief darüber.
Formulierung als passiv:	Darüber wurde ein Brief an Galileo geschickt.
Bedeutungsveränderung:	Galileo schickte ihm darüber einen Brief.

Sachs stellte fest, daß ihre Versuchspersonen Veränderungen von Sätzen zumeist entdecken, wenn diese am Ende einer Geschichte stehen. Sofern aber Sätze aus der Mitte der Geschichte ausgewählt wurden, erkennen die Versuchspersonen nur solche wieder, deren *Bedeutung* von der des Originalsatzes abweicht. Daraus läßt sich schließen, daß ein Satz unmittelbar nach seiner Darbietung noch kurze Zeit im Gedächtnis gespeichert bleibt. Sobald jedoch etwas mehr Zeit vergangen ist und somit ein Intervall folgte, in dem noch weitere Informationen dargeboten worden sind, wird nur noch die Bedeutung von Sätzen behalten, während seine genaue Formulierung vergessen wird.

Wenn der Lernende aus seinem Gedächtnis Informationseinheiten abruft, muß er die Bedeutung, wie sie im propositionalen Netzwerk repräsentiert ist, in Sätzen oder in bildhaften Vorstellungen (s. S. 210f.) darstellen, die ihm bekannt sind. Da die Formulierung des Satzes aber nicht mitgespeichert worden ist, entscheidet der Lernende, wie er die Bedeutung zum Ausdruck bringt (entweder „Karin spitzte den neuen Bleistift" oder „Der Bleistift wurde von Karin gespitzt. Er war neu" usw.). Ein Schüler wird früher Gelesenes oder im Unterricht Gehörtes zumeist nicht wörtlich wiedergeben, es sei denn, er hat Textteile *mechanisch* auswendig gelernt und folglich nicht aufgearbeitet (also nicht mit bereits Bekanntem in Beziehung gesetzt). Eine Wiedergabe in eigenen – gegenüber dem Original veränderten – Worten durch den Lernenden ist somit stets auch ein Anzeichen für den Grad der erfolgten Verarbeitung. Das sollten Lehrer beachten.

Wenn das menschliche Gedächtnis Informationen als Propositionen speichert, so überlegte Walter Kintsch, dürften Behaltensleistungen weniger von der Länge eines Satzes, wohl aber von der Anzahl der in ihm enthaltenen Propositionen abhängen. Zur Prüfung dieser Annahme bot er Versuchspersonen Sätze dar, die jeweils gleich lang waren (sie enthielten die gleiche Anzahl von Wörtern), sie enthielten aber entweder nur eine oder drei Propositionen (Kintsch & Glass, 1974). Als die Versuchspersonen den Inhalt der Sätze später aus dem

Gedächtnis wiedergaben, zeigte sich, daß sie die besten Leistungen bei Sätzen offenbarten, die nur eine einzige Proposition enthielten. Obwohl Sätze mit drei Propositionen gleich lang waren, fiel die Erinnerung an sie schwächer aus. In einer anderen Studie ließ Kintsch seine Versuchspersonen ganze Textabschnitte lernen (Kintsch & Keenan, 1973), die wiederum gleich umfangreich waren (gleiche Anzahl von Wörtern), aber teils mehr, teils weniger Propositionen enthielten. In Einklang mit den Erwartungen zeigte sich, daß die Versuchspersonen zur Bedeutungserfassung um so mehr Zeit benötigten, je mehr Propositionen ein Abschnitt enthielt. Ein Lernender benötigt also um so mehr Zeit zur Aufarbeitung von Texten, je mehr Propositionen und das heißt: je mehr bedeutungsträchtige Informationen sie enthalten.

Propositionen sind allerdings nicht die einzigen sinnvollen Einheiten, die im Gedächtnis gespeichert sind. Das deklarative Wissen enthält noch andere Einheiten und von diesen verdienen die „bildhaften Vorstellungen" einer besonderen Erwähnung.

4.2.3 Bildhafte Vorstellungen

In Schule und Hochschule wird zweifellos ein erheblicher Teil des Wissens dadurch gelernt, daß Bücher gelesen und sprachlichen Darstellungen zugehört wird. Die Frage, ob das Langzeitgedächtnis auch bildhafte Informationen speichert, wird in der Kognitiven Psychologie bereits seit längerer Zeit diskutiert. Roger Shepard (1967) hat seinen Versuchspersonen einmal einen Stapel von 600 Kärtchen dargeboten, auf denen jeweils einzelne Wörter, sinnvolle Sätze und Abbildungen zu sehen waren. In einer nachfolgenden Erinnerungsprüfung erhielten die Teilnehmer dieser Studie jeweils zwei Reizgegebenheiten vorgelegt, von denen nur eine der beiden der zuvor gezeigten Kärtchenreihe entnommen war. Die Aufgabe bestand darin, diejenigen Reize auszuwählen, die sie bereits früher gesehen hatten. Dabei wurden 88 Prozent der Einzelwörter, 89 Prozent der Sätze und praktisch alle Bilder zutreffend wiedererkannt. Wie läßt sich erklären, daß Bilder offenkundig besser behalten wurden als sprachliches Material? Eine häufig gegebene Antwort lautet, daß Wörter semantisch codiert und gespeichert werden. Das heißt, sie werden nach ihrer Bedeutung verschlüsselt; Einzelheiten gehen dabei verloren. Das Wort *Stuhl* ist also zusammen mit seinem Aussehen und seiner Funktion, aber nicht mit all seinen möglichen Besonderheiten abgespeichert. Bilddarstellungen lassen sich demgegenüber sowohl in bildhafter als auch sprachlicher Form codieren. Wenn also eines der Kärtchen von Shepard einen Stuhl zeigte, dann wurde bei den Versuchspersonen zum einen die bildhafte Repräsentation „Stuhl" aktiviert und zum anderen das Gesehene als „Stuhl" erkannt. Nach Allan Paivio (1971, 1986) werden Bilder deshalb besser als Wörter behalten, weil die Wahrscheinlichkeit, sich an wenigstens einen der beiden Codes zu erinnern, größer ist als die Wahrscheinlichkeit, nur einen einzigen Code aus dem Gedächtnis abzurufen.

4.2 Das Schema als komplexe Wissenseinheit des Deklarativen Gedächtnisses

Die Behauptung, daß im Langzeitgedächtnis sowohl sprachliche als auch bildhafte Informationen gespeichert werden, hat in der Gedächtnispsychologie nicht allseits Zustimmung gefunden. Einig sind sich die meisten Forscher lediglich darin, daß das Kurzzeitgedächtnis bildhaftes Material nutzt (Kosslyn & Pommerantz, 1977). Das Langzeitgedächtnis, so behaupten einige, speichere lediglich Propositionen, und aus diesen verbalen Codierungen würde das Kurzzeitgedächtnis Abbildungen rekonstruieren. Für die Pädagogische Psychologie ist die strittige Frage nach den Möglichkeiten des Langzeitgedächtnisses, Bilder zu speichern, lediglich von untergeordneter Bedeutung, denn für sie ist vorrangig von Interesse, welche Förderungen der Lernende durch die Darbietung bildlichen Materials erhält.

Eine bildhafte Vorstellung ist eine Form des deklarativen Wissens, die etwas enthält, was sich in Propositionen nicht findet. Ellen Gagné und ihre Mitarbeiter (1993) verdeutlichen diese Aussage mit der in Abbildung 4.4 wiedergegebenen Darstellung. Hier werden zwei verschiedenartige Möglichkeiten wiedergegeben, den Satz „Das Buch ist auf dem Tisch" zu speichern. Teil A der Abbildung gibt „Informationen über die Dreidimensionalität von Büchern und Tischen und über ihre jeweiligen relativen Größen wieder". Teil B der Abbildung gibt ein propositionales Netzwerk wieder, das keine Informationen über räumliche Beziehungen und Größen enthält.

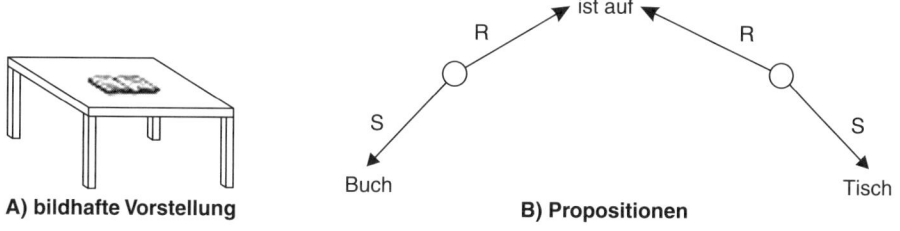

Abbildung 4.4:
Zwei verschiedenartige Möglichkeiten, die Vorstellung „Das Buch ist auf dem Tisch" im menschlichen Gedächtnis zu repräsentieren

Gedächnispsychologen erkennen zwar an, daß bildhafte Vorstellungen im menschlichen Gedächtnis eine Rolle spielen. Sie behaupten damit allerdings keineswegs, daß gespeicherte Bilder eine wirklichkeitsgetreue Abbildung – etwa wie Fotos – darstellen. Davon kann man sich auch in einem Selbstversuch leicht überzeugen. Münzen wie etwa „Fünfer" oder „Zehner" werden von den meisten Menschen täglich mehrmals in die Hand genommen. Sind sie damit aber auch in der Lage, häufig genutzte Münzen aus dem Gedächtnis zu zeichnen? Die Frage muß verneint werden. In Untersuchungen stellte man fest, daß bei der Reproduktion häufig verwendeter Geldstücke mehr als die Hälfte der Merkmale vergessen oder an falscher Stelle plaziert wird (Nickerson & Adams, 1979; Jones, 1990). Das Gedächtnis speichert von einer physikalischen Gegebenheit offenbar nur jene Merkmale, die zur Identifikation und zur Unterscheidung wichtig sind, und das heißt, daß das visuell Gespeicherte Aufschluß über die Größe (Kosslyn, 1976), die Form (Shepard & Chipman, 1970), die Farbe sowie die Entfernung des Gesehenen gibt (Finke & Schmidt, 1977). Es überrascht nicht, daß das Bildgedächtnis viele Merkmale der visuellen Wahrnehmung speichert, denn die Verarbeitung und Reproduktion erfolgt in beiden Fällen in denselben Teilen des Gehirns (Farah, 1988; Tippett, 1992). Auf die vielfältigen Möglichkeiten der Nutzung des „Bild-Überlegenheitseffekts" (Medin & Ross, 1992) im Unterricht wird an anderer Stelle noch ausführlicher hingewiesen (s. S. 240).

4.2.4 Kenntnis typischer Ereignisabläufe

Bisher war von Schemata die Rede, mit deren Hilfe Lebewesen und Gegenstände kategorisiert werden können. Ereignisabläufe lassen sich auf gleiche Weise ordnen. Es gibt eine Vielzahl von Alltagsaktivitäten, mit denen die meisten Menschen einer bestimmten Kultur sehr vertraut sind, wie etwa „Wäschewaschen" (s. hierzu das Beispiel auf S. 195), das Decken des Frühstückstisches oder das Einkaufen in einem Supermarkt. Was bei der Erledigung derartiger Aufgaben im einzelnen zu tun ist, entnimmt man seinen „Ereignis-Schemata", man spricht auch von „Skripts". Der Begriff Skript wurde der Theaterwelt entlehnt (Shank & Abelson, 1977). Skripts oder – wie sie dort auch heißen – Regie- oder Drehbücher regeln, was Schauspieler wo und wann auf der Bühne zu tun haben. Auch im alltäglichen Leben entnimmt man entsprechenden Skripts, wie man sich etwa nach Betreten eines Friseurgeschäftes, eines Restaurants oder einer Bücherei zu verhalten hat. Gordon Bower und Mitarbeiter (1979) erfuhren beispielsweise, daß Angehörige derselben Kultur ziemlich übereinstimmende Vorstellungen darüber haben, welche Aktivitäten nacheinander im Rahmen eines Restaurantbesuchs stattfinden: *Betreten des Restaurants → Mitteilung des Namens, auf den eine Reservierung vorgenommen wurde → Hinführen zum vorbestellten Tisch → Hinsetzen → Bestellung von Getränken → Studium der Speisekarte → Gespräch über angebotene Speisen → Bestellung → Unterhaltung → Essen des Salates oder der Suppe → Essen des Hauptganges → Bestellung des Desserts → Essen des Desserts → Begleichung der Rechnung → Hinzufügen von Trinkgeld → Verlassen des Restaurants.* Da sich diese Abfolge auf die Mitteilungen amerikanischer Befragter bezieht, ist es durchaus wahrscheinlich, daß sich das Restaurant-Skript von Angehörigen anderer Nationen anders darstellt. Sicherlich hängen die Antworten auch davon ab, ob von einem *Fast-Food*-Restaurant, einem „Bürgerlichen Restaurant" oder einem Feinschmecker-Lokal die Rede ist.

Ereignis-Schemata müssen sich nicht unbedingt auf menschliche Aktivitäten beziehen. Ebenso beobachtet man Abläufe in der natürlichen Umgebung. So erwirbt man beispielsweise Schemata zur Bedienung von Geräten, mit denen man täglich – oder zumindest häufiger – zu tun hat. Entsprechend weiß man, wie der häusliche Herd, der Staubsauger und das eigene Auto funktionieren. Man greift auch auf Schemata (in diesem Zusammenhang wird auch von

4.3 Lernen neuer Informationen

„mentalen Modellen" gesprochen) zurück, wenn man alltägliche physikalische Gegebenheiten erklären soll, die einem bestens vertraut sind, etwa: Warum „springt" ein Ball, wenn man ihn auf den Boden wirft? Warum regnet es? Auf ein entsprechendes Ereignis-Schema wird zurückgegriffen, wenn folgendes Problem gelöst werden soll: Gegeben ist ein spiralförmiges Röhrensystem, durch das eine Kugel hindurchgeschossen wird. Welche Flugbahn wird diese Kugel nehmen, nachdem sie mit hoher Geschwindigkeit aus dem Ende der Spirale herausgetreten ist? (siehe hierzu Abbildung 4.5).

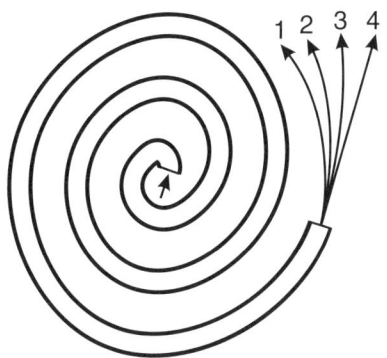

Abbildung 4.5:
Anwendung eines Ereignis-Schemas: Welche Flugbahn wird eine Eisenkugel, die durch diese Spirale hindurchgeschossen wird, beschreiben, nachdem sie mit hoher Geschwindigkeit die Öffnung verlassen hat?

Über die Hälfte der Studierenden, denen diese Frage (neben anderen) vorgelegt worden war (McCloskey, 1983), behaupteten, daß die Kugel einer runden Flugbahn folgen würde (Pfeile 1 bis 3 in der Abbildung). Sie gingen offenbar davon aus, daß das Geschoß innerhalb der Spirale eine „kurvenförmige Stoßkraft" erhalten würde, die sich außerhalb der Spirale fortsetzen müßte. Die Studierenden orientierten sich somit an einem Verständnis, dem der Physiker nicht zustimmen kann (die richtige Antwort ist 4). Physiklehrer sollten die Beständigkeit eines solchen intuitiven Physikwissens nicht unterschätzen. Es bedarf besonderer unterrichtlicher Maßnahmen, um dieses zu verändern (s. hierzu S. 298ff.).

4.3 Lernen neuer Informationen

Das Verfügen über Schemata – darauf wurde bereits wiederholt hingewiesen – erspart es dem Lernenden, für jede neue Reizgegebenheit einen gesonderten Speicherplatz zu reservieren. Es stellt eine erhebliche Unterstützung der Gedächtnisarbeit dar, daß der Lernende bereits Bekanntes aktivieren kann. Dieses Aktivieren von Bekanntem fand offenbar auch bei Studierenden statt, die an einem Experiment von William Brewer und James Treyens (1981) teilnahmen.

Die Versuchspersonen, die sich bei Brewer und Treyens zur Teilnahme an ihrer Studie gemeldet hatten, wurden zunächst in ein Arbeitszimmer geführt. Dort sollten sie vorübergehend Platz nehmen. Bereits nach 35 Sekunden wurden sie in einen anderen Raum gebeten, und dort stellte man ihnen – für die Versuchspersonen unerwartet – eine Erinnerungsaufgabe. Sie sollten alles aufschreiben, was sich in dem Arbeitszimmer befand, in dem sie sich zuvor kurze Zeit aufgehalten hatten. Ihre Antworten waren aufschlußreich. Zunächst einmal erinnerten sie sich an alles, was typischerweise in fast jedem Arbeitszimmer zu finden ist: an den Schreibtisch, an den Stuhl, der davor stand, an Schreibgeräte, Regale usw. Brewer und Treyens hatten zusätzlich dafür gesorgt, daß sich in ihrem Arbeitszimmer auch Objekte befanden, die man darin normalerweise nicht erwarten würde, wie etwa eine Weinflasche, einen Picknick-Korb und einen Globus. Bezeichnenderweise gaben nur wenige Versuchspersonen an, diese ungewöhnlichen Gegenstände gesehen zu haben. Aber es gab noch einen weiteren Befund: Die Studierenden reproduzierten aus ihrem Gedächtnis Gegenstände, die überhaupt nicht vorhanden gewesen waren, wie beispielsweise Bücher. Wie lassen sich diese Befunde erklären? Die Studierenden besaßen offenkundig ein Schema darüber, wie typischerweise das Arbeitszimmer eines Professors aussieht. Als sie gefragt wurden, was in dem „Wartezimmer" zu sehen gewesen war, stand ihnen ein Schema zur Verfügung, das ihnen offenkundig bei der Beantwortung der Erinnerungsaufgabe half. Üblicherweise findet sich keine Weinflasche im einem solchen Raum. Folglich wurde ein derartig untypisches Objekt zumeist „vergessen" oder übersehen. Dagegen erwartet man im allgemeinen, daß im Arbeitszimmer eines Wissenschaftlers Bücher stehen. Es überrascht deshalb nicht, daß mehrere Studierende später angaben, solche gesehen zu haben. Ebenso verständlich ist, daß Befragte in der Erinnerungsphase in keinem Fall Objekte nannten, die sie in einem solchen Raum aufgrund früherer Erfahrungen nicht erwarteten, wie etwa einen Haartrockner, einen Herd oder einen Spaten. Obwohl Brewer und Treyens ihre Versuchspersonen nicht danach gefragt haben, ist sicher davon auszugehen, daß es allen Teilnehmern möglich gewesen wäre, sich aufgrund ihres Schemas auch eine bildhafte Vorstellung von einem Arbeitszimmer zu konstruieren.

Die Versuchspersonen hatten ihre Beobachtungsergebnisse dem ihnen verfügbaren Schema für *Arbeitszimmer* eingefügt. Später nutzten sie dieses Schema, um wiedergeben zu können, was sie darin gesehen hatten. Während der Erinnerungsphase erfolgte eine Aufarbeitung der gespeicherten Informationen. Einzelheiten, die ihnen sinnlos vorkamen, wurden vergessen oder so verändert, daß sie für die Versuchspersonen verständlich wurden. Weitere Einzelheiten, die gut in den dargestellten Rahmen paßten, hatten die Versuchspersonen einfach „erfunden" – besser, sie haben sie in ihrem Schema „gefunden" und daher angegeben.

Jedes Schema enthält „freie Plätze" oder „Öffnungen", in die Besonderheiten einer vorliegenden Situation eingefügt werden können. Beim Schema „Arbeitszimmer" läßt sich beispielsweise einfügen, ob es dienstlich (z.B. in einer Universität) oder häuslich genutzt wird, welche Größe es aufweist, welche besonderen Merkmale es besitzt (keine Vorhänge am Fenster), wer dort normalerweise arbeitet (der „Professor"), wer (etwa Studierende) es unter welchen Umständen (beispielsweise während der Sprechstunde, nach dem Anklopfen) betreten darf.

Die Verfügung über ein Schema hat offenkundig Vor- und Nachteile zugleich. Es gestattet zwar, ziemlich verläßliche Erwartungen zu formulieren, durch die sich viele Ereignisse in dieser Welt vorhersagen lassen. Wenn aber Beobachtungen mit einem vorliegenden Schema nicht übereinstimmen, ist damit zu rechnen, daß sie entweder mißachtet, also „übersehen", oder den Erwartungen entsprechend uminterpretiert werden. Dies steht in Übereinstimmung mit der griechischen Sagengestalt *Prokrustes*: Auch er hatte ein Schema, eine Vorstellung darüber, wie groß Menschen zu sein hatten. *Prokrustes* zwang seine Opfer, sich in sein Bett zu legen. Wenn sie zu klein waren, streckte er sie und wenn sie zu lang waren, kürzte er ihre Beine, damit sie seinen Vorstellungen entsprachen. Alle Menschen tragen „kognitive Prokrustesbetten" mit sich herum und versuchen, beobachtbare Gegebenheiten dieser Welt passend zu machen. Die Vorurteilsforschung liefert viele weitere Beispiele. Wenn ein Angehöriger einer Minorität Verhaltensweisen zeigt, die den Erwartungen widersprechen, bleiben diese möglicherweise unbeachtet oder sie werden im Einklang mit dem Schema interpretiert.

4.3.1 Verbindung deklarativer Wissenseinheiten zu einem Netzwerk

Kognitive Psychologen, wie beispielsweise John Anderson (1990), stellen das deklarative Wissen eines Menschen als Netzwerk dar. Abbildung 4.6 liefert ein Beispiel für ein Netzwerk, das aus deklarativen Wissenseinheiten besteht (nach Gagné et al., 1993). Die kleinen Kreise stehen für grundlegende Wissenseinheiten, also aus Propositionen, bildhaften Vorstellungen und Ereignis-Schemata.

Wie der Abbildung zu entnehmen ist, sind sämtliche Gedächtniseinheiten miteinander verbunden. Kleine Kreise (man bezeichnet sie auch als „Knoten"; englisch: *nodes*) stehen für Propositionen, bildhafte Vorstellungen oder Ereignis-Schemata. Größere Kreise stellen Schemata dar, die aus mehreren Wissenseinheiten bestehen. In der Abbildung werden zwei Propositionen genannt („Vitamin C bekämpft Erkältungen" und „Weiße Blutzellen zerstören Viren"), auf die an anderer Stelle noch zurückgegriffen wird (s. S. 217). Dort soll gezeigt werden, wie ein Lernender mit ihnen weitere Verknüpfungen vornehmen kann. Außerdem sind bildhafte Vorstellungen gespeichert, von denen die Abbildung eine graphische Darstellungsmöglichkeit zur Veranschaulichung der Beziehungen von Angebotsmenge und Preis (Nachfrage) herausgreift. Auch die bereits erwähnte, inzwischen durch einen erfolgreichen Unterricht korrigierte mentale Vorstellung von der Flugbahn einer Kugel nach Verlassen eines spiralförmigen Rohres (s. S. 213) wurde in dieses Netzwerk eingearbeitet. Schließlich stellt die Abbildung ein Hunde-Schema exemplarisch heraus; es besteht aus mehreren Propositionen *(Hund ist ein Tier, Hund ist ein Haustier)*. Zum Schema gehört auch das Wissen, daß ein Hund *wau-wau* macht und ein bestimmtes Aussehen besitzt. Selbstverständlich sind vor dem Hintergrund der individuellen Erfahrungen eines Menschen noch sehr viel mehr Wissenselemente Bestandteil eines Schemas. Hauptkennzeichen eines Netzwerkes ist aber, daß zwischen den einzelnen bedeutungshaltigen Gedächtniseinheiten „Beziehungen" (englisch: *links*) bestehen, die unterschiedlich stark sein können.

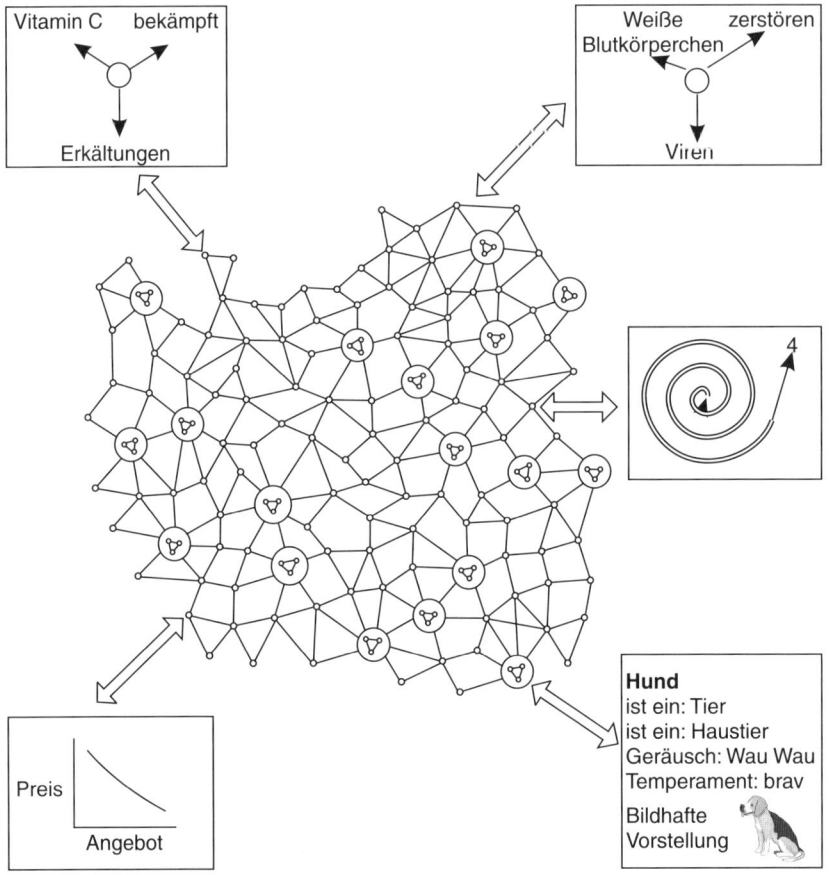

Abbildung 4.6:
Das Netzwerk deklarativen Wissens

Zu jedem möglichen Zeitpunkt ist die Mehrheit der Knoten und ihrer Verbindungen „inaktiv". Aktiviert ist lediglich, was einen Menschen in einem gegebenen Moment beschäftigt, worüber er gerade nachdenkt (für John Anderson stellt übrigens das Kurzzeitgedächtnis den aktivierten Teil des Langzeitgedächtnisses dar). Wenn man also den Satz hört oder liest, *weiße Blutzellen zerstören Viren*, werden entsprechende Knoten aktiviert. Durch „Ausbreitung der Aktivierung" auf benachbarte Knoten können sich weitere Gedanken einstellen (etwa „Ich hatte kürzlich eine Virusinfektion"). Irrelevante – d. h., nicht in diese Thematik passende Knoten – werden gleichzeitig inaktiviert.

Solche Netzwerktheorien haben das Interesse der Pädagogischen Psychologie erregt, weil durch sie die Aufmerksamkeit auf die Tatsache gerichtet wird, daß im Lernprozeß neue Informationen *stets* mit bereits vorhandenem Wissen verknüpft werden müssen! Je mehr Verknüpfungen der Lernende herstellt, desto schneller gelingt ihm später die Erinnerung. Wie man sich das Verknüpfen neuer Informationen mit bereits Bekanntem vorstellen kann, soll im folgenden an einem Beispiel demonstriert werden.

4.3.2 Erwerb neuer Propositionen

Was passiert, wenn dem vorhandenen Netzwerk neue Informationen hinzugefügt werden sollen? Die Antwort läßt sich mit Ellen Gagné, Carol und Frank Yekovich (1993) geben. Sie veranschaulichen ihre Aussagen zudem an einem Beispiel, das Abbildung 4.7 wiedergibt.

Der erste Schritt des Lernprozesses beginnt mit der Darstellung einer neuen Informationseinheit durch einen Lehrer. Dieser zeigt seiner Schülerin mit folgenden Worten einen Zusammenhang auf: „Experimente in vitro zeigen, daß Vitamin C die Bildung weißer Blutkörperchen fördert." Die Lernende muß die Aussage des Lehrers zunächst in eine Proposition übersetzen (Teil B der Abbildung). Der Lehrer ist davon ausgegangen, daß der Schülerin diese Proposition noch unbekannt ist. Deshalb wird sie gestrichelt dargestellt. Die Begriffe dieser Proposition (im vorliegenden Fall *weiße Blutkörperchen* und *Vitamin C*) aktivieren die Erinnerung an bereits gespeicherte Zusammenhänge. Durch den Begriff *Vitamin C* erfolgt die Aktivierung der Vorstellung *Vitamin C bekämpft Erkältungen* und durch den Begriff *weiße Blutkörperchen* wird das bereits vorhandene Wissen *weiße Blutkörperchen zerstören Viren* aktiviert. Das inzwischen erreichte Stadium des Lernprozesses zeigt Teil C der Abbildung. Es ist ersichtlich, daß bei der Schülerin nunmehr zwei bereits bekannte Propositionen und eine neue Proposition im Arbeitsspeicher aktiv sind. Ausgehend von den Begriffen *Erkältungen* und *Viren* findet eine Aktivierungsausweitung statt, und diese aktiviert die Proposition *Viren verursachen Krankheiten* (Teil D). Nachdem diese Propositionen im Arbeitsspeicher aktiv sind, kann die Lernende durch schlußfolgernde Prozesse (die im prozeduralen Gedächtnis gespeichert sind) zu der Feststellung gelangen, daß *Vitamin C Erkältungen bekämpft, denn es fördert die Bildung weißer Blutzellen*. Schlußfolgerndes Denken hat, wie Teil E der Abbildung zeigt, eine neue Proposition entstehen lassen. Sie ist als Ergebnis aufarbeitender Prozesse zustandegekommen. Netzwerktheoretiker sprechen folglich auch von einer erarbeiteten Proposition (*elaborative proposition* nach Gagné et al., 1993).

Das von Gagné und ihren Mitarbeitern stammende Beispiel verdeutlicht noch einen weiteren Zusammenhang: Der Begriff *in vitro* aktivierte keine Wissens-

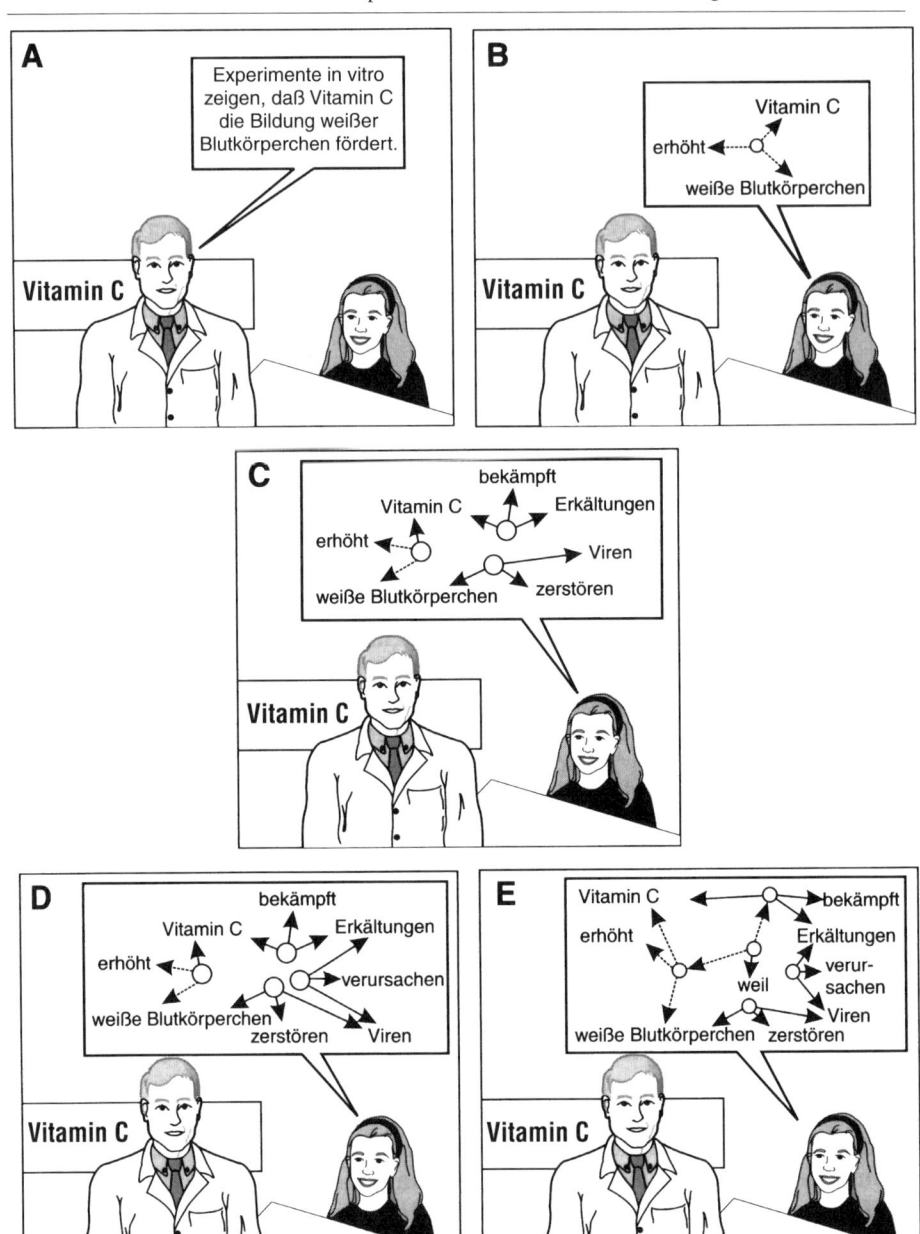

Abbildung 4.7:
Einige Schritte beim Erwerb neuen Wissens aus netzwerktheoretischer Sicht

einheiten im Langzeitgedächtnis. Dem Lernenden war nichts bekannt, womit er *in vitro* in Verbindung bringen konnte. Dieser Teil der Äußerung des Lehrers konnte folglich mit keinem Element des vorhandenen Netzwerkes verknüpft werden und ist, wie Teil E der Abbildung zeigt, verloren gegangen. Der Lehrer hatte sich offenkundig nicht bemüht, diese Lautabfolge mit Bekanntem in Beziehung zu setzen. Der Schüler hätte sehr wohl lernen können, daß es Experimente in und außerhalb des lebenden Körpers gibt und daß Möglichkeiten bestehen, diese Unterscheidung auch auf begrifflicher Ebene zu treffen (*in vivo* bzw. *in vitro*).

Nachdem die funktionale Struktur des Langzeitgedächtnisses eingehender dargestellt worden ist, kann nun die Frage in den Blickpunkt rücken, wie man Lernende dabei unterstützen kann, neue Informationen in dieses Speichersystem zu übertragen und die Speicherinhalte so zu festigen, daß sie im günstigsten Fall jederzeit wieder abrufbar sind. Was kann der Lehrer tun? Wie sollte ein Unterricht aufgebaut sein, der das Erlernen neuer Informationen unterstützt?

4.4 Förderliche Bedingungen zum Erwerb neuer Informationen

Selbst sogenannte Gedächtniskünstler behalten nicht alles dauerhaft, was sie sich einmal merken konnten. Sicherlich wäre ein perfektes Gedächtnis auch gar nicht wünschenswert, denn im Vergessen-können kann auch ein nützlicher Aspekt gesehen werden. Anders stellt sich die Situation im pädagogischen Bereich dar, aus dem der Auftrag an die Gedächtnispsychologie herangetragen wurde, Bedingungen aufzudecken und zu beschreiben, die das Speichern neuer Informationen fördern können.

Wenn Informationen aus dem Sensorischen Register abgelesen worden sind und deren Übertragung in das Langzeitgedächtnis erfolgen soll, muß eine intensivere Aufarbeitung (Elaboration) stattfinden (s. S. 190f.). Die Lernarbeit des Schülers kann unterstützt werden, indem man ihm Lernmaterial darbietet, das bereits einen hohen Ordnungsgrad (Organisationsgrad) aufweist. Die Verarbeitungsprozesse bleiben wenig effektiv, wenn ihnen keine ausreichende Aufmerksamkeit von seiten des Lernenden gewidmet wird. Je länger und intensiver sich der Schüler mit dem Lernmaterial auseinandersetzt, desto größer ist die Wahrscheinlichkeit, daß zu einem späteren Zeitpunkt ein schneller und treffsicherer Abruf aus dem Gedächtnis erfolgen kann. Eine Lernphase ist somit als effektiv zu bezeichnen, wenn der Lernende motiviert ist, dem (möglichst gut geordneten) Unterrichtsmaterial und seiner Verarbeitung hohe Aufmerksamkeit entgegenzubringen. Dazu soll er ausreichend Zeit zur Verfügung haben und auch nutzen können, damit eine aktive (übende) Auseinandersetzung mit dem Lernmaterial stattfinden kann.

4.4.1 Darbietung gut geordneter Lerninhalte

Wenn man Schülern Unterrichtsmaterial ungeordnet darbietet, ist die Wahrscheinlichkeit entsprechend groß, daß sie es nicht ausreichend verarbeiten können. Zu beachten ist allerdings ebenso, daß die Übertragung von Informationen in das Langzeitgedächtnis nicht allein schon dadurch garantiert ist, daß man diese dem Lernenden schon „vorsortiert" anbietet. Hier kommt zur Geltung, worauf bei Darstellung der Theorie Jean Piagets bereits nachdrücklich hingewiesen worden ist: Ob es Menschen gelingt, ihr eigenes Wissen zu konstruieren, hängt davon ab, ob die vorliegenden Informationen *ihnen* sinnvoll erscheinen. Die geordnete Darbietung von Lernmaterial stellt dabei *nur eine* – wenn auch eine bedeutsame – Voraussetzung für sinnvolles Lernen dar. Darauf hat der Pädagogische Psychologe David Ausubel (1963) wiederholt und nachdrücklich aufmerksam gemacht: Texte oder anderes Lernmaterial können stets nur „potentiell sinnvoll" sein. Verständnis – so betonte er – könne bei einem Lernenden erst durch aktives Interpretieren seiner Erfahrungen entstehen. Da aber der Lehrer diese Erfahrungen mitgestalten kann, ist er sehr wohl in der Lage, die Bemühungen des Schülers nach sinnvollem Lernen zu unterstützen.

Zwischen den Begriffen „geordneter Unterricht" und „Klarheit der Lehrerdarstellung" gibt es größere Überschneidungen: Lehrer, denen in hohem Maße Klarheit zugeschrieben wird, „sind ständig bemüht, daß ihre Schüler Verständnis erreichen. ... Sie benutzen eine Fülle von Abbildungen und Beispielen, ordnen Lernmaterial nach logischen Gesichtspunkten ..." (Cruickshank, 1985). In den Klassenzimmern solcher Lehrer, deren Unterricht in diesem Sinne „klar" ist, findet man viele Schüler und Schülerinnen, die überdurchschnittliche Lernfortschritte aufweisen und – das sei hier hinzugefügt – die eine recht positive Einschätzung von diesem Lehrer entwickeln (Hines et al., 1985; Land, 1987)! Bei der *Klarheit* handelt es sich offenbar um ein Merkmal der Lehrerpersönlichkeit. Wenn man nämlich einem Lehrer Klarheit in seiner Unterrichtsarbeit bescheinigen kann, findet man dieses Kennzeichen bei ihm in hoher zeitlicher Stabilität, bei den verschiedensten von ihm unterrichteten Themen und unabhängig von den Schülern, die er unterrichtet (Williams, 1983).

Der Lehrer, der in hohem Maße durch Klarheit gekennzeichnet ist, greift u. a. häufig auf Vergleiche zurück. Er aktiviert damit ausdrücklich Kenntnisse, über die der Lernende bereits verfügt (Ortony, 1975). Aus diesem Grunde ist es hilfreich, etwa in einer einführenden Textpassage zum Thema „Gedächtnis" darauf hinzuweisen, daß zwischen dem Gedächtnis und einer Bibliothek zahlreiche Ähnlichkeiten bestehen (s. S. 182). Man kann weiterhin darauf verweisen, daß Menschen, ebenso wie Computer, Informationen aufnehmen, verarbeiten und speichern, um sie erforderlichenfalls später wieder abrufen zu können (s. S. 181).

Die Möglichkeit, sich bei der Verarbeitung von Informationen an Vergleichen orientieren zu können, fördert bei Schülern sämtlicher Klassenstufen,

4.4 Förderliche Bedingungen zum Erwerb neuer Informationen

ebenso wie bei Erwachsenen, das Lernen. Wie läßt sich dieser Effekt erklären? Es gibt zumindest drei Gründe:
1. Neue Informationen werden durch Vergleiche leichter vorstellbar und konkreter,
2. sie erhalten durch Vergleiche eine Ordnung (strukturierende Funktion) und außerdem
3. wird der Lernende durch sie aktiviert, Neues und Bekanntes aktiv zu assimilieren (Simons, 1984). Er kann die Informationen also in dem „Bibliotheksteil" ablegen, der ihm am ehesten zusagt.

Auch bei „vorangestellten Einordnungshilfen" greift man auf Vergleiche zurück, um dem Lernenden bei der Verarbeitung nachfolgender Informationen zu helfen (ausführlicher hierzu siehe S. 224ff.).

Geordnete Informationen besitzen den Vorteil, daß bestehende Beziehungen leichter sichtbar werden. Dadurch hebt man für den Lernenden wichtige Aspekte hervor. Ebenso könnte er sich selbst bei der Auseinandersetzung mit Informationen über das menschliche Gedächtnis beispielsweise eine Übersicht anfertigen, wie sie Abbildung 4.8 als Beispiel wiedergibt.

	Sensorisches Register	*Kurzzeitgedächtnis*	*Langzeitgedächtnis*
Kapazität	*sehr groß*	*klein (7 Einheiten)*	*sehr groß*
Behaltensdauer	*sehr kurz < 1 Sekunde*	*höchstens 20-30 Sekunden*	*sehr lang*

Abbildung 4.8:
Möglichkeit der Ordnung von Informationen über das Gedächtnis
zur Förderung von Aufarbeitungsprozessen

Der behaltensfördernde Effekt, der durch Ordnung des dargebotenen Lernmaterials zu erreichen ist, wurde bereits vor längerer Zeit in einem inzwischen klassischen Experiment von Gordon Bower und seinen Mitarbeitern (1969) nachgewiesen. Studierende erhielten darin den Auftrag, sich folgende, nach Zufallsprinzipien zusammengestellte Begriffe zu merken:

Platin	Kalkstein	Smaragd	Messing	Schiefer
Aluminium	Silber	Granit	Marmor	Stahl
Bronze	Kupfer	Gold	Eisen	
Saphir	Diamant	Blei	Rubin	

Andere Teilnehmer des Experiments erhielten die Begriffe in der hierarchischen Anordnung dargeboten, die Abbildung 4.9 wiedergibt.

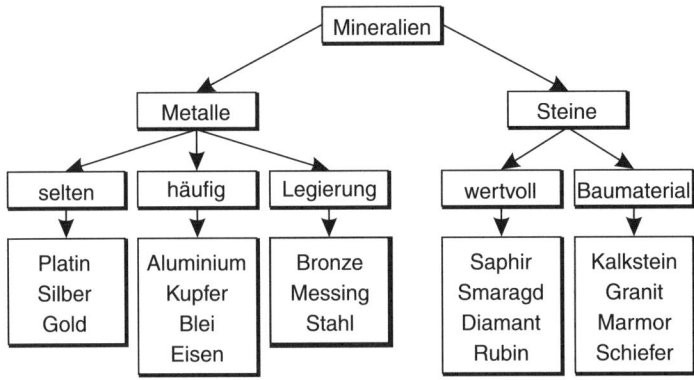

Abbildung 4.9:
Hierarchische Anordnung von Begriffen, die in einem Gedächtnisexperiment dargeboten worden sind

Die Studierenden, denen man die Begriffe hierarchisch geordnet dargeboten hatte, konnten die Lernphase verhältnismäßig schnell abschließen. Bei der späteren Gedächtnisprüfung waren sie in der Lage, dreimal so viele Begriffe wiederzugeben wie jene, die die gleiche Anzahl von Begriffen in zufallsbestimmter Reihenfolge gelernt hatten. Die geordnete Darbietung förderte also die Geschwindigkeit und die Nachhaltigkeit des Lernprozesses. Wann immer es möglich ist, Lernmaterial in geordneter Form darzustellen, sollte man dies im Rahmen von Lehr- bzw. Unterrichtssituationen tun.

4.4.2 Förderung der Aufarbeitung neuen Lernmaterials durch präinstruktionale Maßnahmen

Bereits bei der Darstellung des Kurzzeitgedächtnisses ist auf die aufarbeitende (elaborierende) Wiederholung hingewiesen worden. Dabei handelt es sich um den Prozeß, durch den neues Lernmaterial mit bereits vorhandenen Inhalten des Langzeitgedächtnisses verknüpft werden soll. Außerdem wird durch die *Elaboration* die Anzahl der Assoziationen zwischen den bereits relativ dauerhaft gespeicherten Wissensinhalten erhöht. Je fester und vielfältiger Informationen im Gedächtnis eines Menschen miteinander verknüpft sind, desto günstiger sind die Chancen für einen erfolgreichen Abruf bzw. eine Erinnerung.

„Präinstruktionale", dem eigentlichen Unterricht vorangestellte Maßnahmen sollen helfen, die Lücke zwischen dem neuen Material und der vorhandenen Kenntnisstruktur zu überbrücken. Sie sollen den Lernenden auf das neue Material einstellen. Zu den präinstruktionalen Maßnahmen sind Vortests, Lernziele, Überblicke und „vorangestellte Einordnungshilfen" (*advance organizer* nach Ausubel, 1963) zu rechnen.

4.4.2.1 Vortests zur Lenkung der Aufmerksamkeit auf nachfolgende Informationen

Ein Vortest besteht aus einer Reihe von Fragen, die thematisch zu dem anschließenden Lernmaterial in Beziehung stehen. Sie können das Augenmerk des Lernenden auf wesentliche Aspekte der im Rahmen des Unterrichts zu verarbeitenden Informationen richten, ohne sie allerdings ausdrücklich zu benennen.

Die Aufgaben von Vortests gleichen konkretisierten Lernzielen, die vor Beginn der Lehr- und Lernphase angeben, was im Unterricht erreicht werden soll (s. S. 399ff.). Das Ziel von Vortests ist es im wesentlichen, dem Lernenden eine vorausgehende Ordnung anzubieten, d. h., sie akzentuieren, worauf es bei der nachfolgenden Auseinandersetzung mit dem Lernmaterial ankommt.

Im Falle komplexerer Texte heißt das aber auch, daß eine Aufmerksamkeitslenkung erfolgt. Da es sich bei der Aufmerksamkeit um einen Selektionsprozeß handelt, wird durch präinstruktionale Maßnahmen auch mitbestimmt, welche Auswahl der Lernende nachfolgend vornehmen wird. Folglich ist damit zu rechnen, daß Vortests oder Lernziele (Kaplan & Simons, 1974) – ebenso wie übrigens Fragen (Boker, 1974; Sagaria & DiVesta, 1978) –, die zu Beginn der Unterrichtsstunde gegeben werden, wegen ihrer aufmerksamkeitslenkenden Funktion mitbestimmen, was gelernt und behalten wird. Diese präinstruktionalen Elemente sind bei ausführlichen Darstellungen besonders wichtig, denn je länger der nachfolgende Text ist, desto mehr wächst die Wahrscheinlichkeit, daß Inhalte, auf die nicht ausdrücklich hingewiesen worden ist, überlesen werden (Klauer, 1984).

4.4.2.2 Vorwegnahme zentraler Aussagen durch vorausgehende Übersichten

Vorausgehende *Übersichten* bestehen aus Zusammenfassungen der nachfolgenden Lerneinheit. Sie müssen allerdings nicht – wie die Einleitungen, die sich in diesem Buch zu Beginn einiger Absätze finden – in Prosaform abgefaßt sein; auch Fotos, Comic-Bilder und graphische Darstellungen können die Funktionen übernehmen, die James Hartley und Ivor Davies (1976) wie folgt umreißen: „Übersichten dienen dazu, Lernende in neues Material einzuführen und sie mit der zentralen Aussage vertraut zu machen. Sie können auch Schlüsselbegriffe, Prinzipien oder Fachausdrücke herausheben und die Lernenden gleichzeitig auf die allgemeine Struktur oder Gestalt des zu bearbeitenden Materials vorbereiten. Aus diesen Gründen können Übersichten vor allem für die Entstehung einer Lerneinstellung sehr wirkungsvoll sein." Sofern innerhalb dieser Übersichten einzelne zentrale Gedanken oder Begriffe besonders herausgestellt werden (etwa in kursiver Schrift – eine Heraushebung erfolgt aber auch, wenn sie in der Überschriftzeile oder in der Randspalte auftritt), gewinnen sie eventuell die Funktion von Abrufreizen (Doctorow et al., 1978), über deren Bedeutung an späterer Stelle noch informiert werden soll (s. S. 244f.).

4.4.2.3 Darstellung des Kontexts durch vorangestellte Einordnungshilfen

Bei oberflächlicher Betrachtung besteht zwischen der Übersicht und einer vorangestellten Einordnungshilfe (*advance organizer*) eine gewisse Ähnlichkeit. Während Übersichten den Inhalt der bevorstehenden Lerneinheit zusammenfassen, kommt es bei vorangestellten Einordnungshilfen aber vor allem darauf an, den Kontext darzustellen, in den sich das Lernmaterial einordnen läßt. David Ausubel spricht in diesem Zusammenhang von der Notwendigkeit, dem Lernenden ein geistiges Gerüst anzubieten, durch das er Verankerungsmöglichkeiten für die neuen Informationen erhält. Die Einordnungshilfe soll sich vor allem bewähren, wenn der Lernende mit dem Lernmaterial wenig vertraut ist oder wenn er aus anderen Gründen Schwierigkeiten hat, es mit seiner bereits vorhandenen Kenntnisstruktur in Beziehung zu setzen.

Nun hat sich allerdings die Bedeutung des Begriffs *advance organizer* erheblich verändert, seitdem Ausubel ihn erstmalig als Lernhilfe empfohlen hat. In seinen Untersuchungen erhielten Studierende von ihm Einordnungshilfen, bevor sie Texte mit neuen Inhalten lasen. Nach seinen Beobachtungen verbesserte sich daraufhin bei den Versuchspersonen Verstehen und Behalten des Gelesenen durchgängig. Eine Schwierigkeit bestand allerdings darin, daß Ausubel (1960) nur sehr ungenau definiert hatte, was er unter einem *advance organizer* verstand. Kritiker interpretierten diese Einordnungshilfe deshalb unterschiedlich (Corkill, 1992). In nachfolgenden Studien, die Ausubels Behauptungen überprüfen sollten, wurden *advance organizers* verwendet, deren Gemeinsamkeit nur noch in der Bezeichnung bestand, die aber ansonsten sehr unterschiedliche Konzeptionen ihrer Autoren verrieten. Es überrascht daher nicht, daß nach einer kritischen Durchsicht dieser Studien der Schluß gezogen wurde, daß die lernfördernde Wirkung von *advance organizers* nicht nachgewiesen werden konnte (Barnes & Clawson, 1975). Damit war das Schicksal der *advance organizers* allerdings noch nicht besiegelt, denn nachdem die Schema-Theorie eine Renaissance erfahren hatte und ihr Beitrag zum Verständnis von Texten belegt werden konnte, durchdachte man auch noch einmal Ausubels Konzept von den vorangestellten Einordnungshilfen. Richard Mayer (1979, 1984) konnte überzeugend darlegen, daß eine gute Einordnungshilfe geeignete Schemata aktiviert, die dem Lernenden helfen, neue Informationen zu assimilieren. Man könnte ebenso von „Überbrückungshilfen" sprechen. Man verwendet dazu bevorzugt Analogien, die das Ziel haben, Gedächtnisinformationen (bzw. Schemata) zu aktivieren, mit denen der Lernende bereits weitgehend vertraut ist und die er verstanden hat. Diese aktivierten Schemata können nunmehr genutzt werden, um nachfolgende meist abstraktere Informationen ein-

4.4 Förderliche Bedingungen zum Erwerb neuer Informationen

zuordnen, die mit dem bereits Bekannten strukturelle Ähnlichkeiten aufweisen (Clement et al., 1989).

Kennzeichen vorangestellter Einordnungshilfen lassen sich am besten an konkreten Beispielen aufzeigen. Folgende Analogien entstammen dem Arbeitskreis um Paul Eggen und wurden unterschiedlichen Unterrichtsfächern entnommen.

> Eine sozialkundliche Unterrichtseinheit, in der die *Regierung* im Mittelpunkt steht, könnte vom Lehrer folgendermaßen eingeleitet werden: Aufbau und Funktion einer Regierung gleichen einer Familie. Die einzelnen Personen in der Regierung haben verschiedene Verantwortlichkeiten und Rollen zu übernehmen. Wenn alle Beteiligten gut zusammenarbeiten, können sie ihren Aufgaben voll gerecht werden (Eggen & Kauchak, 1988).

> In einer Biologiestunde, in der Organe des menschlichen Körpers erarbeitet werden, leitet der Lehrer das *Kreislaufsystem* folgendermaßen ein: Unser Kreislauf ist wie das Leitungssystem einer Stadt. In beiden Fällen gibt es eine Pumpstation, Leitungen unterschiedlicher Größe, um gereinigtes Wasser zu transportieren, eine Reinigungsstation, um Abwässer zu klären und Vorrichtungen, um Abfälle zu beseitigen (Kauchak & Eggen, 1993).

> In einer Physikstunde beginnt der Lehrer seine Unterrichtsstunde zum *Ohmschen Gesetz* mit folgender Einordnungshilfe: Das Ohmsche Gesetz läßt sich mit einem Jungen vergleichen, der eine Karre über eine schlammige Straße zu schieben hat. Die Schubkraft, die der Junge aufzuwenden hat, ist mit der Spannung vergleichbar. Die Schlammtiefe der Straße entspricht der Stärke des Widerstandes, und die Geschwindigkeit der Karre hat Ähnlichkeiten mit dem Strom im elektrischen Kreis (Eggen & Kauchak, 1994).

Faßt man die Ergebnisse neuerer Studien über vorangestellte Einordnungshilfen zusammen, dann läßt sich feststellen, daß sie das Lernen – vor allem von Lesetexten – unter bestimmten Voraussetzungen fördern können. Sie bewähren sich, wenn
1. es Lernenden ohne solche Hilfen nicht gelingen würde, Beziehungen zwischen neuem Material und bereits Bekanntem herzustellen. Ihnen kommt also ebenfalls die Funktion der „Einrüstung" zu (s. S. 107);
2. die Lernenden ihre Aufmerksamkeit auf die Einordnungshilfe richten;
3. den Lernenden ausreichend Zeit zur Verfügung steht, sich mit der Einordnungshilfe und dem zu lernenden Material zu beschäftigen;
4. sie – im Gegensatz zu den Annahmen Ausubels – eher konkret als abstrakt formuliert sind (Corkill, 1992). Diese Konkretheit weisen auch die oben wiedergegebenen Beispiele auf, die als Einordnungshilfe beim Schüler Vorstellungen aktivieren sollen, die sich auch im nachfolgend dargebotenen Lernmaterial entdecken lassen;
5. das Behalten der Lernenden zumindest nach einem relativ kurzen Zeitintervall überprüft wird.

Wenn der Lehrer Vorwissen seiner Schüler aktiviert, sollte er dieses stets genau daraufhin prüfen, inwieweit es eine Grundlage zur Erklärung neuer Unterrichtsinhalte bietet. So liegt es beispielsweise nahe, den elektrischen Strom mit dem Fließen von Wasser in einer Röhre zu vergleichen (Dupin & Johsua, 1989) – schließlich kommt daher der Name „Strom"! Wenn Lernende allerdings nicht genau wissen, wie Wasser fließt, ist es wenig hilfreich, dieses unzureichende Verständnis anzuwenden, um sich das Fließen des elektrischen Stroms zu verdeutlichen (Gentner & Gentner, 1983). Erst wenn der Lehrer sich vergewissert hat, daß die Lernenden mit dem Fließen von Wasser vertraut sind, kann er einen Vergleich mit dem elektrischen Strom herstellen. Weiterhin sollte er darauf achten, daß alle Beispiele, die man als Vergleich nutzen könnte, stets auch gewisse Grenzen besitzen; man sagt auch, daß „Vergleiche hinken". Wenn beispielsweise ein Draht bricht, dann fließt kein Strom „aus", wie etwa Wasser aus einem defekten Rohr (Glynn, 1991). Wenn man das menschliche Auge mit einer Kamera vergleicht, darf man bestehende Unterschiede nicht vernachlässigen, denn während beim Fotoapparat der Abstand zwischen Linse und Film verändert wird, erreicht das Auge den gleichen Effekt durch die Veränderung des Durchmessers und durch die Form der Linse. Es empfiehlt sich stets, mehrere Vergleiche heranzuziehen, denn jeder einzelne besitzt gewisse Vor- und Nachteile (Glynn et al., 1995). Es fördert das Verständnis des Lernenden erheblich, wenn mit ihm die Schwächen erarbeitet werden, die jede Analogie zwangsläufig in irgendeiner Hinsicht aufweist. Vergleichsbeispiele funktionieren wie Linsen, von denen jede ein anderes Merkmal eines zu lehrenden Begriffes stärker in den Brennpunkt bringt (Glynn et al., 1995).

4.4.3 Strategien zur Verarbeitung dargestellter Informationen durch den Lernenden

Wenn Informationen von Lehrenden bzw. Autoren dargestellt werden, etwa in Form eines Lehrervortrags, in der Vorlesung oder in schriftlicher Form als Sachtext, befindet sich der Empfänger, also der Hörer oder Leser, zunächst in einem relativ passiven Zustand. Wenn eine möglichst dauerhafte Speicherung erreicht werden soll, muß in jedem Fall eine aktive Verarbeitung vorgenommen werden. Der Lernende hat das Gehörte oder Gelesene zu „elaborieren", also so aufzuarbeiten, daß es mit dem bereits Bekannten in Beziehung gesetzt wird. Lernende entscheiden nicht selten, daß sie auf eine weitere Aufarbeitung verzichten können, wenn ihnen die mitgeteilten Informationen „nachvollziehbar", „plausibel" oder „verständlich" erscheinen. Wenn der Prozeß des Elaborierens dargebotener Informationen bereits an dieser Stelle abgebrochen wird, besteht die Gefahr, daß sie zu einem späteren Zeitpunkt nicht zugänglich sind, also beispielsweise in einer Prüfungssituation. Um die Voraussetzungen zu erhöhen, daß dargestellte Informationen bei Bedarf zur Verfügung stehen, können sich Lernende zahlreicher Strategien bedienen, die ihnen beim Elaborieren helfen können. Diese Strategien lassen sich zum einen in der Einzelarbeit (Markierung von Textteilen, Anfertigen von Notizen, Erstellung von Zusammenfassungen) oder in kleinen Gruppen anwenden (Aufarbeitung durch gegenseitiges Fragen in Kleingruppen).

4.4.3.1 Markieren von Textteilen

Eine Strategie, die häufig beim Studium von schriftlich vorliegendem Lernmaterial angewandt wird, besteht darin, Textteile zu markieren, also etwa zu unterstreichen oder mit einem Leuchtstift (Marker) hervorzuheben. Diese Arbeitsstrategie wird verhältnismäßig häufig angewandt, obwohl sie sich nicht durchgängig als wirkungsvoll erwiesen hat. Allein die Maßnahme des Markierens hat nämlich keinerlei Einfluß auf die Verarbeitung und somit auf das Behalten. Dieses wird allenfalls dann gefördert, wenn in einem Text aktiv nach Aussagen gesucht wird, die als bedeutsam gelten können. Der Leser muß beim Studium also fortlaufend Entscheidungen darüber treffen, wie informativ ihm Textteile erscheinen und nur die wichtigsten durch Markierung optisch hervorheben. Es sind diese ständigen Entscheidungen, durch die das Unterstreichen seinen Wert erhält (Anderson & Armbruster, 1984)! Das Lernen wird also nur bei solchen Schülerinnen und Schülern gefördert, die in der Lage sind, bedeutsame und unwichtige Aussagen in einem Text zu unterscheiden (McAndrew, 1983; Snowman, 1986). Man kann auch sagen, daß nur derjenige von dieser Technik profitiert, der schon etwas über genau diesen Gegenstand weiß. Wenn Lernenden dagegen alles als wichtig erscheint und sie infolgedessen zu viel markieren, sind von dieser Strategie keine positiven Wirkungen mehr zu erwarten.

Das Markieren von Textteilen ist also nicht generell wirkungslos, sondern nur dann, wenn diese Methode zu großzügig und somit unkritisch verwendet wird. Können Lehrer ihren Schülern Möglichkeiten aufzeigen, diese Arbeitsstrategie effektiver einzusetzen? Das ist offenbar der Fall. So hat man beispielsweise Lernenden vorgeschrieben, Markierungen nur sehr eingeschränkt vorzunehmen, indem man sie aufgefordert hat, nur einen Satz pro Absatz anzustreichen. Daraufhin haben sich ihre Lernleistungen eindeutig verbessert (Snowman, 1986). Insgesamt, das sollte beachtet werden, verbindet sich mit der Unterstreichung allerdings eine vergleichsweise oberflächliche Verarbeitung. Das Lernen wird viel wirkungsvoller gefördert, wenn man zusätzlich zu einer aktiveren Beschäftigung mit dem dargebotenen Material herausfordert.

4.4.3.2 Anfertigen von Notizen

Michael Pressley und seine Mitarbeiter baten Studierende, ihnen alles mitzuteilen, was sie über das Mitschreiben während einer akademischen Veranstaltung (Vorlesung) wußten (Van Meter et al., 1994). Den Antworten ließ sich entnehmen, daß Studierende mehrere Zwecke verfolgen, wenn sie sich Gehörtes notieren. Mit der Anfertigung von Notizen erhoffen sich die Lernenden nicht nur, Lehrinhalte festzuhalten, die später Gegenstand von Prüfungen werden können; das Mitschreiben soll ihnen auch helfen, Dargestelltes besser zu verstehen und ihre Aufmerksamkeit auf das Mitgeteilte gerichtet zu halten. Studierende, die bereits längere Zeit Erfahrungen mit akademischen Lehrveranstaltungen gesammelt hatten, „wußten" recht gut, worauf es bei der Anfertigung von Notizen ankommt, sowohl bei Vorlesungen als auch bei der Bearbeitung von Fachbüchern. Eine passive Wiedergabe von Gehörtem und Gelesenen hat einen geringen behaltensfördernden Effekt. Auch die Ergebnisse einschlägiger Untersuchungen über das Anfertigen von Notizen stützen die Empfehlung, sich um eine möglichst tiefe Verarbeitung zu bemühen. Notizen sollten die wesentlichen Gedanken eines Textes oder des Lehrervortrags widerspiegeln (Brown et al., 1981; Taylor, 1982). Außerdem fördert es das Behalten, wenn der Lernende seinen Notizen einen „Abrufreiz" hinzufügt. Ein solcher Reiz stellt gewissermaßen die Adresse dar, mit deren Hilfe sich bestimmte Informationen verbinden sollen, damit sie sich zu einem späteren Zeitpunkt unter der ihnen zugewiesenen Adresse wieder aus dem Langzeitgedächtnis abrufen lassen. So könnte man sich etwa am Rand dieser Zeilen *Adresse* oder *Etikett* notieren. Man sollte bei seinen Notizen für einen später hinzuzufügenden Abrufreiz von vornherein ausreichend Platz lassen. Wenn ein Lernender Notizen anfertigt, könnte es zudem hilfreich sein, die folgenden drei Punkte zu beachten (McWhorter, 1992):

1. Der Lernende fertigt Notizen an und beläßt auf seinem Blatt einen etwa 5 cm breiten Rand.
2. Während der Erstellung von Notizen bleibt die Randzone unbeschrieben.
3. Wenn zunächst keine weiteren Notizen ergänzt werden, ordnet der Lernende seinen Aufzeichnungen Begriffe, kurze Sätze (eventuell auch in Frageform in der Randspalte) zu.

Die Randeintragungen sind mit einer tieferen Verarbeitung verbunden. Sie können in der Erinnerungsphase später die Funktion der eben genannten Abrufreize übernehmen.

Pressleys Studierende hatten wiederholt erfahren, daß die Qualität des Mitschreibens in hohem Maße vom Vortragsstil des Lehrenden mitbestimmt wird. In einigen Vorlesungen gelingt es Hörern sehr viel besser, sich Gehörtes zu notieren als in anderen. Lehrende, die das Mitschreiben fördern, heben sich nach den Beobachtungen Kenneth Kiewras (1989) von weniger erfolgreichen Kollegen folgendermaßen ab:

1. Sie gewähren ihren Zuhörern ausreichend Zeit, um den Ausführungen zu folgen,
2. sie wiederholen komplexere Zusammenhänge,
3. sie nennen zur Unterstützung des Mitschreibens ihren Schülern „Abrufreize", also Reize, die dem Lernenden helfen, den gewünschten Gedächtnisinhalt zu identifizieren; so hat er vielleicht die Ausführungen dieser Abschnitte unter dem Abrufreiz „Verarbeitungsstrategien" abgespeichert.
4. sie schreiben Schlüsselbegriffe und bedeutsame Zusammenhänge an die Tafel,

5. sie stellen ihren Ausführungen Gliederungen voran. Die Lernenden können sich unter den jeweiligen Überschriften Notizen machen oder erhalten Gelegenheit, sich Übersichten (s. S. 232f.) anzufertigen.

Es steht außer Frage, daß das Anfertigen von Notizen beim Hören eines Lehrervortrags oder beim Lesen eines Fachbuches bereits eine gewisse Verarbeitung der dargestellten Informationen voraussetzt. In den Befragungen von Pressley et al. gaben viele Studierende an, sie würden sich nach den Vorlesungen noch einmal intensiver mit den Aufzeichnungen beschäftigen. Ihnen war damit gegenwärtig, daß sie ihre Notizen, ganz gleich ob sie beim Lesen oder Hören entstanden sind, zu einem späteren Zeitpunkt noch einmal tiefer verarbeiten mußten. Einige Studierende taten das, was im folgenden als weitere Gedächtnisstrategie vorgestellt werden soll: Sie fertigten auf der Grundlage ihrer Notizen eigene Zusammenfassungen.

4.4.3.3 Erstellen von Zusammenfassungen

Nachdem von Michael Pressley und seinen Mitarbeitern (1989a, 1989b) eingehend studiert worden war, welche Ergebnisse einschlägige Studien über das Abfassen von Zusammenfassungen erbracht hatten, gelangten sie zu folgender Feststellung: Auch das Erstellen von Zusammenfassungen kann als eine erfolgreiche Arbeitsstrategie eingesetzt werden. Der Lernende wird nämlich herausgefordert, das Gehörte oder Gelesene *in eigenen Worten* auszudrücken und auf diese Weise die wichtigsten Gedanken herauszustellen. Das kann nur gelingen, wenn die Darstellung bereits recht gut verstanden wurde. Die Belege dafür, daß es sich bei der Erstellung von Zusammenfassungen um eine wirksame Arbeitsstrategie handelt, sind nach den Worten von Pressley et al. so eindeutig, „daß wir das Verfahren ohne Zögern empfehlen können". Woran liegt es, daß diese Arbeitsstrategie das Verstehen und Behalten besonders gut fördert? An einer guten Zusammenfassung sind mindestens drei Prozesse beteiligt (Hidi & Anderson, 1986):
- Das Dargestellte muß danach untersucht werden, was bedeutsam ist und was nicht,
- Einzelinformationen müssen zu allgemeineren Gedanken verdichtet werden und
- es müssen Beziehungen zwischen Einzelinformationen gesucht und gefunden werden.

Lernende neigen nicht selten dazu, bei der Erstellung von Zusammenfassungen vorgegebene Sätze lediglich etwas umzuformulieren. Anspruchsvoller ist es demgegenüber, die Verarbeitung größerer Textteile vorzunehmen. In Übungsstadien hat man Lernende veranlaßt, sich bei der Zusammenfassung eines Absatzes auf einen einzigen Satz zu beschränken (Doctorow et al., 1978). Fördernde Wirkungen hat diese Arbeitsstrategie auch, wenn Schüler sie vornehmen, um andere über das Gehörte oder Gelesene zu informieren (Brown et al., 1983). Gelegentlich hört man von Lehrern die Auffassung, daß das Anfertigen von Zusammenfassungen nur den Angehörigen älterer Schülerjahrgänge gelingt. Das trifft jedoch nicht zu. Bereits nach zwei oder drei Grundschuljahren kann man das Erstellen von Zusammenfassungen mit Erfolg üben (Pressley et al., 1989a, 1989b). Es gelingt demnach nicht nur älteren Schülern, von dieser Strategie zu profitieren.

4.4.3.4 Anregung zum vertieften Aufarbeiten von Lernmaterial durch geeignete Fragen

Nachdem Schüler einen Text gelesen oder einem Vortrag zugehört haben, ist Gelegenheit zur Aufarbeitung der mitgeteilten Informationen gegeben. Um die Lernenden dabei zu unterstützen, kann der Lehrer sie auffordern, sich in Gruppen, bestehend aus zwei oder drei Mitgliedern, zusammenzusetzen, um sich zum Gelesenen oder Gehörten gegenseitig Fragen zu stellen. Allein schon das Auffinden von Fragen fördert das Lernen, weil es eine aktive Verarbeitung des Gehörten oder Gelesenen voraussetzt. Lernmaterial wird offenbar besser durch „kooperatives Fragen" als durch Diskutieren aufgearbeitet (King, 1989). „Um Fragen und Antworten zu formulieren, müssen Schüler die im Lernmaterial enthaltenen Hauptgedanken identifizieren und diese miteinander und auch mit dem bereits Bekannten in Beziehung setzen" (King, 1994). Wenn man Schüler allerdings lediglich auffordert, sich gegenseitig Fragen zum Gehörten oder Gelesenen zu stellen, dann sprechen sie zumeist nur vergleichsweise oberflächliche Aspekte des zu elaborierenden Materials an; sie erkundigen sich vor allem nach Fakten (King, 1990). Allerdings bestehen zwischen verschiedenen Nationen auffällige Unterschiede. So sind in Ländern wie Australien und Kanada nur 10 Prozent aller Schülerfragen auf anspruchsvollere Aspekte eines Sachverhaltes gerichtet, während dieser Prozentsatz in Israel und Holland bei 25 Prozent, in Ungarn sogar bei über 50 Prozent liegt (Anderson et al., 1989). Solche Unterschiede sprechen dafür, daß Lehrer auf das Niveau der Fragen ihrer Schüler fördernd einwirken können. Zweifellos ist es wünschenswert, möglichst alle Schüler mit geeigneten Fragetechniken vertraut zu machen. Dies erreichte Annemarie Palincsar (1987) dadurch, daß sie die Schüler anfänglich einen Abschnitt aus einem Text lesen ließ. Im Anschluß daran wurden ihnen jeweils drei Fragen vorgestellt, die sich auf das Gelesene bezogen; sie waren jedoch von unterschiedlicher Qualität. Eine Frage war z.B. so formuliert, daß sie aufgrund des Textes gar nicht beantwortet werden konnte. Die Schüler sollten deshalb darüber diskutieren, warum es sich dabei um eine schlechte Frage handelte. Eine weitere Frage war sehr eng formuliert und bezog sich nur auf einzelne Inhalte des jeweiligen Abschnittes. Auch hierbei sollten die Lernenden selbständig erschließen, worin die Schwäche dieser Frage bestand. Vor dem Hintergrund dieser Übungen gelang es Palincsar, die Sicherheit ihrer Schüler in ihrem Urteil, ob eine Frage zu eng, zu weit oder angemessen gestellt war, eindeutig zu erhöhen. Sie verbesserte auf diese Weise die Qualität der Fragen, die von den Schülern selbst gestellt wurden.

4.4 Förderliche Bedingungen zum Erwerb neuer Informationen

Als sehr erfolgreich hat sich weiterhin die von Alison King (1990) entwickelte Methode des „gelenkten kooperativen Fragens" erwiesen. Die Methode wird als kooperativ gekennzeichnet, weil sie vorsieht, daß sich die Schüler gegenseitig Fragen stellen. Sie regt eine tiefe Verarbeitung an, veranlaßt die Aktivierung relevanten Hintergrundwissens, fördert die Integration in bereits vorhandenes Wissen und gibt der Informationsverarbeitung eine Richtung (Rosenshine et al., 1996). Das Fragen des Lernenden wird dabei insofern *gelenkt,* als diesem allgemeine „Fragenformate" vorgegeben werden, die dieser noch mit Inhalt zu füllen hat. Beispiele für Kings Fragenformate sind etwa:
„Was wäre ein weiteres Beispiel für ...?"
„Wie würdest du ... verwenden, um ...?"
„Erkläre, weshalb ...!"

Einige Fragenformate fordern Lernende vor allem heraus, sich dargestelltes Material verständlich zu machen. Wenn es vor allem darauf ankommt, daß Schüler sich intensiver mit den Definitionen zentraler Begriffe beschäftigen, oder daß sie sich die Hauptaussagen des dargestellten Materials erarbeiten, dann helfen ihnen dabei Fragen folgender Art (Verständnis-Fragen):
„Was bedeutet ...?" oder
„Wie kann ich das Gehörte oder Gelesene mit meinen eigenen Worten beschreiben?"

Sollte es dagegen darauf ankommen, dargebotenes Lernmaterial mit spezifischen Inhalten in Beziehung zu setzen, die der Schüler bereits kennt, dann unterstützen ihn „Verknüpfungs"-Fragen mit folgendem Format:
„Welche Gemeinsamkeiten bestehen zwischen ... und ...?"
„Worin unterscheiden sie sich?" – „Welches sind die Stärken und Schwächen von ...?"
„Was könnte passieren, wenn ...?"

Nachdem King ihren Studierenden beispielsweise die Theorie der *Multiplen Intelligenzen* von Gardner dargestellt hatte, die im nächsten Kapitel vorgestellt werden soll (s. S. 256f.), projizierte sie über den Overhead-Projektor Fragenformate an die Wand, von denen einige mit den oben gegebenen Beispielen übereinstimmten. Sie gab den Lernenden drei Minuten Zeit, um aus Fragegerüsten konkrete Fragen zu erstellen. In einer Arbeitsgruppe wurden u. a. folgende Fragen formuliert:
– Warum ist die Theorie der Multiplen Intelligenzen von Bedeutung?
– Erkläre, warum sie notwendig – oder nützlich ist. Warum ist sie besser als die alte eindimensionale Theorie?
– Welche Schlußfolgerungen sollte der Lehrer eines zweiten Schuljahres mit Schülern unterschiedlicher ethnischer Herkunft aus dem Konzept Multipler Intelligenzen ziehen?
– Welche Anwendungsmöglichkeiten ergeben sich aus der Theorie der Multiplen Intelligenzen für das Alltagsleben?

Nach Erarbeitung derartiger Fragen wenden sich die Studierenden an ihre Kommilitonen, um sich abwechselnd die zuvor notierten Fragen zur Beantwortung vorzulegen. Dies ist der kooperative Aspekt des „gelenkten kooperativen Fragens".

Wenn Schüler sich wechselseitig Fragen der beiden genannten Arten (Verständnis- und Verknüpfungsfragen) stellen und sich jeweils herausfordern, darauf zu antworten, dann nehmen sie eine vergleichsweise intensive Aufarbeitung der neuen Informationen vor. Solche Fragen fördern nicht nur das dauerhafte Behalten. Zusätzlich werden gute Voraussetzungen geschaffen, das neu erarbeitete Wissen in geeigneten Situationen anwenden zu können (King, 1991, 1992).

4.4.3.5 Skizzierung eines Beziehungsgeflechtes

Bonnie Armbruster und Thomas Anderson (1981) zeigten Studierenden, wie sich Textinformationen auch auf grafischem Wege zusammenfassen lassen. Die Darstellung der Informationen und ihrer Beziehungen ähnelt einer Landkarte (engl. *map*). Die mehr oder weniger komplexen Begriffe werden dabei als Orte dargestellt, und der Lernende erarbeitet sich die Beziehungen zwischen diesen. Es entsteht eine Art Beziehungsgeflecht, das nicht zufälligerweise den Versuchen einiger Gedächtnispsychologen ähnelt, deklarative Wissenseinheiten zu einem Netzwerk zu organisieren (s. S. 215ff.). Im amerikanischen Schrifttum bezeichnet man diese Arbeitsstrategie als „Mapping". Ein Beziehungsgeflecht kann recht kompliziert werden, wenn man Kausalbezie-

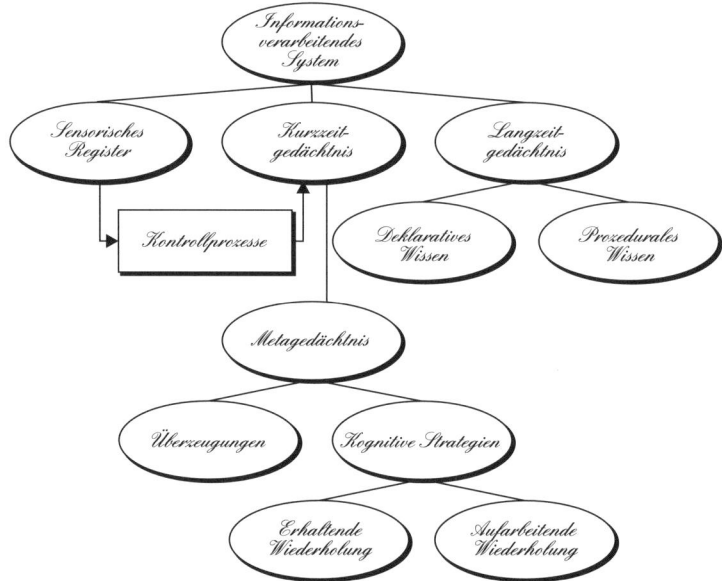

Abbildung 4.10:
Beziehungen zwischen verschiedenen Prozessen des Informationsverarbeitungssystems aus der Sicht eines Lernenden, skizziert nach Durcharbeitung eines Kapitels über Gedächtnispsychologie

hungen (A ⇒ B), Wechselbeziehungen (A ⇄ B) und Klasseninklusionen[1] (A ⊃- B) berücksichtigt. Aber auch „einfachere" Beziehungsgeflechte besitzen eine verständnis- und behaltensfördernde Wirkung, weil sie eine tiefere Verarbeitung der vorliegenden Textinformationen voraussetzen. Abbildung 4.10 stellt das Beziehungsgeflecht dar, das sich ein Studierender bei Durcharbeitung eines Kapitels über das menschliche Gedächtnis angefertigt hat.

Bevor der Lernende mit seiner Skizze begann, suchte er nach dem Schlüsselbegriff. Er identifizierte sodann „informationsverarbeitendes System" als einen zentralen Begriff. Nachdem er die verschiedenen Prozesse dieses Systems benannt hatte, zeichnete er Verbindungslinien zwischen solchen Begriffen, die nach seinem Verständnis eine Beziehung untereinander aufweisen. Lernende können zusätzlich der Empfehlung folgen, ihre zunächst unabhängig voneinander erstellten Skizzen miteinander zu vergleichen, um eventuelle Unterschiede zu entdecken, über die sich diskutieren läßt (Davidson, 1982). Der Vergleich und die Analyse unterschiedlicher Skizzen zu demselben Textmaterial regt zur weiteren Verarbeitung des zugrundeliegenden Textes an.

Eine tiefe Verarbeitung neuer Informationen ist eine gute Voraussetzung für langfristiges Behalten. Dennoch wissen zumindest ältere Schüler, daß es sich beim Vergessen um einen Prozeß handelt, der sich niemals ganz verhindern läßt. Wer aber weiß, wie Vergessen zustandekommt, verfügt über weitere Möglichkeiten, diesem zumindest entgegenzutreten.

4.5 Wissen über eigene kognitive Prozesse: Metakognitionen

Die kognitiven Prozesse, die es dem Menschen letztlich ermöglichen, sich erfolgreich den Bedingungen seiner Umwelt anzupassen, bedürfen der Kontrolle und Steuerung, damit sie optimal ablaufen. Man kann auch besser denken, wenn man weiß, wie das Denken funktioniert. Das aber setzt Kenntnisse über das Denken voraus, die ein Kind erst im Verlauf seiner Entwicklung erwirbt. Man spricht von Metakognitionen, um damit das Wissen und die Möglichkeiten zu bezeichnen, Kontrolle über die eigenen kognitiven Prozesse ausüben zu können. Man unterscheidet üblicherweise zwei Bestandteile der Metakognitionen: Zum einen das Wissen, daß es sie gibt, und zum anderen die Fähigkeit, auf diese Prozesse einzuwirken, sie kontrollieren zu können. Diese Unterscheidung gilt auch für die Aufmerksamkeit, auf deren Bedeutung für das Lernen und Behalten bereits wiederholt hingewiesen worden ist. Sie rückt an dieser Stelle noch einmal in den Blickpunkt, weil es auch ein Wissen von der Bedeutung der Aufmerksamkeit gibt („Meta-Aufmerksamkeit"), das bei

---
[1] Klasseninklusionen bezeichnen die Beziehungen, die zwischen Ober- und Unterbegriffen bestehen. So sind z.B. *Tulpen* und *Nelken* jeweils Unterbegriffe des Oberbegriffes *Blumen* und die *Blume* ist ihrerseits ein Unterbegriff von *Pflanzen*.

Vorschulkindern und auch bei jüngeren Grundschülern in der Regel noch kaum vorhanden ist. Entsprechendes gilt auch für das Erkennen und Anerkennen, daß das eigene Gedächtnis nicht vollkommen ist, daß es aber Möglichkeiten gibt, dem Vergessen entgegenzuwirken.

4.5.1 Wissen über eigene Aufmerksamkeitsprozesse und ihre Kontrolle

Ob Informationen zur weiteren Verarbeitung in das Kurzzeitgedächtnis gelangen, entscheidet der Lernende dadurch, daß er ihnen Aufmerksamkeit zuwendet oder nicht (s. S. 185f.). Das Wissen über die Bedeutung der Aufmerksamkeit für das Lernen müssen Kinder erst entwickeln (Berk, 1991). Ältere Kinder unterscheiden sich von jüngeren ganz erheblich auch bezüglich ihrer Möglichkeit, die Aufmerksamkeit unter eigene Kontrolle zu bringen. John Flavell (1985) hat mehrere Aspekte der Aufmerksamkeit beschrieben, die sich mit zunehmendem Alter des Kindes verändern. Die folgenden drei sind für das schulische Lernen besonders bedeutsam.

Erstens verbessert sich mit zunehmendem Alter des Kindes die Fähigkeit, seine *Aufmerksamkeit zu kontrollieren und die zeitliche Dauer der Aufmerksamkeitszuwendung zu verlängern;* man spricht in diesem Zusammenhang von der Aufmerksamkeitsspanne oder einfach von der „Konzentrationsfähigkeit". Das Kind kann sich mit zunehmendem Alter vor allem deshalb länger einer bestimmten Aufgabe widmen, weil es seine Voraussetzungen verbessert, ablenkende Reize zu ignorieren.

Zweitens können Kinder mit zunehmendem Alter die A*nforderungen, die eine Aufgabe an ihre Aufmerksamkeit stellt, besser abschätzen.* Ältere Kinder wissen, daß man sich bei einer Lernaufgabe vor allem mit Teilen beschäftigt, die man noch nicht beherrscht. Ein Schüler, der etwa Vokabeln zu lernen hat, verwendet eine angemessene Strategie, wenn er sich im Verlauf des Auswendiglernens zunehmend auf die schwierigen Wörter, also auf jene konzentriert, die er immer noch vergißt.

Drittens können ältere Kinder *besser abschätzen, was mehr oder weniger wichtig ist, indem sie auf entsprechende Hinweisreize achten.* So entnehmen sie beispielsweise bestimmten Gesten des Lehrers oder Veränderungen seiner Stimme, daß seine Ausführungen nunmehr besonders wichtig sind.

4.5.2 Wissen über eigene Gedächtnisprozesse und ihre Kontrolle

Das Wissen von Menschen über ihr eigenes Gedächtnis und seine Funktionsweise bezeichnet man als „Metagedächtnis". Wenn Schüler berücksichtigen, daß sie zum Auswendiglernen eines längeren Gedichts mehr Zeit benötigen als zum Behalten einer Telefonnummer, daß man dem Vergessen entgegenwirkt, wenn man bereits Gelerntes in regelmäßigen Abständen wiederholt, nutzt man sein Wissen vom eigenen Gedächtnis. In einem solchen Fall setzt man – wie man auch vielfach sagt – Lernstrategien ein. Zu den Lernstrategien rechnet man alle Maßnahmen, die zum Erreichen von Lernzielen ergriffen werden. Da ältere Schüler mehr Erfahrungen mit Lernaufgaben gesammelt haben als jüngere, gelten sie im allgemeinen als bessere Kenner ihres eigenen Gedächtnisapparates; entsprechend ist zu erwarten, daß sie effektivere Lernstrategien einsetzen. Welche Veränderungen bezüglich dieses Wissens finden aber im Verlauf der ersten Schuljahre statt? Was wissen junge Schüler über Gedächtnisstrategien?

Je jünger Kinder sind, desto optimistischer schätzen sie die Leistungsfähigkeit ihres Gedächtnisses ein. Die Frage, ob sie manchmal etwas vergessen, wird von einem Drittel der Fünfjährigen verneint (Kreutzer et al., 1975). Wenn sie vorhersagen sollen, wie viele von zehn abgebildeten vertrauten Gegenständen (Schere, Haus usw.) sie für kurze Zeit behalten können, dann überschätzen Vorschulkinder ebenso wie Grundschüler ihre tatsächlichen Behaltensleistungen. Erst mit zunehmendem Alter werden die Schätzungen der Kinder realistischer (Flavell et al., 1970). Wer die Leistungsfähigkeit seines Gedächtnisses zu hoch ansetzt, wird sich kaum Gedanken machen, wie dem Vergessen entgegenzuwirken ist. Das kindliche Verständnis vom eigenen Gedächtnis und von seinem Funktionieren verändert sich nur sehr langsam (Pillow, 1988; Scholnick & Wing, 1988). Erst in der Schule merken Mädchen und Jungen, daß ihr Gedächtnis keineswegs perfekt funktioniert. Sie erkennen nunmehr die Notwendigkeit, ihre Behaltensleistung durch den Einsatz von Strategien zu verbessern.

4.5.2.1 Zunehmende Kenntnis und Nutzung von Strategien als Ergebnis schulischer Erfahrungen

Wenn man Lernenden eine Reihe von Begriffen nacheinander darbietet und sie auffordert, diese zu lernen, findet man bei der späteren Prüfung erhebliche Unterschiede in den Behaltensleistungen. So sollen beispielsweise folgende Begriffe in das Langzeitgedächtnis übernommen werden:

Hammer, Apfelsine, Hund, Birne, Ziege, Schraubenzieher, Katze, Pflaume, Zange, Pfirsich, Meißel, Esel

Grundsätzlich stehen einem Lernenden verschiedene Strategien zur Verfügung, diese Gedächtnisaufgabe zu lösen. Sie können beispielsweise die Wörter immer wieder lesen und anschließend versuchen, sie aus der Erinnerung wiederzugeben (erhaltende Wiederholung). Vielleicht entscheiden sie sich aber auch für effektivere Methoden der Aufarbeitung; sie können das Lernmaterial nach den Oberbegriffen *Werkzeuge, Säugetiere* und *Früchte* ordnen. Einige der Lernenden entscheiden sich möglicherweise dafür, eine Geschichte zu erfinden, in denen die zwölf Begriffe vorkommen. Damit ist nur eine kleine Auswahl von Beispielen für mögliche Gedächtnisstrategien gegeben. Zwischen dem Lebensalter und der Kenntnis sowie der Nutzung solcher Strategien zeigen sich gewisse Zusammenhänge. Das Ordnen solcher Wortlisten nach Kategorien findet man gehäuft nur bei älteren Kindern und Erwachsenen. Jüngeren Kindern kann man zwar solche Ordnungsmöglichkeiten vorführen; sie sind auch in der Lage, sie nachzuahmen, womit sich eindeutig ihre Erinnerungsleistungen verbessern. Sie machen davon aber bei einer weiteren Aufgabe spontan keinen Gebrauch. Das Erfinden von Geschichten, mit denen die Begriffe in einen sinnvollen Zusammenhang gebracht werden, stellt eine Strategie dar, die bei Grundschülern selten vorkommt; sie wird erst während der Sekundarstufe I entwickelt (Siegler, 1991).

Wie läßt sich das häufigere Nutzen von Lernstrategien mit zunehmendem Alter während der Schulzeit erklären? Spielen hierbei Reifungsprozesse des Gehirns eine Rolle? Oder sind die Veränderungen auf den Einfluß der Schule zurückzuführen? Solche Fragen lassen sich in Deutschland und anderen westlich orientierten Ländern nicht überprüfen, weil dort ein recht enger Zusammenhang zwischen der Dauer des Schulbesuchs und dem Lebensalter vorliegt: Je älter die Schüler in diesen Nationen sind, desto längere Zeit haben sie bereits die Schule besucht. Wegen dieser engen Verknüpfung läßt sich nicht ermitteln, welche der beiden Bedingungen tatsächlich wirksam ist. Deshalb hat man die Frage in solchen Ländern zu klären versucht, in denen der Zusammenhang zwischen Lebensalter und Dauer des Schulbesuchs weitaus geringer ist. Unter solchen Bedingungen zeigte sich der Einfluß der Schule auf die Entwicklung von Lernstrategien zur Verbesserung des Behaltens ziemlich eindeutig (Sharp et al., 1979; Stevenson et al., 1978). Die Befunde werfen aber sogleich eine weitere Frage auf: Werden Schülerinnen und Schüler von ihren Lehrern jemals über Lernstrategien informiert? Werden sie darüber hinaus womöglich sogar in der optimalen Nutzung solcher Strategien unterrichtet, oder ist die Entwicklung solcher Lernhilfen jedem einzelnen selbst überlassen?

4.5.2.2 Vermittlung von Gedächtnisstrategien durch den Lehrer

Da die Schule über einen längeren Zeitraum hinweg umfangreiches Wissen vermittelt, könnte man vermuten, daß Lehrer ihren Schülern Wege aufzeigen, wie man effektiv lernt und Dinge möglichst gut lernt. Von solchen Hilfen würden vor allem Grundschüler profitieren, weil sie spontan keine Lernstrategien einsetzen. Vor diesem Hintergrund mag es überraschen, daß Lehrer in weniger als drei Prozent der zur Verfügung stehenden Unterrichtszeit gezielt dazu anregen, von solchen Hilfen Gebrauch zu machen; wenn sie dazu ausdrücklich herausfordern, liefern sie nur in den seltensten Fällen eine Erklärung für ihre Empfehlung (Moely et al., 1986). Hier wirken möglicherweise noch Konzeptionen nach, die vor allem in den sechziger und siebziger Jahren die Lehrerausbildung bestimmten. Nach der damals vorherrschenden Überzeugung funktionierte das Gedächtnis aufgrund einfacher Prozesse; man hat Lehrer deshalb nicht ermuntert, das Behalten und seine Förderung ausdrücklich zum Gegenstand ihres Unterrichts werden zu lassen (Dunkin & Biddle, 1974). Allerdings weiß man bereits seit längerer Zeit, daß es möglich ist, Kinder erfolgreich in der Nutzung solcher Gedächtnisstrategien zu unterweisen, die sie spontan nicht anwenden würden (Pressley et al., 1982c). Diese Feststellung gilt allerdings nicht für alle Strategien. So hat man Vorschulkindern beispielsweise jeweils zwei Bilder dargeboten (etwa einen *Truthahn* und einen *Stein*) und sie aufgefordert, sich diese Bildpaare gut zu merken (Levin et al., 1975). Einige Versuchspersonen veranlaßte man, sich eine bildliche Vorstellung von jedem Bildpaar zu schaffen (etwa sich einen Truthahn vorzustellen, der auf einem Stein sitzt), weil auf diese Weise das Behalten gefördert wird. Es zeigt sich jedoch, daß Kinder in diesem Alter offenbar noch nicht in der Lage sind, die geforderte Übersetzung in bildliche Vorstellungen vorzunehmen. Von einer solchen Lernstrategie profitieren Schüler erst im Alter von etwa acht Jahren (Gambrell & Bales, 1986).

4.5.2.3 Nutzung von Gedächtnisstrategien durch den Lernenden

Welchen Gebrauch machen Schüler bei zukünftigen Gelegenheiten von Strategien, die der Lehrer ihnen vorgestellt hat und die sie auch bereits erfolgreich anwenden konnten? Die Beobachtung zeigt, daß die Kenntnis von Strategien keineswegs garantiert, daß von ihnen fortan in geeigneten Situationen auch Gebrauch gemacht wird. Es gibt wenigstens zwei Gründe dafür, daß Schüler Lernhilfen nicht nutzen, obwohl sie ihnen bekannt sind. Es besteht zum einen die Möglichkeit, daß Lernende in einer Aufgabensituation einfach nicht daran denken, sich die Erarbeitung durch Anwendung einer Strategie zu erleichtern. In solchen Fällen reicht es aus, wenn der Lehrer sie durch einen kleinen Hinweis an die Möglichkeit ihrer Nutzung erinnert (Ross, 1984). Zum anderen kann es sein, daß Schüler von der Nützlichkeit einer ihnen an sich bekannten Lernstrategie nicht überzeugt sind (Rabinowitz et al., 1992). Es reicht nämlich nicht aus, Lernhilfen einfach nur vorzustellen und Gelegenheit zu ihrer Anwendung zu geben. Zusätzlich müssen besondere Vorkehrungen getroffen werden, durch die der Lernende auf die Vorteile einer Methode ausdrücklich aufmerksam gemacht wird.

Michael Pressley und seine Mitarbeiter (1984) forderten Schüler der fünften und sechsten Klassenstufen ebenso wie erwachsene Versuchspersonen auf, Vokabeln einer Fremdsprache zu lernen. Die Teilnehmer dieser Untersuchung wurden zunächst mit einer Lerntechnik eingehend vertraut gemacht, die an anderer Stelle (s. S. 239f.) noch ausführlicher vorgestellt wird, der sogenannten *Schlüsselwort-Methode*. Die Hälfte der Vokabeln sollten sie sich mit Hilfe dieser Methode merken, während sie bei der anderen Hälfte die Wörter und ihre Bedeutung viele Male wiederholen sollten. Die Ergebnisse der Behaltensprüfung standen im Einklang mit den Erwartungen: Bei Anwendung der Schlüsselwort-Methode konnten mehr Vokabeln zutreffend wiedergegeben werden als nach mehrfachem Wiederholen des Lernmaterials. Unmittelbar nach Abschluß der Lernphase und vor Beginn der Behaltensprüfung sollten die Versuchspersonen abschätzen, wie viele Vokabeln sie mit jeder der beiden Lernmethoden richtig wiedergeben würden. Die Antworten waren aufschlußreich, denn es ergab sich, daß die Befragten nicht mit unterschiedlichen Behaltensleistungen rechneten. Offenbar war den Versuchspersonen während der Lernphase nicht aufgefallen, daß die Aufgabe mit der einen Methode sehr viel effektiver als mit der anderen zu erfüllen gewesen war. Nachdem die Ergebnisse der Behaltensprüfung vorlagen, erkannten die erwachsenen Versuchsteilnehmer eindeutig den Vorteil der Schlüsselwort-Methode. Auch die Schüler entdeckten nunmehr, welche Methode erfolgreicher war, aber ihnen war immer noch nicht gegenwärtig, wie groß der Unterschied war. Alle Versuchspersonen entschieden sich bei einer weiteren Lernaufgabe für diejenige Methode, die sich schon einmal als vorteilhaft erwiesen hatte.

Es reicht jedoch nicht aus, Schüler mit einer Lernhilfe vertraut zu machen und sich sodann darauf zu beschränken, ihnen die Anwendung zu empfehlen. Auch wenn objektiv durch eine Lernstrategie eine Förderung ihrer Behaltensleistungen erfolgt, werden Schüler sie spontan erst anwenden, wenn ihnen durch den Vergleich mit einer herkömmlichen Methode der Vorteil deutlich vor Augen geführt wird und sie überzeugt sind, daß es wirklich die empfohlene Lernstrategie war, die ihr gutes Abschneiden in der Behaltensprüfung bedingt hatte (Pressley et al., 1988).

Bisher wurde untersucht, ob und unter welchen Bedingungen Schüler bereit und in der Lage sind, Strategien zur Erarbeitung von Lernmaterial anzuwenden. Nunmehr stellt sich die Frage, was der Lernende konkret tun kann, damit ihm eine möglichst erfolgreiche, und das heißt auch eine stabile Speicherung gelingt. Es sollen jetzt einige Lernstrategien vorgestellt werden.

4.6 Mnemotechniken zur Erarbeitung sinnlos erscheinenden Lernmaterials

Es ist bereits wiederholt betont worden, daß man am besten in Bereichen lernt, von denen man schon etwas weiß. Die besten Voraussetzungen zum Erlernen neuer Informationen sind gegeben, wenn sie einem Themenbereich entstammen, mit dem sich der Lernende bereits eingehend beschäftigt hat und hinreichend fundiertes Wissen besitzt, an das er anknüpfen kann. Diese Voraussetzung ist jedoch im schulischen Bereich keineswegs immer erfüllt. Es gibt eine Reihe von Aufgaben, die zunächst nur durch mechanisches Auswendiglernen zu bewältigen sind. Wenn Schüler sich beispielsweise merken müssen, in welchen Städten sich die sechzehn deutschen Landesregierungen befinden, wenn sie die Mitgliedstaaten der Europäischen Union kennen müssen, wenn sie das 1×1 bis zur Beherrschung üben sollen usw., dann wird wegen feh-

4.6 Mnemotechniken zur Erarbeitung sinnlos erscheinenden Lernmaterials

lender Anknüpfungspunkte das Lernen erschwert. Es erscheint auch nicht von vornherein sinnvoll, daß in der Chemie H ein Zeichen für Wasserstoff und O für Sauerstoff darstellt. Ebensowenig ist zu erwarten, daß ein Fremdsprachenschüler stets weiß, wie er neue Vokabeln mit dem bereits Bekannten in Beziehung setzen soll. Welche Strategien könnten dem Lernenden bei solchen Aufgaben helfen? Mit der Beschreibung einiger Mnemotechniken soll auf diese Frage eine Antwort gegeben werden.

Bei Mnemotechniken handelt es sich um Methoden zur Förderung des Behaltens. Sie bewähren sich vor allem, wenn Material gelernt werden muß, das zunächst nicht sinnvoll erscheint oder das zu einem späteren Zeitpunkt in einer bestimmten Reihenfolge wiederzugeben ist, die von Lernenden als willkürlich wahrgenommen wird. Vor allem jene Mnemotechniken, durch die Lernmaterial in bildhafte Vorstellungen umgewandelt wird, besitzen eine sehr lange Tradition. Sie waren bereits vor mehr als 2000 Jahren bekannt (Yates, 1966). Von Seiten der Psychologie sind Mnemotechniken lange Zeit ignoriert worden. Sie wurden im Umfeld von Gedächtniskünstlern angesiedelt, die im Varieté oder im Zirkus auftreten. Sie schienen einer wissenschaftlichen Analyse nicht wert. Es kam hinzu, daß Mnemotechniken zwar zu funktionieren schienen, aber es stand keine Theorie zur Verfügung, um die sensationellen Behaltensleistungen zu erklären. Das änderte sich erst, nachdem die Mnemotechniken in einem damals viel beachteten Buch erwähnt wurden (Miller et al., 1960), das die Gedächtniseffekte aus informationstheoretischer Sicht beleuchtete und Möglichkeiten aufzeigte, sie wissenschaftlich zu fassen und zu untersuchen. Diese Anregung griff Richard Atkinson (1975) auf. Er konnte schließlich zusammenfassend über die Ergebnisse zahlreicher Untersuchungen berichten, die eine Anwendbarkeit von Mnemotechniken im Bereich von Schule und Universitäten belegten. Im Mittelpunkt dieser Studien stand vor allem die *Schlüsselwort-Methode,* über die hier exemplarisch ausführlicher informiert werden soll.

Atkinson hat vorgeschlagen, die Schlüsselwort-Methode Schülern zu empfehlen, die Vokabeln einer Fremdsprache lernen sollen. Dabei sind folgende drei Schritte zu berücksichtigen:
1. Für eine Vokabel wird ein deutsches Schlüsselwort gesucht, das jenem akustisch oder in der Schreibweise ähnelt. Auf diese Weise läßt sich etwa für *table* das Wort „Tee", für *window,* „Wind", oder für *tower,* „Tau" oder für *book* „Bug" (eines Schiffes) erfinden.
2. Zwischen der fremdsprachlichen Vokabel und dem Schlüsselwort wird eine feste Assoziation gebildet, indem beide Bestandteil eines erfundenen, aber sinnvollen Satzes werden. Z.B. „Der Tee steht auf dem Tisch", „Durch das Fenster pfeift der Wind, „Am Turm hängt ein Tau" oder „Das Buch liegt im Bug".
3. Der Lernende entwirft sich eine bildhafte Vorstellung von dem Schlüsselwort und der zu lernenden Vokabel. Abbildung 4.11 gibt als Beispiel eine bildlich dargestellte Verbindung zwischen dem spanischen Wort *pato* (ausgesprochen: „pot-o") für Ente und dem Schlüsselwort „Pot" wieder.

Abbildung 4.11:
Eine Visualisierungsmöglichkeit der gedanklichen Verbindung von Ente und pot
als Schlüsselwort für Pato

Die Wirksamkeit der Schlüsselwort-Methode belegen Untersuchungen von Pressley et al. (1982a, 1982b), in denen jene Versuchspersonen, die ausdrücklich zur Anwendung dieser Mnemotechnik angeregt worden sind, die besseren Behaltensleistungen zeigten. Man kann Vokabeln auch mit Hilfe der Kontextmethode lernen, durch die neue Vokabeln (z. B. „Loggia") in einen sinnvollen Kontext eingebettet werden (etwa: *Während des Spiels lehnten wir uns über die Loggia*). Das Lernen unter Anwendung der Kontextmethode ist allerdings der Schlüsselwort-Methode nicht überlegen; die günstigsten Behaltenswerte erhält man bei Kombination der Schlüsselwort- mit der Kontextmethode (McDaniel & Pressley, 1984).

Die Schlüsselwort-Methode ist zum Erlernen sehr unterschiedlicher Materialien eingesetzt worden: So galt es beispielsweise zu lernen, für welche Produkte einige ausgewählte Städte besonders bekannt sind (Pressley & Dennis-Rounds, 1980), welches die Regierungsstädte einzelner Nationen sind (Levin et al., 1980) und welche herausragenden Leistungen sich berühmten Persönlichkeiten zuschreiben lassen (Jones & Hall, 1982).

Der Aufforderung, Sachverhalte in bildhafte Vorstellungen umzuwandeln, können Schüler offenbar um so besser nachkommen, je älter sie sind. Fünf- oder sechsjährige Kinder sind zwar bereits in der Lage, sich bildliche Vorstellungen zu entwerfen; allerdings muß man Schülern bis etwa zum achten Lebensjahr das „Bild" noch sehr genau beschreiben und ihnen ausreichend Zeit geben (Pressley, 1991); denn die Übersetzung in Vorstellungsbilder erfordert Zeit! Erst mit dem Alter wächst die Fähigkeit, sich bildhafte Vorstellungen selbständig zu schaffen (Wittrock, 1981).

Pressley und Levin (1980) forderten sechsjährige Kinder auf, beim Erlernen von Wortpaaren Gebrauch von bildhaften Vorstellungen zu machen. Diese Anregung schien bei ihnen allerdings wenig Wirkung zu haben. Als man sie zum

Zeitpunkt der Wiedergabe aber an die Vorstellungsbilder ausdrücklich erinnerte, stiegen ihre Gedächtnisleistungen an. Offenbar sind Erstkläßler mit dieser Übersetzung in bildhafte Vorstellungen noch so wenig vertraut, daß sie ihre Anwendung nicht einplanen oder sie einfach vergessen. Möglicherweise benutzen sie diese Techniken auch deshalb nicht, weil sie „genau wissen", daß sie diese bei ihrem vermeintlich guten Gedächtnis gar nicht benötigen (s. S. 235). Jüngere Schüler profitieren offenbar mehr von Hilfen, die das Lernen akustisch unterstützen, etwa durch Reime („Nach L, N, R, das merke ja, folgt nie tz und nie ck.").

Man mag Mnemotechniken und andere Strategien zur Förderung des Behaltens in hoch wirksamer Weise einsetzen. Sie bewähren sich vor allem bei Lernmaterial, in dem der Lernende zunächst keine Ordnung erkennt. Man wird aber damit niemals erreichen können, daß Gelerntes dadurch fortan stets zum Abruf aus dem Langzeitgedächtnis zur Verfügung steht. Man mag zwar erfolgreich sein, dem Vergessen durch tiefe Aufarbeitung entgegenzuwirken, aber es wird dem Menschen in der Regel nicht gelingen, das Vergessen sicher auszuschließen.

4.7 Theorien des Vergessens

Über einen Zeitraum von sechs Jahren hat die amerikanische Psychologin Marigold Linton (1979) für jeden Tag wichtige persönliche Ereignisse zusammen mit einigen Zusatzinformationen (Bedeutsamkeit, Begleitgefühle, Überraschungswert) protokolliert. So notierte sie Einzelheiten einer Bewerbung, eines delikaten Hummeressens in einem Restaurant, Streitigkeiten mit einem Mitmenschen usw. Jeden Monat überprüfte sie, inwieweit ihre Erinnerung mit etwa 150 Aufzeichnungen übereinstimmte. Nach einem Jahr war im Durchschnitt 1 Prozent der notierten Einzelheiten vergessen. Als zwei Jahre vergangen waren, kamen noch einmal 5,1 Prozent hinzu, nach vier Jahren 4,2 Prozent und am Ende von fünf Jahren weitere 5,5 Prozent. Nach sechs Jahren hatte Linton Gedächtnislücken bei 31,4 Prozent der Ereignisse, die sechs Jahre zuvor von ihr registriert worden waren.

Da sich Linton mit ihren Lebensereignissen besonders intensiv beschäftigt hat (sie schrieb sie nieder in dem Bewußtsein, daran später das eigene Gedächtnis zu überprüfen, sie führte Behaltenstests durch usw.), ist davon auszugehen, daß Erinnerungsleistungen unter normalen Alltagsbedingungen noch weit ungünstiger ausfallen. Besonders leicht vergißt man etwas, „was man zu einem festgelegten Zeitpunkt tun wollte", beispielsweise etwas Bestimmtes mit in die Schule bringen, den Wecker eine Stunde früher stellen usw. (Terry, 1988). Offenbar wird ein beachtlicher Teil von Gedächtnisinhalten im Verlauf der Zeit wieder vergessen. Was aber bedingt dieses Vergessen? Auf diese Frage geben die sogenannten Vergessenstheorien eine Antwort, die aus jeweils unterschiedlichen theoretischen Ansätzen hervorgegangen sind. Bevor man allerdings nach möglichen Ursachen für das Vergessen fahndet, muß stets sichergestellt werden, ob eine Information wirklich in das Kurzzeitgedächtnis zur weiteren Verarbeitung gelangt ist. Mitteilungen des Lehrers gehen bereits im Sensorischen Gedächtnis verloren, wenn der Schüler seine Aufmerksamkeit nicht schnell genug darauf richtet. Erst die Verarbeitung im Kurzzeitgedächtnis, die Verknüpfung mit dem, was bereits bekannt ist, läßt eine Übertragung in das Langzeitgedächtnis erwarten. Sofern eine Information, die dort schon einmal nachgewiesen werden konnte, zu einem späteren Zeitpunkt nicht mehr abrufbar ist, darf mit Berechtigung von Vergessen gesprochen werden.

4.7.1 Die Theorie des Spurenverfalls

Wenn man an seine Mitmenschen die Frage richtet, weshalb früher Gelerntes wieder vergessen wird, antworten nicht wenige, daß dafür die *Zeit* verantwortlich sei. Das Vergessen kann mit den Spuren verglichen werden, die ein Fußgänger im weichen Sand hinterlassen hat. Auch sie werden im Verlauf der Zeit verschwinden und schließlich nicht mehr erkennbar sein. Im vorwissenschaftlichen Denken scheint die Vorstellung tief verwurzelt zu sein, daß Zeit „etwas bewirken kann"; so sagt man auch, „die Zeit heilt alle Wunden". Einer solchen Auffassung muß von wissenschaftlicher Seite jedoch entgegengehalten werden, daß die Zeit als solche nichts verursachen kann. So rostet z. B. ein Stück Eisen, weil bestimmte chemische Prozesse in der Zeit ablaufen und entsprechend Veränderungen herbeiführen. Die Spuren im Sand verwehen – Ursache ist also der Wind und nicht die Zeit. Ebenso ist im Falle des Gedächtnisses davon auszugehen, daß im Verlauf der Zeit Kräfte oder Einflüsse wirksam werden können, die eine Wiedergabe von früher Gelerntem zunehmend erschweren. Während man im Langzeitgedächtnis solche Prozesse kennt und entsprechend auch beschreiben kann, liegen die Verhältnisse, die das Sensorische Register und das Kurzzeitgedächtnis betreffen, etwas anders. Die Zeitspanne, innerhalb derer Gedächtnisinhalte daraus spätestens verschwunden sind, läßt sich zwar ziemlich genau angeben, man kennt jedoch die physikalischen oder chemischen Prozesse nicht, die dieses „Auslöschen der Spuren" bewirken könnten. Bislang hat die Forschung weder biochemische noch strukturelle Veränderungen im Nervensystem identifizieren können (Solso, 1991).

4.7.2 Die Interferenztheorie

Die ältere Gedächtnispsychologie bevorzugte als Lernmaterial sinnlose Silben, sog. CVC-Trigramme (C = Konsonant, V = Vokal), wie z. B. DEW, FAP oder TUW. Es fiel auf, daß die Behaltensleistungen einer Versuchsperson um so mehr abnahmen, je mehr Listen sinnloser Silben sie sich bereits in vorausgegangenen Versuchsdurchgängen eingeprägt hatte (Underwood, 1957). Offenbar wirkte die frühere Lernarbeit beeinträchtigend auf späteres Lernen. Eine solche

4.7 Theorien des Vergessens

Interferenz (Störung) bezeichnet man auch als „proaktive Hemmung"; sie läßt sich wie folgt darstellen:

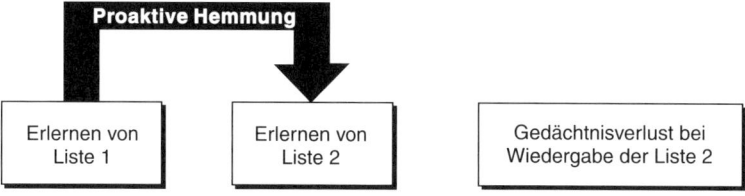

Abbildung 4.12:
Schematische Darstellung der proaktiven Hemmung. (Die erste Liste beeinträchtigt das Einprägen und Wiedergeben der Liste zwei)

Die Beeinträchtigung kann allerdings auch in die entgegengesetzte Richtung verlaufen:

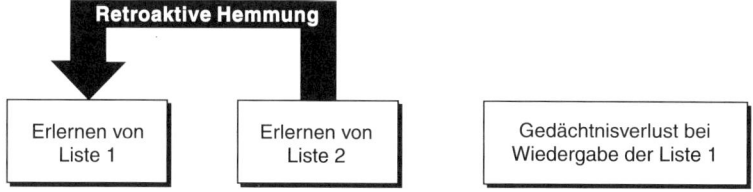

Abbildung 4.13:
Schematische Darstellung der retroaktiven Hemmung. (Die zweite Liste beeinträchtigt das Wiedergeben von Liste eins)

Eine solche rückwärts gerichtete Interferenz wird als „retroaktive Hemmung" bezeichnet.

Eine Beeinträchtigung des Behaltens als Folge von Interferenz tritt vor allem auf, wenn sich neuere und frühere Lerninhalte hochgradig ähneln. Dies ist z. B. bei wiederholtem Lernen sinnloser Silben der Fall; das Phänomen der Interferenz läßt sich aber auch bei sinnvollem Material nachweisen.

Im Unterricht ist der Schüler wiederholt der Situation ausgesetzt, daß er auf ähnliche Fragen unterschiedliche Antworten geben soll. So lernt er z. B. im Fremdsprachenunterricht, daß er den Tisch in der englischen Sprache mit *table*, im Spanischen mit *mesa* zu bezeichnen hat. Weitere Beispiele lassen sich dem naturwissenschaftlichen Unterricht entnehmen. So soll der Schüler z. B. lernen, daß Quarz zu den gesteinsbildenden Mineralien gehört, die man Silicate nennt, während Calcit ein gesteinsbildendes Mineral darstellt, das zur Calcium-Gruppe gehört (nach Kalbaugh & Walls, 1973). Im Geschichtsunterricht muß mit Interferenzen gerechnet werden, wenn der Schüler möglicherweise folgende Zusammenhänge zu lernen hat: „Als A König war und ihm B als General diente, war Krieg C auszufechten. Aber als A König und D sein General war, fand Krieg E statt" (Bower, 1974). Interferenzen dürften beeinträchtigend auf das Behalten des Schülers wirken, wenn dieser beantworten soll, welcher König und welcher General in welchen Krieg verwickelt waren.

In einer anderen Studie hatten Versuchspersonen mehrere Texte zu lernen, die folgendermaßen aufgebaut waren (Crouse, 1970):

> *Payton wurde Ende Oktober 1795 in Hamstead geboren. Als er erst acht Jahre alt war, kam sein Vater, der eine Pferdevermietung unterhielt, durch einen Pferdeunfall ums Leben.*

Man kann in Texten dieser Art eine gemeinsame Struktur (Makrostruktur nach Bower, 1974) erkennen. Darin wird zunächst eine Person mit ihrem Geburtsdatum vorgestellt. Als diese ein bestimmtes Alter erreicht hatte, starb ihr Vater durch irgendein Ereignis. Die Mikrostruktur besteht aus jenen Einzelheiten, die von Text zu Text variieren (Geburtstag von Payton, das Alter, in dem er seinen Vater verlor, dessen Beruf, die Todesursache). Elemente der Makrostruktur, die in allen Geschichten gleich war, wurden besser behalten. Die variierenden Details wurden aufgrund der auftretenden Interferenzen weniger gut behalten (Kalbaugh & Walls, 1973; Bower, 1974).

4.7.3 Das Fehlen geeigneter Abrufreize

Wenn es zu Beeinträchtigungen des Behaltens kommt, muß dies nicht unbedingt bedeuten, daß die entsprechenden Gedächtnisinhalte ausgelöscht worden sind. Einige Gedächtnisforscher haben sogar die Überzeugung vertreten, daß aus dem Langzeitgedächtnis nichts verloren geht, was diesem einmal übergeben worden ist. Nach dieser Sichtweise ist Vergessen nichts anderes als ein Mißlingen des Abrufs von Inhalten aus diesem Speicher (Ashcraft, 1989).

Ähnliches könnte sich in einer Bibliothek ereignen. Dort sucht z. B. ein Interessent vergeblich nach einem Buch. Er findet es nicht, obwohl es tatsächlich vorhanden ist. Es steht nämlich in einem Regal zwischen Büchern, zu denen es thematisch nicht paßt. Möglicherweise hat es ein früherer Benutzer irrtümlich an einen falschen Platz gestellt. Der Fehler in der Einordnung dürfte vor allem dann schwer zu entdecken sein, wenn sich das gesuchte Buch bezüglich seines Titels oder seiner Signatur nicht eindeutig genug von den benachbarten Werken abhebt.

Ebenso wie in der Bibliothek können auch Gedächtnisinhalte unter bestimmten Bedingungen schwerer oder gar nicht zugänglich sein, weil der geeignete Abrufreiz fehlt, der zu ihrer Identifikation führen könnte. Besonders eindrucksvoll erlebt man die Unzugänglichkeit eines Gedächtnisinhaltes in einer Situation, in der er einem „auf der Zunge liegt": Man versucht sich an einen Begriff zu erinnern, aber es fallen einem nur ähnliche Wörter ein. Vielleicht kennt man auch den Buchstaben, mit dem der Begriff anfängt, oder die Anzahl seiner Silben, aber der eigentlich gesuchte Begriff bleibt – zumindest vorübergehend

– unzugänglich. Ein solches Erlebnis haben Menschen im Durchschnitt einmal in der Woche, und es tritt mit zunehmendem Alter häufiger auf (Brown, 1991).

Das Erlebnis des Auf-der-Zunge-Habens und viele weitere Beobachtungen lassen sich u.a. mit situativen Bedingungen während des Erlernens erklären. Das Erinnern von früher Gelerntem gelingt grundsätzlich am besten, wenn all jene Reize, die während des Erlernens vorhanden waren, auch beim späteren Abruf aus dem Gedächtnis vorhanden sind. Schon vor mehr als fünfzig Jahren ist man darauf aufmerksam geworden, daß Schüler in Prüfungen schwächere Leistungen erbringen, wenn diese in einem anderen Raum stattfinden als im Klassenzimmer, in dem der Prüfungsstoff erarbeitet worden ist. Offenkundig hätten viele Merkmale des vertrauten Raumes als Abrufreize dienen können, die in der Prüfungssituation nicht vorhanden waren. Prüflinge können sich bekanntlich nicht den Raum aussuchen, in dem ihre Prüfung stattfindet. Dennoch sind sie dem Fehler geeigneter Abrufreize in einer für sie entscheidenden Situation nicht hilflos ausgeliefert, denn sie können ihre Leistungen erforderlichenfalls dadurch verbessern, daß sie sich auf der Vorstellungsebene den situativen Kontext vergegenwärtigen, in dem das abgefragte Lernmaterial erarbeitet worden ist (Smith, 1984).

Erschwert ist jedoch die Identifikation bestimmter Gedächtnisinhalte, wenn – wie in einer Prüfung – gesteigerte Angst oder Besorgtheit auftritt (s. S. 387f.). Möglicherweise berichten Kandidaten in einem derartigen Zustand von einem totalen „Blackout", d.h., sie sehen sich nicht in der Lage, Informationen abzurufen, die sie sich während der Vorbereitungszeit stets ohne Schwierigkeiten vergegenwärtigen konnten. Auch diesem Vergessen ist der Kandidat allerdings nicht hilflos ausgeliefert. Je länger und intensiver er sich in der Vorbereitungszeit mit seinem Prüfungsgebiet beschäftigt hat, je enger die Inhalte miteinander verknüpft worden sind, desto höher ist die Wahrscheinlichkeit, daß sie auch in Belastungssituationen abrufbar sind.

4.8 Gestaltung von Unterrichtsbedingungen zur Förderung des Behaltens

Wenn man die Aufgabe des Unterrichts nur mit einem einzigen Satz zu kennzeichnen hätte, wäre die Feststellung zu treffen, daß es darauf ankommt, neue Informationen mit dem in Beziehung zu setzen, was der Schüler bereits weiß. Dieses In-Beziehung-Setzen findet im Kurzzeitgedächtnis statt. Bevor aber Informationen ins Kurzzeitgedächtnis gelangen, muß Sorge dafür getragen werden, daß der Lernende seine Aufmerksamkeit darauf richtet. Was er nicht beachtet, bleibt unbearbeitet und findet folglich nicht den Weg ins Langzeitgedächtnis.

Nach behavioristischen und informationstheoretischen Vorstellungen läßt sich der Lernende mit einem Behälter vergleichen, der lediglich mit Inhalten zu füllen ist. Die einzige Forderung an den Lehrer besteht darin, die Inhalte gut geordnet darzubieten. Es mag einem alten Traum der Menschheit entsprechen, passiv zu bleiben, während andere einem Wissen „einfüllen". Die konstruktivistisch orientierte Psychologie kann keine Maßnahmen empfehlen, durch die dieser Traum zu erfüllen wäre. Je oberflächlicher die Verarbeitung von neuen Informationen erfolgt, desto schwerer wird es dem Lernenden fallen, sich später in geeigneten Situationen an sie zu erinnern.

Der Schüler entwickelt sein deklaratives Wissen, indem er neue Informationen in sein Vorwissen integriert. Das Ziel des Unterrichts sollte es sein, möglichst viele Verbindungen mit dem bestehenden Netzwerk zu schaffen. Das gelingt nicht dadurch, daß Lernmaterial mechanisch wiederholt wird; vielmehr muß eine aktive Auseinandersetzung damit angeregt werden. Wann aber ist ein Mensch spontan bereit, sich mit Lernmaterial auseinanderzusetzen? Sicherlich reicht dabei der Hinweis auf im Lehrplan vorgeschriebene Lernziele nicht aus. Einen Menschen, der sich für abstrakte Definitionen von Begriffen interessiert, die keinen Bezug zu konkreten Situationen aufweisen, gibt es allenfalls als Wunschbild einer unrealistisch gewordenen Schule. Begriffe, so fordern John Brown, Allan Collins und Paul Duguid (1989) müssen statt dessen wie Werkzeuge eingesetzt werden können, der Schüler müsse die Erfahrung sammeln, daß man mit ihnen etwas anfangen könne. Vertreter der Schule mögen auf diese Forderung entgegnen, ein solches Nützlichkeitsdenken würde ihnen einen zu engen Rahmen für ihre unterrichtliche Arbeit setzen. Ein solcher Einwand würde jedoch lediglich zum Ausdruck bringen, daß das Anliegen von Brown und Mitarbeiter völlig mißverstanden worden ist. Schüler, so könnten diese Autoren antworten, lernen womöglich Begriffe nur, weil sich ihre Verwendung im Rahmen einer schulischen Prüfung als nützlich erweisen könnte. Brown et al. möchten aber den Anwendungsbereich erweitert wissen. Im Unterricht gelerntes Wissen sollte sich nicht nur in, sondern auch außerhalb der Schule als „Werkzeug" bewähren, also nicht nur in Situationen, in denen Schüler sich gerade befinden, sondern auch in solchen, in die sie kommen *könnten*. Texte müssen nicht nur im Unterricht, sondern ebenso im Alltag verstanden werden, so etwa beim Lesen einer Gebrauchsanweisung, eines Kochrezeptes oder eines Fachbuches, durch das die Kenntnisse des eigenen Hobbys erweitert werden sollen. Auch in solchen Situationen sollten sich Strategien zur Verarbeitung dargestellter Informationen bewähren, deren Anwendung man im Unterricht geübt hat. Gut verarbeitetes Wissen schafft gute Voraussetzungen, Probleme zu lösen; davon soll im nächsten Kapitel die Rede sein.

5. Kapitel: Das Problemlösen und seine Voraussetzungen

Das vorausgegangene Kapitel beschäftigte sich vorwiegend mit der Frage, wie Menschen Wissen aufnehmen, verarbeiten, speichern und aus ihrem Langzeitgedächtnis abrufen. Nunmehr soll geklärt werden, wie Menschen dieses Wissen nutzen. Wie werden gespeicherte Inhalte miteinander in Beziehung gesetzt, neu geordnet und verändert, damit vorliegende Probleme gelöst werden können? Welche Rolle spielt dabei das Denken, und was weiß man über diese menschliche Fähigkeit, die so selbstverständlich und alltäglich ist und als Forschungsgegenstand zunächst eine verdeckte, schwer zugängliche Aktivität ist? Wie wirkt sich dieses Denken auf Problemlösungsprozesse aus?

Der Forschungsbereich, der sich mit dem Denken und Problemlösen beschäftigt, fragt aus allgemeinpsychologischer Sicht zunächst nach den Voraussetzungen und zugrundeliegenden Prozessen. Solche Arbeiten werden auch von der Hoffnung getragen, daß sie Aufschlüsse darüber geben, warum einige Menschen besser und schneller Probleme lösen können als andere. Den Pädagogischen Psychologen interessiert hierbei besonders, ob und wie sich die Denkleistungen bei der Problemlösung fördern lassen. Bekanntlich konfrontiert auch der Unterricht den Schüler immer wieder mit Problemen. Wenn aber der Pädagogische Psychologe Förderungsmöglichkeiten in den Blickpunkt stellt, dann will er nicht nur Lernenden dabei helfen, schulische Probleme besser zu lösen. Er fragt auch danach, ob und inwieweit die Schule in der Lage ist, die ihr anvertrauten Schüler auf die Anforderungen des Lebens vorzubereiten („Nicht für die Schule – für das Leben lernen wir."). Das Gelingen oder Mißlingen dieses Anspruchs ist allerdings davon abhängig, ob der Schüler das im Unterricht Gelernte auf die Problemsituationen im „wirklichen Leben" übertragen kann. In der Lernpsychologie spricht man dabei von *Transfer*. Es wurde bereits in Kapitel 1 darauf hingewiesen, daß die formale Bildungstheorie, nach der Übungen in spezifischen Aufgabenbereichen zu einer allgemeinen Stärkung des „Geistes" führen, längst als unhaltbar zurückgewiesen werden mußte (s. S. 12f.). Was ist aber heute an ihre Stelle getreten? Kann man überhaupt damit rechnen, daß das in einer Situation Gelernte auf andere Situationen übertragbar ist? Transfer – so faßt Robert Howard (1995) die aktuelle Forschungslage zusammen – „kommt tatsächlich häufig vor, aber ein solcher ist normalerweise klein und auf solche Aufgaben begrenzt, die jenen, die geübt wurden, sehr ähnlich sind". Welche Bedeutung diese Aussage für die schulische Arbeit hat, wird im vorliegenden Kapitel eingehender untersucht und dargestellt.

5.1 Intelligenz als Fähigkeit zur Lösung von Problemen

Wenn man danach fragt, welche Voraussetzungen ein Mensch haben muß, um Probleme lösen zu können, wird man in den Antworten sicherlich den Hinweis auf die dazu nötige „Intelligenz" erhalten. Schließlich handelt es sich dabei nach einem allgemeinen Verständnis um eine Fähigkeit, die ihren Träger in die Lage versetzt, Denkleistungen zu vollbringen und logische Schlußfolgerungen anzustellen, um Sachverhalte zu analysieren, zu ordnen und zu verändern; kurz: Probleme zu lösen. Diese allgemeine Formulierung mag noch weithin Zustimmung finden. Ein viel uneinheitlicheres Bild ergeben Antworten von unterschiedlichen Seiten auf die Frage, um was es sich bei der Intelligenz eigentlich handelt. Es waren vor allem zwei Interessenlagen, die während der letzten hundert Jahre zu einer Beschäftigung mit der Intelligenz geführt haben. Man suchte zum einen – aus unterschiedlichen Motiven – nach Instrumenten, um Menschen ihrer jeweiligen Tüchtigkeit entsprechend in eine Rangordnung bringen zu können. Das geschah zumeist mit dem Ziel, die am höchsten Plazierten für bestimmte Positionen im Betrieb oder beim Militär auswählen zu können. Die Intelligenz galt dabei als dasjenige Persönlichkeitsmerkmal, das diese Tüchtigkeit unmittelbar bedingte. Es lassen sich zum anderen pädagogische Interessenlagen aufspüren, die zur Beschäftigung mit der Intelligenz führten. Man suchte nach Möglichkeiten, die individuelle Tüchtigkeit zu fördern und sah in der Intelligenz dasjenige Persönlichkeitsmerkmal, auf das man seine Bemühungen konzentrieren konnte. Ansätze dazu finden sich bereits zu Beginn des zwanzigsten Jahrhunderts, so etwa bei Alfred Binet (1909), der einen erstaunlich modernen Standpunkt vertrat: Er stellte nämlich fest, „,... daß das Wesentliche für eine gute Ausbildung der Intelligenz nicht so sehr die Kraft der Fähigkeiten ist, als die Art und Weise, wie man die Sache angreift, und daß auch diese Kunst, d.h. die ‚Kunst der Intelligenz' sich notwendigerweise mit der Übung verfeinert." Binet steht mit dieser Auffassung der heutigen Pädagogischen Psychologie sehr nahe, wonach Intelligenz (Kompetenz) etwas ist, das erworben werden muß, und nicht etwas, womit man ein für alle Male ausgestattet worden ist (Shuell, 1996a). Es zeichnete sich in der Geschichte der Intelligenzforschung sehr schnell ab, daß die beiden Interessenlagen – Selektion und Förderung – zur Entwicklung unterschiedlicher Konzeptionen führten. Sie bestimmen auch in der Gegenwart noch Diskussionen mit, in denen die Tüchtigkeit des einzelnen in irgendeiner Weise thematisiert wird.

5.1.1 Getestete Intelligenz als Grundlage für Selektionsmaßnahmen

Etwa um die Mitte des neunzehnten Jahrhunderts lassen sich erste systematische Untersuchungen registrieren, die als Vorläufer der Intelligenzforschung gesehen werden können. Es entsprach dem damaligen Verständnis, daß man über den „menschlichen Geist" nicht nur Spekulationen anstellen wollte, sondern auch nach Möglichkeiten suchte, diesen zu messen. Hinter den Bemühungen, geeignete Meßinstrumente zu entwickeln, steckten allerdings sehr unterschiedliche Motive. Die ersten Tests im modernen Sinne waren ursprünglich konstruiert worden, um lernschwachen Schülern zu helfen. Als man aber entdeckt hatte, daß sich eben diese Tests auch dazu eigneten, (unerwünschte) Personen auszulesen, machte man sich keine Gedanken mehr darüber, was die Instrumente eigentlich gemessen haben; im wahrsten Sinne des Wortes galt: Der Zweck heiligt die Mittel. Es hatte sich eine „Psychometrie" etabliert, die zwar ein beachtliches Wissen darüber aufbaute, wie Meßinstrumente zu konstruieren sind und welche Güteanforderungen sie zu erfüllen haben, aber man vernachlässigte weitestgehend die Frage, was mit diesen Tests eigentlich gemessen wurde. Intelligenz war das, was Intelligenztests gemessen haben (Boring, 1923). Obwohl man Frankreich und England als Geburtsstätten der Intelligenztests ansehen kann, waren es die Amerikaner, die dieses Prüfinstrument technisch zur „Serienreife" brachten und die immer umfangreichere Anwendungsmöglichkeiten in Schulen, Betrieben, militärischen Einrichtungen und Kliniken entdeckten. Der in diesem Land vorherrschende Behaviorismus ließ es nicht zu, Spekulationen über Prozesse anzustellen, die *in* einer Person ablaufen. Daher schien auch die Berechtigung zu bestehen, eine Theoriediskussion im Zusammenhang mit Intelligenzmessungen zu vernachlässigen. Warum sollte man auch nach Erklärungen dafür suchen, daß die Intelligenz einiger Menschen weit unterhalb des Durchschnitts lag. Sie wurden „herausgesiebt". Ein Interesse, die als zu gering erachtete Tüchtigkeit zu erhöhen, war zumeist nicht vorhanden.

5.1.1.1 Intelligenz als angeborene Fähigkeit

Wenn man jedes Verfahren zu erwähnen hätte, das in der Geschichte der Menschheit über einen längeren Zeitraum regelmäßig eingesetzt worden ist, um allgemeine oder spezielle Tüchtigkeiten zu prüfen, wäre zweifellos eine umfangreiche Aufzählung erforderlich. Psychologen starten ihren Rückblick auf die Entwicklung der Testpsychologie allerdings vielfach erst mit einem Beitrag, der auf die zweite Hälfte des neunzehnten Jahrhunderts zu datieren ist. Charles Darwin hatte inzwischen sein revolutionäres Werk *Die Entstehung der Arten* (1859) veröffentlicht, in dem er u.a. – vereinfacht ausgedrückt – die These aufgestellt hat, daß die Natur erfolgreiche Merkmale durch das „Überleben des Tüchtigsten" (*survival of the fittest*) auswählt. Ein Cousin Darwins, Sir Francis Galton (1822–1911), gehörte mit zu den ersten, die nach Möglichkeiten Ausschau hielten, die damals neue Evolutionstheorie auf die Erforschung der Intelligenz anzuwenden.

> Galton hatte sich bereits früh in seinem Leben mit seiner eigenen Tüchtigkeit beschäftigt. So enthielt ein Brief an seine Erzieherin u.a. folgende Mitteilung: „Ich bin vicr Jahre alt und ich kann jedes englische Buch lesen. Ich kann alle lateinischen Substantive und Adjektive und aktiven Verben

aufsagen und zudem noch 52 Verse lateinischer Poesie" (Pearson, 1914). Als er Student an der Cambridge Universität war, erwähnte Galton in Briefen an seine Eltern regelmäßig, wie seine Prüfungsleistungen im Vergleich zu denen seiner Kommilitonen ausgefallen waren (Fancher, 1979).

Galtons Vorstellungen sind zweifellos entscheidend davon mitbestimmt worden, daß er das Kind einer Familie war, die im Viktorianischen England der Oberschicht angehörte, in der an der natürlichen Überlegenheit des weißen Mannes nicht gezweifelt wurde. Seine eigene Orientierung und Darwins Erkenntnisse standen Pate, als sich bei Galton (1869) die Überzeugung entwickelte, daß es auch in der britischen Gesellschaft ein Überleben des Tüchtigsten gäbe. Das waren für ihn natürlich jene, die mit einer hohen angeborenen Intelligenz (ebenso wie er selbst) ausgestattet waren. Wenn man aber schon davon ausgeht, daß Menschen mit hoher Intelligenz („Genies") die wertvollsten Mitglieder einer Gesellschaft sind, liegt der Gedanke wahrscheinlich nicht mehr fern, die Menschheit „hochzuzüchten", indem man nur noch den begabtesten Männern und Frauen gestattet, Nachwuchs zu zeugen. Bevor Galton aber nach Wegen suchen konnte, solche Zielvorstellungen in die Tat umzusetzen, benötigte er nur noch ein Hilfsmittel: ein Testverfahren, mit dem sich geeignete Männer und Frauen und somit potentielle Eltern identifizieren ließen.

Bei der Konstruktion geeigneter Testaufgaben ließ sich Galton von der Überlegung leiten, daß der Mensch nur deshalb über Wissen verfügt, weil seinem Gehirn von den Sinnesorganen Informationen übermittelt worden sind. Deshalb schlußfolgerte er, daß unterschiedliche Ausprägungsgrade der Intelligenz auf Unterschiede in den Leistungen der Sinnesorgane zurückführbar sein müßten. Seine Aufgaben prüften u. a. die Hörschärfe, Sehschärfe, die Schnelligkeit, auf ein vereinbartes Signal zu reagieren, sobald seine Versuchspersonen Unterschiede in paarweise dargebotenen Tönen, Längen oder Gewichten entdeckten. Zur Enttäuschung Galtons erbrachten die verschiedenen Tests (insgesamt untersuchte er über 800 Personen) jedoch keine übereinstimmenden Ergebnisse. Selbst englische weiße Männer erzielten nicht die erwarteten hohen Punktzahlen.

Der Gedanke, daß es sich bei der Intelligenz um eine angeborene Fähigkeit des Menschen handelt, war nach den enthusiastischen Bemühungen Galtons nicht einfach wieder aus der psychologischen Diskussionen zu verbannen. Auch in Amerika war zur gleichen Zeit ein Nährboden für Befürchtungen entstanden, daß Einwanderer „minderwertiges Erbgut" in die bereits ansässige Population der „Neuen Welt" bringen könnten. Im Jahre 1882 hatte der amerikanische Kongreß ein Gesetz verabschiedet, durch das „Geisteskranken und Idioten" die Immigration verweigert werden sollte. Wie konnte man aber diese behauptete Gefahr abwehren? Immerhin strömten allein zwischen 1905 und 1914 über zehn Millionen Menschen in das Land, manchmal bis zu 10000 am Tag! In dieser als in höchstem Maße bedrohlich gesehenen Situation erhielt der Psychologe Henry Goddard den Auftrag, Testverfahren zu entwickeln, mit

5.1 Intelligenz als Fähigkeit zur Lösung von Problemen

deren Hilfe das Einwanderungsbegehren vieler Menschen zurückgewiesen werden konnte. In aller Eile wurde von Goddard (1908) ein Test übersetzt, den Binet und Simon in Paris entwickelt hatten (s. S. 260f.). Das aus heutiger Sicht mangelhafte Testverfahren erfüllte die ihm zugeschriebene Funktion allem Anschein nach in hervorragender Weise, denn Goddard (1917) entnahm seinen Prüfungsergebnissen, daß „83 Prozent der jüdischen Immigranten, 80 Prozenten der Ungarn, 79 Prozent der Italiener und 87 Prozent der Russen schwachsinnig waren" und dieser Schwachsinn, daran gab es für Goddard keine Zweifel, war genetisch bedingt und folglich unveränderlich (Perkins, 1995). Unter den osteuropäischen Einwanderern, die angeblich schwachsinnig waren, fand sich übrigens auch ein sechsjähriger Junge aus Rumänien. Er entwickelte einige Jahrzehnte später einen Intelligenztest *(Bellevue Intelligence Scale* [1939]; deutsche Fassung: HAWIE [1956]), der neben dem Stanford-Binet zu den am häufigsten verwendeten in der Testgeschichte gehört: Es handelte sich bei diesem jungen Einwanderer um *David Wechsler* (Fancher, 1985).

Neben Goddard gab es zahlreiche weitere Psychologen, die ihre Dienste eugenischen (d.h. auf die Förderung des Erbgutes gerichteten) Zielen zur Verfügung stellten. Edward Terman (1877–1956) veröffentlichte zur gleichen Zeit ein Testverfahren, das für die nachfolgenden Jahrzehnte den Standard definierte, den jeder weitere Intelligenztest mindestens erfüllen mußte, um Anerkennung zu finden. Er wurde von Heinz-Rolf Lückert auch in den deutschen Sprachraum übertragen (Terman & Merrill, 1965). Terman gehörte ebenfalls zu jenen Psychologen, die sich damals kritisch über Minoritäten äußerten. So beklagte er sich über die „Dummheit" und die „überaus fruchtbare Fortpflanzung" bestimmter ethnischer Gruppen. Er bedauerte, daß die Gesellschaft damals nicht von der Notwendigkeit zu überzeugen war, diesen Menschen die Fortpflanzung zu verbieten, „obwohl ... sie wegen ihrer ungewöhnlichen Vermehrung ein ernstes Problem schaffen". Man könne dieses Problem nur abmindern, wenn es gelänge, „die Produktion von Schwachsinn einzuschränken", weil damit zugleich „ein enormes Ausmaß an Kriminalität, Armut und industrieller Ineffektivität ausgelöscht" würde (Terman, 1916). Auch der englische Intelligenzforscher Charles Spearman (1904, 1927) gehörte der Eugenik-Bewegung an; entsprechend wollte er nur solchen Menschen die Fortpflanzung gestatten, die ausreichend hohe Intelligenz aufwiesen (Fancher, 1985). Sicherlich haben auch solche Äußerungen einen Nährboden mitbereitet, auf dem Gesetze zur Durchführung von Sterilisationen von „Schwachsinnigen" verabschiedet worden sind, denen in der ersten Hälfte dieses Jahrhunderts – vor allem während der nationalsozialistischen Herrschaft – viele Menschen zum Opfer gefallen sind, nicht selten aufgrund sehr schwacher Ergebnisse in Intelligenztests (Kevles, 1995). Wenn Goddard, Terman und andere mit ihren Aussagen recht gehabt hätten, müßte sich das behauptete Intelligenzdefizit noch bei den Kindern und Enkeln der damals aus dem Osten und Süden Europas eingewanderten Immigranten zeigen. Das trifft allerdings nicht zu. Wenn man heute beispielsweise die Nachkommen der damals eingewanderten Italiener mit solchen Tests prüft, die in der Tradition Termans stehen, erhält man

Ergebnisse, die leicht oberhalb des amerikanischen Durchschnitts liegen (Ceci, 1991). Die Befürchtung einzelner amerikanischer Wissenschaftler, die sich damals etwa in der Feststellung abbildete, „unser nationaler IQ" könnte durch Angehörige der schwarzen Rasse beeinträchtigt werden, ist selbst in der Gegenwart noch keineswegs völlig verstummt (Jensen, 1969). Das wirkt sich verhängnisvoll auf Bemühungen aus, materielle Unterstützung für Maßnahmen zu erhalten, die auf Förderung unterprivilegierter Kinder gerichtet sind. So treffen beispielsweise auch Richard Herrnstein und Charles Murray (1994) in ihrem Bestseller über Intelligenz die Feststellung, daß es wenig Sinn mache, Geld für Maßnahmen bereitzustellen, die auf die Verbesserung der Bildungschancen solcher Menschen zielen, die einen geringen Intelligenzquotienten besitzen, denn – so versichern die beiden Autoren – was immer auch getan würde, es dürfte einfach nicht gelingen, deren Intelligenz nennenswert anzuheben.

Eine Anhebung der Intelligenz einzelner könnte nach dem traditionellen Verständnis auch nur erfolgreich sein, wenn bei anderen entsprechende Verminderungen erfolgen würden. Eng verbunden mit dem Intelligenzquotienten ist nämlich die Überzeugung, daß die Intelligenz in der Bevölkerung *natürlicherweise* normal verteilt ist. Was würde aus der Normalverteilung, wenn allzu viele Menschen erfolgreich gefördert würden? Diese behauptete Normalverteilung menschlicher Fähigkeiten ist allerdings – das muß aus heutiger Sicht an dieser Stelle anmerkend hinzugefügt werden – durch nichts zu belegen. Vielmehr handelt es sich bei dieser Verteilung um ein „künstliches Produkt"; denn sie gibt in keiner Weise etwas wieder, was in der Natur tatsächlich vorkommt (Howe, 1997).

5.1.1.2 Intelligenz als stabile Fähigkeit

Es gilt festzuhalten, daß die von Terman erstellten Revisionen des Stanford-Binet-Tests über mehrere Jahrzehnte hinweg weithin anerkannte Standards für das gesetzt haben, was Intelligenz „ist" und wie ihre Messung zu erfolgen hat. Terman ging von einem Persönlichkeitsmerkmal aus, das sich im Verlauf der Entwicklung eines Menschen allenfalls geringfügig verändert. Deshalb war er bemüht, ein Meßinstrument zu konstruieren, das dieser Stabilität Rechnung trug: Es mußte bei wiederholter Prüfung *derselben* Personen zu möglichst hochgradig übereinstimmenden Ergebnissen führen. Sogar heute noch gibt es Psychologen, die es der hohen Güte eines Tests zuschreiben, wenn dieser bei einer Wiederholung die Ergebnisse bestätigt, die eine weiter zurückliegende Prüfung erbracht hat (sog. „Test-Wiederholungs-Zuverlässigkeit"). Die hohe Bewertung dieser Zuverlässigkeit ist allerdings nicht mit einer pädagogischen Konzeption zu vereinbaren, die auf Förderung – und eben nicht auf Selektion – gerichtet ist. Pädagogische Arbeit ist nur dann erfolgreich, wenn sich die Geförderten verändern, und zwar in Richtung auf die jeweils vorliegenden pädagogischen Ziele.

Die Überzeugung Termans, wonach es sich bei der Intelligenz um ein angeborenes Persönlichkeitsmerkmal handelt, das sich gegenüber Umweltbedingungen weitgehend stabil verhält, wird auch in neueren Schriften immer wieder zum Ausdruck gebracht. So behauptet Philippe Rushton (1995), daß es sich „bei der Intelligenz um das Persönlichkeitsmerkmal handelt, daß im zeitlichen Verlauf die höchste Stabilität aufweist". Intelligenz gilt auch heute noch einigen Autoren als unveränderbar (Herrnstein & Murray, 1994). Es gibt allerdings auch andere Stimmen.

Zu ihnen gehört u.a. Michael Howe (1997), der sich sehr kritisch mit den Argumenten jener auseinandergesetzt hat, die – wie die bereits genannten – weiterhin die Stabilität der Intelligenz im Verlauf der Entwicklung zu verteidigen versuchen. Er hat sich ebenso sehr genau vorliegende Studien angesehen, die Veränderungen der intellektuellen Leistungsfähigkeit infolge Umwelteinwirkung nachgewiesen haben. In einer abschließenden Zusammenfassung seiner umfassenden Literaturdurchsicht erklärt Howe: „Es gibt eine große Anzahl überzeugender Belege dafür, daß sich das Intelligenzniveau einer Person verändern kann, in einigen Fällen sogar in beträchtlichem Umfang." Einige Psychologen könnten sich damit zwar immer noch nicht abfinden, aber – so fügt Howe hinzu – keiner ihrer Einwände wirke überzeugend. In zahlreichen Untersuchungen ließ sich inzwischen zeigen, daß die intellektuelle Leistungsfähigkeit eines Menschen durch verschiedene Formen der Einflußnahme praktisch in jedem Lebensalter zu steigern ist (Detterman & Sternberg, 1992). Deshalb sollte vor Anwendung irgendwelcher Intelligenztests stets geprüft werden, ob er so konstruiert worden ist, daß er sensibel auf mögliche Veränderungen des zu messenden Merkmals reagieren kann. Davon darf man nicht von vornherein ausgehen. Es ist noch nicht allzu lange her, daß Klaus Eyferth (1977) mit Nachdruck die Forderung erhob, daß bei der Konstruktion von Tests „nicht die Konstanz des Merkmals, sondern die Wahrscheinlichkeit einer Veränderung ... zum leitenden Prinzip werden" muß.

Wie wichtig es ist, daß die an der Förderung des Lernens Beteiligten nicht an die Konstanz, sondern statt dessen an die Veränderbarkeit der Intelligenz glauben, hat Carol Dweck (1986, 1990) in zahlreichen Untersuchungen überzeugend belegt. Wenn Schülerinnen und Schüler ihre eigene Intelligenz als ein veränderbares Merkmal sehen, sind sie in hohem Maße motiviert, ihre Fertigkeiten und Fähigkeiten sogar im Falle auftretender Widerstände zu entwickeln. Wenn Lernende dagegen von einer Unveränderlichkeit ihrer Intelligenz ausgehen, richtet sich ihre Motivation vor allem darauf, sich selbst und anderen darzustellen, wie tüchtig sie sind und weit weniger darauf, Lernziele zu erreichen (s. S. 363f.)!

5.1.1.3 Intelligenz als eingeschränkte Fähigkeitsstruktur

Der russische Psychologe Alexander Luria (1971) legte einmal Bewohnern einer ländlichen Region Usbekistans, in der es kaum oder nur sehr geringe Schulbildung gab, Fragen vor, die in herkömmlichen Intelligenztests typischerweise vorkommen. Er zeigte ihnen mehrere bekannte Gegenstände, die auf kleinen Kärtchen abgebildet waren. Die Befragten sollten ihm sagen, welcher Gegenstand nicht zu den drei übrigen paßt, so etwa *Axt, Baumstamm, Schaufel, Säge.* Wenn man den Anweisungen eines typischen Intelligenztests zu folgen hätte, dürfte man nur den *Baumstamm* als „richtige" Antwort akzeptieren, denn es handelt sich dabei um das einzige Objekt, das nicht als Werkzeug zu verwenden ist. Die Einwohner der damaligen Sowjetrepublik wählten jedoch die *Schaufel* aus und begründeten ihre Antwort gegenüber Luria unter Hinweis auf deren Funktion folgendermaßen: „Sehen Sie 'mal, was könnten Sie mit einer Säge und einer Axt tun, wenn Sie keinen Baumstamm hätten? Und die Schaufel? Die können Sie dabei gar nicht gebrauchen!" Luria gab sich aber noch nicht zufrieden. Er berichtete seinen Versuchspersonen von einem Mann, der ihm erklärt habe, daß man die Axt, die Säge und die Schaufel zusammenstellen könne, weil sie einander ähnelten, daß aber der Baumstamm dort nicht hingehöre, denn er sei kein Werkzeug. Die Befragten blieben aber bei ihrer früheren Antwort: „Nein", so bekräftigten sie, „der Mann hatte nicht recht. Der verstand nichts von seinem Geschäft. Der ist ein Dummkopf" (Luria, 1971).

Die von Luria mitgeteilten Beobachtungen ließen sich durch viele Beispiele aus anderen Kulturen ergänzen. Dabei hat man nicht nur untersucht, wie Gebrauchsgegenstände klassifiziert werden. Auch andere Gegebenheiten werden nach Ihrer Funktion und nicht nach ihrer wissenschaftlichen Systematik geordnet. So fällt es vielen Angehörigen nicht-industrieller Kulturen außerordentlich schwer, Pflanzen und Tiere getrennt voneinander zu klassifizieren. Kaum Schwierigkeiten bereitet es ihnen dagegen, Eßbares und nicht Eßbares voneinander zu unterscheiden (Hamill, 1990).

Die genannten Beispiele machen deutlich, daß herkömmliche Intelligenztests nicht die Anpassungsfähigkeit des Menschen an seine jeweilige Umwelt, sondern statt dessen die Anpassung an eine *bestimmte* Umwelt prüfen; sie berücksichtigen nämlich nur eine eingeschränkte Fähigkeitsstruktur. An welche Umwelt ist aber ein Prüfling angepaßt, der in einem herkömmlichen Intelligenztest hohe Leistungen erbringt? Da sich leicht zeigen läßt, daß diese Tests in hohem Maße mit dem Lehrerurteil übereinstimmen, ist die Antwort klar: Herkömmliche Intelligenztests messen in westlich orientierten Industrienationen den Grad der Anpassung an die Bedingungen von Schule und Universität. Das liegt daran, daß sie von Wissenschaftlern konstruiert worden sind und nicht etwa von Industriemanagern oder Handwerksmeistern. „Die meisten Definitionen für Intelligenz", so bestätigen auch Howard Gardner und Thomas Hatch (1989), „konzentrieren sich auf Fähigkeiten, die für den Erfolg in der Schule wichtig sind. Das Problemlösen wird als zentraler Bestandteil anerkannt, aber die Fähigkeit, ein Produkt zu erstellen – eine Symphonie zu schreiben, ein Bild zu entwerfen, ein Theaterstück zu inszenieren, eine Firma aufzubauen und zu leiten, ein Experiment auszuführen – wird nicht berücksichtigt." Auch das Klassifizieren nach funktionalen Gesichtspunkten wird von der Schule nicht als besondere intelligente Leistung anerkannt. Mit welcher Be-

5.1 Intelligenz als Fähigkeit zur Lösung von Problemen

rechtigung kann man aber einer Ordnung, die nach funktionalen Gesichtspunkten vorgenommen worden ist, einen Intelligenzbezug einfach absprechen? Schließlich ist doch nicht zu übersehen, daß im alltäglichen Leben zumeist funktionell gedacht wird, d.h., daß das Denken in der Regel auf die Funktionen von Handlungen hin ausgerichtet ist. Robert Sternberg (1994) erläutert die Feststellung folgendermaßen: „Wenn wir an einen Fisch denken, dann denken wir daran, daß man ihn fangen oder essen kann. Wenn wir an Kleidung denken, dann denken wir daran, daß man sie tragen kann. In westlich orientierten Schulen lernen wir jedoch, was von uns in Tests verlangt wird", und die Tests – so läßt sich ergänzen – geben wieder, was die Schule hoch bewertet, denn sie würden etwa fragen: was ist das Gemeinsame von *Hut* und *Mantel* oder: Zu welcher Art von Lebewesen gehört der Fisch?

Warum werden in der Schule in einem sehr hohen Maße Denkformen gefördert, die im Alltag wenig gefordert sind? Durch diese eigenartige Trennung wird die gleiche kognitive Operation einmal – wenn sie im Klassenzimmer erbracht wird – als Ausdruck der Intelligenz, das andere Mal – wenn sie im Alltagsleben vorkommt – dagegen nicht als solche gewertet. So gelingt es zumeist brasilianischen Kindern, die ihren Lebensunterhalt durch Straßenverkäufe bestreiten müssen, beim Abrechnen ihrer Ware die dort üblichen Rechenaufgaben zu lösen, die manchmal – etwa beim Wechseln – sogar einen höheren Komplikationsgrad erreichen können. Wenn bei ihnen beispielsweise eine große Kokosnuß 76 Cruzeiro und eine kleine 50 Cruzeiro kosten, dann verlangen sie den richtigen Preis, wenn man ihnen beide zusammen abkauft. Sie versagen dagegen häufig, wenn man ihnen die gleiche Additionsaufgabe als formale Textaufgabe von der Art stellt, wie sie üblicherweise in Schulbüchern der Mathematik zu finden ist (Carraher et al., 1985); fast ein Drittel ihrer Lösungen sind falsch, wenn man die Aufgabe aus einem ihnen vertrauten Zusammenhang herauslöst („Wieviel ist 76 + 50?"). Mädchen und Jungen, die überwiegend Erfahrungen mit formalen Aufgaben der Schule haben, zeigen umgekehrt Schwierigkeiten in der Anwendung dieses Wissens (Perret-Clermont, 1980). Nachdem sie z.B. der Unterricht mit der Prozentrechnung vertraut gemacht hat, antworten die Schüler vielleicht richtig auf die Frage, wieviel 3 Prozent von 175 sind. Sofern sie aber erstmalig vor der Aufgabe stehen, von einem Rechnungsbetrag 3 Prozent Skonto abzuziehen, reagieren sie womöglich verwirrt. Die Kenntnis der in einem Intelligenztest erzielten Leistungen, die denen in der Schule geforderten weitgehend entsprechen, gestattet jedenfalls keine zuverlässige Vorhersage darüber, ob das in einem Kontext gelernte Wissen über das Lösen komplexer Aufgaben auf andere Situationen übertragen werden kann (Ceci & Ruiz, 1991).

Ist es berechtigt, einem Menschen geringere Intelligenz zu unterstellen, wenn er funktionales gegenüber abstraktem Denken bevorzugt? Sind die brasilianischen Kinder weniger begabt, weil ihnen bei formalen Aufgabenstellungen mehr Fehler unterlaufen? Mit solchen Fragen wird wahrscheinlich unterstellt, daß der praktisch Denkende gar nicht in der Lage ist, abstrakte Überlegungen anzustellen. Das muß jedoch keineswegs zutreffen. Michael Cole berichtet von einer Beobachtung, die er bei einem Volksstamm in Nigeria *(Kpelle)* gesammelt hat (Cole et al., 1971). Er zeigte diesen Leuten Bilder und drängte sie, diese einmal nicht nach funktionalen, sondern nach abstrakten Kategorien zu ordnen. Es gelang ihm zunächst nicht, bei seinen Versuchspersonen ausreichendes Verständnis für diese „seltsame" Aufgabe zu entwickeln. Da seine Überredungen nicht zum Erfolg zu führen schienen, bat Cole die Kpelle-Leute schließlich, sie sollten die Bilder einmal so ordnen, wie es „dumme Menschen" tun. Nunmehr nahmen sie eine Ordnung nach abstrakten Kategorien vor.

Zur Tradition westlicher Industrienationen gehört nicht nur die Voreingenommenheit, daß sich höhere intellektuelle Fähigkeiten vor allem bei abstrakten Aufgaben offenbaren. Darüber hinaus scheinen Vorstellungen über die Aufgabenbereiche zu bestehen, die intelligentes Verhalten in einem höheren oder geringerem Maße herausfordern. Howard Gardner hat sich einmal näher angesehen, welche Aufgaben in der Schule üblicherweise vorgegeben werden. Seine Beobachtungen führten ihn zu dem Ergebnis, daß die Schule sprachliches und logisch-mathematisches Denken außerordentlich einseitig akzentuiert (siehe hierzu auch die Kritik an Piagets Vorstellungen: S. 98); entsprechend spricht er wiederholt von einer „einförmigen Sicht der Schule". Es ist, als hätten die Schüler eine Gehirnwäsche durchmachen müssen, die sie nunmehr geradezu zwingt, die Intelligenz nur noch höchst eingeschränkt einzusetzen (Gardner, 1993). Sicherlich ist es kein Zufall, daß auch traditionelle Intelligenztests bevorzugt Aufgaben enthalten, die sprachliches, logisch-mathematisches und räumliches Denken herausfordern (Gardner & Hatch, 1989). Die Beherrschung sprachlicher und logisch-mathematischer Symbolsysteme, so gesteht Gardner zu, sei zur Anpassung an viele Aufgaben in einer modernen Industrie- und Informationsgesellschaft wichtig; besteht nicht aber die Gefahr, daß durch ihre einseitige Betonung Begabungen vernachlässigt werden, mit denen sehr wohl ein Beitrag zur Lösung wichtiger Aufgaben in Gegenwart und Zukunft zu leisten wäre? Gardner spricht in seiner Theorie der „multiplen Intelligenzen" von sieben verschiedenen Formen des Denkens und somit von der „Fähigkeit, Probleme zu lösen oder Produkte zu gestalten, die in einem oder mehreren kulturellen Handlungsfeldern geschätzt werden" (Gardner & Hatch, 1989).

Gardner stützt sich vor allem auf neurophysiologische Beobachtungen, wenn er beim Menschen sieben „Intelligenzen" voraussetzt, die für ihn unabhängig voneinander sind, aber zugleich zusammenwirken, um intelligente Leistungen hervorzubringen. So muß beispielsweise ein geschickter Chirurg sowohl über räumliche Intelligenz verfügen, um die korrekte Körperstelle für seinen Schnitt festzulegen, jedoch auch seine körperlich-kinästhetische Intelligenz einsetzen, damit der operative Eingriff sachgerecht durchgeführt werden kann. „Wissenschaftler sind häufig von ihrer sprachlichen Intelligenz abhängig, um zu beschreiben und zu erklären, welche Entdeckungen sie gemacht haben, nachdem sie ihre logisch-mathematische Intelligenz genutzt haben, und sie müssen ihre interpersonale Intelligenz einsetzen, um mit Kollegen in Kontakt zu treten,

5.1 Intelligenz als Fähigkeit zur Lösung von Problemen

und um ein produktives und gut funktionierendes Labor funktionsfähig zu halten" (Gardner & Hatch, 1989). Tabelle 5.1 stellt die sieben Intelligenzen Gardners als Übersicht dar.

Tabelle 5.1:
Howard Gardners (1983, 1993) sieben Intelligenzen

Art der Intelligenz	Bei hoher Ausprägung	Typische Aufgabenformen
Sprachlich	Schriftsteller Journalist	Inanspruchnahme beim Lesen; Schreiben eines Aufsatzes, eines Gedichtes; Verständnis für gesprochene Wörter
Logisch-mathematisch	Wissenschaftler Mathematiker	Inanspruchnahme bei der Lösung mathematischer Probleme; ausgeglichene Gestaltung des Haushaltsbudgets; Darstellung mathematischer Beweise, logisches schlußfolgerndes Denken
Räumlich	Steuermann Bildhauer	Inanspruchnahme bei Veränderungen des Standortes, Lesen geographischer Karten, Unterbringung von Gepäck im Kofferraum, so daß eine optimale Nutzung erfolgt
Musikalisch	Komponist Geiger	Inanspruchnahme beim Liedersingen, bei der Komposition einer Sonate, beim Spielen einer Trompete oder bei Würdigung eines Musikstückes
Körperlich-kinästhetisch	Tänzer Athlet	Inanspruchnahme beim Tanzen, beim Korbballspiel, beim Laufen oder beim Speerwerfen
Interpersonal	Therapeut Verkäufer	Inanspruchnahme bei Kontakten mit anderen Menschen, wenn z. B. Verständnis für das Verhalten anderer gesucht wird, für ihre Motive, ihre Gefühle
Intrapersonal	Mensch mit detaillierten realistischen Selbstkenntnissen	Inanspruchnahme beim Verstehen der eigenen Person – die Grundlage für das Verständnis der Frage, wer wir sind, was uns „in Schwung bringt", wie wir unter den gegebenen Umständen unsere Fähigkeiten und Interessen ändern können

Gardners Beitrag ist bedeutsam für die schulische Arbeit, weil er die – auch aus gesellschaftlicher Sicht begründbare – Notwendigkeit herausstellt, sich in der Schule nicht nur auf die Förderung logisch-mathematischer und sprachlicher Intelligenzen zu konzentrieren, sondern darüber hinaus weitere „Intelligenzen" anzuerkennen. Sie könnten sich sehr wohl bei solchen Kindern zeigen, die in Fächern wie Mathematik und Sprachen weniger „brillieren". Intelligenz wird nicht mehr als einheitliche Fähigkeit gesehen, die einen Lernenden umfassend kennzeichnet. Deshalb besteht die Möglichkeit, daß ein Schüler nach dem Urteil seiner Lehrer ziemlich hohe Intelligenz besitzt, während er gleichzeitig den Ausbildern in einem anderen Aufgabenbereich, etwa im Bauhandwerk oder in der Buchführungsabteilung eines Wirtschaftsunternehmens als ziemlich unintelligent erscheint oder umgekehrt. Gardner hat beispielsweise Kinder im Vorschulalter zu Aktivitäten in verschiedenartigen Aufgabenbereichen herausgefordert. Sie sollten u. a. Geschichten erzählen, zeichnen, singen, Musik hören, sich kreativ bewegen, Vermutungen überprüfen, einfache Berechnungen anstellen, zählen usw. Bezüglich jeder der dargestellten Aktivitäten wurden die beteiligten Mädchen und Jungen sodann als überdurchschnittlich, durchschnittlich oder unterdurchschnittlich klassifiziert. Überdurchschnittliche Einstufungen galten als Hinweis für persönliche Stärken, während unterdurchschnittliche Einordnungen als Indikator für Schwächen gewertet wurden. Wie schnitten die Kinder insgesamt ab? Von den 20 Teilnehmern der Studie wiesen 15 Kinder wenigstens in einem Bereich Stärken auf (Gardner & Hatch, 1989). Die Kenntnis solcher Stärken bietet eine gute Grundlage, zunächst einmal ein „gesundes" Selbstwertgefühl aufzubauen (siehe hierzu Lickonas Bemühungen zur Förderung der moralischen Entwicklung, S. 118f.), ohne das in der Schule keine Erfolge erwartet werden können. Gardner scheint sich mit seinen Arbeiten auf dem richtigen Weg zu befinden, denn er konnte den Ergebnissen seiner Programme mit älteren und jüngeren Kindern entnehmen, „daß bei Berücksichtigung eines breiteren Spektrums von Talenten Individuen hervortreten, die früher als durchschnittlich beurteilt wurden oder gar in Gefahr standen, schulisch zu versagen" (Gardner & Hatch, 1989). Gardner möchte ihnen dagegen Möglichkeiten geben, Ihre Stärken zu nutzen, um Schwächen in anderen Bereichen auszugleichen.

Gardner geht von der Unabhängigkeit der sieben von ihm benannten Intelligenzen aus. Deshalb sieht er Möglichkeiten, Schwächen in einem Bereich durch Stärken in anderen auszugleichen. Wie Gardner bei Vorschulkindern und bei Schulkindern feststellen konnte, lassen sich Schwächen im logisch-mathematischen oder sprachlichen Bereich bei vielen Kindern ausgleichen. Sie weisen dafür Stärken im musikalischen, körperlich-kinästhetisch oder interpersonalen Bereich auf. Kritiker haben allerdings davor gewarnt, die Suche nach solchen Kompensationen in jedem Einzelfall mit unrealistischen Erwartungen zu verbinden. Unter diesen Kritikern findet sich auch Sandra Scarr (1989), die sich stets bemüht hat, auf genetisch gesetzte Möglichkeiten und Grenzen der Entwicklung menschlicher Fähigkeiten hinzuweisen. Sicherlich wäre es wunderbar, so erklärt sie, wenn die Welt so gerecht wäre, daß jede Schwäche, die ein Mensch in einem Bereich aufweist, durch geniale Stärken in anderen Bereichen ausgeglichen würde. Aber leider – so muß sie ihren jahrzehntelangen Forschungsarbeiten entnehmen – ist die Welt nicht gerecht, denn es bleibt eine gewisse Tendenz, daß sich beim einzelnen eine gewisse Häufung von Stärken oder auch Schwächen in den verschiedenen Fähigkeitsbereichen findet. Zu beachten ist aber, daß mit dieser Mahnung nicht festgestellt wird, daß Schüler, die Schwächen im logisch-mathematischen oder sprachlichen Bereich aufweisen, in jedem Fall auch in bezug auf andere Intelligenzen über geringe Ausprägungen verfügen *müssen*.

5.1.2 Intelligenz als Grundlage für Förderungsmaßnahmen

Während des neunzehnten Jahrhunderts war sowohl in Europa als auch in Amerika ein gesteigertes Interesse entstanden, ein besseres Verständnis für Menschen zu finden, die heute als Lernbehinderte bezeichnet werden oder andere Auffälligkeiten zeigen. Sie hatte man im Mittelalter noch ignoriert, verspottet, nicht selten auch gequält, weil sie „vom Teufel besessen" schienen. Erst der französische Arzt Philippe Pinel (1745–1826), den die Ideen der Französischen Revolution sehr beeinflußt hatten, befreite diese bemitleidenswerten Menschen von ihren Ketten und führte sie humaneren Lebensbedingungen zu. Unter den zahlreichen Ärzten, die sich damals in Frankreich um Kinder mit intellektuellen Auffälligkeiten kümmerten, fand sich Edouard Séguin (1846), der im Jahre 1837 die erste Schule gegründet hatte, in der solchen Kindern spezielle Förderung angeboten werden sollte.

Die historisch bedeutsamsten Beiträge für die Intelligenztestforschung gehen jedoch auf den französischen Psychologen Alfred Binet (1857–1911) zurück. Er setzte die Tradition vieler seiner Landsmänner fort, Instrumente zu entwickeln, die mittelbar eingesetzt werden sollten, um Kinder besser fördern zu können. Ein solches Vorgehen setzte die Überzeugung voraus, daß es sich bei der Intelligenz um ein veränderliches und veränderbares Merkmal handelt. Eine solche besaß Binet (1909), denn er erklärte beispielsweise: „Wenn es nicht möglich sein sollte, die Intelligenz zu verändern, warum sollten wir sie dann überhaupt messen? Nach der Krankheit – die Heilung. Die Diagnose ist entscheidend, aber die Heilung muß nachfolgen." Leider hatte Binet damals noch keine genauen Vorstellungen, wie man eine unzureichende Leistungsfähigkeit fördern könnte. Er wußte zwar, daß man durch Übungen die Aufmerksamkeit, das Gedächtnis, die Urteilsfähigkeit und die Selbstkritik so zu verändern habe, daß ein Schüler „buchstäblich intelligenter als vorher würde" (Brown, 1985), aber solche Aussagen waren zu allgemein, um mit seinen aus heutiger Sicht modern anmutenden Vorstellungen bei einflußreichen Kollegen Gehör zu finden. Er konnte niemanden inspirieren, seine Konzeptionen aufzugreifen und weiter auszuarbeiten. Statt dessen trat das Gegenteil ein. Die unheilvollen Einflüsse Termans und anderer Psychologen bewirkten, daß Binets Gedanken in den Hintergrund traten und für längere Zeit sogar „vergessen" wurden. Erst mit Beginn der 1970er Jahre ließen zahlreiche Intelligenzforscher Binets Förderungsgedanken wieder aufleben. Zudem wurde deutlich herausgearbeitet, daß sich in herkömmlichen Intelligenztests Aufgaben finden, die so viele Schwächen aufweisen, daß sie in einem schulischen System nichts zu suchen haben. Die von Ulric Neisser (1976) identifizierten Aufgaben in herkömmlichen Intelligenztests weisen vor allem folgende Kennzeichen auf:
1. Sie werden dem Prüfling in speziellen Sitzungen vorgelegt, in denen Bedingungen bestehen, die in keiner Weise die alltäglichen Erfahrungen der Beteiligten abbilden.
2. Sie sind von anderen Menschen formuliert worden. Deshalb prüfen sie nicht die Fähigkeit zur Problemfindung. Die richtige Lösung ist mittels eines einzigen Lösungsweges zu erreichen.
3. Sie wecken beim Prüfling kein Interesse, sich mit ihnen spontan auseinanderzusetzen, denn sie sind von vornherein nicht danach ausgewählt worden, das Interesse des Schülers zu wecken.
4. Sie setzen voraus, daß dem Prüfling alle zur Beantwortung benötigten Informationen bereits von Anfang an zur Verfügung stehen. Sie prüfen deshalb nicht seine Fähigkeit, sich relevante Informationen zu beschaffen, ebensowenig seine Lernfähigkeit.

5. Sie berücksichtigen in keiner Weise die Erfahrungen des Prüflings. Seinen Antworten kann man folglich nicht entnehmen, wie er seine eigenen Erfahrungen beim Lösen von Problemen nutzt.

5.1.2.1 Intelligenz als veränderbare Fähigkeit

Binets Arbeiten sind darauf zurückzuführen, daß die französische Regierung im Jahre 1881 die allgemeine Schulpflicht eingeführt hatte. Es zeigte sich jedoch sehr bald, daß nicht alle Schüler vom normalen Unterricht profitieren konnten. Zum einen waren die Schulklassen völlig überfüllt, und zum anderen fühlten sich die Lehrer überfordert, Schüler mit erheblichen Unterschieden in den Leistungen zu unterrichten. Allmählich setzte sich die Erkenntnis durch, daß bestimmte Schüler nur noch in speziellen Klassen mit entsprechend geschulten Lehrern unterrichtet werden konnten. Wie sollte man diese Kinder aber möglichst schnell und treffsicher ausfindig machen? Es waren diese äußeren Umstände, die das Pariser Unterrichtsministerium schließlich veranlaßten, den damals führenden Psychologen Alfred Binet mit der Entwicklung eines Tests zu beauftragen, mit dessen Hilfe Schüler mit Lernschwierigkeiten identifiziert werden konnten.

Hinter Binets Überlegungen erkennt man eine gewisse reifungstheoretische Orientierung, die in der Entwicklungspsychologie der damaligen Zeit durchaus üblich war (s. S. 68f.). Er ließ sich nämlich von der Überzeugung leiten, daß praktisch alle Kinder die gleiche intellektuelle Entwicklung durchlaufen würden, allerdings nicht gleich schnell. Kinder mit Lernschwierigkeiten hielt er folglich für retardiert; ihre Entwicklung verlief nach seinem Verständnis langsamer als die ihrer jeweiligen Altersgruppe. Deshalb, so schlußfolgerte er, müßte ein Schüler mit Lernauffälligkeiten die gleichen Leistungen wie ein normales Kind jüngeren Alters erbringen, und ein „kluger" Schüler sollte entsprechend dieser Überlegungen Leistungen zeigen, die normalerweise denen höherer Altersgruppen entsprechen.

> Der Gedanke, daß alle Kinder die gleiche Entwicklung durchlaufen, entstand bei Binet nach Beobachtungen seiner beiden Töchter, Alice und der zwei Jahre später geborenen Madeleine. Als die beiden Mädchen sich im Alter von $2^1/_2$ und $4^1/_2$ Jahren befanden, beeindruckte ihn, wie sehr sie sich in ihren Denk- und Behaltensleistungen voneinander unterschieden. Um seine Beobachtungen objektivieren zu können, konstruierte Binet eine Reihe von Aufgaben, die u. a. das Behalten von Ziffern und Wörtern, das Zuordnen von Farben, das Abzeichnen von Vorlagen und schlußfolgerndes Denken forderten. Binet fiel auf, daß seine jüngere Tochter zahlreiche der Aufgaben nicht beantworten konnte, die die ältere mit Leichtigkeit löste. Nach zwei Jahren zeigte Madeleine jedoch keine Schwierigkeiten, ebenso richtig zu antworten wie Alice zum früheren Zeitpunkt. Aus diesen Beobachtungen leitete Binet ab, daß die Intelligenz sich entwickelt und mit zunehmendem Alter zunehmend höhere Niveaus erreicht. Vielleicht, so fol-

5.1 Intelligenz als Fähigkeit zur Lösung von Problemen

gerte Binet damals, lassen sich Testaufgaben konstruieren, die für jedes Alter als typisch gelten können (Siegler, 1992).

Binet besaß damals keine Vorbilder, die er für seine Aufgabe hätte nutzen können. Ihm war nämlich klar, daß sich die Tests Galtons für seine Zwecke in mehrfacher Hinsicht nicht eigneten. Er hielt es zum einen für ausgeschlossen, daß die Leistungsfähigkeit der Sinnesorgane in irgendeiner Beziehung zur Intelligenz stehen könne. Er verwies auf das Beispiel *Helen Kellers,* die bereits im Alter von 17 Monaten infolge einer Infektion ihr Hör- und Sehvermögen verloren hatte, die aber, nicht zuletzt wegen ihrer außerordentlich tüchtigen Lehrerin, nach allgemeiner Einschätzung als hochintelligent anzusehen war (Binet & Simon, 1905). Seine Vorstellungen von der Intelligenz hat Binet einmal wie folgt wiedergegeben: Er sprach von „Urteilsvermögen, ... Initiative, die Fähigkeiten, sich äußeren Umständen anzupassen. Gut zu urteilen, gut zu verstehen, dieses sind die wesentlichen Aktivitäten der Intelligenz" (Binet & Simon, 1905). Folglich enthielt Binets Test keine Aufgaben zur Prüfung der Sinnesschärfe. Vielmehr testete er das Behalten, das Wortverständnis, das allgemeine Wissen, die Verwendung von Zahlen, das Zeitverständnis, die Fähigkeit, Begriffe miteinander in Beziehung zu setzen usw.

Weiterhin setzte Binet sich von Galton ab, weil er die gemessene Intelligenz mit Umweltbedingungen in Beziehung setzte. Er wollte keine Vermutungen darüber anstellen, was durch seinen Test tatsächlich gemessen wurde; aber ihm war die Feststellung wichtig, daß er keine angeborene Intelligenz erfaßte. Er hoffte vielmehr, daß seine „Intelligenzskala" verwendet würde, um die Tüchtigkeit von Kindern zu fördern, wenngleich er die Befürchtung äußerte, daß sein Verfahren womöglich eingesetzt werden könnte, um Jungen und Mädchen zu klassifizieren, so daß ihre „geistigen" Möglichkeiten begrenzt würden (Binet, 1909). Lehrer könnten Tests mißbrauchen, indem sie etwa den Schluß zögen, daß damit eine „ausgezeichnete Gelegenheit gegeben ist, alle Kinder loszuwerden, die uns Schwierigkeiten bereiten" (Binet & Simon, 1905). Binet sollte mit seinen düsteren Ahnungen recht behalten. Unglücklicherweise bestand zur damaligen Zeit ein großer Bedarf an Instrumenten, die bei der *Auslese* von Menschen dienlich sein konnten. Als sich zudem noch zeigte, daß Experten bezüglich ihrer Vorstellungen über das, was Intelligenz ist, weit auseinanderlagen (siehe hierzu die Beiträge von 14 Experten der Intelligenzforschung in der *Journal of Educational Psychology* aus dem Jahr 1921), zog man es vor, die Entwicklung einer Theorie der Intelligenz zu vernachlässigen. Damit bestand eine Situation, die sich mit einer anderen vergleichen läßt, in der Wissenschaftler entschieden haben, die Körpergröße von Menschen zu messen, ohne bereits bestimmt zu haben, was Körpergröße eigentlich bedeutet (Howe, 1997). Forschungsarbeiten, die sich auf die Klärung der Frage richteten, welche Prozesse dem intelligenten Verhalten zugrunde liegen, wurden kaum unternommen. Wegen dieses fortbestehenden Wissensdefizits rückte der Gedanke Binets nach Förderung von Schülern mit Lernschwierigkeiten weit in den Hintergrund. Erst viele Jahrzehnte später, in den 1960er Jahren, erfolgte eine entscheidende Veränderung, die als eine Wiederannäherung an Binets

Konzeptionen zu sehen ist. Wie Peter Airasian (1994) rückblickend feststellt, verstärkte sich in dieser Zeitspanne wieder die Überzeugung, ,,daß allen oder wenigstens den meisten Schülern bei der Entwicklung von Kompetenz in schulischen Fächern geholfen werden kann. Damals fingen Erzieher und die Öffentlichkeit an, sich die Überzeugung zu eigen zu machen, daß die Lernprobleme von Kindern nicht infolge angeborener Grenzen entstehen, sondern statt dessen auf Umweltfaktoren zurückzuführen sind und infolgedessen durch geeignete Unterrichtsstrategien beseitigt werden können." Diese neuerliche Einsicht hatte seinerzeit erhebliche Konsequenzen: ,,Nachdem sich die Auffassung durchgesetzt hatte, daß die meisten Schüler lernen können, verlagerte sich der Schwerpunkt der Testpsychologie, indem sie sich aus dem Sortieren von Individuen zurückzog und sich auf die Suche nach Wegen machte, wie das Lernen des Schülers zu fördern und Lernfortschritte zu dokumentieren sind" (Airasian, 1994). Damit war den Zielsetzungen Binets endlich eine späte Anerkennung zuteil geworden, die unter dem Einfluß der eugenischen Bewegung, zunächst in den USA und später noch viel ausgeprägter im nationalsozialistischen Deutschland, völlig in den Hintergrund gedrängt worden waren.

5.1.2.2 Intelligentes Verhalten als Ergebnis eines informationsverarbeitenden Prozesses

Wenn man sich Handbücher traditioneller Intelligenztests genauer ansieht, um zu erfahren, welche pädagogischen Maßnahmen zur Förderung von Kindern mit außergewöhnlich schwachen oder besonders guten Leistungen empfohlen werden, wird man feststellen müssen, daß fast alle Handbücher darüber keinerlei Angaben enthalten. Damit zeigt sich eine erhebliche Schwäche traditioneller psychologischer Prüfinstrumente. Solche ,,Tests können zwar Versagen vorhersagen, ohne eine Theorie darüber vorzulegen, was Erfolge hervorruft; wenn man aber Maßnahmen ergreifen will, um Versagen zu verhindern und Kompetenz zu fördern, benötigt man ein tieferes Verständnis" (Glaser, 1987; Glaser et al., 1987). An einem ,,tieferen Verständnis" dessen, was sie gemessen haben, waren die Autoren traditioneller Intelligenztests aber offenkundig gar nicht interessiert, denn es lag ihnen fern, Förderungsempfehlungen zu geben. Mit dem Erreichen des Gesamtergebnisses galt die Testprüfung als abgeschlossen. Im Mittelpunkt des diagnostischen Interesses stand das Leistungsprodukt, nicht aber zugrundeliegende kognitive Prozesse. Eigentlich hätte schon aus diesem Grund keine Rechtfertigung bestanden, solche Tests im schulischen Bereich einzusetzen. Mit ihrer Hilfe lassen sich getestete Schüler lediglich in eine Rangordnung bringen und Vorhersagen treffen, wie ein Getesteter zukünftig im Vergleich zu anderen abschneiden wird. So läßt sich beispielsweise feststellen, daß eine Schülerin in einem Test über schlußfolgerndes Denken besser als 80 Prozent der Vergleichsgruppe abgeschnitten hat. Aber – so stellt Robert Sternberg (1987) fest – eine solche Aussage gibt kaum mehr Aufschluß, als wenn man sagen würde, ,,ein Punktwert ist höher, weil er höher ist". Um aus einem solchen Zirkelschluß herauszukommen, muß man eine ganz andere

Frage stellen, nämlich: „Welches sind die zugrundeliegenden geistigen Prozesse, die zu individuellen Intelligenzunterschieden beitragen?" (Sternberg, 1987). Die genauere Kenntnis der Prozesse, von denen das Antwortverhalten abhängt, liefert die Grundlage für Erklärungen und eröffnet Möglichkeiten, gezielt Maßnahmen zur Beseitigung diagnostizierter Leistungsschwächen zu ergreifen. Zwei Subprozesse, die entscheidend mitbestimmen, ob und in welchem Umfang Probleme bewältigt werden, sind im folgenden zu skizzieren: *Aufmerksamkeit* und *Kurzzeitspeicherung*.

Bereits Piaget erkannte, daß seine jungen Versuchspersonen Schwierigkeiten hatten, ihre Aufmerksamkeit auf sämtliche für die Lösung relevanten Merkmale zu richten. Die Aufmerksamkeitsprozesse eines Menschen nehmen in entscheidender Weise Einfluß auf sein Leistungsverhalten (Krupski, 1986), auch in der Auseinandersetzung mit Intelligenztests. Bei der Aufmerksamkeit handelt es sich um einen Prozeß, der wesentlich mitbestimmt, welche auf einen Menschen einwirkenden Informationen ausgewählt und verarbeitet werden.

Im Verlauf der Entwicklung verbessert sich in der Regel die Fähigkeit, die Aufmerksamkeit zu steuern. Deshalb können sich ältere Kinder einer Aufgabe länger zuwenden. Sie lassen sich von irrelevanten Reizen nicht mehr so leicht ablenken. Weiterhin gelingt es Kindern in zunehmendem Maße, *Strategien* der Aufmerksamkeitskontrolle zu entwickeln. Deutliche Unterschiede in den Altersgruppen zeigen sich, wenn man Kindern Bilder darbietet, die sich in bestimmten Einzelheiten voneinander unterscheiden. Sie werden beispielsweise in einem Intelligenztest dazu herausgefordert, kleine Abweichungen in vorgelegten Bildpaaren zu entdecken. Wie gelingt es den jeweils Erfolgreichen, die Unterschiede zu identifizieren? Dreijährige vergleichen die beiden Bilder sehr unsystematisch miteinander; sie geben bereits eine Antwort, bevor sie sich sämtliche Details angeschaut haben. Die meisten acht- oder zehnjährigen Kinder gehen dagegen sehr planvoll vor. Sie antworten erst, nachdem sie alle Reizgegebenheiten miteinander verglichen haben (Vurpillot, 1968).

Aufmerksamkeitsprozesse wirken stets selektiv; d.h., sie treffen aus der Gesamtheit der gegebenen Sinnesreize eine Auswahl. Nur diese ausgewählten Informationen können weiter verarbeitet werden. Diese Verarbeitung setzt aber eine Möglichkeit zu einer zumindest kurzzeitigen Speicherung voraus. Sind ältere Kinder jüngeren nicht auch darin überlegen, daß sie sich mehr Informationen vorübergehend präsent halten können? Bevor man sich der Antwort informationstheoretisch ausgerichteter Autoren zuwendet, sollte man beachten, daß diese sich häufig zweier Begriffe bedienen, die ihnen aus der elektronischen Datenverarbeitung bekannt sind.

Informationstheoretisch ausgerichtete Psychologen unterscheiden zwischen *Hardware* und *Software*. Bei einem Computer gehört alles, was man anfassen kann, also die elektronischen Bausteine sowie die zwischen ihnen bestehenden Verbindungen, zur *Hardware*. Ein Computer nützt seinem Besitzer nur etwas, wenn ihm zusätzlich *Software* zur Verfügung steht, die das Verarbeiten der Daten, die der Maschine als *Input* übergeben worden sind, steuert und kontrolliert. Inwieweit verändert sich nun im Verlauf der Entwicklung von Kindern und Jugendlichen ihre „Datenverarbeitung"? Robbie Case (1985) hat über viele Jahre die kognitive Entwicklung von Kindern studiert und eindeutig feststellen können, daß sich ihre Fähigkeit zur Speicherung von Informationen allmählich verbessert. In dem Maße, indem ein Kind mehr Inhalte vorübergehend „im Kopf" behalten kann, steigern sich auch seine Leistungen bei typischen Gedächtnisaufgaben in Intelligenztests und beim Lösen weiterer Probleme (Howe & Rabinowitz, 1990). Worauf ist aber die Verbesserung der Fähigkeit zum vorübergehenden Behalten von Informationen zurückzuführen? Erweitert sich im Verlauf der Entwicklung die Struktur des Organismus und damit die Speicherkapazität *(Hardware)?* Oder verbessert das Kind allmählich seine *Software;* d.h., lernt es, Informationen platzsparender zu verarbeiten?

Case vertritt die Auffassung, daß sich die *Hardware* im Verlauf der Entwicklung allenfalls unwesentlich verändert. Mit zunehmendem Alter können Informationsverarbeitungsprozesse aber mit wachsender Effektivität ausgeführt werden. Dabei spielt das Ergebnis der Übungsaktivität eine bedeutsame Rolle. Wenn das Kind etwas Neues zu lernen hat, muß es anfänglich noch ein hohes Maß an Aufmerksamkeit und Anstrengungen aufwenden und jeden Schritt bewußt kontrollieren. Im Verlauf der Zeit automatisieren sich aber viele Vorgehensweisen und erfordern fortan weniger Speicherplatz. Wenn ein Mensch gedankliche (ebenso wie motorische) Abläufe automatisch ausführen kann, werden bei der Verarbeitung von Informationen (im Kurzzeitgedächtnis, s. hierzu S.188f.) Kapazitäten frei, die anderweitig genutzt werden können. Ein Vorschulkind, das sich mit der Münzaufgabe Piagets (s. S.82) auseinanderzusetzen hat, muß wahrscheinlich noch jedes Geldstück einzeln zählen. Das Schulkind gruppiert demgegenüber Zweier- oder Dreiergruppen. Es besitzt damit zwei Vorteile: Das Zählen erfordert weniger Aufmerksamkeit, und es kommt verhältnismäßig schnell zum Abschluß. Das Zwischenergebnis muß deshalb nicht so lange gespeichert werden. Zwar ist nicht zu übersehen, daß auch jüngere Kinder Strategien einsetzen, um ihren begrenzten Speicherkapazitäten Rechnung zu tragen. Dabei entscheiden sie sich jedoch nicht selten für fehlerhafte Vorgehensweisen. So vereinfachen sie sich ihre Aufgaben, indem sie wichtige Informationen einfach ignorieren.

Auch Robert Sternberg (1977) – ebenfalls am informationstheoretischen Ansatz orientiert – bemühte sich um Klärung der Frage, warum einige Menschen bessere Leistungen in Intelligenztests erzielen als andere. Er legte seinen Versuchspersonen unterschiedlichen Alters typische Aufgaben aus Intelligenztests zur Bearbeitung vor, wie etwa die Fortsetzung begonnener Zahlenreihen oder die Bildung von Analogien. Sein Ziel bestand darin, die „Komponenten der Intelligenz" zu isolieren, d.h., die kognitiven Prozesse und Strategien aufzuspüren, die bei der Bearbeitung solcher Aufgaben stattfinden. Wie wird beispielsweise folgende Analogie bewältigt?

> Rechtsanwalt verhält sich zu Klient wie Arzt zu _____
> (1. Patient, 2. Mediziner)

Wer diese Analogie zu bearbeiten hat, wird zunächst einmal über die verwendeten Begriffe nachdenken. Er muß also aus dem Langzeitgedächtnis jene Informationen abrufen, mit denen die Begriffe vernetzt sind und die für eine Lösung relevant sein können. Auf der Ebene kognitiver Repräsentation vergegenwärtigt sich der Lösungssuchende beispielsweise, daß Rechtsanwälte ihre Klienten in Anwaltspraxen beraten und ihnen vor Gericht als Verteidiger Rechtsbeistand geben. Ärzte diagnostizieren zumeist Krankheiten bei Menschen, die sie als Patienten beraten und therapieren. Man findet Ärzte vor allem in Arztpraxen und Krankenhäusern. Nachdem man sich solche und weitere Zusammenhänge im Kurzzeitgedächtnis vergegenwärtigt hat, vergleicht man die Merkmale, die sich mit den beiden Auslöserbegriffen (Rechtsanwalt und Arzt) verbinden. Die Beziehung, die zwischen den ersten beiden Begriffen der Analogie besteht (Rechtsanwalt und Klient), muß anschließend auf den zweiten Teil der Analogie angewandt werden (Arzt und ?). Wenn man entdeckt, daß Rechtsanwalt und Arzt eine vergleichbare Funktion ausüben – beide helfen und beraten – muß man aus dem Langzeitgedächtnis nur den Begriff abrufen, mit dem man den Empfänger einer Dienstleistung des Arztes bezeichnet: Patient. Wie der Beschreibung zu entnehmen ist, müssen zur Lösung der oben genannten Aufgabe zahlreiche Überlegungen angestellt werden, die aber bei einem Jugendlichen oder Erwachsenen in der Regel außerordentlich schnell und d. h., innerhalb weniger Sekunden ablaufen. Dennoch lassen sich eventuell diagnostisch aufschlußreiche Unterschiede registrieren.

Jeden der soeben im einzelnen beschriebenen kognitiven Schritte, den eine Versuchsperson zur Lösung einer Intelligenzaufgabe unternimmt, hat Sternberg bezüglich seiner zeitlichen Dauer genau registriert. Sodann vergleicht man die ermittelten Zeitangaben mit den Leistungen im Gesamttest. Dabei zeigt sich, daß sich „intelligentere" Versuchspersonen mehr Zeit in der Vorbereitungsphase nehmen, wenn sie die Bestandteile des Problems identifizieren und bemüht sind, aus dem Langzeitgedächtnis geeignete Informationen abzurufen. Die zeitaufwendige Analyse zu Beginn des Lösungsprozesses zahlt sich aus, denn diejenigen Versuchspersonen, die nach zu schneller und damit unzureichender Vorbereitung bereits eine Lösung nennen, produzieren viele Fehler. Dieser unterschiedliche Zeitaufwand bei der Aufgabenlösung zeigt sich übrigens auch in anderen Situationen. Wenn es etwa gilt, ein Referat anzufertigen, findet man, daß leistungsfähige Schüler mehr Zeit auf die Planung verwenden (Suche nach geeigneter Literatur, Beschäftigung mit der Frage nach einer möglichen Gliederung usw.) und dafür schneller mit dem eigentlichen Niederschreiben fertig sind. Demgegenüber beginnen Schüler mit vergleichsweise geringerer Leistungsfähigkeit bereits mit dem Schreiben des Referates, auch wenn sie sich die Voraussetzungen noch gar nicht hinreichend erarbeitet haben.

Sternberg hofft, daß es ihm nach einem besseren Verständnis der von einer Intelligenzaufgabe angeregten kognitiven Prozesse gelingen wird, Trainingsprogramme zu entwickeln, durch die sich die Leistungsfähigkeit verbessern läßt.

5.1.2.3 Die Kontextbezogenheit intelligenten Verhaltens

Praktisch alle traditionellen Intelligenztests basieren auf der Annahme, daß Menschen über ein Persönlichkeitsmerkmal „Intelligenz" verfügen, das bezüglich seines Ausprägungsgrades interindividuell (d. h., von Mensch zu Mensch) variieren kann. Dieser Ausprägungsgrad wird aufgrund von Intelligenztestergebnissen indirekt über einen sozialen Vergleich erschlossen. Wer unter anderem in einer Intelligenzprüfung acht Ziffern in umgekehrter Reihenfolge richtig wiedergeben kann, wer weiterhin in der Lage ist, Bilder so zu ordnen, daß sie aneinandergereiht eine sinnvolle Geschichte erzählen, und wer Ausdrücke wie *modus vivendi* in eigenen Worten korrekt zu erklären vermag, dem unterstellt man eine entsprechend hohe Fähigkeit, Probleme auch in ganz anderen Situationen bewältigen zu können. Mit dem Erreichen eines guten Testergebnisses verbindet sich zudem vielfach die Erwartung, günstige Voraussetzungen für einen späteren Lebens- und Berufserfolg zu besitzen.

> Tatsächlich gibt es einen sehr geringen Zusammenhang zwischen den Leistungen in einem Intelligenztest und dem späteren Berufserfolg, aber offenbar nur, wenn man diesen „Erfolg" auf die ersten Monate beruflicher Erfahrung bezieht. Dieser Zusammenhang verschwindet nämlich vollkommen, wenn man die Leistungen von Berufstätigen berücksichtigt, die diese mehrere Jahre nach ihrer Einstellung erbringen. Nach vier oder fünf Jahren Berufserfahrung kann man sogar Menschen mit geringen Intelligenzquotienten identifizieren, die bessere Leistungen erbringen als Arbeitskollegen mit hohen Testergebnissen (Kamin, 1995).

> Kurioserweise liefert Terman selbst ein Beispiel dafür, wie fehlerhaft Vorhersagen beruflicher Leistungen aufgrund von früheren Testergebnissen sein können. Er hatte in den frühen 1920er Jahren mit Hilfe seines Intelligenztests 1500 Kinder im Alter von 8 bis 12 Jahren ausgewählt, die er bezüglich ihrer Leistungen zu den Hochbegabten zählte; ihr Durchschnitts-Intelligenzquotient lag bei 150! Keines dieser Hochintelligenten erhielt jemals einen Nobelpreis, wohl aber zwei Persönlichkeiten, die Terman wegen ihrer damals zu geringen Testleistung nicht mit in die Gruppe der Hochbegabten aufgenommen hatte (Ceci, 1990).

Herkömmliche Intelligenztests trennen konzeptuell die Person von ihrer Umgebung, um „sauberer" erfassen zu können, wie ihre „Intelligenz" Einfluß auf ihr Verhalten im allgemeinen, ihre Leistungen im besonderen nimmt (Cantor & Harlow, 1994). Wenn ein Mensch also eine überdurchschnittliche Leistung in einem Intelligenztest erbringt, müßte er beispielsweise auch in der Lage sein, ein Schiff ohne Navigationsgeräte von einem Ort zum anderen zu steuern, zu jagendes Wild aufgrund hinterlassener Fußspuren aufzuspüren und treffsicher zu erlegen, einen modernen Industriebetrieb mit Dutzenden von Mitarbeitern erfolgreich zu leiten oder die Probleme zu lösen, die mit der Kindererziehung verbunden sind. Das Leistungsniveau eines Menschen in einer Vielzahl verschiedenartiger Problemsituationen hängt also nach dieser Konzeption

5.1 Intelligenz als Fähigkeit zur Lösung von Problemen

unmittelbar vom Ausprägungsgrad seiner Intelligenz ab. Anerkannt wird lediglich, daß vorübergehende Bedingungen in der Person (hohe Müdigkeit, Erkrankung, mangelnde Motivation usw.) sowie in der Situation (ungewöhnliche Temperaturen, akustische Störungen, ungünstige Lichtverhältnisse) beeinträchtigend auf das aktuelle Leistungsverhalten wirken können.

Läßt sich die Annahme eines relativ engen Kausalzusammenhanges zwischen *Intelligenz* und *Leistungsverhalten* aber tatsächlich aufrecht erhalten? Erhebliche Bedenken hatte bereits in den Jahren 1922 und 1923 in einer Reihe von Zeitschriftenaufsätzen der Journalist Walter Lippmann angemeldet. Er brachte in seiner Kritik erhebliche Zweifel darüber zum Ausdruck, daß Intelligenztests etwas messen würden, was mit Problemen des wirklichen Lebens in irgendeiner Beziehung steht. Lippmann gestand zu, daß die Tests irgendeine Fähigkeit messen würden, aber er sprach sich entschlossen dagegen aus, diese Fähigkeit als Intelligenz zu bezeichnen (Hilgard, 1989). Lippmann hatte offenbar bereits recht früh erkannt, daß eine getestete Intelligenz keine Bedeutung besitzt, wenn nicht gleichzeitig ein Kontext definiert wird, an den sich ein Prüfling mehr oder weniger anpassen kann. Es dauerte aber noch einige Jahrzehnte, bis diese Kritik abermals, dafür aber um so nachdrücklicher, wieder auflebte. Autoren, die sich an einem „kontextuellen Ansatz" orientieren, wiesen darauf hin, daß bei der Interpretation von Leistungen nicht nur Merkmale der Person, sondern ebenso Merkmale der Situation, eben der Kontext, berücksichtigt werden müssen. „Man kann nicht einfach nur denken", erläutert beispielsweise David Perkins (1995), „man muß stets über etwas nachdenken. Denken mag mit Abstraktionen zu tun haben, aber es findet niemals im Abstrakten statt. Dichter denken über Sonetts nach, Liebende über Küsse, Physiker machen sich über Quarks Gedanken, und Faulpelze mögen an ein Schläfchen denken. Denken findet immer im Zusammenhang mit einem Inhalt statt, über den man sich Gedanken macht" und damit gleichzeitig, so ist zu ergänzen, innerhalb eines bestimmten Kontexts. Beim Kontext handelt es sich um diejenigen situativen Bedingungen, mit denen ein Individuum infolge seiner Erfahrungen vertraut ist; dazu gehören selbstverständlich auch die Kultur, in der es aufwächst, und die Menschen, mit denen es zusammenlebt. Wenn man in einem Intelligenztests künstlich jeglichen Kontext ausblendet, erschwert man künstlich seine Bearbeitung, denn ein natürlicher Kontext enthält bedeutsame Hinweisreize auf die Lösung.

Die Berücksichtigung des Kontexts hat sehr nachdrücklich John Berry (1974) gefordert. Er vertritt den extremen Standpunkt (er selbst spricht von einem „radikalen kulturellen Relativismus"), daß dem Intelligenzbegriff kein universeller Wert zugeschrieben werden könne. In jeder Kultur müsse gesondert bestimmt werden, was Intelligenz ist. Das gleiche Verhalten, das in einer Kultur als intelligent zu gelten hat, mag man in einer anderen Kultur als weniger intelligent bezeichnen. Beispiele für solche kulturabhängigen Bewertungen wurden bereits gegeben. So gilt es in einer westlich orientierten Schule als weniger intelligent, Gegenstände nach ihren Funktionen zu klassifizieren (s. S. 253f.). Intelligenztheoretiker mit kontextueller Orientierung versuchen aufzudecken, inwieweit das intelligente Verhalten von Bedingungen außerhalb des Individuums abhängt. Eine weniger extreme Position geht davon aus, daß die Fähigkeit eines Menschen, seine Tüchtigkeit darzustellen, wenigstens bis zu einem gewissen Grade auch von den äußeren sozio-kulturellen Bedingungen abhängt, in der er sich befindet. So hat man Hausfrauen beobachtet, die weitgehend versagten, wenn man ihnen ziemlich elementare Rechenaufgaben in einem Mathematiktest vorlegte, aber es gelang ihnen ohne Schwierigkeiten, Aufgaben grundsätzlich gleicher Art richtig zu lösen, wenn diese sich ihnen beim Einkauf in einem Supermarkt stellten (Lave, 1988). Ebenso gilt aber auch die umgekehrte Situation. In einer größer angelegten Vergleichsstudie lösten 80 Prozent der Zwölfjährigen eine Aufgabe, die von ihnen forderte, 225 durch 15 zu dividieren. Der Prozentsatz sank auf vierzig Prozent, nachdem die Aufgabe folgendermaßen umformuliert worden war: „Nehmt einmal an, ein Gärtner hat 225 Blumenzwiebeln, die er gleichmäßig auf 15 Blumenbeete verteilen möchte. Wie viele Zwiebeln muß er in jedes Beet tun?" Die meisten Schüler, die an dieser Aufgabe versagten, wußten nicht, welche Rechenoperation sie auszuführen hatten, um die Gärtneraufgabe zu lösen (Desforges, 1995).

Einsichten in das außerschulische Lernen hat man vor allem durch das Studium von Straßenkindern in Brasilien erhalten, die sich einen Schulbesuch entweder überhaupt nicht oder in nur geringem Umfang leisten konnten; von ihnen war bereits an anderer Stelle die Rede (s. S. 255). Für sie ist der Straßenhandel zum Überleben notwendig. Die jungen Händler kaufen ihre Waren vom Großhändler, legen Preise für diese fest und ermöglichen auch Mengenrabatte. Sie hatten zum Zeitpunkt der Untersuchung eine Inflationsrate von 250 Prozent jährlich zu berücksichtigen. Die Händler mußten also nicht nur einen Gewinn erwirtschaften, sondern außerdem bedenken, daß die Ware nach ihrem Absatz nur mit erhöhten Kosten wiederbeschafft werden konnte. Die Rechenleistungen, die aus Additionen, Subtraktionen und Multiplikationen bestanden, vollzogen diese Kinder in der Regel im Kopf. Die Fehlerquote lag bei 2 Prozent (Nunes et al., 1993). Obwohl sich viele dieser Kinder bei ihrem alltäglichen Handeln hochgradig qualifizieren konnten, darf nicht gefolgert werden, daß sie im Falle ihres Schuleintritts sofort zu den Besten im Mathematikunterricht gehören würden. Tatsächlich erbrachten diese Kinder schwache Leistungen, wenn man die täglich von ihnen bewältigten Rechenaufgaben so formulierte, wie sie typischerweise in der Schule vorkommen. So wurden sie beispielsweise in einer Testsituation vom „Käufer" nicht gefragt: „Wieviel kosten 10 Kokosnüsse, wenn du für jede 35 Cruceros haben willst?", sondern sie erhielten Papier und Bleistift, um folgende Aufgabe zu lösen: „Wieviel sind 10×35?" Die Erfolgsquote sank bei dieser Schulaufgabe von 98 auf 37 Prozent (Nunes et al., 1993). Muß man ihnen wegen ihres schlechten Abschneidens bei der kontextlosen Aufgabe geringe Fähigkeiten unterstellen? Stephen Ceci und Antonio Roazzi (1994) haben diese Frage, gestützt auf die Ergebnisse ihrer Studien in Recife (Brasilien), verneint und festgestellt: „Wir können nicht den Schluß ziehen, daß es Kindern an bestimmten kognitiven Fähigkeiten mangelt,

5.1 Intelligenz als Fähigkeit zur Lösung von Problemen

nur weil sie diese in einem gegebenen Kontext nicht zeigen. Diese Fähigkeiten könnten in einem anderen Kontext zum Ausdruck kommen. ... Arme Kinder zeigten in einem alltäglichen Kontext eine Leistung, die erheblich über derjenigen lag, die sie in einem formalen Testkontext zeigten, obwohl die beiden Aufgaben die gleiche logische Struktur aufwiesen."

Dem kontextuellen Ansatz liegt die Überzeugung zugrunde, daß sich Merkmale wie etwa die Intelligenz bzw. Intelligenzen stets in spezifischen Kontexten entwickeln und als Ergebnis einer Interaktion von sozio-kulturellen und inneren Voraussetzungen der Person zustandekommen. Vor diesem Hintergrund erscheint es deshalb sehr wohl sinnvoll, von einer „verteilten" *(distributed)* menschlichen Intelligenz zu sprechen, die nicht allein *im* Individuum angesiedelt ist (Pea, 1993; Perkins, 1993; Salomon, 1993). Nach dieser Sichtweise ist die Bewältigung komplexer Probleme als das Ergebnis von Voraussetzungen zu sehen, die sich zum einen in der Person (sie hat Wissen und Kenntnisse über Lösungsstrategien, die sie im günstigsten Fall auch angemessen anzuwenden weiß), zum anderen in der Situation finden (einschließlich anderer Personen; dazu gehören auch menschliche Gemeinschaften, vorhandene Hilfsmittel wie etwa Werkzeuge, Bücher usw.). Danach ist es absolut sinnlos, von einer intelligenten Person zu sprechen, ohne *gleichzeitig* festzustellen, unter welchen Bedingungen ihre Intelligenz zum Ausdruck kommt. Es ist aber ebenso sinnlos, die Leistungsfähigkeit einer Person in einem Kontext zu prüfen, um aufgrund der Ergebnisse gültige Vorhersagen zu treffen, wie erfolgreich sie sich mit Problemen in einem ganz anderen Kontext auseinandersetzen wird.

Ob Verhalten als intelligent zu bezeichnen ist, läßt sich nur bestimmen, wenn man gleichzeitig den Kontext im Blick behält, in dem es gezeigt wird. Deshalb ist es möglich, so erläutern Nancy Cantor und Robert Harlow (1994), daß das gleiche Verhalten in einem Kontext intelligent ist, in einem anderen dagegen nicht. Wenn ein Erwachsener einschmeichelndes, untertäniges Verhalten zeigt, dann mag das gegenüber seinen Vorgesetzten im Beruf intelligent sein, nicht jedoch, wenn er sich ebenso gegenüber seinen jugendlichen Kindern verhält. Wenn schulische Lernschwierigkeiten auftreten, reicht es nicht aus, die Ursachen ausschließlich *in* der Person zu suchen. Deshalb verfolgte Alfred Binet grundsätzlich den richtigen Weg, als er auffällige Kinder vorübergehend aus dem normalen Klassenkontext herausnehmen wollte, um ihnen in einer anderen Umgebung eine gesonderte Behandlung zuteil werden zu lassen. Eine andere Möglichkeit, Schülern mit schwachen Leistungen zu begegnen, hat Howard Gardner (s. S. 256) aufgezeigt, indem er für die Anerkennung multipler Intelligenzen geworben hat. Wer im sprachlichen oder mathematischen Bereich Schwierigkeiten hat, findet möglicherweise auf musikalischem oder interpersonalem Gebiet Möglichkeiten, Stärken zu zeigen. Die Gelegenheit zur Betätigung in solchen Aktivitätsbereichen, in denen man eigene Stärken erfahren kann, ist auch und ganz besonders zum Aufbau eines wünschenswerten Selbstbildes von Bedeutung. Carol Dweck, über deren Arbeiten an anderer Stelle noch ausführlich informiert werden soll (s. S. 363f.), hat zeigen können, in welch hohem Maße die Vorstellungen von seiner eigenen Intelligenz die Lern-

und Leistungsmotivation des Kindes beeinflussen. Die Erfahrung, auf *irgendeinem anerkannten* Gebiet dank gut entwickelter Fähigkeiten erfolgreich zu sein und Leistungen erbringen zu können, fördert in hohem Maße die Bereitschaft, sein eigenes Können auch in anderen Gebieten zu verbessern!

5.1.2.4 Maßnahmen zur Verminderung der Übereinstimmung von IQ-Testergebnissen und Schulleistung

Alle Autoren herkömmlicher IQ-Tests heben hervor, daß die Ergebnisse ihres Prüfungsinstrumentes in ziemlich hoher Übereinstimmung mit dem Schulerfolg stehen. Ihr Test würde es zudem gestatten, das zukünftige Leistungsverhalten von Schülern mit beachtlicher Zuverlässigkeit vorherzusagen (Brody, 1992). Es kann nicht überraschen, daß ermittelte Intelligenz-Quotienten Ähnlichkeiten mit Lehrerurteilen aufweisen. Immerhin wurden Prüfinstrumente dieser Art seit der Zeit Alfred Binets so konstruiert, daß sie eben diese Funktion möglichst gut erfüllen. Kann diese Übereinstimmung zwischen IQ-Testergebnis und Schulleistung aus pädagogisch-psychologischer Sicht aber wirklich erwünscht sein? Immerhin hat die vorangegangene Betrachtung ergeben, daß IQ-Tests durch Merkmale zu kennzeichnen sind, die sich mit einem Förderungsauftrag nicht vereinbaren lassen. An dieser Stelle sei noch einmal auf die typische Kennzeichen verwiesen, die traditionelle Intelligenztests aufweisen (s. S. 248f.).

Gibt es irgendeine Berechtigung, Schülern Aufgaben mit solchen Kennzeichen im Unterricht oder im Rahmen einer Intelligenzprüfung vorzulegen? Mit einer Vorbereitung des Nachwuchses auf Probleme außerhalb der Schule kann in der Antwort jedenfalls nicht argumentiert werden, denn im Alltagsleben stellen sich Probleme ganz anderer Art. Dort findet man häufiger Situationen, die 1. entdeckt und formuliert werden müssen, 2. eine unscharfe Aufgabenstellung aufweisen, 3. eine Suche nach weiteren Informationen stimulieren, 4. auf mehr als einem Wege zu lösen sind, 5. eine Einbettung in alltägliche für die Lösung relevante Erfahrungen besitzen, und 6. gesteigerte Motivation und persönliches Engagement bei der Lösungssuche voraussetzen (Sternberg & Wagner, 1993). Allein diese idealtypische Gegenüberstellung von schulischen und alltäglichen Problemen wirft die Frage auf, ob man den Schüler im Unterricht nicht verstärkt mit Situationen konfrontieren sollte, die er gehäuft außerhalb der Schule vorfindet. Der Lernende dürfte nicht länger mit Schulbüchern arbeiten müssen, die „sehr viel ausführlicher die Gesetze der Mathematik oder der Natur darstellen, statt etwas darüber zu sagen, wann diese Gesetze für die Lösung von Problemen nützlich sein könnten" (Gragg, 1940). Die Leistungen, die Schüler in einem derart veränderten Unterricht erzielen, müßten sich von den Ergebnissen herkömmlicher Intelligenztests abheben. Schüler sind einfach nicht motiviert, alles zu lernen, was der Unterricht an sie heranträgt. Deshalb sollte die Schule sehr viel mehr als in der Vergangenheit darauf achten, ob die Lerninhalte den Schülern sinnvoll erscheinen. „Es ist nicht so, daß Schüler nicht lernen können", so versichert auch Mihaly Csikszentmihalyi (1990), „es ist vielmehr so, daß sie nicht lernen wollen." Eine Verminderung in der Übereinstimmung von IQ-Testsresultaten einerseits und Schulleistung andererseits wäre dann eventuell sogar als Hinweis auf eine erfolgreiche schulische Reform zu werten.

Aus pädagogisch-psychologischer Sichtweise lautet also die klare Empfehlung, im Unterricht verstärkt Problemsituationen zu berücksichtigen, die auch im praktischen Alltag vorkommen. Dabei ist klar, daß eine durchgängige Anwendung dieses Prinzips im Unterricht wohl vorerst nur im Sinne einer „Akzentverschiebung" zu verwirklichen ist. Es wäre aber wünschenswert, wenn der Unterricht authentischen Situationen ein möglichst großes Gewicht geben würde.

In den nun folgenden Abschnitten wird über wichtige Erkenntnisse zum Lösen von Problemen berichtet; aus diesen lassen sich weitere bedeutende Gründe ableiten, den Unterricht in der oben beschriebenen Weise zu verändern, damit die Schule noch mehr den Erkenntnissen der Lernforschung Rechnung trägt.

5.2 Das Lösen von Problemen

Das Leben stellt den Menschen ständig vor die Notwendigkeit, Entscheidungen zu treffen. Eine solche Situation ergibt sich bereits am Morgen eines jeden Tages, wenn u. a. die Wahl besteht, entweder aufzustehen oder im Bett liegen zu bleiben. Sollte die Entscheidung fallen, das Bett zu verlassen, stellt sich vielleicht die Frage, welches Hemd für den heutigen Tag anzuziehen ist, ob man sich ein Ei zum Frühstück bereitet und ob man einen Schirm mitnehmen sollte. Entscheidungen der genannten Art betreffen lediglich Aktivitäten, die jeweils unmittelbar bevorstehen und die vergleichsweise schnell ausgeführt werden. Andere Entscheidungen können weitreichende Konsequenzen haben. So steht ein Jugendlicher beispielsweise vor der Frage, für welchen Beruf er sich am besten entscheiden sollte, ob es ratsam ist, ein Studium zu beginnen, oder ob er seine Freundin heiraten sollte. Die Auseinandersetzung mit den verschiedenartigen Lebensbedingungen nannte John Dewey (1933) *Problemlösen*. Er ging davon aus, daß es ein entscheidendes Kennzeichen des Lebens sei, Probleme anzutreffen und auf diese zu reagieren. Jede menschliche Aktivität, so erklärte er, sei das Ergebnis einer Entscheidung zwischen Wahlmöglichkeiten, denn es gäbe stets auch die Alternative, keine Aktivität zu zeigen. Wenn es im Leben keine Wahlmöglichkeiten gäbe, so überlegte Dewey, bestünde wahrscheinlich auch keinerlei Anlaß zum Lernen.

Viele Entscheidungen können alltäglich getroffen werden, ohne daß es dazu besonderer Hilfen bedarf. Die moderne Industriegesellschaft stellt den einzelnen aber auch wiederholt vor Probleme, deren Lösung besondere Vorkenntnisse voraussetzt, die in der Schule vermittelt werden, wie etwa Lesen, Schreiben oder der Umgang mit Zahlen. Aber auch Kenntnisse in den Sprachen, in den Sozial- und Naturwissenschaften usw. versetzen den einzelnen in die Lage, Probleme zu lösen. Wie aber muß der Unterricht gestaltet werden, damit der Schüler das in der Schule Gelernte auch in anderen Situationen anwenden kann. Welcher Grad der Verarbeitung hat zu erfolgen? Mit solchen Fragen beschäftigt sich die Pädagogische Psychologie. Sie ist bemüht, die Voraussetzungen zum Problemlösen zu fördern. Da die von ihr empfohlenen Maßnahmen aber auf Erkenntnisse in der Allgemeinen Psychologie aufbauen, sind zunächst einige Grundlagen darzustellen.

5.2.1 Problemlösen aus allgemein-psychologischer Sicht

Die Frage, wie Menschen Probleme lösen, gehört mit zu den ältesten Forschungsanliegen der empirisch ausgerichteten Psychologie. Edward Thorndike, der bereits vor Beginn des 20. Jahrhunderts hungrige Katzen vor die Aufgabe stellte, sich aus einem Käfig zu befreien, um Zugang zu Futter zu erlangen, gehörte zu den ersten experimentellen Psychologen, die grundlegende Erkenntnisse auf diesem Gebiet sammelten (s. S. 133f.). Thorndikes Behauptung, Organismen würden den Lösungsweg durch Versuch-und-Irrtum finden, rief allerdings damals heftigen Widerspruch der Gestaltpsychologen hervor. Zu ihnen gehörte auch Wolfgang Köhler (1917), der während des Ersten Weltkriegs auf Teneriffa studierte, wie Schimpansen Probleme lösten, die mit den Aufgaben von Thorndike vergleichbar waren. Auch Köhler plazierte außerhalb eines Käfigs Futter in Form einer Banane, allerdings in so großem Abstand von den Gitterstäben, daß die Frucht nicht mehr mit dem Arm zu erreichen war. Wie ließ sich der Appetit nun aber trotzdem stillen? Zur Verfügung standen lediglich zwei Stöcke, die zwar für sich allein zum Erreichen der Frucht zu kurz waren, sich aber ineinanderstecken ließen.

> Köhlers Bericht ist zu entnehmen, daß ein Schimpanse in dieser Problemsituation typischerweise zunächst versuchte, die Banane mit der Hand zu erreichen. Er mußte jedoch erfahren, daß der Arm dafür zu kurz war. Es vergingen in der Regel einige Minuten, bis ein Schimpanse einen der Stöcke ergriff. Aber auch dieser besaß nicht die erforderliche Länge. Einige Zeit später sah man das Tier, wie es auf einer Kiste saß und scheinbar gleichgültig mit beiden Stöcken spielte. Dabei geschah es, daß der Schimpanse diese beiden Gegenstände plötzlich so in seinen Händen hielt, daß sie eine gerade Linie bildeten. Unmittelbar darauf steckte er beide Stöcke zusammen und lief bis ans Gitter, um sich von dort aus die Banane heranzuholen. Köhler wertete dieses Verhalten als Hinweis dafür, daß das Tier *Einsicht* in die Problemsituation gewonnen hatte.

> Es sei angemerkt, daß dieses Experiment im Verlauf der Zeit eine außerordentlich große Popularität gewonnen hat. Seine Kenntnis gehört heute schon fast zum Allgemeinwissen. Auch viele Pädagogen konnten sich relativ leicht mit der Vorstellung arrangieren, daß ein intelligentes Wesen

offenbar in der Lage ist, Probleme weitgehend im Stillsitzen – allein durch Denken – zu lösen. Hier wirkt wahrscheinlich Platons Lehre von den angeborenen Ideen nach. *Sokrates* ließ sich bei seinen Dialogen von der Überzeugung leiten, daß seine Schüler sich nur an Wissen erinnern mußten, das bereits seit der Geburt in ihnen schlummerte. Köhler glaubte offenbar auch, daß seine Schimpansen sich durch Denken nur zu erschließen hatten, was sie bereits wußten. Wieviel kritischer sahen hiesige Pädagogen demgegenüber die Katze Thorndikes, die ihren Weg zum Ziel nur durch Versuch-und-Irrtum, also durch äußerliche Aktivitäten, fand! Es überrascht nicht, daß Thorndike in Ländern, die in der Tradition des englischen Empirismus standen, sehr viel mehr Beachtung fand, als im kontinentalen Europa. In die Tradition des Rationalismus und letztlich der Ideenlehre Platons paßte eher ein Lernender, der durch Einsicht seine Probleme löst, also ausschließlich durch Denken! Aus heutiger Sicht muß allerdings davon ausgegangen werden, daß Köhlers Versuchstiere, die zunächst in der damaligen deutschen Kolonie Kamerun aufgewachsen waren (Ley, 1990), ihre Versuch-und-Irrtum-Lernphase bereits hinter sich hatten. Während ihres Aufenthaltes im Urwald dürfte sich ihnen in ausreichendem Umfang Gelegenheiten geboten haben, Erfahrungen mit Ästen und Zweigen zu sammeln. Von dieser Lernvorgeschichte, die vermutlich die Problemlösung erst ermöglichte (Birch, 1945), ist bei Köhler nirgendwo die Rede. So bleibt festzuhalten, daß die Versuche Köhlers lange Zeit in die falsche Richtung führten.

Neben Köhler studierten auch andere Gestaltpsychologen wie etwa Karl Duncker und Max Wertheimer (1945) das Problemlösen. Auf diese Arbeiten bauten amerikanische Psychologen auf, die sich nach der „kognitiven Wende" (s. S. 20) nunmehr ebenfalls dem Denken und der Lösung von Problemen zuwandten. Obwohl diese Arbeiten überwiegend in Experimentalräumen und somit unter ganz anderen Bedingungen als in einem Klassenzimmer durchgeführt worden sind, ist durch sie eine Erkenntnisgrundlage entstanden, auf die spätere Arbeiten in der Pädagogischen Psychologie aufbauen konnten.

5.2.1.1 Kennzeichnung von Problemsituationen

Thorndikes Katze stand – ebenso wie Köhlers Schimpanse – vor einem Problem, solange sie das Ziel (Erlangung von Futter) nicht erreicht und solange sie keinen Lösungsweg gefunden hatte. Wenn ein Lebewesen ein Problem vorfindet, läßt sich zum einen ein Anfangszustand (die aktuelle Situation) und ein Endzustand (das erstrebte Ergebnis) unterscheiden. Von einem menschlichen Lösungssuchenden wird gefordert, daß er sich die Diskrepanz von Ist- und Soll-Zustand (die Lösung) vergegenwärtigt. Zumeist besteht die Lösung eines Problems nicht aus einer einzigen Maßnahme. Häufig müssen untergeordnete Ziele oder Teilziele gefunden werden, die mit Erreichung jeweils eine Annäherung an das Hauptziel gestatten (Schunk, 1991 b). Die Lösung stellt eine Aktivität dar, die eine Identifikation und Anwendung relevanter Regeln, Kenntnisse und kognitiver Strategien erfordert.

Was kann man tun, um die Lösung für ein Problem zu finden, zu dem zunächst kein Weg zu führen scheint? Wie läßt sich das Lösen von Problemen bei Schülern fördern? Wie läßt sich erreichen, daß Lernende bei der Auseinandersetzung mit Problemen Erfahrungen sammeln, die sie bei weiteren zukünftigen Problemen erfolgreich einsetzen können? Die Antwort auf solche Fragen hängt auch von der Art des jeweils vorliegenden Problems ab. Es lassen sich klar und unklar definierte Probleme unterscheiden.

5.2.1.2 Klar und unklar definierte Probleme

Lernende in der Schule sammeln vor allem Erfahrungen mit klar definierten *(well-defined)* Problemen. Diese sind dadurch gekennzeichnet, daß ein klares Ziel benannt wird und daß die für die Lösung relevanten Informationen vorliegen; es gibt nur eine richtige Antwort und eindeutige Kriterien darüber, wann sie gefunden ist. Als Beispiel denke man an ein Puzzlespiel oder an eine mathematische Gleichung. In beiden Fällen sind die Teile der Aufgabe vorgegeben und die erforderlichen Informationen darüber, wie eine Lösung herbeizuführen ist, bekannt. Demgegenüber gibt es viele unklar definierte *(ill-defined)* Probleme, bei denen das zu erreichende Ziel sehr unbestimmt sein kann. Entsprechend besteht hohe Unsicherheit über den einzuschlagenden Lösungsweg. Es gibt auch keine eindeutigen Kriterien, nach denen die Angemessenheit der Lösung zu beurteilen ist. Ein Mensch ist beispielsweise mit seiner Partnerschaft nicht zufrieden. Wie könnte das Zusammenleben anders verlaufen? Was ließe sich ändern? Auf welchem Wege?

Bei vielen Problemen außerhalb der Schule handelt es sich um unklar definierte Probleme. Sie betreffen beispielsweise die Verminderung internationaler Konflikte, Maßnahmen zur Verbesserung des Umweltschutzes oder Überlegungen dazu, wie in der Abteilung eines Betriebes die Arbeitszufriedenheit oder die Leistungsbereitschaft zu steigern ist. Auch ein Architekt steht zunächst vor einem unklar definierten Problem, vorausgesetzt sein Auftrag lautet nicht, Pläne für ein weiteres Haus („von der Stange") vorzulegen, bei dem lediglich auf bereits vorliegende Pläne zurückgegriffen werden muß. Einer der Gründe, weshalb die Schule nur unzureichend auf die Anforderungen des Lebens vorbereitet, ergibt sich dann, wenn sie Schüler nicht in dem Umfang mit unklar definierten Problemen konfrontiert, wie sie außerhalb der Schule – in Familie, Freizeit und Beruf – vorkommen.

Zum Finden von Lösungen stehen algorithmische und heuristische Methoden zur Verfügung. Beide Methoden eignen sich, um sowohl bei klar als auch bei unklar definierten Problemen zum Ziel zu gelangen. Wenn ein unklar definiertes Ziel vorliegt, wird man aber eher auf heuristische Methoden (Heuristik

– aus dem Griechischen: neues erfinden und entdecken) bei der Lösungssuche zurückgreifen.

5.2.1.3 Algorithmische und heuristische Problemlösungen

Wenn man einen Kuchen backt und sich dabei genau an die Anweisungen des Rezeptes hält, wendet man eine algorithmische Lösungsmethode an. Bei einem Algorithmus handelt es sich um eine Strategie, die eine Problemlösung garantiert, wenn die durch sie spezifizierten Regeln genau beachtet werden. Schüler haben aber häufig Schwierigkeiten, algorithmische Strategien einzusetzen. Sie probieren dann scheinbar zufallsbedingt abwechselnd den einen und den anderen Weg. Dabei mögen sie auf die Lösung treffen, ohne ausreichendes Verständnis dafür gewonnen zu haben, warum der „erfolgreiche" Weg von ihnen überhaupt beschritten wurde.

Mit Hilfe eines Algorithmus ist die Lösung garantiert, weil damit alle theoretisch möglichen Wege zum Ziel berücksichtigt werden. Man kann ihn beispielsweise verwenden, um Anagramme zu lösen, also sinnlos erscheinende Buchstabenfolgen, aus denen sich ein sinnvolles Wort bilden läßt. Gegeben ist etwa folgendes Anagramm:

BLO

Wenn man eine algorithmische Methode verwendet, probiert man alle möglichen Buchstabenkombinationen, bis die richtige Lösung gefunden wurde (BOL, OBL, ... LOB). Insgesamt sind sechs Kombinationen möglich ($3 \times 2 \times 1$). Ein systematisches Durchprobieren ist also sehr wohl noch möglich. Anders sieht es aus, wenn ein Anagramm aus zehn Buchstaben besteht, wie etwa:

EDRISHCLAM

Aus diesem Anagramm ließen sich über 3 Millionen verschiedene Buchstabenkombinationen erzeugen ($10 \times 9 \times 8 \times 7 \times 6 \times 5 \times 4 \times 3 \times 2 \times 1 =$ 3 628 800). Dieses Beispiel zeigt auf, wo das Problem algorithmischer Lösungsstrategien liegt. Sie ließen sich zwar noch mit Hilfe eines Computers durchprobieren, aber von einem menschlichen Anwender würden sie ein erhebliches Maß an Zeit und Ausdauer fordern und irgendwann nicht mehr handhabbar sein.

Viele alltägliche Aufgaben wären gar nicht zu bewerkstelligen, wenn man nicht spontan auf andere Lösungsstrategien zurückgreifen würde. Wenn man beispielsweise in einem Supermarkt einkauft und nach *Hefe* sucht und anfänglich keine Ahnung hat, wo sich dieser Artikel finden läßt, wird man sicherlich nicht jeden Gang und jedes Regal systematisch durchsuchen. Man wird sich vielmehr einer heuristischen Methode bedienen und jene Standorte aufsuchen, an denen sich mit gesteigerter Wahrscheinlichkeit die Hefe befinden könnte. Wird dieser Artikel vielleicht bei den Backwaren angeboten? Dieser Weg erweist sich als vergeblich. Vielleicht verfolgt man noch eine weitere intelligente Vermutung. Schließlich vergegenwärtigt man sich, daß die Haltbarkeit von Hefe zu erhöhen ist, indem man sie kühl lagert. Dieser Gedanke erweist sich als erfolgreich, denn die Hefe wird tatsächlich in einer Kühltruhe gefunden. Auch Anagramme lassen sich mit Hilfe einer heuristischen Lösungsmethode schneller finden. Man muß sich nur vergegenwärtigen, welche Buchstabenkombinationen in der deutschen Sprache häufiger vorkommen. Auf der Suche nach einer Lösung für das oben genannte Beispielanagramm kombiniert man bevorzugt MA, AM, AR, SCH, LI, IE ... und findet schließlich MARSCHLIED. Es bleibt einem auf diese Weise erspart, viele Millionen Kombinationsmöglichkeiten durchzuprobieren.

Eine Heuristik stellt also eine allgemeine Strategie zur Lösung von Problemen dar, wobei Faustregeln oder intelligente Abkürzungen genutzt werden. Die Anwendung einer Heuristik erfordert zwar relativ geringen Zeitaufwand, aber sie kann – das muß gleichzeitig beachtet werden – die Lösung nicht garantieren! Da viele Probleme des Alltagslebens unklar definiert sind, werden Heuristiken dort sehr häufig angewandt. Wenn ein Lernender beispielsweise vor der Aufgaben steht, eine Hausarbeit oder ein Referat zu schreiben, bleibt ihm gar nichts anderes über, als auf eine heuristische Methode zurückgreifen. Welche Strategien lassen sich im einzelnen anwenden, damit eine Zielerreichung wahrscheinlich wird? Allen Newell und Herbert Simon (1972) haben mehrere Methoden identifiziert, von denen in diesem Rahmen nur die Mittel-Ziel-Analyse geschildert werden soll.

Bei Anwendung einer *Mittel-Ziel-Analyse* werden Maßnahmen ergriffen, die den Abstand zwischen der vorliegenden Situation und dem erstrebten Ziel verkürzen sollen. Nach einer Empfehlung von Newell und Simon sollte sich der Lösungssuchende wiederholt die folgenden Fragen stellen: „Welcher Unterschied besteht zwischen der Situation, in der ich mich gerade befinde und dem Punkt, an dem ich sein möchte? Was kann ich tun, um diese Diskrepanz zu reduzieren?" Wenn man beispielsweise eine Hausarbeit zu schreiben oder eine Prüfung vorzubereiten hat, würde man sich ein solches Vorhaben zunächst in Unterprobleme zerlegen. Dazu könnte gehören, daß zunächst ein Thema gesucht wird. Sodann erfolgt die Suche nach geeigneter Literatur. Man liest sie und macht sich dabei Notizen. Nachdem man das Notierte in eine Ordnung gebracht hat, kann man mit dem Schreiben beginnen. Jedes der genannten Teilziele hilft im günstigen Fall, die Diskrepanz zwischen dem ursprünglichen Zustand (es liegt noch keine Arbeit vor) und dem Zielzustand (die Hausarbeit wird abgegeben) zu vermindern.

Probleme des alltäglichen Lebens können sehr wohl fordern, daß man sich vorübergehend vom Ziel entfernt, um voranzukommen. Man glaubt etwa, bei der Vorbereitung auf eine Prüfung ein Teilziel (Auswahl geeigneter Literatur) abgeschlossen zu haben und widmet sich bereits dem zweiten Teilziel (Lesen). Dabei stellt man fest, daß das Thema und damit die Literaturauswahl zu eng gewählt worden sind. Diese Entdeckung zwingt dazu, sich noch einmal zum ersten Teilschritt zurückzubewegen, damit nochmals eine Literaturauswahl auf breiterer Grundlage erfolgt. Nach umfassender Erledigung des ersten Teilziels kann man wieder voranschreiten.

Newell und Simon entwickelten das Computerprogramm „Allgemeiner Problemlöser" *(General Problem Solver),* dessen grundlegende Strategie in der Anwendung der Mittel-Ziel-Analyse bestand. Das Ziel dieses Programms bestand darin, Lösungen für eine Vielfalt von Problemen zu finden, so etwa beim Schachspiel, bei der Erstellung medizinischer Diagnosen und bei der Komposition von Musikstücken. Mit ihren Pionierarbeiten haben Newell und Simon die Grundlagen für die Künstliche Intelligenz gelegt, die inzwischen zu einem wichtigen Forschungsgebiet geworden ist, an dem Psychologen weiterhin in erheblichem Umfang beteiligt sind.

Eine Frage, die bei diesen Arbeiten zunächst ausgeklammert blieb, lautete, ob Menschen tatsächlich entsprechend den ursprünglichen Vorstellungen von Newell und Simon denken. Wenden Experten in einem Problembereich tatsächlich – um nur ein Beispiel zu nennen – die Mittel-Ziel-Analyse an?

5.2.1.4 Vergleich von Experten und Novizen bei der Auseinandersetzung mit Problemen

Adrian de Groot berichtete im Jahre 1965 von einer Beobachtung, die auf weitere Forschungen in der Kognitiven Psychologie einen ungewöhnlich großen Einfluß genommen hatte. Er war in seinen Untersuchungen darauf aufmerksam geworden, daß Schachspieler, die zur Meisterklasse gehörten, nur wenige Sekunden benötigten, um sich die Figurenanordnung zu merken, die de Groot ihnen für wenige Sekunden gezeigt hatte. Demgegenüber benötigten Anfänger oder Gelegenheitsspieler sehr viel mehr Zeit, um sich eine solche Figurenanordnung ins Gedächtnis zu bringen; zudem unterliefen den Novizen in der Erinnerungsphase sehr viel mehr Fehler. William Chase und Herbert Simon (1973) konnten in Nachuntersuchungen de Groots Beobachtungen bestätigen; aber sie entdeckten bei Schachexperten eine weitere interessante Besonderheit. Wenn man den nationalen oder internationalen Meistern eine Figurenanordnung vorlegte, die das Ergebnis von Zufallsentscheidungen war und somit in keinem Spiel vorkam, ging der Gedächtnisvorteil gegenüber den Novizen verloren. Bei solchen für sie völlig ungewöhnlichen Anordnungen mußten sich die Experten jede Einzelposition und die Beziehungen der Figuren untereinander mühsam erarbeiten. Aus dieser Beobachtung läßt sich eine bedeutsame Schlußfolgerung ableiten: Die Schachexperten verfügen nicht *allgemein* über ein überdurchschnittliches Gedächtnis, sie können sich nämlich nur Vorlagen schnell merken, die in früheren Spielen sicherlich bereits viele Male vorgekommen sind. Immerhin haben diese Meisterspieler fast ausnahmslos sehr früh im Leben angefangen, Schach zu spielen und damit nach Schätzung von Simon und Chase zwischen 10 000 und 50 000 Stunden ihres Lebens damit verbracht, einschlägige Erfahrungen zu sammeln. Der außerordentlich große

Erfahrungshintergrund eines Experten, im Schachspiel ebenso wie in anderen Tätigkeitsbereichen, ist der wichtigste Einflußfaktor beim Erwerb weitreichender Kompetenz (Simon & Chase, 1973). Wenn Menschen hochrangige Leistungen von internationalem Format erbringen, haben sie sich mindestens zehn Jahre durch aktives Tätigsein darauf vorbereitet und vielfach bereits vor dem sechsten Lebensjahr damit angefangen (Ericsson & Crutcher, 1990). Übung macht den Meister, wenngleich auch nicht für jeden Menschen in gleicher Weise. Es gibt unzählige Fälle, in denen Aktivitäten über mehr als ein Jahrzehnt fast täglich ausgeführt worden sind, ohne daß sich daraus Spitzenleistungen entwickelt haben (Ericsson & Smith, 1991). Die genetische Ausstattung eines Menschen (s. S. 63f.), noch mehr aber die Kenntnis und der optimale Einsatz von kognitiven Strategien könnten mit zur Erklärung dafür beitragen, daß das Übungsverhalten nicht nur unter quantitativen, sondern zusätzlich unter qualitativen Aspekten betrachtet werden muß.

Da der Schachspieler beim „Setzen" der Figuren bestimmte Regeln zu beachten hat, bestehen zwischen „Läufer", „Springer", „Turm" usw. bestimmte logische Beziehungen, die der Spieler in seinem Gedächtnis als sinnvolle Einheiten oder als Schemata (s. S. 194f.) organisiert. Wenn man diesen Experten nun aus einem tatsächlich möglichen Spiel eine Figurenanordnung zeigt, brauchen sie ihr Gedächtnis nur nach dem entsprechenden Schema zu durchsuchen. Ihnen stehen allerdings keine Schemata über zufällige Anordnungen zur Verfügung. Deshalb müssen sie in solchen für sie völlig ungewöhnlichen Fällen mit der Lernarbeit ganz von vorn beginnen. Die dargestellten Zusammenhänge findet man nicht nur beim Schachspiel, sondern auch in vielen anderen Bereichen, so etwa in der Medizin (Norman et al., 1989), in der Architektur (Atkin, 1980) und in der Physik (Larkin et al., 1980). In allen diesen und weiteren Fachgebieten gibt es Menschen, die als *Experten* über eine Fähigkeit verfügen, die sie durch praktische Tätigkeit erworben haben, und die sie in die Lage versetzt, in einem bestimmten Aufgabenbereich qualitativ gute Leistungen zu erbringen (Frensch & Sternberg, 1989). Beim Vergleich solcher Experten mit Novizen ist man auf eine Reihe von Unterschieden aufmerksam geworden. Sie sollen im folgenden zusammengefaßt werden (Glaser & Chi, 1988; Hohn, 1995). Pädagogische Psychologen haben sich nämlich bei der Klärung der Frage, wie Denkprozesse von Schülern gefördert werden können, an dem orientiert, was über die Denkweisen von Experten ermittelt worden ist.

1. *Experten verfügen über umfangreiche bereichsgebundene Kenntnisse.*
   Einem Experten hilft sein Spezialwissen in erheblichem Maße, um sich Verständnis für eine Problemsituation zu verschaffen und geeignete Lösungen finden zu können. Bereichsgebundenes Wissen umfaßt sowohl deklaratives (wissen, daß ...), prozedurales (gewußt wie) als auch konditionales (wo und wann einsetzbar?) Wissen. Wer dieses Wissen als Experte in einem Bereich hat, kann seine Überlegenheit noch lange nicht in einem anderen Bereich zur Lösung seiner Probleme einsetzen. Ebenso kann ein Schüler über beachtliche Kenntnisse in einem Problembereich verfügen,

5.2 Das Lösen von Problemen

die ihm allerdings keine Voraussetzung liefern, auch in anderen Fächern zu „brillieren".

2. *Experten können im Problembereich ihrer Spezialisierung außerordentlich schnell bedeutsame Gegebenheiten erkennen, die sie als sinnvolle Einheit wahrnehmen.*
   Dabei helfen ihnen, wie bereits festgestellt wurde, ihre Schemata. Der Meister des Schachspiels ordnet auf diese Weise eine größere Anzahl von typischen Figurenkonstellationen, und der Röntgenarzt erkennt auf seinen Röntgenaufnahmen sinnvolle Muster, die der Laie, wenn der Fachmann sie ihm zu zeigen versucht, allenfalls mit großer Mühe nachvollziehen kann (Lesgold et al., 1988). Das Lebensalter bestimmt kaum mit, wann sich bei einem Menschen Expertenwissen entwickelt. Es kann sehr wohl bei zehnjährigen oder noch jüngeren Kindern vorhanden sein, und diese können erwachsenen Novizen bei weitem überlegen sein, wenn es darum geht, sinnvolle Informationseinheiten zu erkennen, zu speichern und zu einem späteren Zeitpunkt wieder abzurufen. Es wäre nicht ungewöhnlich, daß Lehrer in ihren Klassen Experten identifizieren, vor allem, wenn sie nicht nur schulisches Wissen zum Kriterium erheben (etwa im Bereich *Computer, Fußball* oder *Popgruppen).* Fußballexperten eines vierten Schuljahres lernen und behalten neue Begriffe aus diesem Sportbereich sehr viel schneller als ihre Klassenkameraden, die kaum etwas vom Fußball wissen. Dagegen unterscheiden sich diese beiden Gruppen nicht, wenn es um das Erlernen von Begriffen aus anderen Gebieten geht (Schneider & Bjorklund, 1992).

3. *Wegen des Vorhandenseins von Schemata gelingt es Experten im Vergleich zu Novizen, im Kurzzeitgedächtnis eine größere Menge an Informationen präsent zu halten.*
   Experten umgehen auf diese Weise die begrenzte Kapazität ihres Kurzzeitgedächtnisses, das ihnen ansonsten die gleichen Grenzen setzt wie anderen Menschen (s. S. 189f.). Der Grund liegt darin, daß sie eintreffende Informationen durch ihren Wahrnehmungsprozeß sehr schnell zu einer komplexen sinnvollen Einheit organisieren können. Zu einer solchen Ordnung sind Kinder grundsätzlich bereits in einem sehr frühen Alter fähig. Michelene Chi berichtet beispielsweise von einem vierjährigen Jungen, der die Namen und Besonderheiten von über 40 Dinosauriern beherrschte. Er hatte sich sein Wissen einem Erwachsenen vergleichbar in logische Kategorien geordnet (Chi & Koeske, 1983).

4. *Da sich Experten bereits außerordentlich lange mit dem jeweiligen Problembereich ihrer Spezialisierung auseinandergesetzt haben, laufen bei ihnen viele grundlegende Prozesse sehr schnell ab.*
   Eine große Anzahl der in einem Fachgebiet anwendbaren Verfahrensweisen und heuristischen Lösungsmethoden (s. S. 275f.) ist bei ihnen in hohem Maße automatisiert; sie müssen darüber deshalb nicht mehr nachdenken.

Die Schnelligkeit der Problemlösung ist bei Experten auch auf „opportunistisches Denken" zurückzuführen; das bedeutet, daß sie sich aufgrund ihres umfangreichen Spezialwissens außerordentlich schnell an jeweils vorliegende Bedingungen anpassen können. Wenn sehr erfahrene Taxifahrer auf dem Weg zu ihrem Ziel sind, gelingt es ihnen erheblich besser als Anfängern, auf mögliche Abkürzungen aufmerksam zu werden (Chase, 1983).

5. *Experten werden bei der Problemanalyse schneller auf relevante Merkmale aufmerksam, während Novizen dazu tendieren, auch irrelevante Aspekte zu beachten.*
Eine Möglichkeit, diese Unterschiede nachzuweisen, besteht darin, daß man Experten und Novizen eine Reihe von Problemen darstellt. Sodann erfolgt die Aufforderung, diese Probleme in sinnvoll erscheinender Weise zu klassifizieren. Wenn man Experten beispielsweise mathematische Textaufgaben darbietet, dann wissen sie in der Regel bereits nach den ersten gelesenen oder gehörten Wörtern, worum es sich dabei handelt, und entsprechend können sie diese klassifizieren. So ordnen sie beispielsweise in eine Kategorie solche Probleme ein, die das Verhältnis von Entfernung und Zeit zum Inhalt haben (Hinsley et al., 1977). Experten in der Programmierung von Rechnern unterscheiden bei ihren Ordnungsleistungen nach den Prozeduren, die zur Lösung von Problemen benötigt werden („Sortierprobleme" oder „Suchprobleme"), während Novizen den Kontext berücksichtigen, wie etwa Anwendung im Bereich der Wirtschaft oder im Bereich der Wissenschaft (Weiser & Shertz, 1983).
Ebenso hat man Experten und Novizen aufgefordert, Probleme aus dem Bereich der Physik danach zu ordnen, „was zusammengehört". Auch dabei zeigten sich die erwarteten Unterschiede (Chi et al., 1981 a, 1981 b). Die Novizen klassifizieren nach sehr oberflächlichen Merkmalen, indem sie beispielsweise berücksichtigten, ob eine *schiefe Ebene*, ein *Flaschenzug* oder „*fallende Körper*" ein Problem kennzeichneten. Experten ordnen dagegen nach zugrundeliegenden Prinzipien, wie etwa nach *Energiekonstanz* oder *Newtons drittem Gesetz*. Experten sind also in der Lage, dasjenige Schema zu aktivieren, dem sie auch die Lösung entnehmen können (Mayer, 1982). Wenn man aber, wie die Novizen, nur ins Auge fallende, also oberflächliche Bestandteile einer Aufgabe beachtet, nicht aber das sieht, was hinter dem Ablauf eines physikalischen Ereignisses steht, dürfte man kaum in der Lage sein, das in einer Situation Beobachtete auf andere Problemsituationen zu übertragen und dort anzuwenden (Anzai & Yokoyama, 1984).
Mit der Automatisierung vieler Abläufe kann für den Experten aber auch ein Nachteil verbunden sein. Möglicherweise bereitet es ihm Schwierigkeiten, sich schnell auf neue Situationen einzustellen, weil er mit solchen nicht hinreichend vertraut ist. Wenn man beispielsweise beim Kartenspiel Bridge bestimmte Grundregeln ändert, dann fällt es Experten auf diesem Gebiet *zunächst* sehr schwer, eine Anpassung zu vollziehen. Wenn man

ihnen allerdings ausreichend Zeit gibt, können sie schließlich ihr Expertenkönnen gegenüber den Novizen wieder geltend machen (Frensch & Sternberg, 1989) und damit wiederum die bereits unter Punkt 4 genannte hohe Anpassungsfähigkeit in ihrem Spezialgebiet zum Ausdruck bringen. Die Einschränkung an Flexibilität, die bei Bridgespielern anfänglich beobachtet wurde, läßt sich auch in anderen Bereichen nachweisen, und zwar vor allem dort, wo *erheblich* veränderte Sichtweisen erforderlich (und nicht nur ein paar Spielregeln zu ändern) sind. In den Wissenschaften haben häufig Nachwuchskräfte neue aussichtsreiche Wege gewiesen, in einigen Fällen sogar revolutionäre Entdeckungen gemacht, für die ihre Lehrer trotz oder gerade wegen ihres Expertenwissens nicht mehr offen genug waren (Kuhn, 1970).

Vera Birkenbihl (1997) weist ebenfalls auf diesen Zusammenhang hin und meint darüber hinaus, als Zeitpunkt für die Abnahme der Flexibilität des Denkens bei Wissenschaftlern sogar einen Alterszeitraum benennen zu können. Sie stellt nämlich fest: „Einstein hat einmal gesagt: ‚Welch ein Glück, daß ich so jung war, als ich die Relativitätstheorie erarbeitete. Ich selbst hätte sie 10 Jahre später nicht mehr akzeptieren können.'" „Dann", so fährt Birkenbihl fort, „verwundert es auch nicht, daß gerade auf den Gebieten der Chemie und Physik die bahnbrechendsten Wissenschaftler ihre größten Entdeckungen meist vor dem Alter von 30 Jahren gemacht haben. Je mehr man gelernt hat und nun zu leisten vermeint, desto rascher scheint die eigene ‚gewandte Sicherheit' gefährdet, desto weniger möchte man sie aufgeben."

6. *Experten wenden im Vergleich zu Novizen eindeutig mehr Zeit auf, um sich mit den Gegebenheiten einer schwierigen Problemsituation aus ihrem Spezialbereich zunächst einmal vertraut zu machen, indem sie sich die relevanten Aspekte der Problemsituation gedanklich vergegenwärtigen.*
James Voss und Mitarbeiter (1985) beobachteten diesen Unterschied in einer Untersuchung, die sie noch vor dem Zusammenbruch der Sowjetunion durchgeführt hatten. Professoren und Studierenden unterer Semester des Fachgebietes Politische Wissenschaft legten sie folgendes Problem vor: „Nehmen Sie einmal an, Sie sind in der Sowjetunion der Minister für Landwirtschaft, und es hat bereits seit fünf Jahren geringe Ernteerträge gegeben. Es liegt nun in Ihrer Verantwortung, die Ernteerträge zu erhöhen. Wie würden Sie dabei vorgehen?" Die Befragten sollten laut nachdenken und ihre Äußerungen wurden mit Hilfe eines Videorecorders aufgezeichnet. Die Auswertung ergab eindeutige Unterschiede zwischen Experten und Novizen. Die Professoren benötigten eine beachtliche Menge Zeit, um sich zunächst einmal mögliche Gründe für die Mißernten zu vergegenwärtigen. Sie berücksichtigten auch äußere Umstände wie etwa geschichtliche Aspekte, das Klima und die Ideologie des sowjetischen Systems. Die Studierenden nannten demgegenüber bereits Lösungsvorschläge, als sie die Problemsituation noch gar nicht hinreichend verstanden hatten: Man solle einfach die Ackerflächen vergrößern, damit ein größerer Anbau erfolgen

könne. Kennzeichnend für die Experten war übrigens nicht, daß es sich bei ihnen um ausgewiesene Wissenschaftler handelte. Voss und Mitarbeiter hatten nämlich dasselbe Problem auch Professoren der Chemie vorgelegt. Da zur Lösung des Problems Kenntnisse Voraussetzung waren, die außerhalb ihrer Spezialisierung lagen, verhielten sich die Chemiker ebenso wie die genannten Studierenden.

Welche kognitiven Prozesse sind von Bedeutung, wenn Experten eine Problemsituation verstehen wollen? Beachtung verdient sicherlich die Neigung, über die Angemessenheit der jeweiligen Bemühungen zur Problemlösung *nachzudenken* (Cattell, 1963). Sie führen einen Dialog mit dem, was sie bereits wissen, und mit den Gegebenheiten der vorliegenden Problemsituation, vor allem wenn diese Herausforderungen an sie stellt (Scardamalia & Bereiter, 1991). Damit liefern sie einen weiteren Grund für die Bedeutung des Zu-sich-selbst-Sprechens, das bereits von mehreren Blickwinkeln heraus angesprochen worden ist (s. S. 102 und S. 165f.).

Experten nehmen sich zwar mehr Zeit, um die Problemsituation zunächst zu verstehen. Danach wissen sie zumeist aber sehr treffsicher, welches Schema zu aktivieren ist. Die Lösungsfindung und Lösungsausführung der Aufgabe läuft im Anschluß daran relativ schnell ab. Vergleicht man, wie lange insgesamt für die Bearbeitung einer Aufgabe benötigt wird (Erarbeitung von Verständnis, Lösungsfindung und Ausführung), wird man vor allem bei Aufgaben mit eindeutiger Lösung (etwa in der Mathematik oder Physik) feststellen, daß Experten im Vergleich zu Novizen insgesamt weniger Zeit benötigen.

7. *Experten und Novizen unterscheiden sich in der Auswahl ihrer Lösungsstrategien.*
Experten studieren die vorliegende Situation, und sie verfügen dank ihres umfangreichen Erfahrungsschatzes über die Fähigkeit, daraufhin jene Maßnahme aus ihrem Gedächtnis auszuwählen, die mit höchster Wahrscheinlichkeit zum Ziel führen wird. Dazu sind Novizen nicht in der Lage. Sie greifen deshalb in Problemsituationen, wie sie beispielsweise in der Physik (Larkin, 1982) oder der Medizin (Patel & Groen, 1986) vorkommen, auf allgemeine Lösungsstrategien, wie etwa die Mittel-Ziel-Analyse (s. S. 276), zurück. Experten durchsuchen dagegen lediglich ihr Gedächtnis nach einem „Hinweisschild", das sie zu den bereits vorhandenen „Aufzeichnungen" ihrer spezifischen Erfahrungen führt.

Diese Befunde hatten auch auf die Arbeit in der Schule einen bedeutsamen Einfluß. Schüler sollten lernen, ebenso zu denken wie Experten. Deshalb vermittelte man ihnen keine allgemeinen Problemlösungsstrategien mehr, wie sie von Newell und Simon (1972) herausgearbeitet worden waren. Inzwischen hat sich die Forschungslage allerdings abermals verändert. Man hatte Experten nämlich zunächst überwiegend Probleme vorgelegt, die ihnen ziemlich gut vertraut waren. Wie reagieren solche Fachleute aber, wenn man ihnen ein weit weniger geläufiges, ungewöhnliches Problem aus dem Gebiet ihrer Spezialisierung vorlegt? Wie verhalten sich sehr erfahrene

Ärzte, wenn sie vor einem Krankheitsbild stehen, das sie bislang noch nicht diagnostiziert haben? In einem solchen Fall nutzen sie *allgemeinere* Lösungsstrategien, um für das ihnen nicht Vertraute eine Lösung zu finden (Clement, 1991). Sie versuchen u. a. Analogien zu finden, durch die sie das ihnen Unbekannte mit Situationen vergleichen, mit denen sie mehr Erfahrungen haben, oder sie bedienen sich der Mittel-Ziel-Analyse. Demnach gibt es für das Lehren allgemeiner Problemlösungsstrategien durchaus gute Gründe. Man hatte vorübergehend für allgemeine Problemlösungsstrategien die Kennzeichnung „schwache Methoden" verwendet. Clement zeigte, daß eine solche Bezeichnung irreführend ist, denn für Ärzte, die vor ungewöhnlichen Krankheitssymptomen stehen, sind die allgemeinen Lösungsstrategien ganz sicher nicht „schwach". Anders ausgedrückt: ohne Einsatz „schwacher" Lösungsmethoden wären die von Clement untersuchten Experten völlig hilflos gewesen.

8. *Experten gelingt es im Vergleich zu Novizen sehr viel besser, ihre eigenen kognitiven Prozesse zu kontrollieren.*
Experten prüfen häufiger als Novizen den Grad ihres Problemverständnisses. Ihre Urteile bilden den tatsächlich erarbeiteten Verständnisgrad sehr realistisch ab. Wie die Auswertung von Protokollen ergeben hat, kommentieren sie vergleichsweise häufig spontan ihre eigenen Denkprozesse sowie ihr Wissen (Champagne et al., 1980).

Das Studium der Experten hat wesentliche Hinweise zur Förderung des Denkens in der Schule gegeben. Dahinter liegt keineswegs die Absicht, aus Schülern in allen Unterrichtsfächern Experten werden zu lassen. Das wäre ohnehin unrealistisch. Man weiß aber jetzt beispielsweise, daß sich Experten sehr viel Zeit dafür nehmen, zunächst Verständnis für eine Problemsituation zu gewinnen. In vielen Fällen werden Lösungen nicht neu erfunden, sondern dem Gedächtnis entnommen oder bereits bekannte Lösungswege beschritten. Aus diesem Grunde ist es sinnvoller, sich mehr darum zu bemühen, daß Schüler Verständnis für bestimmte Problemsituationen gewinnen als zumeist vergeblich darauf zu warten, daß sie selbständige Lösungen finden.

5.2.2 Fördern des Problemlösens im Unterricht

Wie die Untersuchungen an Experten gezeigt haben, gelingt ihnen die Lösungsfindung in Problemsituationen vielfach dadurch, daß sie geeignete Schemata aufrufen. Aus diesen lesen sie ab, wie sich vorliegende Schwierigkeiten beseitigen, wie sich Wege zur Lösung finden lassen. Bevor Experten aber wissen, welches Schema in einer vorliegenden Problemsituation zu aktivieren ist, nehmen sie sich – im Unterschied zu den Novizen – sehr viel Zeit, um sich zunächst einmal Verständnis darüber zu verschaffen, was gegeben ist (Situationsanalyse) und was erreicht werden soll (Zielanalyse). Mit ihren Bemühungen zur Gewinnung eines fundierten Verständnisses befinden sich die Experten zunächst auf der Suche nach dem Schlüssel, mit dessen Hilfe sich die

Tür, die den Zugang zum Ziel anfänglich versperrt, öffnen läßt. Für den Unterricht ergibt sich aus dem Studium von Experten in Problemsituationen somit, daß der Förderung des Verstehens eine entscheidende Bedeutung zukommen sollte. Wenn ein Mensch eine Problemsituation versteht, besitzt er demnach eine wichtige Voraussetzung, sie auch zu bewältigen.

Ist es aber nicht schon seit langem das Ziel unterrichtlichen Bemühens, dem Schüler dabei zu helfen, Zusammenhänge auch zu verstehen? Die Frage kann selbstverständlich nicht grundweg verneint werden. Wird aber im Unterricht stets auch Sorge dafür getragen, daß der Schüler verstehen *will?* Es sei einmal angenommen, daß ein Lehrer seinen Schülern ausführlich Erläuterungen über einen Sachverhalt gibt. Warum sollte sich ein Lernender aber für diesen interessieren, wenn er noch nicht einmal weiß, welche Frage durch sie beantwortet wird? Das gesamte Wissen, das sich der Mensch über viele Generationen erarbeitet hat, jede wissenschaftliche Erkenntnis hat sich entwickelt, weil *in einem bestimmten Kontext* eine Frage entstanden war, auf die eine Antwort gesucht und gefunden worden ist. Wie kann man davon ausgehen, daß dieses Wissen auch dann noch für den Lernenden wissens*wert* ist, wenn man ihm zum einen den Kontext und gleichzeitig die darin entstandene Frage unterschlägt, ihm also noch nicht einmal mehr die Gelegenheit gibt, die Frage wenigstens nachzuvollziehen? Das gilt nicht nur für einen Unterricht, der das gesprochene Wort in den Vordergrund stellt, sondern auch für den Wissenschaftsbereich: In allen Fachgebieten wurden Millionen von Lehrbuchseiten mit Informationen bedruckt, ohne daß ein Teil der Autoren auch nur ansatzweise den Lesern aufzuzeigen versucht hat, welche Fragen in welchem Kontext durch das Buch beantwortet werden. Die jeweiligen Autoren vertreten aber häufig – zumindest implizit – die Meinung: Sollten die Lernenden die Ausführungen nicht verstehen, nicht einmal verstehen wollen, ist es für ihn selbstverständlich, daß die Studierenden ihren Blick bei der Suche nach den Ursachen stets auf sich selbst zu richten haben!

Wie kann es aber gelingen, den Lernenden anzuregen, Problemsituationen zu analysieren und zu verstehen, die in einem Klassenzimmer künstlich geschaffen worden sind? Lassen sich Schüler überhaupt unter irgendwelchen unterrichtlichen Bedingungen zur Auseinandersetzung mit schwierigen Aufgaben motivieren, die letztlich nur der Lehrer für sie konstruiert hat? Dem Schüler ist grundsätzlich eine derartige Bereitschaft zu unterstellen, vorausgesetzt, daß die Probleme in einem sinnvollen Kontext dargeboten werden und lösbar erscheinen. Dem trägt eine Tendenz Rechnung, die mittlerweile in vielen Ländern nachweisbar ist. So will man beispielsweise im Mathematikunterricht nicht mehr vorrangig erreichen, daß die Schüler „Mathematik können". Vielmehr sollen diese zunehmend in die Lage versetzt werden, ihr mathematisches Wissen zur Lösung von Problemen anzuwenden, die in einem alltäglichen Kontext vorkommen.

5.2.2.1 Schaffen von Problemsituationen in einem natürlichen Kontext

Es stellt keine neue Einsicht dar, daß Probleme, die im Rahmen eines natürlichen Kontexts auftreten, in hohem Maße zur aktiven Auseinandersetzung herausfordern. „Lernen sollte sich", in den Worten Donald Cunninghams (1991), „in wirklichkeitsnahen Situationen vollziehen und auf die Lösung solcher Probleme gerichtet sein, mit denen sich Schüler in ihrem Leben wirklich auseinanderzusetzen haben." Diese Forderung erfüllte, ohne es vorher geplant zu haben, ein Lehrer, von dem Heinrich Roth (1957) berichtet. Der Lehrer hatte mit seinen Schülerinnen und Schülern eine biologische Lehrwanderung unternommen. Dabei wurden Kompaß und Himmelsrichtung erklärt. Aber Schülerinnen und Schüler brachten den Ausführungen nur „halbes Interesse" entgegen. Etwas später ergibt sich jedoch eine neue Situation, denn die Klasse verirrt sich, Kompaß und Karte werden nunmehr notwendig: „Der Lehrer arbeitet mit Kompaß und Karte und bemerkt, daß er in der Eile selbst nicht ganz zurechtkommt. Alle Jugendlichen sind ganz dabei, wollen mitraten, besser wissen, sie diskutieren noch stundenlang" (Roth, 1957). Auch der Projektunterricht weist als entscheidendes Merkmal den Situationsbezug auf. „Gegenstand der Projektarbeit", so stellt beispielsweise Herbert Gudjons (1993) fest, „sind Aufgaben oder Probleme, die sich aus dem ‚Leben' ergeben. Ihr Bezugsrahmen ist also nicht die Systematik der Wissenschaft. ... Projekte orientieren sich an der Einbettung in eine Lebenssituation, am Zusammenhang der Dinge in der Wirklichkeit." Sicherlich wäre es völlig unrealistisch, wenn man von Lehrern erwarten würde, daß sie jedes schulische Problem stets innerhalb des jeweils natürlichen Kontexts darstellen bzw. immer eine Einbettung in eine Lebenssituation vornehmen. Moderne Medien schaffen allerdings Möglichkeiten, solche Situationen zu simulieren. So wurden beispielsweise von einer Arbeitsgruppe an der Vanderbilt Universität in Nashville, Tennessee, zahlreiche interaktive Videodisks für den Mathematikunterricht entwickelt (The Cognition and Technology Group at Vanderbilt, abgekürzt: CTGV). Sie verfolgen damit das Ziel, den Lernprozeß möglichst weitgehend in realen Situationen zu *verankern*; entsprechend wird von „verankerter Instruktion" *(anchored instruction)* gesprochen. Der Lernende erkennt in solchen Situationen, wofür das erworbene Wissen verwendet werden kann. Es handelt sich dabei um die *Jasper Woodbury Problemlösungsserie* (CTGV, 1991), die zunächst für Schüler des fünften und sechsten Schuljahres erarbeitet worden ist. Dabei zeigt man dem Lernenden nicht nur Szenen, zu denen er normalerweise nicht ohne weiteres Zugang hat. Man bietet ihm zusätzlich auch die Gelegenheit, an Ausflügen des Helden *Jasper* teilzunehmen. Dieser wird auf seinen Reisen und Unternehmungen ständig mit Problemen konfrontiert, die auch im Alltag vorkommen können und die daher keineswegs immer klar definiert sind. Der Lernende hat sich mit Situationen (s. S. 15) auseinanderzusetzen, die authentisch weitgehend nachgebildet worden sind; man spricht auch von „Makrokontexten", um deutlich zu machen, daß die für pädagogische Zielsetzungen geschaffenen Situationen nicht völlig der Wirklichkeit entsprechen. In einem Makrokontext stellen sich Lernenden Probleme aus Bereichen wie Mathematik, Naturwissenschaften, Geschichte und Literatur, deren Lösung nur gelingt, wenn das zuvor Gelernte erfolgreich angewandt wird. Im Unterschied zum stereotypen Bild eines Menschen, der allein vor seinem häuslichen Computer sitzt, um der Maschine Befehle einzugeben, sind Bearbeiter der Jasper-Serie insofern in einer sozialen Situation, als sie „mit anderen kooperieren, um mit ihnen Planungen vorzunehmen und komplexe Probleme zu lösen, um Vor- und Nachteile möglicher Lösungen zu diskutieren, um Sichtweisen zu vergleichen, indem auf interessante Ereignisse hingewiesen und diese erklärt werden" (CTGV, 1993b).

> In einer Unterrichtseinheit muß der Lernende etwa herausfinden, wie *Jasper* zahlreiche Probleme löst, die sich anläßlich eines Ausfluges mit seinem Boot ergeben. *Jasper* hat beispielsweise zu entscheiden, wie er sein Boot noch vor Eintritt der Dunkelheit auf den Heimweg bringen kann, ohne daß ihm inzwischen das Benzin ausgeht. Mit Hilfe einer geographischen Karte muß er die Entfernungen ermitteln. Einer Mitteilung aus dem Bordradio entnimmt *Jasper* die Zeit des Sonnenunterganges (CTGV, 1990). Jedes Abenteuer liefert vielfältige Möglichkeiten zum Problemlösen und schlußfolgernden Denken. Es fordert zusätzlich dazu heraus, das jeweils Gelernte mit Problemen in anderen Fächern (Physik, Biologie, Chemie, Literatur, Geschichte usw.) in Beziehung zu setzen.

Die Auswertung der Erfahrungen mit dem Jasper-Programm hat ergeben, daß die dargestellten Problemsituationen auf die meisten Schüler außerordentlich motivierend wirken. Bei auftretenden Lösungsschwierigkeiten geben die Lernenden in der Regel nicht sofort auf, sondern zeigen eine vergleichsweise hohe Ausdauer, um *Jasper* bei der Erreichung seiner Ziele zu helfen (CTGV, 1991). Der Lernerfolg beschränkt sich aber nicht nur auf die Situationen, die durch das Lernmedium geschaffen werden; in Mathematiktests erreichen die Schüler, die sich mit dem interaktiven Programm beschäftigt hatten, überdurchschnittliche Leistungsergebnisse. Es gelang ihnen auch, das gelernte mathematische Wissen zur Lösung alltäglicher Probleme außerhalb der Schule erfolgreich einzusetzen (CTGV, 1993a oder Internet: http://peabody.vanderbilt.edu/projects/funded/jasper).

Auch ohne Verwendung moderner interaktiver Medien läßt sich die Bereitschaft von Schülern wecken, sich mit Problemsituationen auseinderzusetzen. Der Lehrer, der nach Heinrich Roths Schilderung unfreiwillig eine authentische Situation geschaffen hatte, die eine ernsthafte Beschäftigung mit dem Kompaß erforderlich machte, ist bereits als Beispiel genannt worden (s. S. 285). Ebenso lernt man die Nutzung geographischer Karten am besten in natürlichen Kontexten (Griffin, 1995). Problemsituationen können auch auf der Ebene der Schilderung motivierend wirken. Sie müssen allerdings vom Lehrer so ausgewählt und dargestellt werden, daß Lernende darin vertraute Elemente entdecken können. Das Interesse von Schülern wird geweckt, wenn

5.2 Das Lösen von Problemen

unter solchen leicht nachvollziehbaren Bedingungen Ereignisse auftreten, die verblüffen und nicht ohne weiteres erklärbar sind. Fachlehrer in den Naturwissenschaften wissen zumeist, wie sich Gesetzmäßigkeiten in Ereignisse umwandeln lassen, die beim Hörer oder Leser mit hoher Wahrscheinlichkeit Diskrepanzerlebnisse (s. S. 77 und S. 352) hervorrufen.

So läßt sich in einer Physikstunde der Zusammenhang zwischen der Stärke des Luftdrucks und der Siedetemperatur durch folgende Begebenheit einführen: Zwei Jungen haben eine Bergwanderung unternommen. Nachdem sie am Abend ihre Zelte aufgeschlagen haben, beginnen sie mit den Vorbereitungen für die Abendmahlzeit. Auf dem Speiseplan stehen Kartoffeln und Gemüse. Zudem soll es ein gekochtes Ei geben. Am nächsten Abend kümmern sich die Jungen wiederum um ihre Mahlzeit. Obwohl sie nach einer langen, anstrengenden Wanderung besonders ausgehungert sind, scheint das Gekochte überhaupt nicht gar werden zu wollen. Das Essen hat genauso lange auf dem Feuer gestanden wie am Vortag. Dennoch sind die Kartoffeln und Mohrrüben unverändert roh. Das Ei ist nicht hart. Wie konnte es zu derartig unterschiedlichen Garzeiten kommen?

Diskrepanzerlebnisse wird ein Lehrer wahrscheinlich auch bei seinen Schülern hervorrufen, wenn er folgende Demonstration als Einstieg in eine Unterrichtseinheit vorbereitet, in welcher der Begriff der Dichte erarbeitet werden soll. Vor den Schülern stehen zwei Gefäße, die mit Wasser gefüllt sind[1]. Was passiert, wenn der Lehrer in das eine Gefäß eine Dose Cola-Light und in das andere eine Dose mit normaler Cola gießt? Die Schüler nehmen wahrscheinlich mit einigem Erstaunen zur Kenntnis, daß die Cola-Light an der Wasseroberfläche bleibt, während die normale Cola auf den Boden sinkt. Sollte diese Demonstration nicht die Neugier vieler Schüler wecken? Den Lernenden bereitet die Erarbeitung des Begriffs *Dichte* Schwierigkeiten; das liegt daran, daß man zwar Größe und Gewicht einer Substanz wahrnehmen kann, aber keine Möglichkeit hat, deren Dichte direkt zu erfassen.

In einer Geographiestunde besteht das Ziel des Unterrichts darin, natürliche Bedingungen zu identifizieren, die die Entstehung von Städten erklären. Der Lehrer hat Phantasiekarten entworfen, auf der sich zwei Städte unterschiedlicher Größe befinden. Die Klasse erhält die Gelegenheit zur Betrachtung dieser Karte. Sodann wendet sich der Lehrer an die Klasse mit folgendem Impuls: „Seht euch die Karte genau an. Beide Städte finden sich an Mündungen von Flüssen und sie liegen beide unmittelbar am Meer.

---

1 Zur Durchführung des Experiments wird folgendes benötigt: zwei 1000 ml Becherläser, ein 100 ml Meßzylinder, Coca Cola und Coca Cola Light
Versuchsdurchführung: In beide 1000 ml Becherläser werden je 500 ml Leitungswasser gefüllt. 100 ml Coca Cola bzw. Coca Cola light werden mittels Meßzylinder in das gefüllte Becherglas zu dem Leitungswasser dazugegeben. Dabei ist zu beachten, daß das Becherglas leicht schräg gehalten wird, damit die Cola am Becherglasinnenrand in langsamer Fließgeschwindigkeit hineingleiten kann. Werden nun die beiden Colalösungen verglichen, so ist zu erkennen, daß die Coca Cola-Wasserlösung zwei unterschiedliche Phasen aufweist. Im unteren Bereich deutet eine Braunfärbung auf Cola hin und im oberen Bereich bildet sich eine Phase aus klarem Wasser. Die Coca Cola light hingegen vermischt sich mit dem Wasser zu einer einphasigen bräunlichen Lösung (Eckhard Krost).

Trotz dieser Ähnlichkeit hat sich die eine Stadt zu einer weiter aufstrebenden Metropole entwickelt, während die andere eine wenig bedeutsame Ansiedlung geblieben ist. Warum?"

Paul Eggen und Donald Kauchak (1988), auf die zwei der genannten Beispiele zurückgehen, motivieren die Lernenden durch Diskrepanzen und durch Einbettung der Probleme in einen natürlichen Kontext. Der Lehrer hätte beispielsweise auch fragen können, welche äußeren Bedingungen allgemein darauf Einfluß nehmen, ob sich an einem geographischen Ort eine Stadt entwickelt. Statt dessen schafft er eine Situation, die für den Lernenden überschaubar ist: Er konzentriert sich auf den Vergleich von nur zwei Städten. Die Feststellung, daß sich zwei Städte unterschiedlich entwickelt haben, obwohl sie hinsichtlich ihres geographischen Umfeldes Ähnlichkeiten aufweisen, erscheint auf den ersten Blick widersprüchlich. Ebenso sollte die Beobachtung, daß unterschiedliche Garzeiten auftreten, wenn das gleiche Essen an verschiedenen Stellen einer Bergwanderung zubereitet wird, Diskrepanzerlebnisse hervrorufen. Eggen und Kauchak gestehen zu, daß ein Lehrer, der auf diese Weise motivieren möchte, schon einen gewissen „Sinn für Dramaturgie" besitzen muß. Er sollte zumindest ein intuitives Gefühl dafür haben, welche Ereignisse jeweils geeignet sind, um Kinder neugierig zu machen oder zu verblüffen, damit ihr Interesse zum Suchen einer Erklärung geweckt wird.

Weitere Beispiele, die diesen motivierenden Effekt besitzen dürften, lassen sich dem Erkundungstraining von Richard Suchman (1966a, 1966b) entnehmen. Im Physikunterricht zeigte er einen Film, der darstellt, daß eine Kugel sich durch einen Ring stecken läßt. Nachdem sie jedoch über einer Flamme erhitzt worden war, paßte dieselbe Kugel nicht mehr durch den Ring. Wie läßt sich das Beobachtete erklären?

Zu beachten ist, daß am Anfang der Unterrichtsstunde stets eine von den Lernenden nachvollziehbare Handlung dargestellt oder geschildert wird und keine abstrakte Frage. Das Angesprochenwerden der Schüler stellt eine wichtige Voraussetzung dar, sich der dargestellten Problemsituation zuzuwenden, um sich als nächstes um eine Klärung zu bemühen.

Es reicht allerdings nicht aus, Erstaunen oder Überraschung auf Seiten des Lernenden auszulösen. In einem weiteren Schritt muß sichergestellt werden, daß die Lernenden ausreichende Vorkenntnisse in dem Bereich besitzen, aus dem das ausgewählte Problem stammt. Vor allem im Falle sprachlich dargestellter Probleme sollte sichergestellt werden, daß die verwendeten Wörter und Sätze verstanden werden.

5.2.2.2 Überprüfen des sprachlichen Verständnisses

Schulbücher stellen vielfach Aufgaben sprachlich dar. Deshalb muß der Lernende sich die Aufgabenelemente so übersetzen, daß er sie versteht. Das kann ihm allerdings nur gelingen, wenn er über das jeweils relevante Vorverständnis

5.2 Das Lösen von Problemen

verfügt. Sofern der Lehrer bei seinen Anforderungen dieses Vorverständnis nicht ausreichend berücksichtigt, muß er damit rechnen, daß sich in seiner Klasse Lernschwierigkeiten entwickeln. Vor allem der Mathematikunterricht liefert dafür zahlreiche Beispiele.

Nach Piagets Beobachtungen verfügen Kinder, die voroperational denken, noch nicht über den Mengenbegriff. Ihnen ist folglich nicht geläufig, daß sich aus mehreren Teilmengen eine Gesamtmenge herstellen läßt (s. S. 82). Wenn einem Schulanfänger kein Teil-Gesamt-Schema zur Verfügung steht, muß er an Aufgaben scheitern, die von ihm einen Vergleich von Teil- und Gesamtmengen fordern. Da ein solches Kind aber wahrscheinlich bereits zählen kann, kennt es den „Ort", den jeder Zahlbegriff in einer geordneten Reihe einnimmt. So weiß es etwa, daß eine 4 zwischen 3 und 5 steht. Schüler, die zwar zählen können, aber nicht über das Teil-Gesamt-Schema verfügen, mögen durchaus in der Lage sein, auf die Additionsaufgabe „3 + 1 = ?" oder „1 + 3 = ?" korrekt mit „4" zu reagieren; aber sie besitzen kein Verständnis dafür, daß diese beiden Aufgaben insofern Gemeinsames besitzen, als sie gleiche Teilmengen enthalten. Ohne Verfügung über ein Teil-Gesamt-Schema faßt der Schüler Zahlen als Ordinalzahlen („lineare Lösung") auf und „rechnet" vor dem Hintergrund dieses Verständnisses noch scheinbar richtig, daß „Drittens" + „Erstens" gleich „Viertens" ergibt (s. S. 83). In Schwierigkeiten gerät dieser Schüler aber, wenn er folgende Textaufgabe zu lösen hat (De Corte & Verschaffel, 1985): *„Peter hat 3 Äpfel. Anne hat auch einige Äpfel. Peter und Anne haben zusammen 9 Äpfel. Wie viele Äpfel hat Anne?"* Wenn ein Schüler nicht über das Teil-Gesamt-Schema verfügt und Zahlen im Sinne von Rangordnungen verwendet, muß ihn die Textaufgabe verwirren. Er versteht nämlich nicht, daß die Aufgabe von ihm fordert, die Teilmengen von *Peter* und *Anne* miteinander zu vergleichen (Stern, 1993). So mag er in dem Bemühen, sich die erste Teilinformation *(„Peter hat 3 Äpfel")* auf „linearem" Wege darzustellen, drei seiner Finger abzählen. Wie kann er nun aber auf den zweiten Teil der Aufgabe reagieren: *Anne hat auch einige Äpfel?* Er scheitert an der Klärung der Frage, wie viele weitere Finger er für „einige" abzählen muß. Das zeigt der folgende Dialog zwischen dem Lehrer eines ersten Schuljahres und einem seiner Schüler (De Corte & Verschaffel, 1985):

Lehrer: Peter hat 3 Äpfel. Anne hat auch einige Äpfel. Peter und Anne haben zusammen 9 Äpfel. Wie viele Äpfel hat Anne?
Schüler: 9
Lehrer: Warum?
Schüler: Weil Sie das gerade gesagt haben.
Lehrer: Kannst du die Aufgabe noch einmal wiederholen?
Schüler: Peter hat 3 Äpfel. Anne hat auch einige Äpfel. Anne hat 9 Äpfel. Peter hat auch 9 Äpfel.

Der Mathematiklehrer bezieht sich mit den Begriff „zusammen" auf die Gesamtmenge, zu der *Peter* und *Anne* ihre Teilmengen beitragen. Der Schüler interpretiert „zusammen" jedoch im Sinne von „jeder" (Teilmengen). Es ergibt sich folgerichtig, daß der Schüler nach diesem sprachlichen Verständnisproblem ein falsches Lösungsschema auswählt und anwendet. Wenn der Lehrer den Schüler nicht aufgefordert hätte, die Aufgabe noch einmal zu wiederholen, wäre er auf das Mißverständnis nicht sofort aufmerksam geworden. Nunmehr läßt sich der Äußerung des Schülers entnehmen, daß dieser zunächst angeregt werden muß, ein Teil-Gesamt-Schema zu entwickeln. Nach Erreichen dieses Ziels ergibt sich allerdings eine entscheidende Veränderung. Diesem Schema läßt sich nämlich entnehmen, daß in der obigen Aufgabe im Falle von 9 von einer Gesamtmenge die Rede ist, die sich in mehrere Teilmengen zerlegen läßt ([0 und 9], [1 und 8], [3 und 6], [8 und 1] usw.). Wenn man mehrere Teilmengen kombiniert, ergibt sich eine Addition (etwa 3 + 6 = 9), während bei der Subtraktion eine Teilmenge von der Gesamtmenge abgetrennt wird (etwa 9 – 6 = 3). Die Aufgabe, die Erik De Corte und Lieven Verschaffel mitprotokolliert haben, besitzt die Struktur: [Teilmenge 1], [Teilmenge 2], [Gesamtmenge]. Einem Kind, das über das Teil-Gesamt-Schema verfügt, dürfte es nicht sehr schwerfallen, das fehlende Element dieser Aufgabe zu entdecken, also im vorliegenden Fall „die Teilmenge 2". Damit allein besitzt es allerdings erst *eine* Voraussetzung zur Lösung.

Die grundlegenden Übungen im Mathematikunterricht der Grundschule führen zur Entwicklung eines Problemschemas (Riley et al., 1983), mit dessen Hilfe sich der Lernende die verschiedenen Aufgaben ordnet. So gibt es Aufgaben, die eine Addition fordern („Peter hat 3 Äpfel und Anne hat 6 Äpfel. Wie viele haben sie zusammen?"), andere, die eine Subtraktion verlangen („Peter hat 3 Äpfel, Anne hat 6 Äpfel. Wie viele Äpfel hat Anne mehr?") usw. Nach einer ausreichenden Übungsdauer sollten Schüler, ebenso wie Experten (s. S. 280) in der Lage sein, jeweils vorliegende Probleme mit Hilfe ihrer Problemschemata zu klassifizieren. Sie benötigen zusätzlich „Aktions-Schemata" (Riley et al., 1983), denen sie entnehmen, welche Prozeduren die Lösung erbringen. Sobald wiederum auf der Grundlage der Übungstätigkeit zwischen Problem- und Aktions-Schemata „assoziative Verknüpfungen" entstanden sind, kann damit gerechnet werden, daß Aufgaben, die Grundrechnungsarten zum Inhalt haben, schnell und sicher bewältigt werden. Die zur Klassifikation verwendeten Begriffe wirken nämlich wie „diskriminative Reize" (s. S. 146f.), die dem Lernenden aufzeigen, welche Lösungsprozedur auszuwählen ist.

5.2.2.3 Konkretisieren von Textaufgaben

Das (falsche) Verständnis, das De Corte und Verschaffel bei Schülern beobachtet haben, ist wahrscheinlich darauf zurückzuführen, daß die konkrete Erfahrungsgrundlage fehlte. Hätte man den Schülern 9 Äpfel (ersatzweise Plastik-Chips) mitgebracht, wäre folgende Darstellung der Aufgabensituation möglich gewesen. Vor *Peter* und *Anne* liegen 9 Äpfel. *Peter* nimmt sich davon die 3. Teilmenge (am besten nicht nacheinander, sondern als *Menge*). *„Anne hat auch einige Äpfel"*, nämlich diejenigen, die als 2. Teilmenge übrigbleiben. *Anne* dürfte nunmehr kaum noch Anlaß sehen, ihre Teilmenge auf „linearem"

5.2 Das Lösen von Problemen

Wege bestimmen zu wollen, denn die 6 Äpfel liegen anschaulich und greifbar vor ihr. Ein *Vergleich* der beiden Teilmengen läßt sich ohne weiteres anschließen: „Peter hat 3 Äpfel. Anne hat 6 Äpfel. Wie viele Äpfel hat Anne mehr als Peter?" Sollte der Lernende keine ausreichenden Erfahrungen mit derartigen konkreten Mengen erhalten, wird er – vermutlich ohne Kenntnis des Lehrers – auf seine Fingerabzähl-Strategie zurückgreifen. Zu beachten ist aber, daß der anfängliche Mathematikunterricht dieser Lösungsmethode entgegenwirken soll, weil der wahrscheinlich bereits vorhandene Ordinal- durch den Mengenbegriff ersetzt werden soll. Der zu diesem Ersetzen erforderliche Übungsaufwand wird von Lehrern häufig unterschätzt. Zu beachten ist nämlich, daß der Schüler die im Verlauf des Vorschulalters wahrscheinlich bereits gut eingeübte Strategie zunächst verlernen muß und *zusätzlich* das Verständnis von Zahlen als Mengen zu erlernen hat. Die dafür erforderlichen abwechslungsreich zu gestaltenden Übungen erfordern mehrere Wochen!

Es fördert das Verständnis von Textaufgaben weiterhin, wenn Schüler die Strategie beherrschen, sich begriffliche Formulierungen in schematische Zeichnungen zu übersetzen (Swing et al., 1988). Die Gründe dafür sind leicht nachvollziehbar. Sie liegen zu einem beträchtlichen Teil in der eng begrenzten Verarbeitungskapazität des Kurzzeitgedächtnisses (s. S. 189). Dieses wird durch sprachlich dargestellte Probleme sehr schnell überlastet, bei Umsetzung von Informationen in bildliche Darstellungen dagegen entlastet. Die von De Corte und Verschaffel protokollierte Aufgabe kann sich der Grundschüler spätestens im zweiten Schuljahr auch auf grafischem Wege wie in Abbildung 5.1 darstellen. Er erarbeitet sich auf diese Weise zugleich ein begriffliches Modell für diese besondere Problemstruktur (Fuson & Willis, 1989): Wie ließe sich die Aufgabe mit Hilfe einer Waage darstellen? Es dürfte Schülern zweiter Schuljahre zumindest nach vorausgegangener Übung keine Schwierigkeiten bereiten, die „Apfel-Aufgabe" als Waage im Gleichgewicht darzustellen (Cobb & Merkel, 1989). Es ist jedoch nicht die Veranschaulichung allein, die das Verständnis fördert. Die grafischen Darstellungen beschreiben einen Sachverhalt, auf den sich alle Mitglieder der Schulklasse beziehen können, wenn sie über Möglichkeiten einer angemessenen Darstellung diskutieren. Es sind diese Gespräche, von denen eine entscheidende Förderung des Verständnisses ausgeht.

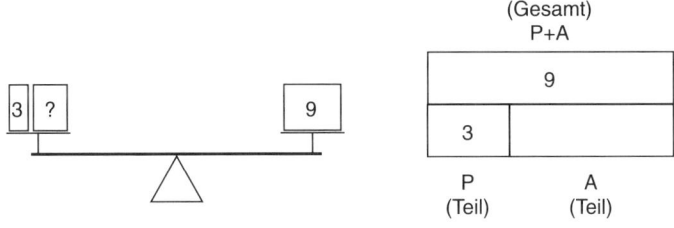

Abbildung 5.1:
Beispiele für Strategien zur Umsetzung einer Textaufgabe in grafische Darstellungen

Viele Schwierigkeiten mit Textaufgaben entstehen vor allem deshalb, weil Lernende nicht genügend darin geübt sind, sie sofort in eine konkrete Situation umzuwandeln, nachdem sie diese kennengelernt haben. Das gilt auch für das folgende Problem:

> In einer Schublade finden sich weiße und schwarze Strümpfe in einem Verhältnis von vier zu fünf. Wie viele Strümpfe muß man mindestens herausnehmen, um auf jeden Fall ein Paar gleicher Farbe zu haben? (Sternberg & Davidson, 1982).

Hätte man diese Aufgabe im praktischen Alltag zu lösen, würde sie den meisten Menschen keine Schwierigkeiten bereiten. Mit der Feststellung, die weißen und schwarzen Strümpfe würden in einem 4- zu 5-Verhältnis in der Schublade liegen, wird die Aufmerksamkeit des Lernenden auf ein sprachlich formuliertes Detail gerichtet, das er wahrscheinlich nicht versteht, denn vielen Lernenden bereitet es erhebliche Schwierigkeiten, jene Teile von Textaufgaben zu verstehen, in denen Proportionen zum Ausdruck gebracht werden (Mayer, 1982). Vermutlich wird auch dieser Begriff häufig nur auf abstrakter Ebene erworben. Er bleibt letztlich unverstanden. Wenn dem Schüler fortan in einer Textaufgabe eine für ihn unverständliche Feststellung begegnet – wie etwa „in einem Verhältnis von" – gelingt es ihm nicht, sie als irrelevant zu identifizieren. Der Lernende hätte sich die Aufgabe auch so repräsentieren können, daß er mit verbundenen Augen vor einer Schublade mit 4 weißen und 5 schwarzen Strumpfpaaren steht. Dort holt er sich nacheinander je einen Strumpf heraus. Nunmehr fällt die Frage der Textaufgabe auf einen ganz anderen Verständnishintergrund: *Wie viele Strümpfe muß ich mindestens herausnehmen, um ein Paar gleicher Farbe zu haben?*[2] Das Entwickeln und spontane Anwenden der an sich naheliegenden Strategie, Textaufgaben in konkrete Aufgabensituationen zu übersetzen, erfährt sicherlich keine Förderung durch einen Mathematikunterricht, der beim Schüler den Eindruck vermittelt, daß mathematische Operationen auch ohne alltäglichen Kontext eine Existenzberechtigung besitzen.

5.2.2.4 Darstellen einer Vielzahl vollständiger Beispiele

Viele Mathematikbücher beginnen eine neue Lehreinheit damit, daß sie dem Schüler zunächst ein oder zwei Aufgaben vollständig, also einschließlich des gesamten Lösungsweges darstellen. Im Anschluß an ein oder zwei Beispiele mit „Musterlösung" erhält der Lernende eine Reihe weiterer „Übungsaufgaben" mit dem Auftrag, diese nunmehr selbständig zu lösen. Welche Ziele hofft man auf diese Weise zu erreichen? Wenn der Lernende mit den Aufgaben noch wenig vertraut ist, wird er einen verhältnismäßig großen Zeitaufwand benötigen, bis er für jede einzelne die Lösung gefunden hat. Deshalb kann er

---
[2] Spätestens der 3. Strumpf würde ein Paar komplettieren. Wenn beim 2. Griff nämlich ein schwarzer und vorher ein weißer Strumpf gezogen würde, so *muß* der 3. Strumpf auf jeden Fall ein komplettes Paar liefern.

5.2 Das Lösen von Problemen

sich in dem zur Verfügung stehenden Zeitrahmen nur mit relativ wenigen Aufgaben auseinandersetzen. Diese sehr eingeschränkten Übungsmöglichkeiten reichen allerdings für viele Schüler nicht aus, um ein angemessenes Aufgabenschema zu entwickeln. Welche Möglichkeiten bleiben einem Lehrer, der die verfügbare Unterrichtszeit nicht nach Belieben verlängern kann, sich seinem Förderungsauftrag aber dennoch verpflichtet fühlt? John Sweller würde ihm empfehlen, daß er den Lernenden weniger Probleme aufträgt, die sie selbständig zu lösen haben; die dadurch gewonnene Zeit sollte der Lehrer nutzen, um von einer Aufgabengruppe möglichst verschiedenartige „vollständige Beispiele" *(worked examples)* darzustellen. Beispiele im Sinne von Sweller sind vollständig, wenn für den Lernenden sämtliche Lösungsschritte bereits ausgearbeitet worden sind. Die Auseinandersetzung mit vollständigen Beispielen ist für den Schüler weit weniger zeitaufwendig als deren selbständige Lösung. Geht aber der Zeitgewinn nicht auf Kosten der Lerneffektivität? Auch dieser Frage ist Sweller nachgegangen. Aus achten Schuljahren stellte er zwei Gruppen mit Schülern gleicher Leistungsfähigkeit zusammen und ließ die Mitglieder der ersten Gruppe ausschließlich selbständig Lösungen finden. Die zweite Gruppe erhielt für jede Aufgabenart jeweils ein vollständiges Beispiel und zusätzlich den Auftrag, ein weiteres Beispiel selbständig zu bearbeiten. Die ausgewählten Aufgaben bildeten mögliche Variationen ab. So fand sich die Unbekannte in einer Gleichung etwa in einem Beispiel auf der linken, in einem weiteren Beispiel auf der rechten Seite usw. Bei einer anschließenden Leistungsüberprüfung zeigte sich die Überlegenheit der zweiten Gruppe, also bei denjenigen Schülern, denen mehrere vollständige Beispiele dargestellt worden waren. Die erfolgreichere Gruppe hatte eindeutig mehr richtige Antworten gegeben (Sweller & Cooper, 1985). Zu beachten ist aber, daß auch diese Gruppe Gelegenheit erhalten hat, das erworbene Wissen sofort anzuwenden. Der Lehrer hatte ihnen eine bestimmte Vorgehensweise bei der Lösung von Aufgaben erklärt und die Lernenden unmittelbar danach herausgefordert, durch Bearbeitung einer weiteren Aufgabe zu überprüfen, ob ihr Verständnis dafür ausreichte. Ein Lernender sollte also nicht nur gut ausgearbeitete Erklärungen empfangen, sondern zusätzlich Gelegenheit erhalten, das daraufhin aufgebaute Verständnis zu verbalisieren und anzuwenden (Webb et al., 1995). Der Lehrer – oder beim kooperativen Lernen der Schüler, der einem anderen etwas erklärt (s. S. 381) – erhält auf diese Weise die Gelegenheit, sich ein Bild von dem Grad des erreichten Verständnisses zu machen (Vedder, 1985).

Auf den ersten Blick mag es überraschen, daß eine Lerngruppe, die Erfahrungen mit vollständigen Beispielen sammelt, bessere Lernfortschritte aufweist, als eine andere, die aktiv nach Lösungen sucht. Es sollte allerdings beachtet werden, daß Sweller großen Wert darauf legt, daß ein Schüler, dem Lösungswege dargestellt werden, nicht in die Rolle eines passiven Zuschauers oder Zuhörers hineingedrängt wird. Vom Lernenden wird nämlich erwartet, daß er die aufgezeigten Lösungsschritte nachvollzieht. Der Lehrer regt den Schüler deshalb an, sein aktuelles Verständnis regelmäßig in eigenen Worten mitzuteilen. Er läßt sich dabei von dem Grundsatz leiten, daß das individuelle Lernen dadurch, daß ein Schüler seinen Mitschülern etwas erklärt, besser gefördert wird, als durch das Empfangen von Erklärungen vom Lehrer (Webb, 1989). Bevor man nämlich anderen etwas erklären kann, muß man sich über den Lerninhalt intensiv Gedanken machen, sich also etwa die Frage beantworten, an welches Vorwissen man am besten anknüpft, welche Form der Erläuterung der Adressat am besten versteht, welche Beispiele für ihn besondere Klarheit schaffen könnten usw. Im Verlauf solcher Überlegungen erfolgt gleichzeitig eine Überprüfung und möglicherweise auch eine Vertiefung des eigenen Verständnisgrades; man entdeckt eigene Verstehenslücken. Darauf weisen auch Ann Brown und Joseph Campione (1986) hin: „Wenn ein Schüler aufgefordert wird, seine Äußerungen anderen gegenüber zu erläutern, zu elaborieren oder zu verteidigen, ist es sehr wahrscheinlich, daß bei ihm ein tieferes Verständnis entsteht. Die Last des Erklärens gibt häufig den Schubs, der benötigt wird, um das eigene Wissen auf neue Weise zu bewerten, zu integrieren und zu elaborieren." *Erklären* in diesem Rahmen heißt also, ausführlich, Schritt für Schritt, den Weg zu beschreiben, der zur Lösung führt und sich zwischendurch wiederholt mit Hilfe von Verständnisfragen zu vergewissern, ob die Ausführungen vom Adressaten verstanden werden.

Nicht alle Schüler sind allerdings in gleicher Weise in der Lage, ihr eigenes Verständnis zu überprüfen, gute Erklärungen abzugeben usw. So hat man auch vollständige Beispiele aus dem Bereich der Physik dargestellt und sämtliche Äußerungen, die die Lernenden zu ihrem eigenen Verständnis machen, protokolliert (Chi et al., 1989). Im Rahmen einer späteren Prüfung ergaben sich deutliche Leistungsunterschiede. Ein Vergleich mit den Protokollen führte zu dem Ergebnis, daß „gute" Studierende im Vergleich zu „schwächeren" quantitativ mehr Zusammenfassungen und mehr Erklärungen über das von ihnen Beobachtete mitteilten. Sie schätzten ihr eigenes Verständnis auch besser ein („Im Augenblick habe ich noch Schwierigkeiten mit ..."). Insgesamt wirkte es auch förderlich auf die Lernsituation, daß der Lehrer den spontanen Äußerungen Hinweise auf Mißverständnisse seiner Schüler entnehmen konnte.

Es ist also festzuhalten, daß ein Unterricht, der häufigen Gebrauch von vollständigen Beispielen macht, nur dann positiv auf das Problemverständnis der Lernenden wirkt, wenn der Lehrer seine Aufmerksamkeit gleichzeitig auf die Metakognitionen seiner Schüler richtet. Zu diesen Metakognitionen gehören auch Verständnisfragen der Lernenden. Was kann im Unterricht getan werden, um die Qualität solcher Fragen bei Schülern zu verbessern? Anregungen dafür lassen sich dem Erkundungstraining von Richard Suchman (1966a, 1966b) entnehmen, auf das bereits hingewiesen worden ist; es soll auf den folgenden Seiten noch etwas ausführlicher beschrieben werden. Die Durchführung dieses Trainings ist zweifellos relativ zeitaufwendig. Zu beachten ist aber, daß es neben der Förderung des Verständnisses für speziell ausgewählte Probleme darauf abzielt, die Strategie des Einholens von Informationen durch Fragen in Problemsituationen allgemein zu verbessern.

5.2.2.5 Verbessern der Qualität von Verständnisfragen

Wer in der Lage ist, gute Fragen zu stellen, besitzt hervorragende Voraussetzungen, sich weitergehendes, tieferes Verständnis zu erschließen. *Isidor Rabi,* der im Jahre 1944 den Nobelpreis in Physik erhielt, berichtete, wie er bereits als kleiner Junge regelmäßig auf die Bedeutung des Fragens aufmerksam geworden ist. Wenn er von der Schule nach Hause kam, fragte ihn seine Mutter nicht, was er gelernt habe. Vielmehr wollte sie von ihrem Sohn wissen, welche guten Fragen er während des Unterrichts gestellt hat. *Rabi* ist davon überzeugt, daß seine Mutter mit dieser täglichen Begrüßung bei ihm die Grundlagen dafür gelegt hat, daß er später durch vielfältiges Fragen allen Dingen auf den Grund gehen wollte (King, 1995).

Auch Richard Suchman hatte die Bedeutung erkannt, die Fragen zur Förderung des eigenen Verständnisses besitzen. Um die Voraussetzung zur Formulierung guter Fragen zu verbessern, wurde von ihm das *„Erkundungstraining"* entwickelt. Es enthält Anregungen, die Alison Kings Bemühungen ergänzen, Schüler in der Auffindung und Formulierung anspruchsvollerer Fragen zu unterstützen (s. S. 230).

Nachdem Suchman seinen Schülern im Physikunterricht beispielsweise eine Ereignisabfolge dargestellt hatte, die sich diese nicht ohne weiteres erklären konnten (s. S. 288; Experiment mit Kugel und Ring), wurde ihnen die Gelegenheit geboten, Fragen zu stellen. Dem nachfolgenden Protokoll ist zu entnehmen, nach welchen Einzelheiten sich ein Schüler bei seinem Physiklehrer erkundigte, nachdem er einen kognitiven Konflikt erfahren hat (Suchman, 1960):

Schüler: Hatten Kugel und Ring zunächst die gleiche Temperatur wie im Zimmer?
Lehrer: Ja.
Schüler: Und zuerst paßte die Kugel durch den Ring?
Lehrer: Ja.
Schüler: Die Kugel paßte aber nicht mehr durch den Ring, nachdem sie einige Zeit über das Feuer gehalten worden ist – stimmt das?
Lehrer: Ja.

Es fällt auf, daß der Schüler nur Fragen stellt, auf die der Lehrer entweder mit „ja" oder mit „nein" reagiert. Mit dieser Regel des Erkundungstrainings soll nach Möglichkeit erreicht werden, daß die Verantwortung für die Informations- und Verständnisgewinnung beim Schüler verbleibt. Ohne diese Regel könnte der Lernende seinen Lehrer einfach bitten, ihm die rätselhafte Beobachtung zu erklären. Damit entsteht allerdings die Gefahr, daß die Antwort am Verständnis des Schülers „vorbeigeht". Die Ja-Nein-Regel stellt demgegenüber weitgehend sicher, daß der Lehrer lediglich darauf antwortet, wonach Schüler ausdrücklich gefragt haben. Stets sollte berücksichtigt werden, daß ein Lernender nur diejenigen Informationen optimal verarbeiten kann, nach denen er sich ausdrücklich erkundigt hat. Allgemein besteht das Problem, daß

Lehrer im Unterricht zu viele Informationen an den Lernenden herantragen. Dabei wiegen sie sich zumeist in der trügerischen Sicherheit, die Adressaten würden schon alles verstehen, vor allem dann, wenn die Erklärungen aus ihrer Sicht in sehr klarer Ausdrucksweise erfolgen. Einige Lehrer lassen sich während ihrer Ausführungen zusätzlich regelmäßig die Zusicherung von ihren Zuhörern geben, daß diese wirklich alles verstanden haben („Ist euch das klar geworden?"). Unglücklicherweise können Lernende diese Lehrerfrage nicht verläßlich beantworten (s. S. 298)! Das Erkundungstraining wirkt solchen fatalen Mißverständnissen in der Kommunikation zwischen Lehrer und Schüler entgegen, weil der Lehrer gehalten ist, auf Schülerfragen nur mit „ja" oder „nein" zu reagieren.

Der Schüler wird bei Suchman herausgefordert, mögliche Fragen zur Verbesserung seines Verständnisses selbst zu suchen. Die den Antworten zu entnehmenden Informationen muß der nach Verständnis suchende Lernende schließlich allein zusammenfügen. Bei der Konstruktion von Verständnis handelt es sich nämlich um einen Prozeß, der von anderen lediglich zu fördern, niemals aber von anderen für andere zu bewerkstelligen ist.

Eine weitere Regel bei Durchführung des Erkundungstrainings fordert von den Schülern, ihre Fragen so zu stellen, daß die Antwort ausschließlich auf dem Wege der Beobachtung zu finden wäre. Diese zweite Regel soll ebenfalls darauf hinwirken, daß kognitive Aktivitäten vor allem beim Schüler angeregt werden und dieser die Klärungslast nicht überwiegend dem Lehrer überträgt. In dem bereits genannten Beispiel aus einer Geographiestunde sollte nach einer Erklärung für das unterschiedliche Wachstum zweier Städte gesucht werden (s. S. 287f.). Folgende Fragen sind nach dieser Regel zulässig (Eggen & Kauchak, 1988):
1. Ist die Stadt X von einem hohen Gebirgsmassiv umgeben?
2. Ist die Stadt X an der Mündung eines größeren Flusses gelegen?
3. Ist der Fluß so groß, daß ihn hochseetaugliche Schiffe befahren können?

Wenn der Fragende wissen will, ob die Stadt X von hohen Bergen umgeben ist oder, ob sie an einer größeren Flußmündung liegt, prüft er mögliche Kausalbeziehungen zwischen geographischen Gegebenheiten und der Stadtentwicklung. Die gesuchten Antworten sind eindeutig durch Beobachtung zu klären. Dagegen sind die folgenden Fragen zu allgemein, denn sie lassen noch nicht eindeutig erkennen, ob der Fragende bereits eine Kausalbeziehung prüft; es wird dem Lehrer überlassen, den möglichen Zusammenhang genauer zu formulieren:
1. Haben die Berge etwas mit den unterschiedlichen Entwicklungen der Städte zu tun?
2. Haben die Verbindungswege zum Hinterland etwas mit der wirtschaftlichen Entwicklung der Städte zu tun?

Wenn Fragen zurückgewiesen werden müssen, weil sie nicht im Einklang mit den Regeln stehen, sollte der Lehrer zu ihrer Umformulierung auffordern. Dazu dürfte der Lernende vor allem dann bereit sein, wenn der Lehrer ihm

5.2 Das Lösen von Problemen

zumindest gelegentlich versichert, daß er augenscheinlich einen interessanten Gedanken verfolgt. Im übrigen gilt, daß ein Lernender, der einmal aufgerufen worden ist, so viele Fragen anschließen darf, wie er möchte. Hinter dieser Regel steht die Erkenntnis, daß Lernende sich ihr Verständnis nur konstruieren können, wenn sie „in einem Stück" dem Weg folgen dürfen, der nach ihrem Eindruck zum Ziel führt. Es wirkt auf jeden Menschen frustrierend, wenn er sich mittels einer geordneten Reihe von Fragen seine Verständnislücken zu schließen versucht, aber bereits vor der „Abarbeitung" seiner Gedankenkette zum Abbruch der Überlegungen gezwungen wird.

Eine letzte Regel des Erkundungsprogramms ist auf die Förderung der Zusammenarbeit gerichtet: Wann immer möglich, sollten die Lernenden bei der Suche nach einer Klärung der ihnen vorliegenden Probleme kooperieren. Sie wenden damit die gleichen Problemlösungs-Strategien an, die außerhalb der Schule, im „wirklichen Leben" überwiegend praktiziert werden (Eggen & Kauchak, 1988).

Der regelmäßige Einsatz des Erkundungstrainings in der Schule ist zu empfehlen, weil es die Strategie des Schülers fördert, sich durch Fragen Informationen zu verschaffen, die er zur Konstruktion seines Verständnisses benötigt. Suchman zeichnete die Erkundungsphasen auf Tonband auf. Dadurch konnte er den Lernenden die Gelegenheit bieten, sich ihre Fragen anschließend nochmals anzuhören. Im Rahmen dieser Wiedergabe erfolgt eine kritische Auseinandersetzung darüber, welche Konsequenzen die verschiedenen Erkundungsstrategien hatten. Suchman beobachtete während einer achtwöchigen Trainingsphase eine kontinuierliche Verbesserung der Fragetechnik.

> Allerdings reicht es nicht aus, Schüler in der Auffindung und Formulierung guter Fragen zu fördern. Wenn sie solche nämlich fortan vorbringen, aber darauf keine oder nur unbefriedigende Antworten erhalten, ist mit höchst unerwünschten Folgen zu rechnen, wie Noreen Webb in ihren Studien beobachten konnte. Die von ihr studierten Schüler benötigten in einigen Situationen „elaborierte Hilfe", also Antworten, die sie wirklich nutzen konnten, um die bestehende Schwierigkeit abzubauen. Sofern ihnen diese Hilfe allerdings wiederholt nicht gewährt worden war, erfolgte bei betroffenen Schülern allmählich ein Leistungsabfall. Das sollte nicht überraschen, denn wenn Schüler in einer solchen Situation häufiger zurückgewiesen werden, läßt man sie nicht nur in ihrer Verwirrung und mit ihren Mißverständnissen allein, sondern entmutigt sie zudem, überhaupt noch weitere Fragen zu stellen. In ihrer Resignation geben sie schließlich jegliches Bemühen auf, Verständnis für im Unterricht Dargestelltes zu gewinnen (Webb & Palincsar, 1996).

Wenn man an Schüler die Frage heranträgt, warum eine Kugel vor und nach der Erhitzung ihren Durchmesser verändert oder, wenn man mit ihnen Bedingungen herausarbeitet, die Einfluß auf die wirtschaftliche Bedeutung einer Stadt nehmen, dann bereitet es den Lernenden in der Regel keine Schwierigkeit, das bereits Bekannte im Dialog mit dem Lehrer (oder anderen Schülern) so aufzuarbeiten, daß Antworten ermöglicht werden, denen echtes Verständnis zugrunde liegt. Anders liegen die Verhältnisse, wenn Lernende Vorwissen in eine Lernsituation bringen, das dem im Unterricht zu erarbeitenden Verständnis mehr oder weniger widerspricht. Wie bereits in Kapitel 1 festgestellt worden ist, wird sich der Lernende eines solchen Widerspruchs aber entweder gar nicht bewußt, oder er weist die vom Lehrer dargestellten Zusammenhänge von vornherein als unzutreffend zurück (s. S. 25ff. und 39ff.)! Wie kann man Schüler in einer solchen Situation veranlassen, ihr bisheriges Verständnis zu überprüfen und darüber hinaus sogar noch zu verändern? Sollten die Lernenden in einem Erkundungstraining bereits gelernt haben, wie man verständnisfördernde Frage stellt, besitzen sie zumindest *eine* Voraussetzung für eine „konzeptuelle Veränderung". Wie in den folgenden Abschnitten gezeigt werden soll, bedarf es darüber hinaus zusätzlicher unterrichtlicher Maßnahmen, die teilweise erst in jüngerer Zeit entwickelt worden sind.

5.2.3 Förderung konzeptueller Veränderungen

Es gibt viele Zusammenhänge, die sich relativ einfach auf sprachlichem Wege mitteilen lassen, wie etwa: *Die Erde ist rund, die Erde ist ein Planet* oder *Pflanzen produzieren ihre Nahrung selbst*. Nach einem naiven Verständnis lassen sich dem Schüler solche Zusammenhänge dadurch vermitteln, daß man sie ihm anschaulich darstellt. Man muß den Lernenden abschließend nur noch fragen, ob er die Ausführungen des Lehrers verstanden hat. Wie aufschlußreich ist aber die darauf gegebene Antwort des Lernenden? „Wir haben festgestellt", so erklären Charles Anderson und Kathleen Roth (1989), „daß Schüler fast immer ‚ja' antworten, wenn sie gefragt werden, ob sie verstanden haben." Die Behauptungen der Schüler riefen bei Anderson und Roth jedoch stets erhebliche Zweifel hervor. Vor allem in naturwissenschaftlichen Fächern lassen sich mit Fragen über das „Verstehen" nämlich kaum aufschlußreiche Klärungen herbeiführen. Verstehen „kann für verschiedene Leute Unterschiedliches bedeuten". Da die Frage nach dem Verstehen keinen verläßlichen Aufschluß gibt, sollten Lehrer sie aus ihrem Repertoire völlig streichen!

Zu beachten ist, daß die Förderung des Verstehens von Umweltereignissen kein Privileg der Schule darstellt. Bereits von früher Kindheit an bemüht sich der Mensch um ein intuitives Verständnis seiner physikalischen und sozialen Umgebung (Vosniadou, 1992, 1994). Folglich verfügen Schülerinnen und Schüler über eine Vielzahl von Schemata (s. S. 197f.), durch die Wissen repräsentiert wird, das nicht immer im Einklang mit dem Wissen steht, das der Lehrer zu vermitteln versucht. Auf einige Beispiele für ein derartiges Vorwissen wurde bereits im ersten Kapitel hingewiesen (s. S. 25f.). Dort sind auch mehrere Kennzeichen der konstruktivistischen Sichtweise des Lernens dargestellt worden. Ein Unterricht, der der „Konstruktion von Wissen" Rechnung trägt, erkennt die Bedeutung des individuellen Vorwissens an, fördert das Bemühen nach tieferem Verständnis und gibt Schülern ausreichend Gelegenheit,

5.2 Das Lösen von Problemen

sich gegenseitig über ihre Vorstellungen und Entdeckungen in verständlicher Form zu informieren (Wehlage et al., 1996). Welche Prozesse laufen in einem Schüler ab, den der Unterricht mit Zusammenhängen konfrontiert, die mit bereits vorhandenen Wissensstrukturen nicht übereinstimmen? Ken Appleton (1997a, 1997b) hat mehrere Reaktionsmöglichkeiten in einer Übersicht dargestellt (s. Abbildung 5.2).

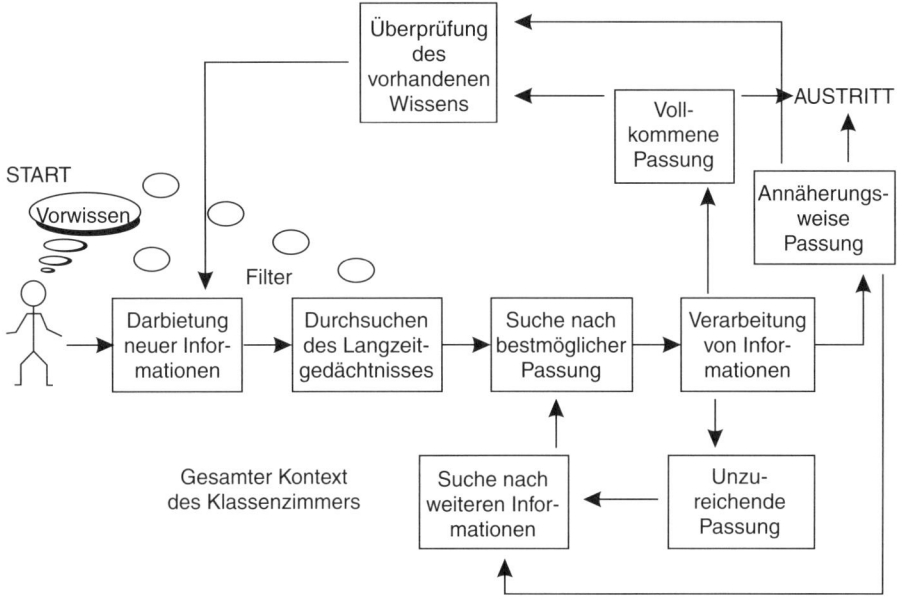

Abbildung 5.2:
Mögliche kognitive Prozesse bei Lernenden, die im Unterricht mit Informationen konfrontiert werden, die mit ihrem Vorwissen mehr oder weniger vereinbar sind

Ein Lernender betritt entsprechend dieser Grafik mit seinem jeweiligen Vorwissen, organisiert in kognitiven Schemata, eine Lernsituation. Dort wird er herausgefordert, sich mit neuen Informationen auseinanderzusetzen. Die Art der Informationsdarbietung bestimmt mit, welche Schemata der Lernende in dem Bemühen aktiviert, seine neue Erfahrung in einem Lernbereich sinnvoll zu erklären und auch, welche Gefühle er diesem entgegenbringt (s. S. 130f.). Das Vorwissen lenkt die Aufmerksamkeit auf bestimmte Einzelheiten des in der Lernsituation dargebotenen Ereignisses oder der mitgeteilten Informationen, während andere ignoriert werden. Die Aufmerksamkeit wirkt wie ein „Filter". Einiges wird beachtet, anderes – was aus der Sicht des Lehrers bedeutungsvoll ist – wird möglicherweise vom Lernenden einfach ignoriert, wenn im Unterricht darauf nicht besonders hingewiesen wird. Der Schüler versucht sich das Wahrgenommene zu erklären, indem er sein Gedächtnis danach durchsucht, ob es etwas enthält, was eine Erklärung ermöglichen könnte. „Verfüge ich bereits über Wissen", so mag sich der Schüler fragen, „das zu dem Dargestellten paßt?" Der Lernende nutzt vorhandene Hinweisreize aus seiner Umgebung, wenn er sein Gedächtnis nach jenem Schema durchsucht, das die bestmögliche Passung zu dem Wahrgenommenen aufweist.

Als Kathleen Roth (1990) ihren Schülern beizubringen versuchte, daß Pflanzen ihre Nahrung selbst produzieren, mußte sie feststellen, daß die Lernenden bereits umfangreiches Wissen über Pflanzen und Nahrung besaßen. Sie hatten lediglich ihr Nahrungs-Schema zu aktivieren: Nahrung war für sie etwas, das der Körper zum Leben braucht; er entnimmt sie seiner Umwelt.

Ein Schüler Roths, *Kevin,* brachte beispielsweise folgendes Vorwissen mit in die Unterrichtssituation: „Zur Nahrung (von Pflanzen) können Sonnenstrahlen, Regen, Licht, Käfer, Sauerstoff, Erde und sogar andere tote Pflanzen gehören. Ebenso Wärme und Kälte. Alle Pflanzen benötigen zumindest drei oder vier dieser Nahrungsmittel. Weiterhin Mineralien."

Es hängt von den Prozessen der Informationsverarbeitung ab, ob der Schüler das ihm vom Lehrer Dargestellte bzw. Mitgeteilte – zu Recht oder zu Unrecht – assimiliert (also entscheidet, daß es für ihn nichts Neues enthält) oder, ob die Notwendigkeit einer Akkommodation erkannt wird.

Grundsätzlich besteht sehr wohl die Möglichkeit, daß einem Schüler im Unterricht etwas dargestellt wird, für das er auf der Grundlage seines vorhandenen Wissens eine Erklärung findet, die der Lehrer uneingeschränkt als zutreffend akzeptieren kann. In einem solchen Fall besteht eine „vollkommene Passung" *(identical fit).*

Demgegenüber passiert es jedoch durchaus nicht selten in Unterrichtssituationen, daß der Lernende – auch hier wird die Filterfunktion der Aufmerksamkeit wirksam – bestimmte Aspekte des ihm Dargestellten ignoriert und infolgedessen unangemessene Schemata auswählt. Er zieht dann den falschen Schluß, daß er mittels vorhandener und aktivierter Schemata in der Lage ist, das Erfahrene umfassend zu erklären; in der Ausdrucksweise Piagets glaubt er also, eine Assimilation (s. S. 71f.) vornehmen zu können, obwohl eine Akkommodation erforderlich wäre. Der Lernende entnimmt seinem Gedächtnis eine Erklärung, die nur bei oberflächlicher Betrachtung auf das Dargestellte anwendbar ist. Fehlende Übereinstimmungen läßt er unbeachtet. Appleton spricht von einer „annäherungsweisen Passung" *(approximate fit)* zwischen einem Ereignis und einem vorhandenen Schema.

Das tat auch *Kevin* beim Lesen des Sachtexts, der ihn darüber informieren sollte, daß Pflanzen ihre Nahrung durch Photosynthese selbst produzieren. *Kevin* ignoriert einfach die Feststellung, daß Mineralien nicht als Nahrung gelten, weil sie keine Energie enthalten. Deshalb konnte er den Begriff ‚Photosynthese' in sein Nahrungsschema einbauen, ohne dieses zu verändern. Auf die Frage des Lehrers, woher Pflanzen ihre Nahrung bekommen, erklärte er nach zweimaligem Lesen seines Texts: „Von vielen Quellen! Einmal aus dem Boden, so etwa Mineralien und Wasser; weiterhin Sauerstoff aus der Luft. Sonnenlicht von der Sonne, und dieses macht aus chemischen Stoffen Zucker. Sie macht irgendwie ihre eigene Nahrung und gewinnt Nahrung aus dem Boden. Und aus der Luft."

Der Schüler gibt sich mit seiner Erklärung zufrieden. Folglich sieht er keinen Anlaß, sich die vom Lehrer beabsichtigte Darstellung noch eingehender zu erarbeiten; auch in diesem Fall kann ein *Austritt* aus der Lernsituation erfolgen. Er kann aber auch erkennen, daß die Erklärung sehr allgemein und folglich noch unzureichend ist. Er bemüht sich deshalb aktiv, sein Verständnis zu verbessern und auszuweiten, indem er sein Verständnis noch einmal überprüft und eventuell feststellt, daß es mit den dargestellten Informationen des Lehrers nicht voll übereinstimmt.

Schließlich berücksichtigt das Diagramm der Abbildung 5.2 die Möglichkeit, daß Lernende im Unterricht etwas dargestellt bekommen, für das sie keine Erklärung finden. Sie erfahren somit eine Situation „unzureichender Passung" *(incomplete fit)*. Es erscheint den Lernenden zunächst nicht möglich, das Erfahrene befriedigend zu erklären, so daß das kognitive Gleichgewicht gestört wird (Disäquilibrium). Damit ist ein kognitiver Konflikt entstanden, der dazu motivieren sollte, nach einer befriedigenden Erklärung Ausschau zu halten. Wenn sich ein Lernender in dieser Situation allerdings zu sehr frustriert fühlt und ihm der Anstrengungsaufwand, der mit einer Lösungssuche einhergehen würde, unangemessen hoch erscheint, kann er sich grundsätzlich auch für den Austritt aus der Lernsituation entscheiden (in der Abbildung 5.2 nicht dargestellt). Einen hohen Frustrationsgrad brachte auch der fünfjährige Junge zum Ausdruck, den Inhelder und Piaget beobachtet haben (s. S. 77). Dieser mußte feststellen, daß ein großes Stück Holz auf der Wasseroberfläche schwimmt. Diese Diskrepanz zwischen seinen Erwartungen und seinen Beobachtungen konnte er nicht verarbeiten. Statt eine Akkommodation vorzunehmen, versuchte er, sich ein physikalisches Ereignis „passend" zu machen. Da der große Holzklotz aber immer wieder an die Wasseroberfläche strebte, blieb ihm nur die Möglichkeit, entweder – hochgradig frustriert – den Austritt aus der Lernsituation vorzunehmen oder sich – was zweifellos die gewünschte Reaktion wäre – um eine aktive Bewältigung des Konfliktes zu bemühen. Der Junge könnte, z. B. mit Unterstützung des Lehrers, noch einmal mit Körpern unterschiedlicher Größe experimentieren und endlich zu dem Ergebnis kommen, daß er sein bisheriges Wissen verändern muß, zumindest insoweit, daß es nicht allein von der Größe eines Körpers abhängt, ob ein Körper „schwimmen" kann oder nicht. Das kann nur gelingen, wenn ein Lernender im Zustand unzureichender Passung nach weiteren Informationen sucht, die ihm eine Erklärung gestatten könnten. Welche Möglichkeiten der Lernende jedoch hat, weitere Informationen einzuholen, hängt vom jeweiligen Unterrichtskontext ab.

In Unterrichtssituationen kommt es nicht selten vor, daß sämtliche Informationen vom Lehrer kontrolliert werden. In einem solchen Fall bleibt dem Lernenden nichts anderes übrig, als die Unterrichtsstunde möglichst aufmerksam zu verfolgen, um das Wissens*werte* relativ passiv aufzunehmen. Möglicherweise erfolgt auch die Aufforderung, das benötigte Wissen einem vorliegenden Text zu entnehmen. Die auf diese Weise empfangenen Mitteilungen werden im ungünstigsten Fall nur mechanisch übernommen und abgespeichert, ohne daß sie mit anderen bereits vorhandenen Gedächtnisinhalten vernetzt werden (s. S. 192). Der Lernende hat dabei seinem Gedächtnis Gelerntes übergeben; ohne es jedoch verarbeitet zu haben. Wiederholt hat sich zeigen lassen, daß Schüler in Prüfungen richtige Antworten geben können, obwohl sie die zugrundeliegenden Zusammenhänge überhaupt nicht verstanden haben (Anderson & Roth, 1989)!

Wenn Lernende die weitere Auseinandersetzung mit einer vorliegenden Lernaufgabe beenden und die eigentlich erforderliche Akkommodation nicht vollzogen haben, verlassen sie die Lernsituation über *Austritt* mit einem – wie man das häufig nennt – „Mißverständnis". Einige Autoren meiden den Begriff Mißverständnis (etwa Duit, 1991). Er scheint ihnen zum Ausdruck zu bringen, daß Lehrende über das „richtige" Verständnis verfügen, während Schüler als Lernende in Irrtümern befangen sind. Tatsächlich könnte man wertfreier feststellen, daß Lehrende und Lernende in einer Unterrichtssituation ein *alternatives Verständnis* haben können. Die geringere Wertfreiheit des Begriffs *Mißverständnis* ist nicht zu leugnen. Dennoch ist zu fragen, ob er nicht in einigen Zusammenhängen mit Berechtigung verwendet wird, etwa dann, wenn Schülerinnen und Schüler ihren Lehrer einfach nicht richtig verstanden haben.

Beispiele für ein alternatives Verständnis sind bislang vor allem im Bereich der Physik gegeben worden (Pfundt & Duit, 1991), dennoch lassen sie sich in praktisch allen wissenschaftlichen Bereichen nachweisen. Wenn Menschen auf medizinischem Gebiet über Kenntnisse verfügen, die wissenschaftlich nicht haltbar sind, muß unter Umständen mit verhängnisvollen Konsequenzen gerechnet werden. Als Beispiel kann man auf Mißverständnisse verweisen, die viele Menschen im Umgang mit Aids-Kranken haben, so etwa:
1. Man kann Aids bekommen, wenn man einen Menschen berührt, der diese Krankheit hat. Vor allem Küssen ist gefährlich (Eirmbter et al., 1992).
2. Aids kann auch über alltägliche Gebrauchsgegenstände, wie etwa Kämme oder Haarbürsten verbreitet werden.
3. Man kann Menschen, die mit dem HI-Virus infiziert sind, leicht erkennen.
4. Alle Menschen, die HIV-infiziert sind, werden daran irgendwann auch erkranken.
5. Es stellt ein Risiko dar, wenn man Menschen mit Aids dort arbeiten läßt, wo sich auch Kinder aufhalten (DiClemente et al., 1986, 1987; Eirmbter et al., 1992).

Schulbuchautoren, ebenso Lehrer, scheinen vielfach (zumindest implizit) davon auszugehen, daß Mißverständnisse der genannten Art leicht zu beseitigen sind. Schema-Theoretiker sehen in dieser Auffassung jedoch ein Beispiel für

5.2 Das Lösen von Problemen

Mißverständnisse bei *Lehrenden*. Sie verweisen darauf, daß es bei Lehrenden und Lernenden erheblicher Anstrengungen bedarf, um konzeptuelle Veränderungen zu erreichen. Unter konzeptueller Veränderung versteht man einen Prozeß, in dessen Verlauf – vielfach auch gegen gewisse Widerstände des Lernenden – vorhandene Verständnisstrukturen umkonstruiert werden müssen.

Allerdings sollte man auch im Fall der Erarbeitung eines neues Verständnisses nicht erwarten, daß seine veränderte kognitive Struktur fortan in allen möglichen Situationen zum Tragen kommt; das gelingt noch nicht einmal Wissenschaftlern. Shawn Glynn und Reinders Duit (1995) liefern dafür ein anschauliches Beispiel.

Danach ruft ein Physiker seinen Kindern an einem kalten Winterabend zu Hause zu, sie sollten die Tür schließen, „damit die Kälte nicht ins Zimmer kommt". Damit bringt der Vater ein Verständnis von Wärme zum Ausdruck, dem er als Wissenschaftler sicherlich nicht zustimmen könnte. Dem Beispiel ist gleichzeitig zu entnehmen, wie sehr ein gefundenes Verständnis kontextgebunden ist, denn im Kontext „häusliches Wohnzimmer" aktiviert der Physiker offenkundig ein anderes Verständnis als dort, wo er seine wissenschaftliche Arbeit erledigt.

Diese Kontextgebundenheit stellt für den Lehrer ein besonderes Problem dar, denn er wird nicht einfach davon ausgehen können, daß Schüler das außerhalb der Schule erworbene Verständnis durch das im Unterricht Gelernte ohne weiteres ersetzen. Realistischer darf man nach Glynn und Duit (1995) lediglich erwarten, daß der Schüler das ihm angemessen erscheinende Verständnis im jeweils geeigneten Kontext aktiviert, aber – so fügen sie hinzu – der Lehrer besitzt noch eine andere Chance: Er kann (und sollte!) seinen Schülern Gelegenheit geben, ihr wissenschaftliches Verständnis in Situationen außerhalb des Klassenzimmers anzuwenden. Dem Lehrer ist mit Nachdruck zu empfehlen, authentische Situationen (s. S. 15) im Klassenzimmer zu schaffen – wann immer das möglich ist.

Bevor aber ein Lernender soweit ist, ein Verständnis zu konstruieren, das wenigstens im Unterricht als wissenschaftlich angemessen zu kennzeichnen ist, hat er zunächst einen Prozeß zu durchlaufen, der im folgenden etwas genauer unter die Lupe genommen wird. Es wird nicht die Behauptung aufgestellt, daß sich Verständnis auf direktem Wege lehren läßt; Lehrer können lediglich versuchen, Bedingungen zu schaffen, durch die ein Akkommodieren gefördert wird (s. hierzu auch Kieren & Pirie, 1992).

5.2.3.1 Widerstände gegenüber konzeptuellen Veränderungen

Wenn ein Lehrer im Unterricht konzeptuelle Veränderungen herbeizuführen beabsichtigt, muß er stets mit der Möglichkeit rechnen, daß seine Schülerinnen und Schüler für die zu lehrenden Sachverhalte ein Vorverständnis besitzen, das nicht in Einklang mit wissenschaftlichen Konzeptionen steht. Ein Lehrer, der nur unzureichend darüber informiert ist, wie Lernende sich ihr Verständnis konstruieren, beginnt seinen Unterricht möglicherweise mit der Aufforderung an seine Schüler, sie sollten alles vergessen, was sie über den zu lehrenden Sachverhalt bislang wissen. Der Lehrer wird mit dieser Aufforderung aber höchstwahrscheinlich kein Vergessen in dem von ihm gewünschten Sinne herbeiführen. Sein Unterrichtsziel wird er nur erreichen können, wenn er das Vorwissen seiner Schüler in möglichst vollem Umfang in Betracht zieht. Er muß berücksichtigen, daß Menschen gar nicht ohne weiteres bereit sind, ihr Vorwissen in Frage zu stellen und zu verändern, denn es besitzt für den Lernenden subjektive Bedeutung (Appleton, 1997a). Warum gibt es diese ausgeprägte Tendenz, sich Versuchen zur Veränderung des eigenen Vorwissens zu widersetzen? Das hängt sicherlich damit zusammen, daß ein solches Vorwissen im Verlauf vieler Jahre *aufgrund eigener Erfahrungen* konstruiert worden ist und viele Verbindungen zu weiteren Inhalten des Gedächtnisses aufweist (Duit, 1991). Da eigenes Wissen seinem Träger Sicherheit gibt – immerhin versetzt es ihn in die Lage, Ereignisse der Umwelt zu erklären und vorherzusagen – kann ein Infragestellen als Bedrohung erlebt werden; Abwehrmaßnahmen (z.B. die Neuartigkeit des Gehörten oder Gelesenen einfach leugnen) wären eine weitere Folge (Vosniadou, 1988). Eine solche Reaktion zeigten offenbar auch die Lehrerstudenten, die Diane Holt-Reynolds (1992) im Anschluß an eine Vorlesung befragt hatte (s. S. 39 ff.).

In der Lehrveranstaltung hatte *Professor Barnett* ihnen u.a. mitgeteilt, daß Lernende durch den Lehrervortrag in die Passivität gedrängt würden. Von den Hörern wurde diese Behauptung jedoch sofort als unzutreffend zurückgewiesen. Wenn sie selbst den Ausführungen *Professor Barnetts* folgten, seien sie keineswegs passiv, sondern im Gegenteil solange aktiv, wie sie Notizen machen und von ihm nicht gelangweilt würden. Offenkundig verstanden die Lehrerstudenten unter dem Begriff *aktiv* etwas anderes als *Professor Barnett* (s. S. 40). Die in der Studie von Holt-Reynolds Befragten sind höchstwahrscheinlich gar nicht auf die abweichende Definition des Begriffs *aktiv* aufmerksam geworden. Es war für die Studierenden einfacher, stillschweigend von einem lückenlosen Verständnis der Ausführungen *Professor Barnetts* auszugehen. Damit bestand für sie eine wichtige Voraussetzung, einige seiner Ausführungen stillschweigend als unzutreffend zu klassifizieren. Von „unzutreffenden" Aussagen geht allerdings keine Bedrohung mehr aus. Die Gefahr, das eigene Vorwissen in Frage zu stellen oder gar verteidigen zu müssen, war folglich abgewehrt worden. Die Studierenden konnten relativ gelassen den weiteren Ausführungen zuhören, denn den vergleichsweise hohen Aufwand, der zur Bewerkstelligung konzeptueller Veränderungen zu erbringen ist, hatten sie sich erspart. Es war dieser relativ passive Zustand von Hörern eines Lehrervortrags, auf den *Professor Barnett* die Studierenden hinweisen wollte. Was hätte der Professor tun können, damit seine Zuhörer eventuell doch noch zu einer Akkommodation zu veranlassen gewesen wären? Zunächst hätte er sich darum bemühen müssen, daß bei seinen Studierenden eine Lernzielorientierung angeregt worden wäre, denn ohne sie ist – wie später noch ausführlicher erläutert werden soll (zum Begriff der *Lernzielorientierung* s. S. 366f.) – gar keine ausreichende Motivationsgrundlage dafür gegeben, sich um eine konzeptuelle Veränderung zu bemühen. Unter einer Lernzielorientierung besteht weiterhin eine Atmosphäre, die es gestattet, über sein eventuell unzureichendes oder gar falsches Vorwissen offen zu sprechen.

5.2.3.2 Aktivieren des Vorwissens

Professor Barnett informierte in seiner Lehrveranstaltung über wissenschaftliche Erkenntnisse, ohne daß ihm das Vorverständnis seiner Zuhörer bekannt war. Deshalb blieb ihm verborgen, wie seine Ausführungen verarbeitet wurden. Es wäre aufschlußreich gewesen, wenn zunächst das Vorwissen der Lehrerstudierenden aktiviert worden wäre. Das Vorwissen von Lernenden ist in der Regel dadurch gekennzeichnet, daß es sowohl falsche als auch richtige Inhalte enthält. In der Unterrichtseinheit, in der zu erarbeiten war, wie Pflanzen sich ernähren, hatten die Schüler beispielsweise folgende Vorkenntnisse über Nahrung (Anderson & Smith, 1987):
1. Nahrung ist etwas, was man zu sich nimmt oder ißt. Es wird deshalb der Außenwelt entnommen.
2. Es gibt viele verschiedene Arten von Nahrung.
3. Durch Nahrung erhält man Energie.
4. Nahrung ermöglicht den Lebewesen das Wachstum.
5. Nahrung ist für das Leben unverzichtbar.

Die von den Schülern mitgeteilten vorwissenschaftlichen Zusammenhänge sind keineswegs alle unzutreffend. Den letzten drei Aussagen könnte auch ein Botaniker ohne weiteres zustimmen. Besonders hinter der ersten Feststellung steckt jedoch eine Überzeugung, die auf einen Irrtum verweist. Die Gleichsetzung von Pflanzen und Tieren legt die Annahme nahe, daß beide ihre Nahrung der Umwelt entnehmen. Tatsächlich sind Grünpflanzen jedoch in der Lage, energiehaltige Nahrung aus Substanzen selbst herzustellen, die sie der Umwelt entnehmen. Bei den der Umwelt entnommenen Substanzen handelt es sich nicht um Nahrung. Ein Unterricht, der bei Schülern das Verständnis für Photosynthese entwickeln soll, muß letztlich bewirken, daß die unzutreffenden Wissensinhalte aufgegeben werden. Das setzt allerdings voraus, daß sich die Lernenden über dieses Vorwissen selbst im Klaren sind. Lehrer naturwissenschaftlicher Unterrichtsfächer, die bei ihren Schülern konzeptuelle Veränderungen erreichen wollen, sollten nach einer Empfehlung von Joseph Nussbaum und Shimshon Novick (1982) nacheinander folgende Aktivitäten anregen:
1. Zunächst wird ein gut ausgewähltes Beispiel vorgeführt oder geschildert (*„exposing event"*), das die Schüler zur Inanspruchnahme ihres Vorwissens herausfordert und zu dem sie eine Erklärung abgeben können.
2. Sodann werden die Schüler ermutigt, ihr Vorverständnis sprachlich und bildlich zu beschreiben. Die Lernenden sollten sich im Verlauf dieses Pro-

zesses über relevante Einzelheiten ihres Vorverständnisses Klarheit verschaffen.
3. Schließlich ermutigt man die Schüler, über das Für und Wider der insgesamt dargestellten Erklärungen zu diskutieren. Das setzt allerdings eine Unterrichtsatmosphäre voraus, in der auch fehlerhafte Äußerungen möglich sind. „Diskussionen in Lerngruppen sind nur sinnvoll, wenn Fehler geschehen und diese besprochen und korrigiert werden, denn die Auseinandersetzung mit Fehlerüberlegungen wirkt verständnisfördernd" (Dubs, 1995). Im Verlauf dieses Prozesses sollte die Aufmerksamkeit vor allem auf Unterschiede zwischen eigenen Erklärungen und denen der Mitschüler gerichtet werden.

5.2.3.3 Angemessenes Darstellen neuer Informationen und Herausfordern zur aktiven Auseinandersetzung

Wenn unzutreffende Vorkenntnisse bei Schülern diagnostiziert worden sind, stellt sich für den Lehrer als nächstes die Aufgabe, Zweifel bei den Lernenden entstehen zu lassen. Der Schüler muß sich mit Ereignissen auseinandersetzen, die er mit seinem Vorwissen nicht ohne weiteres erklären kann. Das Ziel ist, Situationen zu schaffen, die beim Lernenden zu einem kognitiven Konflikt führen, denn ein solcher Konflikt, „der infolge sozialer Interaktion entsteht, ist der Ort, an dem der Kraftantrieb für die intellektuelle Entwicklung erzeugt wird" (Perret-Clermont, 1980). Im Sinne Piagets soll ein Ungleichgewicht (Disäquilibrium) entstehen (s. S. 76), das unmittelbar dazu führt, daß der Lernende sein Vorverständnis in Frage stellt und sich damit für veränderte Vorstellungen öffnet.

Ein Beispiel für einen kognitiven Konflikt läßt sich dem Chemieunterricht entnehmen (Pfundt, 1982). Wenn Zink verbrannt wird, entsteht ein weißes Produkt. Läßt sich nun aus dem Verbrennungsprodukt wieder Zink gewinnen? Diese Frage wird von vielen Schülern verneint, denn, so erläutern sie ihren Standpunkt, das Zink sei doch verbrannt worden, es habe also aufgehört zu existieren. Diese dem Vorwissen entnommene Erwartung kann der Chemielehrer jedoch in einem weiteren Versuch erschüttern, denn für den Wissenschaftler gilt: „Wie alle Stoffumbildungen sind auch Verbrennungen grundsätzlich umkehrbar in dem Sinne, daß die Anfangsstoffe aus den Endstoffen grundsätzlich wieder herstellbar sind, wenn auch oft auf kompliziertem Weg oder auch mit unseren derzeitigen Mitteln noch gar nicht" (Pfundt, 1982). Die Gültigkeit dieser Feststellung belegt der Lehrer in einem Versuch, in dem aus der Asche von Zink mit Hilfe von Koks Zink zurückgewonnen wird. Das nicht Erwartete tritt ein: „Widerstrebend und fasziniert zugleich" nehmen die Schüler zur Kenntnis, daß sich aus dem Verbrennungsprodukt des Zinks das Zink zurückbildet.

Im Unterschied zu Piaget, der vor allem kognitive Konflikte beschrieb, die durch aktive Auseinandersetzung des Kindes *mit seiner Umwelt* entstanden,

5.2 Das Lösen von Problemen

betonen Vertreter der „sozial-kognitiven Konflikttheorie", daß die Störung des Äquilibriums dadurch entsteht, daß ein Informationsaustausch *mit anderen* erfolgt.

Das Hervorrufen von kognitiven Konflikten oder Zweifeln beim Schüler in unterrichtlichen Situationen wurde bereits in der Antike praktiziert. Vor mehr als 2000 Jahren schrieb Platon Dialoge, in denen er seinen Lehrer *Sokrates* auftreten ließ. In einem Gespräch mit *Sokrates* sollte der Schüler stets die Unzulänglichkeit seines eigenen Wissens erkennen. *Sokrates* verwickelte seinen Schüler in ein Gespräch, in dem er als Lehrer zunächst Unkenntnis vortäuschte. Der Schüler sollte im Verlauf dieses Dialogs zu der Einsicht gebracht werden, daß er seine ursprünglich dargestellten Behauptungen nicht aufrechterhalten konnte. Das erreichte *Sokrates* (der die Wahrheit stets kannte) dadurch, daß er den Lernenden mit seinen eigenen Widersprüchen konfrontierte. Nachdem der Schüler hinreichend Zweifel an seinem Wissen bekundet hatte, war der Boden bereitet, daß *Sokrates* ihm die „wahren" Einsichten vermitteln konnte.

Eine grundlegende Annahme des konstruktivistischen Ansatzes besagt, daß es nicht ausreicht, Sachverhalte lediglich darzustellen. Das berücksichtigte auch *Sokrates* in seinen Dialogen, denn für ihn war der Schüler nicht passiver Empfänger mitgeteilter Erkenntnisse. Vielmehr sollte der Lernende durch aktive Teilnahme am Dialog sein verändertes Verständnis selbst konstruieren; *Sokrates* half zwar bei diesem Prozeß durch Bereitstellung eines „Gerüstes", aber das Akkommodieren konnte und mußte der Schüler nur allein vollziehen.

Dem Lehrer sollte stets gegenwärtig bleiben, daß Lernende eine ausgeprägte Neigung haben, tatsächlich „diskrepante" Ereignisse so zu interpretieren, daß sie ihrem Vorwissen entsprechen. Schüler können in einer solchen Situation sehr wohl fälschlich davon ausgehen, alles verstanden zu haben, was der Lehrer ihnen erläutert hat. Sie erfahren also gar keinen kognitiven Konflikt, keine Unvereinbarkeit zwischen ihrem Wissen und dem Erfahrenen. Auch dem Lehrer bleibt möglicherweise verborgen, daß die Lernenden, die akkommodieren sollen, den Sachverhalt assimiliert haben (Nussbaum & Novick, 1982). Aufschlußreich ist in diesem Zusammenhang ein Beispiel, das Kathleen Roth (1990) mitteilt. Sie berichtet von einem Physiklehrer, der im Einklang mit den Empfehlungen von Nussbaum und Novick seine Unterrichtsstunde mit einem Experiment begonnen hatte, dessen Ergebnis er mit der Frage verknüpfte, wie das Beobachtete zu erklären sei. Er ließ die Schüler darüber zunächst diskutieren. Nachdem die Schüler ihr Vorwissen umfassend dargestellt und die Erklärungen untereinander verglichen hatten, ergriff der Lehrer wieder die Initiative, um seinen Zuhörern zu erläutern, welches die „wissenschaftliche", also die „richtige", Erklärung für einen Physiker darstellt. Damit brachte der Lehrer – zumindest implizit – zum Ausdruck, daß er die Antworten der Schüler für unzutreffend hielt. Ihre Erklärungen, die sich wahrscheinlich auf eigene Erfahrungen stützten, sollten durch eine relativ abstrakte Information ersetzt werden. Auf eine solche Weise ruft man bei den meisten Lernenden aber keinen kognitiven Konflikt und folglich auch keine Bereitschaft hervor, nach alternativen Antworten Ausschau zu halten. Das betont auch Kathleen Roth (1990), denn sie stellt fest: „Wenn man Schülern erzählt, ihre eigenen Vorstellungen seien ‚falsch' und ihnen erklärt, warum andere Erklärungen besser sind, wird bei Schülern nicht der Prozeß in Gang gesetzt, der zur aktiven Konstruktion von Verständnis führt."

Wenn man Schüler und Schülerinnen anregt, sich über ihr eigenes Verständnis zu unterhalten, dann muß im Vordergrund keineswegs immer nur die Frage stehen, inwieweit das Verständnis des Partners bzw. der Partnerin zu akzeptieren ist oder nicht, ob es ‚richtig' oder ‚falsch' ist. In den Vordergrund kann ebenso das Bemühen treten, das eigene Verständnis zu überprüfen. Eventuell möchte man bei anderen in der Arbeitsgruppe darum werben, daß sie das eigene Verständnis akzeptieren. Durch eine solche offene Darstellung werden Bedingungen geschaffen, die das Entdecken von Unzulänglichkeiten fördern. Auf einige solcher Bedingungen haben Giyoo Hatano und Kayoko Inagaki (1992) hingewiesen:

Wenn man anderen sein eigenes Verständnis darstellt, muß man sich damit bewußt auseinandersetzen. Während man in einer Alleinsituation eher geneigt ist, von stillschweigenden („impliziten") Voraussetzungen auszugehen, muß man in einer sozialen Situation das eigene Verständnis „explizit" machen, d.h., es dem anderen in möglichst geordneter Form so darstellen, daß dieser es nachvollziehen kann. Bei der wechselseitig versuchten Klarheit der Darstellungen erkennt man bei sich selbst oder beim Gesprächspartner möglicherweise Unzulänglichkeiten, die ansonsten vielleicht gar nicht in den Blickpunkt gerückt wären. Um zu überzeugen, wird jeder Gesprächspartner zudem bemüht sein, Fragen und Einwänden seines Gegenübers zuvorzukommen. Das erfordert aber, daß man sich bei der Darstellung eigener Erklärungen ständig in die Perspektive des anderen versetzt. Das mitgeteilte Wissen muß möglichst so geordnet werden, daß es das vermutete Wissen des anderen berücksichtigt und an dessen Erfahrungen anknüpft. Eventuell sucht der Darstellende auch nach Beispielen oder Analogien, um sein Verständnis anschaulicher zu kommunizieren (Bargh & Schul, 1980). Die Berücksichtigung einer anderen Perspektive fördert den eigenen Verstehensprozeß in entscheidender Weise.

Wenn Schüler und Studierende ihr Vorverständnis nicht diskutieren, sondern statt dessen Erklärungen übernehmen, die als „wissenschaftlich" ausgewiesen worden sind, besteht die Gefahr, daß diese niemals zur Anwendung oder Erprobung gelangen, da sie nicht hinreichend verarbeitet werden konnten. Schüler neigen dazu, Beobachtungen im Klassenzimmer, die ihren Erwartungen widersprechen, als „unwirklich", als wissenschaftlich anzusehen. Sie erscheinen ihnen nicht als vereinbar mit dem, was in *ihrer* Welt vor sich geht. Ähnlich erging es den Schülern in der Chemiestunde, in der ihnen demonstriert worden war, daß sich aus einem Verbrennungsprodukt wieder Zink gewinnen läßt (s. S. 306). Eine Schülerin brachte ihre Zweifel deutlich zum Ausdruck: „Zink kann beim Verbrennen gar nicht verbrannt sein. Es muß irgend etwas erhalten geblieben sein" (Pfundt, 1982). Auch die Lehrerstudierenden, die Holt-Reynolds (1992) befragt hatte, zeigten bereits während der Lehrveranstaltung eine starke Tendenz, einige der von *Professor Barnett* dargestellten Zusammenhänge zurückzuweisen, denn sie widersprachen in der Weise, wie sie sie verstanden hatten, ihren Erfahrungen. Wie sollten die Studierenden unter diesen Umständen das von *Professor Barnett* Mitgeteilte jemals daraufhin untersuchen, ob es sich in praktischen Situationen nicht doch bewähren könnte? Sollte *Professor Barnett* zudem noch zu jenen Wissenschaftlern gehören, die ihre Ausführungen in einer abstrakten und mit Fremdwörtern angereicherten Sprache darstellen (Holt-Reynolds macht darüber keine Angaben), dürfte die Wahrscheinlichkeit der Akzeptanz durch die Lernenden noch weiter vermindert sein. Auch Roth berichtet, wie schwer es Schülern fällt, Beziehungen zu ihrer eigenen Erfahrungswelt herzustellen, wenn im Unterricht ständig von *Photosynthese, Chlorophyll* oder *Glucose* gesprochen wird, um unterschiedliche Ernährungsweisen von Tieren und Pflanzen zu erläutern. In den von Roth verwendeten Unterrichtstexten ist auf Fachausdrücke weitestgehend verzichtet worden. Mit ihnen sind die Schüler erst am Ende der Unterrichtseinheit vertraut gemacht worden. Der Physiker Werner Heisenberg (1958) war sich sehr wohl bewußt, welche komplizierte Sprache Kollegen seines Fachgebietes verwenden, wenn sie von Ergebnissen der Forschung berichten. Heisenberg hatte jedoch offenbar Zweifel, ob sich hinter dieser Ausdrucksweise stets tieferes Verständnis verbarg, denn er stellte fest: „Auch für den Physiker ist die Möglichkeit einer Beschreibung in einfacher Sprache ein Kriterium für den Grad des Verständnisses, das in dem betreffenden Gebiet erreicht worden ist." Wie aber kann man erwarten, daß ein Lernender Verständnis für wissenschaftliche Sachverhalte konstruiert, die sein Lehrer so wenig klar darstellt, daß zu vermuten ist, er selbst habe sie nur unzulänglich verstanden?

5.2.3.4 Erleben und Bewältigen eines kognitiven Konflikts nach Erschütterung des Vorwissens

Diane Holt-Reynolds (1992) hat gezeigt, daß Lehrerstudierende einen Teil der ihnen im Rahmen der Lehrveranstaltung von *Professor Barnett* mitgeteilten neuen Informationen assimiliert hatten. Andere Zusammenhänge konnten die angehenden Lehrer zwar am Ende der Lehrveranstaltung aus dem Gedächtnis wiedergeben, aber diese waren nicht angemessen aufgearbeitet worden. Es blieben also Mißverständnisse zurück, die ohne Holt-Reynolds Intervention wahrscheinlich nicht mehr korrigiert worden wären. Wie läßt sich erklären, daß die Hörer *Professor Barnetts* nicht die eigentlich notwendige Akkommodation vollzogen hatten? Die Antwort kann nur lauten, daß keine Bedingung geschaffen worden war, durch die das Vorwissen erschüttert worden wäre. Wann aber sind Lernende bereit, eine Akkommodation vorzunehmen? George Posner und Mitarbeiter (1982) sowie Peter Hewson und Richard Thorley

(1989) nennen folgende Voraussetzungen, die mindestens vorliegen müssen, um eine konzeptuelle Veränderung wahrscheinlicher werden zu lassen:
1. Der Lernende muß Anlaß haben, mit seiner „alten" Konzeption nicht mehr zufrieden zu sein.
2. Dem Lernenden muß eine verständliche und plausible alternative Erklärung zur Verfügung stehen.
3. Der Lernende muß bei einem Vergleich von „alter" und „neuer" Konzeption zu der Feststellung gelangen, daß beide nicht völlig miteinander vereinbar sind. Dies führt bei ihm zum Erleben eines kognitiven Konflikts.
4. Die alternative Erklärung muß sich bei der Erklärung von Beobachtungen und der Vorhersage zukünftiger Ereignisse bewähren und damit der „alten" Konzeption eindeutig überlegen sein.
5. Der Lernende muß den kognitiven Konflikt bewältigen, indem er die ihm plausibler erscheinende Konzeption akzeptiert und die andere zurückweist.

Professor Barnett hatte seinen Zuhörern sicherlich keinen Anlaß geboten, mit ihrem Vorwissen unzufrieden zu sein, das immerhin über einen längeren Zeitraum durch eigene Beobachtungen konstruiert worden war. Warum sollten seine Hörer es nunmehr in Frage stellen, nur weil ihnen „ein Wissenschaftler" auf sprachlichem Weg einen Zusammenhang darstellt, der den eigenen Erfahrungen widersprach? Die Studierenden hätten vermutlich anders reagiert, wenn ihnen konkrete Erfahrungen Anlaß gegeben hätten, an ihren „alten" Konzeptionen zu zweifeln. Wäre den zukünftigen Lehrern die Aufgabe zugewiesen worden, durch eigenen Unterricht zu vermitteln, daß die Erde rund ist, daß Pflanzen ihrer Umwelt keine Nahrung *entnehmen,* daß Gegenstände durch Reflektionen von Lichtstrahlen wahrnehmbar werden (s. S. 26ff.), dann hätten sie bei Verständnisprüfungen nach sechs oder acht Wochen möglicherweise feststellen müssen, daß ihre Schüler die erstrebten Veränderungen nicht vollzogen haben. Sind sie in ihrem Unterricht vielleicht nicht angemessen vorgegangen? Reicht ihr Vorwissen darüber, wie man einen solchen Zusammenhang erfolgreich lehrt, eventuell nicht aus? Wenn die Studierenden sich in dieser Situation nach den Gründen ihrer erfolglosen Bemühungen erkundigt hätten, wären sie für die Antwort *Professor Barnetts* vermutlich sehr viel aufgeschlossener gewesen. (Hier zeigt sich beispielsweise, wie verhängnisvoll die zu Beginn der 1970er Jahre in vielen Ländern der Bundesrepublik Deutschland getroffene Entscheidung gewesen war, Schulpraktika weitgehend aus der ersten Phase der Lehrerausbildung zu verbannen!) Vielleicht hätte *Professor Barnett* ihnen nochmals in dieser Situation vergegenwärtigt, daß sie vorwiegend vortragend unterrichtet und somit die Schüler nicht ausreichend aktiviert haben.

Lehrerstudierende, die bei ihren ersten Unterrichtsversuchen erfahren müssen, daß ihr Vorwissen offenkundig noch nicht ausreicht, um erstrebte Ziele zu erreichen, hätten den Erklärungen und Anregungen *Professor Barnetts* wahrscheinlich sehr aufmerksam zugehört. Dennoch wäre es ein *Mißverständnis,* wenn angenommen werden sollte, daß die Studierenden die Ausführungen in dieser Situation nur noch passiv aufzunehmen brauchten. Sie hätten lediglich den Vorteil, nunmehr an seinen Antworten interessiert zu sein. Die „neuen"

Informationen müßten in jedem Fall mit Hilfe eines Tutors kognitiv verarbeitet werden, damit es möglich wird, sie mit dem „alten" Wissen zu vergleichen. Mit der Entdeckung von Zusammenhängen, die dem eigenen Vorverständnis widersprechen, entsteht ein kognitiver Konflikt, der einer Lösung bedarf. Den Zeitaufwand, der zu einer solchen Entdeckung führt, sollte man nicht unterschätzen. Wie der Abbildung 5.2 auf Seite 299 zu entnehmen ist, stehen dem Lernenden mehrere Wege offen, wobei nur einer mit einer Akkommodation endet. Dieser Weg, der mit einer „Überprüfung des vorhandenen Wissens" einhergeht, wird nur eingeschlagen, wenn der Lernende zu der Überzeugung gelangt, daß sich mit Hilfe des alternativen Verständnisses Ereignisse der Umwelt besser als mittels der „alten" Konzeption erklären, vorhersagen und bewältigen lassen. Erst wenn die Lehrerstudierenden durch einen weiteren Unterrichtsversuch erfahren, daß „aktivere" Schüler im Sinne *Professor Barnetts* schließlich Verständnisfragen zur Ernährung von Pflanzen richtig beantworten, könnten die Lehrerpraktikanten bereit sein, „die ihnen plausibler erscheinende Konzeption zu akzeptieren und die bisherige zurückzuweisen". Damit ist der aktuelle kognitive Konflikt zunächst einmal gelöst, das Gleichgewicht vorerst wieder hergestellt, eine Akkommodation vollzogen.

Wenn eine konzeptuelle Veränderung erfolgt ist, wenn also an den jeweils relevanten Schemata eine Akkommodation vorgenommen worden ist, sollte auch eine gesteigerte Anpassungsfähigkeit im Sinne Piagets gegeben sein. Die erfolgte kognitive Veränderung hat sich vor allem zu bewähren, wenn Menschen vor weiteren Problemen stehen. Die Wahrscheinlichkeit ihrer Bewältigung hängt in hohem Maße davon ab, ob es mit Hilfe vorhandener Schemata gelingt, das erarbeitete Verständnis auch auf die veränderte Situation anzuwenden. Um dieses Übertragen von Bekanntem auf neue Gegebenheiten soll es in den folgenden Abschnitten gehen.

5.3 Übertragen von im Unterricht Gelerntem auf außerschulische Situationen: Transfer

An die Schule wird allgemein die Erwartung geknüpft, daß ihre Schülerinnen und Schüler das dort Gelernte auf Aufgabensituationen außerhalb der Schule übertragen können. Wenn früher Gelerntes nachweisbaren Einfluß auf späteres Lernen oder Verhalten ausübt, spricht man von Transfer oder von einer Lernübertragung. „Transfer ist der Prozeß, durch den die Anwendung von Wissen auf neue Situationen erfolgt" (Greeno et al., 1996). Bisher stand vor allem die Frage im Vordergrund, was im Unterricht getan werden kann, damit sich Lernende Verständnis für Probleme konstruieren. Lernübertragungen dürfen aber nicht stillschweigend vorausgesetzt werden. Die im Rahmen des Klassenzimmers entstandenen Schemata sind – wie bereits festgestellt (s. S. 196) – zunächst eng mit dem schulischen Kontext verknüpft. Deshalb darf nicht ohne weiteres davon ausgegangen werden, daß ein Mensch sein Schul-Schema aufruft, um sich in alltäglichen Situation entstandene Erfahrungen zu erklären. Das gilt vor allem, wenn sich Schul-Schemata unabhängig von Alltags-Schemata entwickelt haben (Claxton, 1990). In einem solchen Fall verfügen Schüler in einer vorliegenden Alltagssituation nicht über ausreichendes „konditionales Wissen", dem sie entnehmen könnten, wann und wo von früher in der Schule Gelerntem Gebrauch zu machen ist. Der Philosoph und Mathematiker Alfred Whitehead (1929) sprach von „trägem Wissen" *(inert knowledge),* wenn ein Mensch grundsätzlich weiß, wie man ein Problem lösen kann, aber dieses Wissen nicht spontan anwendet, sondern erst, nachdem andere ihm eine entsprechende Anregung gegeben haben. Whitehead brachte die Überzeugung zum Ausdruck, daß vor allem unter schulischen Bedingungen verstärkt träges Wissen entsteht. Auch die Universität schafft ähnliche Bedingungen, indem sie die Vermittlung von Theorien erheblich höher bewertet als deren praktische Anwendung. In einem solchen Fall verfügen die Absolventen über Wissen, das träge bleibt, wenn es im Berufsalltag angewendet werden soll. Dieser Nachweis wurde bislang u. a. für Studierende der Betriebswirtschaft (Renkl et al., 1994), ebenso wie für solche der Medizin erbracht (Gräsel et al., 1993). Dabei kommt es sogar zu kuriosen Beobachtungen. Wenn man beispielsweise Studierende der Wirtschaftswissenschaften und solche der Pädagogik und Psychologie kurz vor Abschluß ihres Studiums auffordert, eine Fabrik computersimuliert zu leiten, dann zeigt sich, daß es die Nichtökonomen sind, die mehr Gewinn erwirtschaften. Eine Erklärung für diesen Befund liefern Heinz Mandl und Mitarbeiter (1993): „Die Wirtschaftsstudenten waren ... gewissermaßen durch den Umfang ihrer eigenen Überlegungen überfordert. Sie konnten die Vielzahl der Aspekte und Informationen, die sie in Betracht zogen, nicht mehr integrieren und damit auch nicht für fundierte betriebswirtschaftliche Entscheidungen nutzbar machen. Die Pädagogik- und Psychologiestudenten hingegen arbeiteten mit relativ einfachen Annahmen, die eine eindeutige Entscheidungsfindung zuließen."

Es bestehen keine Zweifel, daß auch Lehrerstudierende während der ersten Phase ihrer Ausbildung in großem Umfang Wissen erwerben, das sie später nicht anwenden, denn sie kommen – im Unterschied zu der Ausbildungssituation, die vor 1970 weithin bestanden hat – während ihres Universitätsstudiums nur noch außerordentlich selten mit praktischen Unterrichtssituationen in Berührung. Die Pädagogische Psychologie kann sich nicht darauf beschränken, auf die Unzulänglichkeit schulischer und universitärer Lernbedingungen lediglich hinzuweisen. Sie sollte zusätzlich Bedingungen benennen, unter denen dieser Trägheit des Wissens entgegenzuwirken ist. Deshalb muß im folgenden zunächst die Frage beantwortet werden, aus welchen „Elementen" der Transfer besteht, um anschließend darstellen zu können, wie auf diese „Elemente" fördernd einzuwirken ist.

5.3.1 Elemente des Transfers

Wenn die Frage gestellt wird, ob sich früheres Lernen auf nachfolgendes Lernen oder Verhalten auswirkt, muß man zunächst nach Übereinstimmungen bzw. Unterschieden der beiden Lernbedingungen suchen. Es sind nach Anthony Marini und Randy Genereux (1995) drei Elemente, die einen Transfer bedingen: 1. Merkmale des Lernenden, 2. Merkmale der vorgefundenen Aufgaben und 3. der Kontext, in den die Aufgaben eingebunden sind.

Das erste Element ist im *Lernenden* selbst zu suchen. Dieser betritt eine Lernsituation stets, indem er bereits bestimmte Voraussetzungen mitbringt. So verfügt er in einem bestimmten Umfang über deklaratives und prozedurales Wissen (s. S. 194), aber gleichzeitig setzt ihm sein Kurzzeitspeicher bezüglich des Umfangs der in einem Moment zu verarbeitenden Informationen – in Abhängigkeit von seiner jeweiligen Lerngeschichte – engere oder weitere Grenzen (s. S. 189ff.). Demnach hängt es vom jeweils vorhandenen Wissen, von den zur Verfügung stehenden Strategien und von der Verarbeitungskapazität ab, ob die Anforderungen einer vorliegenden Problemsituation erfüllt werden können. Da aber zusätzlich mit trägem Wissen gerechnet werden muß, wird der Erfolg außerdem davon bestimmt, ob der Lernende sein lösungsrelevantes Wissen überhaupt in Anspruch nimmt und hinreichend Motivation zur Auseinandersetzung mit einer neuen Aufgabensituation besitzt.

Eine Lernübertragung kann scheitern, wenn die früher gelernten und nachfolgend verwendeten *Aufgaben* tatsächlich oder dem Anschein nach geringe Ähnlichkeit aufweisen. Es ist bereits darauf hingewiesen worden, daß Novizen dazu neigen, vor allem oberflächliche Merkmale zu beachten, wenn sie mit Problemen konfrontiert werden, während Experten sehr schnell auf zugrundeliegende Prinzipien aufmerksam werden (s. S. 279). Novizen kann es deshalb Schwierigkeiten bereiten, an einem neuen Problem das ihnen bereits Bekannte zu entdecken. Beispiele dafür finden sich auch in Prüfungen. Wenn Kandidaten darin mit Problemen konfrontiert werden, mit denen sie sich zwar bereits früher, jedoch nur vergleichsweise oberflächlich beschäftigt haben, erklären sie möglicherweise, sie wüßten nicht, worauf der Fragende hinauswolle („Ich verstehe die Frage nicht."). Hinter dieser Äußerung steht sehr häufig mangelnde Vertrautheit mit dem Prüfungsgebiet (sofern – was keineswegs von vornherein ausgeschlossen werden soll – der Prüfer nicht tatsächlich seine Frage ungeschickt formuliert hat).

Schließlich sollte als drittes Element auch der *Kontext* berücksichtigt werden, in den Probleme eingebettet sind. Der Gedächtnispsychologie lassen sich zahlreiche Beispiele dafür entnehmen, daß man sich an Inhalte leichter in der räumlichen Umgebung erinnern kann, in der sie zuvor gelernt worden sind. So hatte man beispielsweise Tauchern die Aufgabe gestellt, 30 Meter unter Wasser eine Reihe von Wörtern zu lernen. Bei einer späteren Prüfung unter Wasser konnten sie sich an mehr Wörter erinnern als auf dem Festland (Godden & Baddeley, 1975). Ähnlich liegen die Verhältnisse, wenn das in der Schule Gelernte auf außerschulische Situationen übertragen werden soll. Dazu muß man gar nicht das Klassenzimmer verlassen. Es genügt womöglich schon, zuvor geübte Aufgaben in einen neuen Kontext zu stellen. So bereitet es dem Lernenden möglicherweise keine Schwierigkeiten, die Divisionsaufgabe 1128 : 36 korrekt zu bearbeiten. Eine andere Antwort erhält man möglicherweise aber, wenn man die eben genannte Aufgabe in folgenden Kontext stellt (Schoenfeld, 1988): „Ein Schulbus faßt 36 Schüler. Wie viele Busse werden benötigt, wenn insgesamt 1128 Schüler zu einem Sportplatz gefahren werden sollen." In einer Untersuchung Schoenfelds gab ein Drittel der befragten Schüler die Antwort: „31 Rest 12." Viele Lernenden erwiesen sich demnach außerstande, ihre formalen Mathematikkenntnisse erfolgreich zur Lösung einer Problemsituation einzusetzen, die im wirklichen Leben vorkommen kann und das – so kommentiert Alan Schoenfeld (1988) seinen Befund – „stellt ein dramatisches Versagen der Lehre dar". Worin aber liegt dieses „Versagen"? Weshalb bereitet es dem Schüler Schwierigkeiten, sein Schulwissen zur Lösung von Problemen einzusetzen, die außerhalb der Schule vorkommen? Die Antwort wurde bereits gegeben, als ein kritischer Aspekt der Konzeption Jean Piagets (s. 89f.) aufgezeigt worden ist. Piaget sieht zwar die Grundlage aller Erkenntnisse im praktischen Tun, aber es interessierte ihn vor allem, wie schnell es dem Schüler gelingt, sich von der Umwelt zu lösen und alle weiteren Operationen nur noch „im Kopf" auszuführen. Verfolgt der Unterricht nicht weithin ähnliche Zielsetzungen? John Brown und seine Mitarbeiter (1989) haben einschlägige schulpädagogische Theorien eingehend analysiert. Dabei gelangten sie zu folgender Feststellung: „Viele Methoden der pädagogischen Didaktik gehen davon aus, daß sich Wissen und Tun voneinander trennen lassen. Man betrachtet Wissen, als sei es ein einheitliches, selbständiges Etwas, das theoretisch unabhängig von den Situationen ist, in welchen es erworben und angewandt wird. Das Hauptanliegen der Schulen scheint der Transfer dieses Etwas zu sein, das aus abstrakten und von jeglichem Kontext losgelösten formalen Begriffen besteht. Die Aktivitäten und der Kontext, in dem Lernen stattfindet, betrachtet man lediglich als dem Lernen dienlich – sicherlich als pädagogisch nützlich, aber grundsätzlich abtrennbar und sogar neutral in Hinblick darauf, was gelernt wird." Ganz im Sinne von Piaget wird dem Schüler also Wissen zugeschrieben, das zwar in bestimmten Situationen erworben wurde, das sich „im Kopf" aber von jeglichem Kontext gelöst hat und deshalb fortan bereitsteht, um in einer Vielzahl von Situationen eingesetzt werden zu können. Zahlreiche Beobachtungen zeigen, daß Wissen nicht in dieser Form im menschlichen Gedächtnis bereitgehalten wird, um in einer Vielzahl von Situationen angewandt zu werden. Mehrere Studien zum menschlichen Lernen konnten die Annahmen erschüttern, die „vielen Methoden der pädagogischen Didaktik" zugrunde liegen. Es sind erhebliche Zweifel entstanden, ob man weiterhin davon ausgehen kann, daß Lernergebnisse losgelöst von ihrem Kontext gespeichert werden, und daß grundsätzlich vorhandenes Wissen universal zur Lösung von Problemen verwendet wird.

Welches Forschungsinteresse die drei genannten Elemente in der Vergangenheit geweckt haben, ist wesentlich von den jeweils vorherrschenden theoretischen Orientierungen bestimmt worden (Marini & Genereux, 1995). Edward Thorndike, der mit seiner S-R-Psychologie als einer der Wegbereiter des Behaviorismus anzusehen ist, richtete sein Augenmerk vor allem auf Gegebenheiten außerhalb des Individuums. In seiner „Theorie der identischen Elemente" vertrat er die Auffassung, daß der Transfer von Aufgabenmerkmalen abhängig sei. Je größer die Menge identischer Elemente zweier Aufgaben, so erklärte er, desto höher ist die Wahrscheinlichkeit, daß sich der Übungsgewinn nach Auseinandersetzung mit der ersten Aufgabe auf die zweite übertragen wird (Thorndike & Woodworth, 1901). Gestaltpsychologen, die sich über einen längeren Zeitraum u. a. auch mit Wahrnehmungsprozessen beschäftigt hatten, korrigierten Thorndike, indem sie feststellten, es käme nicht auf die objektiven Merkmale von Aufgaben an, sondern darauf, welche Ähnlichkeit der Lernende zwischen ihnen wahrnimmt (Katona, 1940). Nach Beschäftigung mit den Arbeiten von Lew Wygotski (s. S. 99ff.) haben in jüngster Zeit zahlreiche Psychologen unter sozial-kultureller Perspektive die Bedeutung des Kontexts für einen Transfer hervorgehoben (Collins et al., 1989; Rogoff, 1990). Damit konnten von der Forschung inzwischen alle drei Elemente des Transfers berücksichtigt werden. Deshalb ist es möglich, in den nachfolgenden Empfehlungen zur Förderung des Transfers durch den Unterricht „ganzheitlichen" Betrachtungsweisen Rechnung zu tragen.

5.3.2 Unterrichtliche Empfehlungen zur Verbesserung der Voraussetzungen für einen Transfer

Es gehört inzwischen zu den besonders gut gesicherten Erkenntnissen der Transferforschung, daß es nicht ausreicht, sich im Unterricht auf die Förderung schulischer Leistungen zu konzentrieren. Zusätzliche Maßnahmen müssen darauf gerichtet sein, der Entstehung von „trägem Wissen" entgegenzuwirken. Wenn Schüler nach langjähriger Teilnahme und möglicherweise guten Abschlußzensuren im Fremdsprachenunterricht nicht in der Lage sein sollten, sich mit kompetenten Sprechern zu unterhalten oder Mitteilungen in Zeitungen, Radio- oder Fernsehsendungen zu verstehen, dann wird man eben dieser Schule und vor allem ihren Trägern ein Armutszeugnis ausstellen müssen. Wenn die Teilnahme am Mathematikunterricht für die gesamte Schulzeit nicht sicherstellen kann, daß Aufgaben gerechnet werden können, die in einer modernen Industriegesellschaft an fast jeden Bürger herangetragen werden, dann darf kein Moment mehr gezögert werden, einen solchen Unterricht zu reformieren! Entsprechendes gilt für die Ausbildung an den Universitäten. Die für die Lehrerbildung verantwortlichen Lehrenden sollten anerkennen, daß es nicht ausreicht, den zukünftigen Lehrer mit Sprachentwicklungs-, Lern-, Motivations- oder Kognitionstheorien vertraut zu machen. Der Studierende sollte stets erfahren, auf welche konkreten Unterrichtssituationen sich diese Theorien beziehen, wie sie in Anspruch zu nehmen sind, um tatsächlich im Klassenzimmer auftretende Probleme lösen zu können. Langjährige Erfahrungen zeigen zwar, daß Studierende sehr wohl in der Lage sind, sich mit Theorien soweit vertraut zu machen, daß sie diese in Prüfungen differenziert darstellen können. Eine Anwendung auf Probleme im Klassenzimmer ist damit allerdings keineswegs zu erwarten! Im ungünstigsten Fall beginnen Lehrer ihre berufliche Tätigkeit mit der erst während des Studiums entstandenen Überzeugung, daß ein gelegentliches Auffrischen erziehungswissenschaftlicher Erkenntnisse keinen Sinn habe, denn sie wären auf die „Praxis" ohnehin nicht anwendbar.

Im folgenden sind einige Empfehlungen zusammengestellt, die berücksichtigt werden sollten, wenn Unterricht oder Lehre in einem Klassenzimmer, im Seminarraum oder Hörsaal stattfindet und das Gelernte später in der Praxis angewandt werden soll.

5.3.2.1 Intensives Üben in den Grundfertigkeiten und in ausgewählten Themengebieten

Je umfassender der Lernzielkatalog ist, den ein Lehrer im Verlauf des Schuljahres „abarbeiten" muß, desto weniger Zeit steht für ein einzelnes Themengebiet zur Verfügung. Vor allem die sogenannten Grundfertigkeiten müssen intensiv geübt oder, wie man es auch nennt, *überlernt* werden. Das bedeutet, daß das Üben nicht zu früh abgebrochen werden darf, sondern auch dann noch für einige Zeit fortgesetzt wird, wenn die Fertigkeiten nach dem subjektiven Eindruck bereits beherrscht werden. Vor allem in der Grundschule werden das Lesen, einfache Additionen und Multiplikationen überlernt. So hat man beispielsweise die „Methode des wiederholten Lesens" entwickelt (Samuels, 1979; LaBerge & Samuels, 1974). Dabei liest der Schüler einen kürzeren Absatz solange laut vor, bis ihm keine oder nur noch wenige Fehler unterlaufen und ihm ein hoher Flüssigkeitsgrad gelingt. Mit einem weiteren Textabsatz wird diese Vorgehensweise wiederholt. Das für das flüssige Lesen erforderliche Umsetzen von Wörtern in Sprache soll auf diese Weise automatisiert werden. Das wiederum gestattet es den Lernenden, mehr Aufmerksamkeit dem verstehenden Lesen zuzuwenden.

> Wiederholten Einwänden von Lehrern, das mehrmalige Lesen derselben Textabschnitte müßte den Schüler langweilen, tritt Jay Samuels (1979) entgegen: „Wir fanden, daß die Schüler von den Fortschritten begeistert waren, die sie bezüglich ihrer Flüssigkeit machten." Das gilt vor allem, wenn man den Schülern die eigenen Fortschritte vor Augen führt, etwa durch Abspielen einer Tonbandaufzeichnung aus einem früheren Lernabschnitt.

Die meisten Erwachsenen haben sicherlich bereits selbst erfahren, wie sehr das Überlernen einer Fertigkeit einen erfolgreichen Transfer fördert. So gelingt es erfahrenen Autofahrern in der Regel, die Handhabung eines neuen Fahrzeugs fast unverzüglich zu meistern, weil die für die Bedienung notwendigen Handgriffe nach längerer Fahrpraxis überlernt worden sind. In solchen Fällen erfolgt nach Gavriel Salomon und David Perkins (1989) ein „spontaner, automatischer Transfer von hochgradig geübten Fertigkeiten, ohne daß es dabei

5.3 Übertragen von im Unterricht Gelerntem auf außerschulische Situationen: Transfer

eines längeren Nachdenkens bedarf". Wenn Routinen gebildet sind, kann man in einer etwas veränderten Situation seine Aufmerksamkeit verstärkt auf jene Aspekte richten, die neu sind und folglich noch eine Anpassung erfordern.

Vor mehr als einem halben Jahrhundert hat Alfred Whitehead (1929), von dem bereits die Rede war, die Schule davor gewarnt, im Unterricht zuviel in zu kurzer Zeit erreichen zu wollen; sie würde sonst nur dazu beitragen, daß der Schüler in größerem Umfang Wissen erwirbt, das sich später, wenn eine Anwendung erfolgen könnte, als träge erweist. Deshalb sollte der Lehrer unbedingt darauf achten, daß „weniger mehr ist", wenn er fördernd auf die Voraussetzungen seiner Schüler einwirken will, Gelerntes auf neue Situationen anzuwenden. Whitehead forderte aber nicht nur dazu heraus, sich im Unterricht auf das Lehren solcher Inhalte zu beschränken, die dem Lehrer wirklich bedeutsam erscheinen. Er betonte zusätzlich die Notwendigkeit, „das Wenige, dafür aber Wichtige" gründlich zu erarbeiten. Damit wird der „Behandlung" einer großen Anzahl von Themen, von denen jedes nur oberflächlich betrachtet werden kann, eine deutliche Absage erteilt (siehe auch: Brophy, 1992; Porter, 1989).

5.3.2.2 Gelegenheit zur Anwendung von verschiedenen Strategien in ähnlichen Situationen

Es hilft dem Autofahrer, wenn er bestimmte Bedienungen seines Fahrzeugs ohne längere Überlegungen ausführen kann. Mit automatisierten kognitiven Prozessen und mit dem Ausführen bestimmter Routinen läßt sich allerdings nicht immer angemessen auf Situationen reagieren, in denen Ereignisse und Abläufe unvorhersehbar auftreten. Vor allem im Mathematikunterricht muß darauf geachtet werden, daß Schüler Beispielaufgaben in der Variation üben, in der sie tatsächlich vorkommen können.

> Die Einschränkung der kognitiven Flexibilität infolge von Übungen, deren Variation absichtlich vorübergehend eingeschränkt worden ist, konnte eindrucksvoll in einem klassischen Experiment von Abraham Luchins (1942) nachgewiesen werden. Er hatte seinen Versuchspersonen die Aufgabe gestellt, eine bestimmte Menge Wasser durch Benutzung von Gefäßen unterschiedlichen Volumens abzumessen. Wenn beispielsweise ein Gefäß A 21 l (l = Liter), ein Gefäß B 127 l und ein Gefäß C 3 l faßt, lassen sich 100 l (= D) durch Anwendung folgender Formel abmessen: D = B – A – 2C. Die Versuchspersonen erhielten zahlreiche weitere Aufgaben, die sich stets mit dieser Formel lösen ließen. Endlich folgten Aufgaben, die ebenfalls durch die eben genannte, aber auch auf anderem Wege zu lösen waren. So faßte in einer Aufgabe Gefäß A 23 l, B 49 l, und C 3 l und es sollten 20 l abgemessen werden. In mehrfachen Wiederholungen des Experiments lösten 70 bis 100 Prozent der Versuchspersonen verschiedenen Alters und unterschiedlichen Bildungsgrades diese Aufgabe in der geschilderten Weise mit der Formel B – A – 2C. Sie übersahen damit allerdings den viel ein-

facheren Weg, der lediglich die Operation A – C forderte. Versuchspersonen der Kontrollgruppe verhielten sich flexibler. Sie hatten anfänglich keine Aufgabenreihe erhalten, die stets auf gleichem Wege zu lösen war (B – A – 2C). Deshalb tendierten sie dazu, nach dem einfachsten Lösungsweg zu suchen (A – C). Luchins hatte mit seinem Experiment den Beleg erbracht, daß einförmige Übungen die Flexibilität des Denkens einschränken können. Die Versuchspersonen von Luchins hatten eine „Einstellung" entwickelt, also eine Tendenz, eine Lösungsmethode solange anzuwenden, wie sie allem Anschein nach zur Lösung führt.

Das Verhalten der von Luchins beobachteten Versuchspersonen bringt Beobachtungen Wasons in Erinnerung, die ihm eine auf Voreingenommenheit beruhende Bestätigungstendenz *(confirmation bias)* zum Ausdruck zu bringen schienen. Hierüber ist in Kapitel 1 ausführlicher berichtet worden (s. S. 35ff.). Wenn der Lernende einmal einen Lösungsweg gefunden hat, der offenkundig zum Ziel führt, besteht für ihn kein Anlaß, ihn in Frage zu stellen bzw. nach einem Weg zu suchen, der auf einem einfacheren Weg zum Ziel führen könnte. Der *confirmation bias* entstand im Falle der Studie Wasons allerdings nur, weil er Zahlenreihen verwendet hatte, die den Hypothesen der Versuchspersonen nicht widersprachen. Hätte Wason variierte Übungen ermöglicht, wäre kein *confirmation bias* entstanden.

5.3.2.3 Systematisches Entkontextualisieren des Lernens

Auf der Suche nach den Entstehungsbedingungen für träges Wissen im Unterricht wird man vielfach darauf aufmerksam, daß Kenntnisse zu sehr mit jenen besonderen Bedingungen verknüpft bleiben, unter denen sie erworben wurden (s. S. 313f.). So lernen Schüler beispielsweise das Lösen bestimmter mathematischer Aufgaben ausschließlich an ihrem Schultisch. Aus der Sicht der Pädagogischen Psychologie ist deshalb auf die Notwendigkeit hinzuweisen, das Wissen des Schülers zu „entkontextualisieren" (Singly & Anderson, 1989). Mit „Entkontextualisieren" ist ein Prozeß gemeint, der es dem Lernenden in zunehmendem Maße gestattet, Verbindungen zu lösen, die zwischen einem bestimmten Wissensinhalt und irrelevanten Aspekten der Situation (des Kontexts) bestehen. Begriffe und Regeln werden folglich in mehreren Situationen angewandt, in denen sie vorkommen können, *also in einem sinnvollen Kontext!* Nachdem ein Lernender Aufgabensituationen in mehreren Kontexten erfahren hat, verlieren diese für ihn zunehmend ihre Assoziationen mit bestimmten Situationen. Allmählich tritt für ihn immer stärker das allgemeine Prinzip hervor, das als einzige Konstante erhalten bleibt (Perkins & Salomon, 1989; Salomon & Perkins, 1989).

Die Dekontextualisierung eines Wissensinhalts reicht allerdings allein noch nicht aus, um die Wahrscheinlichkeit eines Transfers zu erhöhen. Der Schüler muß außerdem lernen, wann und wo sein Wissen angewandt werden kann. Auf die Bedeutung dieses konditionalen Wissens ist ebenfalls bereits hingewiesen worden (s. S. 278). Im vorliegenden Fall handelt es sich nicht um ein automatisch ablaufendes „Gewußt wann und wo", sondern um ein sehr bewußtes Nachdenken darüber, ob man ein ähnliches Problem schon einmal früher bearbeitet hat. Unter welchen Bedingungen hatte es sich seinerzeit gestellt? Was wurde damals unternommen, um die Lösung zu finden? Zu Bedenken ist aber, daß die Erinnerung an ähnliche Probleme um so schwerer fällt, je länger ihre Bearbeitungszeit zurückliegt (Phye, 1990).

5.3.2.4 Problemorientierter und anwendungsbezogener Unterricht

In vielen Lernsituationen von Schule und Universität geht man – zumindest implizit – davon aus, daß die Lernenden das ihnen auf theoretischem Wege übermittelte Wissen nachfolgend spontan in geeigneten Problemsituationen anwenden. So bietet man in einer Ausbildungsstätte beispielsweise eine Lehrveranstaltung über „Sprachtheorien und ihre Implikationen für die Therapie" an. Greifen Studierende auf das dort Gelernte aber wirklich in einem nachfolgenden Praktikum in angemessener Weise zurück, in dem es darauf ankommt, praktische Erfahrungen in der Therapie von Sprachschwierigkeiten bei Kindern zu sammeln? Auch wenn ein erfahrener Praktiker die Sprachtheorien lehrt, ist nicht mit einem Transfer zu rechnen, selbst wenn Abschlußtests eine gute gedächtnismäßige Aufbereitung des Dargestellten durch die Teilnehmer bestätigen (Michael et al., 1993)! Im Rahmen der Ausbildung zum Mediziner beginnen Studierende zunächst damit, daß sie Vorlesungen über grundlegende wissenschaftliche Konzepte hören. Es wird erwartet, daß sie die mitgeteilten Informationen auswendig lernen und später – in ihren klinisch-praktischen Semestern – bei der Diagnostik von Krankheitssymptomen und bei der Therapie ihrer Patienten anwenden. Es zeigt sich jedoch auch hier, daß die Lernenden dazu nicht in der Lage sind. In ihrer Zusammenfassung einschlägiger Forschungsergebnisse stellt Susan Williams (1992) fest: „Untersuchungen zeigen, daß vieles, was in Vorlesungen gelernt wurde, vergessen sein wird, bevor die Studierenden den klinischen Teil ihrer Ausbildung erreicht haben." Es ist zudem kennzeichnend für viele akademische Veranstaltungen und Lehrbücher, daß sie das theoretische Wissen losgelöst von ihren Anwendungsbezügen darstellen. Sie geben Antworten auf Fragen, die sich dem Lernenden noch gar nicht stellen und die dieser folglich gar nicht auf konkrete Problemsituationen übertragen kann. Das gilt auch für die Art und Weise, wie die Pädagogische Psychologie im Rahmen der Lehrerbildung nicht selten an Studierende herangetragen wird. „In vielen Lehrveranstaltungen über Pädagogische Psychologie", so bedauert Thomas Shuell (1996b), „erwartet man von Studierenden, daß sie faktisches und begriffliches Wissen und nicht angewandtes Wissen erwerben – das heißt, sie lernen etwas *über* das Unterrichten, anstatt zu lernen, *wie* zu unterrichten ist." Auch diesem Ausbildungkonzept liegt die falsche Annahme zugrunde, daß Kenntnisse, die angehende Lehrer im Seminarraum oder im Hörsaal erwerben, anschließend automatisch zur Bewältigung solcher Probleme eingesetzt werden können, die im Klassenzimmer auftreten. Diese Annahme liegt nun bereits seit mehreren Jahrzehnten der Gestaltung der Lehrerausbildung in der ersten Phase zugrunde, obwohl, so erklärt auch Shuell, „es in der pädagogisch psychologischen Literatur genügend Belege gibt, daß ein solcher Transfer in den meisten Fällen nicht stattfindet". Lehrbücher und Vorlesungen der Pädagogischen Psychologie können dem zukünftigen Lehrer darstellen, welche Möglichkeiten beispielsweise lern- und motivationspsychologische Erkenntnisse eröffnen, Unterrichtsprobleme zu lösen. Zur Förderung des Transfers müssen solche Darstellungen aber in geeigneten Veranstaltungen dahingehend aufgearbeitet werden, daß Anwendungsbezüge in authentischen Situationen erkannt werden. Es reicht nicht aus, lediglich Verständnis für Zusammenhänge darzustellen. Der Lernende muß zusätzlich beurteilen können, wann und wo das von ihm erarbeitete Wissen anwendbar ist (Wiggins, 1993).

Um ihren Studierenden die Anwendung von Erkenntnissen aus der Sprachforschung zu erleichtern, hat Ann Michael (Michael et al., 1993) beispielsweise eine Veranstaltungsform entwickelt, in denen die Teilnehmer mit Problemen aus der sprachtherapeutischen Praxis konfrontiert wurden. Dabei mußten auch wissenschaftliche Texte gelesen werden. Michael achtete allerdings auf eine angemessene Verarbeitung. Zusätzlich zeigte sie den Studierenden Filmausschnitte aus tatsächlichen Therapiesitzungen, jeweils gefolgt von Diskussionen darüber, welche Prinzipien der Sprachtheorien im einzelnen angewandt worden sind. Spätere Nachprüfungen ergaben, daß diese Studierenden zum Abschluß der Lehrveranstaltung sehr viel besser in der Lage waren, ihr theoretisches Wissen auf sprachtherapeutische Situationen anzuwenden als ihre Kommilitonen, die an Lehrveranstaltungen traditioneller Art teilgenommen hatten. Man kann zwar andere bei der professionellen Ausführung einer Aufgabe (etwa Durchführung von Therapie, Erteilung von Unterricht usw.) beobachten und im Rahmen einer solchen Hospitation die Fähigkeit entwickeln, deren Vorgehen zu interpretieren und zu kommentieren, aber das eigene praktische Ausführen eben dieser Aufgabe ist dadurch nicht zu ersetzen (Michael et al., 1992; Bransford, 1993).

> Michael hat sich in ihrer revidierten Unterrichtskonzeption bemüht, die zu erarbeitenden Wissensinhalte stets in bezug zu den authentischen Problemen darzustellen. Sie hat damit Prinzipien aufgegriffen, die im Projektunterricht bereits seit langem verwirklicht werden (Bastian, 1993; Gudjons, 1992). Darüber hinaus gibt es vielfältige weitere Möglichkeiten, den Lernenden mit zunächst gut ausgewählten Problemsituationen zu konfrontieren, um ihn anschließend die Wissensinhalte erarbeiten zu lassen, die zu deren Lösung in Frage kommen.

Der problemorientierten Darstellung sollte stets eine Anwendungsphase folgen, die den Lernenden die Möglichkeit gibt, daß Gehörte oder Gelesene bei der Lösung authentischer Probleme einzusetzen. Das gilt auch für Studiengänge, die auf bestimmte Tätigkeitsbereiche vorbereiten. Zukünftige Lehrer müssen möglichst praktische Erfahrungen in der Anwendung pädagogisch psycholo-

5.3 Übertragen von im Unterricht Gelerntem auf außerschulische Situationen: Transfer

gisch relevanter Erkenntnisse sammeln. „Diese Erfahrungen könnten im Kontext von Fallbesprechungen, von Rollenspielen *(simulations)* oder von beidem stattfinden, aber Studierende müssen die Gelegenheit erhalten, irgendeine Form von Aktivität zu erbringen (auch wenn es das Rollenspiel ist), und sie müssen Rückmeldungen bezüglich der Angemessenheit ihrer Darbietung erhalten" (Shuell, 1996b).

Solche Anregungen zur Gestaltung von Lehr- und Unterrichtssituationen zielen darauf, dem trägen Wissen entgegenzuwirken, und die Befähigung des auszubildenden Nachwuchses zur Lösung von Problemen, die außerhalb des schulischen Kontextes auftreten können, zu verbessern. Der zunehmende internationale Wettbewerb, der durch die Globalisierung der Weltmärkte entstanden ist, führt zu ständig neuen Herausforderungen an sämtliche Nationen. Dieser Wettbewerb läßt sich nur mit Menschen wirkungsvoll bestehen, die in den Aus- und Fortbildungsinstitutionen gelernt haben, Probleme in alltäglichen Betätigungsfeldern rechtzeitig zu erkennen *und zu bewältigen.*

6. Kapitel: Förderung der Lernmotivation

Die Ausführungen der vorausgegangenen Kapitel haben viele Belege für die Feststellung geliefert, daß es sich beim Lernen um einen aktiven Prozeß handelt. Es reicht nicht aus, Schülerinnen und Schülern Informationen lediglich darzustellen. Lernende, die weitgehend passiv am Unterricht teilnehmen, die eigentlich nur physisch anwesend sind, besitzen ungünstige Voraussetzungen, um vom Lehrer Dargestelltes aufzunehmen, zu verarbeiten, relativ dauerhaft zu behalten und in geeigneten Situationen anzuwenden. Wie aber kann man Schüler veranlassen, die für das Lernen erforderlichen Aktivitäten zu zeigen? Wie läßt sich erreichen, daß sie dem Unterricht ihre Aufmerksamkeit zuwenden, daß sie mitgeteilte Informationen nicht nur wiederholen, sondern auch mit bereits Bekanntem in Beziehung setzen, um sie entweder zu assimilieren oder um eine Akkommodation vorzunehmen? Unter welchen Umständen wächst die Bereitschaft, Fragen zu stellen? Wie läßt sich verhindern, daß Lernende ihre Auseinandersetzung mit schulischen Problemen abbrechen, sobald ihnen Schwierigkeiten begegnen? Wie kann man in solchen Situationen ihre Anstrengungsbereitschaft erhöhen und sie zum Durchhalten veranlassen? Die Klärung solcher Fragen ist für die Pädagogische Psychologie von erheblicher Bedeutung.

Aus behavioristischer Sicht ist der Mensch „von Natur aus faul". Danach ist es die Aufgabe der Umwelt, Verlockungen („Anreize") ebenso wie Bestrafungen anzukündigen, um den Lernenden aus seiner vermeintlichen „Faulheit" herauszuholen. Nach der sogenannten „kognitiven Wende" in den 1960er Jahren (s. S. 20) sah allerdings eine schnell anwachsende Anzahl von Psychologen Anlaß, das bis dorthin weithin akzeptierte Menschenbild zu überprüfen. Dabei sollte nicht vergessen werden, daß bereits Jean Piaget seit Beginn seiner Studien, also ab 1920, eine andere Vorstellung über die Entwicklung von Kindern vermittelt hatte. Seine Beobachtungen bestätigten die Überzeugung, daß der von Natur aus aktive Mensch an der Erkundung seiner Umwelt interessiert ist. Piaget entdeckte aber auch, daß es bestimmter Bedingungen bedarf, die Lernende in ihrer „natürlichen Neugier" unterstützen. Sollte man diese Neugier nicht auch im Klassenzimmer anregen? Dem wird man vorbehaltlos zustimmen können. Die Motivationspsychologie hat dem Lehrer aber noch mehr bedeutsame Zusammenhänge für seine Unterrichtsarbeit aufzuzeigen.

Kurz nach Beendigung des Zweiten Weltkrieges begründeten zwei amerikanische Psychologen, Richard Atkinson und David McClelland (McClelland et al., 1953), unabhängig von Piaget (dessen Arbeiten damals in Amerika noch nicht bekannt waren) eine Forschungstradition, die sich zunächst auf das „Bedürfnis nach Leistung" gründete. Dieses „Leistungsbedürfnis" ließ sich in Wettbewerbssituationen herausfordern und entsprach dem „Bestreben, etwas besser, schneller, wirkungsvoller und mit weniger Anstrengungsaufwand" als andere zu vollbringen (McClelland, 1961). In Deutschland wurde diese Tradition längere Zeit von Heinz Heckhausen (1989) weiter entwickelt. Auf McClelland und Atkinson geht die Vorstellung zurück, daß es sich beim Leistungsmotiv um ein relativ stabiles Persönlichkeitsmerkmal handelt, das bereits im Vorschulalter in Abhängigkeit von Erziehungsstilen entsteht, die Eltern gegenüber ihren Kindern in Leistungssituationen zeigen.

Wie Deborah Stipek (1993) feststellt, haben in jüngerer Zeit bei Motivationspsychologen verstärkt Vorstellungen an Attraktivität gewonnen, die sich deutlich von denen McClellands und Atkinsons abheben, vor allem in Hinblick auf die Möglichkeit, das individuelle Leistungsmotiv zu verändern. Nach dieser neueren Sichtweise handelt es sich bei der Leistungsmotivation um eine Reihe „bewußter Überzeugungen und Werte, die primär von jüngeren Erfahrungen in Leistungssituationen und Merkmalen der unmittelbaren Umgebung (etwa die Anzahl der Erfolge und Mißerfolge) beeinflußt werden". Die traditionelle Leistungsmotivationstheorie ging noch davon aus, daß Hochmotivierte durch die Tendenz zu kennzeichnen seien, die eigene Tüchtigkeit in allen Bereichen aufrechtzuerhalten, in denen man einen Gütemaßstab für verbindlich hält (Heckhausen, 1963). Eine solche Konzeption hat allerdings unberücksichtigt gelassen, daß Menschen tatsächlich nur eines oder wenige Betätigungsfelder (*ihr* Interessengebiet) auswählen und sich damit beschäftigen, weil sie allein schon den Prozeß des darin Tätigseins hoch bewerten (H. Schiefele et al., 1979; U. Schiefele, 1991). Wenn man den Ausprägungsgrad des Leistungsmotivs in Abhängigkeit von Erfahrungen sieht, die in jüngerer Vergangenheit in bestimmten Aufgabengebieten gesammelt worden sind, trägt man auch Beobachtungen in der Schule Rechnung. Ein Schüler kann sehr wohl hoch motiviert sein, gute Leistungen in Geographie zu erbringen. Er kann aber gleichzeitig mit erheblich geringerer Motivation an Aufgaben der Mathematik herangehen, weil seine unmittelbar zurückliegende Erfahrungen in diesen beiden Unterrichtsfächern unterschiedlich ausgefallen sind (Stipek, 1993).

In der aktuellen Diskussion wird mehr und mehr anerkannt, daß es von weiteren besonderen Bedingungen abhängt, ob die Motivation eines Schülers angeregt wird oder nicht. Gleichartige Aufgaben motivieren verschiedene Schüler nämlich keineswegs in gleicher Weise. Ob ein Mensch motiviert ist, hängt weder allein von der Person noch ausschließlich von der Situation ab (Paris & Turner, 1994).

Während Leistungsmotivationstheoretiker ursprünglich hervorhoben, daß der einzelne sein Leistungsergebnis in sozialen Situationen mit anderen vergleicht, rückten sie später in den Blickpunkt, daß er sich auch mit sich selbst vergleichen kann. Das heißt, daß er zu einer Bewertung aktueller Leistungsergebnisse gelangt, indem er sie mit eigenen früheren in Beziehung setzt. Durch Orientierung an seinem sozialen und/oder individuellen Gütemaßstab kann ein Lernender die Anforderungen bestimmen, die er an sich selbst stellt und die für ihn mindestens erfüllt sein müssen, damit er mit seinem Leistungsergebnis zufrieden sein kann. Die Erkenntnisse der Leistungsmotivationsforschung eröffneten dem Lehrer Möglichkeiten zur Motivierung seiner Schüler: Er kann in seinen Unterrichtsfächern Bedingungen schaffen, unter denen Schüler bereit sind, ihre „individuelle Tüchtigkeit zu steigern oder möglichst hoch zu halten".

Während der Lehrer Ergebnissen der Leistungsmotivationsforschung entnehmen kann, unter welchen Bedingungen Schüler bereit sein können, Anstrengungen zu unternehmen, damit sie ihre eigene Tüchtigkeit erfahren, läßt sich Befunden der Neugierforschung entnehmen, wie die Aufmerksamkeit von Schülern zu wecken ist. Wenn aber ein Lehrer ständig Bedingungen zu schaffen hätte, die spontanes Interesse bei seinen Schülern wecken, wenn er weiterhin für jeden Schüler die Aufgabenschwierigkeit auswählen sollte, die diesen optimal motiviert, würde er selbst sehr schnell an die Grenzen seiner Leistungsfähigkeit gelangen. Lehrer sollten zwar wissen, wie sie die Lernmotivation ihrer Schülerinnen und Schüler anregen können und welche Art von Zielen Schüler verfolgen, wenn sie Leistungen erbringen. Aber Lehrer sollten gleichzeitig alles tun, damit sie an der Verwirklichung einer alten Forderung der Pädagogik mitwirken: Lernende müssen zunehmend bereit und in der Lage sein, Verantwortung für sich selbst zu übernehmen; der Lehrer hat sie darin zu unterstützen, die Steuerung ihres Lernens selbst zu übernehmen.

6.1 Motivation und Willenskraft als bedeutsame Prozesse zur Erreichung von Lernzielen

„Wünschen – Wählen – Wollen: Diese drei Verben", so stellt Heinz Heckhausen (1987) fest, „umspannen alles, womit sich die Motivationspsychologie befassen kann. Wünschen – damit fängt alles an." Wünsche hat der Mensch in großer Anzahl, aber sie sind auch unverbindlich: Man kann viele davon für sich bewahren und gleichzeitig wissen, daß nur wenige davon verwirklicht werden können. Einige Wünsche stehen sich sogar gegenseitig im Wege, denn, „man kann den Kuchen ja nicht gleichsam essen und behalten" (Heckhausen, 1987). Deshalb muß man sehr sorgsam abwägen, was man wirklich möchte. Dieses Wählen unter Abwägung dessen, was sich lohnt, weiter verfolgt zu werden und was unterlassen werden kann oder zumindest zurückzustellen ist, beschäftigt die Motivationspsychologie bereits seit langem.

Wenn ein Mensch zielgerichtetes Verhalten zeigt – er also offenkundig *motiviert* ist – hat man zum einen davon auszugehen, daß ihn etwas aktiviert und in Bewegung gesetzt hat. Es sind augenscheinlich Energien bereitgestellt worden, etwas zu tun oder bereits gezeigtes Tun fortzusetzen. Die Menge der bereitstehenden Energien können in unterschiedlich hohen Aktivitätsniveaus zum Ausdruck kommen. Im Falle eines geringen Aktivitätsniveaus werden Aufgaben nur halbherzig oder geradezu lustlos erledigt. Das Gegenteil liegt vor, wenn Aufgaben mit hohem Engagement angepackt und bearbeitet werden. Aktivation ist aber zunächst nur „eine Maschine, keine Steuerungseinrichtung" (Hebb, 1955). Zusätzlich weist das Verhalten eines Motivierten stets Gerichtetheit auf, d. h., dieser zeigt Aktivitäten, durch die eine Verringerung des Abstandes zu einem Ziel erfolgt. Als Ausdruck gesteigerter Motivation gilt es, wenn bestimmte Aktivitäten wiederkehrend aufgenommen werden. So nutzen einzelne Schüler beispielsweise jede Gelegenheit, ihre Leseaktivitäten fortzusetzen, ohne daß sie dazu von anderen aufgefordert werden müssen. Eine besondere Herausforderung stellt es für einen Menschen dar, wenn er sich eine Aufgabe ausgewählt hat, deren Lösung nicht ohne weiteres auf der Hand liegt. Welche Reaktion erfolgt nun in einer solchen Situation?

In Anlehnung an Arbeiten von Julius Kuhl (1985), deren Bedeutung für den pädagogischen Kontext Lyn Corno (1993, 1995) herausgearbeitet hat, erscheint es sinnvoll, zwischen zwei Prozessen zu unterscheiden. Man benötigt zunächst *Motivation.* Dabei geht es nach Heckhausen (1987) um Wünschen, Wägen und Wählen, also um Prozesse der Motivation im engeren Sinne.

Auf dem Weg zu einem Ziel entstehen nicht selten Schwierigkeiten, vielleicht auch Ablenkungen, weil sich attraktive Alternativen ergeben; *allein* mit Motivation sind solche Hindernisse zum Ziel nicht mehr zu überwinden. Die auftretenden Schwierigkeiten oder die Verführungen, lieber andere Tätigkeiten aufzunehmen, fordern die Entscheidung, die Auseinandersetzung mit der Aufgabe entweder fortzusetzen oder abzubrechen: Sollte die Entscheidung positiv ausfallen, bestehen günstige Voraussetzungen zur Überschreitung des „Rubikon" (Heckhausen, 1987), denn damit übernimmt man eine Art Selbstverpflichtung, „an der Sache dranzubleiben". Von nun an steht nicht mehr das Fragen nach dem Für und Wider im Vordergrund, sondern es geht vor allem darum, wirkungsvolle Möglichkeiten zur Verwirklichung des eigenen Vorhabens zu finden. Dazu bedarf es allerdings der *„Willenskraft"* oder einfach nur eines Willens *(Volition);* beides gibt dem Motiviert-Sein eine neue Qualität. Sobald ein Schüler Selbstverantwortung für sein Lernen übernommen hat und bemüht ist, sich vor Ablenkungen zu schützen, kommt sein Wille ins Spiel. Der Mensch verdankt es seiner Motivation, daß er sich Ziele auswählt, aber seine Willenskraft muß dafür sorgen, daß er sie auch erreicht. Seine Motivation sorgt dafür, daß er sich zunächst bestimmten Aufgaben zuwendet. Ein erheblicher Teil der Bemühungen des Lehrers ist darauf gerichtet, die Motivation des Schülers anzuregen, etwa seine Neugier. Aber diese entsteht allenfalls für den Moment. Ziel des Lehrers muß es sein, daß sich das „Mehr-wissen-wollen" noch nach Abschluß der Unterrichtsstunde fortsetzt, also auch dann, wenn es etwa am Nachmittag viele weitere Motivationsanreize gibt, etwa den Fernseher einzuschalten, dem verlockenden Angebot eines Freundes zu folgen, zum Schwimmen zu gehen, oder einfach nur Musik zu hören. Ob sich der Schüler in dieser Situation weiterhin bemüht, der in der Schule angeregten Neugier nachzugehen, hängt davon ab, ob bei ihm die Absicht entstanden ist, den am

Ende der Schulstunde noch bestehenden Wunsch auch zu verwirklichen und ob er zugleich Verbindlichkeiten *(commitment)* eingegangen ist, sich um die zugrundeliegenden Ziele zu bemühen („Will ich das wirklich?"). Um die eingegangene Selbstverbindlichkeit auch einzulösen, ist Willenskraft erforderlich. Mit ihr wird eine Art Schutzwall errichtet, der die vielfältigen Verlockungen des Nachmittags abschirmen kann. Durch den Willen werden metakognitive Prozesse in Gang gesetzt, die letztlich die Bewältigung einer Aufgabe ermöglichen.

Die Motivation rückt also zunächst die angenehmen Konsequenzen in den Blick, also solche, die einen Erfolg nach sich ziehen würden. Demgegenüber stellt der Mensch mit Hilfe seines Willens sicher, daß er bis zur Erreichung dieses attraktiven Zieles überhaupt durchhält. „Ein Schüler setzt seine Willenskraft ein, sobald bei ihm eine Selbstverpflichtung zum Lernen erfolgt ist, und die Willenskraft schützt diese Selbstverpflichtung zum Lernen und zur Konzentration vor konkurrierenden Handlungstendenzen und anderen potentiellen Ablenkungen" (Corno, 1989).

Auf seinen Willen wird ein Mensch allerdings solange nicht zurückgreifen, wie ihm die Motivation fehlt, sich einem Aufgabenbereich zuzuwenden. Wovon hängt es aber ab, ob ein Mensch zu motivieren ist? Wie diese Frage beantwortet wird, bestimmt die theoretische Ausrichtung der jeweiligen Motivationspsychologen entscheidend mit. Einige allgemeinpsychologische Motivationstheorien werden in den nächsten Abschnitten dargestellt. Anschließend wird gezeigt, was sich im Unterricht tun läßt, um die Schüler zunächst zu motivieren. Schließlich werden Wege aufgezeigt, um die Voraussetzungen der Lernenden zu verbessern, die in der Schule geweckten „Wünsche" auch zu verwirklichen.

6.2 Einige Motivationstheorien und ihre Bedeutung für die unterrichtliche Praxis

Schon seit ihren Anfängen als wissenschaftliche Disziplin im 19. Jahrhundert hat sich die Psychologie um die Klärung der Frage bemüht, warum Menschen das tun, was sie tun. Wie auch in anderen Problemfeldern ließ man sich anfänglich stark von Darwins Theorie der Entwicklung der Arten inspirieren. Zielgerichtetes Verhalten, für dessen Entstehung keinerlei Lernen nachweisbar war, führte man auf „Instinkte" zurück, d.h. auf angeborene Voraussetzungen, bestimmte Verhaltensabfolgen zu zeigen. Mütter wenden sich danach ihren Kindern fürsorglich zu, weil sie einen „Bemutterungsinstinkt" haben, und man verhält sich anderen gegenüber aggressiv, weil das eigene Verhalten von einem „Aggressionsinstinkt" bestimmt wird. Wenn man aus heutiger Sicht auf diese ersten „Erkenntnisse" der Motivationspsychologie zurückblickt, erscheint es fast rührend, daß ihre Vertreter damals glaubten, sie hätten *Erklärungen* für zielgerichtetes Verhalten gefunden, welches sie in Wirklichkeit lediglich *benannt* hatten. Die früheren Instinkttheoretiker sind über eine Benennung ihrer Verhaltensbeobachtungen niemals hinausgekommen. Erst mit biologischen Theorien, die zu Beginn des zwanzigsten Jahrhunderts entwickelt wurden, gelang es, das Erklärungsdefizit zu überwinden. Man sprach nicht mehr von Instinkten, sondern von Trieben und suchte nach Bedingungen in und außerhalb des Organismus, die regulierend auf die Triebstärke einwirken können. Auch Behavioristen waren schließlich bereit, den Begriff „Trieb" *(Drive)* in ihre Lerntheorie zu integrieren (Hull, 1943). Man ließ Organismen zunächst für einige Zeit dursten und hungern. Daraufhin bot man ihnen die Gelegenheit, sich mit einer Lernaufgabe auseinanderzusetzen, für deren Bewältigung sie mit Wasser und Nahrung „belohnt" wurden. Ein entscheidender Schlüssel, um Lernen unter die Kontrolle der Umwelt zu bringen, war damit gefunden. Lernen Organismen aber tatsächlich nur, wenn dadurch Belohnungen zu erlangen und Bestrafungen zu vermeiden sind? Humanistisch orientierte Psychologen verneinten diese Frage nachdrücklich. In Reaktion auf die in den 1940er Jahren vorherrschenden Sichtweisen der Behavioristen und Psychoanalytiker verstand sich die Humanistische Psychologie als „dritte Kraft", die nicht das „Getriebenwerden" des Menschen in den Mittelpunkt ihrer Theorie stellt, sondern statt dessen Prozesse wie „Selbstverwirklichung" (Maslow, 1970, 1971) oder das „Bedürfnis nach Selbstbestimmung" (Deci et al., 1991). Menschen, so stellten die Vertreter der Humanistischen Psychologie fest, seien ständig motiviert, ihre eigenen Möglichkeiten auszuschöpfen und zu realisieren.

Auch viele Motivationspsychologen kognitiver Orientierung sahen den Menschen nicht ausschließlich als ein fremdbestimmtes Wesen. Ein erheblicher Teil menschlicher Lernmotivation, so erklärten ihre Vertreter, kann sehr wohl der Kontrolle des Lernenden unterliegen. Ob ein Lernender aber ein höheres Maß an Selbstkontrolle entwickelt, das mußten auch kognitive Motivationspsychologen zugestehen, hängt wiederum von bestimmten Förderungsbedingungen auf seiten der Umwelt ab.

6.2.1 Aktivierung des Lernenden durch Setzung von „Störreizen": Triebreduktionstheorie

„Alle Lebewesen", so erklärte Claude Bernard (1858), „so verschieden sie auch immer sein mögen, haben nur ein einziges Ziel, das ist, die Bedingungen des Lebens im inneren Milieu konstant zu halten." Das Ziel des Organismus ist demnach die „Konstanthaltung des inneren Milieus". Solange der Körper bezüglich seines Bedarfs an Nahrung, Wasser, Sauerstoff usw. befriedigt ist, befindet er sich in einer Art Gleichgewichtszustand. Bei „biologischer Deprivation", dem Entzug lebenswichtiger Stoffe, kommt es zu einer Störung dieses Gleichgewichts. Wenn ein Organismus „depriviert" wird, d.h., unangemessen lange auf die Zufuhr von Nahrung, Wasser oder Sauerstoff verzichten muß, erfolgt nach dieser biologischen Sichtweise die Aktivierung eines Triebes. Der

Mangel wird als eine unangenehme, als eine aversive Bedingung erfahren, die den Organismus veranlaßt, Maßnahmen zu ergreifen, um den aversiven Zustand zu beseitigen und das innere Gleichgewicht wieder herzustellen.

Zumindest implizit wird dem Organismus somit ein fortwährend bestehendes Bedürfnis nach Ruhe, nach einem völligen Gleichgewichtszustand unterstellt. Da aber infolge von Stoffwechselprozessen vorhandene Energien aufgebraucht werden, muß der Organismus, nachdem sich seine Vorräte auf eine kritische Menge verringert haben, über Triebe auf sein Defizit aufmerksam machen. Triebe werden also als „Störreize" gesehen, denn sie stehen dem Bedürfnis nach Ruhe entgegen. Eine Aktivierung des Organismus erfolgt nach dieser Sichtweise nur, weil eine „Triebreduktion" (Hull, 1943) erreicht werden muß, die im Falle erfolgreicher Maßnahmen das physiologische Gleichgewicht – und damit die Ruhe – wieder herstellt. Wer davon ausgeht, daß Menschen „von Natur aus faul sind", orientiert sich letztlich an diesem mechanistischen Triebkonzept. Ist es aber wirklich geeignet, menschliches Verhalten angemessen zu erklären?

Wenn die Triebtheoretiker Recht gehabt hätten, müßten physiologisch registrierte Defizite stets Triebe auslösen, und fortan hätte sich das gesamte Verhalten darauf zu richten, eine Triebreduktion herbeizuführen. Viele menschliche Erfahrungen sprechen aber gegen einen derartig starren Zusammenhang. Wer von einer interessanten Tätigkeit hochgradig in Anspruch genommen wird, kann eine längst fällige Mahlzeit ohne weiteres vergessen. Wer eine Arbeit unter Termindruck fertigstellen muß, mag zwar Hunger verspüren, aber dennoch keine Bereitschaft zum Essen zeigen. Schwierigkeiten bereitet es den Triebtheoretikern weiterhin, das Interesse solcher Menschen zu erklären, die aufregende Erlebnisse suchen: Statt sich nach Ruhe zu sehnen, erklettern sie steile Berghänge, springen aus Flugzeugen und öffnen erst im letzten Moment ihren Fallschirm, oder sie stürzen sich an einem Gummiseil von hohen Brücken in die Tiefe *(Bungee jumping)*.

Nach der Triebreduktionshypothese würde ein Organismus mit physiologischem Defizit (etwa Nahrungs- oder Wassermangel) bemüht sein, einem Ziel zuzustreben, an dem eine Befriedigung erfolgen kann (Stillung des Hungers, Löschung des Dursts). Unmittelbar nach Erreichung dieses Ziels wäre mit einer Verringerung der Triebspannung zu rechnen. Statt dessen gibt es Aktivitäten, durch deren Ausübung der Erregungsgrad hoch gehalten, womöglich sogar gesteigert wird. Als Beispiel ist die Neugier zu nennen, eine Motivation, die sich bei allen höher organisierten Lebewesen findet. Mensch und Tier untersuchen ihre Umgebung, und die damit einhergehenden Erlebnisse wecken Neugier. Solche Beobachtungen haben Motivationspsychologen zum Anlaß genommen, nach Alternativen zu den Triebtheorien zu suchen.

6.2.2 Die humanistische Perspektive: Streben nach Selbstverwirklichung

Es war die Überzeugung der Behavioristen, daß das Verhalten tierischer und menschlicher Organismen vollkommen unter die Kontrolle der Umwelt zu bringen ist. Nach der psychoanalytischen Sicht Sigmund Freuds muß der Mensch ständig bemüht sein, zwischen den zerstörerischen Trieben seines „Es" (dem Lustprinzip) und der Realität Kompromisse zu finden. Dieser Fremdbestimmtheit des Menschen stellen Humanistische Psychologen das Bedürfnis nach „Selbstverwirklichung" (Maslow, 1970, 1971) oder nach „Selbstbestimmung" (Deci et al., 1991) gegenüber.

Was einen Menschen kennzeichnet, dem eine Selbstverwirklichung gelungen ist, läßt sich den Werken Abraham Maslows nicht klar entnehmen, denn er ist zu seinen Charakterisierungen aufgrund von Untersuchungen gekommen, die empirisch arbeitende Psychologen für fragwürdig halten. Maslow hatte zunächst Menschen ausgewählt, wie etwa *Albert Schweitzer, Albert Einstein* oder *Abraham Lincoln,* die nach seiner Einschätzung Selbstverwirklicher waren. Sodann suchte Maslow nach Persönlichkeitsmerkmalen, die diese Menschen gemeinsam besaßen. So fand er beispielsweise, daß sie die Realität genau wahrnehmen, weiterhin daß sie sich selbst und andere und die Natur akzeptieren können. Nach seinem Eindruck sind sie problemorientiert, selbstbestimmt usw. Zu beachten ist allerdings, daß Maslow nicht nur allein die Kriterien festgelegt hatte, wen er als Selbstverwirklicher ansah, sondern er selbst war es auch, der diese Persönlichkeiten und ihre Merkmale studierte. Es besteht also sehr wohl die Möglichkeit, daß Maslow von vornherein nur jene Persönlichkeiten ausgewählt hatte, die Träger solcher Merkmale waren, nach denen er suchte. Wenn er sie daraufhin genauer studierte und im Ergebnis fand, daß sie Träger dieser Merkmale waren, ist er letztlich Opfer einer zirkulären Argumentation geworden!

Viel Beachtung fand Maslows Behauptung, die menschlichen Bedürfnisse ließen sich hierarchisch ordnen. Nach seiner Überzeugung wendet sich der Mensch „höheren" Bedürfnissen erst zu, wenn darunter liegende befriedigt worden sind. Zunächst versucht er die Voraussetzungen zu schaffen, daß er essen und schlafen kann und sein Bedürfnis nach Sicherheit befriedigt wird. Sobald er sich nicht mehr bedroht fühlen muß, setzt sein Bemühen ein, sein Bedürfnis nach Liebe und Akzeptanz durch andere befriedigt zu bekommen. Sollte er auch dieses Ziel erreicht haben, kann er damit beginnen, durch eigene Aktivitäten und Leistungen Respekt und Anerkennung zu erlangen. Schließlich kann er sich – und damit endlich dem höchsten Ziel – seiner Selbstverwirklichung zuwenden. Diese Aussagen lassen sich auf die Situation im Klassenzimmer übertragen. Wenn Mädchen und Jungen im Klassenzimmer erfahren können, daß sie von ihren Lehrern und Mitschülern geschätzt und akzeptiert werden und unter diesen Bedingungen auch Zutrauen in ihre Fähigkeiten gewinnen können, darf erwartet werden, daß sich bei ihnen die Motivation entwickelt, mehr über sich und ihre Welt zu erfahren, daß sie an einer Vertiefung ihres Verständnisses interessiert sind. Sollten sie auf diesem Wege Selbstachtung und Selbstsicherheit gewinnen können, dürfte sich ebenso im Sinne der Selbstverwirklichung ihre Motivation entwickeln, „den Gipfelpunkt ihres Daseins" zu erklimmen.

Für Humanistische Psychologen ist Motivation nicht etwas, was von außen an die Lernenden herangetragen werden muß! Der Lehrer sollte allerdings Bedingungen im Klassenzimmer schaffen, damit sich die bereits beim Schüler vorhandene Tendenz zum „Wachsen" optimal entfalten kann. Vor dem bereits dargestellten Hintergrund dürfte verständlich sein, weshalb humanistisch orientierte Psychologen, wie etwa Don Hamachek (1987), der Lehrer-Schüler-Interaktion und dem Klassenklima (s. S. 49f.) hohe Priorität einräumen. Rogers (1983) nennt zudem folgende Bedingungen, die Lehrer im Klassenzimmer verwirklichen sollten:
1. Sie sollten anerkennen, daß alle ihre Schüler die Fähigkeit zum Lernen besitzen.
2. Die Verfolgung eines Lehrplanes, der den Interessen der Schüler entspricht (Auf die Frage eines Schülers „Warum müssen wir dies lernen?", sollte ihm eine sinnvolle Antwort gegeben werden).
3. Ein Klassenklima, in dem der Lernende weder bedroht noch gedemütigt wird.
4. Der Lehrer sollte die Teilhabe und die Eigeninitiative der Schüler ermöglichen.
5. Förderung der Selbstbewertung (im Unterschied zur ausschließlichen Bewertung durch andere).
6. Förderung einer Prozeßorientierung im Unterschied zu einer Produktorientierung (S. 32f.).

Viele der von Maslow erhobenen Forderungen hat sich die Pädagogische Psychologie zu eigenen gemacht, ohne daß dabei stets an ihre Herkunft aus der Humanistischen Psychologie erinnert wird.

6.2.3 Kognitive Sichtweisen des Motivationsgeschehens: Das Bedürfnis nach Ordnung und Vorhersagbarkeit

Auch kognitive Theorien der Motivation haben sich aus der Kritik behavioristischer Trieb-Vorstellungen entwickelt. Nach kognitiver Sichtweise verändert sich Verhalten nicht, weil es von anderen verstärkt oder bestraft worden ist. Vielmehr wird es durch Zielanreize in Gang gesetzt und gesteuert (Locke & Latham, 1990). Ebenso wie Piaget (s. S. 73f.) nehmen auch kognitive Psychologen an, daß eine Motivation zur Überprüfung von Schemata besteht. Wenn Erfahrungen entstehen sollten, die nicht im Einklang mit dem Vorwissen stehen, kann im Fall eines Disäquilibriums eine Akkommodation erforderlich werden, wodurch die Voraussetzung verbessert wird, Ereignisse und Abläufe zukünftig besser zu verstehen und vorherzusagen. Ein zentrale Annahme kognitiver Motivationstheorien ist, daß Menschen motiviert sind, aktiv Erfahrungen zu sammeln, auf deren Grundlage Ordnungen konstruiert werden, die es gestatten, Ereignisse dieser Welt möglichst treffsicher vorherzusagen und sie besser zu verstehen. Das Bedürfnis nach Ordnung kann – darauf wurde bereits hingewiesen (s. S. 38) – auch bewirken, daß Erfahrungen assimiliert werden, obwohl sie eigentlich Anlaß zu einer Akkommodation geben sollten. Der Prozeß der Erkenntnisgewinnung erfolgt also aus kognitiver Sicht keineswegs stets nach objektiven Regeln.

So geht auch Leon Festinger davon aus, daß kognitive Prozesse subjektiven Einflüssen unterliegen. In seiner „Theorie der kognitiven Dissonanz" behauptet er, daß Menschen bestrebt sind, ihre eigenen Vorstellungen, Überzeugungen usw., aber auch ihre Verhaltensweisen so wahrzunehmen, daß diese miteinander harmonieren und nicht einander widersprechen. Kognitive Dissonanz entsteht, wenn Menschen Gedanken und Vorstellungen haben, die sich nicht miteinander vereinbaren lassen. Es entsteht daraufhin gesteigerte Unruhe (Croyle & Cooper, 1983), und daraus erwächst die Motivation, das mit der wahrgenommenen Dissonanz einhergehende Unbehagen wieder zu beseitigen. Das gleiche tritt ein, wenn man Verhaltensweisen zeigt, die den eigenen Überzeugungen widersprechen.

Eine Schülerin könnte damit beschäftigt sein, sich auf eine Klassenarbeit am nächsten Tag vorzubereiten. In dieser Situation ruft ihr Freund an, um mit ihr zum Tennisplatz zu gehen. Da sie einwilligt, erlebt sie wahrscheinlich eine kognitive Dissonanz, denn sie kann nicht von der Notwendigkeit überzeugt sein, sich auf den nächsten Tag eingehend vorbereiten zu müssen, aber gleichzeitig einige Zeit auf dem Tennisplatz verbringen. Die Schülerin löst den Konflikt, indem sie etwa entscheidet, daß sie auf die Anforderungen der schriftlichen Arbeit bereits recht gut vorbereitet ist und gar keiner weiteren Übungen mehr bedarf. Sollte sich allerdings später herausstellen, daß die Schülerin den Anforderungen der Klassenarbeit nicht entsprechen konnte, ist abermals eine kognitive Dissonanz wahrscheinlich. Die Entscheidung, sich bereits ausreichend vorbereitet zu haben, ist nicht mit einer mangelhaften Bewertung zu vereinbaren. Um den erfahrenen Widerspruch aufzulösen, stehen wiederum mehrere Möglichkeiten zur Verfügung. Die Schülerin könnte den Schluß ziehen, daß sie über keine besonders guten Fähigkeiten verfügt, Aufgaben dieser Art zu bewältigen, die in der Prüfung vorkamen. Sie muß allerdings nicht unbedingt ihre Begabung in Frage stellen. Sie besitzt auch die Möglichkeit, sich einzureden, daß der Lehrer in höchst unfairer Weise schwierige Aufgaben ausgewählt hatte, an denen „beinahe alle, sogar die besten" gescheitert sind. Vielleicht läßt sich die kognitive Dissonanz auch dadurch beseitigen, daß man sich nachträglich klar macht, wie schlecht man sich am Tag der Prüfung fühlte; in einer solchen Verfassung ist schließlich niemand in der Lage, die erforderliche Konzentration aufzubringen.

Festingers Theorie ist inzwischen vielfältig überprüft worden (Tesser & Shaffer, 1990). Daher kennt man inzwischen etwas genauer die Bedingungen, unter denen kognitive Dissonanzen entstehen. Es müssen mindestens folgende Voraussetzungen erfüllt sein (Cooper & Fazio, 1984): *Erstens* muß das gezeigte Verhalten tatsächlich im Widerspruch zu den eigenen Einstellungen und Annahmen stehen. Das war im obigen Beispiel der Fall, denn die Schülerin entschied sich für das Tennisspiel, obwohl sie die Zeit eigentlich zur Vorbereitung benötigte. Obwohl sie entschieden hatte, bereits ausreichend geübt zu haben, mußte sie zur Kenntnis nehmen, den Anforderungen gar nicht gewachsen zu sein. *Zweitens* muß das gezeigte Verhalten für die eigene Person oder andere unerwünschte, negative Konsequenzen haben. Auch das war mit der Fehleinschätzung bezüglich der erforderlichen Vorbereitungszeit und einer mangelhaft zensierten Arbeit der Fall. *Drittens* muß man sich persönlich verantwortlich für die Konsequenzen fühlen. Eigentlich hätte die Schülerin vorhersehen können, daß sie gar keine Zeit zum Tennisspielen hatte. Es war zudem ihr Verhalten während der Klassenarbeit, das die mangelhafte Bewertung nach sich zog. *Viertens* muß man sich der kognitiven Dissonanz tatsächlich bewußt sein und entsprechend physiologische Erregungssymptome bei sich wahrnehmen. *Fünftens* ist erforderlich, daß der Handelnde diese Erregung mit dem eigenen Verhalten in Beziehung setzt. Da für die Schülerin im obigen Beispiel alle fünf Bedingungen vorlagen, ist davon auszugehen, daß sie kognitive Dissonanz erlebt hat.

6.2.4 Sozial-kognitive Erklärungen der Leistungsmotivation: Erwartungs-mal-Wert-Theorien

Die sozial-kognitive Theorie stellt eine Art Brücke zwischen behavioristischem und kognitivem Erklärungsansatz dar, denn sie berücksichtigt zum einen, daß Verhalten Konsequenzen hat, und zum anderen findet sich in ihr wieder, daß u. a. Erwartungen eines Menschen Einfluß auf sein Verhalten nehmen können. Zu den Gründungsvätern dieser Sichtweise gehört auch Julian Rotter (1982), der bereits während seiner Schulzeit von den Schriften des Individualpsychologen Alfred Adler (1907, 1927) beeindruckt war, vor allem von dessen Überzeugung, daß das Selbstbild eigener Fähigkeit eines Menschen Einfluß auf dessen Anstrengungen und Leistungen nimmt (Rotter, 1982).

Kognitionen sind aus sozial-kognitiver Sicht nicht einfach nur „eine Art nutzloses Geplapper, das zur Kontrolle und Beeinflussung des Verhaltens irrelevant ist" (Brody, 1983). Ein Mensch tritt in eine Situation mit seinen „kognitiven Konstrukten" ein. Das sind die Grundlagen seiner Persönlichkeit. Zu diesen Konstrukten gehören u. a. *Ziele, Erwartungen* und *Werte*. Diese Konstrukte werden durch Kontakte mit anderen Menschen gelernt, wobei Lernen aus sozial-kognitiver Sicht stets in einem situativen Kontext erfolgt (Bandura, 1986).

Motivation wird als das Produkt zweier „Kräfte" gesehen. Es handelt sich dabei zum einen um die *Erwartung* des Individuums, ein Ziel zu erreichen, und zum anderen um den *Wert,* den es diesem Ziel zuschreibt. Man spricht auch von „Erwartungs-mal-Wert-Theorien". Danach stellt sich ein Schüler, bevor er sich einer Aufgabe zuwendet, die beiden folgenden Fragen. „Werde ich erfolgreich sein, wenn ich mich stark anstrenge?" und weiterhin: „Wird sich eine erfolgreiche Auseinandersetzung mit der vorliegenden Aufgabe für mich lohnen? Ist es das Ziel überhaupt wert, sich um seine Erreichung zu bemühen?" Entsprechend fallen dem Lehrer, der die Lernmotivation seiner Schüler anregen möchte, zwei Aufgaben zu. Zum einen kommt es darauf an, daß der Lernende eine Wertschätzung gegenüber den Aufgaben entwickelt, die von der Schule an ihn herangetragen werden. Zum anderen ist dafür Sorge zu tragen, daß die Schüler bei der Auseinandersetzung mit den an sie herangetragenen Aufgaben erfolgreich sein können, wenn sie sich ausreichend anstrengen. Wenn ein Schüler von einer Aufgabe erwartet, sie erfolgreich bewältigen zu können, und dieser Aufgabe einen höheren Wert zuschreibt, bestehen gute Voraussetzungen zur Entwicklung von Selbstwirksamkeitserwartungen (s. S. 169ff.).

Ob ein Mensch sich einer Leistungsaufgabe zuwendet, hängt demnach zum einen von der wahrgenommenen Wahrscheinlichkeit ab, sie zu bewältigen, zum anderen von ihrem Anreizwert, und das ist die Erwartung, das Gefühl des Stolzes zu erleben, und Beschämung aufgrund eines Versagens vermeiden zu können. Nach John Atkinson (1964) ist die Intensität des Erlebens von Stolz eines Menschen proportional zu seiner Erfolgserwartung. Je schwieriger eine Aufgabe erscheint, desto attraktiver ist sie im Falle einer Erfolgserwartung, denn bei Bewältigung einer schwierigeren Aufgabe kann man sich stolzer fühlen als bei einem Erfolg an einer leichteren Aufgabe. Einer allzu schwierigen Aufgabe wird man sich allerdings nicht zuwenden, weil sie keinen Erfolg mehr erwarten läßt. Deshalb besitzen Aufgaben mittlerer Schwierigkeit nach Atkinson die größte Attraktivität.

Auch in der pädagogischen Literatur werden zur Erreichung optimaler Motivierung vielfach die Vorzüge von Aufgaben mittlerer Schwierigkeit gepriesen. Dennoch ist davor zu warnen, dieser Empfehlung unter allen Bedingungen zu folgen, denn bei Aufgaben mittlerer Schwierigkeit ist notwendigerweise auch mit Mißerfolgen zu rechnen. Bei frei gewählten Aufgaben, wie etwa im Rahmen eines Hobbys oder in Bereichen, in denen bereits gut fundierte Kenntnisse erworben wurden, mögen mittlere Schwierigkeiten herausfordernd wirken. Unter schulischen Bedingungen dürften viele Lernende eher durch leichtere als durch mittelschwere Aufgaben zu motivieren sein, denn, so stellt Marion Kloep (1985) fest, Aufgaben, die mit Erfolgen assoziiert sind, „machen ‚Spaß', solche, die mit Mißerfolgen assoziiert sind, machen Angst". Eine solche Empfehlung muß vor dem Hintergrund bestimmter Merkmale der Schülerpersönlichkeit allerdings noch etwas differenziert werden (s. S. 362ff.).

6.2.5 Theorie der Kausalattribuierung: Suche nach Erklärungen für Leistungsergebnisse

Jeder Mensch sammelt im Verlauf seines Alltagslebens zahlreiche Erfahrungen, die seinen Erwartungen nur mehr oder weniger entsprechen. So kommt er etwa mit seiner Arbeit nicht recht voran. Ein Lehrer beobachtet in seiner Klasse bereits seit einiger Zeit eine Schülerin, die gelegentlich auffallend gute, vielfach aber nur sehr mäßige Leistungen erbringt. Ein anderer Schüler der Klasse hatte sich auf eine bevorstehende Prüfung lange und sehr intensiv vorbereitet. Dennoch ist er den Anforderungen nicht gewachsen. Alle diese Beispiele enthalten Diskrepanzen. Nach der Theorie der kognitiven Dissonanz müßten Betroffene dazu motiviert werden, die Ereignisse so zu interpretieren, daß eine Ordnung, die vorübergehend gestört schien, wieder hergestellt wird. Wie dieses kognitive Manöver unter verschiedenen Bedingungen ablaufen kann, läßt sich der Theorie der Kausalattribuierung (Ursachenzuschreibung) entnehmen. Sie hat sehr viel stärker als die bisher dargestellten Theorien anregend auf pädagogisch-psychologische Diskussionen gewirkt. Deshalb soll sie im folgenden etwas ausführlicher vorgestellt werden.

Pionierarbeiten zur Klärung der Frage, welche Rolle Attribuierungen (Erklärungen) nach Erfolg und Mißerfolg in Leistungssituationen spielen, hat Bernard Weiner (1979, 1990, 1992) erbracht. Für ihn war Atkinsons Theorie der Leistungsmotivation (s. S. 323f.) zu mechanistisch, denn darin wird u. a. davon ausgegangen, daß auf Erfolge stets mit Stolz, auf Mißerfolge mit Beschämung reagiert wird. Reagiert ein Schüler, dem der Lehrer ein gutes Abschneiden in einer Prüfung bestätigt hat, aber wirklich stets mit der gleichen Emotion, allenfalls – in Abhängigkeit von der wahrgenommenen Aufgabenschwierigkeit – mehr oder weniger intensiv? Das konnte der Motivationspsychologe Weiner nicht ganz nachvollziehen. Berücksichtigt ein Schüler nicht zusätzlich die Umstände, unter denen sein Leistungsergebnis nach seiner eigenen Einschätzung zustandegekommen ist? „Warum", so könnte dieser sich fragen, „habe ich nur ein ‚Ausreichend' für meine Arbeit erhalten, obwohl ich mich intensiv darauf vorbereitet habe?" Eine Schülerin könnte sich darüber wundern, daß der Lehrer ihr eine gute Zensur in der letzten Mathematikprüfung gegeben hat, obwohl sie nach eigener Einschätzung keine besondere Befähigung für dieses Fach besitzt. Der Schüler, der sich nach dem Vorliegen des Leistungsergebnisses nochmals seinen zuvor erbrachten Anstrengungsaufwand vergegenwärtigt, zeigt ebenso wie die Schülerin, die nach dem ihr mitgeteilten Erfolg eine Einschätzung der eigenen Begabung vornimmt, daß vor dem emotionalen Erleben Kognitionen auftreten. Sollten diese Kognitionen nicht mitbestimmen können, mit welchen Gefühlen beide auf ihre Leistungsergebnisse reagieren? Es waren diese und weitere Fragen, die Weiner aufwarf und zu klären versuchte.

Eine grundlegende Annahme der Kausalattribuierungstheorie besagt, daß Menschen durch die Motivation zu kennzeichnen sind, sich selbst und Ereignisse ihrer Umwelt zu verstehen. Sie möchten wissen, warum Ereignisse aufgetreten sind, vor allem solche, die für sie bedeutsam und unerwartet sind. Weiner interessierte sich vor allem dafür, worauf Menschen ihre Erfolge und Mißerfolge zurückführen, welche Erklärungen sie finden, wenn eines ihrer Leistungsergebnisse nicht so ausgefallen ist, wie sie das erwartet hatten. Weiner fragte sich zusätzlich, ob und ggf. wie diese Erklärungen zukünftiges Leistungsverhalten mitbestimmen.

6.2.5.1 Klassifikation der Erklärungen nach kausalen Dimensionen

Die Schülerinnen und Schüler fast sämtlicher Klassenstufen, die Weiner gefragt hatte, wie sie sich vorausgegangene Leistungsergebnisse erklären, nannten eine fast unübersehbare Anzahl von Gründen. Eine gute Zensur – und somit einen Erfolg – erklärten sie etwa mit ihrer intensiven Vorbereitung. Sie verwiesen weiterhin auf ihr Können, auf Hilfe von anderen, oder sie vermuteten, einfach nur einen guten Tag gehabt zu haben. Mißerfolge führten sie u. a. auf Nicht-Können zurück, sie nannten Kopfschmerzen, Störungen durch den Nachbarn oder erklärten, sie hätten eben Pech gehabt. Weiner gesteht zu, daß die Kenntnis solcher Ursachen von Bedeutung ist, wenn man Leistungsverhalten erklären möchte, aber noch wichtiger erscheint ihm die Berücksichtigung der den Ursachen zugrundeliegenden „kausalen Dimensionen". Diesbezüglich unterscheidet er: *Lokalität, Stabilität* und *Kontrollierbarkeit* (Weiner, 1985, 1986). Tabelle 6.1 zeigt, wie sich die häufig in Anspruch genommenen Leistungsursachen „Fähigkeit", „Anstrengung" und „Zufall" in einem dreidimensionalem Klassifikationsschema aufgliedern lassen.

Tabelle 6.1:
Klassifikation der Ursachen Fähigkeit, Anstrengung und Zufall nach den Dimensionen der Lokalität, Stabilität und Kontrollierbarkeit

Kausale Dimensionen	Ursachen		
	Fähigkeit	Anstrengung	Zufall
Lokalität	internal	internal	external
Stabilität	stabil	variabel	variabel
Kontrollierbarkeit	unkontrollierbar	kontrollierbar	unkontrollierbar

Die Lokalität definiert, ob Befragte eine Ursache innerhalb oder außerhalb der Person wahrnehmen. „Fähigkeit" und „Anstrengung" werden entsprechend der Tabelle im Individuum gesehen, während die Ursache „Zufall" (etwa „Glück" oder „Pech" gehabt) und „Aufgabenschwierigkeit" (im Sinne von Leistungsanforderungen von Seiten der Umwelt) außerhalb liegt. Die Stabilitätsdimension unterscheidet, ob eine Ursache als veränderlich oder unveränderlich gesehen wird. Die Befragten Weiners sahen die Fähigkeit als stabil an, aber die Anstrengung stellte für sie keineswegs eine stabile Ursache dar, denn man kann sich bei einigen Aufgaben mehr und bei anderen weniger angestrengt haben (die Anstrengung läßt sich personenbezogen allerdings auch als stabil sehen, so etwa, wenn man im Alltag an einen *Fleißigen* oder einen *Faulpelz* denkt). Mit „Glück" oder „Pech" kann man auch nicht immer rechnen (der *Glückspilz* oder der *Pechvogel* machen hier eine Ausnahme). Deshalb ist die Ursache „Zufall" als variabel klassifiziert worden. Schließlich ist noch die „Kontrollierbarkeit" (oder „Steuerbarkeit" nach Rheinberg, 1975) von Bedeutung. Die meisten Befragten Weiners gaben an, sie würden ihre Fähigkeit als eine stabile Ursache sehen, denn dieselbe Person könne beispielsweise nicht an einem Tag eine hohe und am nächsten Tag eine geringe sprachliche Fähigkeit haben. Dagegen verfügt man bei der eigenen „Anstrengung" über ein hohes Maß an Kontrolle; man kann sich einmal stark, ein anderes Mal überhaupt nicht anstrengen, das unterläge der eigenen Entscheidung. Der Zufall entzieht sich in der Regel der eigenen Kontrolle, denn auf das „Glück" kann man nur hoffen, ebenso wie allenfalls zu wünschen ist, daß einem „Pech" erspart bleibt. Mit den genannten Ursachen ist die Anzahl der Möglichkeiten noch keineswegs erschöpft. So berücksichtigt Weiner vielfach noch die „Aufgabenschwierigkeit", die als external, stabil und unkontrollierbar wahrgenommen wird, so etwa im Falle eines Schülers, der die Anforderungen des Mathematikunterrichts im Blick hat.

Weiner hat sich nicht darauf beschränkt, die zugrundeliegenden Dimensionen der ihm genannten Leistungsursachen zu ermitteln. Mit ihrer Hilfe wollte er zudem über Atkinsons Theorie hinausgehen. Seine Annahme lautete, daß psychologische Konsequenzen (emotionales Erleben, Erwartungen an zukünftige Aufgabensituationen) nicht nur vom Erfolg und Mißerfolg, sondern zusätzlich von Kognitionen abhängen, denen bestimmte Dimensionen zugrunde liegen. Gelang es Weiner nunmehr, die Folgen von Erfolg und Mißerfolg differenzierter vorherzusagen? Diese Frage soll beantwortet werden, nachdem geklärt worden ist, welche „egotistischen", das heißt selbstwertdienlichen, Tendenzen auf den Prozeß der Ursachenzuschreibungen wirken können.

6.2.5.2 Der Einfluß selbstwertdienlicher Tendenzen auf die Kausalattribuierung

Man könnte sich das Bemühen eines Menschen, Erklärungen für Beobachtetes zu finden, als einen rein rationalen Prozeß vorstellen, der nach bestimmten Regeln verläuft. *Wenn* ein Erfolg erzielt worden ist, *dann* läßt das auf gute Fähigkeiten schließen. *Wenn* eine Prüfung mit einem Mißerfolg zum Abschluß gekommen ist, *dann* muß die Ursache in mangelnden Fähigkeiten liegen. Die Beobachtung von Menschen in leistungsthematischen Situationen führt jedoch zu der Erkenntnis, daß sie sich bei ihren Erklärungen keineswegs vorrangig um Objektivität bemühen. Vielmehr wirken selbstwertdienliche, oder wie man es auch genannt hat, egotistische Tendenzen auf den Prozeß der Ursachenzuschreibung ein. Melvin Snyder und Mitarbeiter (1976) sprechen von selbstwertdienlichen (egotistischen) Tendenzen, wenn Menschen die Neigung zeigen, „sich gute Ergebnisse als eigenes Verdienst anzurechnen und die Schuld für schlechte zu leugnen". Selbstwertdienliche Tendenzen offenbaren sich auch in Kausalattribuierungen, und sie dienen offenkundig dazu, die eigene Selbstachtung zu schützen, wenn möglich sogar zu steigern. Ebenso wie im Falle der Theorie der kognitiven Dissonanz (s. S. 331ff.) findet sich in der Attribuierungstheorie die Annahme, daß Menschen bestrebt sind, vor sich selbst und vor anderen ein positives Selbstbild zu bewahren. Deshalb lassen sie eine sehr ausgeprägte Neigung erkennen, für ein positives Ereignis die Verantwortung zu übernehmen. So führt ein Prüfungskandidat sein gutes Abschneiden auf internale Ursachen zurück; er erzielte das hervorragende Ergebnis, weil er sich bei seinen Vorbereitungen angestrengt hatte oder, weil er sich für sehr befähigt hält. Welche Erklärungen findet derselbe Kandidat aber nach einem Mißerfolg? Da er sich für befähigt hält, dürften die oben genannten fünf Voraussetzungen zur Entstehung von kognitiver Dissonanz vorliegen. Selbstwertdienliche Tendenzen werden aktiviert, die darauf hinwirken, daß die Schuld für das schlechte Abschneiden in der Prüfung geleugnet und die entstandene kognitive Dissonanz vermindert, möglichst wieder beseitigt wird. Das Ziel ist dadurch zu erreichen, daß externale Ursachen zur Erklärung des ungünstigen Ereignisses herangezogen werden. Der Prüfungskandidat entschuldigt sein Versagen vielleicht mit „Pech". Entlastend wirkt auch der Vorwurf an die Prüfer, sie hätten sich unfair verhalten und Fragen gestellt, die außerhalb getroffener Vereinbarungen lagen. Selbstwertdienliche Tendenzen können auch die Heranziehung der internalen Ursache „schlechte Verfassung" oder „Konzentrationsunfähigkeit" zulassen, solange es gelingt, diese Einflüsse so darzustellen, daß sie sich der eigenen Kontrolle völlig entzogen haben.

Selbstwertdienliche Tendenzen werden unter einigen situativen Bedingungen stärker als in anderen herausgefordert. Entscheidend ist stets, ob mit einem günstigen Leistungsergebnis ein Achtungserfolg, vor allem auch vor anderen, und mit einem ungünstigen Ergebnis eine Bedrohung der Selbstachtung einhergeht. Die übliche Bewertung in der Schule durch Zensuren, der ein sozialer Vergleichsmaßstab zugrunde liegt, fordert in sehr viel stärkerem Maße Strategien des Selbstschutzes heraus als eine Bewertung, in die vor allem Leistungsveränderungen des Lernenden einfließen (individueller Vergleichsmaßstab): „Peter ist in diesem Halbjahr in Mathematik viel besser geworden", stellt aus motivationaler Sicht eine angemessenere Aussage dar, als „Peters Leistungen in Mathematik waren ausreichend".

6.2.5.3 Emotionale Folgen von Erfolg und Mißerfolg

Selbstwertdienliche Tendenzen zielen zunächst darauf, sich vor sich selbst und vor anderen günstig darzustellen und Bedrohungen abzuwehren, letztlich aber soll mit ihnen auf die emotionalen Folgen eines positiven oder negativen Ereignisses eingewirkt werden, vor allem wenn sie sich auf kausale Dimensionen zurückführen lassen. Keinen Einfluß nehmen Kausalattribuierungen und damit auch selbstwertdienliche Tendenzen auf emotionales Erleben, das Weiner als „ergebnisabhängig" und „attributionsunabhängig" kennzeichnet (Weiner et al.,

1978, 1979). Man ist ganz einfach „erfreut", ein gutes Leistungsergebnis erzielt zu haben, oder „traurig", wenn sich die Leistungserwartungen nicht erfüllt haben sollten. Solche Emotionen treten unabhängig davon auf, wie man sich sein positives oder negatives Ergebnis erklärt. Diesen emotionalen Reaktionen, die in der zeitlichen Abfolge sehr früh nach Erfolg oder Mißerfolg auftreten, folgen weitere, die von den jeweils gefundenen Ursachen abhängen. Man fühlt etwa „Entspannung" oder „Zufriedenheit" nach erbrachter Anstrengung oder „Dankbarkeit", wenn andere einem geholfen haben; es stellen sich „Schuldgefühle" ein, wenn mangelnde Anstrengung als Ursache für einen Mißerfolg in Anspruch genommen wird.

Schließlich benennt Weiner Gefühlsreaktionen, die in Abhängigkeit von kausalen Dimensionen stehen und den Einfluß selbstwertdienlicher Tendenzen erkennen lassen. Weiner widmet diesen auf kausale Dimensionen bezogenen Emotionen vor allem sein Interesse, denn sie sind besonders lang anhaltend. „Stolz" und „Beschämung" sowie weitere Gefühle, die in enger Beziehung zum Selbstwertgefühl stehen, treten nur auf, wenn das Leistungsergebnis als Ergebnis einer inneren Ursache gesehen wird; man trägt dafür die Verantwortung. Die Dimension der Kontrollierbarkeit steht in Beziehung zu sozialen Emotionen wie etwa „Mitleid" oder „Wut". „Beschämung" wird vielfach erlebt, wenn man einen Mißerfolg als Ergebnis unkontrollierbarer Einflüsse sieht, so etwa infolge mangelnder Fähigkeit.

Die von Weiner aufgezeigten Zusammenhänge zwischen Kausalattribuierungen und Emotionen verdienen aus der Sicht der Pädagogischen Psychologie Interesse, denn es lassen sich daraus bestimmte Folgen für die praktische Arbeit ableiten. Wenn ein Schüler „Stolz" erlebt, weil seine Anstrengungen ihm einen Erfolg ermöglicht haben, bestehen gute Voraussetzungen, daß dieser Lernende sich bereitwillig weiteren Aufgaben zuwendet und bei schwierigen Aufgaben Ausdauer zeigen wird, wahrscheinlich in der Erwartung, das positive Gefühl ein weiteres Mal erleben zu können. Sollte er dagegen in Mißerfolgssituationen gehäuft „Beschämung" erleben, könnte er zunehmend Widerstände aufbauen, sich leistungsthematischen Situationen abermals zuzuwenden (Weiner, 1986). Wenn sich das Versagen sogar häufen sollte, und stabile Faktoren (mangelnde Fähigkeit) als Ursache gesehen werden, muß mit der Entstehung von „Hoffnungslosigkeit", „Gleichgültigkeit" und „Resignation" gerechnet werden, also mit Gefühlen, die die Überzeugung begleiten, daß sich auch in Zukunft keinerlei Anstrengung lohnen dürfte, weil eine Änderung zum Besseren nicht mehr für möglich gehalten wird. Einen solchen Zustand bezeichnet man als *Erlernte Hilflosigkeit*.

6.2.5.4 Resignation und Niedergeschlagenheit im Zustand „Erlernter Hilflosigkeit"

Wenn Menschen die Überzeugung entwickeln, daß sie Ereignisse und Ergebnisse ihrer Bemühungen in Leistungssituationen nicht mehr kontrollieren können, befinden sie sich in einem Zustand, den Martin Seligman (1992) „Erlernte

Hilflosigkeit" *(learned helplessness)* nennt. Angesichts häufiger Mißerfolge haben solche Menschen den Schluß gezogen, daß sie nur unzureichende Fähigkeiten besitzen, die sie zugleich als unveränderlich wahrnehmen. Aus ihrer Sicht können sie nichts mehr tun, um Mißerfolge zu vermeiden. Erlernte Hilflosigkeit geht mit emotionalen, motivationalen und kognitiven Defiziten einher (Alloy & Seligman, 1979). Da diese Menschen glauben, daß sie die Ereignisse, die für sie sehr bedeutsam sind (Erfolge und Mißerfolge in der Schule), nicht mehr ändern können, entwickeln sie emotionale Probleme wie etwa Niedergeschlagenheit und Gleichgültigkeit. Aufgrund der Wahrnehmung ihrer Situation als hoffnungslos können sie nicht mehr motiviert werden. Warum sollten sie noch Anstrengungen aufwenden, wo die Erfahrungen ihnen vielfältig gezeigt haben, daß am Ende doch nur weitere Mißerfolge stehen? Da sie sich den schulischen Anforderungen nicht mehr stellen, müssen fast unausweichlich auch kognitive Defizite entstehen.

Sobald Schüler die Überzeugung entwickelt haben, daß Mißerfolge infolge unzureichender Fähigkeiten entstehen, setzt eine Wahrnehmungsverzerrung ein, die auch von außen nicht mehr ohne weiteres zu beseitigen ist. Sicherlich liegt der Gedanke nahe, den hilflosen Schülern nur noch Erfolge zu vermitteln. Diese würden sie jedoch nicht mehr objektiv wahrnehmen können, weil ihre Aufmerksamkeit vorrangig auf Mißerfolge gerichtet ist. Das zeigte sich in einer Studie von Carol Diener und Carol Dweck (1980). Sie forderten als *hilflos* eingestufte Kinder auf, aus dem Gedächtnis mitzuteilen, wie viele Aufgaben sie zuvor richtig und wie viele sie falsch beantwortet hatten. Aus den Antworten ging hervor, daß die Hilflosen die Anzahl der richtigen Antworten eindeutig unterschätzten, wohingegen sie die Anzahl der falschen Antworten überschätzten. Damit zeigte sich, daß persönliche Überzeugungen die Einschätzung situativer Gegebenheiten zuungunsten der Lernenden verfälschen können.

Wenn Schülerinnen und Schüler Symptome Erlernter Hilflosigkeit zeigen, sind sie – bildlich gesprochen – bereits „in den Brunnen gefallen", und es bedarf außerordentlich großer Anstrengungen, sie dort wieder herauszuholen. Wie läßt sich einer solchen pädagogisch nicht wünschenswerten Entwicklung rechtzeitig vorbeugen? Die Antwort lautet *nicht*, wie naiverweise vielfach angenommen wird, Lernende möglichst weitgehend vor Mißerfolgen zu bewahren. Besser begründete Vorschläge gehen statt dessen davon aus, einem Schüler, der nach eigener Wahrnehmung jegliche Kontrolle über eigene Möglichkeiten verloren hat, die Überzeugung zurückzugeben, daß er relevante Ereignisse (wie etwa Erfolg und Mißerfolg beim schulischen Leistungsverhalten) beeinflussen kann; er würde sich dann wieder selbst als „Verursacher" sehen!

6.2.5.5 Überwindung Erlernter Hilflosigkeit durch Rückgewinnung eigener Kontrolle

Weiner hatte bei einigen Schulkindern ein „Attribuierungsmuster" festgestellt, das er als ungünstig bezeichnete, denn es wirkte der Anpassung an schulische Bedingungen in hohem Maße entgegen. Es handelte sich dabei um Mädchen und Jungen, die sich Mißerfolge – und die hatten sie in der Vergangenheit außerordentlich häufig erfahren – mit ihren geringen „Fähigkeiten" erklärten. Erfolge führten sie demgegenüber auf externale Ursachen zurück: so erklärten sie diese entweder mit „Glück" oder mit „besonders leichten Aufgaben". Da sie ihre Fähigkeiten als gering aber stabil wahrnahmen, besaßen sie keine Hoffnung, daß sie ihren schulischen Lernprozeß in Zukunft selbst zu ihren Gunsten verändern können; nach ihrer Überzeugung entzog sich der Erfolg der eigenen Leistung ihrer Kontrolle. Welche Möglichkeiten gibt es, um der daraus resultierenden Hoffnungslosigkeit entgegenzuwirken? Die Antwort lautete zunächst, man müßte Maßnahmen ergreifen, die darauf abzielen, den Kindern die Überzeugung eigener Kontrollmöglichkeiten zurückzugeben.

Richard DeCharms (1973, 1984) entwickelte ein Trainingsprogramm, das „hilflosen" Kindern helfen sollte, sich nicht länger als „Spielbälle" *(pawns)* wahrzunehmen, über deren Schicksal ausschließlich andere entscheiden. Sie sollten sich vielmehr als „Verursacher" *(origins)* sehen, das heißt als Menschen, die ihr Schicksal selbst in die Hand nehmen können. Wie aber kann man einem „hilflosen" Schüler die Überzeugung zurückgeben, *Verursacher* zu sein? In Beantwortung dieser Frage empfahlen einige Autoren ein „Re-Attribuierungstraining": Schüler sollten lernen, ihre Mißerfolge nicht auf mangelnde Fähigkeit, sondern auf mangelnde Anstrengung zurückzuführen, denn „Anstrengung" wird im Gegensatz zur (stabilen) Fähigkeit als kontrollierbar wahrgenommen. Dabei wurde Wert darauf gelegt, daß die Schüler eigene *in der Vergangenheit* erbrachte Leistungsergebnisse mit ihren Anstrengungen in Verbindung brachten („Du hättest dich noch etwas mehr anstrengen können" oder im Erfolgsfall: „Du hast wirklich hart gearbeitet") und nicht das zukünftige Leistungsverhalten („Du mußt wirklich härter arbeiten!"). Tatsächlich ließen sich mit solchen Maßnahmen nicht nur das tatsächliche Leistungsverhalten, sondern ebenso die Erwartungen an zukünftige Erfolge steigern (McCombs, 1994; Försterling, 1985).

Solange ein Lehrer allerdings nicht zu veranlassen ist, sein „Bild" vom Schüler zu ändern, ist nicht zu erwarten, daß dieser seine Überzeugung mangelnder Kontrolle allein dadurch ändert, daß ihm Anstrengungsattribuierungen nahegelegt werden. Es besteht nämlich die Möglichkeit, daß der Lehrer, ohne daß ihm das selbst gegenwärtig sein muß, andere Kommunikationskanäle findet, um dem Schüler mitzuteilen, was er von ihm hält. Je älter ein Schüler wird, desto besser gelingt es diesem, die Gefühlsäußerungen anderer zu interpretieren. Deshalb mag der Lehrer einen Lernenden zwar anregen, Mißerfolge auf fehlende Anstrengung, statt auf Unfähigkeit zurückzuführen. Sollte der Schüler hinter solchen Aufforderungen des Lehrers aber beispielsweise „Mitleid" erkennen, dann erschließen sich bereits neunjährige Kinder ansatzweise, Jugendliche aber schon ziemlich treffsicher, daß der Lehrer ihnen geringe Fähigkeiten zuschreibt (Weiner et al., 1982).

Es gibt noch einen weiteren Grund, weshalb das Interesse der Pädagogischen Psychologie an Programmen zur Veränderung der Attribuierungstendenz bei

Schülern in jüngerer Zeit nachgelassen hat. Kritisiert wird keineswegs der Versuch, dem Lernenden ein hohes Maß an Kontrolle zuzugestehen. Bedenklich erscheint aber aus pädagogisch-psychologischer Sicht, daß solche Programme sich ausschließlich oder weitestgehend darauf richten, den Lernenden zu verändern. Warum hat sich aber bei ihm überhaupt Hilflosigkeit entwickelt? Könnten Bedingungen in der Umwelt dazu beigetragen haben? Setzt der Lernende nach erfolgreichem Abschluß des Re-Attribuierungstrainings die zurückgewonnene Kontrolle möglicherweise bevorzugt ein, um sich fortan möglichst günstig vor sich selbst und vor anderen darzustellen? Die Bedenken, die hinter solchen Fragen stehen, werden noch etwas deutlicher, nachdem darüber informiert worden ist, welche unterschiedlichen Zielorientierungen im Klassenzimmer angeregt werden können.

6.3 Spezifische Beiträge zur Erklärung und Förderung der Lernmotivation

Bernard Weiner hat aufgezeigt, daß Menschen, vor allem nach internaler Erklärung ihrer Erfolge, positive Gefühle erleben. Aus pädagogisch-psychologischer Sicht hat er aber gleichzeitig zahlreiche Fragen offen gelassen. Beispielsweise schenkte er dem tatsächlichen oder möglichen Kontext nur wenig Beachtung.

Dieser Einwand entsteht vor allem bei Betrachtung der Motivation aus sozial-kultureller Perspektive (s. S. 98ff.). So kritisieren Robert Rueda und Luis Moll (1994), daß man sich in den bislang vorgelegten Motivationstheorien zu sehr mit Prozessen beschäftigt hat, die „im Kopf" des Lernenden ablaufen, während der Kontext sowie kulturelle Einflüsse unbeachtet geblieben sind. Der Motivationspsychologe sollte deshalb nicht nur Prozesse berücksichtigen, die *im* Individuum ablaufen, sondern zusätzlich der Tatsache Rechnung tragen, daß das Individuum stets in einem bestimmten Kontext handelt. Bei der Suche nach einer Erklärung, warum ein Schüler motiviert ist, ein anderer dagegen nicht, wird man seinen Blick nicht allein auf die Person, auch nicht allein auf den Kontext, sondern auf Person *und* Kontext zu richten haben. Derselbe Schüler kann zudem in einem Kontext hochmotiviert sein, aber in einem anderen keinerlei Interesse bekunden. Folglich ist eine verallgemeinernde Feststellung, wie etwa diejenige, daß Schüler „desinteressiert und unmotiviert" seien, nach dieser Sichtweise widersinnig.

Warum lernt ein Kind beispielsweise während seiner ersten Lebensjahre außerordentlich schnell seine Muttersprache, während es später in der Schule nicht nur erheblich längere Zeit benötigt, sondern zudem sehr viel mehr Mühe aufwenden muß, bis es den schulischen Fremdsprachenunterricht schließlich mit zumeist vergleichsweise geringer Sprachkompetenz abschließt? Nach Überzeugung zahlreicher Sprachforscher mag das sehr junge Gehirn besonders günstige Voraussetzungen zum Spracherwerb bieten. Zusätzlich ist bei der Erklärungssuche der Blick aber auch auf den Kontext zu richten. Das Kind lernt seine Muttersprache „wie im Spiel", weil es relevanten Mitmenschen (Eltern, Freunden usw.) etwas mitteilen möchte. Diese außerordentlich motivierende Situation könnte der Fremdsprachenunterricht beispielsweise durch Schaffung eines vergleichbaren Kontextes nutzen. Man muß nur Schülerinnen und Schülern wenigstens gelegentlich zu der Erfahrung verhelfen, daß Kompetenzen in der englischen oder französischen Sprache die Möglichkeit eröffnen, mit anderen Menschen interessante Informationen auszutauschen.

Die Attribuierungstheorie Weiners berücksichtigt zu wenig, unter welchen Bedingungen Erfolge oder Mißerfolge zustandegekommen sind. Ist ein Erfolg, den sich eine Schülerin aufgrund einer guten Lehrerzensur zuschreibt, gleichbedeutend mit der Erfahrung, Fortschritte beim Erarbeiten eines Problemgebietes gemacht zu haben, für das sie sich interessiert? Ist das gute Abschneiden einer Gruppe, mit der man gemeinsam ein Projekt erledigt hat, gleichzusetzen mit einem Erfolg, der in einem Wettbewerb errungen wurde? Solchen Fragen haben sich Pädagogische Psychologen in letzter Zeit verstärkt zugewandt. Ihre Forschungsergebnisse haben die Voraussetzungen zur optimalen Förderung der Lernmotivation erheblich verbessern können. Pädagogische Psychologen gehen davon aus, daß Lernmotivation etwas ist, was man beim Schüler nicht einfach voraussetzen kann. Sie muß vielmehr – falls vorhanden – bewahrt und verbessert, ansonsten entwickelt und herausgefordert werden. Eine Lernmotivation, die unter allen möglichen schulischen Bedingungen fortbesteht oder gar entsteht, gibt es nicht. Ebensowenig gibt es Menschen, die von jedem Aufgabenbereich zur spontanen Auseinandersetzung herausgefordert werden (intrinsische Motivierung). Gelegentlich muß man in solchen Fällen auch Anreize „von außen" setzen, die auf die gezeigte Aktivität willkürlich bezogen sind (extrinsische Motivierung).

6.3.1 Extrinsische und intrinsische Motivierung

Wenn Bernard Weiner sich bei Schülern und Studierenden erkundigt hat, wie sie ihre Erfolge und Mißerfolge erklären, hat er sich zunächst vor allem für die kognitiven und emotionalen Folgen interessiert. Welches aber waren die Vorläuferbedingungen? Warum waren die Befragten ursprünglich überhaupt zur Auseinandersetzung mit Aufgaben bereit gewesen, um dabei entweder erfolgreich zu sein oder auch nicht? Da Weiners Untersuchungen sich vielfach auf Leistungen bezogen, die in der Schule erbracht worden sind, darf mit gutem Grund angenommen werden, daß – zumindest überwiegend – eine extrinsische Motivierung vorgelegen hat (Pekrun, 1993). Von einer extrinsischen Motivierung spricht man, wenn eine Kontrolle von außen erfolgt. Extrinsisch motivierte Schüler tun etwas, weil *andere* eine Belohnung oder eine unangenehme Konsequenz in Aussicht stellen. Diese Konsequenzen stehen in keiner Beziehung zur Lernaktivität und ihrem Gegenstand. Im Unterschied dazu wenden sich intrinsisch motivierte Lernende einer Aufgabe zu, weil damit Aktivitäten verbunden sind, die mit befriedigenden Erlebnissen einhergehen. Die Lernaktivitäten werden um ihrer selbst willen durchgeführt, weil sie als herausfordernd, spannend usw. erfahren werden. Aus subjektiver Sicht richtet sich die Motivation auf Qualitäten des Tuns selbst (Pekrun, 1993), die Ausführung der Tätigkeit macht einfach Spaß. So liest eine Schülerin beispielsweise Kurzgeschichten, weil sie daran Freude hat und nicht, um ihren Eltern einen Gefallen zu tun oder um beim Lehrer einen guten Eindruck zu hinterlassen. Eine intrinsische Motivierung gilt als sehr gute Voraussetzung für die Entstehung guter Leistungen. Janet Spence und Robert Helmreich (1983) haben den Zusammenhang zwischen Motivationsstruktur und Leistungsverhalten bei tausenden von Studierenden, Wissenschaftlern, Piloten, Geschäftsleuten und Sportlern untersucht. Sie sammelten viele Belege dafür, daß intrinsische Motivierung ein hohes Leistungsniveau bedingt, nicht dagegen eine extrinsische Motivierung. Menschen sind am kreativsten bei intrinsischer Motivierung (Amabile, 1983, 1985). Sieht man sich einmal genauer an, wie die kreativsten Arbeiten auf unterschiedlichsten Gebieten, etwa in der Literatur, in der Wissenschaft, in der Kunst usw. zustandegekommen sind, wird man stets feststellen, daß sie von Menschen stammen, denen die Beschäftigung mit ihrem Fachgebiet große Befriedigung verschafft hat. Wenn ihnen ihre außerordentliche Schaffenskraft zusätzlich auch Ruhm und andere extrinsische Annehmlichkeiten eingebracht hat, mögen sie das zusätzlich genossen haben; wichtiger war ihnen aber stets „ihre" Arbeit.

Ein Mensch kann nur intrinsisch motiviert sein, wenn zwei Voraussetzungen erfüllt sind: er muß sich selbst als kompetent wahrnehmen und unter dem Eindruck stehen, ein hohes Maß eigener Kontrolle und das heißt, Selbstbestimmung ausüben zu können (Deci & Ryan, 1985, 1993). Beide Voraussetzungen sind aber nur zu erfüllen, wenn Lernen in einem sinnvollen Kontext stattfindet. Wenn Unterrichtsinhalte, wie in der Schule durchaus üblich, dekontextualisiert dargeboten werden, konzentriert sich der Schüler vor allem auf die Klärung der Frage, was der Lehrer will und welche seiner Ausführungen in nachfolgenden Prüfungen abgefragt werden könnten. Unter solchen Unterrichtsbedingungen wird sich in der Regel keine intrinsische Motivierung entwickeln, sondern allenfalls die Einstellung, daß „man da irgendwie durch muß".

6.3.1.1 Wahrnehmung eigener Kontrollmöglichkeiten

In seiner Theorie der Operanten Konditionierung (s. S. 133ff.) läßt sich Skinner von der Annahme leiten, daß Organismen „von außen", also extrinsisch motiviert werden müssen. Deshalb bestand für Behavioristen die Notwendigkeit, ihren Versuchstieren vor Beginn eines Experiments stets für mehrere Stunden Nahrung und Wasser zu entziehen. Das Drücken des Hebels im Skinner-Käfig diente lediglich dazu, Hunger stillen oder Durst löschen zu können. Diese Aktivität entsprang keiner intrinsischen Motivation, die sich im übrigen unter den besonderen Versuchsbedingungen auch gar nicht hätte entwickeln können. Eine solche Motivierung setzt nämlich Selbstbestimmung voraus, wie sich leicht nachvollziehen läßt, wenn man an das eigene Hobby denkt. Die im Rahmen eines bevorzugten Tätigkeitsbereiches ausgeübten Aktivitäten sind nur solange attraktiv, wie sie der eigenen Kontrolle unterliegen. Ein Hobbygärtner, der sich bis ins einzelne von anderen sagen lassen muß, wann er in seinen Garten gehen darf, was er dort wie lange tun muß und mit wem er die ihm zugewiesenen Aufgaben zu erledigen hat, wird wahrscheinlich sehr schnell sein Interesse verlieren. Wenn dem Gartenliebhaber alle Entscheidungen abgenommen werden, kann er sich nicht mehr als selbstbestimmend wahrnehmen. Die intrinsische Motivation dürfte unter solchen Bedingungen sehr schnell abnehmen.

Dem Hobbygärtner mag im Falle seiner Außenkontrolle noch die Entscheidung bleiben, keinen Schritt mehr in seinen Garten zu setzen. Solange junge Menschen schulpflichtig sind, verbleibt ihnen allerdings noch nicht einmal eine solche Freiheit. In der Schule – so gibt Cheryl Spaulding (1992) zu bedenken – wird Kindern und Jugendlichen vielfach genau gesagt, wo sie sich in jedem Moment aufzuhalten haben, was sie dabei tun sollen, wie etwas zu tun ist und mit wem dabei zusammengearbeitet werden muß. Wenn Schüler den Eindruck gewinnen, kaum Möglichkeiten eigener Kontrolle zu haben, ist nicht zu erwarten, daß sie intrinsische Motivation bei schulbezogenen Aktivitäten zum Ausdruck bringen. Die meisten Schüler äußern sich um so negativer gegenüber der Schule, je länger sie dort bereits Unterrichtserfahrungen gesammelt haben (Czerwenka et al., 1990).

Es reicht allerdings nicht aus, Lernenden die *Möglichkeit* zur Ausübung eigener Kontrolle zu geben. Das haben die Erfahrungen mit der *Summerhill*-Schule eindrucksvoll belegt, in der Mädchen und Jungen fast ständig „tun mußten, was sie wollten" (s. S. 51). Es sollte zusätzlich Sorge dafür getragen werden, daß Lernende sich als ausreichend *befähigt* wahrnehmen, eigene Kontrolle zu übernehmen (Weisz & Cameron, 1985).

6.3.1.2 Wahrnehmung eigener Kompetenz

Bereits zu Beginn seines Lebens verbringt der Mensch einen erheblichen Teil seiner wachen Stunden damit, Kompetenzen zu erwerben und zu steigern. Das Kind, das seine Umwelt untersucht, mit der Hand gegen eine Glocke schlägt, die über seinem Bett hängt, und seine Spielente betastet, ist offenkundig intrinsisch motiviert, denn es erfährt in der Ausübung dieser Aktivitäten seine Kompetenz. Die Möglichkeit zur Kontrolle von Umweltgegebenheiten kann nur gelingen, wenn man gelernt hat, *wie* es gemacht wird. Kein Mensch wird allein dadurch zu einem Hobbygärtner, daß ihm eine Fläche Gartenland zur Verfügung steht. Die Freude entsteht erst, wenn man sich bei der Pflege seiner

Pflanzen als „wirksam" erfahren hat, wenn man sieht, daß die eigenen Pflanzen prächtig blühen und die selbst gezogenen Sträucher eindrucksvolle Früchte tragen. Das Interesse am Kuchenbacken kann schnell abnehmen und schließlich verschwinden, wenn einem nichts gelingt. Zwischen der Wahrnehmung eigener Kompetenz in einem bestimmten Aufgabenbereich und der Wahrnehmung eigener Kontrolle bestehen enge Beziehungen. Wie bereits festgestellt worden ist, entsteht Erlernte Hilflosigkeit (s. S. 339) nach wiederholtem Mißerfolg in einem Aufgabenbereich. Man verfügt offenkundig nicht über die erforderliche Kompetenz und resigniert, weil keine Hoffnung mehr besteht, die Kontrolle zurückzugewinnen und doch noch Aufgaben zu lösen. Wenn Schülerinnen und Schüler sich nicht in der Lage sehen, die Anforderungen zu erfüllen, die etwa im Mathematikunterricht an sie herangetragen werden, sehen sie auch keine Kontrollmöglichkeiten mehr, ihre ungünstige Leistungsbilanz wieder positiv zu verändern.

Die wahrgenommene Kompetenz ist stets auf einen bestimmten Aufgabenbereich bezogen. Deshalb kann man sich im Bereich der Mathematik für kompetent halten und sich gleichzeitig eingestehen, daß man für die französische Sprache und für den Segelsport keinerlei oder weit weniger Kompetenz besitzt. Die Selbstwirksamkeitserwartungen, von denen in Zusammenhang mit Banduras sozial-kognitiver Theorie die Rede war (s. S. 159ff.), sind dagegen noch enger auf eine bestimmte Situation und ihre Aufgaben bezogen. So kann ein Schüler, der sich im Fach Mathematik für kompetent hält, die Selbstwirksamkeitsüberzeugung äußern, die Aufgaben der Mathematikklausur des nächsten Tages gut zu bewältigen.

In Prüfungen erfolgt allerdings üblicherweise eine Bewertung der gezeigten Leistungen *durch andere*. Die in der Schule verwendeten Zensuren können einerseits Informationen über die Kompetenz des geprüften Schülers enthalten. Werden sie aber nicht vielfach auch eingesetzt, um Lernende extrinsisch zu motivieren? Mit welchen Folgen ist zu rechnen, wenn Lehrer Zensuren *auch* verwenden, um das Arbeitsverhalten ihrer Schüler zu kontrollieren?

6.3.1.3 Förderung und Unterminierung intrinsischer Motivation durch äußere Verstärkerreize

In der Regel beschränkt sich der Lehrer nicht darauf, seine Schüler zum Leistungsverhalten anzuregen; er beaufsichtigt und bewertet es auch. Folglich übt der Lehrer ein hohes Maß an Kontrolle aus. Kann sich bei Schülern unter dieser Bedingung überhaupt intrinsische Motivation entwickeln? Solange der Behaviorismus seine dominierende Stellung besaß, wurden praktisch keine Zweifel geäußert, daß jegliches Verhalten – auch Schülerleistungen – von außen zu kontrollieren sind. Man empfahl Lehrern, erwünschte Verhaltensweisen im Klassenzimmer zu belohnen, um auf diese Weise die Wahrscheinlichkeit ihres Auftretens zu erhöhen. Untersuchungen, die in den 1960er Jahren – also kurze Zeit nach dem Eintritt der kognitiven Wende – erfolgten, zeigten jedoch, daß Belohnungen sehr wohl auch Wirkungen haben können, die nicht in Einklang mit den Vorhersagen der Konditionierungstheoretiker stehen. In einem ersten Experiment über intrinsische Motivation wurden Mädchen und Jungen im Vorschulalter zu einer Tätigkeit angeregt, die diese spontan gerne aufnahmen und die ihnen Spaß bereitete (Lepper et al., 1973). Die Kinder durften mit Filzstiften Bilder malen. Einigen Kindern wurde mitgeteilt, daß sie für ihre Kunstwerke einen Preis, eine Anerkennungsurkunde mit einem vergoldeten Stern und einer roten Schleife, erhalten sollten. Während die Mitglieder der einen Gruppe für ihr Werk den genannten Preis erhielten, wurden andere zum Malen herausgefordert, ohne daß ihnen diese Anerkennung in Aussicht gestellt wurde; für diese zweite Gruppe endete das Experiment auch tatsächlich ohne eine Verstärkung. Eine Woche später kehrten die Psychologen zurück, um sämtliche Kinder bei ihren freien Spielaktivitäten zu beobachten. Dabei ergab sich, daß die Kinder der ersten Gruppe spontan sehr viel seltener zu den Filzstiften griffen als die Mitglieder der zweiten Gruppe. Die belohnten Kinder zeigten insgesamt weniger spontanes Interesse am Malen. Ihre intrinsische Motivation war offenbar beeinträchtigt oder – wie man das seither auch nennt – „unterminiert" worden. Das verminderte Interesse der belohnten Kinder wurde mit dem *Überrechtfertigungseffekt* erklärt. Er gründet sich auf die Annahme, daß extrinsische Belohnungen eine Minderung intrinsischer Motivierung bewirken, sofern die gezeigte Leistung in Abhängigkeit zur Belohnung gesehen wird. Die Vorschulkinder, die für ihre Bilder belohnt worden waren, könnten ihre Malaktivität nachträglich mit dieser Belohnung, nicht aber mit ihrem Interesse an dieser Tätigkeit gerechtfertigt haben.

Wenn man den Einfluß des „Überrechtfertigungseffekts" vermeiden möchte, darf man intrinsisch motivierte Verhaltensweisen grundsätzlich nicht verstärken. Das hätte weitreichende Konsequenzen. Wer beispielsweise Freude am Sport hat, müßte folglich im Falle eines Erfolges bei einem Wettbewerb auf eine Siegerprämie verzichten. Ebensowenig wäre es vertretbar, Schülern Anerkennungen auszusprechen, die etwa bei „Jugend forscht" Herausragendes geleistet haben. Wird eine intrinsische Motivation tatsächlich *stets* beeinträchtigt, wenn sie *von anderen* anerkannt oder sogar materiell belohnt wird? Diese Frage hat inzwischen viele Nachforschungen angeregt. Wenn man sämtliche Untersuchungsergebnisse auswertet, die über einen Zeitraum von fast zwanzig Jahren durchgeführt worden sind (zwischen 1974 und 1992), ergibt sich zusammenfassend die Feststellung, daß mit dem Überrechtfertigungseffekt nicht unter allen Bedingungen zu rechnen ist (Tang & Hall, 1995). Deshalb ist zu fragen, ob sich noch differenzierter voraussagen läßt, wann intrinsische Motivation von externen Belohnungen beeinträchtigt wird und wann nicht. Edward Deci ist der Meinung, daß dies gelingen kann, wenn man die bereits genannten Voraussetzungen zur Entstehung von Motivation berücksichtigt: Die Möglichkeit zum Erleben von Kompetenz und zum Ausüben von Kontrolle.

In ihrer „Kognitiven Evaluationstheorie" gehen Deci und seine Mitarbeiter (Deci et al., 1981) davon aus, daß Belohnungen von ihren Empfängern sehr unterschiedlich wahrgenommen werden (siehe hierzu auch die Ausführungen zum Lehrerlob auf S. 155ff.). Belohnungen können zum einen *Informationen* darüber enthalten, welche Kompetenz hinter einer gezeigten Aktivität steht. In einem solchen Fall ist damit zu rechnen, daß sich die intrinsische Motivation und damit die Bereitschaft, diese Aktivität weiterhin zu zeigen, erhöht. Möglicherweise sieht der Empfänger hinter einer Belohnung aber auch den Versuch, *Kontrolle* über sein Verhalten auszuüben. Sofern diese Wahrnehmung vorherrschen sollte, ist nach der Kognitiven Evaluationstheorie eine Verminderung der intrinsischen Motivierung vorauszusagen.

> So gestand der russische Romanschriftsteller *Leo Tolstoj* einmal ein, daß einem Schriftsteller das spontane Interesse am Schreiben und damit die Kreativität im wesentlichen verloren ginge, wenn er sich nach den Wünschen eines Verlages oder der potentiellen Leserschaft ausrichten und das heißt, für Geld arbeiten müsse (Solzhcnitsyn, 1991). Dagegen dürfte es die intrinsische Motivation eines Autors eher stärken, wenn er für seine Werke einen Preis erhält, den er ohne weiteres als Bestätigung seines Könnens interpretieren kann.

Obwohl die Kognitive Evaluationstheorie zahlreichen Nachprüfungen durch gut kontrollierte Studien standhalten konnte (Zusammenfassung *siehe:* Rummel & Feinberg, 1988), dürfte ihre konsequente Anwendung im Klassenzimmer nicht ganz unproblematisch sein, weil der Lehrer stets vorauszusehen hätte, wie seine Schüler ein von ihm ausgesprochenes Lob bzw. seine Anerkennungen interpretieren werden. Eine klare Empfehlung läßt sich lediglich für solche Schüler geben, die sich selbst nur sehr geringe Fähigkeiten zuschreiben und folglich keinerlei Interesse bekunden, irgendwelche Unterrichtsaktivitäten mitzutragen. In einem solchen Fall ist dem Lehrer aus motivationspsychologischer Sicht alles gestattet, was solche „hilflosen" Schüler zu irgendeiner wünschenswerten Aktivität veranlaßt. Die Gefahr, die intrinsische Motivation zu unterminieren, indem möglicherweise auch materielle Verstärker eingesetzt werden, besteht praktisch nicht, weil eine solche Motivation nicht mehr vorhanden ist. Der Lehrer sollte sich vorrangig darum bemühen, daß ein solcher Mensch das Gefühl der Kompetenz zurückgewinnt, und sich erst anschließend Gedanken darüber machen, wie man dessen Kontrollmotivation Rechnung tragen kann (Spaulding, 1992).

> Wenn Schülerinnen und Schüler überhaupt nicht mehr zur Mitarbeit im Unterricht zu bewegen sind, weil sie ihre eigene Kompetenz außerordentlich gering ansetzen, ist auch der Einsatz von Wertmarken-Verstärkern (engl. *tokens*) zu erwägen. Eine Wertmarke ist irgendein Objekt (Münze, Pappplättchen usw.), das während des Unterrichts ausgehändigt werden kann. Der Empfänger erhält die Möglichkeit, sie zu einem späteren Zeitpunkt zumeist nach Ansammlung einer zuvor festgelegten Anzahl, gegen ein begehrtes Objekt, oder zur Erlangung eines Privilegs bzw. zur Ausübung einer attraktiven Aktivität einzutauschen. So hat ein Schüler etwa die Möglichkeit, für zwei Wertmarken ein Eis und für fünf Wertmarken Süßigkeiten einzutauschen; für acht Wertmarken erhält er vielleicht die

Erlaubnis zur Teilnahme an einer Filmveranstaltung. Man hat einmal die Entwicklung des schulischen Leistungsverhaltens von 50 Schülerinnen und Schülern des fünften und sechsten Schuljahres verfolgt, die an einem Wertmarkenprogramm teilgenommen hatten (Dickinson, 1974). Ihnen waren Wertmarken ausgehändigt worden, wenn sie Aufträgen des Lehrers nachgekommen waren. Die Marken konnten gegen Spielsachen und zahlreiche Privilegien eingetauscht werden. Nach Beendigung des Programms waren diese Schüler u. a. in ihrer Lesefertigkeit anderen überlegen, die keine Wertmarken erhalten hatten. Diese Überlegenheit ließ sich bei einer weiteren Nachprüfung zwei Jahre später immer noch nachweisen. Die Lernenden waren über extrinsische Belohnungen zu Aktivitäten veranlaßt worden, durch die sich ihre Kompetenz in bestimmten schulischen Bereichen verbessert hatte und das wiederum schuf die Voraussetzung dafür, daß „natürliche" Verstärker in Form von lobenden Anerkennungen, Privilegien und Zensuren an die Stelle der früheren Wertmarken treten konnten. Diese sozialen Verstärker ermöglichten vermutlich auch die Wahrnehmung gesteigerter Kompetenz und das motivierte dazu, sich fortan auch spontan Leseaktivitäten zuzuwenden (Lepper et al., 1996).

Wenn bei Schülern keinerlei intrinsische Motivation festzustellen ist, sich einem Unterrichtsfach zuzuwenden, kann der vorübergehende Einsatz von Belohnungen sehr wohl gerechtfertigt sein, sofern sich dadurch die Wahrscheinlichkeit einer Auseinandersetzung mit wünschenswerten Aufgabensituationen erhöhen läßt (Bandura & Schunk, 1981; Lepper & Hodell, 1989). Zumeist müssen mit solchen Maßnahmen wiederholt ungünstige Erfahrungen von Schülern korrigiert werden, die ihnen allmählich den Schluß nahegelegt haben, mangelnde Kompetenz zu besitzen. Wünschenswerter ist es selbstverständlich, wenn solche Erfahrungen gar nicht erst entstehen. Lehrer können dazu einen Beitrag leisten. Sie müssen sich darum bemühen, ihre eigene Kontrollfunktion in den Hintergrund und ihre informative Funktion in den Vordergrund treten zu lassen (Deci & Ryan, 1985). Wenn Zensuren im Klassenzimmer beispielsweise vorrangig verwendet werden, um Schüler zur Mitarbeit zu motivieren, wird eine Bedingung geschaffen, die eine Schwächung der Lernmotivation bewirkt. So kann ein Lehrer Schülern von vornherein Arbeitsaufträge mit dem Hinweis geben, er werde die später vorgelegten Ergebnisse überprüfen und zensieren. Damit schafft er allerdings von vornherein Bedingungen, unter denen sich in der Regel kein intrinsisches Interesse entwickelt; als Folge muß mit entsprechend dürftigen Lernleistungen gerechnet werden. Sehr viel förderlicher wirkt es dagegen auf das Interesse der Schüler, wenn sie sich auf eine Unterrichtsstunde vorzubereiten haben, die der Lehrer nicht vorrangig zur Kontrolle und Zensierung nutzen wird, sondern statt dessen, um sich über den Grad des Verständnisses zu informieren oder vielleicht auch, etwa im Falle einer Lektüre, weil ihn interessiert, was Kinder davon behalten können (Grolnik & Ryan, 1987).

Ein Ziel der Unterrichtsstunde sollte stets sein, das Interesse der Lernenden für einen Problembereich zu wecken. Im günstigsten Fall gelingt es, die Neugier soweit anzuregen, daß der Lernende den Entschluß faßt, in der Freizeit die aktive Beschäftigung „mit einem spannenden Thema" fortzusetzen. Lassen sich Empfehlungen geben, wie Neugier während der Unterrichtsstunde gezielt herauszufordern und zu fördern ist?

6.3.2 Neugier und ihre Anregungsbedingungen

Je älter Kinder werden, desto aktiver suchen sie nach neuen Erfahrungen. Bereits kurz nach der Geburt, so stellte Jean Piaget fest, beginnen Neugeborene, ihre angeborenen Schemata anzuwenden (s. S. 73). Spätestens im Alter von fünf oder sechs Monaten untersuchen sie alles, was ihnen in die Finger kommt. Mit Entwicklung der Sprache verfügen sie über eine weitere Möglichkeit, die Neugier zu befriedigen: Was sie nicht verstehen, versuchen sie fortan – nicht selten zum Überdruß der Eltern – durch endlos erscheinende Fragen zu klären. Wenn man aber diese Mädchen und Jungen viele Jahre später in der Schule besucht, hinterläßt ein großer Teil von ihnen einen ganz anderen Eindruck: Lehrer, die in weiterführenden Schulen unterrichten, klagen häufig über Passivität, Unlust und Interesselosigkeit ihrer Schüler. Was hat diesen offenkundigen Rückgang der Neugier bewirkt? Wenn es richtig ist, daß „der Mensch ... neugierig und mit dem Streben nach Lernen geboren" wird (Aronson et al., 1981) oder – wie bereits in Kapitel 3 mitgeteilt (s. S. 156) – ein „Informationssucher" ist (Gagné et al. 1993), stellt sich die Frage, warum das anfänglich starke Interesse des Kindes an der Erkundung seiner Umwelt, der auffällige „Wissensdrang" im Verlauf der Schulzeit abzunehmen scheint. Wirken die vielfach vorfindbaren Unterrichtsbedingungen der „angeborenen" Lernmotivation eventuell entgegen? Die Forschung hat Hinweise dafür sammeln können, daß Neugierverhalten keineswegs unter allen Bedingungen entsteht. Wird der Unterricht möglicherweise häufig so gestaltet, daß das Motiv nach Wissenserweiterung nicht optimal herausgefordert wird?

6.3.2.1 Kennzeichnung der Neugier

Neugier stellt eine intrinsische Motivation dar. Sie regt beim Menschen, ebenso aber auch bei vielen Säugetierarten, Aktivitäten an, wenn die Konfrontation mit einer Situation erfolgt, die für den Wahrnehmenden ein mittleres Maß an Neuigkeit, Überraschung oder Unsicherheit enthält. Solche Situationen vermitteln Erfahrungen, die mit dem bereits Bekannten nicht voll vereinbar sind und die dieses in einem gewissen, „mittleren" Grade in Frage stellen. Sicherlich wurde die Neugier im Verlauf der Evolution deshalb genetisch verankert, um dadurch die Anpassung des Individuums an seine Umwelt besser zu gewährleisten.

Schon in den ersten wissenschaftlichen Arbeiten zur Neugier finden sich Hinweise auf zwei gegensätzliche Impulse, die beim Individuum wirksam werden, wenn es neue Reizsituationen aufsucht (James, 1890; McDougall, 1921). In einer Situation, die Unbekanntes enthält, fühlt man sich einerseits zum Neuen hingezogen, um es untersuchen zu können. Andererseits entstehen aber auch Fluchttendenzen, weil sich das Unbekannte als gefährlich, vielleicht sogar als lebensbedrohlich erweisen kann. Furcht ist der Gegner des Neugierverhaltens (White, 1959). Welcher der beiden „Impulse" die Oberhand gewinnt, bestimmt sich danach, ob das Vertraute oder aber das Fremde in der Wahrnehmung einer Situation stärker zum Ausdruck kommt.

In Untersuchungen, in denen die Entwicklung sozial-emotionaler Bindungen zur Mutter oder zu anderen Pflegepersonen im Mittelpunkt stand, hat man bei Kindern im Alter zwischen 8 und 14 Monaten eindrucksvoll beobachten können, daß eine unbekannte Situation sowohl anziehend, als auch bedrohlich auf sie wirkt. So interessierten sich Mary Ainsworth und ihre Mitarbeiterinnen (z. B. Ainsworth & Wittig, 1969) beispielsweise dafür, wie sich ein Kind im Alter von zwölf Monaten verhält, das zunächst gemeinsam mit seiner Mutter einen Raum betritt, in dem es sich noch niemals zuvor befunden hat. Die Mutter wird gebeten, sich auf einen Stuhl zu setzen. Das Kind, das sich zunächst in ihrer unmittelbaren Nähe aufhält, hat sich jedoch sehr bald mit einem Konflikt auseinanderzusetzen, denn in einiger Entfernung von seinem anfänglichen Standort hat der Versuchsleiter attraktives Spielzeug plaziert. Wird das Kind weiterhin in der Nähe seiner Mutter verbleiben oder wird es von seiner Neugier getrieben, sich mit dem Spielzeug zu beschäftigen? Die meisten Mädchen und Jungen sind bereit, sich von ihrer Mutter vorsichtig zu entfernen. Sie vergewissern sich allerdings regelmäßig durch einen Blick nach hinten, daß es weiterhin einen „sicheren Hafen" gibt, zu dem sie notfalls unverzüglich zurückkehren können. Nachdem jedoch eine fremde Frau den Raum betreten hat und die Mutter daraufhin den Raum verläßt, hören die meisten Kinder auf, ihre Beschäftigung mit dem Spielzeug fortzusetzen. In dieser Situation wirkt vermutlich zuviel Fremdes auf sie ein. Ein großer Teil der Kinder zeigt deutlich Anzeichen innerer Erregung. Einige Kinder reagieren sogar mit Weinen!

Daniel Berlyne (1960) hat zwischen Wahrnehmungsneugier und epistemischer Neugier (griech. *episteme* = Verstehen) unterschieden. Die *Wahrnehmungsneugier* wird durch neue, überraschende Sinnesreize ausgelöst. Wenn man plötzlich einen lauten Knall, ein unbekanntes Geräusch hört oder eine ungewöhnliche Lichterscheinung sieht, wird man sich – sofern diese Reize nicht so intensiv sind, daß man vor Furcht erstarrt – der vermuteten Quelle zuwenden, um möglichst weitere Informationen zu erhalten, die eine Erklärung für das Wahrgenommene ermöglichen könnten. Epistemische Neugier wird erregt, wenn ein Mensch Informationen zur Kenntnis zu nehmen hat, die mit seinem Wissen, seinen Überzeugungen oder Einstellungen nicht, oder nur teilweise zu vereinbaren sind. Das gelingt einem Lehrer möglicherweise, der sich zu Beginn einer Unterrichtsstunde, in der über die Erdatmosphäre gesprochen werden soll, mit folgender Frage an seine Schüler wendet (Gagné & Driscoll, 1988): „Wißt ihr eigentlich, daß zu den Stoffen, die wir täglich einatmen, Schwefelsäure gehört?" Die Neugier wird aber nur erregt, wenn Informationen einen mittleren Neuigkeitsgrad aufweisen. Menschen tendieren nämlich dazu, alles zu ignorieren, was ihnen bereits weitestgehend vertraut ist. Sofern ihnen etwas begegnet, was ihnen völlig unbekannt ist, werden sie sich wahrscheinlich sehr schnell davon abwenden, weil es praktisch keine Aussichten gibt, es zu verstehen; es könnte zudem Gefahren in sich bergen. Wenn das Neue, das dem Bekannten in hohem Maße widerspricht, dagegen in abstrakter Form an einen Lernenden herangetragen wird, besteht die bereits genannte Möglichkeit, die Mitteilungen so umzudeuten, daß sie „lediglich" assimiliert werden (s. S. 71f.). Schließlich bleibt als Drittes der Fall, daß der Mensch etwas erfährt, was ihm zwar neu ist. Aber es bleibt durchaus noch die Möglichkeit bestehen, es zu verstehen; ein solcher Fall ist eine gute Voraussetzung für die Erregung von Neugier. Auf die Bedeutung „dosierter Diskrepanzerlebnisse" zur Motivierung des Lernenden ist bereits hingewiesen worden (s. S. 77f.). Jean Piaget (1959) hat in diesem Zusammenhang von einer „Zone des optimalen Interesses für das, was weder zu bekannt, noch zu neu ist" gesprochen.

Berlyne (1958) untersuchte das Neugierverhalten u.a. an Bildern (siehe Abb. 6.1), die auf der linken Seite eines Reizpaares jeweils Vertrautes, auf der rechten Seite relativ Unbekanntes darstellen. Wie lange richten Studierende ihren Blick auf diese Reizgegebenheiten? Es zeigte sich, daß die Bilder, die hinreichend Bekanntes (Vogel, Elefant, Auto usw.) darstellen, nur relativ kurze Zeit betrachtet werden. Ihr Attraktivitätswert ist offenbar gering. Zur Betrach-

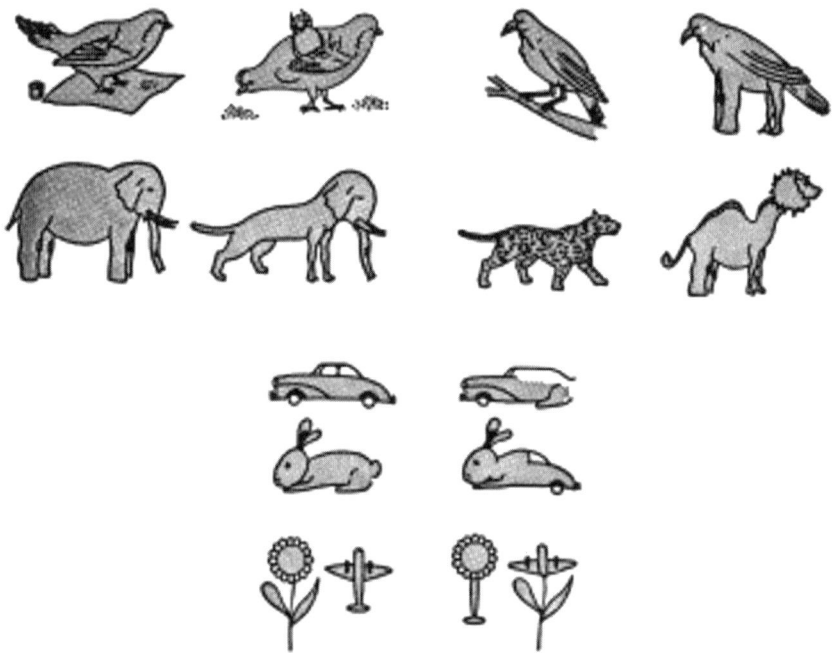

Abbildung 6.1:
Einige Reizbilder, die Daniel Berlyne (1958) zur Untersuchung der menschlichen Neugier verwendete

6.3 Spezifische Beiträge zur Erklärung und Förderung der Lernmotivation

tung eines normalen Vogels oder eines Elefanten haben Studierende bereits vielfältige Gelegenheiten gehabt. Anders sieht es mit den Darstellungen aus, die insofern einen kognitiven Konflikt hervorrufen, als sie keine eindeutige Bedeutungszuschreibung gestatten.

Berlyne erreichte bei seinen Versuchspersonen eine verlängerte Aufmerksamkeitszuwendung dadurch, daß er vertraute Gegebenheiten so veränderte, daß etwas entstand, was es in der Wirklichkeit nicht gibt. In den Unterhaltungsmedien wird mit grundsätzlich gleichen Verfremdungseffekten gearbeitet. So präsentiert man Lesern oder Zuschauern etwa in *Science-fiction*-Darstellungen Außerirdische. Dabei achten die Autoren aber immer darauf, daß diese Wesen nicht zu fremdartig erscheinen. Ihr Aussehen muß stets vertraute Züge aufweisen, und Fremdartiges darf nur in dosiertem Umfang einfließen. So ist beispielsweise die Gestalt der Außerirdischen so geschaffen, daß einige menschliche Merkmale bewahrt bleiben: Die fremden Besucher können sich zwar verlieben, sie müssen auch Nahrung zu sich nehmen; aber sie besitzen möglicherweise keinerlei Schlafbedürfnis, sie bluten auch nicht, wenn man ihren Körper mit einem scharfen Gegenstand verletzt, und wenn man sie tötet (ein vertrautes Element!), bleibt kein lebloser Körper (die erwartete Folge) zurück, sondern lediglich ein Häufchen Asche.

Moderne Medien, die hohe Einschaltquoten erzielen oder ein beachtenswertes Leserinteresse hervorrufen, liefern viele Beispiele für die geschickte Verwendung von Darstellungen, in denen mittlere Neuigkeitsgrade präsentiert werden. Junge Menschen, bei denen bereits im Vorschulalter ziemlich große Ansprüche bezüglich des von Medien zu erfüllenden Unterhaltungswertes geweckt werden, kommen vermutlich auch mit diesbezüglich relativ hohen Erwartungen in die Schule. Wie kann der Lehrer nun einen Unterricht so gestalten, daß die Neugier seiner Schülerinnen und Schüler möglichst optimal aktiviert wird? Die Attraktivität des Unterrichts läßt sich in allen Fächern erheblich steigern, wenn es Lehrern gelingt, die Neugier von Lernenden nicht nur herauszufordern, sondern zugleich zu bewahren oder sogar noch zu steigern. Auch im Bereich der Schule sollte sich bestätigen lassen, worauf Piaget (1936) bei seinen Studien aufmerksam wurde: ,,Je mehr ein Mensch gesehen und gehört hat, desto mehr wünscht er zu hören und zu sehen." Sobald Menschen von einem Themenbereich mehr hören oder sehen wollen, hat sich bei ihnen im Verlauf der Zeit ,,Interesse" entwickelt; in der Literatur erfolgt die Verwendung dieses Begriffes allerdings nicht immer in der gleichen Bedeutung (Hidi et al., 1992). In Übereinstimmung mit Ulrich Schiefele (1991) wird im hier vorliegenden Rahmen davon ausgegangen, daß bei einem Menschen dann Interesse vorliegt, wenn dieser sich über einen längeren Zeitraum bestimmten Themen, Fachgebieten oder Aktivitäten bevorzugt zuwendet. Sollte er Interesse für eine Sache zeigen, ist zu vermuten, daß die Auseinandersetzung damit für ihn mehrfach von angenehmen Erfahrungen begleitet war: Es macht ganz einfach Spaß, sich mit einer Sache zu beschäftigen, auf die sich das Interesse richtet. Deshalb möchte man – als überdauernde Verhaltensmöglichkeit (Disposition) – damit weitere Erfahrungen sammeln, aber nicht, zumindest nicht hauptsächlich, um sachfremde Ziele zu erreichen (etwa eine Prüfung zu bestehen). Beim Vorliegen eines hohen Interesses ist damit zu rechnen, daß Lernende ein vergleichsweise tiefes Verständnis für den Gegenstand ihrer Beschäftigung erreichen (Pintrich & Schauben, 1992). Da eine vergleichsweise enge Vernetzung mit dem bereits Bekannten erfolgt, bestehen günstige Voraussetzungen für gutes Behalten und erfolgreiche Anwendung des Gelernten (Schiefele et al., 1992; Pintrich & Schauben, 1992).

6.3.2.2 Aktivierung der Neugier im Unterricht

Wenn man informationstheoretisch orientiert ist, wird man sich wahrscheinlich nicht ohne weiteres fragen, welche Bedingungen die Neugier eines Lernenden erregen können. Jeder Nutzer eines PCs weiß, wie leicht diese Maschine mit relativ einfachen Handhabungen zu veranlassen ist, sämtliche Daten „einzulesen", die sich auf einer im Laufwerk befindlichen Diskette finden. Auf gleiche Weise könnte man auch dem Lernenden Informationen aller Art in der Erwartung darstellen, er würde sie schon „in sich aufnehmen".

In der Tat muß man nicht lange nach Schulbüchern suchen, die sich weitgehend auf die Mitteilung von Daten beschränken und die nicht erkennen lassen, daß sich die Autoren allzuviel Gedanken gemacht haben, den Leser zu motivieren. So informiert ein Werk für den Geographieunterricht beispielsweise darüber, welche Bodenschätze sich in Südafrika finden, welches die Hauptexportgüter von Venezuela sind, oder durch welche klimatischen Bedingungen der indonesische Inselstaat zu kennzeichnen ist.

Einem Schulbuch zum Geschichtsunterricht ist zu entnehmen, weshalb Karl der Große im Jahr 773 n. Chr. Feldzüge begann und die Stadt Pavia belagerte; es teilt mit, daß das Wormser Konkordat im Jahre 1122 das erste war, welches die katholische Kirche im Laufe ihrer Geschichte geschlossen hat, und schließlich erläutert es, welchen Anlaß Otto Fürst von Bismarck im Jahr 1889 sah, Maßnahmen zur Sozialgesetzgebung durchzuführen. All diese Informationen mögen für den Schüler neu sein. Ist dieser aber wirklich von sich aus bereit, Einzelheiten der genannten Art – wie ein Computer – „einzulesen", zu verarbeiten, zu speichern und bei Bedarf aus dem Gedächtnis wieder abzurufen? Oder „interessiert" er sich für das Mitgeteilte nur, weil in einer späteren Prüfung danach gefragt werden könnte?

Nach den oben gegebenen Kennzeichnungen wird die Neugier eines Menschen geweckt, wenn er etwas erfährt, was er nicht *erwartet* hat, was ihn folglich verblüfft. „Warum", so mag dieser sich nach einem unerwarteten Ereignis fragen, „findet in dieser Welt etwas statt, was ich bislang nicht kannte und was mich folglich in Erstaunen versetzt hat, weil ich es nicht vorhersagen konnte?" Eine solche Frage weckt die Motivation, weitere Einzelheiten zu erfahren. Anlaß für ein „Mehr-wissen-wollen" ist stets eine Frage. Es ist die Funktion der Einstiegsphase des Unterrichts, solche Bedingungen zu schaffen,

6.3 Spezifische Beiträge zur Erklärung und Förderung der Lernmotivation

die den Schüler zu Fragen motivieren. In der Lehre sollten niemals Informationen („Antworten") gegeben werden, wenn nicht sicher davon auszugehen ist, daß der Lernende die zugehörige Frage zumindest kennt, in einem sehr viel günstigeren Fall sogar selbst gestellt hat. Wie aber kann der Lehrer einen Schüler veranlassen, zu Beginn einer Stunde jene Fragen aufzuwerfen, auf deren Beantwortung die anschließende Unterrichtsarbeit gerichtet ist? Für diese Frage haben sich auch Heinrich Düker und Reinhard Tausch (1957) interessiert. Während der Unterrichtsstunde waren Informationen über ein Tier zu verarbeiten, das allen Schülern aus eigener Erfahrung bekannt gewesen sein dürfte, es handelte sich nämlich um ein Meerschweinchen. Viele Kinder haben ein solches Tier vermutlich bereits in den Händen gehabt. Läßt sich die Lernmotivation trotzdem dadurch steigern, daß man ein lebendes Meerschweinchen mit in die Klasse bringt? Kann diese Veranschaulichung auch durch ein Bild ersetzt werden? Eine Studie sollte diese Fragen klären.

Allen Teilnehmern der Studie, es handelte sich dabei um 10–12jährige Schüler, wurde während der Einstiegsphase des Unterrichts eine naturkundliche Erzählung über das Meerschweinchen vorgelesen. Während eine Gruppe von Kindern (Mitglieder der Kontrollgruppe) nur diesen Bericht hörte, erhielt eine weitere Gruppe außerdem ein Foto von einem Meerschweinchen in natürlicher Größe dargeboten. Eine andere Gruppe sah ein ausgestopftes Meerschweinchen, das für alle gut sichtbar auf einem Tisch stand. Einer weiteren Gruppe bot man die Gelegenheit, in einem Glaskasten ein lebendes Meerschweinchen zu beobachten. Um prüfen zu können, ob diese verschiedenen Formen der Veranschaulichung Einfluß auf das Behalten nehmen, erhielten sämtliche Schüler später einen Fragebogen mit 20 Fragen, die sich auf Einzelheiten des naturkundlichen Berichts bezogen. Aufgrund der Antworten läßt sich eine aufschlußreiche Feststellung treffen: Es ergab sich, was die Richtigkeit der Antworten betraf, eine Überlegenheit der Anschauungsgruppen gegenüber der Kontrollgruppe. Dies war aber nicht nur bei solchen Fragen festzustellen, die sich auf das Aussehen der Tiere bezogen. Die Anschauungsgruppen übertrafen die Kontrollgruppe auch, wenn nach der Lebensweise, der Vermehrung, der Ernährung usw. gefragt worden war.

Für ihre Feststellung, daß der Inhalt eines Sachberichts in Abhängigkeit von der jeweils gleichzeitig dargebotenen Art der Veranschaulichung unterschiedlich gut behalten wird, machen Düker und Tausch motivationale Faktoren verantwortlich. Tatsächlich lag ja der Informationswert des lebenden Tieres keinesfalls höher als der des Modells. „Wenn die Veranschaulichung durch den realen Gegenstand sich trotzdem als erheblich wirkungsvoller erwies, so ist das in erster Linie dadurch bedingt, daß das lebende Tier das Interesse der Versuchspersonen stärker erregte", stellen die beiden Autoren fest. Beobachtungsergebnisse an denjenigen Kindern, die das lebende Tier betrachten konnten, stützen diese Interpretation: „Sie reckten die Hälse, sie beugten sich vor, sie versuchten, dem Tier möglichst nahe zu kommen, sie freuten sich über seine Bewegungen. ... Und was intensiv beobachtet wird, prägt sich gut ein."

Vor einer unkritischen Verallgemeinerung der Befunde von Düker und Tausch muß jedoch gewarnt werden. Es besteht nämlich die Gefahr, daß die Schüler ihre Aufmerksamkeit dem sich bewegenden Tier, nicht aber den gleichzeitig gegebenen Erklärungen des Lehrers zuwenden. In der Regel gilt für den Unterricht die Empfehlung, mit einem lebenden Tier zunächst das Interesse der Lernenden zu wecken; die bedeutsamen Einzelheiten wären dann anschließend am Modell zu erarbeiten.

Aufgrund der Ergebnisse eines weiteren Experiments kamen Düker und Tausch zu der Feststellung, daß der Wirkungsgrad eines Modells sehr unterschiedlich sein kann. Die Behaltensleistungen stiegen nach ihren Beobachtungen, wenn man den Kindern das jeweilige Anschauungsobjekt nicht – wie im obigen Beispiel das Meerschweinchen – aus einiger Entfernung zeigt, sondern dieses den Lernenden in die Hand gibt, damit sie es betasten können. Anschauung allein ist somit keineswegs immer eine hinreichende Bedingung zur Weckung von Motivation und Aufmerksamkeit!

Um die Neugier des Schülers im Verlauf der Einstiegsphase des Unterrichts zu erregen, gibt Jere Brophy (1987) eine Empfehlung, die sich gut mit den Befunden von Düker und Tausch vereinbaren läßt. Er hebt zudem ausdrücklich die Wichtigkeit der Darstellung von Kontextinformationen hervor: „Stelle einen abstrakten Inhalt so dar, daß er persönlicher, konkreter oder vertrauter wird. Definitionen, Prinzipien oder andere allgemeine oder abstrakte Mitteilungen haben für Schüler solange wenig Bedeutung, wie sie nicht in konkreter Form diskutiert werden." Brophy empfiehlt dem Lehrer, den Unterrichtsinhalt „mit Erfahrungen und kleinen Geschichten in Beziehung zu setzen, die aufzeigen, welche Bedeutung der Inhalt für das Leben bestimmter Individuen hat (vor allem solcher Individuen, an denen die Schüler interessiert sind und mit denen sie sich wahrscheinlich identifizieren können)". Brophy hätte ebenso die viel kürzere Empfehlung ausgeben können: „Schaffe Situationen, die Lernenden authentisch erscheinen."

Brophys Empfehlung geht von dem Grundsatz aus, daß sich Menschen für alle Mitteilungen interessieren, die Bezug zu jenen Lebenssituationen aufweisen, die sie aus eigener Erfahrung kennen *oder in denen sie Erfahrungen sammeln könnten (bzw. gesammelt haben könnten,* sofern sie zu einem früheren Zeitpunkt gelebt hätten). Wenn man also beispielsweise einem Schüler etwas erzählt, was seine Klasse, seine Schule, die Angehörigen seiner Familie, seinen Freundeskreis, seine Nachbarschaft oder den Ferienort betrifft, in dem er sich schon einmal aufgehalten hat, wird er wahrscheinlich mit Interesse zuhören, denn er braucht nur die neuen Mitteilungen mit eigenen Erfahrungen in Beziehung zu setzen, die bereits das Kennzeichen besitzen, „persönlich, konkret" zu sein und mit denen er zudem bestens vertraut ist. In einer Studie zum Mathematikunterricht in 5. und 6. Schuljahren, in dem die Division von Brüchen gelernt wurde, setzte man in die Aufgaben lediglich Informationen ein, die für den Lernenden einen persönlichen Bezug hatten, so etwa den Namen des besonders geschätzten Lehrers oder des Freundes. Diese persönlichen Be-

6.3 Spezifische Beiträge zur Erklärung und Förderung der Lernmotivation

sonderheiten waren vor Beginn der Unterrichtseinheit durch einen Fragebogen ermittelt worden. Auf diese Weise förderte man ein höheres Interesse und auch bessere Leistungen (und zwar auch bei Übertragung des Gelernten auf neue Situationen!) als bei Aufgabenformulierungen, die entweder unpersönliche Bezüge („Frau Schmidt", „dein Freund") herstellten oder, wie unter einer weiteren Bedingung, auf die Verwendung abstrakter Begriffe, wie *Menge* und *Flüssigkeit*, beschränkt waren (Ross & Anand, 1987). Die Schüler äußerten sich positiv über solche personalisierten Aufgaben. So stellte einer von ihnen beispielsweise fest: „Ich dachte, es ist großartig, die Namen von Leuten zu sehen, die ich kenne. ... Ich konnte etwas mit der Aufgabe verbinden. Ich fand es wirklich schön, die Namen meiner Freunde und meines Hundes zu hören." Ein anderer meinte: „Ich glaube, sie [die Aufgaben] sind besser, denn sie sind einfacher zu verstehen."

Ältere Schüler erwarten sicherlich nicht, daß ihnen Problemsituationen vorgestellt werden, in denen sie selbst, ihre Freunde und Bekannten eine Rolle spielen. Nicht zu rechtfertigen ist dagegen, wenn ihnen Kontextinformationen vorenthalten werden. Deren Bedeutung für die unterrichtliche Arbeit läßt sich u. a. den Ergebnissen einer Studie von James Stigler und Harald Stevenson (1991) entnehmen. Sie waren an der Klärung der Frage interessiert, warum asiatische Schülerinnen und Schüler bei internationalen Vergleichen mathematischer Leistungen stets die vorderen Plätze einnehmen. Die beiden Autoren sahen sich daraufhin einmal genauer an, ob asiatische Lehrer ihren Unterricht anders gestalten als amerikanische. Dabei wurden sie in der Tat auf einen bedeutsamen Unterschied aufmerksam. Amerikanische Lehrer stellen ihren Schülern häufig zunächst die Regeln mathematischer Operationen dar, und erst danach weisen sie – allerdings nur manchmal – auf Möglichkeiten hin, diese Regeln zur Lösung im Alltag vorkommender Probleme anzuwenden. Asiatische Lehrer tendieren demgegenüber dazu, die Abfolge umzukehren. Sie beginnen ihren Unterricht häufig damit, daß sie ein Problem aus dem „wirklichen Leben" darstellen. Solche Problemsituationen, mit denen Jungen und Mädchen vertraut sind, provozieren Fragen, die vielfach spontan eine Lösungssuche anregen. Der zum Abschluß der Unterrichtsstunde gefundene Lösungsweg wird ausgeführt, eventuell auch in der Kleingruppenarbeit unter aktiver Beteiligung möglichst vieler Kinder. Erst im Anschluß an diese Aktivitäten erfolgt eine Definition der Begriffe und eine genaue Beschreibung der Regeln.

Sollten Menschen allerdings nur für Informationen aufgeschlossen sein, die sich auf selbst erfahrene Situationen beziehen, wären dem Unterricht tatsächlich enge Grenzen gesetzt. Deshalb ist von Bedeutung, daß Schülerinnen und Schüler sich auch für Situationen interessieren, in die sie gelangen *könnten*. Der Geographielehrer hat also durchaus die Möglichkeit, seine Schüler über Lebensbedingungen in Südafrika, Venezuela und Indonesien zu informieren, solange er seine Mitteilungen nicht in „allgemeiner und abstrakter Form" darstellt. Informationen über Klimaverhältnisse, Bodenschätze, Exportgüter anderer Länder usw. wecken nicht dadurch das Interesse beim Schüler, daß sie für ihn neu sind. Anders liegen die Verhältnisse dagegen, wenn den Lernenden

Kontextinformationen mitgeteilt werden, die – entsprechend der Empfehlung Brophys – „persönlich und konkret" sind. In den Ländern, über die der Geographieunterricht informiert, leben nämlich Menschen, und einige von ihnen sind damit beschäftigt, Bodenschätze ans Tageslicht zu bringen, andere arbeiten im Exportgeschäft, und sie alle reagieren auf die jeweils vorherrschenden klimatischen Bedingungen. Anstatt über die politischen, sozialen, wirtschaftlichen Verhältnisse eines Landes in abstrakter Form zu informieren, empfiehlt Brophy, die geographisch relevanten „Daten" so darzustellen, daß sie über die Menschen, die sie alltäglich erfahren, nachvollziehbar werden. Wenn Lernende derartig konkret über Erfahrungsmöglichkeiten in einem anderen Land informiert werden, eröffnen sich viele Möglichkeiten, Neugier zu wecken, daß heißt, die Diskrepanz zu den eigenen Erfahrungen in das Erleben zu bringen.

Schulbuchtexte könnten den Zugang zur Lebenswelt einer bestimmten Gegend oder eines Landes über Personen eröffnen, an denen die Schüler „interessiert sind und mit denen sie sich wahrscheinlich identifizieren können". Das mögen gleichaltrige Kinder sein oder – im Falle älterer Lernender – Personen, wie Mutter, Vater, Onkel oder Nachbar mit ihrem jeweiligen Lebensbezug. Die Mitteilungen an den Schüler können, so empfiehlt es Brophy, auch in Form von Geschichten an den Lernenden herangetragen werden. Das Erzählen von Geschichten gehört mit zu den ältesten Formen der Wissensübermittlung, die zudem den Vorteil haben, daß durch sie Kontextinformationen bewahrt bleiben und weitere bedeutsame Einzelheiten in geordneter Form dargeboten werden; das Behalten und Verstehen bereitet deshalb Lernenden in der Regel wenig Schwierigkeiten (Williams, 1992). Typisch für eine Geschichte ist, daß sie einen oder mehrere Personen vorstellt, mit denen sich der Leser, Hörer oder Zuschauer leicht identifizieren kann, etwa weil sie das gleiche Alter oder Geschlecht oder auch die gleiche religiöse Zugehörigkeit haben (Anderson et al., 1987). Solche „Helden" verfolgen ein oder mehrere Ziele, und dabei ergeben sich bestimmte Schwierigkeiten oder ganz einfach nur überraschende Beobachtungen, wie etwa die zweier Jungen, die bei einer Bergwanderung darauf aufmerksam wurden, daß ihr Essen an aufeinanderfolgenden Abenden unterschiedlich viel Zeit benötigt, um gar zu werden (s. S. 287). Auch die Abenteuer von *Jasper Woodbury* (s. S. 285f.) sind in die Geschichtsform eingebettet. Die Ereignisabläufe sollten nicht in allzu vertrauten Situationen auftreten, sondern vom Alltäglichen etwas abweichen.

Schüler erfahren beispielsweise von einem Jungen namens *Wayan*, der auf der indonesischen Insel Bali lebt. Dieser konkrete Held der Geschichte dürfte bereits die Neugier vieler Schüler herausfordern: Wie verbringt *Wayan* seinen Tag? Wie sehen seine Mahlzeiten aus? Geht *Wayan* auch in eine Schule? Muß er bereits zum Lebensunterhalt seiner Familie beitragen? Wer hilft *Wayan* im Falle einer Erkrankung? usw. Die Geschichte könnte weitere geographische Informationen darstellen (klimatische, wirtschaftliche, politische usw.), die von der Schwester, den Verwandten und Freunden *Wayans* berichtet werden. Über diese Personen erfahren die Schüler etwas darüber, wie die Balinesen die schwüle Tropenhitze von durchschnittlich

28 °C ertragen. Da der Reisanbau auf Bali eine wichtige wirtschaftliche Rolle spielt, könnte man beispielsweise von W*ayans* Onkel Näheres über die Lebensbedingungen der Arbeiter in den Reisfeldern erfahren; dieser erzählt weiterhin von den Schwierigkeiten des Terrassenbaus und dem komplizierten – schon Jahrhunderte alten – Bewässerungssystem sowie den Bemühungen der Regierung, durch den Bau von Hotels den Tourismus weiter auszubauen. Die Tante könnte mit einem Fischer verheiratet sein, der Einzelheiten über die Meeresfrüchte berichtet usw. Es gibt keine Unterrichtsinhalte eines Faches, die nicht über die Personen einer Geschichte an den Lernenden kontextbezogen herangetragen werden könnten. Der Lehrer sollte allerdings darauf achten, daß er nicht allzu viel Gebrauch von Informationen macht, die lediglich dargestellt werden, um das Interesse zu erregen. In solchen Fällen konzentriert sich nämlich die Aufmerksamkeit zu sehr auf diese „verführerischen Einzelheiten", während weniger interessante Details kaum beachtet und folglich auch nicht verarbeitet und behalten werden (Hidi, 1990). Auf diese Gefahr ist bereits im Anschluß an das Experiment von Düker und Tausch hingewiesen worden, die einigen Kindern Gelegenheiten geboten hatten, während der Unterrichtsstunde ein lebendes Tier zu beobachten.

Ähnliche Diskrepanzerlebnisse wären beispielsweise auch im Geschichtsunterricht auszulösen, wenn der Lehrer sich nicht darauf beschränkt, weitgehend aus dem Lebenskontext herausgerissene Ursachen und Folgen menschlicher Aktivitäten (Kriege, Verträge, Staatsformen, Kulturen usw.) darzustellen, sondern wenn er berücksichtigt, daß historische Ereignisse stets von Menschen „aus Fleisch und Blut" hervorgerufen worden sind, weil sie durch nachvollziehbare Erfahrungen dazu veranlaßt worden sind. Wiederum bietet „das Leben damals" vielfältige Möglichkeiten, bei Lernenden Diskrepanzerlebnisse hervorzurufen. Es gibt weder in den allgemeinbildenden Schulen, noch an Ausbildungsstätten ein einziges Unterrichtsfach, das über Wissensinhalte zu berichten hätte, die nicht auf Menschen oder Menschengruppen zurückgeführt werden könnten.

Beispiele zur Erregung der Neugier von Schülerinnen und Schülern eines fünften Schuljahres im Geschichtsunterricht haben Lilli Fehr-Rutter, Jochen Hering und Martin Langos (1985) vorgelegt. Nach ihren Vorschlägen erkundigt sich der Lehrer zunächst danach, welches Vorwissen die Lernenden von der Steinzeit haben. In einem Kreisgespräch fallen den Schülern Begriffe wie „Faustkeil", „Neandertaler" und „Affenmenschen" ein. Schon sehr bald tauchen erste Fragen der Schüler nach den Steinzeitmenschen auf: „Hatten die eigentlich schon Schuhe?" – „Hatten die Urmenschen auch Tapeten?" usw. Nach dieser Einstimmung liest die Lehrerin den Schülern Geschichten aus dem Buch von Georg Kleemann *„Dem Urmenschen auf der Spur"* vor. Die Zuhörer erfahren auf diese Weise Einzelheiten aus dem Alltag der Urmenschen. Danach werden Arbeitsgruppen gebildet, in denen sich die Schüler mit freigewählten Themen auseinandersetzen. Fehr-Rutter und Mitarbeiter beschreiben deren Aktivitäten wie folgt: „In den Arbeitsgruppen arbeiten die Kinder theoretisch wie praktisch. Zum einen schreiben sie Texte für die Klassenzeitung. Zum anderen wird im Klassenzimmer Korn zermahlen, um Mehl für ein ‚Steinzeitbrot' zu bekommen. Aus Ästen werden Webrahmen gebaut und kleine Webstücke gefertigt (daraus entsteht später ein ‚Klassenwandteppich')." Solche und weitere Aktivitäten regen in hohem Maße die Neugier der Schüler an, da sie z. B. die folgende Frage stellen: „Wie hätte ich gelebt, wenn ich zur damaligen Zeit auf der Welt gewesen wäre?"

Bei der Neugier handelt es sich um eine intrinsische Motivation, die sich am besten entwickelt, wenn das Bedürfnis nach Selbstbestimmung des Schülers nicht ständig durch Zensuren eingeschränkt wird, die im herkömmlichen System überwiegend Produktbewertungen entsprechen. Wie aber könnten die Bedingungen einer veränderten Schule aussehen, unter denen Neugier zu wecken ist und Interessen gefördert werden? Gedacht ist keineswegs an ein System, das auf jegliche Bewertung verzichtet. Statt den Schüler aber herauszufordern, sich in Bewertungssituationen vor allem günstig darzustellen, könnte dieser sehr viel stärker dazu ermuntert werden, sich um die Bewältigung von Anforderungssituationen zu bemühen. Durch bewertende Stellungnahmen des Lehrers wäre dem Lernenden rückzumelden, inwieweit ihm Lernfortschritte und entsprechende Kompetenzsteigerungen gelungen sind. Die Berücksichtigung eines weiteren, „individuellen" Bewertungsmaßstabes durch den Lehrer wird man allerdings erst erwarten können, wenn die Schule bereit ist, neben Leistungsergebnissen auch jene Prozesse anzuerkennen, die den benoteten Produkten der Schüler vorausgehen.

6.3.3 Förderung einer Prozeßorientierung im Klassenzimmer

Wie bereits in Kapitel 1 herausgestellt wurde, läßt sich Schule als Produktionsstätte von Leistungsergebnissen sehen (s. S. 32f.). Der Schüler wird veranlaßt, Leistungs-„Produkte" gegen „Belohnungen" in Form von Zensuren einzutauschen. Wenn dabei ein Industriebetrieb als Vorbild dient, muß zwangsläufig das Bemühen vorherrschen, Fehler negativ zu bewerten, denn nur einwandfreie Produkte eröffnen die Chance, auf den Handelsmärkten erfolgreich abgesetzt werden zu können. Aus pädagogisch-psychologischer Sicht erscheint es allerdings höchst bedenklich, wenn die Schule sich die Produktorientierung von Industrie und Wirtschaft zum Vorbild nimmt. Im Vordergrund schulischer Aufgaben steht die Förderung des Lernens, und Lernen ist ein Prozeß! Wenn der Lehrer mit seiner Bewertungspraxis allen Schülern vermittelt, daß es ihm letztlich nur auf das Leistungsergebnis ankommt, bringt er, zumindest indirekt, zum Ausdruck, daß der Lernprozeß selbst nur als Mittel für einen höher zu bewertenden Zweck zu sehen ist. Schüler lernen infolge solcher Signale bereits nach wenigen Jahren, daß es durchaus möglich ist, dem Lehrer auch Leistungsergebnisse vorzulegen, die durch *Mogeln* zustandegekommen sind. Gefordert ist lediglich hohes Geschick, um dabei nicht „erwischt" zu werden

(Pegels, 1997). Es stellt eine der paradoxen Situationen im Klassenzimmer dar, daß der „Staatsbedienstete" gehalten ist, gegen das Mogeln einzuschreiten, das wesentlich von Bedingungen hervorgerufen wird, die er als Lehrer selbst gestaltet!

Pädagogische Psychologen sind sich darüber im klaren, daß sie sich für das Vorherrschen einer Prozeßorientierung im Klassenzimmer nur dann erfolgreich einsetzen können, wenn ihnen gleichzeitig der Nachweis gelingt, daß sich damit eine Vielzahl pädagogisch wünschenswerter Ziele erreichen läßt. Im folgenden soll eine repräsentative Auswahl empirisch gesicherter Befunde dargestellt werden, damit das Plädoyer zur weitgehenden Rücknahme einer Produktorientierung gute Chancen erhält, vom Lehrer übernommen zu werden.

6.3.3.1 Erklärung von Leistungen unter individueller und sozialer Bezugsnorm-Orientierung

Kein Lehrer kann darauf verzichten, Bewertungen von Schülerverhalten vorzunehmen. Bei Produktorientierungen ist zu ermitteln, was der einzelne im Vergleich zu seinen Mitschülern leistet. Schulzensuren kommen als Ergebnis eines sozialen Vergleichs zustande; durch sie wird sämtlichen Einzelleistungen, die zumindest vom Anspruch her unter gleichen Bedingungen zustandegekommen sind, ein Rangplatz zugeordnet. Bei Prozeßorientierung steht die Frage im Vordergrund, ob dem Lernenden infolge der Auseinandersetzung mit bestimmten Aufgabensituationen Annäherungen an das jeweilige Lernziel gelungen sind. Die Bewertung erfolgt also nach dem Grad des zu diagnostizierenden Lernfortschritts.

Unter produktorientierten Bedingungen ist somit ein anderer Bewertungsmaßstab anzuwenden als unter prozeßorientierten. Lehrer, die eine Bewertung durch einen sozialen Vergleich vornehmen, besitzen nach Falko Rheinberg (1980; 1993) eine „soziale Bezugsnorm-Orientierung". Lehrer, die das aktuelle Leistungsverhalten eines Schülers in Vergleich zu seinen eigenen vorangegangenen Leistungen setzen und bewerten, haben demgegenüber eine „individuelle Bezugsnorm-Orientierung". Wenn der Lehrer den Schüler im zeitlichen Längsschnitt beobachtet, kann er feststellen, ob bei diesem Veränderungen aufgetreten sind. Wenn der Lehrer dagegen unter sozialer Bezugsnorm-Orientierung das Leistungsergebnis nach einem Querschnittvergleich bewertet, bestimmt sich sein Urteil über den einzelnen wesentlich danach, was jene Schüler leisten, die sich zufällig in derselben Klasse befinden. Eventuelle Lernfortschritte des einzelnen werden als selbstverständlich vorausgesetzt; sie bleiben entweder unsichtbar oder gehen in die Beurteilung des Lehrers zumindest nicht mit ein.

Die Art der Bezugsnorm-Orientierung eines Lehrers (sozial oder individuell) ist deshalb von Bedeutung, weil durch sie Interpretationen von Schülerleistungen tendenziell verfestigt werden (Liebhard, 1977). Ein Lehrer mit sozialer Bezugsnorm-Orientierung neigt dazu, Erfolg und Mißerfolg auf zeitstabile Ursachen zurückzuführen, wie z. B. *Begabung, Arbeitshaltung* oder *häusliches Milieu.* Bei Lehrern mit individueller Bezugsnorm-Orientierung findet sich nach Rheinberg demgegenüber eine Neigung, Leistungen mit variablen Ursachen in Beziehung zu setzen, denn sie berücksichtigen in ihren Erklärungen u. a. die aktuelle Motiviertheit eines Schülers und sein Sachinteresse.

Rheinberg hat darauf hingewiesen, daß der Zusammenhang zwischen der Bezugsnorm-Orientierung des Lehrers und seiner Attribuierungstendenz durch bestimmte Maßnahmen zustandekommt, die er während seines Unterrichts ergreift. Lehrer mit sozialer Bezugsnorm-Orientierung bemühen sich bei der Aufgabenstellung um ,,Angebotsgleichheit"; d. h., sie tragen an sämtliche Schüler einer Klasse die gleichen Aufgaben heran. Sie bewirken damit, daß gute Schüler häufig an zu leichten, die schwächeren Schüler an zu schwierigen Aufgaben arbeiten. Unter diesen Bedingungen beobachtet der Lehrer, daß bestimmte Kinder seiner Klasse wiederholt versagen, während andere gehäuft Erfolge erzielen. Unter den von ihm selbst mitgestalteten Bedingungen nimmt der Lehrer Konstanzen wahr, die sich in seinen Ursachenzuschreibungen niederschlagen.

Der Lehrer mit individueller Bezugsnorm-Orientierung beobachtet dagegen, daß ein Schüler die von ihm bearbeiteten Aufgaben manchmal bewältigt und manchmal nicht. Solche variablen Leistungsverläufe legen es für den Lehrer nahe, in seinen Interpretationen zeitvariable Ursachen zu bevorzugen. Es läßt sich zeigen, daß es bei Schülern eine hohe Bereitschaft gibt, sich bei eigenen Interpretationen ihrer Leistungen an den Lehrerattribuierungen zu orientieren. Das zeigte sich in einer Feldstudie, die Rheinberg angeregt hatte (Rheinberg et al., 1979). Darin sollte ein Lehrer in zwei zehnten Schuljahren seinen Unterricht einmal unter sozialer, ein anderes Mal unter individueller Bezugsnorm-Orientierung durchführen. (Damit müssen selbstverständlich methodische Schwächen in Kauf genommen werden; deshalb können die Ergebnisse lediglich Tendenzen aufzeigen, nicht aber ohne weiteres verallgemeinert werden.) Bei einem Vergleich der beiden Klassen ergab sich, daß die Schüler unter einer individuellen Bezugsnorm dahin tendierten, Erfolge häufiger auf veränderliche Ursachen zurückzuführen. Ebenso bedienten sie sich zur Interpretation von Mißerfolg seltener stabiler Ursachen als es die Schüler unter sozialer Bezugsnorm-Orientierung des Lehrers taten. Rheinberg zeigte also, daß Fähigkeiten, die als ziemlich unveränderlich wahrgenommen werden, unter sozialer Bezugsnorm-Orientierung des Lehrers eine sehr viel größere Bedeutung in den Leistungserklärungen hatten als unter individueller Bezugsnorm-Orientierung.

6.3.3.2 Orientierung an Darstellungszielen zum Schutz und zur Erhöhung des Selbstwertes

Da Lehrer sich bei ihren Zensuren überwiegend an sozialen Bezugsnormen orientieren, entwickeln Schüler, wie Rheinberg fand, von ihrer eigenen Intelligenz die Vorstellung eines weitgehend stabilen Persönlichkeitsmerkmals. Da-

6.3 Spezifische Beiträge zur Erklärung und Förderung der Lernmotivation 363

bei spielen die Erfahrungen in der Schule vermutlich eine Rolle, denn während des Kindergartenalters und zumindest noch während der ersten Grundschuljahre werden die eigenen Voraussetzungen zum Erbringen von Leistungen noch anders gesehen. Kinder, die das Alter von sechs Jahren noch nicht erreicht haben, unterscheiden in der Regel nicht zwischen Begabung und Anstrengung (Nicholls et al., 1986). Während ihrer Grundschulzeit, zumindest während ihrer ersten drei Schuljahre (Nicholls, 1984), bewerten sie die Anstrengung ziemlich hoch. So erklären Kinder etwa über einen Mitschüler: „Er kann nicht sehr gut lesen, aber wenn er übt, dann wird er besser" (Stipek, 1981) oder „Kluge Leute geben sich Mühe, dumme nicht" (Harari & Covington, 1981). Solche Äußerungen zeigen nur stichprobenartig auf, was inzwischen auf breiter Basis belegt werden konnte: Zu Beginn ihrer Schulzeit nehmen Schüler *Fähigkeit* als veränderbares Merkmal wahr, auf die sie mit ihrer Anstrengung Einfluß nehmen können. Unterschiede in den Leistungsergebnissen werden auf den jeweils erbrachten Anstrengungseinsatz zurückgeführt. Zwei Schüler, die den gleichen Anstrengungsaufwand erbringen, müßten nach Einschätzung typischer Grundschüler übereinstimmende Leistungsergebnisse erbringen. Eine Änderung in der Wahrnehmung der Ursachen *Fähigkeit* und *Anstrengung* tritt erst im Alter von 11 bis 12 Jahren ein. Ursachen werden fortan vorwiegend in „inverser" Beziehung gesehen (Kun, 1977; Nicholls et al., 1986).

Von einer inversen Beziehung spricht man, wenn nach Wahrnehmung eines Schülers mit der Stärkung eines das Leistungsverhalten fördernden Faktors (etwa Fähigkeit) eine Schwächung eines weiteren fördernden Faktors (Anstrengung) einhergeht. Wie ließe sich beispielsweise erklären, daß zwei Schüler unterschiedlicher Befähigung das gleiche Leistungsergebnis erzielen? Ein Jugendlicher, der sich an einer inversen Beziehung der Leistungsursachen orientiert, würde antworten, der eine Schüler hat zum Ausgleich seiner geringeren Fähigkeit mehr Anstrengung aufwenden müssen als der Begabtere von beiden. *Fähigkeit* und *Anstrengung* werden also in einer Beziehung inverser Kompensation gesehen. Dieses „Kompensations-Schema" (Kun, 1977) gestattet es auch, folgende Feststellung zu treffen: Wenn ein Schüler sich sehr anstrengen muß, um eine Aufgabe zu bewältigen, besitzt er offenbar geringere Fähigkeiten. Das Umgekehrte gilt entsprechend: Wenn ein Schüler eine schwierige Aufgabe ohne zusätzliche Anstrengungen bewältigen kann, muß er sehr befähigt sein.

Den Aussagen älterer Schüler liegt, zumindest implizit, die Überzeugung zugrunde, daß es sich bei der Fähigkeit um ein hoch bewertetes Merkmal handelt, das man in der höchstmöglichen Ausprägung besitzen möchte. Es ist nur noch ein kleiner Schritt, wenn zusätzlich behauptet wird, daß der Wert eines Menschen unmittelbar durch den Ausprägungsgrad seiner Fähigkeiten bestimmt wird. Wie kann ein Schüler unter solchen Voraussetzungen vor sich und vielmehr vor anderen einen guten Eindruck von sich abgeben? Indem er sich befähigt bzw. so kompetent wie möglich *darstellt* oder seine Bemühungen in einer sozialen Situation, in der Bewertungen erfolgen, darauf richtet, von den anderen nicht als inkompetent eingeschätzt zu werden. Wenn sich die Zielsetzung eines Schülers darauf richtet, kennzeichnet Carol Dweck (1986; Elliott & Dweck, 1988) ihn als an Zielen der Darstellung orientiert *(performance-goals)*; in der deutschen Literatur findet sich auch die Übersetzung „orientiert an Leistungszielen" (Schiefele & Schreyer, 1994). Ein Schüler, der an Darstellungszielen orientiert ist, nimmt seine Fähigkeiten als stabil wahr. Der Lehrer wird nicht als Förderer seiner Schüler, sondern als Beurteiler der Schülerleistungen gesehen. Der Unterricht setzt auf extrinsische Motivierung. Es wird gearbeitet, um gute Zensuren zu erhalten und schlechte Noten zu vermeiden. Wie sich Schüler in Leistungssituationen verhalten, hängt davon ab, ob sie sich höhere oder geringere Fähigkeiten zuschreiben.

Schüler, die sich höhere Fähigkeiten zuschreiben, und an Darstellungszielen orientiert sind, setzen sich bereitwillig mit Aufgaben auseinander, die sie herausfordern, denn im Falle eines Erfolges können sie damit ihre Tüchtigkeit demonstrieren. Sollten sie an einer Aufgabe mittlerer Schwierigkeit scheitern, ziehen sie als Erklärungen externale Ursachen heran: „Keine ausreichende Zeit zur Vorbereitung gehabt", „schlechte gesundheitliche Verfassung", „ungerechte Lehrerbeurteilung". Sicherlich lernt der Schüler auch, wenn er vorrangig das Ziel verfolgt, sich günstig darzustellen; aber – so hat Martin Maehr (1992) einmal dessen Einstellung skizziert – „wenn ein Schüler den Zweck des Lernens darin sieht, als fähiger beurteilt zu werden als andere Schüler, warum sollte er sich dann damit abgeben, tiefere Verarbeitungsstrategien (Elaboration und Organisation [s. S. 190f.]) anzuwenden, die häufig sehr zeitaufwendig sind und nicht unmittelbar zu Ergebnissen führen? Warum sollte er sich um ein tieferes Verstehen bemühen, wenn das Entscheidende der Punktwert in einem Test über Begriffsdefinitionen ist? Warum sollte ein Schüler sich neugierig fragen, weshalb aus Wasserstoff und Sauerstoff Wassermoleküle entstehen, wenn er zum Erreichen eines Erfolges lediglich mitteilen muß, daß sich Wasser aus solchen Molekülen zusammensetzt?" Eine Orientierung an Darstellungszielen fordert nicht zum Einsatz aufwendiger Arbeits- und Verarbeitungsstrategien heraus, wenn man auch mit erheblich weniger kognitivem Aufwand zum (Darstellungs-)Ziel gelangen kann (Greene & Miller, 1996).

Schüler mit einem Selbstkonzept geringer Fähigkeit, die an Darstellungszielen orientiert sind, bevorzugen entweder außerordentlich leichte oder extrem schwierige Aufgaben. Bei sehr leichten Aufgaben ist gewährleistet, daß das nicht eintritt, was sie besonders fürchten: Einen Mißerfolg. An einer sehr schwierigen Aufgabe ist das Versagen zwar garantiert, aber sie liefert zugleich eine Entschuldigung, denn andere wären daran auch gescheitert. Sofern diese Kinder an Aufgaben versagen, die ihnen der Lehrer vorgelegt hat, geben sie vergleichsweise schnell auf. Sie geben dabei Äußerungen von sich, die inhaltlich mit der Aufgabe nichts zu tun haben, die aber anzeigen, daß diese Schüler Schwierigkeiten haben, sich auf die Aufgabe zu konzentrieren. Es kommt schließlich zu der bereits erwähnten Erlernten Hilflosigkeit (s. S. 339f.). Die Schüler bekunden ihre Abneigung gegenüber dem Fach, in dem sie sich bislang nur ungünstig darstellen konnten und zeigen Emotionen wie Traurigkeit und Angst (Dweck, 1986; Dweck & Leggett, 1988).

Schüler, die in Unterrichtssituationen zu einer Orientierung an Darstellungszielen angeregt werden, betreiben einen erheblichen Aufwand, damit nach außen ein günstiges Bild von ihren Fähigkeiten und damit ihres *Selbst-Wertes* (Covington, 1992; Covington & Beery, 1976) entsteht. Die Auswahl der richtigen Darstellungsstrategie ist jedoch keineswegs immer einfach. Da sich Schüler mit Darstellungszielen an einem Kompensations-Schema orientieren (s. S. 363), werden sie durch Situationen (etwa Prüfungen), in denen sie Mißerfolge für möglich halten, in ein Dilemma gebracht. Wenn sie sich nämlich auf die Anforderungssituationen intensiv vorbereiten, sich also anstrengen, und dann versagen, läßt sich ihr Mißerfolg ziemlich eindeutig auf unzureichende Fähigkeit zurückführen. Man kann deshalb jegliche Vorbereitung unterlassen („Ich habe überhaupt nichts getan.") oder die Vorbereitungszeit sehr kurz halten („Ich hab' kaum 'was getan."). Sollte dennoch ein Erfolg eintreten, bedeutet das eine erhebliche Anhebung des Selbstwertes. Sofern man, wie bereits befürchtet, versagt, hat man unter Hinweis auf die unzulängliche Vorbereitung jedoch eine akzeptable Erklärung.

Der Schüler muß jedoch berücksichtigen, daß Lehrer üblicherweise Anstrengungsbereitschaft hoch bewerten (Rest et al., 1973): Wenn Lehrer wahrnehmen, daß Schüler sich wirklich bemüht haben, dann fällt ihr Urteil günstiger aus, als wenn die gleiche Leistung von einem „faulen" Schüler erbracht worden ist. Eine objektiv schwache Leistung wird tendenziell günstiger beurteilt, wenn der Lehrer den Eindruck hat, daß der Schüler „sich wenigstens bemüht" hat. Der Anstrengungseinsatz stellt folglich ein „zweischneidiges Schwert" für den Schüler dar (Covington & Omelich, 1979), denn das Ziel des Schülers kann leicht mit dem seines Lehrers in Konflikt geraten. Lehrer tendieren dazu, sich Schüler zu wünschen, die eine hohe Anstrengungsbereitschaft zeigen, wohingegen die Schüler das Ziel verfolgen, einen möglichst guten Eindruck von ihrer Fähigkeit zu vermitteln.

In einem Unterricht, der zur Orientierung an Darstellungszielen anregt, lassen sich viele „defensive Strategien" beobachten, die alle dem Schutz des eigenen Selbstwertes dienen. Martin Covington (1984) faßt seine entsprechenden Beobachtungen an Schülern folgendermaßen zusammen: „Er [der defensive Schüler] gibt sich besonders ungeduldig, eine Frage zu beantworten, wobei er mit einigem Risiko darauf setzt, daß der Lehrer jemand anderen aufrufen könnte, der weniger sicher erscheint. Er macht eifrig Notizen, hoffentlich mit so viel Eifer, daß ihn der Lehrer dabei nicht unterbrechen mag. Er verhält sich unauffällig an seinem Sitzplatz, um möglichst nicht beachtet zu werden. ... Der einzelne kann während einer Klassendiskussion Aufmerksamkeit vortäuschen, indem er Fragen stellt, deren Antwort er bereits kennt, oder er versucht nach außen den Eindruck des Nachdenkens zu erwecken, indem er einen besonderen Ausdruck intensiven Überlegens anzunehmen versucht."

Es wurde bereits in Kapitel 1 darauf hingewiesen, daß solche defensiven Strategien sehr widerstandsfähig gegenüber Veränderungen sind (s. S. 35ff.). Dort wurde erwähnt, daß in Universitätsseminaren vielfach Studierende sitzen, die sich grundsätzlich nicht an der Arbeit beteiligen, weil sie befürchten, sie könnten öffentlich einen Beitrag liefern, der keine hinreichende Anerkennung findet und infolgedessen Reaktionen anderer hervorruft, die das eigene Selbstwertgefühl verletzen (Fuhrer, 1994). Mit der verweigerten Beteiligung verschaffen sich die „Schweiger" aber ungünstige Lernbedingungen. Dies stellt für sie jedoch keine größere „Bedrohung" dar, solange sie sich – ebenso wie die Studierenden von *Professor Barnett* – einreden, sie wären nicht passiv, da sie schließlich versuchen würden, alles zu verstehen und sich ja auch Notizen machen würden. Sollte ein Studierender dennoch ahnen, daß er durch seine mangelnde Mitarbeit das eigene Lernen nicht fördert, dann beunruhigt ihn das keineswegs: Denn kennzeichnend für die Orientierung an Darstellungszielen ist es schließlich auch, das Entstehen eines ungünstigen Eindrucks zu vermeiden.

Es ist mit dem pädagogischen Auftrag der Schule unvereinbar, daß Schüler einen erheblichen Teil ihrer Energien in die Suche nach Wegen einer möglichst positiven Darstellung investieren und das Lernen diesem Ziel unterordnen. Es läßt sich aber aufzeigen, daß es zu dieser Orientierung eine Alternative gibt, die dem pädagogischen Auftrag in hohem Maße Rechnung trägt.

6.3.3.3 Orientierung an Lernzielen zur Entwicklung der eigenen Kompetenz

Die meisten Grundschüler gehen davon aus, daß sie ihre Fähigkeit steigern können, wenn sie entsprechende Anstrengungen aufbringen. Nach Dweck (1986) sind sie lernzielorientiert. Unabhängig davon, ob sie sich für mehr oder weniger befähigt halten, sind solche Aufgabensituationen für sie attraktiv, die sie herausfordern: Sie müssen die Aussicht eröffnen, daß mit erfolgreicher Bearbeitung die eigene Kompetenz zu steigern ist. Das gelingt vor allem bei Aufgaben, die als „authentisch" zu gelten haben (s. S. 15), nicht jedoch bei solchen, die kontextlos dargeboten werden, die Schülern trivial und künstlich erscheinen und die keinen sinnvollen Bezug mehr zu Lebenssituationen außerhalb der Schule erkennen lassen. Unter solchen Unterrichtsbedingungen kann nur noch mit geringem Engagement für schulische Arbeiten gerechnet werden (Wehlage et al., 1996). Vielleicht werden in solchen Situationen nur deshalb Anstrengungen aufgewandt, weil *dargestellte* Ergebnisse gegen Zensuren eingetauscht werden (s. S. 32). Wenn man demgegenüber authentische Aufgabensituationen schafft, fördert man das Entstehen einer Lernzielorientierung.

Die Lernzielorientierung muß allerdings nicht auf die Grundschuljahre begrenzt sein, sie läßt sich ebenso in weiterführenden Schulen, in Hochschulen und in sämtlichen Kursen zur Fort- und Weiterbildung im Erwachsenenalter anregen. Menschen mit Lernzielorientierung schöpfen ihre Motivation nicht daraus, bei einem Vergleich mit anderen günstig abzuschneiden. Für sie liegt der Hauptanreiz einer Aufgabe darin, das Verständnis für eine Problemsituation

6.3 Spezifische Beiträge zur Erklärung und Förderung der Lernmotivation

vertieft, ihr sportliches Können gesteigert und ihr Wissen und Können, also ihre Kompetenz in einem bestimmten authentischen Problembereich erweitert zu haben.

Wer einem Hobby nachgeht, liefert mit Sicherheit viele anschauliche Beispiele für die geschilderten Aktivitäten unter Lernzielorientierung. Da gibt es den „Motorschlosser", der in regelmäßigen Abständen den Motor seines Autos auseinandernimmt, um Verbesserungen vorzunehmen, weiterhin den „Elektroniker", der aus elektronischen Bauelementen ständig kompliziertere Schaltkreise herstellt, ebenso den „Kochliebhaber", dem das Ausprobieren neuer Rezepte fast noch wichtiger ist als das Verspeisen der zubereiteten Mahlzeiten oder den „Historiker", der durch Bearbeitung geschichtlicher Quellen immer tiefere Einsichten in bestimmte Epochen der Vergangenheit gewinnt. All diese Hobbyisten wählen sich nicht deshalb ihre herausfordernden Problemsituationen aus, um besser als andere zu sein, sondern um in einem bestimmten Bereich ihre gesteigerte Kompetenz zu erleben. Diese intrinsische Motivation wird auch nicht unterminiert, wenn andere ihre Anerkennung für das eindrucksvolle Können zum Ausdruck bringen.

Schüler mit Lernzielorientierung neigen nicht zur Resignation, wenn sie vor Schwierigkeiten stehen. Sie scheinen sich auch nicht als Versagende zu erleben, zumal wenn sie nach eigener Wahrnehmung über die Fähigkeit verfügen, die sie in einer vorliegenden Aufgabensituation benötigen. Sie zeigen statt dessen erhebliche Ausdauer, um ihre unbefriedigende Situation zu überwinden (Elliott & Dweck, 1988). Da sie nicht fürchten müssen, daß ein hoher Anstrengungseinsatz zu Rückschlüssen auf ihre Fähigkeit genutzt wird, können sie davon ohne Risiko Gebrauch machen. Auf diese Weise erfahren sie wiederholt, daß zwischen ihrem Anstrengungsgrad und dem Ergebnis ihrer Bemühungen eindeutige Zusammenhänge bestehen. Sie wissen deshalb, daß „Anstrengung sich auszahlt" (Ames, 1992); tatsächlich verbessern sich ihre Leistungen (Stiensmeier-Pelster et al., 1996). Die eventuelle Erfahrung, bislang keine angemessene Lösungsstrategie gefunden zu haben, veranlaßt sie, nach alternativen Vorgehensweisen zu suchen, um an ihr Ziel zu kommen (Dweck, 1986). Mehrere Untersuchungen haben gezeigt, daß lernzielorientierte Schüler mit positivem Selbstkonzept vergleichsweise häufig Gebrauch von „metakognitiven Strategien" machen, das heißt, sie lesen sich Textteile, die sie nicht verstanden haben, wiederholt durch, sie stellen sich während der Einarbeitung selbst Fragen, fassen Gehörtes und Gelesenes in eigenen Worten zusammen und suchen aktiv nach ähnlichen Problemen, die sie bereits früher kennengelernt haben, diskutieren über ihr Vorverständnis usw. (Meece et al., 1988; Greene & Miller, 1996). Sollte ein Schüler trotz intensiver Bemühung nicht weiterkommen, bereitet es ihm keine Schwierigkeiten, den Lehrer um Rat zu fragen, denn dieser wird bei Lernzielorientierung nicht vorrangig als Bewerter gesehen, sondern als Förderer; deshalb darf man ihm gegenüber auch Unzulänglichkeiten zum Ausdruck bringen.

6.3.3.4 Individuelles Interesse als relativ stabile Bevorzugung von Themen, Fachgebieten oder Aktivitäten

Während Carol Dweck den Begriff Lernzielorientierung verwendet, um damit eine allgemeine Orientierung gegenüber den schulischen Aufgaben zu kennzeichnen, können sich innerhalb dieser Orientierung bestimmte individuelle Interessen entwickeln. In einem solchen Fall setzt sich ein Mensch über einen längeren Zeitraum, vielleicht für den Rest seines Lebens, bevorzugt und immer wiederkehrend mit bestimmten Themen, Fachgebieten oder Aktivitäten auseinander, denn zumindest bei Erwachsenen ändern sich individuelle Interessen kaum (Hidi, 1990; Schiefele, 1991). Das Interesse eines Menschen richtet sich beispielsweise auf Beethoven und seine Musik, auf die Psychologie oder auf den Tennissport, also auf einen eingegrenzten Bereich. Schüler mögen dem Lehrer zwar „gelangweilt" oder „allgemein apathisch" erscheinen. Bei eingehender Nachprüfung dürfte sich aber in der Regel zeigen, daß auch sie Interesse für bestimmte Aktivitäten entwickelt haben, möglicherweise jedoch für solche, denen sie außerhalb der Schule nachgehen.

„Man kann sagen", so stellt Schiefele (1991) fest, „daß die interessierte Person eine Aufgaben- oder Lernorientierung gegenüber einer bestimmten Thematik entwickelt hat"; es besteht der Wunsch, mehr darüber zu erfahren. Die Gelegenheit zur aktiven Auseinandersetzung mit dem Gegenstand des Interesses wird von angenehmen Gefühlserlebnissen begleitet.

Aus schulischer Sicht kann es als außerordentlich wünschenswert gelten, wenn Schüler einem Unterrichtsgegenstand Interesse und damit zugleich weitgehend mühelos und ziemlich ausdauernd Aufmerksamkeit entgegenbringen, weil unter solchen Voraussetzungen vergleichsweise viel gelernt und behalten wird (Tobias, 1994). Wenn ein Text das Interesse weckt, ist damit zu rechnen, daß der Leser ihn tiefer verarbeitet und damit Bedeutungen besser erkennt sowie Zusammenhänge entdeckt (Schiefele, 1991).

Wie aber entstehen Interessen? Bei der Beantwortung dieser Frage zeigt sich, daß noch ein erhebliches Forschungsdefizit besteht. Wenn sich bereits ein gewisses Interesse entwickelt hat, läßt sich dessen Fortbestehen, eventuell auch dessen Intensivierung, bereits recht gut erklären. Je mehr man nämlich bereits von einer Sache weiß und dieses Wissen auch tiefer verarbeitet hat, desto mehr wünscht man darüber zu wissen (Tobias, 1994). Was aber stand am Anfang des Interesses? Wie die bereits dargestellten Befunde von Scarr vermuten lassen, ist der Einfluß der Genetik keineswegs völlig auszuschließen (s. S. 63ff.). Sicherlich können Eltern fördernd auf die Interessen ihrer Söhne und Töchter einwirken, indem sie bestimmte Aktivitäten anregen und Freude und Anerkennung zeigen, wenn ihre Kinder darauf in der erwarteten Weise reagieren. Auch Lehrer, die ihr Fach mit Begeisterung darstellen, schaffen gute Voraussetzungen, wenigstens einige ihrer Schüler zu „erreichen" und deren individuelles Interesse zu wecken und zu vertiefen (Csikszentmihalyi & Cormack, 1986).

Es kann nicht behauptet werden, daß die Auseinandersetzung mit einem Lerngegenstand, auch wenn dieser dem eigenen Interesse entspricht, immer mühelos vor sich geht. Reicht individuelles Interesse stets aus, um auch auftretende Schwierigkeiten mit Ausdauer zu überwinden? Zweifellos ist es günstig, wenn ein Mensch in einer solchen Situation auch über Willenskraft verfügt, um Probleme zu überwinden, durch die der Zugang zu einem Ziel erschwert wird.

6.3.3.5 Einsatz von Willenskraft zur Überwindung von Schwierigkeiten

Die Erfahrung zeigt, daß nicht alle Ziele, die man sich setzt, auch ohne weiteres erreichbar sind. Ein Schüler möchte beispielsweise die Schule bis zu einem erfolgreichen Abschluß besuchen, aber es stellt sich heraus, daß es für ihn „leichter gesagt als getan ist", ein solches Vorhaben auch tatsächlich zu verwirklichen. Eine Studentin nimmt sich vor, ihre Hausarbeit im laufenden Semester rechtzeitig zum Abschluß zu bringen. Ständige Ablenkungen hindern sie jedoch daran, den gesetzten Termin einzuhalten. In beiden Beispielen bestand zwar ausreichend Motivation, aber diese versandete aufgrund bestimmter situativer Gegebenheiten allmählich. Beiden jungen Menschen fehlte es an ausreichender Willenskraft (Volition), mit der sie den widrigen Umständen erfolgreich hätten entgegentreten können.

Der „Wille" ist bereits vergleichsweise früh in der Psychologie als psychologischer Begriff verwendet worden. So stellte Ernst Meumann (1913) etwa fest: „Der Wille ist nichts anderes als ein spezifischer Verlauf intellektueller Vorgänge, durch die sich unsere Zustimmung zu einem Ziel in Handlung umsetzt und mit denen das intellektuelle Seelenleben aus seiner reinen Innerlichkeit zur Einwirkung auf die Umgebung heraustritt." Damit wurde bereits damals zweierlei herausgestellt. Zum einen hob Meumann hervor, daß der Mensch in der Lage ist, die Folgen seiner Handlungen („Einwirkung auf die Umgebung") gedanklich vorwegzunehmen. Zum anderen erfolgt dieses Handeln in dem Bewußtsein, Verursacher dieser Handlung zu sein; ein Gedanke, der einige Jahrzehnte später wieder aufgegriffen worden ist (s. S. 341). Obwohl Psychologen relativ früh die Bedeutung des Willens für menschliches Handeln erkannt hatten, verlor dieser Begriff zunächst an Bedeutung, weil sich der Eindruck durchsetzte, er und die ihm zugrundeliegenden Prozesse würden nichts beinhalten, was nicht bereits durch die Motivation abgedeckt würde (Kuhl & Beckmann, 1985). Erst Julius Kuhl (1983) hat zu Beginn der 1980er Jahre überzeugend herausarbeiten können, daß zwischen Motivations- und Willensprozessen (Volition) unterschieden werden muß. Darauf wurde zu Beginn dieses Kapitels bereits hingewiesen (s. S. 325f.). Motivation und Volition werden von Kuhl als ein komplexes System der Selbststeuerung gesehen. Die Willenskraft gestattet es einem Menschen, das zu tun und zu vollbringen, was er tun möchte. Wenn man sich, wie in den obigen Beispielen, eine Aufgabe stellt, die auch bei auftretenden Schwierigkeiten noch vollendet werden soll, ist es erforderlich, bestimmte Prozesse der Motivation und Emotionen unter eigene Kontrolle zu stellen.

In jedem Moment könnte ein Mensch vermutlich viele Ziele nennen, die er gerne erreichen möchte. Es sind bei ihm eine Menge Wünsche entstanden. Kann er sie sich aber auch erfüllen? Die Verwirklichung eines Vorhabens scheitert möglicherweise, weil sich Schwierigkeiten in den Weg stellen und Verlockungen dazu einladen, etwas anderes zu tun, „was viel mehr Spaß machen würde". Es ist notwendig, zwischen den zahlreichen eigenen Wünschen, starken und schwachen, vorübergehenden und ausdauernden, eine Auswahl zu treffen, sie in eine Rangordnung der Erwünschtheit und Realisierbarkeit zu bringen. „Kann ich ein attraktives Ziel durch eigenes Dazutun erreichen?" „Kann dies unter meinen situationalen Bedingungen überhaupt gelingen?" „Verfüge ich über die zur Zielerreichung erforderlichen Mittel?" „Lohnt sich überhaupt der Aufwand, der mit der Erfüllung des Wunsches verbunden wäre?" Die zeitliche Dauer eines derartigen Abwägens kann mehr oder weniger lange dauern, sollte aber irgendwann in eine *Fazit-Tendenz* münden, deren Stärke von der subjektiven Überzeugung abhängt, nunmehr alles hinreichend bedacht zu haben. Es ist damit zwar eine Motivationstendenz entstanden, sie reicht aber nicht aus, um den inzwischen herausgestellten Wunsch auch zu verwirklichen. Der Wunsch muß noch in eine Zielintention umgewandelt werden, und diese hat Verbindlichkeitscharakter zu erwerben. Nach diesem „qualitativen Sprung" ist man nunmehr entschlossen, sich dem intendierten Ziel tatsächlich anzunähern. Damit hat man den „Rubikon" (Heckhausen et al., 1987), d. h. eine Grenzlinie überschritten, von der es nicht mehr ohne weiteres ein Zurückkehren gibt. Hinter dieser Linie findet sich ein zweiter großer Bereich, der den Einsatz volitionaler Prozesse fordert. Die Bildung von Intentionen („Das würde ich gerne tun.") ist somit das eine und deren Verwirklichung bis hin zur Zielerreichung das andere („Das schaffe ich.").

> Die neuere Willenspsychologie ist vor allem von Allgemeinen Psychologen wieder aufgegriffen und weiter entwickelt worden. Deshalb bleiben noch viele Fragen offen, die der Praxis der Unterrichtsarbeit entstammen. Dazu zählen u. a. folgende Fragen: Kann von pädagogischer Seite aus darauf eingewirkt werden, daß Schüler es nicht beim Wünschen belassen, sondern den ‚Rubikon' überschreiten, um eine Zielverpflichtung *(commitment)* zu übernehmen? Welche Bedingungen fördern den Lernenden bei seinen Überlegungen zur Planung seines Vorhabens und bei der Klärung der Frage, wann und wie er handeln soll und welche Mittel er benötigt?

Erst wenn diese Planungsphase erfolgreich abgeschlossen ist, wird die Handlung in Gang gesetzt, die so gesteuert werden muß, daß eine Zielerreichung wahrscheinlich wird. Während der „Handlungsphase", in der zielerreichende Aktivitäten stattfinden, bedarf es der verstärkten Aktivierung von Willensprozessen, d. h., es müssen Maßnahmen ergriffen werden, durch die sich auftretende Schwierigkeiten überwinden und ablenkende Einflüsse abschirmen lassen. Was kann nun aber ein Lernender tun, der sich auf die nächste Prüfung vorbereiten möchte, der aber Schwierigkeiten hat, sich diesem Vorhaben auch konsequent zu widmen? Nach Julius Kuhl (1985) müßte er Strategien aktivieren, mit deren Hilfe es gelingen sollte, seine Motivationen und Emotionen zu kontrollieren. Für den Erwerb solcher Strategien der Selbstregulation sieht Kuhl (1992) den Altersbereich zwischen sechs und zwölf Jahren als eine „sensible Phase": Das bedeutet, daß ein Mensch in dieser Zeit besonders günstige Voraussetzungen besitzt, solche Strategien zu erlernen und anzuwenden.

Mit Hilfe von Strategien der Motivationskontrolle soll erreicht werden, daß die motivationalen Grundlagen der eigenen Absichten gestärkt werden. Lyn Corno (1993) hat die von Kuhl genannten Strategien mit Lehrern und Schülern diskutiert und daraufhin ergänzt. Folgende Strategien dürften im Rahmen eines schulischen Alltags tatsächlich zur Anwendung kommen (Kuhl, 1985; Corno, 1993):

Motivationale Kontrolle:
– Gedankliche Vorwegnahme von Belohnungen und Bestrafungen, die man sich selbst verabreicht, sofern bestimmte Voraussetzungen erfüllt worden sind: So nimmt sich ein Schüler beispielsweise vor, nur dann das neue Computerspiel auszuprobieren, wenn er sein schulisches Übungspensum geschafft hat (s. hierzu auch S. 176f.). Er mag sich auch in Aussicht stellen, nach Erfüllung der selbst gestellten Anforderungen eine Portion Eis zu essen. Zu empfehlen ist ihm weiterhin, vor einer Entscheidung schriftlich festzuhalten, mit welchen positiven Folgen er zu rechnen hätte, wenn er seinen „inneren Schweinehund" besiegen sollte, und welche negativen Konsequenzen er zu erwarten hätte, wenn er dessen Verführungen erliegen sollte (Tuckman, 1989).
– Aufwertung von Zielen durch ihre Voranstellung und durch gedankliche Vergegenwärtigung ihres Wertes: „Ich fühle mich richtig gut, wenn ich etwas vollendet habe."
– Erfindung von Möglichkeiten, durch die die Arbeit mehr Spaß macht und herausfordernder wird.
– Ausblenden von Ereignissen, die ablenkend wirken könnten; der Fernseher, der immer wieder die unwillkürliche Aufmerksamkeit auf sich zieht, wird aus dem Arbeitszimmer entfernt. Man bemüht sich aber noch um weitere Kontrollen, so etwa: „Während der Arbeit sehe ich nicht aus dem Fenster."

Emotionale Kontrolle:
– Im Kopf bis 10 zählen, um einen kleinen zeitlichen Abstand zu gewinnen.
– Kontrolle von Atmung durch langsames, regelmäßiges Ein- und Ausatmen.
– Erfindung nützlicher Ablenkungen (z. B. vor sich hinsingen) von Gefühlen, die zielstrebigen Aktivitäten entgegenstehen.
– Gedankliche Vorstellung eines erfolgreichen Abschlusses der Arbeit mit dem Ziel eines vorweggenommenen Erlebens der mit einem Erfolg einhergehenden Gefühle (Veränderung der Einstellung gegenüber der vorliegenden Aufgabe).

– Vergegenwärtigung der eigenen Stärken und verfügbaren erfolgreichen Strategien.
– Gedankliche Loslösung von verfehlten Zielen und den damit verbundenen negativen Gefühlserlebnissen (Mißerfolgsbewältigung): „Ich denke einfach nicht mehr an mein Versagen in der vergangenen Woche."

Solche und weitere Kontrollstrategien werden von vielen Schülern automatisch angewandt; gegen ihren Einsatz ist so lange nichts einzuwenden, wie sie helfen, sich gegenüber „Ablenkungen" durchzusetzen und wünschenswerte Ziele zu erreichen. Der Lehrer kann ebenso die Jungen und Mädchen seiner Klasse dazu anregen, sich einmal gegenseitig über die ergriffenen Kontrollstrategien in solchen Situationen auszutauschen, in denen die Motivation nicht ausreicht, notwendige Aufgaben zu erledigen. Von Vorteil dürfte auch sein, daß Schüler sich öffentlich zu ihrer Zielverpflichtung bekennen. Sie haben sich dann nicht nur vor sich selbst, sondern ebenso vor anderen festgelegt, sich um die Verwirklichung ihres Vorhabens zu bemühen. Ein Zurücktreten von dieser Verpflichtung dürfte als Beeinträchtigung des Selbstwertgefühls erlebt werden

Zum Abschluß einer erfolgreichen Handlung, die zur erstrebten Zielerreichung geführt hat, findet noch einmal ein Innehalten statt. Es folgt unter bestimmten Umständen abermals eine motivationale Phase: Rückblickend findet eine Bewertung des Erreichten statt, um u.a. auch Konsequenzen für zukünftige Vorhaben zu ziehen. In dieser Phase werden – in Abhängigkeit vom Leistungsergebnis – Stolz oder Beschämung erfahren (s. S. 339). Erst wenn man feststellt, daß das Ergebnis des eigenen Einsatzes dem erstrebten Ziel entspricht, kann man die Zielintention „deaktivieren" und sich weiteren Wünschen zuwenden und abermals prüfen, welche davon verwirklicht werden können.

6.4 Unterschiedliche Zielstrukturen im Klassenzimmer

Bislang stand vor allem der Lernende im Blickpunkt; es wurde gefragt, über welche motivationalen und Willensvoraussetzungen er verfügt, um schulische Aufgaben zu bewältigen. Nunmehr soll verstärkt der soziale Kontext betrachtet werden, in dem schulisches Lernen stattfindet. Der größte Teil der Schüler erfährt den Unterricht in einer Schulklasse, die 20, 30 oder noch mehr Lernende zu einer Gruppe zusammenfaßt. Mit dieser Organisationsform ist allerdings noch nicht festgelegt, wie der Lehrer seine Leistungsbewertungen vornimmt. Es wurde bereits darauf hingewiesen, daß sich der Bewertungsmaßstab des Lehrers nach seiner Bezugsnorm-Orientierung richtet (s. S. 361). Bei Anwendung eines individuellen Maßstabes geht allein der Lernfortschritt eines einzelnen in die Bewertung ein: Je mehr ein Schüler sich dem Lernziel angenähert hat, desto besser wird er bewertet und umgekehrt; zumindest im Idealfall erfolgt die Bewertung des einzelnen unabhängig von der Leistungsgüte anderer, die als Klassenmitglieder ebenfalls daran arbeiten, die jeweiligen

Lernziele zu erreichen. Bei einem sozialen Vergleichsmaßstab werden demgegenüber Leistungen mehrerer Schüler entsprechend ihrer Güte in eine Rangordnung gebracht, wobei die höchsten Rangplätze am besten und die untersten Rangplätze am schwächsten bewertet werden. Dabei unterliegt es dem Urteil des Lehrers, ob der soziale Vergleich zwischen Schülern oder zwischen Gruppen erfolgt. Der Lehrer bestimmt somit über die Zielstrukturen, ob sich Schüler in rivalisierenden (wettstreit-orientierten) oder in kooperativen Beziehungen um möglichst günstige Leistungsergebnisse bemühen.

Bereits seit mehreren Jahrzehnten haben sich David und Roger Johnson (1975, 1979) in ihren Studien mit der Frage beschäftigt, wie sich verschiedene Interaktionsformen im Klassenzimmer auf die Lernmotivation auswirken. Dabei haben sie viele Belege dafür gefunden, daß die Motivation des Schülers in hohem Maße von seinen Beziehungen zu anderen abhängt, die sich ebenfalls um die Erreichung bestimmter Ziele bemühen. Welche Art der Sozialbeziehung zwischen den Schülern einer Klasse besteht, bestimmt der Lehrer durch Festlegung der Zielstruktur einer Aufgabe. Johnson und Johnson unterscheiden die folgenden drei Zielstrukturen: die kooperativen, die wettstreitorientierten (rivalisierenden) und individualisierten Zielstrukturen. Unter einer ,,individualisierten Zielstruktur" gehen Schüler davon aus, daß ihre eigenen Bemühungen zur Erreichung eines Ziels unabhängig von den Bemühungen ihrer Mitschüler sind. Wenn Schüler sich demgegenüber im Wettstreit mit anderen befinden, ergibt sich zwangsläufig, daß der Erfolg des einen den Mißerfolg eines anderen nach sich zieht. Anders liegen die Verhältnisse bei der Kooperation. So haben etwa vier Schüler eine Arbeit gemeinsam zu erbringen. Sie sitzen mit ihrer Aufgabe gewissermaßen ,,in einem Boot", mit dem sie entweder alle gemeinsam ankommen oder gemeinsam untergehen: Sie gewinnen oder verlieren als Gruppe.

6.4.1 Rivalisierende Zielstrukturen

Das wesentliche Kennzeichen einer Wettstreitsituation ist dadurch gegeben, daß es nach einem erfolgten ,,Kampf" sowohl Gewinner als auch Verlierer geben muß. In einer Wettstreitsituation stehen Ressourcen nur in begrenztem Umfang zur Verfügung. Nachdem einige ,,Mitstreiter" sich die ,,Leckerbissen" vom Tablett genommen haben, bleiben für andere nur noch weniger attraktive ,,Happen" übrig; die Unterlegenen müssen sogar leer ausgehen. Deshalb begegnen sich die Teilnehmer eines Wettstreites als Rivalen. Jeder bemüht sich um ein Ergebnis, das für ihn persönlich mit Vorteilen verbunden ist, das aber nur auf Kosten anderer zu erringen ist.

Im Unterricht stehen sich Schüler nicht nur *einzeln* als Rivalen gegenüber, wenn der Lehrer ausdrücklich zum Wettstreit aufruft. Ein ,,Kampf um knappe Ressourcen" besteht auch dann, wenn die Anzahl guter Noten begrenzt ist. Sofern Lehrer also davon ausgehen, daß sich die Leistungsergebnisse einer Klasse um einen Mittelwert mehr oder weniger normal verteilen, legen sie gleichzeitig anteilig fest, wie viele der Mitglieder überdurchschnittliche, mittlere und unterdurchschnittliche Bewertungen erhalten können. Sollte es einem Schüler mit bislang ungünstigen Zensuren gelingen, zu den besser bewerteten aufzusteigen, muß es zwangsläufig einen anderen geben, der für ihn „absteigt".

Nach den Beobachtungen von John Nicholls (1979, 1984) beschäftigen sich Menschen, die sich miteinander im Wettstreit befinden, übermäßig stark mit den Folgen, die ihr Leistungseinsatz für die eigenen Fähigkeiten haben mag, weniger dagegen mit der Frage, welche Lösungsstrategie für eine vorliegende Aufgabe die angemessene sein könnte. Die Rivalität weckt offenbar eine Orientierung an Darstellungszielen (s. S. 362f.). Unter Wettstreitbedingungen wird ein selbstwertdienliches Motivationssystem ausgelöst (Ames, 1984), das die eigenen Fähigkeiten verstärkt in den Blickpunkt rückt und zugleich die Frage bedeutsam werden läßt, wie sich die eigene Überlegenheit gegenüber anderen erreichen läßt. Die Hilfeleistungen gegenüber Mitschülern ist unter diesen Bedingungen nicht vorteilhaft, denn erstens kosten derartige prosoziale Verhaltensweisen Zeit, und die steht nur begrenzt zur Verfügung, und zum anderen können Vorteile, die man Rivalen ermöglicht, eigene Erfolgschancen mindern. Der Einsatz „unlauterer" Mittel erscheint akzeptabel, solange dadurch die Aussicht auf eine möglichst positive Eigendarstellung, vor allem gegenüber dem Lehrer, eröffnet wird.

Da sich für die Bedingung des individuellen Wettstreits in der Schulklasse, in der jeder einzelne (nicht eine Gruppe gegen andere! [s. hierzu S. 378ff.]) um begrenzte Ressourcen kämpfen muß, keine positive Bewertung finden läßt, muß es überraschen, daß sich ein solches System, zumindest in den weiterführenden Schulformen, immer noch behaupten kann. Weshalb ist es nicht längst durch Zielstrukturen, die Schüler zur Kooperation, zu einem Miteinander herausfordern, ersetzt worden? Warum wird, wie Nachprüfungen ergeben haben (Rotering-Steinberg & Kügelgen, 1986), kooperatives Lernen im Schulunterricht nur selten eingesetzt? David Johnson und Mitarbeiter (1984) sehen den Grund darin, daß die Einführung kooperativer Lernformen durch zahlreiche Vorurteile – Johnson et al. sprechen von „Mythen" – behindert wird, die, wie alle Vorurteile, kaum ausrottbar erscheinen, auch wenn sie längst widerlegt werden konnten. Unter anderem nennen die Autoren folgende Mythen:
1. Der Mythos einer *„wettstreit-orientierten Welt"*. Es wird argumentiert, daß die Lebensbedingungen des Erwachsenen auf ständigen Wettbewerb ausgerichtet sind. Man würde den Nachwuchs nicht angemessen auf diese Bedingungen vorbereiten, wenn die Schule dazu nicht ausreichend Gelegenheit gäbe.
„Nicht zutreffend", erklären Johnson et al. Menschen leben in einer Welt, in der sie zumeist einander helfen. Man müsse nur genauer hinsehen, und man wird entdecken, daß fast alle menschlichen Aktivitäten in Kooperation ausgeführt werden. „Wir leben in einem Wirtschaftssystem, das sich durch vielförmige Arbeitsteilung charakterisieren läßt. Wir leben auch in Familien und Gemeinden, die durch gemeinsame Interessen zusammengehalten werden".

2. Der Mythos von der *„Bestrafung hoch leistungsfähiger Schüler"*. Damit wird die Befürchtung zum Ausdruck gebracht, daß eine schulische Arbeit in heterogenen Gruppen zum Nachteil begabter Mädchen und Jungen erfolgen würde. Diese wären nicht mehr ausreichend zu fördern, wenn sie ständig auf die „Schwächeren" Rücksicht nehmen müßten.

    Auch dieses Argument weisen Befürworter kooperativer Lernformen zurück (Johnson et al.). „Wir und andere ... haben in zahlreichen Studien Schüler hoher, mittlerer und geringer Leistungsfähigkeit in kooperativen, rivalisierenden und individuellen Situationen untersucht. Die Leistungsfähigen, die in heterogenen, kooperativen Gruppen arbeiten, waren niemals schwächer als vergleichbare Schüler, die im Wettstreit oder individualistisch gearbeitet haben; häufig schnitten sie besser ab." Auf mögliche Erklärungen ist bereits an anderer Stelle hingewiesen worden. Die kognitiven Prozesse, die in Gruppenarbeit durch das Miteinander-Sprechen und das Erklären angeregt werden, fördern das Behalten und regen zu einer tieferen Verarbeitung des Lernmaterials an.

3. Der Mythos vom *„unfairen Benotungssystem"*. Diese Aussage wird von der Überzeugung getragen, daß die heutige Zensurengebung auf „gerechter" Grundlage erfolgt. Zugleich wird davon ausgegangen, daß das Einfließen einer Einzelnote in die Gesamtbewertung einer Gruppe dem Schüler nicht zugemutet werden könne.

    Johnson et al. weisen darauf hin, daß in das halbjährlich gegebene Zeugnis Bewertungen einfließen, die sich auf Beiträge in individualistischen, rivalisierenden und kooperativen Arbeitsformen beziehen. Wenn man diese Bewertungen zusammenfaßt, dann zeigt sich, daß gute Schüler ihre ‚1' erhalten. Aber die weniger leistungsfähigen Schüler erhalten für ihre Arbeiten unter kooperativen Bedingungen in der Regel bessere Noten als unter individualisierten Bedingungen oder im Wettstreit. Die Noten ‚5' und ‚6' haben Seltenheitswert, weil die übrigen Gruppenmitglieder es unmotivierten Schülern einfach nicht gestatten, unbeteiligt zu bleiben. Was, so fragen Johnson et al., ist an diesem Benotungssystem unfair?

4. Der Mythos vom *„Trittbrettfahrer"*. Damit verbindet sich die Behauptung, daß „faule" Schüler (Man beachte die Herkunft dieses Begriffs aus Bewertungsbedingungen mit Orientierung an Darstellungszielen!) von den „fleißigen" mitgetragen würden. Die Behauptung, daß Gruppenarbeit zumeist nur von einigen Schülern getragen wird, kann erst widerlegt werden, nachdem Näheres über empfohlene Regeln für die Arbeit in Gruppen mitgeteilt worden ist (s. S. 377f.).

Die vier Argumente, mit denen der Einführung kooperativer Arbeitsformen im Unterricht entgegengewirkt werden soll, enthalten alle „ein Körnchen Wahrheit". Die Kritikpunkte lassen sich deshalb auch nicht pauschal als unzutreffend zurückweisen. Mit ihnen wird jedoch „das Kind mit dem Bade ausgeschüttet", denn sie stellen dem Wettstreit – wie bei einem „Feindbild" – eine Form der Kooperation gegenüber, die aus strategischen Gründen einseitig ungünstig dargestellt wird, und nicht jenen Arbeitsformen entspricht, die Pädagogische Psychologen als Alternative empfehlen. Die von ihnen genannte Alternative ist ganz sicher nicht, Lernen *nur* in Form von Kooperation stattfinden zu lassen; eine solche sollte lediglich einen stärkeren Anteil am Gesamt der Unterrichtsformen erhalten. Darauf weist auch Franz Weinert (1996) ausdrücklich hin, wenn er feststellt: „Die Notwendigkeit, Wünschbarkeit und Wirksamkeit des kooperativen Lernens ist nicht gleichbedeutend mit einer Monopolstellung dieser Instruktionsmethode. Sie bedarf vielmehr der systematischen Ergänzung durch individuelle und lehrergesteuerte Lernformen."

Die Durchführung kooperativer Arbeitsformen in der Schule führt allerdings nur zu befriedigenden Ergebnissen, wenn zahlreiche Bedingungen gegeben sind. Wenn Schüler lediglich aufgefordert werden, sich in Gruppen zusammenzusetzen, damit sie Aufgaben gemeinsam bearbeiten können, ist der Lernerfolg möglicherweise geringer als bei traditionellen Unterrichtsformen. Es darf nämlich nicht angenommen werden, daß Schüler, die keine entsprechenden Vorerfahrungen aufweisen, ohne weiteres bereit und in der Lage sind, miteinander zu kooperieren! Solche Erfahrungen nähren sicherlich die Skepsis von Lehrern gegenüber dem Gruppenunterricht im Klassenzimmer, obwohl sich wahrscheinlich ein günstigeres Bild ergeben würde, wenn Lehrer eine gründlichere Ausbildung in der Durchführung kooperativer Lernformen erhalten würden (Huber, 1993).

6.4.2 Kooperative Zielstrukturen

Wie bereits wiederholt hervorgehoben wurde (s. S. 101f.), weist Wygotski auf die Notwendigkeit hin, Lernen im sozialen Kontext stattfinden zu lassen, und genau diese Forderung soll durch kooperative Lernformen verwirklicht werden. Auf die Bedeutung des Miteinanders für das Lernen haben auch David Johnson und Roger Johnson (1985) aufmerksam gemacht: „Die Motivation zu lernen ist von Natur aus auf Zwischenmenschlichkeit angelegt. Es ist die Interaktion mit anderen Menschen, durch die Schüler das Lernen als eine Erfahrung an sich zu bewerten lernen, Freude am Prozeß des Lernens gewinnen, sich stolz fühlen, wenn sie Wissen erwerben und ihre Fertigkeiten entwickeln. Angesichts der zwischenmenschlichen Beziehungen, die im Klassenzimmer möglich sind, können Gleichaltrige den größten Einfluß auf die Motivation zum Lernen ausüben."

Vorzüge einer Zusammenarbeit sehen die Befürworter kooperativer Lernformen nicht nur im Leistungsbereich. Zielsetzungen im sozial-emotionalen Bereich, die vor allem auch durch den Einfluß der Humanistischen Psychologie in den Blickpunkt gerückt worden sind, lassen sich unter *prosozialen* Arbeitsbedingungen ebenfalls optimal verfolgen, sofern bestimmte Voraussetzungen erfüllt sind; sie betreffen u. a. die Größe der Gruppe, ihre Zusammensetzung und die Aufgabenzuweisung an die jeweiligen Mitglieder.

6.4.2.1 Voraussetzungen erfolgreichen Arbeitens bei Vorliegen kooperativer Zielstrukturen

Es gibt mehrere Möglichkeiten, kooperative Lernstrategien im Klassenzimmer zu verwirklichen. Dem Lehrer ist diesbezüglich in seiner Unterrichtsgestaltung durchaus ein Freiraum belassen. Damit die Einführung kooperativer Arbeitsformen aber nicht zu enttäuschenden Ergebnissen führt, sollte stets darauf geachtet werden, daß bestimmte Bedingungen erfüllt sind. Vielfach wird empfohlen, Gruppen aus Mädchen und Jungen unterschiedlicher Fähigkeit zusammenzustellen (Slavin, 1995). Bei der Zusammenstellung der Gruppen sollte der Lehrer aber nicht allein auf Heterogenität in der Leistungsfähigkeit ihrer Mitglieder achten, sondern zusätzliche Gesichtspunkte berücksichtigen, nach denen eine gute Zusammenarbeit zu erwarten ist. Wünschenswert wäre etwa auch, daß in den Gruppen Schüler unterschiedlicher ethnischer Herkunft kooperieren.

In herkömmlichen Unterrichtsformen, die individuelle Leistungen nach einem sozialen Vergleich bewerten (s. S. 413), muß der Schüler erhebliche Energien darauf verwenden, sich gegenüber dem Lehrer möglichst günstig darzustellen, damit er beim Wettbewerb um eine gute Benotung den bestmöglichen Eindruck hinterläßt. Wenn Lernende sich unter solchen Bedingungen geringe Fähigkeiten zuschreiben, besteht eine hohe Wahrscheinlichkeit, daß sie sich nicht mehr anstrengen. Leistungsfähige Schüler sehen vielfach keinen Grund, warum sie anderen zu Erfolgen verhelfen sollen. Kooperative Arbeitsformen können solchen unerwünschten Entwicklungen entgegenwirken, wenn wichtige Voraussetzungen erfüllt sind (Slavin, 1989, 1994). Es sollten erstens klare *Gruppenziele* formuliert sein. Sie beziehen sich auf die Belohnungen, die der Gruppe oder ihren Mitgliedern für vorgelegte Arbeitsergebnisse in Aussicht gestellt werden, die aber nicht unbedingt materieller Natur sein müssen, sondern – beispielsweise – darin besteht, daß die Gruppenleistung herausgestellt und damit öffentlich anerkannt wird.

Sämtlichen Mitgliedern einer Gruppe wird zweitens *individuelle Verantwortung* dafür auferlegt, daß das gemeinsame Ziel erreicht wird. Das setzt voraus, daß jeder Einzelbeitrag erfaßbar ist. Deshalb formuliert der Lehrer den Arbeitsauftrag so, daß sämtliche Mitglieder einer Gruppe aufeinander angewiesen sind (wie im Falle des kooperativen Lernprogramms, das noch etwas ausführlicher beschrieben werden soll, s. S. 378 f.). Die Aufgabe fordert stets, daß jeder etwas *lernt* und nicht, daß etwas *getan* wird, was womöglich nur einzelne aktiviert. Wenn nämlich lediglich Antworten auf Fragen oder Problemlösungen zu finden sind, können die Leistungsfähigeren den Auftrag allein erledigen, und das Ergebnis ihrer Bemühungen allen anderen einfach mitteilen. Den Leistungsschwächeren würde in einem solchen Fall die Rolle von ,,Trittbrettfahrern" zugewiesen. Wenn dagegen eine Gruppe dafür zu sorgen hat, daß *jedes* ihrer Mitglieder etwas lernt, muß es im Interesse aller liegen, daß erforderliche Erklärungen und notwendige Hilfen geboten werden. Von diesem sozialen Prozeß profitieren sowohl Gebende als auch Nehmende. Zum einen fördert es das eigene Verständnis, wenn man anderen Erläuterungen gibt (s. S. 293f.). Zum anderen fällt aber auch das Empfangen gut durchdachter Erklärungen, die zur Erreichung eines akzeptierten Lernziels tatsächlich benötigt werden, auf fruchtbaren Boden. Die Mitglieder einer Gruppe sollten jedenfalls einen Grund sehen, über vorliegende Aufgaben und ihre Lösungsmöglichkeiten miteinander zu sprechen.

Damit jedes Gruppenmitglied motiviert ist, seinen Beitrag zum Gruppenziel zu leisten, sollte in einer kooperativen Gruppenstruktur drittens *Chancengleichheit* bei den individuellen Erfolgsaussichten bestehen. Jeder einzelne kann im Falle engagierten Bemühens mit einer Anerkennung rechnen. Um diese Voraussetzung zu schaffen, wird eine bedeutsame Bedingung übernommen, die bei einer Lernzielorientierung realisiert ist. Der Lernende steht dabei im Wettstreit mit seinen vorausgegangenen Leistungsergebnissen. Wenn er sich anstrengt, kann er Lernfortschritte erzielen, die erfaßt werden, um als Einzelbeitrag in den Gruppengesamtwert einzufließen. Ein vergleichsweise leistungsschwacher Schüler besitzt auf diese Weise grundsätzlich die Möglichkeit, mehr „Fortschrittspunkte" in die Gesamtwertung einzubringen als ein anderer, der als sehr leistungsfähiger Schüler gilt, und dem Lernfortschritte grundsätzlich relativ leicht gelingen.

Gruppenziele, individuelle Verantwortung und Chancengleichheit finden sich in vielen Arten kooperativen Lernens, die sich in anderer Hinsicht voneinander unterscheiden. Einige kooperative Lernprogramme sind in der letzten Zeit besonders intensiv studiert worden. Anstatt diese alle jeweils nur kurz zu schildern (ausführlichere Darstellungen finden sich etwa in Huber, 1987 und 1993), soll im folgenden lediglich ein Programm eingehender beschrieben werden.

6.4.2.2 Praktische Durchführung eines kooperativen Lernprogramms

Ein häufig im Unterricht praktiziertes kooperatives Lernprogramm wurde von Robert Slavin (1995) entwickelt. Er hat ihm die Bezeichnung STAD (engl.: *Student Teams Achievement Divisions*) gegeben. Es sieht vor, daß eine Schulklasse in mehrere Gruppen aufgeteilt wird, denen idealerweise vier, eventuell auch fünf Jungen und Mädchen angehören. Das Programm durchläuft folgende beliebig oft wiederkehrende Unterrichtsaktivitäten.

- *Unterricht:* Der Lehrer stellt Begriffe, Zusammenhänge usw. dar und erläutert diese jeweils.
- *Gruppenarbeit:* Die Schüler setzen sich in der Arbeitsgruppe mit den Aufgaben auseinander, die sie Arbeitsblättern entnehmen.
- *Überprüfung:* Die Schüler bearbeiten einzeln Prüfungsaufgaben
- *Anerkennung der Gruppe:* Der Gesamtwert der Gruppe wird auf der Grundlage der individuellen Fortschritte errechnet. Durch Vergleich

6.4 Unterschiedliche Zielstrukturen im Klassenzimmer

sämtlicher Gruppen läßt sich das jeweils erfolgreichste Team bestimmen, dessen Leistungen öffentlich anerkannt werden.

Bevor der Lehrer mit dem Gruppenunterricht beginnt, hat er bereits wiederholt in seinem Unterrichtsfach Leistungsüberprüfungen durchgeführt. Aus den Ergebnissen errechnet sich für jeden Schüler ein Mittel- oder „Basiswert". Auf diese Basiswerte kann der Lehrer zurückgreifen, wenn er – einer Empfehlung Slavins folgend – jede Gruppe so zusammenstellt, daß sich darin jeweils Mitglieder unterschiedlicher Leistungsfähigkeit finden.

Wenn sich der Lehrer bei seiner weiteren Vorgehensweise am STAD-Programm orientiert, stellt er als nächstes die Unterrichtsinhalte dar. Sodann erfolgt die Gruppenarbeit. Dafür hat der Lehrer Arbeitsblätter mit Aufgaben bzw. Anweisungen vorbereitet, die eine Anwendung des zuvor vom Lehrer Dargestellten fordern. Jedes Mitglied der Arbeitsgruppe setzt sich mit den Aufgaben zunächst allein auseinander und vergleicht sodann die eigenen Antworten mit denen der übrigen Gruppenmitglieder. Bei fehlender Übereinstimmung oder bei Schwierigkeiten in der Bearbeitung wird versucht, das „Problem" durch Zusammenarbeit zu lösen. Nur bei Mißlingen dieser gemeinsamen Bemühungen besteht die Möglichkeit, die Hilfe des Lehrers zu erbitten. Die einzelnen Gruppen setzen die Beschäftigung mit den Arbeitsblättern solange fort, bis sie in der Gewißheit übereinstimmen, daß alle Mitglieder sämtliche Aufgaben beherrschen (die 45-Minuten-Dauer einer normalen Unterrichtsstunde müßte allerdings unter dieser Bedingung aufgehoben werden).

Nachdem die Gruppenarbeit beendet ist, erfolgt eine Überprüfung des Gelernten, in der Regel dadurch, daß die Mitglieder aller Arbeitsgruppen an einem informellen (vom Lehrer erstellten) Test teilnehmen. Die Prüfung erfolgt nunmehr einzeln und das heißt, daß in dieser Phase keinerlei Zusammenarbeit mehr zugelassen wird. Es schließt sich die Auswertung der Tests durch den Lehrer an. Er vergleicht sodann das Ergebnis eines jeden Schülers mit dessen Basiswert. Auf die Darstellung von Einzelheiten muß hier verzichtet werden (siehe hierzu Slavin, 1995). Das Hauptziel der von Slavin entwickelten Methode besteht darin, für jeden Schüler zu ermitteln, inwieweit sich seine Leistungen verbessert haben. Je höher sein individuelles Testergebnis über seinem Basiswert liegt, desto mehr „Fortschrittspunkte" (engl: *Improvement Points*) werden ihm zuerkannt. Die Anzahl der Fortschrittspunkte hängt, wie bereits erwähnt, nicht von der Leistungsfähigkeit, sondern vom Grad der aufgebrachten Anstrengung ab. Wenn beispielsweise ein Schüler von einem Basiswert von 65 ausgegangen ist und im Test nach der Gruppenarbeit 70 Punkte erreicht, erhält er den gleichen Fortschrittspunkt wie ein anderes Gruppenmitglied, das seine Leistungsergebnisse von 80 auf 85 erhöht hat.

Der Lehrer errechnet dann den Gesamtwert einer Gruppe *(team score),* indem er von ihren Mitgliedern die Fortschrittspunkte addiert und die Summe durch die Anzahl teilt. Nunmehr läßt sich durch Vergleich sämtlicher Gesamtwerte die Gruppe ermitteln, die den Wettbewerb gewonnen hat. (Zu beachten ist, daß hier nicht von einem individuellen, sondern von einem Gruppen-Wettbewerb die Rede ist, s. S. 373f.) Die „Gewinner der Woche" werden jeweils an einem Anschlagbrett anerkennend hervorgehoben. In gewissen zeitlichen Abständen, etwa alle zwei Wochen, werden die Fortschrittspunkte aktualisiert, nachdem weitere Gruppenarbeiten stattgefunden haben und das Ergebnis ihrer Bemühungen wiederholt überprüft worden ist. Nach etwa fünf oder sechs Wochen stellt der Lehrer neue STAD-Teams zusammen, damit Schüler aus Gruppen, die wiederholt geringe Gesamtwerte erreicht haben, die Gelegenheit erhalten, in veränderten Zusammensetzungen an verbesserten Gruppenleistungen teilzuhaben.

Kooperative Lernprogramme bieten Alternativen zu traditionellen Unterrichtsformen, die bezüglich ihrer Wirkungen auf Schüler besonders intensiv studiert worden sind (Slavin, 1991; Huber, 1993). Mit welchen relativ überdauernden Veränderungen ist bei Schülerinnen und Schülern zu rechnen, die von ihren Lehrern bereits über einen längeren Zeitraum herausgefordert worden sind, in Gruppen zu kooperieren?

6.4.2.3 Wirkungen kooperativer Lernformen

Eigentlich sollte es überraschen, daß kooperatives Lernen im Klassenzimmer eher eine Ausnahme als die Regel darstellt. Aus einer Übersicht von Günter Huber (1993) geht hervor, daß der Anteil kooperativer Lernformen am Gesamtunterricht in Deutschland allenfalls bei 7 Prozent liegt. Zusammenarbeit und Arbeitsteilung werden doch außerhalb der Schule, etwa in der Familie, in der beruflichen Arbeitswelt oder im Freizeitbereich (so im Mannschaftssport) mit hoher Selbstverständlichkeit praktiziert. In einem Industrieunternehmen hat jeder Mitarbeiter seine Aufgabe zu erfüllen, mit der er einen Beitrag zum Funktionieren des Ganzen leistet. Schafft nicht die Schule ein künstliches Betätigungsfeld, wenn im Unterricht Arbeitsformen favorisiert werden, die „im wirklichen Leben" vergleichsweise selten vorkommen? Wenn versucht wird, die bislang im Klassenzimmer bevorzugten rivalisierenden Zielstrukturen zu rechtfertigen, dann sollte zumindest nicht behauptet werden, daß sich kooperative Lernformen nicht zur Bearbeitung schulischer Aufgaben eigneten. Wie sich einer Zusammenstellung von Noreen Webb und Annemarie Palincsar (1996) entnehmen läßt, ist in der Vergangenheit bereits fast alles in Kooperation erarbeitet worden, was bislang Gegenstand herkömmlicher Unterrichtsformen gewesen ist: Vokabellernen, Rechtschreibung, Grammatik, Sprachverständnis, Kommunikationskompetenz im Fremdsprachenunterricht, Identifikation von Kerngedanken in Lesetexten, Kenntnisse in Biologie, Geologie, Geographie, Chemie und Literatur, Lösung von Problemen in Mathematik, Geographie und im Programmieren von Computern, um nur einige Beispiele herauszugreifen. Allerdings betont einer der bekanntesten Verfechter kooperativer Lernformen, Robert Slavin, immer wieder, daß Unterrichtsaufgaben nur mit Aussicht auf Erfolg auf kooperativem Wege erarbeitet werden können, wenn

6.4 Unterschiedliche Zielstrukturen im Klassenzimmer

als Bedingungen klare Gruppenziele und individuelle Verantwortung für ihre Erreichung realisiert werden (s. S. 377f.). Zudem sind eine Reihe sozialer Fertigkeiten für eine erfolgreiche Zusammenarbeit in Gruppen unverzichtbar.

Wenn ein Lehrer in seiner Klasse Arbeitsgruppen einrichtet und feststellen muß, daß zumindest einzelne ihrer Mitglieder nicht bereit oder gar nicht in der Lage sind, anderen zuzuhören, sachangemessene Fragen zu stellen, Anerkennungen auszusprechen, Konflikte konstruktiv zu bewältigen usw., darf er von vornherein nicht mit einem Erfolg dieser Unterrichtsform rechnen. Mit der Übung solcher sozialen Fertigkeiten sollte bereits in der Primarstufe begonnen werden. So bietet beispielsweise die Wiederaufnahme des Unterrichts am Montag, wenn einige Kinder von ihren Erlebnissen am Wochenende berichten können, Gelegenheit zum Austausch von Erfahrungen, etwa in einem „Morgenkreis". Hier läßt sich das Mitteilen, das Nachfragen, das Zuhören, das Stellungnehmen und das Abwechseln üben. Der einschlägigen Literatur können weitere Anregungen entnommen werden, wie Lehrer mit ihren Schülern die sozialen Fertigkeiten üben können, die für eine erfolgreiche Teilnahme an kooperativen Lernformen unverzichtbar sind (z. B. Kagan, 1995). Ist aber tatsächlich zu erwarten, daß sich schulische Lernziele durch Arbeiten in Gruppen ebenso gut oder sogar besser erreichen lassen als im herkömmlichen Unterricht? „Das Zusammenarbeiten mit anderen im Klassenzimmer", so fassen Noreen Webb und Annemarie Palincsar (1996) das für die Unterrichtsarbeit wünschenswerte Ergebnis ihrer Literaturdurchsicht zusammen, „kann einen beträchtlichen Einfluß auf das Lernen, die Motivation und die Einstellungen von Schülern gegenüber sich selbst und anderen ausüben."

Warum ist das Lernen in Kooperation vielfach dem Lernen unter individualisierten oder rivalisierenden Zielstrukturen überlegen? Neben einer gesteigerten Motivation wird darauf hingewiesen, daß der Schüler unter diesen Arbeitsbedingungen mehr Zeit damit verbringt, sich mit den vorliegenden Aufgaben zu beschäftigen; er ist während einer Unterrichtsstunde insgesamt engagierter (Slavin, 1995). Durch die Interaktion in kleinen Gruppen werden kognitive Prozesse angeregt, auf deren Bedeutung für das Behalten und Verstehen von Lernmaterial bereits an anderer Stelle hingewiesen wurde. Dazu gehört etwa die Notwendigkeit, sich durch das kritische Gespräch des eigenen Vorverständnisses bewußt zu werden, „Mißverständnisse" aufzuspüren und ihnen entgegenzuwirken, damit eine angemessenere Erklärung für Beobachtetes gefunden wird (s. S. 302f.). Weiterhin können vorliegende Texte tiefer verarbeitet werden, indem sich die Gruppenteilnehmer Fragen höherer Ordnung stellen (s. S. 230f.). Das Verständnis von Gehörtem und Gelesenen läßt sich dadurch verbessern, daß man sich damit gemeinsam auseinandersetzt. Denn Lernende profitieren nicht nur, wenn sie anderen Erklärungen geben, sondern ebenso, wenn sie solche empfangen.

Sind derartige Wirkungen tatsächlich am besten zu erzielen, wenn man, den Empfehlungen Johnson und Johnsons folgend, heterogene Gruppen zusammenstellt, also solche, in denen sich Mädchen und Jungen unterschiedlicher

Fähigkeit befinden? Das hängt davon ab, ob und wie die Mitglieder miteinander interagieren. Die weit verbreitete Behauptung, wonach in heterogen zusammengestellten Gruppen die „besseren" Schüler von den weniger befähigten in ihrem Lernfortschritt „gebremst" würden, fand in Nachprüfungen zumeist keine Bestätigung. „In den meisten empirischen Studien", so fassen Webb und Palinscar (1996) das Ergebnis ihrer Literaturdurchsicht zusammen, „haben hochbefähigte Schüler, nachdem sie in heterogenen und homogenen Gruppen gearbeitet haben, die gleichen Leistungen in Schultests erbracht. Eine Studie fand sogar, daß hochbefähigte Schüler *mehr* als in homogenen Gruppen leisteten". Die Erklärung für diesen Befund bestätigt eine fundamentale Aussage der sozial-kognitiven Theorie. Die befähigteren Schüler haben nämlich häufiger die Rolle eines Lehrenden übernommen und sich anderen, vorwiegend weniger befähigten Gruppenmitgliedern zugewandt, um ihnen das Lernmaterial zu erklären. In Gruppen, die in homogener Zusammensetzung ausschließlich leistungsfähigere Schüler zusammenfaßten, wurden dagegen verhältnismäßig wenige Erklärungen beobachtet. Wie ist das möglich? Webb und Palinscar vermuten, daß die Mitglieder solcher Gruppen annahmen, jedermann sei so kompetent, daß niemand irgendwelcher Hilfen bedürfe. Bieten heterogene Arbeitsgruppen demnach im Unterschied zu homogenen nur Vorteile? In der Antwort muß auf eine Einschränkung hingewiesen werden. Schüler höherer und geringerer Leistungsfähigkeit haben nämlich relativ häufig Kontakt miteinander, weil Hilfen erbeten und daraufhin Erklärungen gegeben werden; allerdings geschieht dies vielfach unter Umgehung solcher Schüler, die im mittleren Fähigkeitsbereich liegen. Da diese Schüler verhältnismäßig selten aktiviert werden, verläuft deren Leistungsfortschritt weniger günstig (Webb, 1989).

Wenn man den Darstellungen Robert Slavins (1995) folgt, dann bewähren sich kooperative Lernformen nicht nur im Leistungsbereich. Als weitere positive Effekte nennt er, daß Schüler durch ihr häufiges Interagieren lernen, Situationen aus der Perspektive anderer zu sehen. Wenn ein Schüler zudem Anerkennung durch andere erfährt, ist mit Steigerungen seines Selbstwertgefühls zu rechnen. In einem Punkt müssen die positiven Erwartungen, die Slavin an kooperative Lernformen heranträgt, allerdings etwas gedämpft werden. Immer wieder betont er, daß sich mit ihnen auch die Beziehungen zwischen Jungen und Mädchen unterschiedlicher ethnischer Herkunft verbessern würden. Solche Aussagen stützen sich in der Regel auf Thesen, die bereits vor Jahrzehnten Floyd Allport (1923) vertreten hat. Er hatte die einflußreichen Angehörigen der Majorität im Blick, die sich in ihrem Selbstbild höhere Wertigkeit zuschreiben. Dadurch heben sie sich von Mitgliedern der Minorität ab, die der Voreingenommenheit entsprechend minderwertig sind. Allports sogenannte „Kontakthypothese" besagt, daß sich Vorurteile zwischen Majoritäten und Minoritäten abbauen lassen, wenn man deren Mitglieder zusammenführe. Allport hat aber gleichzeitig betont, daß ein Abbau von Vorurteilen nur zu erwarten sei, wenn sich die äußerlich unterschiedlichen Menschen gegenseitig Wertschätzung entgegenbringen. Diese Voraussetzung ist allerdings vielfach nicht erfüllt, weil äußere Merkmale, die auf die ethnische Herkunft schließen lassen, bereits als Ausdruck der Minderwertigkeit interpretiert werden. Diese Interpretation mindert vielfach die Bereitschaft zur Zusammenarbeit. Mit einem Abbau von Vorurteilen kann nur gerechnet werden, wenn sich die Angehörigen aus Majoritäten und Minoritäten als Menschen begegnen, die bereit sind, sich gegenseitig als gleichwertig anzuerkennen (Berger et al., 1980). Um das zu erreichen, wurden Programme entwickelt, die durch geeignete Maßnahmen vor der Zusammenführung darauf hinwirken, daß sich nur Personen begegnen, die an „die anderen" keine ungünstigen Wertschätzungen herantragen (Cohen et al., 1990).

6.5 Angst und Leistung

Wenn Lernenden die Gelegenheit geboten wird, den Unterricht unter kooperativen Zielstrukturen zu erfahren, brauchen sie kaum mit dem Auftreten intensiver Angsterlebnisse zu rechnen. Zum einen müssen sie um gute Leistungsbewertungen nicht im Wettbewerb einzeln mit anderen kämpfen, und zum anderen bestehen für sie gute Aussichten, daß andere Mitglieder ihnen im Falle von Schwierigkeiten Hilfen anbieten. Ganz andere Bedingungen finden Schüler vor, die – vorwiegend unter sozialer Bezugsnorm-Orientierung ihres Lehrers arbeitend – bemüht sein müssen, gegenüber sich selbst und anderen ein gutes Abbild ihrer Fähigkeiten zu liefern. Problematisch ist diese Bedingung des etablierten Schulsystems, weil sie nur einem Teil der Schüler die Chance zu Erreichung eines solchen Ziels eröffnet; anderen werden dagegen häufig Mißerfolge attestiert. Für einen Schüler, der seine eigenen Fähigkeiten gering einstuft, stellt jede Leistungsanforderung eine erhebliche Bedrohung dar. Es besteht dabei stets die Gefahr des Versagens, und ein solches ist auch bezüglich der Reaktionen von Lehrern, Schülern und Eltern mit beachtlichen aversiven Konsequenzen verbunden. Derartige bedrohliche Situationen aktivieren Angst, die – wie jedermann aus eigenen Erfahrungen weiß – die Leistungsfähigkeit eines Menschen in erheblichem Maße beeinträchtigen kann.

Bestimmte Bedingungen einer Prüfungssituation erschweren es einem ängstlichen Schüler, seine Fähigkeiten und Kenntnisse zur Bewältigung vorgelegter Aufgaben effektiv einzusetzen. In diesem Zusammenhang interessiert vor allem die Frage, weshalb es im Zustand gesteigerter Angst zu erheblichen Beeinträchtigungen des Leistungsverhaltens kommen kann. Weiterhin sollen einige angstauslösende Bedingungen benannt werden, die der unmittelbaren Kontrolle des Lehrers unterliegen. Den Abschluß dieses Kapitels bilden einige Empfehlungen, wie sich die Arbeitsbedingungen jener Schüler verbessern lassen, die auf Leistungsanforderungen relativ schnell mit Angst reagieren.

6.5.1 Kennzeichnung der Angst

Kaum einem Menschen dürfte es schwerfallen, sich an Situationen zu erinnern, in denen er Angst erlebt hat. Man kennt die unangenehmen Gefühle, die man etwa in Erwartung einer Prüfung, vor einem öffentlichen Auftritt oder auf dem Weg zum Zahnarzt erlebt hat. Was ist nun das gemeinsame solcher Erfahrungen?

Die sprachliche Beschreibung des Angstzustands bereitet verständlicherweise erhebliche Schwierigkeiten. Allgemein gilt dieser Zustand als unangenehm. Nach Richard Hansen (1977) erlebt man dabei eine allgemeine Unruhe, eine unheilvolle Ahnung und ein Angespanntsein. Hinzu kommen bestimmte körperliche Symptome, wie etwa das Zittern der Hände, Schweißausbrüche, die Beschleunigung des Pulses und der Atmung; weiterhin ist mit Blässe des Gesichts zu rechnen usw. Solche körperlichen Symptome können den Angstzustand allerdings nicht sicher anzeigen, denn sie treten bekanntlich auch einzeln oder in Kombination bei anderen psychischen Zuständen auf, so etwa bei großer Freude oder bei Wut, ebenso aber auch bei körperlicher Anstrengung. Die Angst mit ihren typischen Symptomen entsteht nach Wahrnehmung eines Ereignisses, das als bedrohlich eingeschätzt wird.

> Wiederholt ist der Vorschlag gemacht worden, zwischen Angst und *Furcht* zu unterscheiden. Den Begriff Furcht wollte man für einen emotionalen Zustand reservieren, „der auf eine eindeutig bestimmbare Situation (Furchtquelle) zurückgeführt werden kann", während „sich bei der Angst das angstauslösende Moment nicht eindeutig definieren" läßt (Brunner & Zeltner, 1980). In der Praxis bereitet eine solche Unterscheidung jedoch erhebliche Schwierigkeiten. Deshalb haben die meisten Angstforscher sie aufgegeben.

> Es ist weiterhin üblich, zwischen Angst als *Zustand* und Ängstlichkeit als relativ unveränderlichem *Persönlichkeitsmerkmal* zu unterscheiden (Spielberger, 1972). Ein Mensch, der allgemein dazu tendiert, in einer großen Anzahl verschiedenartiger Situationen Bedrohungen wahrzunehmen und entsprechend mit Angst zu reagieren, gilt generell als ängstlicher als ein anderer, der in den meisten dieser Situationen Gelassenheit zeigt. Angst als Zustand wird dagegen durch spezifische Situationen ausgelöst. Jeder Mensch kann unter bestimmten Umständen Angst erleben, so z. B. vor einer wichtigen Prüfung oder bei akuter Gefahr, den eigenen Arbeitsplatz zu verlieren.

Eine Situation gilt als bedrohlich (und damit eventuell als angstauslösend), wenn sie die Unversehrtheit des Wahrnehmenden in Frage stellt; die Bedrohung kann auf seinen Körper gerichtet sein. Wie aber bereits die vorausgegangenen Abschnitte deutlich gemacht haben, kann sich die Bedrohung auch auf das Selbstwertgefühl richten (Schwarzer, 1993). Die Angst vor einer Prüfung entsteht bekanntlich dadurch, daß ein Versagen mit ungünstigen Folgen

6.5 Angst und Leistung

für das Selbstwertgefühl (s. S. 362f.) verbunden ist; hinzu kommen möglicherweise noch erhebliche materielle Verluste.

Die Wahrnehmung einer Bedrohung mag auf einen Menschen zwar aktivierend wirken; ob und in welchem Ausmaß er daraufhin aber mit Angst reagiert, bestimmt sich nach den zur Verfügung stehenden Reaktionsmöglichkeiten. Auch für Heinz-Walter Krohne (1975, 1996) gehört zum Angstzustand nicht nur die „Wahrnehmung einer komplexen und mehrdeutigen Gefahrensituation", sondern auch, daß darin „eine adäquate Reaktion des Individuums nicht möglich erscheint". Prüfungsfragen stellen demnach nur solange eine angstauslösende Situation dar, wie der Kandidat keine Möglichkeit sieht, darauf angemessen zu reagieren. Da ein Prüfling normalerweise nicht weiß, welche Fragen man für ihn auswählen wird, ist bei gleichzeitigem Bemerken, daß man nicht alles beherrschen kann, ein *bevorstehendes* wichtiges Examen zumeist als Gefahrensituation mit nicht vorhersagbaren Reaktionsmöglichkeiten zu kennzeichnen. Aber, so macht Ralf Schwarzer (1993) geltend, eine Prüfung kann auch als herausfordernd betrachtet werden, „da sie die Möglichkeit eines Erfolgs oder Gewinns nahelegt".

Vor allem bei einem durch Prüfungssituationen ausgelösten Angstzustand hat es sich als fruchtbar erwiesen, zwischen einer kognitiven und einer emotionalen Komponente zu unterscheiden (Liebert & Morris, 1967); beide Komponenten werden beispielsweise auch im *Angstfragebogen für Schüler* (Wieczerkowski et al., 1981) berücksichtigt (ein Beispiel für die kognitive Komponente liefert die Aussage: „Ich mache mir zuviel Sorgen"; die emotionale Komponente wird abgebildet durch: „Wenn mein Name fällt, habe ich sofort ein beklemmendes Gefühl").

Man würde allerdings ein zu einseitiges Bild von der Angst entwerfen, wenn man ihr nur negative Merkmale zuschriebe. Im alltäglichen Leben ist es ihr zu verdanken, daß Organismen auf Situationen, die für sie lebensbedrohlich sind, mit Flucht reagieren. Auch das Leistungsverhalten würde ohne die Möglichkeit eines Angsterlebens vielleicht nicht zustandekommen. Angst hat nämlich *stets* – auch bei geringeren Ausprägungsgraden – einen aktivierenden Effekt. Würden Mädchen und Jungen regelmäßig zur Schule gehen, häusliche Arbeiten erledigen und sich auf Prüfungen vorbereiten, wenn ihnen das Erleben von Angst völlig fremd wäre, wenn sie weder Angst vor einem Mißerfolg noch vor einer Bedrohung ihres Selbstwertgefühls haben müßten? In solchen Situationen offenbart sich Angst sehr wohl in einem positiven Sinne. Das Angsterleben darf allerdings auch nicht zu stark werden, denn wenn die Intensität dieses Erlebens ein optimales Maß überschreitet, ist mit einer Beeinträchtigung des Leistungsverhaltens zu rechnen.

Bereits im Jahre 1908 wurden Forscher – damals noch im Rahmen von Tierexperimenten – auf den Zusammenhang von Aktivationsgrad und Leistungsfähigkeit aufmerksam. Das nach diesen Forschern benannte *Yerkes-Dodson-Gesetz* beschreibt die Beziehung zwischen Aktivationsniveau und Leistung als umgekehrte U-förmige oder als Glockenkurve (s. Abb. 6.2). Es besagt, daß eine Aktivationssteigerung, sei diese nun auf körperliche Übungen, als Reaktion auf eine bedrohliche Situation oder Streß zurückzuführen, bis zu einem bestimmten Niveau eine Verbesserung der Leistung nach sich zieht. Sofern die Aktivation aber über ein Optimum hinausgeht, erfolgt eine Beeinträchtigung des Leistungsverhaltens.

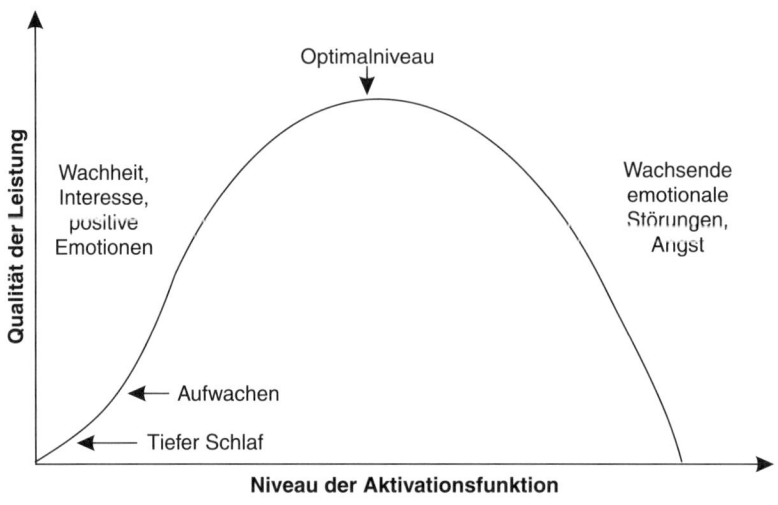

Abbildung 6.2:
Eine graphische Darstellung des Yerkes-Dodson-Gesetzes, das eine Beziehung zwischen Aktivationsniveau und Leistung annimmt

Wie läßt sich der von Yerkes und Dodson behauptete Zusammenhang erklären? Donald Hebb (1955) meint, daß Menschen, die sich in einem mittleren, also optimalen Aktivationsniveau befinden, ein vergleichsweise hohes Maß an Aufmerksamkeit auf eine vorliegende Aufgabe richten können, um sie zu verarbeiten. Bei einem zu geringen Aktivationsniveau ist mit einer unverhältnismäßig großen Anzahl von Flüchtigkeitsfehlern zu rechnen, während bei zu hoher Aktivierung ein Teil der Aufmerksamkeit auf den Zustand des eigenen Körpers gelenkt wird. Vor allem Personen mit einem Selbstkonzept geringer Fähigkeit (s. S. 362f.) und auch hochängstliche Menschen berichten relativ häufig, daß sie sich viele Gedanken über die Bewertung ihrer Leistungen, über ihr Abschneiden im Vergleich zu anderen machen (Dweck & Wortman, 1982).

Vor allem im Zusammenhang mit Prüfungssituationen treten kognitive Prozesse auf, die man allgemein als *Besorgtheit* bezeichnet. So fragt man sich vor einer Prüfung besorgt, ob man den Anforderungen gewachsen sein wird. Während des Examens kommt noch eine gesteigerte Emotionalität hinzu (Heckhausen, 1982). Bei Wahrnehmung der eigenen physiologischen Erregung (Zittern, Schweißausbruch, „trockener Mund" usw.) ist mit einer zusätzlichen Behinderung der Leistungsfähigkeit zu rechnen, wenn der Prüfungskandidat die körperlichen Symptome als Bestätigung seiner Besorgtheit deutet.

6.5 Angst und Leistung

Wenn ein Mensch in einer Bewertungssituation zu sehr mit seiner eigenen Besorgtheit beschäftigt ist, wird dadurch ein beträchtlicher Anteil an Aufmerksamkeit gebunden. Sofern ihm komplexere Aufgaben zur Bearbeitung vorliegen, die nur mit hoher Aufmerksamkeitszuwendung zu bewältigen sind, muß zwangsläufig eine Leistungsminderung die Folge sein. Daraus geht zugleich hervor, daß das Optimum des Aktivitätsniveaus keine allgemeine unveränderliche Größe darstellt, sondern auch von der Komplexität der zu bearbeitenden Aufgabe abhängt.

6.5.2 Angstauslösende Bedingungen im Klassenzimmer

Wenn Schüler unter rivalisierenden Zielstrukturen arbeiten müssen, unter denen ihre Leistungsergebnisse ständig mit denen anderer verglichen werden, ist stets die Gefahr eines Selbstwertverlustes gegeben. Penelope Peterson und Susan Swing (1982) erkundigten sich einmal bei Schülern, welche Gedanken sie sich gemacht hatten, als sie während des Unterrichts mit einer Mathematikaufgabe beschäftigt waren. Eine Schülerin antwortete auf die Frage, daß sie hauptsächlich daran gedacht hatte, wie gut sie im Vergleich zu einer guten Mitschülerin abschneiden würde, und daß sie besorgt war, zum Schluß „dumm dazustehen". Es darf sicher geschlossen werden, daß diese Schülerin zur Orientierung an Darstellungszielen angeregt worden war und höchstwahrscheinlich ein Selbstkonzept geringer Fähigkeit besaß. Wie bereits mitgeteilt wurde, stellt der Wettbewerb für Schüler mit einem Selbstkonzept geringer Fähigkeit eine beständige Bedrohung des Selbstwertes dar. Ängstliche Schüler profitieren deshalb von der Möglichkeit, schwierige Aufgaben allein zu bearbeiten (Sutter & Reid, 1969). Vermutlich wirkt aber beim Ängstlichen nicht so sehr die Anwesenheit von Mitschülern an sich leistungsmindernd, sondern vielmehr die Sorge, mit diesen verglichen zu werden und dabei schlechter abzuschneiden. Aus diesem Grund wird unter kooperativen Arbeitsformen innerhalb der Gruppe keinerlei Wettbewerb angeregt.

6.5.2.1 Erklärung der Leistungsbeeinträchtigung im Zustand gesteigerter Angst

Die „Enge der Aufmerksamkeit" setzt der menschlichen Informationsverarbeitung Grenzen (s. S. 186). Nur unter höchster Anstrengung gelingt es einem Menschen, zwei Dinge gleichzeitig zu tun, die für ihn relativ neu sind und die sich noch nicht automatisch erledigen lassen. Auch ein ängstlicher Mensch, der Leistungen in einer Situation erbringen muß, in der er gleichzeitig eine Bedrohung seines Selbstwertes wahrnimmt, wird möglicherweise „Opfer" seines eingeschränkten Informationsverarbeitungssystems. Jeri Wine (1971) wies darauf hin, daß ängstliche Prüflinge ihre Aufmerksamkeit vielfach nicht voll auf die Verarbeitung der ihnen vorliegenden Aufgabe richten können. Befragungen unmittelbar im Anschluß an ihre Prüfung haben ergeben, daß sie sich während des Examens Gedanken über die Bewertung ihrer Leistungen, über ihr Abschneiden im Vergleich zu anderen und über die Folgen eines keineswegs auszuschließenden Versagens gemacht haben (Dweck & Wortman, 1982). Solche Gedanken, die selbstverständlich Verarbeitungskapazität binden, sind Ausdruck von „Besorgtheit" *(worry)*, der kognitiven Komponente von Angst.

Gesteigerte Angst kann sowohl in der Lern-(Vorbereitungs-)phase als auch in der Prüfungsphase beeinträchtigend auf das Leistungsverhalten wirken (Tobias, 1985, 1986), vor allem unter Bedingungen, in denen ein Vergleich mit anderen erfolgt und die Gefahr des Versagens besteht (Dykeman, 1994). Einige Lernende können sich vielleicht daran erinnern, daß sie beim Lesen und Verarbeiten prüfungsrelevanter Inhalte ein Teil ihrer Aufmerksamkeit auf ihren inneren Zustand gerichtet haben, den sie als Unbehagen oder Nervosität interpretiert haben. Dieses wahrgenommene „Gefühl der Enge" verstärkte sich noch, wenn der Eindruck bestand, die Anforderungen überstiegen die eigene Leistungsfähigkeit. Vielleicht wird sogar für Außenstehende die verzweifelte Selbstverbalisierung hörbar: „Ich glaube, daß werde ich nie kapieren!" Bereits in der Lernphase wird in solchen Fällen zuviel Aufmerksamkeit auf die negative Vorstellung eines möglichen Versagens in bevorstehenden Bewertungssituationen abgezwegt. Aufgrund dieser Besorgnisse entgehen ängstlichen Schülern und Schülerinnen wesentliche Informationen, die sie eigentlich intensiv aufarbeiten müßten und mit bereits Bekanntem in Beziehung setzen sollten (Hill & Wigfield, 1984).

Da Angst das Lernen und Verstehen beeinträchtigen kann, besteht die Gefahr einer unzureichenden Vorbereitung, die spätestens bei der nächsten Prüfungssituation zutage treten kann. Der ängstliche Lernende ist sich dieses Zusammenhanges wahrscheinlich bewußt. Er wendet nämlich überdurchschnittlich viel Zeit für die Prüfungsvorbereitung auf, denn beim Lernen fehlt es ihm häufig an der notwendigen Konzentration (Benjamin et al., 1981). Der unzureichend vorbereitete Prüfling, der ein Versagen befürchtet, muß nun aber zusätzlich damit rechnen, während des Examens gesteigerte Angst zu erleben. Damit besitzt er ungünstigere Prüfungsbedingungen als ein anderer gut vorbereiteter und vergleichsweise selbstsicherer Kandidat. „Angst ist deshalb sowohl eine Ursache als auch eine Folge unzulänglicher Vorbereitung" (Stipek, 1993). Vielen Lernenden gelingt es nicht mehr, sich allein aus diesem „Teufelskreis" zu befreien. Was können Lehrer tun, um solchen Schülern zu helfen?

6.5.2.2 Möglichkeiten der Vermeidung und der Verminderung ängstlicher Reaktionen im Klassenzimmer

Hohe Ängstlichkeit beeinträchtigt das Leistungsverhalten sowohl in der Lern- als auch in der nachfolgenden Überprüfungsphase (Tobias, 1986; Naveh-Benjamin et al., 1987). Der oben beschriebene Teufelskreis ist wahrscheinlich nur zu durchbrechen, wenn der ängstliche Schüler zu einer Korrektur seines ungünstigen Selbstbildes zu veranlassen ist. Dieses ist wahrscheinlich durch häufiges Arbeiten unter Zeitdruck entstanden. Wenn sich ängstliche Schüler vergegenwärtigen, daß schulische Aufgaben innerhalb eines enger bemessenen Zeitraums erledigt werden müssen, steigt ihre Besorgtheit entsprechend an; ihre Leistungsfähigkeit wird dadurch beeinträchtigt (Hill & Eaton, 1977). Dieser Zusammenhang ließ sich auch in einer Untersuchung von James Plass und Kennedy Hill (1986) bestätigen. Sie beobachteten ängstliche Schüler des 3. und 4. Schuljahres, denen verhältnismäßig viele Fehler unterliefen, als sie unter Zeitdruck Mathematikaufgaben zu bearbeiten hatten. Nachdem man ihnen aber etwa gleich schwierige Aufgaben unter recht entspannten Bedingungen vorgelegt hatte, verbesserte sich ihr Leistungsniveau erheblich. Es ist vor allem die unter einer Orientierung an Darstellungszielen wahrgenommene Gefahr einer Bedrohung des Selbstwertgefühls, die beeinträchtigend auf das Leistungsverhalten wirkt, denn wenn man ängstlichen Schülern eine anonyme Abgabe ihres Antwortbogens gestattet, gehen sie mit erheblich besseren Ergebnissen aus Leistungsvergleichen hervor (Williams, 1976). Der Lehrer muß sich deshalb kritisch fragen, ob er seine Schüler unter Bedingungen, die eine Orientierung an Darstellungszielen nahelegen, auch noch zum Wettbewerb herausfordern sollte.

Da ängstliche Schüler hochgradig besorgt sind, muß damit gerechnet werden, daß ihrer eingeschränkten Aufmerksamkeit bereits bei der Aufnahme neuer Informationen wesentliche Einzelheiten entgehen (Hill & Wigfield, 1984). Deshalb dürfte es ihnen helfen, wenn sie es sich zur Gewohnheit machen, Texte mehrfach zu lesen und das Gelesene viele Male in eigenen Worten zu wiederholen. Das kann ihnen selbstverständlich nur gelingen, wenn sie unter zeitlich entspannten Bedingungen arbeiten dürfen. Im Unterricht profitieren ängstliche Schüler, wenn ihr Lehrer mehrfach an bereits früher dargestellte Zusammenhänge erinnert, häufiger Pausen einlegt und Fragen stellt, die eine Aufarbeitung fördern (Tobias, 1986; Helmke, 1988). Das wirkt sich auch förderlich auf die aufarbeitenden Prozesse im Kurzzeitgedächtnis aus (s. S. 190ff.), denen ein besorgter Schüler wahrscheinlich auch nicht seine volle Aufmerksamkeit zuwenden kann. Übrigens wirkt sich bei vielen Lernenden bereits die auf sprachlichem Wege gebotene Ermahnung, sich voll auf die zu bearbeitende Aufgaben zu konzentrieren, förderlich auf das Leistungsverhalten aus (Sarason, 1987).

Prüfungsangst ist also, das sollte die vorangegangene Darstellung zeigen, nicht ausschließlich ein Merkmal des Schülers; zu ihrer Entstehung bedarf es stets bestimmter Voraussetzungen der Person und gleichzeitig bestimmter Bedingungen in der Situation! Die Prüfungsangst entzieht sich nicht völlig der Kontrolle des Lernenden; aber unter einigen Bedingungen wird diese Kontrollmöglichkeit gefördert, unter anderen erschwert, vielleicht sogar unmöglich gemacht. Soweit der Lehrer diese Bedingungen mitgestaltet, nimmt auch er – eventuell nur indirekt – Einfluß auf die Entwicklung von Prüfungsangst bei seinen Schülern. Diese Feststellung läßt sich an einem Beispiel erläutern.

Aus Erkenntnissen der Gedächtnispsychologie lassen sich unter anderem folgende Zusammenhänge ableiten: Je länger und intensiver Schüler sich mit den

Prüfungsinhalten in der Vorbereitungszeit beschäftigt haben und je tiefer sie diese verarbeiten konnten, desto höher dürfte der Organisationsgrad im Langzeitgedächtnis sein. Je besser Informationen durch Überlernen vernetzt sind, desto leichter gelingt es, angesichts einer vorliegenden Problemsituation lösungsrelevante Inhalte aus dem Gedächtnis abzurufen. Hat der Unterricht aber diesen Zusammenhängen Rechnung getragen? Hatten die Schüler ausreichend Zeit, sich mit einem Problemgebiet intensiver zu beschäftigen? Waren die Probleme so dargestellt worden, daß es motivierend war, sich mit ihnen zu beschäftigen? Fand die Arbeit unter Bedingungen statt, unter denen die Lernzielorientierung angeregt worden ist? Oder fanden Vorbereitungen auf die Prüfungen nur deshalb statt, weil es galt, sich im Falle eines Erfolges positiv darzustellen und gleichzeitig Mißerfolge zu vermeiden?

Wenn Mädchen und Jungen während ihrer Schulzeit ein auffallend hohes Maß an Ängstlichkeit entwickeln, dann signalisieren sie indirekt, daß ihre Lernumgebung einer Überprüfung bedarf, daß die Lernbedingungen für sie möglicherweise unangemessen sind. Falko Rheinberg wies in mehreren Untersuchungen nach, daß sich durch eine Schule, in der Bewertungen ständig nach einem sozialen Bezugsmaßstab erfolgen (s. S. 361ff.), ein ungünstiges Lernklima geschaffen wird. Unter solchen Bedingungen werden Schüler zur Orientierung an Darstellungszielen angeregt, die – wegen der damit verbundenen Wettbewerbsbedingungen – einige Schüler stets in die Hilflosigkeit drängen, während andere ein erhebliches Maß an Energie auf die Entwicklung und den Einsatz von Strategien verwenden müssen, um Bedrohungen des Selbstwertgefühls zu vermeiden. „Motivation", so läßt sich mit Thomas Good und Jere Brophy (1995) eine zentrale Aussage dieses Kapitels zusammenfassen, „entwickelt sich am ehesten in Klassenzimmern, in welchen die Schüler zielorientiert, zugleich aber auch so entspannt sind, daß sie sich auf die vorliegenden Aufgaben konzentrieren können, ohne ständige Besorgtheit darüber, ob sie den Leistungserwartungen entsprechen können." Das von der Pädagogischen Psychologie zu fördernde Ziel ist keine „angstfreie" Schule, wohl aber eine Stätte des Lernens, in der Schülerinnen und Schüler sich allenfalls darum sorgen, Aufgaben zu bewältigen, die sie selbst als eine Herausforderung erleben und nach deren Bewältigung sie das befriedigende Gefühl erleben, mehr Kontrolle über sich und ihre Umwelt gewonnen und ihre Kompetenz in relevanten Lernbereichen gesteigert zu haben.

7. Kapitel: Diagnostik und Bewertung schulischen Lernens

Aufgabe der Schule ist das Erteilen von Unterricht, damit Schülerinnen und Schüler Lernziele erreichen, die aus gesellschaftlicher Sicht relevant sind. Von Lernen war in den vorausgegangenen Kapiteln sehr ausführlich die Rede. Nunmehr soll die Antwort auf eine andere Frage gegeben werden. Wie läßt sich feststellen, ob gelernt wird oder genauer, ob Lernen stattgefunden hat und was gelernt worden ist? Mit dieser Frage werden diagnostische Aspekte in den Blickpunkt gerückt. Da es um das Lernen im Bereich der Institution Schule geht, spricht man auch von *pädagogischer Diagnostik*.

Ein Lehrer nimmt eine Aufgabe im Rahmen der pädagogischen Diagnostik wahr, wenn er „Lernvoraussetzungen" seiner Schüler feststellt. Lernziele lassen sich erst bestimmen, wenn der Lehrer weiß, welches Können und Wissen er bei seinen Schülern bereits voraussetzen kann. Während der Unterrichtsdurchführung muß der Lehrer unaufhörlich diagnostische Aufgaben wahrnehmen, etwa indem er beobachtet, ob seine Schüler den Anregungen und Fragen entsprechend reagieren, ob sie noch aufmerksam genug sind oder ob ein Wechsel der Unterrichtsform erfolgen sollte, um einer zeitweiligen Ermüdung entgegenzuwirken. In regelmäßigen Abständen setzt der Lehrer Prüfverfahren ein, um sich über Lernfortschritte seiner Schüler zu informieren. Haben die Lernenden bezüglich ihres Könnens und Wissens eine Annäherung an die Lernziele vollzogen? Die Ergebnisse seiner Beobachtungen während des Unterrichts und die regelmäßige Überprüfung des Lernfortschritts sollten dem Lehrer Anlaß geben, über seine Unterrichtsarbeit kritisch zu reflektieren.

Mit Fragen der Diagnostik bzw. Überprüfung von Lernleistungen muß sich der Lehrer bereits während der Planungsphase seines Unterrichts beschäftigen, denn das von ihm ausgewählte Prüfungsverfahren bestimmt entscheidend mit, was gelernt wird. Was der Lehrer in seinen Prüfungen von seinen Schülern fordert, hängt von vielen Bedingungen ab. Wie Abbildung 7.1 darstellt, berücksichtigen sowohl behavioristisch als auch konstruktivistisch orientierte Lehrer – wozu sie im übrigen auch verpflichtet sind – bei der Auswahl und Formulierung von Lernzielen zudem die Lehrplanrichtlinien. Entscheidend ist jedoch ihre lerntheoretische Orientierung. Weiterhin beachten sie – auch das ist ihnen gemeinsam – jeweils die aktuellen Lernvoraussetzungen ihrer Schüler; allerdings verstehen Behavioristen darunter etwas anderes als Konstruktivisten. Nach Durchführung des Unterrichts darf selbstverständlich nur geprüft werden, was in Einklang mit den zuvor formulierten Lernzielen steht.

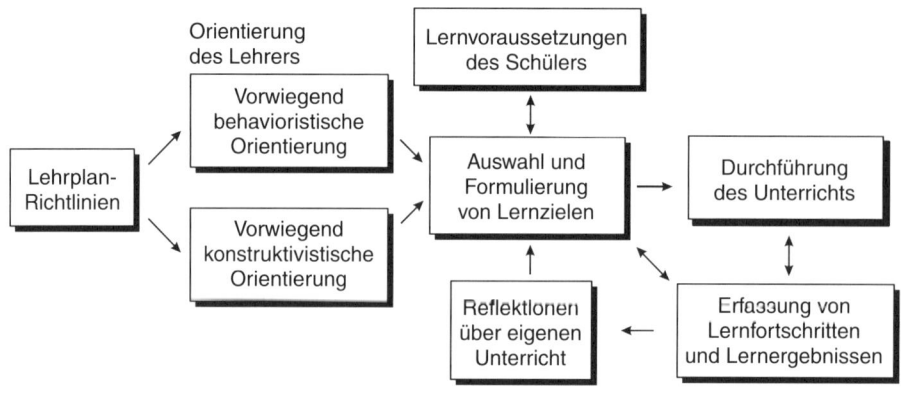

Abbildung 7.1:
Einige Schritte in der Planungsphase des Unterrichts

Das Ergebnis der „Reflektionen über den eigenen Unterricht" sollte nach den Vorstellungen von Robert Reiser und Walter Dick (1996) ebenfalls die Unterrichtsplanungen beeinflussen, denn die Ergebnisse der Lernzielüberprüfungen könnten Anlaß bieten, die Anforderungen an die Schüler zu überdenken und eventuell zu verändern.

Weisen die von Behavioristen einerseits und Konstruktivisten andererseits entwickelten Vorstellungen von Unterricht etwa doch so viele Übereinstimmungen auf, daß sie zu einer neuen Synthese zusammengeführt werden können? Die Antworten auf diese Frage sind nicht einheitlich. Es gibt Stimmen, die letztlich von der Unvereinbarkeit ausgehen (etwa Carroll, 1990). Andere Autoren dagegen halten die Zeit sehr wohl für gekommen, objektivistische und konstruktivistische Elemente miteinander zu verknüpfen (z. B. Merrill et al., 1990). Inwieweit das gelingen wird, läßt sich gegenwärtig noch nicht abschätzen. Wenn man aber erreichen möchte, daß der Unterricht verstärkt konstruktivistische Vorstellungen verwirklicht, dann gibt es einen sehr aussichtsreichen Weg, an dieses Ziel ziemlich schnell heranzukommen: Man ändert das schulische Bewertungssystem (Elton & Laurillard, 1979). Formen und Inhalte der im Klassenzimmer eingesetzten diagnostischen Verfahren üben nicht nur einen starken Einfluß darauf aus, was Schüler lernen, sondern bestimmen zugleich die Art und Weise, wie sie lernen (Crooks, 1988). Fordert man Schüler regelmäßig dazu auf, vorwiegend Faktenwissen wiederzugeben, werden sie sich bereits in den Lernphasen auf das Wiedergeben gespeicherter Informationen konzentrieren. Sollten regelmäßige Lernzielüberprüfungen dagegen von ihnen fordern, ihr Wissen zur Lösung von Problemen anzuwenden, die im alltäglichen Leben vorkommen, werden sie sich entsprechend darauf vorbereiten, in Prüfungssituationen „authentische" Aufgaben zu bearbeiten.

Obwohl auf unterschiedliche Vorstellungen der Behavioristen und Kognitivisten bereits wiederholt in den vorausgegangenen Kapiteln hingewiesen worden ist, soll in den folgenden Abschnitten noch einmal ausführlicher herausgearbeitet und verglichen werden, wie sich Lehrer der beiden genannten Orientierungen unterscheiden, wenn sie Lernziele auswählen und formulieren sowie diagnostische Verfahren im Rahmen ihrer Unterrichtsarbeit einsetzen.

7.1 Prüfung von Wissen und Können aus objektivistischer Sichtweise des Lernens

Die Testpsychologie ist lange Zeit von den „Psychometrikern" (s. S.249) bestimmt worden, die ihre Wurzeln u.a. in den Arbeiten von Sir Francis Galton und Edward Terman haben. Über viele Jahrzehnte bestimmten sie mit ihren Tests wesentlich die Vorstellungen von dem mit, was man Intelligenz nannte. Diese Tests verwendeten einen sozialen Vergleichsmaßstab. Ein solcher ermöglicht es, die Leistungen des einzelnen mit denen einer Vergleichsgruppe (etwa Schüler gleichen Alters oder gleicher Schulstufe) in Beziehung zu setzen. Diese klassischen Prüfinstrumente gehen von einer Theorie interindividueller Differenzen aus, die darauf zielt, Lernende in eine relativierende Rangordnung zu bringen, anstatt klare (normierende) Standards oder Erwartungen zu bestimmen. „Herausragendes *(excellence)* ergibt sich daraus, ob ein Geprüfter andere Prüflinge überragt", stellt Catherine Taylor (1994) zutreffend fest. Einer der ersten, der die vorherrschenden Tests mit sozialen Bezugsnormen kritisierte, war bereits im Jahre 1963 Robert Glaser. Er machte darauf aufmerksam, daß solche Verfahren nur dazu genutzt werden können, Vorhersagen über zukünftige Leistungen abzugeben und Selektionen vorzunehmen. Er wandte sich mit seinem heute als klassisch geltenden Aufsatz *(„Instruktionale Technologie und die Messung von Lernergebnissen: Einige Fragen")* an Pädagogen und Psychologen mit dem Appell, zur Erfassung schulischen Lernens keine normbezogenen Tests mehr zu verwenden, denn sie könnten keinerlei Aufschlüsse über Lernfortschritte geben. Das Testergebnis bestand – so seine Argumentation – in der Regel aus einer Zahl, mit der die relative Position eines Geprüften zur entsprechenden Gruppe angegeben wurde. *Was* die Gruppe nun aber gelernt hatte, blieb unklar. Daher konnten weder Lehrer noch Schüler erkennen, welche Lerndefizite eventuell bestanden und wie sich ihnen entgegenwirken ließ. In die Schule sollten Tests Einzug halten, die Glaser als „kriteriumsbezogen" kennzeichnete. „Der Punktwert eines Schülers in einer kriteriumsbezogenen Messung", so erläuterte er, „liefert explizite Informationen darüber, was ein Schüler tun kann und was er nicht tun kann." Man sollte den einzelnen Schüler also nicht mehr mit anderen vergleichen, sondern mit extern definierten Kriterien, um an diesen dann persönliche Stärken und Schwächen zu identifizieren, um ihn besser fördern zu können.

Glaser war mit seinem Appell außerordentlich einflußreich. Er erreichte, daß sich im Verlauf der Zeit die Vorstellungen von Pädagogen, welche diagnostischen Aufschlüsse Schultests zu geben haben, veränderten. Die Prüfinstrumente sollten Schüler fortan nicht mehr vorrangig nach Können und Fähigkeiten sortieren, sondern Lernfortschritte diagnostizieren. Auf welche Lerntheorie sind kriteriumsbezogenen Maßstäbe bezogen? Lorrie Shepard (1991) ist dieser Frage nachgegangen und zu dem Ergebnis gelangt, daß den kriteriumsbezogenen Tests offenbar eine behavioristische Lerntheorie zugrunde liegt, auch wenn das selten ausdrücklich festgestellt wird. In behavioristischen Lerntheorien wird von einer objektivistischen Sichtweise des Lernens ausgegangen (s. S. 24). Behavioristisch orientierte Lerntheoretiker lassen sich von zwei grundlegenden Annahmen leiten: Nach Lauren und Daniel Resnick (1992) handelt es sich dabei zum einen um die „Zerlegbarkeit" *(decomposability)* und zum anderen um die „Dekontextualisierung". Diese Annahmen legen einen Unterricht nahe, in dem der Schüler vorwiegend Wissen erwirbt, das er vermutlich schnell wieder vergißt. Der Lernende erhält nämlich keinerlei Anregung, die neuen Informationen mit Hilfe des bereits Bekannten aufzuarbeiten. Wie bereits in Kapitel 4 mitgeteilt, werden isoliert gelernte Fakten schnell wieder vergessen, weil sie nicht sinnvoll gelernt, und das heißt, nicht in das individuell konstruierte Netzwerk eingefügt werden (s. S. 215ff.). Die auf diese Weise erworbenen isolierten und zersplitterten Kenntnis-Elemente lassen sich zwar in einem kürzeren zeitlichen Abstand nach Abschluß einer Unterrichtseinheit mittels Tests oder durch andere Formen der Überprüfung noch erfassen und folglich nachweisen, sie bleiben aber oberflächlich und können höchstwahrscheinlich nicht auf Situationen außerhalb des Klassenzimmers angewandt werden!

Die Annahme der Zerlegbarkeit führen Resnick und Resnick (1992) auf die S-R-Theorie des Lernens von Thorndike und Skinner zurück (s. S. 133ff.). S-R-Theoretiker gehen davon aus, daß sich komplexere Kenntnisse und Fertigkeiten aus einfacheren Teilen, das sind einzelne S-R-Beziehungen, zusammensetzen, die man den Lernenden schrittweise beizubringen hat. Es wird erwartet, daß diese die „Lernelemente" irgendwann später zu einem Ganzen zusammenfügen. Der Mathematiklehrer hat folglich nach Thorndike die Aufgabe, S-R-Zusammenhänge zu lehren, die Bestandteil der Mathematik sind. Richtige Reaktionen des Schülers auf Reize müssen verstärkt und falsche „ausgestanzt" werden.

Hat sich der heutige Mathematikunterricht (nicht wie er durchgeführt werden *sollte,* sondern wie er *tatsächlich erteilt wird)* gegenüber den Vorstellungen Thorndikes wirklich vollkommen verändert? Kommt es heute praktisch nicht mehr vor, daß Mathematik in Lehrsituationen so dargestellt wird, als ob es sich dabei um eine Reihe auswendig zu lernender Regeln handelt, nach denen mathematische Symbole zu handhaben sind? Resnick und Resnick sind jedenfalls davon überzeugt, daß viele Kinder überhaupt nicht ahnen, daß sich diese Regeln in einem alltäglichen Kontext sinnvoll anwenden lassen! Der Lehrer dieser Schüler lehrt und überprüft die Kenntnis dieser Regeln im ungünstigsten Fall als isolierte Wissensinhalte im Klassenzimmer.

Die Annahme der Zerlegbarkeit hat auch die Konstruktion von Überprüfungsinstrumenten entscheidend mitbestimmt. So prüft ein Mathematiktest beispielsweise, ob ein Schüler Multiplikationen im zweistelligen Bereich durchführen kann, oder ob er weiß, wie sich der gemeinsame Nenner von Brüchen herstellen läßt. Viele im Klassenzimmer angewandte Überprüfungsverfahren verzichten darauf, der Frage nachzugehen, ob der Geprüfte das Wissen in einem sinnvollen Kontext anwenden kann. Dies wird – um bei dem Mathematik-Beispiel zu bleiben – unmittelbar deutlich, wenn Schüler an einfachen Rechenaufgaben, die sie technisch, d.h. auf der Ebene elementarer Rechenschritte, beherrschen, in Form von Textaufgaben scheitern. Die Beziehung vom sinnvollen Zusammenhang zum mechanischen Handlungsablauf – oder umgekehrt – wurde nicht erarbeitet, nur „sinnfreies" Rechnen wurde trainiert. Da mit einem Transfer (s. S. 311ff.) in der Regel aber nicht gerechnet werden kann, verbietet es sich, Gelerntes in einem Kontext zu überprüfen, der sich in bedeutsamer Hinsicht von dem Kontext unterscheidet, in dem es erworben und geübt worden ist (Resnick & Resnick, 1992).

Die isoliert, nicht vernetzt, existierenden Informationen bedürfen aus behavioristischer Sicht der Aufbereitung durch den Lehrer, damit sie dem Lernenden übergeben werden können. Dazu müssen zunächst Lernziele formuliert werden, die festlegen, was gelernt werden soll. Operationalisierte Lernziele, die im folgenden näher gekennzeichnet werden, sind *dekontextualisiert* und das Ergebnis eines *Zerlegungsprozesses,* wie die nachfolgende Darstellung zeigen wird.

Nachdem die Bestimmung der Lernziele erfolgt ist, bedarf es weiterhin einer Klärung, was zu tun ist, damit der Lernende diese Ziele erreicht. Dies geschieht durch Beantwortung der folgenden Frage: „Welche Lernvoraussetzungen müssen bei den Lernenden vorliegen, damit sie die mit dem Lernziel verbundenen Anforderungen erfüllen können?" Diese Frage läßt sich mit Hilfe einer „Aufgabenanalyse" beantworten.

7.1.1 Auswahl und Formulierung angemessener Lernziele

Wenn ein Lehrer seinen Unterricht plant, stellt sich für ihn zunächst die Frage, was seine Schüler lernen sollen. Welches sind die Ziele des Unterrichts? In der Beantwortung dieser Frage ist der Lehrer keineswegs frei. Er hat zu berücksichtigen, welche Ziele die Gesellschaft allgemein für wünschenswert hält. Weitere Festlegungen haben ausgewählte Vertreter des Faches, z.B. in entsprechenden Gutachten, vorgenommen. Schließlich muß der Lehrer in Rechnung stellen, an welche aktuellen Lernvoraussetzungen der Schüler angeknüpft werden kann.

Da die Diskussion über Lernziele und ihre Funktion für die unterrichtliche Arbeit zunächst wesentlich von behavioristisch orientierten Pädagogen und Psychologen bestimmt worden ist, schätzte man die Förderungsmöglichkeiten für Kinder optimistisch ein. Ein Beispiel für einen solchen Optimismus lieferte Jerome Bruner (1966) mit der Behauptung, daß „jeder Stoff jedem Kind in jedem Stadium der Entwicklung in intellektuell redlicher Weise wirksam vermittelt werden kann".

Um etwa die mathematischen Hintergründe der Wahrscheinlichkeitsrechnung zu verstehen, bedarf es sicherlich sehr fortgeschrittener Denkformen. Die *Wahrscheinlichkeit* offenbart sich aber auch als das Ergebnis von Aktivitäten, die bei Grundschulkindern bereits anzuregen sind. Dazu erläutert Bruner (1961) im einzelnen: „Spiele, in denen Lose gezogen werden, Roulettespiele und Spiele, bei denen das Ergebnis der Gaußschen Normalverteilung folgt, sind alle geeignet, dem Kind eine erste Vorstellung der logischen Operationen zu geben, die für ein Denken in Begriffen der Wahrscheinlichkeitstheorie nötig sind. In solchen Spielen entdecken die Kinder zunächst einen qualitativen Begriff des Zufalls, der als ein ungewisses Ereignis definiert wird im Gegensatz zu einem völlig gewissen. Der Begriff der Wahrscheinlichkeit als eines Bruchteils der Gewißheit wird erst später entdeckt."

Hinter solchen Äußerungen stand die in den 1960er und 1970er Jahren weit verbreitete Überzeugung, daß der Weg zum Ziel Schritt für Schritt durch die Umwelt, also durch den Lehrer, zu kontrollieren sei. Ebenso bestanden keine Zweifel, daß sämtliche Schüler, die ein Lernziel erreicht haben, über das gleiche Können oder Wissen verfügen; beides müßte aber zunächst durch geeignete Lernzielkontrollen überprüft werden. Vor diesem theoretischen Hintergrund entstand die Forderung, „operationalisierte Lernziele" zu formulieren; es sollten bereits in der Planungsphase des Unterrichts sehr genaue Festlegungen über die Ziele erfolgen. Das rief aber, wie zu erwarten, heftige Kritik hervor. Einige Einwände gipfelten sogar in dem Vorschlag, auf die Aufstellung explizit formulierter Lernziele ganz zu verzichten. Es ist klar, daß auch solche Extrempositionen auf Ablehnungen stoßen mußten, denn „der Versuch, zu unterrichten und zu beurteilen ohne Zieldefinition, entspricht dem Aufbruch zu einer Reise, ohne zu wissen, wohin man will. Es mag für einige Zeit ganz reizvoll sein, umherzuwandern; es muß jedoch bezweifelt werden, ob ohne Richtungskenntnisse irgendwelche Fortschritte zu erzielen sind" (Noll, 1965).

Traditionell wird die Diskussion, die Lernziele zum Inhalt hat, innerhalb der Schulpädagogik geführt (Näheres siehe z. B. Köck, 1995). Dabei geht es u. a. um die Klärung der Frage, wer legitimiert ist, Lernziele zu bestimmen oder um die Auslotung von Möglichkeiten, wie diese angemessen zu formulieren oder zu klassifizieren sind. Im folgenden sollen nur einige Aspekte dieser Diskussion wiedergegeben werden. In knapper Form wird begründet, warum sich an der Lernzieldiskussion auch Pädagogische Psychologen beteiligen.

7.1.2 Kennzeichnung von Lernzielen

In der erziehungswissenschaftlichen Literatur findet man eine Fülle von Begriffen, wie etwa *Lehrziel, Lernziel, Bildungsziel, Erziehungsziel* usw. Von einigen Autoren werden ihnen feine Bedeutungsunterschiede zugeschrieben, bei anderen erfolgt ihre Verwendung auch in synonymer Weise. Ein Autor mag für die Bevorzugung eines Begriffs nachvollziehbare Gründe benennen können. Letztlich dürfte in seine diesbezüglichen Entscheidungen aber stets ein gewisses Maß an Willkür mit einfließen. Das trifft auch zu, wenn im folgenden einheitlich von *Lernziel* gesprochen wird. Dieser Begriff hat sich konventionell durchgesetzt (Treml, 1983). Er bringt im übrigen sehr deutlich zum Ausdruck, daß sich das Lehren an relevanten Merkmalen der Schülerpersönlichkeit zu orientieren hat; anderenfalls kann kein Lernen stattfinden.

Die in der pädagogischen Literatur angeführten Definitionen stellen vor allem zwei Merkmale des Zielbegriffs heraus (Zecha, 1984): Zum einen wird damit, wie es Fritz Kath und Burkhard Hecht (1981) ausdrücken, „eine in der Gegenwart gedachte, in die Zukunft projizierte Situation bezeichnet, die als erstrebenswert betrachtet wird". Man spricht heute auch vielfach von einem „beabsichtigten Lernergebnis" *(intended learning outcome),* das man von Lernenden erwartet, nachdem diese an einer Unterrichtseinheit teilgenommen haben. Es handelt sich zum anderen um eine Situation, die eine Veränderung des Lernenden anstrebt. So hat Karl Josef Klauer (1974) z.B. vorgeschlagen,

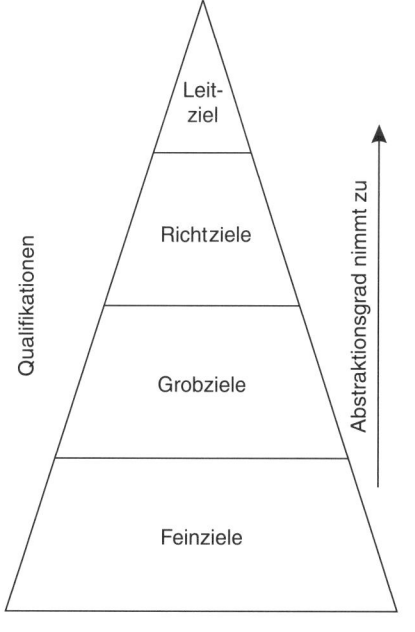

Leitziel: das oberste pädagogische Ziel einer Gesellschaft, z.B. Lebenstüchtigkeit, Mündigkeit, Selbstbestimmung...

Richtziele: die in einem bestimmten Lernbereich und über bestimmte Unterrichtsfächer angestrebten Fähigkeiten, z.B. in der politischen Bildung: Kritikfähigkeit, Selbstverantwortung.

Grobziele: das angestrebte Verhalten nach einer größeren Lerneinheit in einem bestimmten Lernbereich, z.B. die Fähigkeit, Information von Propaganda unterscheiden zu können.

Feinziele: die operationalisierten Lernziele einer Lerneinheit, z.B. die Kernaussage einer Nachrichtensendung bestimmen und mit eigenen Worten formulieren können.

Abbildung 7.2:
Eine geläufige Art der Darstellung von Lernzielen unterschiedlicher Abstraktheit und deren unterrichtspraktische Konsequenzen

„Lernziele als Persönlichkeitsmerkmale zu definieren, die durch Lernprozesse erreicht werden sollen".

Lernziele unterscheiden sich in ihrer Formulierung nach ihrem Abstraktionsgrad. Die verschiedenen Ebenen lassen sich graphisch wiedergeben. Eine geläufige Art der Darstellung findet sich in Abbildung 7.2.

Die „Leitziele" bringen sehr allgemeine und weitgehend zeitlose Ziele der Gesellschaft zum Ausdruck wie etwa „die Entwicklung verantwortungsvoller, selbständiger Staatsbürger" oder „die Förderung kreativer Fähigkeiten". Die „Richtziele" beziehen sich demgegenüber auf bestimmte Unterrichtsfächer. Entsprechend wird durch sie spezifiziert, welche Kompetenzen im Verlauf der Zeit in einem bestimmten Lernbereich entwickelt werden müssen. Die „Grobziele" geben an, was innerhalb einer zeitlich überschaubaren Unterrichtseinheit erreicht werden soll. Schließlich läßt sich mit Hilfe von „Feinzielen" sehr genau angeben, was die Lernenden nach einer oder nach wenigen Unterrichtsstunden unter bestimmten Bedingungen als Ausdruck der Zielerreichung tun oder sagen können.

Es bedürfte einer unendlichen Menge an Richtzielen, um Leitziele angemessen zu repräsentieren. Richtziele enthalten ihrerseits unendlich viele Grobziele, aus denen sich wiederum eine unbegrenzte Anzahl von Feinzielen ableiten ließe. Diese Feststellung macht deutlich, daß stets eine *Auswahl* vorgenommen werden muß, wenn Lernziele zu formulieren sind, die entsprechend ihrer Anordnung in Abbildung 7.2 einen geringeren Abstraktionsgrad aufweisen. Auswählen heißt stets auch, etwas unberücksichtigt, „unter den Tisch fallen" zu lassen. Und genau hier setzt die Kritik an: Je konkreter durch ein Lernziel vorgegeben wird, was erreicht werden soll, desto unmißverständlicher ist es, und desto genauer wissen Adressaten, was von ihnen erwartet wird. Durch die Konkretisierung ist aber gleichzeitig derartig viel eliminiert worden, daß das Feinziel nicht mehr alles von dem wiedergibt, was den eigentlichen Lehrintentionen des Lehrers entspricht. Diese Kritik dürfte noch deutlicher werden, nachdem vorgestellt worden ist, welche Arten von Lernzielen es gibt.

7.1.3 Verschiedene Arten von Lernzielen

Klar formulierte Lernziele sollten dem Lehrer Richtlinien für die Gestaltung seines Unterrichts aufzeigen. Den Lernzielen läßt sich entnehmen, was zu lehren ist, was Schüler zum Abschluß einer Stunde oder einer Unterrichtseinheit gelernt haben sollten und wie dies überprüft werden kann. Lernziele informieren aber nicht nur den Lehrer, sondern ebenso die Schüler darüber, was sie lernen sollen. Strittig ist allerdings, ob durch Lernziele tatsächlich von vornherein festzulegen ist, was am Ende eines erfolgreichen Unterrichts vom Lernenden erwartet wird. Während operationalisierte Lernziele einen außerordentlich hohen Grad an Festlegungen vornehmen, finden sich andere Vorstellungen, nach denen Lernziele erheblich allgemeiner formuliert werden sollten.

7.1.3.1 Operationalisierte Lernziele

Die Auswahl und Aneinanderreihung kleiner Lernschritte im Rahmen der Programmierten Unterweisung (s. S. 21f.) konnte Burrhus Skinner (1968) erst vornehmen, nachdem er zuvor das Ziel bestimmt hatte. „Der erste Schritt in der Unterrichtsplanung", so erklärte er, „besteht darin, das Endverhalten zu definieren. Was soll der Schüler nach erfolgreicher Teilnahme am Unterricht tun?" Der Erfolg der damals entwickelten Verfahren wurde daran gemessen, ob bzw. in welchem Umfang Lernende dazu gebracht werden konnten, das erwünschte „Endverhalten" zu zeigen und das heißt, die von vornherein aufgestellten operationalisierten Ziele zu erreichen. Wie aber mußten solche Ziele formuliert sein? An der Klärung dieser Frage beteiligte sich auch Robert Mager (1962) mit einem Buch, das zunächst den Titel trug: *„Die Erstellung von Lernzielen für die Programmierte Unterweisung."* Die zweite Auflage, die nach dem international ungewöhnlich großen Erfolg des Buches sehr schnell folgte, trug den etwas veränderten Titel *„Erstellung von Lernzielen"* (deutscher Titel: *Lernziele und Unterricht*). Über mehrere Jahrzehnte mußten sich angehende Lehrer darin üben, Lernziele zu operationalisieren.

Einer operationalisierten Lernzieldefinition läßt sich entnehmen, was ein Mensch unter spezifizierten Bedingungen und unter Angabe eines Gütestandards tun oder sagen sollte (Mager, 1962); sie enthält somit Angaben über das Lernprodukt und nicht über den vorausgegangenen Prozeß. Magers Lernziele enthalten drei Elemente:
1. Eine Aussage über das erwartete Endverhalten,
2. eine Angabe über die Bedingungen, unter denen das Endverhalten gezeigt werden soll und
3. die Kriterien, nach denen das Endverhalten bewertet werden soll.

Der erste Schritt einer operationalisierten Lernzielbestimmung nach Mager besteht also darin, klare und konkrete Aussagen über das intendierte Endverhalten zu treffen. Es muß explizit festgestellt werden, welche Verhaltensweisen Lernende mit Erreichung des jeweils formulierten Ziels zeigen sollen, oder welche Antworten sie auf bestimmte Fragen zu geben haben. Ob eine Formulierung vage oder präzise ist, läßt sich vor allem entscheiden, nachdem man sich das verwendete Verb genauer betrachtet hat. Zu den Verben, die Mager für zu unbestimmt hält, gehören u.a. *wissen, verstehen* oder *einschätzen;* an ihre Stelle haben zu treten: *schreiben, wiedergeben, zeigen* oder *unterscheiden zwischen ...*

> Man fordert im Geographie-Unterricht deshalb nicht „das Verständnis von Landkarten", sondern formuliert genauer, daß mit Hilfe einer Karte der Bundesrepublik Deutschland ein benannter Ort aufzufinden und zu zeigen ist. In der Mathematik beschränkt man sich ebensowenig auf die Feststellung, daß Schüler das 1 × 1 kennen müssen, sondern stellt statt dessen fest, daß das Produkt einstelliger Multiplikanden genannt werden muß.

An eine operationalisierte Lernzieldefinition wird weiterhin die Anforderung gestellt, diejenigen Bedingungen zu spezifizieren, unter denen ein Verhalten bei Zielerreichung zu zeigen ist.

Im Falle des oben genannten Beispiels aus dem Geographie-Unterricht wäre anzugeben, um welche Karte (etwa Straßen- oder Wanderkarte) es sich handelt, ob Lokalisationsangaben genutzt werden sollen, und wieviel Zeit jeweils bis zur Beantwortung zur Verfügung steht. Beim Multiplikations-Beispiel wäre eventuell festzulegen, ob „im Kopf" oder schriftlich zu rechnen ist.

Schließlich ist bei einer operationalen Lernzielbestimmung die Angabe eines Gütemaßstabs erforderlich. Das bedeutet, daß es einer Festlegung bezüglich des Niveaus der zu erbringenden Leistung bzw. des Anteils der zu tolerierenden Fehlerantworten bedarf.

So wird bei der Prüfung der Rechenleistung möglicherweise gefordert, daß der Schüler mindestens 90 Prozent bzw. von 20 Multiplikationsaufgaben mindestens 18 richtig gelöst haben sollte.

Vielfach findet sich die Forderung, daß die Lösungswahrscheinlichkeit (Schwierigkeit) bei 90 Prozent liegen muß. Wie begründet man aber diese Festlegung? In der Regel dürfte sich mit diesem Kriterium die Auffassung verbinden, daß damit die Lernvoraussetzungen gesichert werden, durch die das weiterführende, in der Lernsequenz folgende Teilziel zu bewältigen ist. Die Festlegung eines Prozentsatzes ist nicht unproblematisch, denn eine kritische Nachprüfung könnte durchaus zu dem Ergebnis führen, daß eine Lernübertragung in einem Aufgabenbereich auch schon bei Lösungsprozentsätzen von 60 Prozent gelingt. Zahlenangaben in diesem Zusammenhang repräsentieren also in der Regel angenommene Richtwerte oder Scheingenauigkeiten und nicht das Ergebnis gesicherter Befunde.

Der ungewöhnliche Erfolg, den Mager zunächst mit der Propagierung seiner Lernziele hatte, war sicherlich darauf zurückzuführen, daß vor seiner Zeit Lernziele, wenn sie überhaupt in Worte gefaßt worden sind, in ihrer ungenauen Formulierung weder als Grundlage für die Unterrichtsplanung des Lehrers dienen konnten, noch irgendeinen Informationswert für die Schüler besaßen. Vor diesem Hintergrund war die Einführung operationalisierter Lernziele sicherlich als großer Erfolg zu bezeichnen. Viele Pädagogen und Psychologen waren von Magers Neuerungen derartig fasziniert, daß ein entscheidender Nachteil zunächst nur von wenigen erkannt wurde. Dieser liegt darin, daß die operationalisierten Lernziele nur außerordentlich enge und sehr spezifische Verhaltensweisen des Schülers beinhalten. Viele pädagogisch bedeutsame Ziele lassen sich durch sie überhaupt nicht beschreiben. Wie soll beispielsweise die „Steigerung des Selbstwertgefühls" oder die „Wertschätzung zeitgenössischer Literatur" operationalisiert werden? Wenn man Magers Forderungen ernst nähme, müßte man im übrigen genau das Ziel verfehlen, das mit ihm eigentlich erreicht werden sollte: Um ein schulisches Lernziel nämlich angemessen abzubilden, müßten derartig große Mengen eng gefaßter operationalisierter Lernziele formuliert werden, daß jede Ordnung und Übersicht verlorenginge. Man hat geschätzt, daß mehr als 10 000 Lernziele benötigt würden, um genauer anzugeben, was der Leser eines Lehrbuches der Pädagogischen Psychologie nach der Lektüre wissen sollte (McDonald-Ross, 1974). Mit einer derartigen Vielzahl von Lernzielen kann für den Lernenden keine Hilfe verbunden sein. Darauf weist auch James Popham (1993) hin. Pädagogen, so stellt er fest, sollten angesichts der großen Anzahl operationalisierter Lernziele beherzigen, „daß weniger ganz sicher mehr ist". Aber, so fährt er fort, es gibt eine Alternative: man faßt eng gefaßte Verhaltensweisen unter umfassenderen, aber trotzdem noch der Messung zugänglichen, Verhaltenskategorien zusammen. Derartige Vorstellungen finden sich auch bei Norman Gronlund (1985).

7.1.3.2 Allgemeine Lernziele und Nennung einiger spezifischer Verhaltensweisen als Beispiele

Gronlund (1991, 1993) war sich darüber im klaren, daß die Berücksichtigung der Forderung Magers zu einer unübersehbaren Anzahl von Lernzielen führen muß, die jeweils für sich letztlich nur unbedeutende Aspekte des vom Lehrer Erwünschten zum Ausdruck bringen. Für Gronlund beginnt der Prozeß der Bestimmung von Lernzielen mit einer sehr allgemeinen Formulierung. Diese legt die Merkmalsklasse jener Aufgaben fest, die bei Zielerreichung beherrscht werden sollen. Seine Lernziele vermitteln eine Groborientierung, und als solche müssen sie den „Zielort nicht genau bestimmen, sie haben aber doch Kriterien anzugeben, durch die der Weg erkennbar wird" (Klauer, 1974). So wird etwa auf Gronlunds (1978) allgemeiner Lernzielebene erwartet, daß der Schüler Verständnis für einen Sachverhalt gewinnt, Bewertungen vornehmen kann usw. Das folgende allgemeine Lernziel könnte einer Themeneinheit des Psychologieunterrichts entstammen:

Allgemeines Lernziel:

Der Lernende versteht die Bedeutung des Begriffs „Verstärkung".

Diese allgemeine Definition legt durch ihren Leitcharakter fest, welche Kategorie von Aufgaben die Schüler nach Erreichung des Lernziels bewältigen sollten. Wegen des hohen Allgemeinheitsgrades der wiedergegebenen Lernzielformulierung ist die Anzahl verschiedener Aufgaben, die sich daraus ableiten lassen, notwendigerweise sehr groß. In einem weiteren Schritt hat der Lehrer deshalb zu entscheiden, welche Komponenten des allgemeinen Ziels „Verstehen" ihm wichtig erscheinen. Seine Überlegungen führen ihn möglicherweise zur Festlegung folgender untergeordneter Ziele (oder Subziele, nach Gronlund, 1978, 1991):

Subziel A: Der Lernende definiert den Begriff Verstärkung mit seinen eigenen Worten.
Subziel B: Die Bedeutung des Begriffs wird durch seine Verwendung in einem sinnvollen Zusammenhang erfaßt.
Subziel C: Der Lernende kann zwischen Begriffen unterscheiden, die sich in ihrer Bedeutung ähneln (etwa positive und negative Verstärkung).

Mit dem „Definieren eines Begriffes mit eigenen Worten" oder dessen „Verwendung in einem sinnvollen Zusammenhang" sind aus dem allgemeinen Lernziel jeweils spezifische Aspekte herausgegriffen worden. Es sind Subziele entstanden.

Wie ersichtlich, berücksichtigt Gronlund in seinen Lernzielen nicht mehr die von Mager genannten Bedingungen und Kriterien. Er möchte nämlich den Lehrer von der Notwendigkeit befreien, aufwendige, lange Listen mit sehr speziellen Lernzielen zu erstellen (Gronlund, 1985). Es sind vor allem drei Gesichtspunkte, die bei der Formulierung von Lernzielen im Rahmen der Unterrichtsplanung und der abschließenden Überprüfung beachtet werden sollten (Good & Brophy, 1995):
1. Lehrer sollten sich auf wenige, ihnen wichtig erscheinende, Lernziele beschränken.
2. Lehrer sollten auf die Formulierung operationalisierter Lernziele im Sinne Magers verzichten, wenn ihre unterrichtlichen Bemühungen auf die Veränderung komplexerer kognitiver Prozesse oder auf die Einwirkung affektiver Bereiche zielen.
3. Lehrer sind gut beraten, wenn sie Lernziele formulieren und verwenden, um Leitlinien für den Unterricht zu besitzen, aber sie sollten sich ausreichend Flexibilität bewahren, „um von ihren Plänen abzuweichen, wenn unerwartete Probleme auftreten oder wenn sie eine Gelegenheit erhalten, einen ‚fruchtbaren Moment' *(teachable moment)* dadurch zu nutzen, daß sie einer bedeutsamen Frage oder Anregung eines Schülers nachgehen" (Good & Brophy, 1995).

Gronlunds System gibt dem Lehrer Freiraum, den ihm die operationalisierten Lernziele nicht gewähren. Dem Lehrer wird nämlich nicht die Aufgabe aufgebürdet, eine große Anzahl von Lernzielen zu formulieren, die letztlich wegen ihrer Enge in der Regel nur unbedeutende Kleinigkeiten zum Inhalt haben. Gronlund hat sich mit seinen Vorstellungen deshalb stärker in der Lehrerausbildung durchsetzen können als Mager.

Neben den Bemühungen, Regeln für die Definition von Lernzielen darzustellen und zu begründen, gab es Vorschläge, Lernziele in eine Ordnung zu bringen. Der bekannteste Versuch dieser Art geht auf Benjamin Bloom zurück. Bloom reagierte u. a. auch auf die mehrfach belegte Feststellung, daß viele Lehrer Lernziele bevorzugen, die lediglich Wissen zum Gegenstand haben.

7.1.3.3 Die Taxonomie von Lernzielen im kognitiven Bereich nach Bloom

Das in den fünfziger Jahren stark angewachsene Bemühen, Lernziele präziser zu beschreiben, veranlaßte Benjamin Bloom zusammen mit mehreren Mitarbeitern (Bloom et al., 1956), nach Ordnungsmöglichkeiten zu suchen. Das Ergebnis der Bemühungen faßten Bloom und Mitarbeiter unter dem Begriff „Taxonomie" zusammen; er war aus der Biologie übernommen worden. Der Begriff geht auf den Schweizer Botaniker de Condolle zurück, der ihn Anfang des 19. Jahrhunderts prägte, indem er die Begriffe „taxis" (aus dem Griechischen für Ordnung) und „nomos" (griech.: Gesetz) zusammenfügte. Bloom zog diesen Begriff der Bezeichnung Klassifikation vor, denn mit der Taxonomie wollte er zum Ausdruck bringen, daß es ihm nicht nur darum ging, Ziele nach bestimmten Merkmalen zu klassifizieren. Zusätzlich sollte die Taxonomie (das Ordnungssystem) Zusammenhänge der Klassen untereinander erkennen lassen. Dies geschah, indem man die Taxonomie als „kumulative Hierarchie" konzipiert hat; die einzelnen Klassen von Lernzielen waren also hierarchisch gedacht, weil sie nach ihrer Komplexität vom einfachsten zum komplexesten Lernziel angeordnet worden sind. Zudem sah man den Lernprozeß als „kumulativ", weil die Annahme bestand, daß komplexere Verhaltensweisen in der Regel auf einfachere aufbauen. Die Lehrer sollten angeregt werden, ihre Schüler nicht nur auf dem sehr niedrigen Niveau des „reinen Wissens" abzufragen. In einem Rückblick auf die Zeit vor der Veröffentlichung der Taxonomien stellt Bloom (1994) fest: „Häufig wurden mehr als 90 Prozent der Unterrichtszeit auf diesem Niveau verbracht, während sehr wenig Zeit für die höheren kognitiven Prozesse verwandt wurde, durch die Schüler in die Lage versetzt worden wären, ihr Wissen kreativ anzuwenden." Blooms Annahme einer Hierarchie bleibt jedoch problematisch, denn sie setzt beispielsweise voraus, daß Begriffe zunächst verstanden werden müssen, bevor sie zur Lösung von Problemen angewandt werden können.

Der Einfluß, den die Taxonomie von Bloom auf die Unterrichtsarbeit genommen hat, ist beeindruckend. Die *Taxonomie von Lernzielen im kognitiven Bereich* wurde in mehr als sechs Millionen Exemplaren verkauft (Kreitzer & Madaus, 1994) und in wenigstens 18 Sprachen übersetzt (Bloom, 1994). Aus heutiger Sicht verdienen Blooms Vorstellungen Kritik, aber man sollte seine Taxonomie dennoch nicht einfach ignorieren, denn sie hat für Jahrzehnte die Unterrichtspsychologie sowie die Entwicklung von Schultests beeinflußt.

> Bloom und seine Mitarbeiter gehen in ihrer Taxonomie, ihrem Ordnungssystem, davon aus, daß Lernziele sich zunächst einmal nach drei großen Bereichen ordnen lassen. Durch den ersten Bereich wird berücksichtigt, daß sich bei Schülern nach geeigneten Erfahrungen verändern kann, wie sie eine Gegebenheit wahrnehmen, wie sie ein Problem verstehen oder eine Sache beurteilen usw. Lernziele, die derartige Veränderungen thematisieren, werden dem *kognitiven Bereich* zugeordnet. Lernende können sich

weiterhin in ihren Gefühlen und Wertschätzungen, das heißt innerhalb des *affektiven Bereichs,* verändern. Schließlich berücksichtigen Bloom und Mitarbeiter Lernziele im *psychomotorischen Bereich;* dabei geht es um Veränderungen, die den Bewegungsapparat bzw. dessen Kontrolle betreffen.

Der Trennung der genannten Bereiche haftet selbstverständlich eine gewisse Künstlichkeit an, denn tatsächlich sind sie bis zu einem bestimmten Grad miteinander verbunden. Wenn ein Grundschüler am Schreibunterricht teilnimmt, muß er zum einen lernen, wie er den Schreibstift zu halten und auf dem Papier zu bewegen hat, um bestimmte Buchstaben zu formen (psychomotorischer Aspekt). Zugleich besteht das Ziel, das Wissen bezüglich der Schriftform eines Buchstabens und seiner Aussprache in den Kenntnisspeicher des Lernenden zu bringen (kognitiver Aspekt). Schließlich ist davon auszugehen, daß das Erlernen des Schreibens bzw. dessen Beherrschung mit bestimmten Begleitgefühlen verbunden ist; der Schüler schreibt möglicherweise gerne oder hat große Abneigungen dagegen entwickelt (affektiver Aspekt).

Es ging den Autoren darum, „die Kommunikation unter den Erziehern" zu verbessern. Wenn man allerdings fragt, in welchem Maße unabhängige Beurteiler bei einer Zuordnung von Lernzielen auf die verschiedenen Kategorien untereinander übereinstimmen, dann fällt die Antwort nicht unbedingt ermutigend aus. Nach einer Übersicht von Malcom Seddon (1978) werden in den einzelnen Untersuchungen Übereinstimmungen von 0 bis 90 % genannt (wobei der Übereinstimmungsgrad mit wachsender Anzahl von Beurteilern sinkt). Bevor aber die Frage beantwortet wird, wie die Taxonomie aus heutiger Sicht zu bewerten ist, soll sie noch genauer vorgestellt werden.

Im kognitiven Bereich haben Bloom und Mitarbeiter sechs Hauptkategorien identifiziert, die hier verkürzt wiedergegeben werden. Die jeweils aufgeführten Beispiele – es handelt sich dabei um Fragen zur Lernzielüberprüfung – entstammen einer Untersuchung von Ralf Horn (1974), an der Schüler des 6. und 7. Schuljahres teilnahmen. Als globales Lernziel war im Rahmen des Biologieunterrichts die Ernährung der Pflanzen ausgewählt worden. Horn berücksichtigte Lernziele innerhalb folgender Klassen: *Kenntnisse, Verstehen, Anwendung, Analyse* und *Synthese;* Lernziele innerhalb der Klasse *Evaluation* hat er in seiner Studie ausgeklammert. Im folgenden werden diese Klassen kurz gekennzeichnet und mit Hilfe eines Beispiels erläutert.

1. *Kenntnisse:* Das Wissen und Erinnern von gelernten Fakten, Begriffen und Regeln ohne Berücksichtigung der Frage, ob Verständnis vorliegt oder ob Beziehungen gesehen werden.
   Beispiel: „Der Schüler soll die verschiedenen Teile der Pflanze (Wurzel, Stengel bzw. Stamm, Blätter, Blüte) aufzählen können."

2. *Verstehen:* Mit dieser Kategorie wird das „niedrigste Verständnisniveau" angesprochen. Der Schüler vermag zwar in eigenen Worten Zusammen-

fassungen des Gelernten zu geben; Beziehungen zu anderen Informationen und Implikationen werden auf dieser Ebene allerdings nicht verlangt.
Beispiel: „Pflanzen gedeihen auf verschiedenen Böden unterschiedlich gut. Schwere Böden speichern mehr Wasser als leichte Böden. Wie wirkt sich das auf das Wachstum bestimmter Pflanzen aus, die viel bzw. wenig Wasser vertragen?"

3. *Anwendung:* Auswahl und Anwendung einer Methode, Regel oder Idee zur Lösung eines Problems in einer gegebenen Situation.
Beispiel: „Es gibt chemische Stoffe, die auf die Pflanzen so wirken, daß alle Blätter abfallen (Entlaubung). Welche Folgen hat die Anwendung dieser Stoffe für die Pflanze?"

4. *Analyse:* Vom Lernenden wird gefordert, eine Gegebenheit in ihre Teile zu zerlegen, d.h., Ideen zu identifizieren, ihre Hierarchie sowie die zwischen ihnen bestehenden Beziehungen zu erkennen.
Beispiel: Der Schüler soll folgende Mehrfachantwort-Aufgabe lösen können:
„Alle Pflanzen verdunsten Wasser. Wenn die Pflanze wenig Wasser verdunsten kann ...
a) wächst sie langsamer.
b) erzeugt sie mehr Nährstoffe.
c) bildet sich die Wurzel besser aus.
d) werden die Blätter größer."

5. *Synthese:* Die Synthese fordert vom Lernenden, Elemente zu einem Ganzen zusammenzufügen. Zuvor identifizierte Teile bzw. Ideen werden neu geordnet und kombiniert, damit das Lernmaterial zu einer Klarheit gebracht wird, die zuvor nicht bestanden hat.
Beispiel: „Pflanzen können sich nur ernähren, wenn sie gerade gewachsen sind. Wie läßt sich *nachweisen,* ob diese Aussage richtig oder falsch ist?"

6. *Evaluation:* Finden eines Urteils bezüglich des Wertes von Material und Methoden, die für bestimmte Zwecke eingesetzt werden.
Beispiel (für höhere Schuljahre): „Halten Sie das von ... beschlossene Programm zum Umweltschutz für ausreichend, und in welchen Punkten sollte es nach Ihrer Meinung ergänzt werden?"

Blooms Taxonomie im kognitiven Bereich ist von Bedeutung, da sie die meisten Lernziele der Schule berücksichtigt. Aber sie ist ergänzungsbedürftig, denn es wäre wenig gewonnen, wenn der Unterricht Ziele im sozial-emotionalen Bereich vernachlässigen würde. Was hätte die Schule auch gewonnen, wenn sie Wissen in der Physik, in der Biologie oder der deutschen Literatur an den Schüler heranträgt, aber gleichzeitig zu beobachten wäre, daß die Schüler eine negative Einstellung gegenüber naturwissenschaftlichen oder sprachlichen Fächern entwickeln? Deshalb dürfen die Lernziele im affektiven Bereich nicht nur als Anhängsel der Bloomschen Arbeit gesehen werden.

7.1.3.4 Lernziele im sozial-emotionalen Bereich

Vor allem Autoren humanistischer Orientierung (s. S. 330f.) haben in der Vergangenheit vielfach beklagt, daß die Schulen kognitive Lernziele implizit oder explizit auf Kosten des affektiven Bereichs betonen. Sie forderten deshalb, solchen Einseitigkeiten entgegenzuwirken.

> So heißt es z. B. bei Gerald Weinstein und Mario Fantini (1974): „Affekt ist nicht nur ein intensives Erfahren von Emotionen; es ist zugleich auch ein Ausdruck grundlegender Kräfte, die das Verhalten lenken und kontrollieren. ... Wenn wir den Lehrer energisch drängen, den affektiven Bereich mehr in den Blick zu nehmen, dann erheben wir nicht den Anspruch, daß dieser gegenüber der Kognition Vorrang haben sollte. ... Aber das Erziehungssystem fördert nicht die Harmonie zwischen Affekt und Kognition; es betont gewöhnlich die Kognition auf Kosten des affektiven Bereichs. ... Die übermäßige Akzentuierung der Kognition und deren Abtrennung vom Affekt bedeutet eine Bedrohung unserer Gesellschaft, denn unsere Erziehungsinstitutionen könnten kalte, einzeln stehende Individuen hervorbringen, die sich humanitären Zielen nicht verpflichtet fühlen. ... Wir können z. B. genau wissen, welche Ungerechtigkeiten Minderheiten in unserer Gesellschaft erfahren, solange wir aber davon nicht auch gefühlsmäßig angesprochen werden, dürften wir kaum etwas dagegen tun. Solange Kenntnisse nicht zum affektiven Bereich des Lernenden in Beziehung gesetzt werden, ist die Wahrscheinlichkeit begrenzt, daß sie Einfluß auf dessen Verhalten nehmen werden."

Die vielfach beklagte Überbetonung kognitiver Lernziele in der heutigen Schule hat sicherlich vielfältige, zu einem erheblichen Teil gesellschaftsbedingte Ursachen. Zu rechtfertigen ist diese Einseitigkeit jedoch nicht, denn schulisch erworbene Kenntnisse werden unter Umständen sehr bald wieder vergessen. Demgegenüber ist bei der erfolgreichen Weckung von Interessen und beim Aufbau von Werten die Möglichkeit gegeben, daß sie über die Schule hinaus, möglicherweise ein ganzes Leben lang, das Verhalten eines Menschen bestimmen. Sicherlich kann nicht behauptet werden, daß Lehrern diese Zusammenhänge nicht bekannt sind. Wenn sie dennoch ihre Aufmerksamkeit stärker auf Ziele im kognitiven Bereich lenken, dann hängt dies zweifellos auch damit zusammen, daß affektive Lernziele relativ schwierig zu präzisieren oder gar zu operationalisieren sind, denn es geht dabei ja um Konstrukte wie Gefühle, Einstellungen, Interessen und Werte. Affektive Lernziele sind zudem dadurch gekennzeichnet, daß zu ihrer Erreichung unter Umständen Jahre, eventuell sogar Jahrzehnte erforderlich sind, und selbst nach derartig langen Zeiträumen ist fraglich, ob sie tatsächlich realisiert worden sind.

> Dabei ist zu beachten, daß die Bereiche Kognition und Affekt in Wechselwirkung zu einander stehen: Viele Mitmenschen haben z.B. *gelernt*, daß sie „mathematisch unbegabt" sind – unabhängig davon, ob es nun eine mathematische Begabung gibt oder nicht. Diese schulische Erfahrung geht

dann häufig mit einer tiefen Ablehnung von Mathematik und Rechnen einher (s. S. 130f.). Mit ihrer bereits in der Schule erworbenen Voreinstellung besuchen sie später – vielleicht inzwischen als Studierende – u.a. Kurse in Statistik. Ihre vermutete Unfähigkeit zeigt sich bisweilen in merkwürdiger Weise. So können sie beispielsweise ohne Schwierigkeiten mitteilen, wieviel Geld ihnen „durchschnittlich" zur Verfügung steht. Sie werden dagegen ratlos, wenn sie einen Mittelwert auszurechnen haben. Hier ist mit dem Verfehlen eines kognitiven Ziels ein ganzes Bündel affektiver Ziele – besser Folgeschäden – erreicht worden.

Solche Schwierigkeiten hatten David Krathwohl, Benjamin Bloom und Bertram Masia (1964) sicherlich im Blick, als sie sich an die Aufgabe machten, eine Taxonomie der Lernziele im affektiven Bereich zu erarbeiten, denn sie stellten fest: „Wir erkennen ... an, daß ... von Lehrern, Curriculumspezialisten und Forschern noch viel getan werden muß, bevor dieser Bereich ebenso gut verstanden wird wie gegenwärtig der kognitive Bereich."

Die von Krathwohl und Mitarbeitern erstellte Taxonomie affektiver Lernziele läßt ebenfalls eine hierarchische Anordnung erkennen; dabei wird das Merkmal des Engagiertseins für eine Sache variiert, d.h., es erfolgt eine Unterscheidung danach, wie stark man von einer Gegebenheit angesprochen wird und sich für die Bewältigung solcher Aufgaben einsetzt, die sich daraus ergeben. Die fünf Hauptkategorien mit ihren jeweiligen Unterteilungen lauten wie folgt (Krathwohl et al., 1964):

Tabelle 7.1:
Taxonomie der Lernziele: Der affektive Bereich

1. Aufnehmen	1.1 Aufmerksam werden
	1.2 Aufnahmebereitschaft
	1.3 Gerichtete oder selektive Aufmerksamkeit
2. Reagieren	2.1 Einwilligendes Reagieren
	2.2 Bereitschaft zum Reagieren
	2.3 Befriedigung beim Reagieren
3. Werten	3.1 Akzeptierung eines Wertes
	3.2 Bevorzugung eines Wertes
	3.3 Bindung an einen Wert
4. Wertordnung	4.1 Internalisierung eines Wertes
	4.2 Aufbau einer Wertordnung
5. Bestimmtwerden	5.1 Verallgemeinertes Wertsystem durch Werte
	5.2 Bildung einer Weltanschauung

Wenn ein Schüler im Rahmen des Unterrichts beispielsweise mit der Umweltverschmutzung (s. hierzu Ringness, 1975) konfrontiert werden soll, dann würde ihm auf der ersten Ebene der Taxonomie („Aufnehmen") lediglich gewahr, daß ein solches Problem existiert; eine Re-Aktivierung von Begleitgefühlen erfolgt noch nicht. Auf der Ebene 1 wird die Bereitschaft geweckt, darüber mehr zu erfahren und die Aufmerksamkeit auf die dargebotene Information zu richten.

Auf der zweiten Ebene („Reagieren") beginnt der Aufbau eines eigenen Standpunktes. Dabei mag der Schüler zunächst noch die Meinung von relevanten Bezugspersonen (Eltern, Lehrer) übernehmen und wiedergeben. Er kann aber mit dem Eintreten für einen Standpunkt bereits eine gewisse Befriedigung erfahren.

Auf der dritten Ebene („Werten") lassen sich eigene Meinungen erkennen, für die der Schüler vielleicht in Diskussionen eintritt. Die Meinungen verfestigen sich zu Überzeugungen. Der Schutz der Umwelt wird als erstrebenswert erkannt. Es besteht eine gesteigerte Bereitschaft, aktiv nach Lösungen für ein als relevant erachtetes Problem zu suchen.

Auf Ebene vier („Wertordnung") wird der Gedanke des Umweltschutzes als eigenständiger Wert erkannt und in die eigene Wertordnung, eventuell mit einer gewissen Priorität, übernommen.

Es ist schließlich auf der höchsten Ebene („Bestimmtwerden") möglich, daß der Umweltschutz mit anderen Gegebenheiten – etwa mit der Forderung nach Achtung der Menschenrechte – in Beziehung gesetzt wird. Es hat sich eine Weltanschauung herausgebildet, und ihr Träger kann bereit sein, für diese aktiv einzutreten.

Es ist selbstverständlich sehr viel einfacher, die einzelnen Ebenen begrifflich voneinander zu trennen. Im praktischen Alltag dürfte es dagegen erhebliche Unsicherheiten bereiten, wenn entschieden werden soll, ob ein Lernender sich zunächst nur einer Meinung angeschlossen hat oder ob er sich bereits einem Wert verpflichtet fühlt. Eine klare Differenzierung zwischen den einzelnen Ebenen gehörte jedoch noch nicht zu den Zielsetzungen der Pionierarbeit von Krathwohl und seinen Mitarbeitern. Man wollte vor allem die Aufmerksamkeit auf ein Gebiet lenken, das in der Schule zumeist vernachlässigt wird und hoffte sicherlich, daß das Anliegen der Autoren weitere (Forschungs-)Aktivitäten in Gang setzen würde.

7.1.3.5 Kritischer Rückblick auf die Taxonomie Blooms

Viele Jahrzehnte sind vergangen, seitdem Bloom und seine Mitarbeiter sich aus den damals vorherrschenden außerordentlich strikten behavioristischen Denkweisen zu befreien suchten und einen Beitrag zur Ordnung von Unterrichtszielen vorlegten, der bis zur Gegenwart diskutiert wird (Anderson & Sosniak, 1994). Die Taxonomie sollte Lehrern vor allem vor Augen führen, daß der Wissenserwerb nicht das einzige Ziel ist, das an Schüler herangetragen werden sollte. „Was man braucht", so erklären Bloom et al., „ist ein Nachweis dafür, daß die Schüler etwas mit ihrem Wissen anfangen können, d. h., daß sie die Informationen auf neue Situationen und Probleme anwenden können." Es geht Bloom offenkundig um die Förderung der Lernübertragung (s. S. 311ff.). „Wenn der Schüler einem neuen Problem oder einer neuen Situation gegenübersteht", so erklärt er weiter, „wird erwartet, daß er eine geeignete

7.1 Prüfung von Wissen und Können aus objektivistischer Sichtweise des Lernens

Technik auswählt, um das Problem anzugehen, und die notwendigen Informationen, sowohl Fakten als auch Prinzipien anwendet." Diese Feststellung ist auch aus heutiger Sicht durchaus noch zu akzeptieren. Man muß aber ergänzen, daß die Anwendung in möglichst authentischen Situationen erfolgen sollte (s. S. 285ff.). Bloom ging jedoch, ähnlich wie Piaget und die Intelligenzforscher der damaligen Zeit, davon aus, daß es Fertigkeiten und Fähigkeiten höherer Ordnung gäbe, über die ein Mensch verfügen muß, um sich erfolgreich mit Problemen unterschiedlichster Aufgabenbereiche auseinanderzusetzen. Er verweist nämlich darauf, daß sich die heutigen Industrienationen „in einer Phase des schnellen Wandels und nicht voraussagbarer Veränderungen der Gesellschaft befinden. Es scheint fast unmöglich zu sein, vorherzusehen, in welcher Art sie sich in naher Zukunft verändern wird. ... Unter diesen Bedingungen muß in den Schulen besonderes Gewicht auf die Entwicklung von verallgemeinerten Methoden, Probleme zu lösen, und auf Wissen, das auf einen breiten Bereich neuer Situationen angewendet werden, gelegt werden." Bloom möchte also die Entwicklung „verallgemeinerter intellektueller Fähigkeiten und Fertigkeiten" fördern, die „in neuen Situationen gute Dienste leisten können". Solche Forderungen sind nach heutigem Kenntnisstand nicht mehr berechtigt. Zu berücksichtigen ist allerdings, daß in den 1950er Jahren, der Entstehung der Taxonomie Blooms, noch nicht bekannt war, daß es eine *allgemeine* Fähigkeit zur Lösung von Problemen nicht gibt. Eine solche läßt sich vielmehr nur innerhalb bestimmter Bereiche entwickeln (s. S. 92). Daher können Schüler durch intensive Beschäftigung mit biologischen Problemen zwar lernen, ihr daraus entstandenes Wissen zur Lösung von Problemen im Umweltschutz einzusetzen. Sie sind damit aber nicht automatisch in der Lage, Probleme auch in anderen Bereichen ebenso kompetent zu bewältigen.

Bloom und seine Mitarbeiter ließen sich von der Annahme leiten, daß die Lernziel-Klassen eine hierarchisch-kumulative Ordnung repräsentieren. „So wie wir sie definiert haben, werden die Ziele in einer Klasse wahrscheinlich auf den Zielen der vorhergehenden Klasse aufbauen." Damit ist gleichzeitig die Vermutung verbunden, daß die einzelnen Kategorien nach wachsender Komplexität geordnet sind. Auf der Grundlage einschlägiger Untersuchungen (Kropp et al., 1966; Madaus et al., 1973, Seddon, 1978) läßt sich feststellen, daß für die Kategorien *Kenntnisse, Verstehen, Anwendung* und *Analyse* die genannte Hypothese – wenn auch nicht sehr überzeugend (de Corte, 1980) – tatsächlich eher zu bestätigen als zurückzuweisen ist. „Die Ordnung der höheren Kategorien hingegen, namentlich *Synthese* und *Evaluation,* wirft mancherlei Fragen auf" (de Corte, 1980). Die Unsicherheiten, die in diesen Zitaten zum Ausdruck kommen, sind vermutlich darauf zurückzuführen, daß Bloom und Mitarbeiter von einer allgemeinen Fähigkeit zur Lösung von Problemen ausgehen (siehe oben). Darauf weisen auch William Rohwer und Kathryn Sloane (1994) mit folgender Feststellung hin: „Die Organisation des Lernens hängt von der Struktur des zu lernenden Problembereichs ab." Die beiden Autoren sind sich der „dramatischen" Folgen dieser Feststellung sehr wohl bewußt. Wenn sie nämlich tatsächlich zutreffen sollte – und daran ist aus

kognitiver Sicht nicht zu zweifeln –, ist zumindest mit folgenden Konsequenzen zu rechnen:
1. Es gibt nicht mehr nur *eine* Taxonomie. „Die Prinzipien der kognitiven Wissenschaft würden die Entwicklung zahlreicher Taxonomien diktieren, *eine* für jede Disziplin. Diese notwendige Folge ergibt sich aus der Feststellung, daß der Charakter relevanten Wissens und relevanter Prozesse von Problembereich zu Problembereich unterschiedlich ist. Aus diesem Grund müssen die Lehr- und Lernziele auch bereichsspezifisch sein.
2. Weil Wissen und Fertigkeiten bereichsspezifisch sind, können ein fruchtbarer Transfer und eine Verallgemeinerung [des Gelernten] nur innerhalb der jeweiligen Problembereiche auftreten.
3. Innerhalb einiger Lernbereiche können die Lernziele eine hierarchische Beziehung aufweisen, während die Lernziele in weiteren Bereichen auf ganz andere Weise Beziehungen untereinander aufweisen, und zwar jeweils in Abhängigkeit von den Strukturen in den einzelnen Bereichen" (Rohwer & Sloane, 1994).

Vor allem dieser letzte Punkt verweist auf die Notwendigkeit, zunächst die Struktur eines jeden Unterrichtsfaches zu bestimmen, um sodann die Bedingungen herauszuarbeiten, unter denen die Lernenden ihr Wissen und ihre Fertigkeiten zu erwerben haben. Der einzelne Fachlehrer kann diese Aufgabe sicherlich nicht allein übernehmen. Ihm könnten jedoch in Zukunft Lehrmittel in Form von Schulbüchern, computergesteuerten interaktiven Medien usw. zur Verfügung stehen, die den jeweiligen Strukturen eines Fachgebietes Rechnung tragen.

7.1.4 Anordnung von Aufgabenkomponenten in eine Lernabfolge und ihre jeweilige Überprüfung

Lernziele spezifizieren stets *Soll*-Forderungen, denn sie benennen Aufgaben, deren Bewältigung der Schüler erst noch lernen muß. Wie aber ist die Diskrepanz zwischen der Soll-Forderung und dem Ist-Zustand des Schülers, also dem was er zum aktuellen Zeitpunkt schon weiß oder kann, zu überbrücken? Was muß der Lehrer tun, um den Lernenden an das Lernziel heranzuführen? Die Antwort, die auf Burrhus Skinner (1954) zurückgeht, lautet, daß die durch das Lernziel formulierten komplexeren Verhaltensweisen in kleinere Verhaltenskomponenten zerlegt werden müssen. Diesen Zerlegungsprozeß bezeichnet man als „Aufgabenanalyse". Anschließend werden die Komponenten so geordnet, daß sie eine Schrittabfolge bzw. Lernsequenz zunehmender Komplexität ergeben.

7.1.4.1 Zerlegung komplexer Lernziele mittels Aufgabenanalyse

Vor der Durchführung einer Aufgabenanalyse stellt sich der Lehrer in der Planungsphase seines Unterrichts die Frage, über welche Wissensvoraussetzungen seine Schüler verfügen müssen, damit sie ein jeweils ausgewähltes komple-

xeres Lernziel erreichen können. Welche Teilkenntnisse sollten vorhanden sein, um etwa die „Subtraktion im zweistelligen Zahlenbereich mit Zehnerüberschreitung" zu beherrschen? Im Rahmen seiner Aufgabenanalyse könnte der Lehrer folgende Teilkenntnisse identifizieren:
- Kenntnis des Subtraktionsprinzips (etwa: wieviel ist 8 – 3);
- Verstehen des Zehnersystems (so etwa, daß sich die Zahl 18 aus einem Zehner und 8 Einern zusammensetzt);
- Wissen, wie man eine einstellige Zahl von einer zweistelligen ohne Zehnerüberschreitung subtrahiert (also etwa 18 – 4);
- Wissen, wie man eine zweistellige Zahl von einer werthöheren zweistelligen ohne Zehnerüberschreitung subtrahiert (z. B. 23 – 11).

Die in diesem Beispiel genannten Wissenskomponenten lassen sich ihrerseits weiter zerlegen. Im vorliegenden Fall wird vorausgesetzt, daß der Lernende mit einer Zahl die Vorstellung einer bestimmten Menge verbindet, daß die Gesamtmenge 11 aus den Teilmengen 8 und 3 besteht usw.

7.1.4.2 Aufbau einer Lernsequenz

Nach Durchführung einer Aufgabenanalyse, der Zerlegung einer komplexeren Aufgabe (eines Lernziels) in ihre einzelnen Komponenten, ist die Arbeit des Lehrers noch nicht abgeschlossen. Diese Komponenten müssen als nächstes in eine logische Schrittabfolge, eine Lernsequenz, vom einfacheren zum komplexeren gebracht werden, wie sie auch Benjamin Bloom in seinem Konzept des zielerreichenden Lernens vorgesehen hat (s. S. 154f.). So berücksichtigt der Lehrer bei seiner Schrittabfolge, daß Lernende zunächst mit dem Mengenbegriff vertraut sein müssen, bevor sie Teilmengen miteinander vergleichen können. Da bei diesem Vergleich Begriffe wie „größer als", „kleiner als" und „ebenso groß wie" verwendet werden, ist als nächstes deren Bedeutung zu üben, bevor weitere Begriffe, wie etwa „Addition" und „Subtraktion" eingeführt werden können. Die Abfolge der Schritte läßt sich zunächst auf der Grundlage einer fachkundigen Analyse durchführen. Man muß allerdings an einer Stichprobe von Lernenden überprüfen, ob die zunächst am Schreibtisch bestimmte Schrittfolge tatsächlich den Erwartungen entsprechend bewältigt wird. Sobald sich aber eine Schrittfolge bzw. Lernsequenz durch empirische Nachprüfung als erfolgreich erwiesen hat, kann sie im Falle einer objektivistischen Sicht des Lernens auf alle Lernenden übertragen werden.

7.1.4.3 Regelmäßiges Überprüfen des Gelernten

Skinners programmierte Unterweisung, die bereits in Kapitel 1 (s. S. 21f.) skizziert worden ist, liefert ein Beispiel für eine „lineare" Abfolge von Lernschritten. Dabei wird nach jedem gelehrten Lernschritt überprüft, ob der Lernende ihn auch erfolgreich nachvollzogen hat. Nach einer Lehrphase erfolgt eine

Überprüfungsphase und, sofern der Lernende diese erfolgreich bestanden hat, die nächste Lernphase. Das Vorgehen läßt sich folgendermaßen beschreiben: „Sobald ein Schüler eine Anweisung ausgeführt hat, wird er getestet. Der Test wird korrigiert, und wenn er [der Schüler im Test] einen Schwierigkeitsgrad von 85 Prozent oder besser erreicht hat [d. h. 85 Prozent der Schüler bewältigen ihn], schreitet er voran, um eine neue Anweisung vom Lehrer zu erhalten. Fällt der Schwierigkeitswert geringer als 85 Prozent aus, bietet der Lehrer eine Reihe alternativer Lernschritte an, um die Schwäche zu beseitigen. Dazu gehört auch Einzelunterricht. [Dem Lernenden] wird nicht gestattet, zu einer neuen Arbeitseinheit voranzuschreiten, solange er nicht einen Rangwert von 85 Prozent erreicht hat" (Education U.S.A., 1968).

Skinner hatte sich dafür ausgesprochen, daß jeder Lernschritt nur geringe Anforderungen an Lernende stellen durfte, denn er vertrat die Überzeugung, daß Mißerfolge unbedingt vermieden werden müssen. In der Praxis zeigte sich jedoch sehr bald, daß Skinner nicht allen Schülern mit seinem Programm gerecht wurde. Einigen Schülern gelang die Bearbeitung sehr viel schneller als anderen. Die Unterforderten verloren aus diesem Grund sehr bald die Motivation. Es wurde deshalb auf die Notwendigkeit hingewiesen, interindividuellen Differenzen der Schüler besser Rechnung zu tragen.

Diese Forderung erfüllte damals u.a. Norman Crowder (1960, 1963) durch Entwicklung „verzweigter Programme". Crowder hielt es nicht für erforderlich, die auf dem direkten Weg zum Lernziel führenden Schritte besonders klein zu halten. Die mit jedem Schritt gestellten Anforderungen sind im Gegenteil nur von wenigen zu bewältigen. Die Mehrheit der Lernenden wird folglich nicht auf dem kürzesten Weg zum Ziel kommen und eher oder später fehlerhaft reagieren. Eine falsche Antwort führt den Lernenden unmittelbar zu einem Unterprogramm, das den Lernschritt, der einem Schüler zu schwierig erscheint, in mehrere kleinere Lernschritte zerlegt, die leichter zu bewältigen sein sollten.

Skinner und Crowder gehen bei ihren Überlegungen von einem passiven Lernenden aus, denn letztlich bestimmt ausschließlich das nach ihren Vorgaben entwickelte Lernprogramm, welcher Weg zu gehen ist, damit das jeweilige Lernziel erreicht werden kann. Der Lernende hat lediglich nach jedem „Schritt" mitzuteilen, ob er das an ihn herangetragene Wissenselement „in sich aufgenommen" hat. Alle Bearbeiter des Programms folgen letztlich dem gleichen, von außen bestimmten Weg zum Ziel, wenngleich Crowder seinen Lernenden die Möglichkeit bietet, den steilen Weg zum Ziel etwas abzuflachen, indem er zwischen einzelnen Stationen – um im Bild zu bleiben – Serpentinen anlegt, die jeden Bearbeiter immer wieder systematisch zum kürzesten, steilsten Weg zurückführen. Nach jeder Lerneinheit erfolgt eine Prüfung, ob diese einzelnen Lernziele bewältigt worden sind.

Jede Prüfung setzt zweierlei voraus: eine Messung und eine Bewertung.

7.2 Merkmale traditioneller Methoden der Leistungsbewertung: Zensuren und Tests

Aus behavioristischer Sicht des Lernens hat der Lehrer dafür Sorge zu tragen, daß seine Schüler über einen Lernweg Ziele erreichen. Beim Lernweg handelt es sich um eine vom Lehrer vorgegebene und kontrollierte Schrittfolge. Wenn man Lernende diesen Weg gehen läßt, wird man die Erfahrung machen, daß einige auf ihrem Weg zum Ziel schneller vorankommen als andere. Möglicherweise wird das Ziel auch nicht von allen erreicht. Wie lassen sich solche Unterschiede zwischen den Schülern bewerten? Ein Vergleich mit Beobachtungen beim Wettlauf mag für die Klärung dieser Frage hilfreich sein. Auch dabei versuchen sämtliche Schüler, sich auf derselben Strecke dem Ziel zu nähern. Da aber Laufen *an sich* nicht als hinreichend motivierend angesehen wird, stellt man als Anreiz eine Bewertung in Aussicht. Diese ist an eine Leistungsmessung gebunden. Durch eine *Messung* erfolgt zumeist die numerische, aber auch die sprachliche Beschreibung eines Ereignisses oder eines Merkmals, wobei meistens höhere numerische Werte (Zahlenangaben, etwa beim Weitsprung, z.B. 1 m < 2 m < 3 m) höhere Merkmalsausprägungen anzeigen (beim Wettlauf würden demgegenüber geringere Werte, etwa 10 sec < 9 sec < 8 sec usw. höhere Merkmalsausprägungen anzeigen). Die Messung soll eine Antwort auf die Fragen „wieviel?", „wie sehr?" oder „wie oft?" geben (Gronlund, 1993). *Wieviel* Zeit benötigen Schüler, um 100 m zu laufen? Sollte als Ergebnis der Meßwert „13 Sekunden" vorliegen, ist zwar eine Zahl ermittelt worden. Sie hat aber für sich genommen wenig Aussagekraft. Man möchte die Laufleistung des Schülers nämlich in der Regel *bewerten:* Hat er eine „gute" Leistung erbracht? Die Antwort setzt die Auswahl eines Maßstabes voraus. Anhand des bereits genannten, auf die „Normalität" (sozial-)bezogenen Maßstabes, läßt sich beispielsweise die von einem Schüler auf einer Strecke von 100 Metern gezeigte Laufleistung mit denen seiner Mitschüler oder auch mit denen seiner Altersgruppe vergleichen. Die daraufhin getroffene Feststellung, der Schüler habe *im Vergleich* zu seinen Mitschülern „die beste" Leistung oder eine „durchschnittliche" Leistung erbracht, stellt eine Bewertung dar. Bei Rückgriff auf einen individuellen Bezugsmaßstab ist noch eine zweite Art der Bewertung möglich: Der Schüler habe sich selbst gegenüber seinen eigenen früheren Leistungen verbessert; so könnte er die 100 Meter in der Vergangenheit in der Zeit von 13,8 und 13,2 Sekunden zurückgelegt haben, die er nunmehr (s. o.) unterbietet. Schließlich ist auf dem Sportplatz auch eine kriteriumsbezogene Bewertung möglich, etwa im Falle eines Auswahlwettkampfes. Danach dürften beispielsweise nur solche Schüler an einem weiteren Lauf teilnehmen, die höchstens 13 Sekunden für die Strecke von 100 Metern benötigt haben.

Auch im Klassenzimmer fällt dem Lehrer die Aufgabe der Messung und Beurteilung (in Form einer Notengebung) zu. Allerdings werden in der schulischen Praxis, wie Eiko Jürgens (1997) feststellt, „Leistungsmessung und -bewertung so gut wie gar nicht getrennt". Der Kritik an der Meßgenauigkeit der herkömmlichen Zensurengebung schloß sich die Forderung an, das Lehrerurteil durch die Ergebnisse standardisierter Tests abzustützen. Diese Forderung ist allerdings in Ländern wie den USA sehr viel strikter als in Deutschland befolgt worden.

Standardisierte Tests werden in der Regel über Testverlage vertrieben. Sie können großen Stichproben von Schülern zur Bearbeitung vorgelegt werden. Sie besitzen hohe Durchführungs-, Auswertungs- und Interpretationsobjektivät (s. ausführlicher S. 416ff.). Der darin von einem Schüler erzielte Gesamtpunktwert wird mit den Normwerten einer „Eichstichprobe" verglichen, das heißt, mit den Testergebnissen einer repräsentativen Auswahl von Schülern, die ein annähernd gleiches Alter aufweisen und die gleiche Schulstufe besuchen.

Vorbilder herkömmlicher psychologischer Meßverfahren finden sich in der physikalischen Welt. Als Beispiel läßt sich das Körpergewicht und seine Messung nennen. Ohne daß man einen bestimmten Menschen jemals gesehen hat, läßt sich über ihn sicher vorhersagen, daß er zu jedem Zeitpunkt ein *bestimmtes* Gewicht hat. Dennoch bleibt dies Gewicht auch innerhalb kurzer Zeiträume nicht unverändert: Es kann durchaus innerhalb eines gewissen Bereichs schwanken. Diese Gewichtsschwankungen hängen vor allem von der Menge aufgenommener Nahrung, der Art körperlicher Aktivitäten und der Menge der körperlichen Ausscheidungen ab. Diese kurzzeitigen Gewichtsschwankungen könnte man dem Zufall zuschreiben oder sie als „Fehlereinflüsse" (F) interpretieren. Wenn es gelingen würde, diese Fehlereinflüsse auszuschalten, hätte man das wahre Körpergewicht (W) oder den „Wahren Wert". Danach muß man nach jeder Einzelmessung damit rechnen, daß sich ihr Ergebnis, der „Beobachtete Wert" (B), aus dem Wahren Wert und einer unbekannten Anzahl von Fehlerwerten zusammensetzt (B = W + F). Da man aber immer nur zu einem bestimmten Zeitpunkt unter den jeweils gegebenen Bedingungen messen kann, bleibt der „Wahre Wert" ein theoretischer Begriff, der sich der Beobachtung entzieht. Er läßt sich jedoch bei Zugrundelegung der folgenden zusätzlichen Annahme annäherungsweise erschließen: Meßfehler sind nicht systematisch, d. h., sie sind zufällig, können kleiner oder größer sein, d. h., sie gehen mal in die eine, mal in die andere Richtung und sie sind unabhängig von der Höhe des „Wahren Wertes". Würde man beispielsweise eine Gewichtsprüfung innerhalb eines kurzen Zeitraums viele Male wiederholen und gleichzeitig davon ausgehen können, daß sich das wahre Gewicht nicht verändert hat, ist damit zu rechnen, daß der Durchschnittswert aller beobachteten Meßwerte dem Wahren Wert sehr nahe kommt, ihm also im Grunde entspricht. Man läßt sich nämlich von der Annahme leiten, daß sich sämtliche Fehler aufgrund ihres zufälligen Auftretens gegenseitig aufheben (Die Summe aller F wäre gleich 0). Diese Annahmen finden sich auch in der sogenannten *Klassischen Testtheorie,* die deswegen gelegentlich auch als „klassische Meßfehlertheorie" bezeichnet wird. Auf ihr beruhen sehr viele Meßverfahren in Form von Tests. Welche Fehler grundsätzlich in eine Messung einfließen können, soll im folgenden kurz dargestellt werden. Die Güte eines Verfahrens ist am größten, wenn dieses hohe Objektivität, Zuverlässigkeit und Gültigkeit aufweist. Man spricht deshalb auch von den *Hauptgütekriterien* eines Tests.

7.2.1 Objektivität von Prüfungen

Bereits seit langem weiß man, daß die Bewertung einer Schülerleistung auch von der Person des Lehrers abhängt. Unabhängige Beurteiler können nämlich für dieselben Aufsätze verschiedene Zensuren vergeben (Bobertag, 1933; Lämmermann, 1927; Ulshöfer, 1948). So erhalten einzelne Aufsätze von einigen Lehrern die Note „sehr gut", während andere dieselben als „mangelhaft" oder gar „ungenügend" bezeichnen. Für diese Diskrepanz in den Beurteilungen gibt es mehrere Gründe. So unterscheiden sich Lehrer darin, welche Anforderungen sie an ihre Schüler stellen (Coffman & Kurfman, 1968), aber ebenso bezüglich der Kriterien, nach denen sie ihre Bewertungen ausrichten. Es ist schon lange bekannt, daß einige Lehrer in einem Aufsatz beispielsweise der Handschrift, der Rechtschreibung und der Zeichensetzung ein höheres Gewicht als andere Lehrer geben (Starch & Elliot, 1912). Ebenso mag die unterschiedliche Berufserfahrung als Lehrer eine Rolle spielen. Horst Nickel und Wilhelm Wieczerkowski (1974) fanden, daß Lehrer mit Berufserfahrung die ihnen vorgelegten Aufsätze strenger beurteilen als Referendare, und diese neigen wiederum dazu, härtere Maßstäbe anzulegen als unerfahrene Beurteiler (Schüler und Studenten). Die Autoren erhielten keine Hinweise dafür, daß das Geschlecht des Schülers oder das des Lehrers Einfluß auf die Aufsatzzensur nimmt.

Es sei ergänzt, daß die fehlende Übereinstimmung der Lehrerurteile nicht nur bei Aufsätzen, sondern bei vielen Prüfverfahren mit freier Aufgabenbeantwortung (s. S. 416) festgestellt worden ist. So hat man auch eine außerordentlich große Streuung bei der Beurteilung von Geometriearbeiten nachweisen können (Starch & Elliott, 1913). Ähnliche Differenzen in den Lehrerurteilen fand man auf dem Gebiet der Rechtschreibung (Weiss, 1965)!

Prüfer sollten die Beurteilung von Leistungen möglichst objektiv vornehmen. Damit wird eine Forderung erhoben, die sich von keinem Menschen hundertprozentig erfüllen läßt. Im Rahmen jeder Prüfung kann nämlich stets nur eine Stichprobe von Verhaltensweisen berücksichtigt werden (Anastasi, 1988). Prüfer bieten ihren Kandidaten immer nur die Gelegenheit, einen sehr kleinen Teil ihres Wissens wiederzugeben. Jede Fragenauswahl, auch wenn sie nach dem Eindruck von Beobachtern fair und repräsentativ erfolgt, verrät letztlich einen subjektiven Einfluß des Prüfers.

Die fehlende Übereinstimmung unabhängiger Beurteiler einer Leistung geht zur Lasten der *Objektivität*. Empirisch arbeitende Wissenschaftler beantworten die Frage nach dem Grad der Objektivität ihrer Beobachtungen pragmatisch. In Anlehnung an Immanuel Kant (1781) wird Objektivität bei Karl Popper (1959) als „intersubjektiv nachprüfbar" verstanden. Grundsätzlich gilt, daß ihre Untersuchungen objektiv zu sein haben, d. h., ihre Ergebnisse dürfen nicht in Abhängigkeit vom jeweiligen Beobachter variieren. Das gilt ebenso für psychologische Tests. Unter der Objektivität eines Tests versteht man nach Gustav Lienert und Ulrich Raatz (1994) „den Grad, in dem die Ergebnisse eines Tests unabhängig vom Untersucher sind. Ein Test wäre demnach vollkommen objektiv, wenn verschiedene Untersucher bei denselben Probanden zu gleichen Ergebnissen gelangten". Allerdings läßt sich nicht ausschließen, daß alle Beobachter den gleichen subjektiven Fehlern unterliegen.

Vor allem unter Hinweis auf Schwächen in der herkömmlichen schulischen Zensierungspraxis ist in der Vergangenheit wiederholt die Notwendigkeit zur Entwicklung und Verwendung „objektiver" Tests im Unterricht unterstrichen worden. Es müßte erreicht werden – so hieß es –, daß ein Schüler für dieselbe Leistung von unabhängigen Lehrern stets die gleiche Bewertung erhält. Man unterscheidet in der Testpsychologie drei verschiedene Aspekte der Objektivität: die Objektivität der Durchführung, Auswertung und Interpretation.

Um die *Durchführungs-Objektivität* eines Tests zu gewährleisten, erhält ein Benutzer genaue Anweisungen, indem u. a. die Aufgabenanordnung, die Instruktion, die Zeitgrenzen usw. allgemein festgelegt worden sind. Selbstverständlich lassen sich aber nicht sämtliche Bedingungen der Testdurchführung standardisieren. Tatsächlich besitzt ein Lehrer, der Tests einsetzt, nennenswerte Freiheitsgrade. So kann er bereits in der Vorankündigung einer Prüfung deren Bedeutsamkeit variieren. Wenn er den Eindruck erwecken sollte, daß von den Ergebnissen sehr wichtige Entscheidungen (Versetzung, Übergangs- oder Abschlußzeugnis) abhängen, muß – sofern dadurch zu hohe Grade der Angst ausgelöst werden – mit einer Leistungsminderung gerechnet werden (Holfort, 1975). Günstig kann dagegen auf die Testleistungen wirken, wenn der Testleiter für die Prüflinge kein Unbekannter, sondern eine vertraute Person ist (Tsudzuki et al., 1957). Ein Testleiter, der eine positive Atmosphäre schafft, indem er gelegentlich lächelt, nickt oder Antworten mit „gut" kommentiert, fördert das Leistungsverhalten erheblich mehr als ein anderer, der relativ neutral und unpersönlich auftritt (Kirchner, 1966). Ein solches Verhalten, das müßte wiederum in Kauf genommen werden, ginge dann allerdings zu Lasten der Durchführungsobjektivität.

Von einem Test wird weiterhin gefordert, daß er hohe *Auswertungsobjektivität* besitzt. Dies wird erreicht, indem die Bewertung von Aufgaben als *richtig* oder *falsch* oder auch die Bewertung nach der Antwortgüte mit Punkten eindeutig festgelegt wird. Zur Erreichung dieses Ziels bevorzugt man bestimmte Aufgabenformen, die eine Einschränkung der Antwortmöglichkeiten vornehmen. Wenn es das Ziel ist, eine hohe Auswertungsobjektivität zu erreichen, vermeidet man die *freie Aufgabenbeantwortung*.

Es handelt sich bei der freien Aufgabenbeantwortung um Aufgaben, bei denen der Schüler auf eine Frage, eventuell unter Bezugnahme auf eine Skizze, Tabelle usw., verbal oder nicht-verbal (etwa Vervollständigung einer Zeichnung, Tabelle) reagieren muß. Der Einsatz von Prüfverfahren mit freier Aufgabenbeantwortung wird vor allem damit gerechtfertigt, daß mit keiner anderen Aufgabenform solche Fähigkeit wie das Erinnern, Organisieren oder Integrieren von Informationen zu überprüfen ist (Thorndike & Hagen, 1977). Die freie Ausdrucksweise, die nur über diese Aufgabenform

7.2 Merkmale traditioneller Methoden der Leistungsbewertung: Zensuren und Tests

möglich ist, besitzt nach Meinung traditioneller Vertreter der Testpsychologie aber auch eine entscheidende Schwäche: ihre Auswertungsobjektivität ist nämlich sehr gering.

Der Forderung nach möglichst hoher Auswertungsobjektivät wird man stärker mit einer Aufgabenform gerecht, die in Schultests häufiger verwendet wird: Aufgaben mit Alternativ-Antworten. Eine solche Aufgabenform enthält eine Feststellung oder auch eine Behauptung, die der Prüfling als richtig (R) oder falsch (F) identifizieren und entsprechend ankreuzen muß.

Beispiel: R   F

Die Objektivität einer Prüfungsbewertung ergibt sich aus dem
Vergleich der Beurteilungen mehrerer unabhängiger Prüfer.   ○   ○

Bei Aufgaben mit Alternativ-Antworten ist die
Auswertungsobjektivität sehr hoch.   ○   ○

Man benutzt diese Aufgabenform im allgemeinen, wenn faktisches Wissen, etwa die Kenntnis von Begriffen oder einfache Zusammenhänge, geprüft werden sollen. Die Feststellungen sollten so kurz wie möglich formuliert werden. Um eine Frage für den Bearbeiter eindeutig werden zu lassen, wird empfohlen, unterschiedlich interpretierbare Begriffe wie „meistens", „manchmal" oder „normalerweise" zu vermeiden.

In der Mehrheit „objektiver" Tests wird die Mehrfachantwort-Aufgabe *(multiple choice)* als flexibelste Form verwendet. Diese Aufgabenform gibt es in zwei Versionen. Entweder beginnt sie mit einem unvollständigen Satzteil, für dessen Vollendung mehrere Möglichkeiten angeboten werden (Beispiel 1), oder sie beginnt mit einer Frage, auf die mehrere Antwortmöglichkeiten folgen (Beispiel 2). Die für richtig gehaltene Antwort wird angekreuzt.

Beispiel:

1. Operationalisierte Lernziele entsprechen den Anforderungen
   ○ der informationstheoretisch orientierten Psychologie
   ○ der humanistischen Psychologie
   ○ behavioristisch orientierter Psychologen
   ○ konstruktivistisch orientierter Psychologen

2. Welche der folgenden Formulierungen stellt eine operationalisierte Lernzieldefinition dar?
   ○ Die Schüler sind in der Lage, schriftlich Additionsaufgaben zu lösen.
   ○ Die Schüler lösen Aufgaben, in denen ein Mengenvergleich gefordert ist.
   ○ Die Schüler lösen 90 % der im Heidelberger Test für Mathematisches Denken (HTMD) für das vierte Schuljahr vorgesehenen Aufgaben.
   ○ Die Schüler lösen sämtliche Aufgaben des 1 × 1 bis 20.

Die sogenannte *Interpretationsobjektivität* betrifft den Grad der Unabhängigkeit bei der Bewertung eines Meßergebnisses durch den Anwender eines Tests. Hohe Interpretationsobjektivität liegt dann vor, wenn aus dem gleichen Testergebnis (sog. „Rohwert") übereinstimmende Schlüsse gezogen werden. Die Interpretationsobjektivität ist dann „vollkommen", wenn – in den Worten von Lienert und Raatz (1994) – „es sich um normierte Leistungstests oder Fragebögen handelt, in welchen die Auswertung einen normierten Wert liefert", der festlegt, welche Position ein Getesteter im Vergleich zu anderen einer Vergleichsgruppe besitzt.

Wenn das Ergebnis einer Prüfung nicht auf objektivem Wege zustandegekommen ist, kann dieses auch nicht „zuverlässig" sein, denn Objektivität ist eine notwendige Voraussetzung für die Zuverlässigkeit eines Prüfsystems. Umgekehrt bedeutet eine hohe Objektivität einer Prüfung nicht automatisch, daß sie auch zuverlässig ist. Was versteht man in der klassischen Testtheorie unter dem Gütekriterium *Zuverlässigkeit?*

7.2.2 Zuverlässigkeit von Prüfungen

Man fordert von jedem Meßinstrument, daß es genaue, zuverlässige *(reliable)* Ergebnisse liefert. Ein Thermometer, das bei konstanter Temperatur und wiederholten Messungen zunächst 36,4 °, δανν 40,7 ° und schließlich 38,2 ° anzeigt, würde als unzuverlässiges Instrument zu gelten haben. Wie sieht es nun bei der schulischen Zensurengebung aus?

Bereits in zeitlich weit zurückliegenden Studien wurde festgestellt, daß derselbe Lehrer dazu tendiert, eine Arbeit bei wiederholter Durchsicht ungleich zu bewerten. (Döring, 1925; Hartog & Rhodes, 1936; Hulten, 1925). Beurteiler neigen dazu, Aufsätze im Verlauf der Zeit milder zu zensieren (Godshalk et al., 1966). Mit Hinweis auf solche Befunde wurde in der Vergangenheit mehrfach die Forderung begründet, das Lehrerurteil mit Ergebnissen von Schultests zu vergleichen, die hohe Zuverlässigkeit aufweisen.

Unter Zuverlässigkeit eines Tests versteht man den Grad der Genauigkeit, mit dem er ein Merkmal mißt, unabhängig davon, ob er dieses Merkmal auch zu messen beansprucht. Nach der Klassischen Testtheorie liegt die Meßgenauigkeit eines Tests um so höher, je weniger seine Ergebnisse von „zufälligen" Fehlerfaktoren beeinflußt werden. Es gibt nicht *die* Zuverlässigkeit (Reliabilität) als solche, sondern lediglich verschiedene methodische Zugänge und dementsprechend unterschiedliche Begriffe der Zuverlässigkeit. Danach wäre ein Test vollkommen *zuverlässig,* wenn er
1. bei wiederholter Durchführung derselben Testform,
2. bei Anwendung von z.B. parallelen Testverfahren oder
3. bei Aufteilung der Tests etwa in zwei Hälften (deren Aufgaben derselben Grundgesamtheit entstammen müssen)

jeweils den gleichen Testwert eines Probanden ermittelt, dessen tatsächliche Leistungsfähigkeit sich in der Zwischenzeit nicht verändert hat.

Es gibt eine Reihe von Faktoren, die auf die Meßgenauigkeit und damit auf die Zuverlässigkeit eines Tests mindernd wirken können. Dazu gehört der *Stichprobenfehler,* der bei der Testkonstruktion und dort bei der Auswahl der Testaufgaben entsteht. Jeder Test stellt lediglich eine kleine Stichprobe aus der Gesamtheit aller möglichen Aufgaben dar. Grundsätzlich ist damit zu rechnen, daß der Stichprobenfehler um so stärker in Erscheinung tritt, je kürzer ein Test (je kleiner die Aufgabenstichprobe) ist. In einem relativ kurzen Test steigt nämlich die Wahrscheinlichkeit, daß ein Prüfling *zufälligerweise* Aufgaben vorfindet, die ihn begünstigen oder die ihn benachteiligen.

Weiterhin mindern Mängel, wie ungenaue und nicht eindeutige Arbeitsanweisungen an den Probanden, unklar formulierte Aufgaben, die Zuverlässigkeit. Diese Konstruktionsfehler, die bei jeder Testung einen Einfluß auf die Ergebnisse nehmen, sind durch geeignete Methoden der Aufgabenanalyse zu beseitigen. Aber wie steht es um zufällige, *unsystematische Fehler,* die gelegentlich auftreten? Sie entstehen in der besonderen Situation, in der die Testuntersuchung stattfindet. So beeinträchtigen u. a. unzureichend gelüftete Räumlichkeiten, schlechte Beleuchtungsverhältnisse am Arbeitsplatz, abgebrochene Bleistifte oder akustisch schwer verständliche Anweisungen die Zuverlässigkeit der Untersuchung. Mängeln dieser Art ist durch sorgfältige Planungen durch den Testleiter entgegenzuwirken.

Eine weitere Fehlerquelle liegt bei dem zu testenden Probanden. So könnte er in einer bestimmten Testsitzung durch Krankheit, besondere Müdigkeit, ungünstige Stimmungen oder durch aktuelle Besorgtheit (s. S.368f.) in seiner Leistungsfähigkeit beeinträchtigt sein. Alle Einflüsse, die bewirken, daß sich ein Getesteter in einer Situation in für ihn selbst „untypischer" Weise verhält, gelten als Fehlereinflüsse. Sie wären als Ursache für abweichende Werte bei einer Testwiederholung anzunehmen.

Das Gemeinsame aller Faktoren, die mindernd auf die Zuverlässigkeit wirken, besteht darin, daß sie *nicht regelmäßig* (nicht systematisch), sondern nur gelegentlich, in einer bestimmten Testsituation auftreten, für die eine bestimmte Aufgabenstichprobe ausgewählt worden ist. Die ungünstigen Witterungsverhältnisse, die unzureichenden Arbeitsplatzbedingungen oder die aktuellen Beschwerden eines Prüflings mögen zwar für eine erste, nicht unbedingt aber auch für eine weitere Testsitzung kennzeichnend sein.

Anders sieht es dagegen bei Faktoren aus, die *systematisch* einwirken. Wenn ein Getesteter beispielsweise dazu tendiert, sehr langsam zu arbeiten, dann wird dieses Merkmal bei jeder Testuntersuchung in gleicher Weise Einfluß auf die Ergebnisse nehmen. Dadurch entstehen allerdings keine Meßfehler im oben beschriebenen Sinne, denn es liegt ja eine systematische Beziehung zum wahren Wert vor. Es muß nur damit gerechnet werden, daß in die Testleistung etwas einfließt, was gar nicht diagnostiziert werden sollte; das jedoch ist ein Problem, das die Gültigkeit betrifft.

7.2.3 Gültigkeit von Prüfungen

Die Gültigkeit (oder Validität) eines Tests wird allgemein durch den Grad der Genauigkeit definiert, mit dem der Test das mißt, was er messen soll bzw. was sein Konstrukteur zu messen vorgibt. Ein solcher Nachweis ist schwer und oft nur näherungsweise zu erfüllen. Es gibt viele verschiedene Arten von Gültigkeit; die folgende Darstellung wird sich lediglich auf die inhaltliche und kriteriumsbezogene Gültigkeit konzentrieren.

Ein hoch zuverlässig arbeitender Test muß nicht unbedingt auch gültig sein. Es ist sehr wohl möglich, den Schädelumfang eines Menschen objektiv und zuverlässig zu messen. Selbst ein Laie würde aber Zweifel gegenüber der Behauptung anmelden, daß die Kenntnis der Schädelgröße gültige Rückschlüsse auf den Ausprägungsgrad der Intelligenz gestattet. Der Nachweis, daß ein Meßinstrument zuverlässig arbeitet, reicht daher noch nicht als Beleg dafür aus, daß es damit auch Anforderungen bezüglich der Gültigkeit erfüllt. Andererseits sind von einem fehlerhaft funktionierenden Test, der heute zu diesem und morgen zu einem ganz anderen Maß führt, auch keine gültigen Vorhersagen zu erwarten.

> Den Angaben der meisten Schultests läßt sich entnehmen, daß die Autoren während der Konstruktionsphase höchste Zuverlässigkeit anstrebten. Dieses Ziel läßt sich allerdings bisweilen nur erreichen, wenn gleichzeitig in Kauf genommen wird, daß die Ansprüche an die Gültigkeit zurückgenommen werden. Ein hoher Wert der Zuverlässigkeit schließt nämlich unter Umständen eine gleichzeitige hohe Gültigkeit aus. Auf dieses Problem der „teilweisen Unvereinbarkeit" von Zuverlässigkeit und Gültigkeit soll an anderer Stelle noch ausführlich eingegangen werden (s. S. 424).

Die *inhaltliche Gültigkeit von Schultests* bestimmt sich danach, ob der Test eine repräsentative Stichprobe derjenigen Unterrichtsinhalte umfaßt, deren Kenntnis bzw. Anwendung es zu prüfen gilt. Um inhaltliche Gültigkeit feststellen zu können, bedarf es zunächst einer exakten Definition desjenigen Verhaltens, das gemessen werden soll. Dabei reicht beispielsweise die Feststellung nicht aus, daß mit einem Test die Kenntnisse in der Rechtschreibung geprüft werden sollen, denn es würde sofort die Frage folgen: „Welche Rechtschreibkenntnisse?" Es handelt sich bei der Rechtschreibung offensichtlich um ein sehr umfangreiches Gebiet, das theoretisch unendlich viele Aufgaben umfaßt. Von dieser Gesamtheit wählt der Testautor nach bestimmten Regeln nur eine ziemlich kleine Anzahl, also vielleicht 30, 40 oder 50 Aufgaben, aus. Der Lehrer, der mit Hilfe eines Tests die Rechtschreibleistungen zu überprüfen wünscht, muß dessen Aufgaben daraufhin untersuchen, ob sie tatsächlich die Kenntnisse abfragen, um deren Vermittlung er sich bemüht hat. Sofern er sich vergewissern möchte, ob die Schüler die Kleinschreibung der Verben beherrschen, wird er einen Test nicht gebrauchen können, der etwa die Schreibung von i, ie, ih, die Verwechslung von b und p bzw. die Verdoppelung der Mitlaute usw. anspricht.

Was für die Rechtschreibung gesagt wurde, gilt für sämtliche Unterrichtsfächer. Der eine Geschichtstest mag mehr die Kenntnis bestimmter Daten und Fakten prüfen; ein anderer legt größeres Gewicht auf allgemeines Verständnis und die Fähigkeit, Beziehungen zu erkennen, und ein dritter diagnostiziert möglicherweise beides. Bei verschiedenen Autoren können sich also abweichende Vorstellungen bezüglich der erwünschten Unterrichtsziele in einem Fach finden. Um den geeigneten Test auszuwählen, muß der Lehrer eine inhaltliche Analyse der Aufgaben durchführen, die auf die Beantwortung der beiden folgenden Fragen gerichtet ist:
1. Diagnostiziert der Test, inwieweit die von ihm ausgewählten Unterrichtsziele erreicht worden sind?
2. Werden diese Ziele durch die Testaufgaben angemessen repräsentiert?

Die *kriteriumsbezogene Gültigkeit* leitet sich aus einem Vergleich der Testergebnisse mit einem externen Kriterium ab. Die Gültigkeit gibt an, wie stark Testergebnisse mit einem Kriterium übereinstimmen, das unabhängig vom Testergebnis erfaßt wird. Dieses Außenkriterium wird dabei als ein ausreichend gültiger Repräsentant für das Merkmal, das es zu erfassen gilt, angesehen. Nicht selten wird die Gültigkeit von Schultests dadurch bestimmt, daß der Grad der Übereinstimmung ihrer Ergebnisse mit Schulnoten ermittelt wird. Dieses Vorgehen muß jedoch als problematisch angesehen werden: Schließlich verweist ein entscheidendes Argument zur Benutzung von Schultests ja gerade auf die Unzulänglichkeit der herkömmlichen schulischen Benotung! Folglich verliert dieses Argument in dem Maße an Gewicht, wie sich höhere Übereinstimmungen von Test und Zensuren erzielen lassen.

7.3 Prüfen von Wissen und Können aus konstruktivistischer Sichtweise des Lernens

Die hohen Anforderungen bezüglich der Objektivität und Zuverlässigkeit sind ursprünglich innerhalb des Rahmens der Konstruktion von Intelligenztests entstanden. Diese wiederum hat man im zweiten Jahrzehnt des zwanzigsten Jahrhunderts in Amerika zunächst unter anderem entwickelt, um angeblich genetisch minderwertige Einwanderungswillige auszusortieren (s. S. 250f.). Es war ein unglückliches Vorzeichen, daß solche Tests – ebenso wie nach gleichen Prinzipien konstruierte Schultests – Eingang in das Klassenzimmer gefunden haben. Sie sind von einem Ausbildungssystem akzeptiert worden, das der Selektion einen hohen Rang gegeben hat. Diese Prüfungsinstrumente passen in eine Schule, die Schüler zur Orientierung an Darstellungszielen anregt (s. S. 362ff.).

Zweifellos ging es Robert Glaser (1963) um eine entscheidende Richtungsänderung, als er aus seiner behavioristischen Perspektive ein vernichtendes Urteil über normierte Tests fällte und die Notwendigkeit zur Durchführung kriteriumsbezogener Messungen forderte (s. S. 393f.). Er wollte eine Orientierung der Schüler an Lernzielen anregen. Aber die Behavioristen waren überzeugt, daß alle Lernenden über den gleichen – vom Lehrer vorgegebenen Weg – zum Ziel gelangen. Man benötigte lediglich Prüfungsinstrumente, mit denen sich feststellen läßt, wer auf diesem Lernweg schneller und wer langsamer voranschreiten kann. Der Gedanke, daß sich Schüler mittels eines Vergleichsmaßstabs in eine Rangordnung bringen lassen, blieb erhalten. Erst die konstruktivistische Sichtweise hat die Vorstellung eines einzigen, von allen zu benutzenden, Lernweges mit Nachdruck in Frage gestellt. Ihre Vertreter ließen sich von der Überzeugung leiten, daß jeder Lernende vor dem Hintergrund seiner eigenen Wissens- und Verständnisvoraussetzungen einen eigenen Weg zum Ziel sucht und findet. Es ist nur konsequent, einem aktiven Lernenden in der pädagogischen Diagnostik nicht mehr die Rolle eines passiven Empfängers und Bearbeiters von Aufgaben zuzuweisen, sondern ihn statt dessen sehr viel mehr zum aktiven Selbstbeurteiler werden zu lassen. Nur der Lernende hat Einsicht in seine eigenen Lern- und Verstehensprozesse, und nur durch Kooperation mit dem Lernenden kann der Lehrer Aufschluß über diese Prozesse erhalten. Wenn Schüler zu Partnern in der Diagnostik werden, lernen sie, Kriterien für gute Arbeit zu entwickeln und diese auf ihre eigene Arbeit anzuwenden; dabei stellen sich die Lernenden vielleicht zusätzlich die Frage, ob ihre Anstrengungen ausreichen, damit sie ihre persönlichen Ziele erreichen können (Wolf, 1989).

Im folgenden soll noch einmal zusammengefaßt werden, weshalb standardisierte Schultests *nicht* mit den Vorstellungen des Konstruktivismus vereinbar sind, bei dem von einem aktiven Lernenden ausgegangen wird, der sich sein Wissen selbst konstruiert – ja konstruieren muß.

7.3.1 Kritik an herkömmlichen Prüfungsinstrumenten

Es sollte nicht überraschen, daß Prüfungsverfahren, denen – wie oben bereits ausgeführt (s. S. 394) – ein behavioristisches Verständnis von Lernen zugrunde liegt, von einem konstruktivistisch orientierten Lehrer zurückgewiesen werden müssen. Diese Verfahren prüfen letztlich Wissen, das dem Lernenden im Kontext Klassenzimmer *vermittelt* worden ist. Um eine hohe Meßgenauigkeit (Zuverlässigkeit) zu erreichen, enthalten die Tests Fragen, die dem Lehrer konstruktivistischer Orientierung keinen verwertbaren Aufschluß über den Lernenden geben.

7.3.1.1 Bevorzugung klar definierter Aufgabensituationen mit eindeutigen Antwortmöglichkeiten

Bereits in den 1950er Jahren erkannte ein Pionier der Testpsychologie, Everet Franklin Lindquist (1951), eine Gefahr, die damals in der behavioristisch bestimmten Unterrichtsforschung vorherrschte: Es zeigte sich eine klare Tendenz, die Komplexität der Lernziele künstlich zu verringern. Die vor allem mit dem Namen Robert Mager verbundenen operationalisierten Lernziele stellen einen gewissen Gipfelpunkt in dieser Entwicklung dar (s. S. 399ff.). Auch in Prüfungssituationen, so forderte Lindquist nachdrücklich, sollte die Komplexität der zu prüfenden Verhaltensweisen in der Weise erhalten bleiben, wie sie auch im natürlichen Kontext zu finden ist. Mit dieser Mahnung fand Lindquist zumindest bei seinen amerikanischen Kollegen nur wenig Gehör. Das dort fast schon zwanghaft betriebene Bemühen, Tests zu entwickeln, die den Anforderungen von Objektivität und Zuverlässigkeit gerecht wurden, führte zur Bevorzugung von Aufgabenformen, mit denen sich überwiegend nur noch einfaches (oberflächliches) Wissen abfragen läßt. Es darf aus heutiger Sicht als ein beachtenswerter Vorteil gesehen werden, daß sich diese Tests im deutschsprachigen Raum niemals so durchgesetzt haben wie in den USA. Heute finden Amerikaner in deutschen Klassenzimmern Beispiele für die Bewahrung einer viel höheren Komplexität der Lernziele (Dichanz & Zahorik, 1994).

7.3.1.2 Überbewertung der Zuverlässigkeit zu Lasten der Gültigkeit

Der Anlaß, die geringe Komplexität von Lernzielen zu beklagen, hat vor allem in solchen Ländern bestanden, wo verstärkt Tests Eingang in die Schule fanden, die höchste Anforderungen an die Zuverlässigkeit erfüllten. Maximalwerte in der Meßgenauigkeit psychologischer Instrumente lassen sich allerdings nur erreichen, wenn das Lernziel sehr präzise formuliert wird und Aufgabenformen – wie etwa Mehrfachantwort-Aufgaben – verwendet werden, die eine hohe Auswertungsobjektivität ermöglichen. Man kann nun einmal die den Leistungen zugrundeliegenden Fähigkeiten eines Schülers nicht mit der gleichen Genauigkeit ermitteln wie die Körpergröße, erklärt Wynne Harlen (1994). Wird pädagogische Diagnostik dadurch überflüssig? Nein, ergänzt Harlen, aus konstruktivistischer Sicht können deren Ergebnisse aufschlußreiche Hinweise auf das aktuelle Verständnis des Schülers geben. Dieses Verständnis ließe sich aber nur abschätzen, wenn sich die Anerkennung durchsetzen sollte, daß der Gültigkeit des diagnostischen Instrumentes ein höherer Stellenwert eingeräumt werden muß als seiner Zuverlässigkeit. Ein hoch zuverlässiger Test, so erklärt auch Caroline Gipps (1994), ist von keinerlei Nutzen, wenn er keine Gültigkeit besitzt. Aber, so fügt sie hinzu, ein Test kann auch keine Gültigkeit besitzen, wenn er nicht ein Mindestmaß an Zuverlässigkeit aufweist. Das pädagogische Ziel, so fordert auch sie, muß darin liegen, die Gültigkeit von Prüfinstrumenten zu steigern und dabei Abstriche bei der Zuverlässigkeit in Kauf zu nehmen; diese Meßgenauigkeit darf eben nur nicht unter ein bestimmtes Mindestniveau absinken.

Bereits im Rahmen der Diskussion um den Intelligenzbegriff wurde die hohe Gewichtung der Zuverlässigkeit kritisiert. Denn damit ging die Forderung einher, das zu messende Persönlichkeitsmerkmal so situations-stabil und inhaltlich homogen wie möglich zu konzeptualisieren (s. S. 253). Mahnende Stimmen, die auf die Gefahren dieser Entwicklungen aufmerksam gemacht haben, gibt es jedoch schon etwas länger. Das folgende Zitat ist einer Schrift aus den späten 1940er Jahren entnommen: „Es erscheint im Rückblick ein wenig sonderbar, daß wir Psychologen so viel Zeit darauf verwandt haben, die Zuverlässigkeit unserer Tests zu steigern und gleichzeitig so wenig Zeit, um ihre Gültigkeit zu erhöhen ... Das wichtigste Kriterium für einen guten Test ist sicherlich seine Übereinstimmung mit der Wirklichkeit" (Office of Strategic Services, 1948). Damit tauchten bereits um die Mitte des zwanzigsten Jahrhunderts Vorstellungen auf, die erst von Vertretern der konstruktivistischen Sichtweise – dafür aber um so nachdrücklicher – wieder erweckt worden sind.

7.3.1.3 Schaffung nicht authentischer Problemsituationen

Testpsychologen stehen also vor einem echten Dilemma: Üblicherweise sind Problemsituationen im natürlichen Kontext nicht nur komplex, sondern zudem auch unklar definiert (s. S. 274). Hohe Anforderungen an die Zuverlässigkeit von Prüfungen lassen sich aber nur erfüllen, wenn Fragen gestellt werden, auf die mit vorhersagbaren Antworten zu reagieren ist. Dieses Ziel läßt sich leicht mit Hilfe von Problemsituationen prüfen, die in der Realität kaum vorkommen. Im Vordergrund der Kritik stehen zwar die Tests, aber ebenso Prüfungen, die formales Wissen abfragen. Ihren Ergebnissen läßt sich nicht entnehmen, ob Schüler in der Lage sind, ihr Wissen auch sinnvoll anzuwenden. Um das herauszufinden, müssen in Prüfungen Aufgabensituationen geschaffen werden, die weitestgehend denen der Wirklichkeit entsprechen (Wiggins, 1993). Es bedarf einer entsprechenden Formulierung von Prüfungsaufgaben. Zusätzlich wird vielfach gefordert, daß Lernende kooperativ an Projekten arbeiten, anstatt unabhängig voneinander in Wettstreit zueinander zu treten (Archbald & Newman, 1992).

> Grant Wiggins (1993) zeigt an einer Aufgabe aus dem Begleitheft eines Schultests, wie sie *nicht* formuliert werden sollte: Dem Schüler wird in diesem Beispiel keine Textaufgabe gestellt, sondern unter anderem die Aufgabe, eine genaue Messung der Wassertemperatur vorzunehmen. Von ihm wird somit gefordert, den Meßwert durch Tun zu ermitteln. Aber, so fragt Wiggins kritisch, zu welchem Zweck? Niemand führt im Alltagsleben Messungen *im allgemeinen* durch. Man interessiert sich statt dessen für die Höhe der Körpertemperatur oder bestimmt, welche Temperatur der Braten im Backofen hat. Zweck und Kontext sind wesentliche Bestandteile alltäglicher Messungen. Bei der Überprüfung der Schülerantworten wird der

Lehrer angewiesen, die Temperaturangabe des Prüflings als richtig zu bewerten, wenn sie innerhalb eines Meßfehlerbereichs von ± 2 °C liegt. Aber wiederum ist zu fragen: Warum ausgerechnet zwei Celsius-Grade? Wie rechtfertigt sich diese Großzügigkeit? Und warum wird der Schüler darüber nicht informiert? Solange der Zweck der Temperaturmessung nicht bekannt ist, bleibt unbestimmt, welche Folge eine fehlerhafte Ablesung nach sich ziehen würde. Im Alltagsleben werden die Konsequenzen von Fehlern sehr wohl mitberücksichtigt, wenn eine Festlegung der zu tolerierenden Meßfehlergröße erfolgt.

Die meisten Schultests enthalten keine Aufgaben, die durch praktisches Tun zu bearbeiten sind. Sie beschränken sich statt dessen auf das Abfragen von Wissen. Wenn es aber das Ziel des Bildungswesens sein soll, die Kompetenz der Schüler zu fördern, sich in außerschulischen Situationen zu bewähren, hat der Unterricht umfangreichere Aufgaben zu entwerfen. Kompetentes Handeln, so betont Grant Wiggins (1993), setzt zweierlei voraus: Urteilsfähigkeit und Kontext. Damit wird herausgestellt, daß es nicht ausreicht, sich in Prüfungen auf das Abfragen von Wissen zu beschränken. Wenn ein Mensch im Alltagsleben Temperaturmessungen durchführt, beurteilt er selbst, welche Meßfehlergröße innerhalb einer akzeptablen Grenze liegt. Es ist daran zu erinnern, daß für Alfred Binet diese Urteilsfähigkeit – in den älteren Übersetzungen seiner Werke heißt es noch „Urteilsvermögen" – ein entscheidendes Merkmal der Intelligenz darstellte (s. S. 261). Ein Erfolg bei der Auseinandersetzung mit Problemen in authentischen Situationen setzt nicht nur geeignetes Wissen voraus, sondern zusätzlich eine gute Urteilsfähigkeit, denn von ihr hängt es ab, *wie* Wissen zur Anwendung gelangt.

Wenn sich im Alltagsleben etwa die Frage stellt, welcher Lösungsweg die größten Erfolgsaussichten bietet, antwortet man üblicherweise: „Das hängt ganz davon ab ...." Daraufhin benennt man mehrere Bedingungen, wobei die Urteilsfähigkeit einem hilft, im aktuellen Fall die richtige auszuwählen. Ein Arzt wird nicht dadurch zu einem guten Vertreter seines Fachs, daß er über eine große Menge medizinischen Wissens verfügt (das man abprüfen kann), sondern zusätzlich dadurch, daß er einen Patienten und die Untersuchungsergebnisse richtig beurteilt. Erst danach entscheidet er sich für eine erfolgversprechende Therapie.

Prüfungen sind in der Schule aus konstruktivistischer Sicht also nur sinnvoll, wenn sie Probleme genauso darstellen, wie sie in authentischen Situationen vorkommen. Zwar haben unzählige Schüler in der Vergangenheit belegt, daß man auch Aufgaben bewältigen kann, die lediglich im schulischen Kontext vorkommen. Will man aber durch entsprechende Prüfungssituationen zusätzlich den Verdacht bestärken, daß die Unterrichteten nur für die Schule lernen?

Wie diagnostische Instrumente aus konstruktivistischer Sicht auszusehen haben, läßt sich bereits aus den vorausgegangenen Kritikpunkten ableiten. Dennoch dürfte die Erörterung einiger weiterer Einzelheiten dieser Verfahren die

Voraussetzung verbessern, sie zu entwickeln und zusätzlich im Unterricht einzusetzen.

7.3.2 Verfahren einer alternativen pädagogischen Diagnostik

Mit der Bezeichnung „alternative pädagogische Diagnostik" (im Englischen werden dafür folgende Ausdrücke synonym verwendet: *alternate, performance* oder *authentic assessment*), bezieht man sich auf alle Maßnahmen, die das Einholen von Informationen über das Verhalten eines Schülers bei Auseinandersetzung mit einer Unterrichtsaufgabe sowie deren Interpretation zum Ziel haben (Harlen et al., 1992). Solche Informationen erhält der Lehrer auf vielfältige Weise; unter anderem dadurch, daß er den Lernenden bei seinen Aktivitäten beobachtet, ihm zuhört, seine schriftlichen Ausführungen liest, seine Zeichnungen oder von ihm erstellte Werke verschiedener Art studiert. Was ist aber, so könnte man nach dieser Kennzeichnung kritisch fragen, neu an dieser „alternativen" Diagnostik? Hat der Lehrer nicht immer schon seine Schüler während des Unterrichts – vielfach auch auf informellem Wege – beobachtet, deren schriftliche Ausführungen bewertet und sich ihre angefertigten Werkstücke genauer angesehen? Das ist sicherlich der Fall. Neu ist allerdings an einer alternativen pädagogischen Diagnostik, daß sie unter keinen Umständen unter Bedingungen vorgenommen werden kann, die zu einer Orientierung an Darstellungszielen anregen (s. S. 362ff.); sie setzt in jedem Fall eine Orientierung der Schüler im Sinne Dwecks an Lernzielen voraus.

Entscheidend ist, daß sich der Lehrer nicht nur in geplanter, systematischer Form, sondern ebenso auf informellem Wege einen Eindruck vom Lernenden verschafft (Gipps, 1994). Dabei mögen die Einzelbeobachtungen jeweils nur ein unvollständiges Bild vom Lernenden zulassen. Aber die Gelegenheit zu Beobachtungen über einen längeren Zeitraum innerhalb verschiedenartiger Kontexte „sollte es dem Lehrer gestatten, sich ein solides und breit untermauertes Verständnis von den Leistungsfortschritten zusammenzusetzen". Caroline Gipps (1994) ist davon überzeugt, daß den unter diesen Bedingungen ablaufenden diagnostischen Prozessen des Lehrers hohe Gültigkeit zugeschrieben werden kann.

> Zweifel an der Fähigkeit des Lehrers, sich ein zutreffendes Bild von der Leistungsfähigkeit seiner Schüler zu machen, sind vor allem im Rahmen der Diskussion über „Erwartungseffekte" im Klassenzimmer entstanden. In einer außerordentlich viel beachteten Studie von Robert Rosenthal und seiner Mitarbeiterin Leonore Jacobson (1968) wurde in mehreren Klassenstufen einer Grundschule ein Test durchgeführt. Rosenthal und Jacobsen erklärten den beteiligten Lehrern, die Ergebnisse würden ihnen sichere Vorhersagen über das zukünftige Leistungsverhalten ihrer Schüler geben. Nach einiger Zeit kehrten die beiden Autoren zurück, um diesen Lehrern mitzuteilen, daß einzelne (tatsächlich nach dem Zufall ausgewählte) Mädchen und Jungen aufgrund der Testergebnisse gute Lernfortschritte für die näch-

ste Zeit erwarten ließen. Am Ende des Schuljahres wurde die Testprüfung wiederholt. Dabei zeigte sich, daß die ursprünglich per Zufall ausgewählten Schüler im Vergleich zu den übrigen Schülern tatsächlich verhältnismäßig große Leistungsfortschritte erzielt hatten.

Rosenthal und Jacobson weckten zunächst den Eindruck, man brauche einem Lehrer angeblich durch Tests abgesicherte (aber tatsächlich gefälschte) Leistungsprognosen über Schüler nur mitzuteilen, und dieser wäre sofort bereit, sie sich zu eigen zu machen, auch wenn sie seinen eigenen Erfahrungen widersprechen sollten. Diese Auffassung wird inzwischen nicht mehr geteilt. Vielmehr hat sich die Überzeugung durchgesetzt, daß Lehrer aufgrund ihrer alltäglichen Kontakte mit ihren Schülern sehr wohl in der Lage sind, sich zutreffende Eindrücke von ihren Schülern zu verschaffen (Brophy, 1983). Schüler erfüllen nach dieser empirisch abgesicherten Überzeugung zwar im Verlauf des Schuljahres die Erwartungen ihrer Lehrer, aber vor allem deshalb, weil deren Erwartungen in hohem Maße den Leistungsfähigkeiten der Schüler gerecht werden (Jussim, 1991; Jussim & Eccles, 1992).

Die alternative pädagogische Diagnostik ist nicht nur auf das vom Schüler vorgelegte Produkt gerichtet, sondern bewertet ebenso das Denken, das hinter seiner Arbeit steht, also den Prozeß (Wiggins, 1989; Wolf, 1989). Diese Diagnostik setzt bereits an, wenn Schüler herausgefordert werden, ihr Vorwissen darzustellen, um sich ein ihnen dargestelltes Ereignis zu erklären (s. S. 305f.). An diesem Prozeß ist der Lernende ebenso aktiv beteiligt wie sein Lehrer. Aber diese Diagnostik erschöpft sich nicht darin, dem Schüler etwas zu zeigen, damit dieser Gelegenheit erhält, sich mit dem Beobachteten sprachlich auseinanderzusetzen. Der Lernende kann ebenso gebeten werden, einen Aufsatz zu schreiben, eine Unterhaltung in einer Fremdsprache zu führen, ein wissenschaftliches Experiment durchzuführen, ein Projekt zu Ende zu bringen, mitgeteilte Äußerungen zu verteidigen oder vor anderen zu erklären, wie er eine Mathematikaufgabe gelöst hat. Dazu gehört weiterhin das Zusammenstellen eines sogenannten Portfolios. Gemeinsam ist all diesen Aktivitäten, die wichtige diagnostische Aufschlüsse geben,
- daß Schüler motiviert werden, etwas zu tun oder herzustellen;
- daß sie Aufgaben gestellt bekommen, die anspruchsvollere Denk- und Problemlösungsprozesse als Aufgaben herkömmlicher Prüfungsinstrumente herausfordern, die
- eine Anwendung des Gelernten auf das Alltagsleben fordern (Herman et al., 1992).

7.3.2.1 Herausforderung des Lernenden zur Darstellung seines Vorwissens

Unter behavioristischer Orientierung haben alle Lernenden den gleichen Weg zum Ziel zu gehen. Dieser Weg ist bereits vom Lehrer vorher festgelegt worden und folglich unter seiner Kontrolle (s. S. 23 f.). Der Konstruktivist geht demgegenüber davon aus, daß jeder Lernende vor dem Hintergrund seiner besonderen Erfahrung einen eigenen Weg geht. Nur der Lernende selbst kann helfen, sein Vorwissen darzustellen und das heißt, anderen auf sprachlichem Wege mitzuteilen, welche Schemata er in Anspruch nimmt, um einen vorliegenden Sachverhalt zu erklären.

Die Notwendigkeit, ein Kind zur Darstellung seines Vorwissen zu veranlassen, hat bereits Jean Piaget erkannt. Er nutzte dazu die ,,klinische Methode", die von Experimentalpsychologen wegen ihrer mangelnden Objektivität als unzureichende Grundlage für die Analyse des Wissens und Denkens der Versuchspersonen angesehen worden ist. Diese Kritiker haben allerdings übersehen, daß es niemals gelingen kann, das ausschließlich dem jeweiligen Lernenden zugängliche Wissen durch objektive Methoden zu erfragen. Piaget war seinen Kritikern bezüglich dieser Grundeinsicht weit voraus.

Piaget setzte die klinische Methode ein, um Hinweise auf die kognitive Struktur seiner jungen Versuchspersonen zu erhalten. Er baute zunächst eine Problemsituation auf, um seinen jungen Beobachtern dazu anschließend Fragen stellen zu können. Sobald das Kind geantwortet hatte, folgte eine weitere Frage. Zusätzlich veränderte er die ursprüngliche Problemsituation in systematischer Weise, um sich ein möglichst umfassendes Bild von dem kindlichen Verständnis verschaffen zu können. Eine Schwierigkeit, über die sich Piaget sehr wohl im klaren war, bestand darin, daß seine Fragen keinen Suggestivcharakter haben durften, d. h., sie sollten das Antwortverhalten des Kindes so wenig wie möglich beeinflussen. Besonders jüngere Kinder besitzen nämlich eine ausgeprägte Neigung, das in ihren Antworten wiederzugeben, was der Fragende nach ihrer Einschätzung gerne hören möchte. Weiterhin bemühte sich Piaget der Versuchung zu entgehen, mehr zu sagen, als seine diagnostischen Befunde es rechtfertigten. Diese Zurückhaltung ist nach Piagets Überzeugung erst durch ein spezielles Training zu erreichen; er selbst rechnete ,,mindestens mit einem Zeitraum von einem Jahr täglicher Praxis, bevor der Anfänger über das unvermeidliche Stadium eines ungeschickten Herumtastens hinauskommt" (nach Flavell, 1963).

Ein Beispiel für Piagets klinische Methode ist bereits gegeben worden (s. S. 84). Hier folgt ein weiteres mit einem sieben Jahre alten Kind namens *Pie*, mit dem sich der Experimentator *(E)* unterhält, um herauszufinden, welches Verständnis es von der Masse besitzt.

    E: Hier siehst du zwei kleine Bälle. Ist in diesem genausoviel Teig wie in diesem hier?
    Pie: Ja.
    E: Nun sieh genau her. *(Der Experimentator formt aus einem der Bälle eine Wurst.)*
    Pie: Die Wurst hat mehr Teig.

E: Und wenn ich daraus wieder eine runde Form mache?
Pie: Ich glaube, dann werden sie wieder die gleiche Menge haben. *(Der Teig wird wieder zu einem Ball ausgerollt, und dem anderen Ball wird die Form einer flachen Scheibe gegeben.)*
E: Ist da immer noch genausoviel Teig drin (in der Scheibe)?
Pie: Im Ball ist mehr Teig. (Piaget & Inhelder, 1941)

Den Antworten des Kindes läßt sich entnehmen, daß es noch – im Sinne Piagets – voroperational denkt: Es besitzt noch kein Verständnis dafür, daß sich eine Menge nicht verändert, wenn man ihr ein anderes Aussehen gibt.

Das Kind wird durch die klinische Methode offenkundig nicht in eine passive Rolle gedrängt, denn es ist allein in der Lage, dem Fragenden Zugang zu seinem Verständnis zu eröffnen. Der Experimentator kann lediglich die Bereitschaft des Kindes zu wecken versuchen, ihm über sein aktuelles Verständnis Auskunft zu geben. Dabei verbietet sich jede Form der „Richtig-Falsch"-Bewertung.

Kritik an Piagets klinischer Methode kam stets von Autoren, die eine behavioristische Orientierung aufwiesen, denn sie warfen ein, daß sich die Antworten verschiedener Befragter nicht vergleichen ließen, weil Piaget seinen Versuchspersonen niemals die gleichen Fragen stellte. Die Kritiker hatten Piaget jedoch mißverstanden, denn von ihm war niemals behauptet worden, daß die jeweiligen (unterschiedlichen) Verständnisniveaus auch nur zweier Kinder im Sinne eines mehr oder weniger – also quantifizierbaren – Verstehens unmittelbar vergleichbar sind. Bereits Piaget berücksichtigte, daß das Verständnis eines Kindes vor dem Hintergrund seines Vorwissens individuelle Besonderheiten aufweist.

Bekanntlich glaubte Piaget nicht daran, daß man das kognitive Niveau eines Kindes durch pädagogische Maßnahmen nennenswert vorantreiben könne. Er unterschied sich darin von Lew Wygotski, der in seinem Konzept der „Zone der nächstmöglichen Entwicklung" (s. S. 104ff.) eine solche Einflußnahme ausdrücklich vorsah. Der konstruktivistisch geleitete Unterricht ist deshalb verstärkt von Wygotski angeregt worden. Der Lehrer bemüht sich, das von ihm diagnostizierte Selbstverständnis des Schülers zu erschüttern. Diagnostik und Lernen sind so eng verzahnt, daß sie sich nicht mehr ohne weiteres voneinander unterscheiden lassen. Das gilt für den gesamten Unterricht unter konstruktivistischer Orientierung.

7.3.2.2 Enge Verknüpfung von Diagnostik und Lernen

Bereits die behavioristisch orientierten Unterrichtswissenschaftler wiesen regelmäßig auf die enge Verzahnung von Lernen und seiner Überprüfung hin. Skinners lineares Lernprogramm forderte eine ständige Abwechslung dieser beiden Prozesse: Informationsvermittlung (Trainieren) – Überprüfen. Es ist ebenso belegt, daß Schüler, die sich regelmäßigen Wissenstests zu stellen haben, mehr lernen als andere, die sich meist erst nach längeren Intervallen solchen Prüfungen unterziehen müssen (Bangert-Drowns et al., 1991, Kika et al., 1992). Kennzeichnend für einen traditionellen Unterricht ist, daß sich in der Regel klar unterscheiden läßt, ob sich ein Schüler zu einem aktuellen Zeitpunkt in einem Lehrabschnitt (in dem günstigstenfalls Lernprozesse stattfinden) *oder* in einem Überprüfungsabschnitt befindet. Die Unterscheidung bleibt in einem Unterricht konstruktivistischer Orientierung nicht mehr durchgängig erhalten.

Die enge Verknüpfung von Lernen, Überprüfen und Bewerten kommt besonders deutlich zum Ausdruck, wenn herausragende Künstler eines Faches ihren talentierten Schülern bei der Arbeit zuschauen und ggf. zusätzlich zuhören, um ihnen immer wieder Anregungen zu geben, wie sie ihre Darstellung noch verbessern können. Sie berücksichtigen dabei, daß es nicht einen einzigen, für jeden Künstler zu übernehmenden Weg zum Erfolg gibt. Stets werden die individuellen Besonderheiten des einzelnen berücksichtigt. Von der Möglichkeit zur Durchführung einer derartig intensiven Betreuung eines „Lernprozesses" muß man sich in einer Schule der Gegenwart um so mehr entfernen, je größer die aufgrund finanzieller Einschnitte verordneten Klassen werden. Eine Gesellschaft, die solchen Verordnungen nicht entschieden entgegentritt, läßt sich offenbar von der äußerst fragwürdigen Annahme leiten, daß nur die „Meisterschüler" einer derartig intensiven Zuwendung bedürfen.

Etwas ähnliches findet sich in einem Unterricht konstruktivistischer Orientierung. Der Schüler wird herausgefordert, sein aktuelles Verständnis eines Zusammenhanges in Worte zu fassen und dieses anderen mitzuteilen. Dieses „Nach-außen-hin-Darstellen" ist aber stets zweierlei: eine Förderung des eigenen Verständnisses aber ebenso eine Voraussetzung dafür, daß andere (weitere anwesende Lernende und der Lehrer) sich damit kritisch auseinandersetzen können, um damit dem Lernenden Anregungen zu geben, sein Verständnis weiter zu vertiefen. Wie eng Lernen und (Selbst-) Überprüfung miteinander verknüpft sind, läßt sich auch studieren, nachdem man Schüler angeregt an, sich eine Sammlung von Portfolios anzulegen.

7.3.2.3 Anlage von Portfolios

Wenn Schüler eine Orientierung an Lernzielen im Sinne Dwecks aufweisen (s. S. 366ff.), darf ihnen die Motivation zur Steigerung ihrer Kompetenz unterstellt werden. Der Lehrer muß sie zusätzlich dazu anregen, ein zunehmendes Maß an Selbstkontrolle zu übernehmen. Wie läßt sich dies erreichen? Was kann man tun, damit der Lernende seinen Blick gewissermaßen auf sich selbst richtet, um sich als jemand wahrzunehmen, der sich verändert und dem Fortschritte in Richtung auf das Ziel möglichst hoher Kompetenz gelingen? Eine in letzter Zeit viel diskutierte Antwort lautet: Man ermuntert den Lernenden zur Anlage eines Portfolios.

7.3 Prüfen von Wissen und Können aus konstruktivistischer Sichtweise des Lernens

Der Begriff Portfolio entstammt dem Finanzbereich. Dort versteht man darunter laut *Brockhaus* (1996) „eine Kapitalanlage in langfristigen Wertpapieren ..., die von der erwarteten Rendite und/oder der Aussicht auf Kursgewinne bestimmt wird". Könnte man nicht aber ebenso davon ausgehen, daß auch die Ausbildung von Kindern eine Kapitalanlage darstellt, die sich *langfristig* vor allem für den Geförderten selbst, letztlich aber auch für die Gesellschaft, deren Mitglied er ist, „auszahlen" sollte? Wenn man sich einer solchen Sichtweise anschließen kann, stellt sich die Frage, wie sich der „Kursgewinn" dieser „Anlage" erfassen läßt. Die Antwort lautet, daß man dazu nur die vom Schüler erbrachten Leistungen im Längsschnitt vergleichen muß. Es ist vor allem dieser erwünschte Vergleich, der sich erreichen läßt, wenn man den Lernenden zur Anlage eines Portfolios anregt, denn dabei handelt es sich um eine „planmäßig angelegte Sammlung von Schülerarbeiten, die Bemühungen, Fortschritte und Leistungen eines Schülers in einem oder mehreren Fächern dokumentiert" (Paulson et al., 1991). Portfolios sind hervorragend geeignet, das Vorankommen eines Schülers im Rahmen des Unterrichts zu dokumentieren, und zwar unabhängig von seinen Mitschülern (Wolf, 1989). Die Zusammenstellung der im Portfolio enthaltenen Beiträge hat stets unter Mitwirkung des Schülers zu erfolgen, d.h., dieser muß für deren Berücksichtigung Kriterien angeben können und gleichzeitig Hinweise geben, daß er sich bei seiner Auswahl Gedanken macht und Selbstbewertungen vorgenommen hat.

Eine Chance, Bestandteil dieser individuellen Dokumentation von Stationen im Lernfortschritt zu werden, haben alle darstellbaren Ergebnisse solcher Lernprozesse, die durch den Unterricht angeregt worden sind, und die der Messung und Bewertung zugänglich sind (Airasian, 1996). Dazu gehören vor allem schriftliche Arbeiten und künstlerische Werke, ebenso aber auch Graphiken, Diagramme, Hör- und Videokassetten, erstellte Computerprogramme, Ausarbeitungen für Referate. Eine wesentliche Funktion des Portfolios besteht darin, Veränderungen im Verlauf der Zeit zu dokumentieren. Deshalb müssen die ausgewählten Stücke in regelmäßigen Zeitabständen über das gesamte Schuljahr hinweg ausgewählt werden.

Eine Grundschullehrerin nimmt beispielsweise mit Hilfe eines Kassettenrecorders in einem Abstand von ein oder zwei Monaten Beispiele für die sich verändernden Lesefertigkeiten ihrer Schülerinnen und Schüler auf. Auf gleiche Weise lassen sich Veränderungen in den Schreibleistungen darstellen. Später im Rahmen des Fremdsprachenunterrichts können freie Sprachäußerungen aufgezeichnet werden.

Es wird deutlich, daß das Portfolio eines Lernenden keineswegs sämtliche darstellbaren Lernergebnisse enthalten kann. Folglich muß eine Auswahl vorgenommen werden, an der der Schüler maßgeblich zu beteiligen ist. Er kann sich dabei durchaus für eine Unterstützung durch Mitschüler entscheiden. Eine Auswahl kann nur erfolgen, wenn Selektionskriterien vorliegen. Wenn ein Lernender mehrere Aufsätze geschrieben hat, steht er vor der Frage, welche davon zu einem Bestandteil seines Portfolio werden sollte. Sicher wird er bemüht sein, nach dem jeweils besten zu suchen. Aber welcher Aufsatz ist das? Sollte er den auswählen, der die wenigsten Rechtschreibfehler enthält, der stilistisch besonders gut gelungen ist und/oder seinen besonderen Einfallsreichtum belegt? Ähnliche Kriterien müssen auch bei seinen freien Äußerungen in einer Fremdsprache erarbeitet werden. Ist es die Aussprache, die Flüssigkeit im Sprechen, die Breite des Wortschatzes, die bei der Auswahl berücksichtigt werden sollte, oder sogar eine Kombination mehrerer Kriterien? Wesentlich ist bei diesen Überlegungen vor allem, daß sich der Lernende, der sich mit Wertmaßstäben auseinanderzusetzen hat und bestimmte Merkmale favorisiert, bezüglich der getroffenen Auswahl auch vor anderen rechtfertigen kann.

Eine herausragende Funktion von Portfolios liegt darin, die Fähigkeiten von Lernenden zur Selbstbewertung zu fördern (Frazier & Paulson, 1992). Der Lehrer selbst sollte sich während der Suche seiner Schüler nach Bewertungskriterien weitgehend zurückhalten, obwohl er womöglich noch aufzeigen muß, wie solche Kriterien zu finden sind (Hart, 1994). Insgesamt wird allerdings die Bereitschaft des Lehrers vorausgesetzt, seine traditionelle Rolle zu verändern. Im herkömmlichen Unterricht muß der Lernende warten, bis seine Arbeit bewertet wird, während Schüler unter reformierten Bedingungen angeregt werden, Beurteiler ihrer eigenen Arbeit zu werden. Es sei daran erinnert, daß damit günstige Voraussetzungen zur Anregung und Aufrechterhaltung intrinsischer Motivation geschaffen werden (s. S. 344f.).

Portfolios eignen sich sehr gut, Lern- und Leistungsfortschritte zu dokumentieren. Immerhin handelt es sich bei ihnen nicht, wie bei vielen Prüfungen, um Momentaufnahmen einer Schülerleistung zu einem bestimmten Zeitpunkt an einem bestimmten Ort. Das hebt auch Peter Airasian (1996) hervor, denn er stellt fest: „Der vielleicht größte Beitrag von Portfolios besteht darin, daß sie Schülern die Gelegenheit geben, sich ihre Produkte und Leistungen wiederholt anzusehen und darüber nachzudenken. Für die meisten Schüler ist Leben in der Schule eine unaufhörliche Abfolge von Papieren, Leistungen, Arbeitsaufträgen und Produktionen. Jeden Tag wird ein weitere Menge davon hergestellt und die Produkte des vorausgegangenen Tages sind dann abgeschüttelt, sowohl im geistigen als auch physikalischen Sinne." Durch das Sammeln von Dokumenten über einen längeren zeitlichen Abschnitt ergibt sich demgegenüber für den Schüler die hervorragende Gelegenheit, sich seine eigene Veränderung vor Augen zu führen. Diese Veränderungen lassen sich ebenso dem Lehrer oder den Eltern darstellen (Hart, 1994).

Auch wenn Schüler durch Einrichtung von Portfolios lernen sollen, zu Beurteilern ihrer Arbeit zu werden, sollte keineswegs der Eindruck geweckt werden, Lehrer hätten bei der Bewertung ihrer Schülerleistungen keinerlei Aufgaben mehr zu erfüllen. Diese Aufgabe wird keine Reform dem Lehrer abnehmen können. Veränderte Sichtweisen des Lernens und Lehrens können jedoch auch sehr wohl neue Anforderungen an die Bewertungsfunktion des Lehrers stellen. Wie diese Bewertungsfunktion aus konstruktivistischer Sicht auszusehen hat, soll im nächsten Abschnitt in den Mittelpunkt der Betrachtung rücken.

7.3.2.4 Messung und Bewertung komplexerer Verhaltensweisen

Die Forderung, im Unterricht möglichst häufig authentische Situationen zu gestalten, zieht die Notwendigkeit nach sich, dem Lernenden nicht nur komplexere Lernziele zu setzen, sondern diese auch der Messung und Bewertung zugänglich zu machen. Eine solche Aufgabe ist nicht einfach zu erfüllen, wenn gleichzeitig die Forderung besteht, wenigstens ein akzeptables Maß an Zuverlässigkeit zu erreichen.

> Ein gewisser – zur Zeit nicht befriedigend auflösbarer – Widerspruch ist nicht zu übersehen, wenn man gleichzeitig fordert, im Unterricht sowohl authentische Aufgaben zu berücksichtigen als auch solche, die eine tiefere Aufarbeitung erfordern. Man wäre wirklichkeitsfern, nähme man nicht zur Kenntnis, daß in authentischen Situationen – also im Alltag – ein beträchtlicher Teil an Informationen allein dadurch erworben wird, daß man ihnen wiederholt ausgesetzt wird. So lesen viele Bürger ihre Tageszeitung und empfangen durch Fernsehsendungen Informationen über aktuelle Ereignisse. Die Leser und Zuschauer speichern das Gehörte und Gesehene zwar vielfach in irgendeiner Form, ohne sie aber stets intensiv aufzuarbeiten. Es wäre deshalb sicherlich einseitig und falsch, wenn Pädagogische Psychologen feststellen, daß vergleichsweise oberflächlich im Alltag erworbenes Wissen von geringerem Wert oder gar nutzlos für den einzelnen ist. Benjamin Bloom und seine Mitarbeiter wandten sich zu Recht gegen einen Unterricht, der sich darin erschöpft, weitgehend oder überwiegend oberflächliches Wissen abzufragen; deshalb forderten sie auch die Berücksichtigung höherer Ziele, wie etwa *Anwendung* und *Analyse*. Sicherlich wäre es einseitig, wenn man behauptete, daß Wissen keinerlei Orientierungswert im Alltagsleben besäße.

Für einen Lehrer, der Wert darauf legt, daß die Meßgenauigkeit seiner Prüfungen nicht unter ein Mindestmaß absinkt, stellt sich zunächst die Aufgabe, drei verschiedene Arten von Festlegungen zu treffen: 1. Eine Beschreibung einzelner (gewünschter) Merkmale (Verhaltenskomponenten), die das Lernziel kennzeichnen. 2. Bestimmung unterschiedlicher Verhaltensniveaus bezüglich jedes einzelnen Merkmals und 3. die Festlegung eines Gewichtsfaktors, mit dem der Lehrer zum Ausdruck bringt, wie wichtig ihm jedes der von ihm spezifizierten Merkmale erscheint.

An einem Beispiel läßt sich dieses Meß- und Bewertungssystem komplexer und damit gleichzeitig authentischer Verhaltensweisen veranschaulichen (siehe hierzu Tab. 7.2). Die Schüler erhalten den Auftrag, sich in der Vortragstätigkeit vor einem Publikum zu üben (Pate et al., 1993). Der Lehrer hat sechs Komponenten benannt, die jeweils unabhängig voneinander gemessen werden. Die Bewertung hängt davon ab, welches Verhaltensniveau bezüglich jeder Komponente gezeigt wird; im vorliegenden Beispiel werden drei Niveaus beschrieben. Abschließend wird der für jedes Verhaltensmerkmal gesondert und in Abhängigkeit von dem gezeigten Verhaltensniveau gefundene Punktwert mit dem jeweils festgelegten Bewertungsfaktor multipliziert. Die über alle Verhaltensmerkmale gefundene Gesamtpunktzahl kann zur Grundlage für eine Benotung werden.

Tabelle 7.2:
Beispiel für die Messung und Bewertung einer komplexen Verhaltensweise: Vortragen vor einem Publikum (nach Pate et al., 1993)

	Niedrige Qualität	Mittlere Qualität	Hohe Qualität	Qualität × Gewicht Total
Merkmal 1 Augenkontakt mit Zuhörern	selten	nicht häufig	häufig	____ × 6 = ____ Punkte
Merkmal 2 Körperhaltung	Vielfach lässige Haltung, bewegt sich häufig hin- und her. Kehrt Zuhörern oft den Rücken zu; gesteigerte Unruhe.	Manchmal lässige Haltung, gelegentliches Hin- und Herschwanken; gewisse Unruhe; kehrt Zuschauern hin und wieder den Rücken zu.	Aufrechte Haltung; sieht Zuhörer an; Gestik unterstützt das Dargestellte.	____ × 6 = ____ Punkte
Merkmal 3 Stimmliche Charakteristika	Wörter werden nicht klar ausgesprochen und Stimmvolumen zu leise.	Wörter werden nicht klar ausgesprochen oder zu leises Stimmvolumen.	Klar gesprochene Sprache, gut verständlich.	____ × 6 = ____ Punkte
Merkmal 4 Organisation	Informationen sind weder logisch gut aufgebaut, noch interessant dargestellt. Zuhörer können nicht folgen.	Darstellung interessant, aber kein guter logischer Aufbau.	Informationen logisch gut und interessant aufgebaut, so daß Zuhörer gut folgen können.	____ × 7 = ____ Punkte
Merkmal 5 Visuelle Hilfsmittel	Einsatz von zwei verschiedenen Medien. Dargestellte Informationen stehen nicht klar mit Folgerungen/Inhalt in Beziehung. Ungeordnet; geringe Darstellungskunst.	Einsatz von zwei verschiedenen Medien. Dargestellte Informationen stehen mit Folgerungen/Inhalt in Beziehung. Akzeptable Darstellungskunst.	Einsatz von mehr als zwei Medien; Informationen stehen mit Folgerungen/Inhalt in Beziehung; ausgezeichnete Darstellungskunst.	____ × 5 = ____ Punkte
Merkmal 6 Zeitdauer	weniger als 10 Minuten	10 bis 14 Minuten	15 Minuten oder noch etwas länger	____ × 3 = ____ Punkte
				Insgesamt ____ Punkte

Wenn man die Leistung von Schülern in der Weise mißt und bewertet, wie es Tabelle 7.2 darstellt, muß – im Vergleich zu traditionellen Tests – mit einem erhöhten Einfluß von Meßfehlern gerechnet werden. Tatsächlich ist wiederholt gezeigt worden, daß es ein noch nicht durchgängig gelöstes Problem ist, für Verfahren der alternativen pädagogischen Diagnostik Mindestanforderungen der Zuverlässigkeit zu erfüllen (Madaus & Tan, 1993). Dennoch ist festzuhalten, daß die Aufgabe bei sorgfältiger Definition der jeweils verwendeten Kriterien durchaus lösbar ist. Diese ständige Kommunikation im Klassenzimmer sollte es dem Lehrer zudem erleichtern, seinen kritischen Blick auch auf sich selbst zu richten. Diese Form der qualifizierten Messung und Rückmeldung von Arbeitsergebnissen wird übrigens zunehmend in der Arbeitspsychologie zur Erfassung von Arbeitsverläufen verwendet (Musahl, 1998).

Entscheidend ist bei der alternativen pädagogischen Diagnostik, daß Schüler wissen, nach welchen Kriterien sie beurteilt werden. Diese Kriterien werden den Lernenden nicht einfach „benannt" oder auch „ausführlich erläutert", wie unter behavioristischer Sichtweise, denn dabei wird der Schüler stets in die Rolle eines passiven Empfängers gedrängt. Statt dessen wird vorgeschlagen, daß Lehrer und Schüler gemeinsam die Kriterien diskutieren und definieren, nach denen das Verhalten abschließend bewertet werden soll (Herbert, 1992). Dieses Diskutieren hilft dem Lernenden, ein besseres Verständnis für die Merkmale zu entwickeln, bezüglich derer er vor allem gefördert wird. Möglicherweise wird er sogar herausgefordert, an der Definition dieser Merkmale mitzuwirken. Mit dieser ständigen Kommunikation zwischen Lehrer und Schülern über die Merkmale und Kriterien wird auch ein Beitrag zur Erhöhung der Gültigkeit von Lehrerurteilen geschaffen, denn „Gültigkeit hat damit zu tun, ob aus einer Prüfung stammende Informationen es dem Lehrer gestatten, richtige Entscheidungen über das Lernen eines Schülers zu treffen", sagt Peter Airasian (1996). Bei diesen diagnostischen Bemühungen des Lehrers kann es zu irrtümlichen Urteilen kommen, etwa dann, wenn die Schüler niemals genau erfahren haben, was von ihnen erwartet wird. Zielvorstellungen, wie sie beispielsweise Tabelle 7.2 wiedergibt, können, vor allem wenn Schüler an ihrem Zustandegekommen mitgewirkt haben, einen erheblichen Beitrag leisten, um die Gültigkeit der Beurteilungen des Lehrers zu erhöhen.

7.3.3 Bereitschaft des Lehrers zur kritischen Selbstbeurteilung

Es ist bereits wiederholt darauf hingewiesen worden, daß sich das Lernen und die Überprüfung des Gelernten aus konstruktivistischer Sicht sehr eng verzahnen; zudem werden Lehrer und Schüler gleichzeitig zu Lernenden (Wolf, 1989). Der Schüler befindet sich nicht mehr einseitig in der Rolle des Geprüften bzw. eines „Kandidaten", den ausschließlich andere danach bewerten, ob er bezüglich seiner Bemühungen zur Erreichung fremdbestimmter Lernziele erfolgreich war. Auch Lehrern dürfte es nicht leicht fallen, ihre Rolle neu zu definieren, zumal ihnen dafür wohl kaum geeignete Vorbilder zur Verfügung stehen. Zudem muß damit gerechnet werden, daß bestimmte aus der Sozialpsychologie bekannte allgemeine Wahrnehmungstendenzen ihm die Aufgabe erschweren, den Schüler als Partner zu sehen. Sozialpsychologen haben schon vor längerer Zeit darauf aufmerksam gemacht, daß Menschen *allgemein* zu Voreingenommenheiten in ihren Ursachenzuschreibungen neigen. Ein sehr bekanntes Beispiel stellt der von Lee Ross (1977) beschriebene „fundamentale Attribuierungsfehler" dar. Bei diesem handelt es sich um die Tendenz, Verhaltensweisen *anderer* mit inneren Ursachen zu erklären und gleichzeitig die Bedeutung äußerer, situativer Faktoren zu unterschätzen. Wenn eine Schülerin wiederholt ihre Hausaufgaben nicht erledigt hat, könnte der Lehrer allein aufgrund dieses Attribuierungsfehlers die Ursache für dieses Versäumnis ausschließlich der Schülerin zuschreiben; er hält sie für „vergeßlich" oder sogar für „faul". Es stünde im Einklang mit dem fundamentalen Attribuierungsfehler, wenn der Lehrer nach möglichen Ursachen, die in der Situation der Schülerin liegen könnten, gar nicht erst sucht. In einem solchen Fall wird die Ursache für das von der Schülerin gezeigte Verhalten ausschließlich in ihr selbst gefunden.

Es ist vermutlich dem Einfluß egotistischer Tendenzen (s. S. 337f.) zuzuschreiben, daß der „fundamentale Attribuierungsfehler" gewöhnlich nicht auftritt, wenn Menschen *ihr eigenes* Verhalten erklären. Die Schülerin, die ohne Hausaufgaben in den Unterricht gekommen ist, erklärt sich ihr Versäumnis weder mit „Vergeßlichkeit" noch mit „Faulheit". Statt dessen verweist sie auf situative Bedingungen, also etwa darauf, daß die Arbeiten an der Schülerzeitung ihr nicht genügend Zeit gelassen haben (Gordon, 1974). Die Tendenz, das Verhalten anderer auf innere Ursachen zurückzuführen, und das eigene Verhalten mit externalen Ursachen zu erklären, beschreibt Voreingenommenheiten in den Erklärungen von Handelnden und Beobachtern (Jones & Nisbett, 1971, 1987). Diese Voreingenommenheit zeigt sich häufig auch bei der Erklärung von Prüfungsergebnissen. Wenn Kandidaten dabei gute Ergebnisse erzielt haben, neigen sie dazu, die ihnen vorgelegten Fragen als fair zu beschreiben, ihr gutes Abschneiden führen sie auf ihre überdurchschnittliche Fähigkeit zurück. Bei einem ungünstigen Ergebnis neigen sie zu der Feststellung, daß sie unfaire Fragen zu bearbeiten hatten. Die Ursache für schlechte Bewertung sehen sie letztlich beim Lehrer (Smith & Ellsworth, 1987).

Die menschliche Tendenz, Ursachen für unerwünschtes Verhalten bei anderen, aber nicht bei sich selbst zu suchen, ist auch im Klassenzimmer nachweisbar. Bei Lehrern könnte es dem „fundamentalen Attribuierungsfehler" zuzuschreiben sein, wenn sie dazu neigen, die Ursache von „Störungen" des Unterrichts oder von ungünstigen Leistungsergebnissen beim Schüler zu lokalisieren. Dieser Tendenz versuchten behavioristisch orientierte Unterrichtsforscher entgegenzuwirken. Wie bereits wiederholt herausgestellt (s. S. 427f.), ließen sie sich von der Überzeugung leiten, daß das Lernen unter der Kontrolle des Lehrers steht. Dieser nimmt zunächst eine Aufgabenanalyse vor, um dann eine Abfolge von Lernschritten zu bestimmen, die planmäßig allmählich vom Einfacheren

7.3 Prüfen von Wissen und Können aus konstruktivistischer Sichtweise des Lernens

zum Komplexeren verläuft. Die Verantwortung für das Lernen des Schülers wird dem Lehrer zugeschrieben. Sollte der Schüler Schwierigkeiten haben, das Lernziel zu erreichen, hat der Lehrer aus behavioristischer Sicht zu überprüfen, ob er einen Lernschritt auf dem Weg zum Ziel vergessen hat, dem Schüler vorzulegen, oder ob dieser ihn nicht ausreichend geübt hat, bevor er weiter voranschritt.

Aus konstruktivistischer Sicht rücken nun Lehrer und Schüler gleichzeitig in den Blick, um bei der Konstruktion von Wissen und Verständnis zusammenzuarbeiten. Dabei gibt der Lehrer dem Schüler sicherlich wichtige Rückmeldungen, aber dieser kann ihm allenfalls auf verschlüsseltem Weg mitteilen, daß sein Unterricht der Überprüfung, eventuell der Korrektur bedarf. Es kommt darauf an, daß der Lehrer auf Diskrepanzen zwischen seinem unterrichtstheoretischen Wissen und seinem tatsächlichen Verhalten aufmerksam wird, denn beides – das zeigen Beobachtungen (Schön, 1983) – stimmt niemals überein. Nur wenn der Lehrer als „reflektierender Praktiker" (Schön, 1983; Cruickshank, 1987; Wellington, 1991) sein Tun im Unterricht immer wieder beobachtet und darüber nachdenkt, bestehen verbesserte Voraussetzungen, die Diskrepanz zwischen Wissen und Handeln zu vermindern.

Paul Eggen und Don Kauchak (1994) empfehlen Lehrern, sich vor, während und nach dem Unterricht eine Reihe von Fragen zu stellen, die sie sich ehrlich beantworten sollten. Aus einer großen Anzahl möglicher Fragen haben Eggen und Kauchak folgende exemplarisch ausgewählt:
– Hatte ich für die Stunde ein klares Ziel? Welches besondere Ziel wollte ich erreichen?
– Durch welche Beispiele oder Veranschaulichungen wäre es möglich gewesen, den Schülern bei der Verarbeitung der Informationen zu noch mehr Klarheit zu verhelfen?
– Was hätte ich tun können, damit die Stunde noch interessanter für die Schüler geworden wäre?
– Woher weiß ich, ob die Schüler das, was ich ihnen zu vermitteln versuchte, überhaupt verstanden haben? Was hätte ich tun können, um mir diese Frage noch besser zu beantworten?
– Was sollte ich – insgesamt gesehen – anders machen, wenn ich diese Stunde ein weiteres Mal unterrichte?

Auf solche Fragen kann ein Lehrer selbstverständlich nur dann angemessene Antworten geben, wenn er über ein fundiertes pädagogisch-psychologisches Wissen verfügt, das sich auf eigene Erfahrungen, zusätzlich aber auch auf Erkenntnisse stützt, über die im vorliegenden, ebenso wie in den vorausgegangenen Kapiteln berichtet worden ist. Dabei ging es vor allem um Bedingungen zur Förderung des Lernens und zur Motivierung des Schülers im Unterricht.

Leider ist es das Kennzeichen des Mediums Buch, Antworten auf Fragen zu geben, die der Leser nicht unbedingt gestellt hat. Es bleibt aber die Hoffnung, daß der Autor auf Fragen aus und für die Praxis auch Informationen mitgeteilt hat, die zur Lösung von Problemen im Rahmen der Unterrichtsgestaltung beitragen können, denn es kommt schließlich darauf an, Schüler und zukünftige Lehrer auf die Herausforderungen vorzubereiten, die das alltägliche Leben heute und in der Zukunft stellt bzw. noch stellen wird.

Literaturverzeichnis

Die am Schluß der einzelnen Quellen jeweils in eckigen Klammern genannten Ziffern geben an, auf welcher Seite (bzw. auf welchen Seiten) das jeweilige Buch oder der jeweilige Aufsatz zitiert werden.

Adler, A. (1907): *Studie über Minderwertigkeit von Organen.* Berlin: Urban und Schwarzenberg. [333]
Adler, A. (1927): *Praxis und Theorie der Individualpsychologie: Vorträge zur Einführung in die Psychotherapie für Ärzte, Psychologen und Lehrer.* München: Bergmann. [333]
Aebli, H. (1969): Die geistige Entwicklung als Funktion von Anlage, Reifung, Umwelt- und Erziehungsbedingungen. *In:* Roth, H. (Hrsg.), S. 151–191. [69]
Ainsworth, M. D. S. & Wittig, B. A. (1969): Attachment and exploratory behavior of one-year-olds in a strange situation. *In:* Foss, B. M. (Ed.), S. 111–136. [351]
Airasian, P. W. (1994): *Classroom assessment.* New York: McGraw-Hill. [262]
Airasian, P. W. (1996): *Assessment in the classroom.* New York: McGraw-Hill. [431, 432, 435]
Alberto, P. & Troutman, A. C. (1990): *Applied behavior analysis for teachers: Influencing student performance* (3rd ed.). New York: Macmillan. [149]
Alloy, L. B. & Seligman, M. E. P. (1979): On the cognitive component of learned helplessness and depression. *The Psychology of Learning and Motivation, 13,* S. 219–276. [340]
Allport, F. H. (1923) *Social psychology.* Boston: Houghton Mifflin. [382]
Althof, W. & Garz, D. (1988): Sind Frauen die besseren Menschen? *Psychologie heute, 15,* S. 58–61. [117]
Althof, W., Garz, D. & Zutavern, M. (1988): Heilige im Urteilen, Halunken im Handeln? *Zeitschrift für Sozialisationsforschung und Erziehungssoziologie, 8,* S. 162–181. [118]
Amabile, T. M. (1983): *The social world of creativity.* New York: Springer. [344]
Amabile, T. M. (1985): Motivation and creativity: Effects of motivational orientation on creative writers. *Journal of Personality and Social Psychology, 48,* S. 393–399. [344]
Ames, C. (1984): Competitive, cooperative, and individualistic goal structures: A motivational analysis. *In:* Ames, R. & Ames, C. (Eds.), S. 177–207. [374]
Ames C. (1992): Classrooms: Goals, structures, and student motivation. *Journal of Educational Psychology, 84,* S. 261–271. [367]
Ames, R. & Ames, C. (Eds.) (1984): *Research on motivation in education, Vol. 1: Student motivation.* Orlando, FL: Academic Press.
Ames, C. & Ames, R. (Eds.) (1985): *Research on motivation in education, Vol. 2: The classroom milieu.* Orlando, FL: Academic Press.
Ames, C. & Ames, R. (Eds.) (1989): *Research on motivation in education: Goals and cognitions.* Vol. 3. New York: Academic Press.
Amsel, A. (1972): Behavioral habituation, counterconditioning, and a general theory of persistence. *In:* Black, A. & Prokasy, W. (Eds.), S. 409–426. [143]
Amsel, A. & Russel, J. (1952): Motivational properties of frustration: I. Effect on a running response of the addition of frustration to motivational complex. *Journal of Experimental Psychology, 43,* S. 363–368. [143]
Anastasi, A. (1958): Heredity, environment, and the question ,,how?". *Psychological Review, 65,* S. 197–208. Dt. (1972): Vererbung, Umwelt und die Frage nach dem ,,Wie?". *In:* Ewert, O. M. (Hrsg.), S. 19–30. [59ff.]
Anastasi, A. (1988): *Psychological testing* (6th ed.). New York: Macmillan. [415]

Anderson, C. S. (1982): The search for school climate: A review of research. *Review of Educational Research, 52,* S. 368–420. [49]

Anderson, C. & Roth, K. (1989): Teaching for meaningful and self-regulated learning of science. *In:* Brophy, J. (Ed.), S. 265–305. [298, 302]

Anderson, C. & Smith, E. (1987): Teaching science. *In:* Richardson-Koehler, V. (Ed.), S. 84–111. [28, 305]

Anderson, J. R. (1983): *The architecture of cognition.* Cambridge, MA: Harvard University Press. [194]

Anderson, J. R. (1990): *Cognitive psychology and its implications* (3rd ed.). New York: Freeman. Dt. (1988): *Kognitive Psychologie. Eine Einführung.* Heidelberg: Spektrum der Wissenschaft. [188, 207, 215]

Anderson, L. M. (1989 a): Learners and learning. *In:* Reynolds, M. C. (Ed.), S. 85–100. [28, 30]

Anderson, L. M. (1989 b): Classroom instruction. *In:* Reynolds, M. C. (Ed.), S. 101–115. [31]

Anderson, L. W., Ryan, D. W. & Shapiro, B. J. (Eds.) (1989): *The IEA classroom environment study.* Oxford: Pergamon. [230]

Anderson, L. W. & Sosniak, L. A. (Eds.) (1994): *Bloom's taxonomy: a forty-year retrospective.* Chicago, Ill: University of Chicago Press. [408]

Anderson, R. C., Shirley, L. L., Wilson, P. T. & Fielding, L. G. (1987): Interestingness of children's reading material. *In:* Snow, R. E. & Farr, M. J. (Eds.), S. 287–299. [358]

Anderson, T. & Armbruster, B. (1984): Studying. *In:* Pearson, D. (Ed.), S. 657–679. [227]

Anweiler, O., Mitter, W., Peisert, H. Schäfer, H.-P. & Stratenwerth, W. (1990): *Vergleich von Bildung und Erziehung in der Bundesrepublik Deutschland und in der Deutschen Demokratischen Republik.* Köln: Verlag für Wissenschaft und Politik. [174]

Anzai, Y. & Yokoyama, T. (1984): Internal models in physics problem solving. *Cognition and Instruction, 1,* S. 397–452. [280]

Appleton, K. (1995): Student teachers' confidence to teach science: is more science knowledge necessary to improve self-confidence? *International Journal of Science Education, 17,* S. 357ff. [304]

Appleton, K (1997 a): Analysis and description of students' learning during science classes using a constructivist-based model. *Journal of Research in Science Teaching 34,* 303–318. [192, 299, 304]

Appleton, K. (1997 b): *Implications for teaching derived from a constructivist-based model of learning in science classes.* April 1995, San Francisco (revised manuscript). [299]

Archbald, D. A. & Newman, F. M. (1992): Approaches to assessing academic achievement. *In:* Berlak, H., Newman, F., Adams, E., Archbald, D., Burgess, T., Raven, J. & Romberg, T. (Eds.), S. 139–180. [424]

Armbruster, B. B. & Anderson, T. H. (1981): Research synthesis on study skills. *Educational Leadership, 39,* S. 154–156. [252]

Aronson, E., Pines, A. M. & Kafry, D. (1981): *Burnout: From tedium to personal growth.* New York: Free Press. Dt.: (1983): *Ausgebrannt.* Stuttgart: Klett-Cotta. [350]

Ashcraft, M. (1989): *Human memory and cognition.* Glenviel, Ill.: Scott, Foresman. [244]

Ashton, P. T. & Webb, R. B. (1986): *Making a difference: Teachers' sense of efficacy and student achievement.* White Plains, NY: Longman. [171]

Atkin, O. (1980): *Models of architectural knowledge.* London: Pion. [278]

Atkinson, J. W. (1964): *An introduction to motivation.* Princeton, NJ: Van Nostrand. [334]

Atkinson, R. C. (1975): Mnemotechnics in second-language learning. *American Psychologist, 30,* S. 821–828. [239]

Atkinson, R. C. & Shiffrin, R. M. (1968): Human memory: A proposed system and its control processes. *In:* Spence, K. W. & Spence, J. T. (Eds.), S. 89–195. [182f.]

Ausubel, D. P. (1960): The use of advance organizers in the learning and retention of meaningful verbal learning. *Journal of Educational Psychology, 51,* S. 267–272. [224]

Ausubel, D. P. (1963): *The psychology of meaningful verbal learning*. New York: Grune and Stratton. [220, 222]

Ausubel, D. P., Novak, J. D. & Hanesian, H. (1978): *Educational psychology: A cognitive view*. New York: Holt, Rinehart, and Winston. Dt. (1980): *Psychologie des Unterrichts. Band 1 und 2* (2. Auflage). Weinheim: Beltz. [30, 191]

Azmitia, M. (1992): Expertise, private speech, and the development of self-reglation. *In:* Diaz, R. M.& Berk, L. E. (Eds.), S. 101–122. [106]

Bahrick, H. P. (1984): Semantic memory content in permastore: Fifty years of memory for Spanish learned in school. *Journal of Experimental Psychology: General. 113,* S. 1–29. [193]

Baillargeon, R. (1991): Reasoning about the height and location of a hidden object in 4.5- and 6.5-month-old infants. *Cognition, 38,* S. 13–42. [80]

Ball, S. (Ed.) (1977): *Motivation in education*. New York: Academic Press.

Baltes, P. B., Featherman, D. L. & Lerner, R. M. (Eds.) (1990): *Life-span development and behavior*. Vol. 10. Hillsdale, NJ: Erlbaum.

Bambach, H., Bartnitzky, H., von Ilsemann, C. & Otto, G. (Hrsg.) (1996): *Prüfen und beurteilen: Zwischen Fördern und Zensieren*. Seelze: Friedrich.

Bandura, A. (1965): Influence of models' reinforcement contingencies on the acquisition of imitative responses. *Journal of Personality and Social Psychology, 1,* S. 589–595. [161]

Bandura, A. (1977): *Social learning theory*. Englewood Cliffs, NJ: Prentice Hall. Dt. (1979): *Sozial-kognitive Lerntheorie*. Stuttgart: Klett-Cotta. [145, 159, 160, 167, 168, 171]

Bandura, A. (1978): The self system in reciprocal determinism. *American Psychologist, 33,* S. 344–358. [177]

Bandura, A. (1979): Psychological mechanisms of aggression. *In:* von Cranach, M., Foppa, K., Lepenies, W. & Ploog, D. (Eds.), S. 316–379. [164]

Bandura, A. (1981): Self-referent thought: A developmental analysis of self-efficacy. *In:* Flavell, J. & Ross, L. (Eds.), S. 200–239. [172]

Bandura, A. (1982): The self and mechanisms of agency. *In:* Suls, J. (Ed.), S. 3–39. [111]

Bandura, A. (1986): *Social foundations of thought and action: A social cognitive theory*. Englewood Cliffs, NJ: Prentice-Hall. [145, 158, 159, 162, 166, 169, 170, 171, 172, 333]

Bandura, A. (1989): Human agency in social cognitive theory. *American Psychologist, 44,* S. 1175–1184. [170]

Bandura, A. (1990): Conclusion: Reflections on nonability determinants of competence. *In:* Sternberg, R. J. & Kollegian, J. (Eds.), S. 315–362. [173]

Bandura, A. & Kupers, C. J. (1964): Transmission of patterns of self-reinforcement through modeling. *Journal of Abnormal and Social Psychology, 69,* S. 1–9. [176]

Bandura, A., Reese, L. & Adams, N. E. (1982): Microanalysis of action and fear arousal as a function of different levels of perceived self-efficacy. *Journal of Personality and Social Psychology, 43,* S. 5–21. [170]

Bandura, A., Ross, D. & Ross, S. A. (1963a): Vicarious reinforcement and imitative learning. *Journal of Abnormal and Social Psychology, 67,* S. 601–607. [160f.]

Bandura, A., Ross, D. & Ross, S. A. (1963b): A comparative test of the status envy, social power and the secondary reinforcement theories of identificatory learning. *Journal of Abnormal and Social Psychology, 67,* S. 527–534. [160f.]

Bandura, A. & Schunk, D. H. (1981): Cultivating competence, self-efficacy, and intrinsic interest through proximal self-instruction. *Journal of Personality and Social Psychology, 41,* S. 586–598. [349]

Bangert-Drowns, R., Kulik, J. & Kulik, C. (1991): Effects of frequent classroom testing. *Journal of Educational Research, 85,* S. 89–99. [430]

Bargh, J. & Schul, Y. (1980): On the cognitive benefits of teaching. *Journal of Educational Psychology, 72,* S. 593–604. [308]

Barnes, B. R. & Clawson, E. U. (1975): Do advance organizers facilitate learning? Recommendations for further research based on analysis of 32 studies. *Review of Educational Research, 45,* S. 637–659. [224]

Baron, J. B. & Sternberg, R. J. (Eds.) (1987): *Teaching thinking skills: Theory and practice.* New York: Freeman.

Baron-Buldt, J. (1989): *Die Validität von Schulabschlußnoten für die Prognose von Ausbildungs- und Studienerfolg.* Frankfurt/Main: Lang. [14]

Barrios, B. A. (1983): The role of cognitive mediators in heterosocial anxiety: A test of self-efficacy. *Cognitive Therapy and Research, 7,* S. 543–554. [172]

Bartlett, F. C. (1932): *Remembering.* Cambridge: Cambridge University Press. [195]

Bastian, J. (1993): *Freie Arbeit und Projektunterricht.* Weinheim: Beltz. [320]

Baumrind, D. (1971): Current patterns of parental authority. *Developmental Psychology Monograph, 4* (No. 1, Part 2). [51]

Baumrind, D. (1987): A developmental perspective on adolescent risk taking in contemporary America. *In:* Irwin, C. (Ed.), S. 93–125. [53]

Baumrind, D. (1991): Effective parenting during the early adolescent transition. *In:* Cowan, P. A. & Hetherington, E. M. (Eds.), S. 111–163. [51]

Baxter, J. (1995): Children's understanding of astronomy and the earth sciences. *In:* Glynn, S. M. & Duit, R. (Eds.), S. 155–177. [25]

Bearison, D. J. (1991): Interactional contexts of cognitive development: Piagetian approaches to sociogenesis. *In:* Tolchinsky, L. (Ed.), S. 56–70. [76]

Beck, J. (1994): *Der Bildungswahn.* Reinbeck: Rowohlt. [16]

Becker, W. C., Engelmann, S. & Thomas, D. R. (1971): *Teaching: A course of applied psychology.* Chicago: Science Research Associates. [142]

Beilin, H. (1992): Piaget's enduring contribution to developmental psychology. *Developmental Psychology, 28,* S. 191–204. [58]

Bell-Gredler, M. E. (1986): *Learning and instruction: Theory into practice.* New York: Macmillan. [160]

Belschner, W., Hoffmann, M., Schott, F. & Schulze, C. (Hrsg.) (1976): *Verhaltenstherapie in Erziehung und Unterricht* (4. Aufl.). Stuttgart: Kohlhammer.

Benjamin, M., McKeachie, W. J., Lin, Y. G. & Holinger, D. P. (1981): Test anxiety: Deficits in information processing. *Journal of Educational Psychology, 73,* S. 816–824. [388]

Benz, E. (1983): Kommunikation in der Schule: Schule der Kommunikation. *In:* Lang, N. (Hrsg.), S. 59–78. [49]

Berger, J., Rosenholtz, S. J. & Zelditch, M. (1980): Status organizing processes. *Annual Review of Sociology, 6,* S. 479–508. [383]

Berg, C. A. & Clough, M. (1991): Hunter lesson design: The wrong one for science teaching. *Educational Leadership, 48,* S. 73–78. [28]

Bergeron, J. C. & von Glaserfeld, E. (Eds.) (1983): *Proceedings of the fifth annual meeting of the international group for the psychology of mathematics education.* Montreal: Author.

Berk, L. E. (1991): *Child development* (2nd ed.). Boston: Allyn and Bacon. [234]

Berk, L. E. & Garwin, R. A. (1984): Development of private speech among low-income Appalachian children. *Developmental Psychology, 20,* S. 271–286. [103]

Berkowitz, L. (Ed.) (1977): *Advances in experimental social psychology.* Vol. 10. New York: Academic Press.

Berkowitz, M. W. & Gibbs, J. C. (1983): Measuring the developmental features of moral discussion. *Merrill-Palmer Quarterly, 29,* S. 399–410. [122]

Berlak, H., Newman, F., Adams, E., Archbald, D., Burgess, T., Raven, J. & Romberg, T. (Eds.) (1992): *Toward a new science of educational testing and assessment.* Albany, NY: State University of New York Press.

Berliner, D. C. (1989): The place of process-product research in developing the agenda for research on teacher thinking. *Educational Psychologist, 24,* S. 325–344. [48]

Berliner, D. C. (1991): Educational psychology and pedagogical expertise: New findings and new opportunities for thinking about training. *Educational Psychologist, 26,* S. 145–155. [46]

Berliner, D. C. (1993): The 100-year journey of educational psychology: from interest, to disdain, to respect for practice. *In:* Fagin, T. K. & VandenBos, G. R. (Eds.), S. 41–78. [13]

Berliner, D. C. & Calfee, R. C. (Eds.) (1996): *Handbook of educational psychology.* New York: Simon & Schuster Macmillan.

Berliner, D. C. & Rosenshine, B. V. (Eds.) (1987): *Talks to teachers.* New York: Random House.

Berlyne, D. E. (1958): The influence of complexity and novelty in visual figures on orienting responses. *Journal of Experimental Psychology, 55,* S. 289–296. [352]

Berlyne, D. E. (1960): *Conflict, arousal, and curiosity.* New York: McGraw-Hill. Dt. (1974): *Konflikt, Erregung, Neugier: Zur Psychologie der kognitiven Motivation.* Stuttgart: Klett. [351]

Bernard, B. (1858): *Leçons sur la physiologie et la pathologie due système nerveux.* Paris: Baillière. [328]

Bernstein, E. (1968): Summerhill: A follow-up study of its students. *Journal of Humanistic Psychology, 8,* S. 123–136. [51]

Berry, J. W. (1974): Radical cultural relativism and the concept of intelligence. *In:* Berry, J. W. & Dasen, P. R. (Eds.), S. 225–229. [267]

Berry, J. W. & Dasen, P. R. (Eds.) (1974): *Culture and cognition: Readings in cross-cultural psychology.* London: Methuen.

Biederman, J., Cooper, E. E., Fox, P. W. & Mahadevan, R. S. (1992): Unexceptional spatial memory in an exceptional memorist. *Journal of Experimental Psychology: Learning, Memory, and Cognition, 18,* S. 654–657. [193]

Binet, A. (1909): *Les idées modernes sur les enfants.* Paris: Flammarion. Dt. (1927): *Die neuen Gedanken über das Schulkind* (2. Aufl.). Leipzig: Wunderlich. [248, 259, 261]

Binet, A. & Simon, T. (1905) Methodes nouvelles pour le disgnostic du niveau intelectuel des anormoux. *L'année Psychologique, 11,* S. 191–244. [261]

Birch, H. G. (1945): The relation of previous experience to insightful problem-solving. *Journal of Comparative and Physiological Psychology, 38,* S. 367–383. [273]

Birkenbihl, V. F. (1997): *Psycho-logisch richtig verhandeln: Professionelle Verhandlungstechniken mit Experimenten und Übungen* (10. Aufl.). München: MVG-Verlag. [281]

Bishop, G. D. (1991): Understanding the understanding of illness: Lay disease representations. *In:* Skelton, J. A. & Croyle, R. T. (Eds.), S. 32–59. [204]

Black, A. H. & Prokasy, W. F. (Eds.) (1972): *Classical conditioning II: Current theory and research.* New York: Appleton-Century-Crofts.

Blatt, M. & Kohlberg, L. (1975): The effects of classroom moral discussion upon children's level of moral judgment. *Journal of Moral Education, 4,* S. 129–161. [122]

Block, J. H. (Ed.) (1974): *Schools, society and mastery learning.* New York: Holt, Rinehart & Winston.

Bloom, B. S. (1974): An introduction to mastery learning theory. *In:* Block, J. H. (Ed.), S. 4–14. [153]

Bloom, B. S. (1976): *Human characteristics and school learning.* New York: McGraw-Hill. [151, 153f.]

Bloom, B. S. (1994): Reflections on the development and use of taxonomy. *In:* Anderson, L. W. & Sosniak, L. A. (Eds.), S. 1–8. [403]

Bloom, B. S., Englehart, M., Furst, E., Hill, W. & Krathwohl, O. (1956): *Taxonomy of educational objectives: the classification of educational goals.* New York: McKay. Dt. (1976): *Taxonomie von Lernzielen im kognitiven Bereich.* (5. Aufl.). Weinheim: Beltz. [403ff.]

Bobertag, O. (1933): Leistungsschätzung und Leistungsmessung in der Schule. Ein Beitrag zur Frage: „Was leistet unsere Volksschule?" *Zeitschrift für Pädagogische Psychologie, 34,* S. 377–393. [415]

Boker, J. R. (1974): Immediate and delayed retention effects of interspersing questions in written and instructional passages. *Journal of Educational Psychology, 66,* S. 96–98. [223]

Bolger, N., Caspi, A. Downey, G. & Moorehouse, M. (Eds.) (1988): *Persons in context: Developmental processes.* Cambridge: Cambridge University Press.

Bordage, G. (1987): The curriculum: Overloaded and too general? *Medical Education, 21,* S. 183–188. [203]

Boring, E. G. (1923): Intelligence as the test tests it. *The New Republic, 6,* S. 35–37. [249]

Bornstein, M. H. & Bruner, J. S. (Eds.) (1989): *Interaction in human development.* Hillsdale, NJ: Erlbaum.

Bower, G. H. (1974): Selective facilitation and interference in retention of prose. *Journal of Educational Psychology, 66,* S. 1–8. [243f.]

Bower, G. H., Black, J. B. & Turner, T. J. (1979): Scripts in memory for text. *Cognitive Psychology, 11,* S. 177–220. [212]

Bower, G. H., Clark, M., Winzenz, S. & Lesgold, A. (1969): Hierarchical retrieval schemes in recall of categorized word lists. *Journal of Verbal Learning and Verbal Behavior, 8,* S. 323–343. [221]

Boyes, M. C. & Allen, S. G. (1993): Styles of parent-child interaction and moral reasoning in adolescence. *Merrill-Palmer Quarterly, 39,* S. 551–570. [123]

Brainerd, C. J. & Brainerd, S. H. (1972): Order of acquisition of number and liquid quantity conservation. *Child Development, 43,* S. 1401–1405. [87]

Brainerd, C. J. & Pressley, M. (Eds.) (1982): *Progress in cognitive development research,* Vol. 2, *Verbal processes in children.* New York: Springer.

Bransford, J. D. (1993): Who ya gonna call? Thoughts about teaching problem-solving. *In:* Hallinger, P., Leithwood, K. & Murphy, J. (Eds.), S. 171–191. [320]

Bransford, J. D. & Johnson, M. K. (1972): Contextual prerequisites for understanding: Some investigations of comprehension and recall. *Journal of Verbal Learning and Verbal Behavior, 11,* S. 717–726. [195]

Bransford, J. D., Stein, B. S., Shelton, T. S. & Owings, R. A. (1982): Cognition and adaptation: The importance of learning to learn. *In:* Harvey, J. (Ed.), S. 93–110. [191]

Brewer, W. F. & Treyens, J. C. (1981): Role of schemata in memory for places. *Cognitive Psychology, 13,* S. 207–230. [213f.]

Brezinka, W. (1981): *Grundbegriffe der Erziehung* (4. Aufl.). München: Reinhardt. [4]

Brigham, T. A. (1982): Self-management: A radical behavioral perspective. *In:* Karoly, P. & Kanfer, F. H. (Eds.), S. 32–59. [177]

Brody, N. (1983): *Human motivation: Commentary on goal-directed action.* New York: Academic Press. [333]

Brody, N. (1992): *Intelligence.* San Diego: Academic Press. [270]

Brophy, J. E. (1981): Teacher praise: A functional analysis. *Review of Educational Research, 51,* S. 5–32. [158]

Brophy, J. E. (1983): Research on the self-fulfilling prophecy and teacher expectations. *Journal of Educational Psychology, 75,* S. 631–661. [427]

Brophy, J. E. (1987): On motivating students. *In:* Berliner, D. C. & Rosenshine, B. V. (Eds.), S. 201–245. [356]

Brophy, J. E. (Ed.) (1989): *Advances in research on teaching.* Vol. 1. Greenwich, Conn.: JAI.

Brophy, J. E. (1992): Probing the subtitles of subject-matter teaching. *Educational Leadership, 49,* S. 4–8. [317]

Brophy, J. E. & Good, T. L. (1986): Teacher behavior and student achievement. *In:* Wittrock, M. (Ed.), S. 328–375. [22]

Brown, A. L. (1985): Mental orthopedics: A conversation with Alfred Binet. *In:* Chipman, S., Segal, J. & Glaser, R. (Eds.), S. 319–337. [259]

Brown, A. L., Bransford, J. D., Ferrara, R. A. & Campione, J. C. (1983): Learning, remembering, and understanding. *In:* Flavell, J. & Markman, E. M. (Eds.), S. 77–166. [229]

Brown, A. L. & Campione, J. C. (1986): Psychological theory and the study of learning disabilities. *American Psychologist, 41,* S. 1059–1068. [294]

Brown, A. L., Campione, J. C. & Day, J. (1981): Learning to learn: On training students to learn from texts. *Educational Researcher, 10,* S. 14–21. [228]

Brown, A. L. & French, L. A. (1979): The zone of potential development: Implications for intelligence testing in the year 2000. *Intelligence, 3,* S. 255–273. [105]

Brown, A. S. (1991): A review of the tip-of-the-tongue experience. *Psychological Bulletin, 109,* S. 204–223. [245]

Brown, J., Collins, A. & Duguid, P. (1989): Situated cognition and the culture of learning. *Educational Researcher, 18,* S. 32–42. [204, 246, 314]

Brownell, W. A. (1951): Readiness for subjectmatter learning. *National Education Association Journal, XL,* S. 445–446. [70]

Bruner, J. S. (1961): The act of discovery. *Harvard Educational Review, 31,* S. 21–32. [396]

Bruner, J. S. (1966): *Toward a theory of instruction.* New York: Norton. Dt. (1974): Entwurf einer Unterrichtstheorie. Berlin: Berlin-Verlag. [396]

Bruner, J. S., Goodnow, J. & Austin, G. A. (1956): *A study of thinking.* New York: Wiley. [199]

Brunner, R. & Zeltner, W. (1980): *Lexikon zur Pädagogischen Psychologie und Schulpädagogik.* München: Reinhardt. [384]

Buck-Morss, S. (1975): Socio-economic bias in Piaget's theory and its implications for cross-cultural studies. *Human Development, 18,* S. 35–49. [98]

Büchel, F. P. (1991): Förderung der allgemeinen Lernfähigkeit nach Feuerstein – eine Darstellung unter pädagogischem Gesichtspunkt. *Der Jugendpsychologe, 17,* S. 104–119. [105]

Burden, R. L. (1994): Trends and developments in educational psychology: An international perspective. *School Psychology International, 15,* S. 293–347. [2]

Burman, E. (1994): *Deconstructing developmental psychology.* London: Routledge. [99]

Byrnes, J. P. (1996): *Cognitive development and learning in instructional contexts.* Boston: Allyn and Bacon. [24]

Calderhead, J. (Ed.) (1988): *Teachers' professional learning.* London: Farmer Press.

Caldwell, J. H., Huitt, W. G. & Graeber, A. O. (1982): Time spent in learning: Implications from research. *Elementary School Journal, 82,* S. 471–480. [7]

Calfee, R. C. (1992 a): Refining educational psychology: The case of the missing links. *Educational Psychologist, 27,* S. 163–175. [11]

Calfee, R. C. (1992 b): Educational Psychology in the United States. *Zeitschrift für Pädagogische Psychologie, 6,* S. 197–204. [11]

Cantor, N. & Harlow, R. E. (1994): Social intelligence and personality: flexible life task pursuit. *In:* Sternberg, R. S. & Ruzgis, P. (Eds.), S. 137–168. [266, 269]

Carraher, T. N. (1986): *From drawings to buildings. Mathematical scales at work.* Unpublished manuscript, Universidate Federal de Pernambuco, Department of Psychology, Recife, Brazil (Zitiert nach Resnick, L. B., 1987). [16]

Carraher, T. N., Carraher, D. W. & Schliemann, A. D. (1985): Mathematics in the streets and in schools. *British Journal of Developmental Psychology, 3,* S. 21–29. [255]

Carroll, J. B. (1963): A model of school learning. *Teachers College Record, 64,* S. 723–733. [152]

Carroll, J. M. (1990): *The Nurnberg funnel. Designing minimalist instruction for practical computer skill.* Cambridge, MA: MIT Press. [392]

Carter, K., Cushing, K., Sabers, D., Stein, P. & Berliner, D. (1988): Expert-novice differences in perceiving and processing visual classroom stimuli. *Journal of Teacher Education, 39,* S. 25–31. [48]

Case, R. (1985): *Intellectual development: Birth to adulthood.* New York: Academic Press. [264]

Cattell, R. B. (1963): The personality and motivation of the researcher from measurements of contemporaries and from biography. *In:* Taylor, C. W. & Barron, F. (Eds.), S. 119–131. [282]

Cawelti, G. (Ed.) (1993): *Challenges and achievements of American Education.* Alexandria, VA: Association for Supervision and Curriculum Development.

Ceci, S. J. (1990): *On intelligence more or less: A bio-ecological treatise on intellectual development.* Englewood Cliffs, NJ: Prentice Hall. [266]

Ceci, S. J. (1991): How much does schooling influence intelligence and its cognitive components? A reassessment of the evidence. *Developmental Psychology, 27,* S. 703–722. [252]

Ceci, S. J. & Roazzi, A. (1994): The effects of context on cognition: postcards from Brazil. *In:* Sternberg, R. J. & Wagner, R. K. (Eds.), S. 74–101. [268]

Ceci, S. J. & Ruiz, A. (1991): The role of general ability in cognitive complexity. A case study of expertise. *In:* Hoffman, R. (Ed.), S. 218–230. [255]

Chalmers, J. & Townsend, M. (1990): The effects of training in social perspective taking on socially maladjusted girls. *Child Development, 61,* S. 178–190. [85]

Champagne, A. B., Klopfer, L. E. & Anderson, J. H. (1980): Factors influencing the learning of classical mechanics. *American Journal of Physics, 1980,* 48, S. 1074–1079. [283]

Chance, P. (1986): *Thinking in the classroom: A survey of programs.* New York: Teachers College Press. [91]

Charles, C. M. & Senter, G. W. (1995): *Elementary classroom management* (2nd ed.). White Plains, N. Y: Longman. [178]

Charlesworth, R. & Hartup, W. W. (1967): Positive social reinforcement in the nursery school peer group. *Child Development, 38,* S. 993–1002. [85]

Charness, N. & Bieman-Copland, S. (1992): The learning perspective: Adulthood. *In:* Sternberg, R. J. & Berg, C. A. (Eds.), S. 301–327. [193]

Charters, W. W. & Waples, D. (1929): *The Commonwealth teacher training study.* Chicago: University of Chicago Press. [45]

Chase, W. G. (Ed.) (1973): *Visual information processing.* New York: Academic Press.

Chase, W. G. (1983): Spatial representations of taxi drivers. *In:* Rogers, D. R. & Sloboda, J. H. (Eds.), S. 391–405. [280]

Chase, W. G. & Simon, H. A. (1973): The mind's eye in chess. *In:* Chase, W. G. (Ed.), S. 215–281. [217]

Cheng, P. W. & Holyak, K. J. (1985): Pragmatic reasoning schemas. *Cognitive Psychology, 17,* S. 391–416. [92]

Cheyne, J. A. & Walters, R. H. (1969): Intensity of punishment, timing of punishment, and cognitive structure as determinants of response inhibition. *Journal of Experimental Child Psychology, 7,* S. 231–244. [146]

Chi, M. T. H., Bassok, M., Lewis, M. W., Reimann, P. & Glaser, R. (1989): Self-explanations: How students study and use examples in learning to solve problems. *Cognitive Science, 13,* S. 145–182. [294]

Chi, M. T. H. Feltovich, P. J. & Glaser, R. (1981 a): Categorization and representation of physics problems by experts and novices. *Cognitive Science, 5,* S. 121–152. [280]

Chi, M. T. H., Glaser, R. & Farr, M. J. (Eds.) (1988): *The nature of expertise.* Hillsdale, NJ: Lawrence Erlbaum.

Chi, M. T. H., Glaser, R. & Rees, E. (1981 b): Expertise in problem solving. *In:* Sternberg, R. (Ed.), S. 7–75. [280]

Chi, M. T. H. & Koeske, R. D. (1983): Network representation of a child's dinosaur knowledge. *Developmental Psychology, 19,* S. 29–39. [279]

Childs, C. P. & Greenfield, P. M. (1980): Informal modes of learning and teaching: The case of Zinacanteco weaving. *In:* Warren, N. (Ed.), S. 269–316. [108]

Chinn, C. & Brewer, W. (1993): The role of anomalous data in knowledge acquisition: a theoretical framework and implications for science instruction. *Review of Educational Research, 63,* S. 1–49. [35, 41]

Chipman, S., Segal, J. & Glaser, R. (Eds.) (1985): *Thinking and learning skills: Current research and open questions.* Vol. 2. Hillsdale, NJ: Erlbaum.

Clandinin, D. J. (1985): Personal practical knowledge: A study of teachers' classroom images. *Curriculum Inquiry, 15,* S. 361–385. [38]

Clarizio, H. F., Craig, R. C. & Mehrens, W. A. (Eds.) (1974): *Contemporary issues in educational psychology* (2nd ed.). Boston: Allyn and Bacon.

Clark, C. M. (1988): Asking the right questions about teacher preparation: Contributions of research on teacher thinking. *Educational Researcher, 17,* S. 5–12. [44]

Claxton, G. (1990): *Teaching to learn: A direction for education.* London: Cassell. [196, 312]

Clement, J. (1991) Nonformal reasoning in experts and in science students: The use of analogies, extreme cases. *In:* Voss, J. F., Perkins, D. N. & Segal, J. W. (Eds.), S. 345–362. [283]

Clement, J., Brown, D. E. & Zeitsman, A. (1989): Not all preconceptions are misconceptions: finding ‚anchoring conceptions‘ for grounding instruction on students' intuition. *International Journal of Science Education, 11,* S. 554–565. [225]

Cobb, P. & Merkel, G. (1989): Thinking strategies: Teaching arithmetic through problem-solving. *In:* Trafton, P. R. & Shulte, A. P. (Eds.), S. 70–84.

Coffman, W. E. & Kurfman, D. A. (1968): A comparison of two methods of reading essay examination. *American Educational Research Journal, 5,* S. 99–107. [416]

Cognition & Technology Group at Vanderbilt (1990): Anchored instruction and its relationship to situated cognition. *Educational Researcher, 19,* S. 2–10. [286]

Cognition and Technology Group at Vanderbilt (1991): Technology and the design of generative learning environments. *Educational Technology, 31,* S. 34–40. [285]

Cognition and Technology Group at Vanderbilt (1993a): Anchored instruction and situated cognition revisited. *Educational Technology, 33,* S. 52–70. [286]

Cognition and Technology Group at Vanderbilt (1993b): Designing learning environments that support thinking: The Jasper series as a case study. *In:* Duffy, T. M., Lowyck, J., Jonassen, D. H. & Welsh, T. M. (Eds.), S. 9–36. [286]

Cognition and Technology Group at Vanderbilt (1997): *The Jasper Project: Lessons in Curriculum, Instruction, Assessment and Professional Development.* Mahwah, NJ: Lawrence Erlbaum.

Cohen, E. G., Lotan, R. & Catanzarite, L. (1990): Treating status problems in the cooperative classroom. *In:* Sharan, S. (Ed.), S. 203–230. [383]

Cohen, G. (1989): *Memory in the real world.* London: Erlbaum. [195]

Coker, H., Medley, D. & Soar, R. (1980): How valid are expert opinions about effective teaching? *Phi Delta Kappan, 62,* S. 131–134, 149. [44]

Colby, A., Kohlberg, L., Gibbs, J. & Lieberman, M. (1983): A longitudinal study of moral judgment. *Monographs of the Society for Research in Child Development, 48,* (1–2, Serial No. 200). [113, 118]

Cole, M., Gay, J., Glick, J. A. & Sharp, D. W. (1971): *The cultural context of learning and thinking.* New York: Basic Books. (Zit. nach Gray, P., 1994) [255f.]

Coleman, J. S. (1971): Education in modern society. *In:* Greenberger, M. (Ed.), S. 116–129. [110]

Collins, M. (1978): Effects of enthusiasm training on preservice elementary teachers. *Journal of Teacher Education, 24,* S. 53–57. [167]

Collins, A., Brown, J. & Newman, S. (1989): Cognitive apprenticeship: Teaching the craft of reading, writing and mathematics. *In:* Resnick, L. B. (Ed), S. 453–494. [109, 315]

Cooper, J. & Fazio, R. H. (1984): A new look at dissonance theory. *Advances in Experimental Social Psychology, 17,* S. 229–266. [333]

Corkill, A. J. (1992): Advance organizers: Facilitators of recall. *Educational Psychological Review, 4,* S. 33–67. [224, 225]

Cornish, E. (1986): Educating children for the 21st century. *Curriculum Review, 25,* S. 12–17. [110]

Corno, L. (1989): Self-regulated learning: A volitional analysis, *In:* Zimmerman, B. J. & Schunk, D. H. (Eds.), S. 111–141. [327]

Corno, L. (1993): The best-laid plans: Modern conceptions of volition and educational research. *Educational Researcher, 22,* S. 14–22. [326, 371]

Corno, L. (1995): Comments on Winne: Analytic and systemic research are both needed. *Educational Psychologist, 30,* S. 201–206. [326]

Covington, M. V. (1984): The motive for self-worth. *In:* Ames, R. E. & Ames, C. (Eds.), S. 77–113. [365]

Covington, M. V. (1992): *Making the grade: A self-worth perspective on motivation and school reform.* Cambridge, England: Cambridge University Press. [365]

Covington, M. V. & Beery, R. (1976): *Self-worth and school learning.* New York: Holt, Rinehart & Winston. [365]

Covington, M. V. & Omelich, C. L. (1979): Effort: The double-edged sword in school achievement. *Journal of Educational Psychology, 71,* S. 169–182. [365]

Cowan, P. A. & Hetherington, E. M. (Eds.) (1991): *Family transitions. Advances in family research series.* Hillsdale, NJ: Lawrence Erlbaum.

Craig, R., Mehrens, W. & Clarizio, H. (1975): *Contemporary educational psychology: Concepts, issues, applications.* New York: Wiley. [19]

Craik, F. I. M. & Tulving, E. (1975): Depth of processing and the retention of words in episodic memory. *Journal of Experimental Psychology: General, 104,* S. 268–294. [191]

Cronbach, L. J. & Snow, R. E. (1977): *Aptitudes and instructional methods: A handbook for research on interactions.* New York: Irvington. [22]

Crooks, T. J. (1988): The impact of classroom evaluation practices on students. *Review of Educational Research, 58,* S. 438–481. [392]

Crouse, J. H. (1970): Retroactive interference in reading prose materials. *Journal of Educational Psychology, 61,* S. 39–44. [244]

Crowder, N. A. (1960): Automatic tutoring by intrinsic programming. *In:* Lumsdaine, H. A. & Glaser, R. (Ed.), S. 183–189. [412]

Crowder, N. A. (1963): The rationale of intrinsic programming. *In*: DeCecco, J. P. (Ed.), S. 183–189. [412]

Croyle, R. T. & Cooper, J. (1983): Dissonance arousal: Physiological evidence. *Journal of Personality and Social Psychology, 45,* S. 782–791. [332]

Cruickshank, D. (1985): Applying research on teacher clarity. *Journal of Teacher Education, 35,* S. 44–48. [47, 220]

Cruickshank, D. (1987): *Reflective teaching: The preparation of students of teaching.* Reston, VA: Association of Teacher Education. [437]

Crystal, D. S., Chen, C., Fuligni, A. J., Stevenson, H. W., Hsu, C.-C., Ko, H.-J., Kitamura, S. & Kimura, S. (1994): Psychological maladjustment and academic achievement: A cross-cultural study of Japanese, Chinese, and American high school students. *Child Development, 65,* S. 738–753. [68]

Csikszentmihalyi, M. (1990): Literacy and intrinsic motivation. *Daedalus, 119,* S. 115–140. [271]

Csikszentmihalyi, M. & McCormack, J. (1986): The influence of teachers. *Phi Delta Kappan, 68,* S. 415–419. [368]

Cunningham, D. J. (1991): Assessing constructions and constructing assessments: A dialogue. *Educational Technology, 31,* S. 13–17. [285]

Czerwenka, K., Nölle, K. Pause, G., Schlotthaus, W., Schmidt, H.J. & Tessloff, J. (1990): *Schülerurteile über die Schule. Bericht über eine internationale Untersuchung.* Frankfurt/Main: Lang. [345]

Damon, W. (1984): Peer education: The untapped potential. *Journal of Applied Developmental Psychology, 5,* S. 331–341. [106]

Darwin, Ch. R. (1859): *On the origin of species by means of natural selection. Or the preservation of favoured races in the struggle for life.* London: Murray. Dt (1988): *Über die Entstehung der Arten durch natürliche Zuchtwahl oder die Erhaltung der begünstigten Rassen im Kampfe um's Dasein.* Darmstadt: Wissenschaftliche Buchgesellschaft. [249]

Davey, B. (1987): Postpassage questions: Task and reader effects on comprehension and metacomprehension processes. *Journal of Reading Behavior, 19,* S. 261–285. [189]

Davidson, J.L. (1982): The group mapping activity for instruction in reading and thinking. *Journal of Reading, 26,* S. 52–56. [233]

Davydov, V.V. & Kerr, S.T. (1995): The influence of L.S. Vygotsky on education theory, research, and practice. *Educational Researcher, 24,* S. 12–21. [100]

DeCecco, J.P. (Ed.) (1963): *Human learning in the school.* New York: Holt, Rinehart & Winston.

DeCharms, R. (1973): Ein schulisches Trainingsprogramm zum Erleben eigener Verursachung. *In:* Edelstein, W. & Hopf, D. (Hrsg.), S. 60–78. [341]

DeCharms, R. (1984): Motivation enhancement in educational settings. *In:* Ames, R. & Ames, C. (Eds.), S. 275–310. [341]

Deci, E.L., Nezlek, J. & Sheinman, L. (1981): Characteristics of the rewarder and intrinsic motivation of the rewardee. *Journal of Personality and Social Psychology, 40,* S. 1–10. [347]

Deci, E.L. & Ryan, R.M. (1985): *Intrinsic motivation and self-determination in human behavior.* New York: Plenum Press. [344, 349]

Deci, E.L. & Ryan, R.M. (1993): Die Selbstbestimmungstheorie der Motivation und ihre Bedeutung für die Pädagogik. *Zeitschrift für Pädagogik, 39,* S. 223–238. [344]

Deci, E., Vallerand, R., Pelletier, L. & Ryan, R. (1991): Motivation and education: the self-determination perspective. *Educational Psychologist, 26,* S. 325–346. [328, 330]

De Corte, E. (1980): Processes of problem solving: Comparison of an American and a European view. *Instructional Science, 9,* S. 1–13. [409]

De Corte, E. & Verschaffel, L. (1985): Beginning first graders' initial representation of arithmetic word problems. *Journal of Mathematical Behavior, 4,* S. 460–470. [289]

de Groot, A.D. (1965): *Thought and choice in chess.* The Hague: Mouton. [277]

Dembo, M.H. & Gibson, S. (1985): Teachers' sense of efficacy: An important factor in school improvement. *Elementary School Journal, 86,* S. 173–184. [172]

Dennis, W. & Najarian, P. (1957): Infant development under environmental handicap. *Psychological Monographs, 71* (No. 436). [69]

Derry, S.J. (1992): Beyond symbolic processing: Expanding horizons for educational psychology. *Journal of Educational Psychology, 84,* S. 413–418. [16]

Desforges, C. (Ed.) (1995): *An introduction to teaching. Psychological perspectives.* Oxford, UK: Blackwell. [268]

Dettermann, D.K. & Sternberg, R.J. (Eds.) (1992): *How and how much can intelligence be increased.* Norwood, NJ: Ablex. [253]

Dewey, J. (1933): *How we think.* Boston: Heath. Dt (1951): *Wie wir denken. Eine Untersuchung über die Beziehung des reflektiven Denkens zum Prozeß der Erziehung.* Zürich: Morgarten-Verlag. [205, 271]

Diaz, R.M. & Berk, L.E. (Eds.) (1992): *Private speech: From social interaction to self-regulation.* Hillsdale, NJ: Erlbaum.

Dichanz, H. & Zahorik, J.A. (1994): Teaching for understanding in German schools. *Educational Leadership, 51,* S. 75ff. [423]

Dick, W. (1987): A history of instructional design and its impact on educational psychology. *In:* Glover, J. A. & Ronning, R. R. (Eds.), S. 183–202 [21].

Dickinson, D. (1974): But what happens when you take that reinforcement away? *Psychology in the Schools, 11,* S. 158–160. [349]

DiClemente, R. J., Zorn, J. & Temoshok, L. (1986): Adolescence and AIDS: A survey of knowledge, attitudes, and beliefs about AIDS in San Francisco. *American Journal of Public Health, 76,* S. 1443–1445. [302]

DiClemente, R. J., Zorn, J. & Temoshok, L. (1987): The association of gender, ethnicity, and length of residence in the bay area to adolescents' knowledge and attitudes about acquired immune deficiency syndrome. *Journal of Applied Social Psychology, 17,* S. 216–230. [302]

Diener, C. & Dweck, C. (1980): An analysis of learned helplessness II: The process of success. *Journal of Personality and Social Psychology, 39,* S. 940–952. [340]

Dienstbier, R. A. (Ed.) (1990): *Nebraska symposium on motivation.* Vol. 18. Lincoln: University of Nebraska Press.

Dillon, D. (1989): Showing them that I want them to learn & and that I care about who they are: A micro-ethnography of the social organization of a secondary low-track English reading classroom. *American Educational Research Journal, 26,* S. 227–259. [50]

Dillon, R. F. & Schreck, R. R. (Eds.) (1985): *Individual differences in cognition.* New York: Academic Press.

Doctorow, M., Wittrock, M. C. & Marks, C. (1978): Generative processes in reading comprehension. *Journal of Educational Psychology, 70,* S. 109–118. [224, 229]

Döring, W. O. (1925): *Untersuchungen zur Psychologie des Lehrers.* Leipzig: Quelle & Meyer. [418]

Doyle, W. (1986): Classroom organization and management. *In:* Wittrock, M. (Ed.), S. 329–431. [53]

Druva, C. & Anderson, R. (1983): Science teacher characteristics by teacher behavior and by student outcome: A meta-analysis of research. *Journal of Research in Science Teaching, 20,* S. 467–479. [48]

Dubs, R. (1995): Constructivism – Reflections from the perspective of the organization of instruction. *Zeitschrift für Pädagogik, 41,* S. 889–903. [306]

Düker, H. & Tausch, R. (1957): Über die Wirkung der Veranschaulichung von Unterrichtsstoffen auf das Behalten. *Zeitschrift für experimentelle und angewandte Psychologie, 4,* S. 384–400. [355]

Duffy, T. M., Lowyck, J. & Jonassen, D. H. (Eds.) (1993): *Designing environments for constructive learning:* [proceedings of the Nato Advanced Research Workshop on the Design of Constructivist Learning Environments: Implications for Instructional Design and the Use of Technology, held at the Catholic University Leuven, Belgium, May 14–18, 1991]. Berlin: Springer.

Duit, R. (1991): Students' conceptual frameworks: Consequences for learning science. *In:* Glynn, S. M., Yeany, R. H. & Britton, B. K. (Eds.), S. 65–85. [302, 304]

Duit, R. (1995): Zur Rolle der konstruktivistischen Sichtweise in der naturwissenschaftsdidaktischen Lehr- und Lernforschung. *Zeitschrift für Pädagogik, 41,* S. 905–923. [30, 35]

Duncker, K. (1945): On problem-solving. *Psychological Monographs, 58* (Whole No. 270). [273]

Dunking, M. J. (Ed.) (1987): *International encyclopedia of teaching and teacher education.* New York: Pergamon.

Dunking, M. J. & Biddle, B. J. (1974): *The study of teaching.* New York: Holt, Rinehart & Winston. [237]

Dupin, J. J. & Joshua, S. (1989): Analogies and „modeling analogies" in teaching: Some examples in basic electricity. *Science Education, 73,* S. 207–224. [226]

Dweck, C. S. (1986): Motivational processes affecting learning. *American Psychologist, 41,* S. 1040–1048. [253, 269, 364, 366, 367]

Dweck, C. S. (1990): Toward a theory of goals. Their role in motivation and personality. *In:* Dienstbier, R. A. (Ed.), S. 199–235. [253]

Dweck, C. S. & Leggett, E. L. (1988): A social-cognitive approach to motivation and personality. *Psychological Review, 95,* S. 256–273. [364]

Dweck, C. S. & Wortman, C. B. (1982): Learned helplessness, and achievement motivation: Neglected parallels in cognitive, affective, and coping responses. *In:* Krohne, H. W. & Laux, L. (Eds.), S. 93–125. [386, 388]

Dykeman, B. F. (1994): The effects of motivational orientation, self-efficacy, and feedback condition on test anxiety. *Journal of Instructional Psychology, 21,* S. 114ff. [388]

Ebbinghaus, H. (1885): *Über das Gedächtnis. Untersuchungen zur experimentellen Psychologie.* Leipzig: Duncker & Humblot (Neuauflage: (1971): Darmstadt: Wissenschaftliche Buchgesellschaft. [193]

Ebert, W. (Hrsg.) (1979): *Lehrer – Gefangener oder Gestalter der Schule.* München: mvg.

Ebert, E. & Meumann, E. (1905): Über einige Grundfragen der Psychologie der Übungsphänomene im Bereich des Gedächtnisses, zugleich ein Beitrag zur Psychologie der formalen Bildung. *Archiv für die Gesamte Psychologie, 4,* S. 1–232. [13]

Eckes, T. & Six, B. (1984): Prototypenforschung: Ein integrativer Ansatz zur Analyse der alltagssprachlichen Kategorisierung von Objekten, Personen und Situationen. *Zeitschrift für Sozialpsychologie, 84,* S. 2–17. [199]

Edelstein, W. & Hopf, D. (Hrsg.) (1973): *Bedingungen des Bildungsprozesses.* Stuttgart. Klett.

Education U.S.A. (1968): *Individually prescribed instruction.* Washington, D. C. (Zitiert nach Shepard, L. A., 1991). [412]

Eggen, P. D & Kauchak, D. P. (1988): *Strategies for teachers: Teaching content and thinking skills.* (2nd ed.). Englewood Cliffs, NJ: Prentice-Hall; 1st ed.: Eggen, P. D. Kauchak, D. P. & Harder, R. J. (1979): *Strategies for teachers. Information processing models in the classroom.* Englewood Cliffs, NJ: Prentice Hall. [225, 288, 296f.]

Eggen, P. D & Kauchak, D. P. (1994): *Educational psychology. Classroom connections.* New York: Macmillan College. [225, 437]

Eirmbter, W., Hahn, A. & Jacob, R. (1992): Alltagswissen über AIDS. *Soziale Probleme, 3,* S. 45–77. [302]

Elawar, M. C. & Corno, L. (1985): A factorial experiment in teachers' written feedback on student homework: Changing teacher behavior a little rather than a lot. *Journal of Educational Psychology, 77,* S. 162–173. [158]

Elbaz, F. (1981) The teacher's „practical knowledge": Report of a case study. *Curriculum Inquiry, 11,* S. 43–71. [38]

Elliott, E. & Dweck, C. (1988): Goals: An approach to motivation and achievement. *Journal of Personality and Social Psychology, 54,* S. 5–12. [364, 367]

Elton, L. & Laurillard, D. (1979): Trends in research on student learning. *Studies in Higher Education, 4,* S. 87–102 [392]

Emmer, E. T., Evertson, C. M., Sanford, J. P., Clements, B. S. & Worsham, M. E. (1993): *Classroom management for secondary teachers* (3rd ed.). Englewood Cliffs, NJ: Prentice-Hall. [178]

Enright, R. and the Human Development Study Group (1991): The moral development of forgiveness. *In:* Kurtines, W. & Gewirtz, J. (Eds.), S. 123–152. [117]

Enright, R. D., Gassin, E. A., Longinovic, T. & Loudon, D. (1994): Forgiveness as a solution to social crisis. Paper presented at the conference, Morality and Social Crisis at the Institute for educational Research, Beograd, Serbia, December, 1994. [117]

Enright, R. D., Lapsley, D. K. & Levy, V. M. (1983): Moral education strategies. *In:* Pressley, M. & Levin, J. R. (Eds.), S. 43–83. [122]

Ericsson, K. A. (1985): Memory skill. *Canadian Journal of Psychology, 39,* S. 188–231. [193]

Ericcson, K. A. & Crutcher, R. J. (1990): The nature of exceptional performance. *In:* Baltes, P. B., Featherman, D. L. & Lerner, R. M. (Eds.), S. 187–217. [278]

Ericsson, K. A. & Smith, J. (Eds.) (1991): *Toward a general theory of expertise: Prospects and limits.* Cambridge: Cambridge University Press.

Ericsson, K. A. & Smith, J. (1991): Prospects and limits of the empirical study of expertise: An introduction. *In:* Ericsson, K. A. & Smith, J. (Eds.), S. 1–38. [278]

Estes, W. K. (1944): An experimental study of punishment. *Psychological Monographs, 57,* No. 263. [145]

Evertson, C. M. & Randolph, C. H. (1995): Classroom management in the learning-centered classroom. *In:* Ornstein, A. (Ed.), S. 118–131. [33]

Evans, R. (1973): *Jean Piaget. The man and his ideas.* New York: Dutton. [71]

Ewert, O. M. (Hrsg.) (1972): *Entwicklungspsychologie.* Band 1. Köln: Kiepenhauer & Witsch.

Eyferth, K. (1977): Einleitung. *In:* Garten, H. K. (Hrsg.), S. 8–11. [253]

Eysenck, M. (1984): *A handbook of cognitive psychology.* Hillsdale, NJ: Erlbaum. [203]

Fagin, T. K. & VandenBos, G. R. (Eds.) (1993): *Exploring applied psychology: Origins and critical analyses.* Washington, DC: American Psychological Association.

Fancher, R. E. (1979): *Pioneers of psychology.* New York: Norton. [250]

Fancher, R. E. (1985): *The intelligence men: Makers of the IQ controversy.* New York: Norton. [251]

Farah, M. J. (1988): Is visual imagery really visual? Overlooked evidence from neuropsychology. *Psychological Review, 95,* S. 307–317. [212]

Farley, F. H. & Gordon, N. J. (Eds.) (1981): *Psychology and education. The state of the union.* Berkeley, CA: McCutchan.

Fehr-Rutter, L., Hering, J. & Langos, M. (1985): Hatten die Urmenschen auch Tapeten? *päd. extra, 9,* S. 19–22. [359]

Feldman, R. D. (1982): *Whatever happened to the Quiz Kids?* Chicago: Review Press. [64]

Feltz, D. L. & Landers, D. M. (1983): The effects of mental practice on motor skill learning and performance: A meta-analysis. *Journal of Sport Psychology, 5,* S. 25–57. [167]

Feuerstein, R. (1980): *Instrumental enrichment: an intervention program for cognitive modifiability.* Baltimore: University Park Press. [105]

Feuerstein, R., Rand, Y., Jensen, M. R., Kaniel, S. & Tzuriel, D. (1987): Prerequisites for assessment of learning potential: The LPAD model. *In:* Lidz, C. S. (Ed.), S. 15–51. [99, 105]

Finke, R. A. & Schmidt, M. J. (1977): Orientation-specific color after-effects following imagination. *Journal of Experimental Psychology: Human Perception and Performance, 3,* S. 599–606. [212]

Fischer, A. (1917): Über Begriff und Aufgabe der Pädagogischen Psychologie. *Zeitschrift für Pädagogische Psychologie und experimentelle Pädagogik, 18,* S. 5–13, 109–118. [3f.]

Fisher, C. W. & Berliner, D. C. (Eds.) (1985): *Perspectives on instructional time.* White Plains, NY: Longman. [7]

Flavell, J. M. (1985): *Cognitive development* (2nd ed.). Englewood Cliffs, NJ: Prentice-Hall. [234]

Flavell, J. H., Friedrichs, A. G. & Hoyt, J. D. (1970): Developmental changes in memorization processes. *Cognitive Psychology, 1,* S. 324–340. [235]

Flavell, J. & Markman, E. M. (Eds.) (1983): *Handbook of child psychology* (4th ed.), Vol. 3. New York: Wiley.

Flavell, J. H., Miller, P. H. & Miller, S. A. (1993): *Cognitive development* (3rd ed.). Englewood Cliffs, NJ: Prentice-Hall. [87]

Flavell, J. & Ross, L. (Eds.) (1981): *Social cognitive development: Frontiers and possible futures.* Cambridge, Cambridge University.

Försterling, F. (1985): Attribution retraining. A review. *Psychological Bulletin, 98,* S. 495–512. [341]

Foss, B. M. (Ed.) (1969): *Determinants in infant behavior.* Vol. 4. London: Methuen.

Francis, E. (1975): Grade level and task difficulty in learning by discovery and verbal reception methods. *Journal of Educational Psychology, 67,* S. 146–150. [200]

Frazier, D. M. & Paulson, F. L. (1992): How portfolios motivate reluctant writers. (zit. nach Hart, D., 1994) [433]

Fraser, B. J. & Walberg, H. J. (Eds.) (1991): *Educational environments: Evaluation, antecedents, consequences.* Oxford: Pergamon.

Frensch, P. A. & Sternberg, R. J. (1989): Expertise and intelligent thinking: When is it worse to know better? *In:* Sternberg, R. J. (Ed.), S. 157–188. [278, 281]

Freund, L. S. (1990): Maternal regulation of children's problem-solving behavior and its impact on children's performance. *Child Development, 61,* S. 113–126. [106]

Frey, L. R. (Ed.) (1994): *Group communication in context. Studies of natural groups.* Hillsdale, NJ: Erlbaum.

Fthenakis, W. E. (Ed.) (1984): *Tendenzen der Frühpädagogik.* Düsseldorf: Schwann.

Fuhrer, U. (1994): Fragehemmungen bei Schülerinnen und Schülern: eine attributionstheoretische Erklärung. *Zeitschrift für Pädagogische Psychologie, 8,* S. 103–109. [366]

Fuson, K. C. & Willis, G. B. (1989): Second graders' use of schematic drawings in solving addition and subtraction Word problems. *Journal of Educational Psychology, 81,* S. 514–520. [291]

Gage, N. L. (1985): *Hard gains in the soft sciences: The case of pedagogy.* Blommington, *In:* Phi Delta Kappa Monographs. [9, 44]

Gage, N. L. & Berliner, D. (1989): Nurturing the critical, practical, and artistic thinking of teachers. *Phi Delta Kappan, 71,* S. 212–214. [10]

Gagné, E., Yekovich, C. & Yekovich, F. (1993): *The cognitive psychology of school learning* (2nd ed.). New York: HarperCollins. [156, 190, 211, 215, 217, 350]

Gagné, R. M. (1965): *The conditions of learning* New York: Holt, Rinehart and Winston (3rd ed.: 1977). Dt. (1980): *Die Bedingungen des menschlichen Lernens* (5. neubearbeitete Auflage). Hannover: Schroedel. [70]

Gagné, R. M. & Driscoll, M. P. (1988): *Essentials of learning for instruction* (2nd ed.). Englewood Cliffs, NJ: Prentice Hall. [351]

Galton, F. (1869): *Hereditary genius: An inquiry into its laws and consequences.* London: Macmillan. Dt. (1910): *Genie und Vererbung.* Leipzig: Klinkhardt. [250]

Gambrell, L. B. & Bales, R. J. (1986): Mental imagery and the comprehension-monitoring performance of fourth- and fifth-grade poor readers. *Reading Research Quarterly, 21,* S. 454–464. [237]

Gardner, H. (1983): *Frames of mind. The theory of multiple intelligences.* New York: Basic Books. Dt. (1991): *Abschied vom IQ. Die Rahmen-Theorie der vielfachen Intelligenzen.* Stuttgart: Klett-Cotta. [257]

Gardner, H. (1993): *Multiple intelligences: The theory in practice.* New York: Basic Books. [256, 269]

Gardner, H. & Hatch, T. (1989): Multiple intelligences go to school. Educational implications of the theory of multiple intelligences. *Educational Researcher, 18,* S. 4–10. [254, 256, 257, 258]

Gardner, H., Kornhaber, M. L. & Wake, W. K. (1996): *Intelligence: Multiple Perspectives.* Fort Worth, TX: Harcourt Brace. [54]

Garten, H.-K. (Hrsg.) (1977): *Diagnose von Lernprozessen.* Braunschweig: Westermann.

Gathercole, S. E. & Baddeley, A. D. (1992): *Working memory and language processing.* East Sussex: Erlbaum. [188]

Gauvain, M. & Rogoff, B. (1989): Collaboration problem solving and children's planning skills. *Developmental Psychology, 25,* S. 139–151. [106]

Gellatly, A. (1986): Skill at reasoning. *In:* Gellatly, A. (Ed.), S. 159–170. [91]

Gellatly, A. (Ed.) (1986): *The silkful mind: An introduction to cognitive psychology.* Milton Keynes, England: Open University Press.

Gelman, R. (1979): Preschool thought. *American Psychologist, 34,* S. 900–905. [85]

Gelman, R. & Baillargeon, R. (1983): A review of some Piagetian concepts. *In:* Flavell, J. H. & Markman, E. M. (Eds.), S. 167–230. [78]

Gentner, D. & Gentner D. (1983): Flowing waters or teeming crowd: Mental models of electricity. *In:* Gentner, D. & Stevens, A. (Eds.), S. 101–129. [226]

Gentner, D. & Stevens, A. (Eds.) (1983): *Mental models.* Hillsdale, NJ: Erlbaum.

Gibbs, J. C. & Widaman, K. F. (1982): *Social intelligence. Measuring the development of sociomoral reflection.* Englewood Cliffs, NJ: Prentice-Hall. [115]

Gibson, S. & Dembo, M. (1984): Teacher efficacy: A construct validation. *Journal of Educational Psychology, 76,* S. 569–582. [171]

Gifford, B. R. & O'Connor, M. C. & (Eds.) (1992): *Changing assessments. Alternative views of aptitude, achievement and instruction.* Boston: Kluwer.

Gilligan, C. (1982): *In a different voice: Psychological theory and women's development.* Cambridge, MA: Harvard University Press. Dt. (1984): *Die andere Stimme. Lebenskonflikte und Moral der Frau.* München: Piper. [116f.]

Gilligan, C. & Attanucci, J. (1988): Two moral orientations. *In:* Gilligan, C., Ward, V. J. & Taylor, J. M. (Eds), S. 73–86. [117]

Gilligan, C., Ward, V. J. & Taylor, J. M. (Eds) (1988): *Mapping the moral domain. A contribution of women's thinking to psychological theory and education.* Cambridge: Harvard University Press.

Ginsburg, H. P. (Ed.) (1983): *The development of mathematical thinking.* New York: Academic Press.

Ginsburg, H. P. & Opper, S. (1988): *Piaget's theory of intellectual development* (3rd ed.). Englewood Cliffs, NJ: Prentice-Hall. Dt. (1998): *Piaget's Theorie der geistigen Entwicklung* (8. Aufl.). Stuttgart. Klett-Cotta. [81]

Gipps, V. C. (1994): *Beyond testing: Towards a theory of educational assessment.* London: Falmer Press.

Glaser, R. (1963): Instructional technology and the measurement of learning outcomes: Some questions. *American Psychologist, 18,* S. 519–521. (422]

Glaser, R. (1987): The integration of instruction and testing. *In:* Berliner, D. C. & Rosenshine, B. V. (Eds.), S. 329–341. [262, 393]

Glaser, R. & Chi, M. T. H. (1988): Overview. *In:* Chi, M. T. H. et al., S. xv-xxviii. [278]

Glaser, R. A., Lesgold, A. & Lajoie, S. (1987): Toward a cognitive theory for the measurement of achievement. *In:* Ronning, R. R., Glover, J. C., Conely, J. C. & Witt, J. C. (Eds), S. 41–85. [262]

Glover, J. A., Plake, B. S., Roberts, B., Zimmer, J. W. & Palmere, M. (1981): Distinctiveness of encoding: The effects of paraphrasing and drawing inferences on memory from prose. *Journal of Educational Psychology, 73,* S. 736–744. [192]

Glover, J. & Ronning, R. (Eds.) (1987): *Historical foundations of educational psychology.* New York: Plenum Press.

Glynn, S. M. (1991): Explaining science concepts: A teaching-with-analogies model. *In:* Glynn, S. M., Yeany, R. H. & Britton, B. K. (Eds.), S. 219–240. [226]

Glynn, S. M. & Duit, R. (Eds.) (1995): *Learning science in the schools: Research reforming practice.* Mahwah, NJ: Lawrence Erlbaum.

Glynn, S. M. & Duit, R. (1995): Learning science meaningfully: Constructing conceptual models. *In:* Glynn, S. M. & Duit, R. (Eds.), S. 3–33. [303]

Glynn, S. M., Duit, R. & Thiele, R. B. (1995): Teaching science with analogies: A strategy for constructing knowledge. *In:* Glynn, S. M. & Duit, R. (Eds.), S. 247–273. [226]

Glynn, S. M., Yeany, R. H. & Britton, B. K. (Eds.) (1991): *The psychology of learning science.* Hillsdale, NJ: Erlbaum.

Goddard, H. H. (1908): The Binet and Simon tests of intellectual capacity. *Training School Bulletin, 5,* S. 3–9. [251]

Goddard, H. H. (1917): Mental tests and the immigrant. *The Journal of Delinquency, 2*, S. 243–277. [251]

Godden, D. R. & Baddeley, A. D. (1975): Context-dependent memory in two natural environments: On land and under water. *British Journal of Psychology, 66*, S. 325–332. [313]

Godshalk, F. L., Swineford, F. U. & Coffman, W. E. (1966): *The measurement of writing ability*. New York: College Entrance Examination Board. [418]

Good, T. L & Brophy, J. E. (1986): School effects. *In:* Wittrock, M. (Ed.), S. 570–604. [53]

Good, T. L. & Brophy, J. E. (1994): *Looking in classrooms* (6th ed.). New York: Harper & Row. [34]

Good, T. L. & Brophy, J. E. (1995): *Contemporary educational psychology* (5th ed.). New York: Longman. [34, 390, 402]

Gordon, T. (1974): *Teacher effectiveness training*. New York: Wyden. Dt. (1977): *Lehrer-Schüler-Konferenz. Wie man Konflikte in der Schule löst*. Hamburg: Hoffmann und Campe. [436]

Grabe, M. (1986): Attentional processes in education. *In:* Phye, G. D. & Andre, T. (Eds.), S. 49–82. [186]

Gräsel, C., Prenzel, M. & Mandl, H. (1993): Konstruktionsprozesse beim Bearbeiten eines fallbasierten Computerlernprogramms. *In:* Tarnai, C. (Hrsg.), S. 55–66. [312]

Gragg, C. I. (1940): Because wisdom can't be told. Harvard Alumni Bulletin, S. 78–84 (zit. nach CTGV, 1997). [270]

Gray, P. (1994): *Psychology* (2nd ed.). New York: Worth Publishers. [95]

Gréco, P. & Piaget, J. (Eds.) (1959): *Apprentissage et connaissance*. Paris: Presses universitaires de France.

Greenberger, M. (Ed.) (1971): *Computers, communications, and the public interest*. Baltimore: Johns Hopkins Press.

Greene, B. A. & Miller, R. B. (1996): Influences on achievement: Goals, perceived ability, and cognitive engagement. *Contemporary Educational Psychology, 21*, S. 181–192. [364, 367]

Greenfield, P. M. (1984): A theory of the teacher in the learning activities of everyday life. *In:* Rogoff, B. & Lave, J. (Eds.), S. 117–138. [107, 108]

Greeno, J. G., Collins, A. M. & Resnick, L. B. (1996): Cognition and learning. *In:* Berliner, D. C. & Calfee, R. C. (Eds.), S. 15–46. [311]

Greenwood, C. R., Delguardi, J. C. & Hall, R. V. (1984): Opportunity to respond and student academic achievement. *In:* Heward, W. L., Heron, T. E., Hill, D. S. & Trap-Porter, J. (Eds.), S. 58–88. [155]

Griffin, C. C. & Tulbert, B. L. (1995): The effect of graphic organizers on students' comprehension and recall of expository text: A review of the research and implications for practice. *Reading and Writing Quarterly: Overcoming Learning Difficulties, 11*, S. 73–89. [286]

Griffin, M. M. (1995): You can't get there from here: Situated learning, transfer, and map skills. *Contemporary Educational Psychology, 20*, S. 65ff. [286]

Griggs, R. A. & Cox, J. R. (1982): The elusive thematic-materials effect in Wason's selection task. *British Journal of Psychology, 73*, S. 407–420. [91, 92]

Gröschel, H. (1979): Kompromisse und Konflikte. Anmerkungen zur Situation in einer verwalteten Schule. *In:* Ebert, W. (Hrsg.), S. 123–159. [2]

Grolnick, W. S. & Ryan, R. M. (1987): Autonomy in children's learning: An experimental and individual difference investigation. *Journal of Personality and Social Psychology, 52*, S. 890–898. [349]

Gronlund, N. E. (1978): *Stating behavioral objectives for classroom instruction* (2nd ed.). Toronto: Macmillan. [401]

Gronlund, N. E. (1985): *Measurement and evaluation in teaching* (5th ed.). New York: Macmillan. [401]

Gronlund, N. E. (1991): *How to write and use instructional objectives* (4th ed.). New York: Macmillan. [401]

Gronlund, N. E. (1993): *How to make achievement tests and assessments.* (5th ed.). Needham Heights, MA: Allyn & Bacon. [413]

Gropengiesser, H. (1996): Die Bilder im Kopf. Von den Vorstellungen der Lernenden ausgehen. *In:* Bambach, H., Bartnitzky, H., von Ilsemann, C. & Otto, G. (Hrsg.), S. 11–13. [27]

Gudjons, H. (1992): *Handlungsorientiert lehren und lernen: Projektunterricht und Schüleraktivität* (2. Aufl.). Bad Heilbronn: Klinkhard. [285, 320]

Guyote, M. J. & Sternberg, R. J. (1981): A transitive-chain theory of syllogistic reasoning. *Cognitive Psychology, 13,* S. 461–525. [96]

Haitzmann, M. (1996): Leistungsbeurteilung durch Zielvereinbarung. *Personal, 48,* S. 478–482. [177]

Hall, E. (1970): A conversation with Jean Piaget and Barbel Inhelder. *Psychology Today, 3,* S. 25–56. [85]

Hallinger, P., Leithwood, K. & Murphy, J. (Eds.) (1993): *Cognitive perspectives on educational leadership.* New York: Teachers College Press.

Halpin, J. A., Puff, C. R., Mason, H. F. & Marston, S. P. (1984): Self-reference and incidental recall by children. *Bulletin of the Psychonomic Society, 22,* S. 87–89. [192]

Hamachek, D. E. (1987): Humanistic psychology: Theory, postulates and implications for educational processes. *In:* Glover, J. & Ronning, R. (Eds.), S. 159–182. [49, 50, 51, 331]

Hameyer; U. (Hrsg.) (1983): *Handbuch der Curriculumforschung: Übersichten zur Forschung 1970 – 1981.* Weinheim: Beltz.

Hamill, J. F. (1990): *Ethno-logic: The anthropology of human reasoning.* Urbana and Chicago: University of Illinois Press. [254]

Hammonds, B. L. (Ed.) (1985): *Psychology and learning: Master lectures.* Washington, DC: American Psychological Association.

Hanna, G. S. (1993): *Better teaching through better measurement.* Fort Worth, TX: Harcourt Brace Jovanovich. [57]

Hansen, R. A. (1977): Anxiety. *In:* Ball, S. (Ed.), S. 91–109. [384]

Harackiewicz, J., Abrahams, S. & Wageman, R. (1987): Performance evaluation and intrinsic motivation: The effects of evaluative focus, rewards, and achievement orientation. *Journal of Personality and Social Psychology, 53,* S. 1015–1023. [159]

Harari, O. & Covington, M. (1981): Reactions to achievement behavior from a teacher and a student perspective: A developmental analysis. *American Educational Research Journal, 18,* S. 15–28. [363]

Harlen, W. (Ed.) (1994): *Enhancing quality in assessment.* London: Chapman. [423]

Harlen, W., Gipps, C., Broadfoot, P. & Nuttal, D. (1992): Assessment and the improvement of education. *The Curriculum Journal, 3,* S. 215–230. [426]

Harris, B. (1979): Whatever happened to Little Albert? *American Psychologist, 34,* S. 151–160. [129]

Hart, B. M. & Risley, T. R. (1968): Establishing use of descriptive adjectives in the spontaneous speech of disadvantaged pre-school children. *Journal of Applied Behavior Analysis, 1,* S. 109–120. [142]

Hart, D. (1994): *Authentic assessment: A handbook for educators.* Menlo Park, CA: Addison-Wesley. [432]

Hartley, J. & Davies, I. K. (1976): Preinstructional strategies: The role of pretests, behavioral objectives, overviews, and advance organizers. *Review of Educational Research, 46,* S. 239–265. [223]

Hartog, P. & Rhodes, E. C. (1928): *The marks of examiners.* London: Macmillan. [418]

Hartshorne, H. & May, M. A. (1928): *Studies in deceit.* New York: Macmillan. [118]

Harvey, J. (Ed.) (1981): *Cognition, social behavior and the environment.* Hillsdale, NJ: Erlbaum.

Harvey, J. H., Ickes, W. J. & Kidd, R. F. (Eds.) (1978): *New directions in attribution research,* Vol. 2. Hillsdale, NJ: Erlbaum.

Hatano, G. & Inagaki, K. (1992): Desituating cognition through the construction of conceptual knowledge. *In:* Light, P. & Butterworth, G. (Eds.), S. 115–133. [308]

Hayes, S. C., Rosenfarb, I., Wulfert, E., Munt, E. D., Korn, Z. & Zettle, R. D. (1985): Self-reinforcement effects: An artifact of social standard setting? *Journal of Applied Behavior Analysis, 18,* S. 201–214. [177]

Hebb, D. O. (1955): Drives and C.N.S. (Conceptual Nervous System). *Psychological Review, 62,* S. 243–254. [326, 386]

Heckhausen, H. (1963): *Hoffnung und Furcht in der Leistungsmotivation.* Meisenheim am Glan: Hain. [324]

Heckhausen, H. (1982): Task-irrelevant cognition during the exam: Incidence and effects. *In:* Krohne, L. & Laux, L. (Eds.), S. 247–274. [386]

Heckhausen, H. (1989): *Motivation und Handeln* (2. Auflage). Berlin: Springer. [324]

Heckhausen, H. (1987): Wünschen – Wählen – Wollen. *In:* Heckhausen, H., Gollwitzer, P. M. & Weinert, F. E. (Hrsg.), S. 3–9. [325, 326]

Heckhausen, H., Gollwitzer, P. M. & Weinert, F. E. (Hrsg.) (1987): *Jenseits des Rubikon: Der Wille in den Humanwissenschaften.* Berlin: Springer. [370]

Hedges, L. V. (1987): How hard is hard science, how soft is soft science? The empirical cumulativeness of research. *American Psychologist, 42,* S. 443–455. [9]

Heisenberg, W. (1958): *Die physikalischen Prinzipien der Quantentheorie.* Mannheim: Bibliogr. Institut. [309]

Heller, K. A. (Hrsg.) (1974): *Leistungsbeurteilung in der Schule.* Heidelberg: Quelle & Meyer.

Helmke, A. (1988): Successful student practice during seatwork: Efficient management and active supervision are not enough. *Journal of Educational Research, 82,* S. 70–75. [389]

Helmke, A. (1992): *Selbstvertrauen und schulische Leistungen.* Göttingen: Hogrefe. [173]

Herbert, E. A. (1992): Portfolios invite reflection – from both students and staff. *Educational Leadership, 49,* S. 58–61. [435]

Herman, J. L., Aschbacher, P. R. & Winters, L. (1992): *A practical guide to alternative assessment.* Alexandria, VA: Assoc. for Supervision and Curriculum Development. [427]

Herrnstein, R. J. & Murray, C. (1994): *The bell curve: Intelligence and class structure in American life.* New York, NY: Free Press. [252, 253]

Heward, W. L., Heron, T. E., Hill, D. S. & Trapp-Porter, J. (Eds.) (1984): Focus on behavior analysis in education. Columbus, OH: Merrill.

Hewson, M. G. & Thorley, N. R. (1989): The conditions of conceptual change in the classroom. *International Journal of Science Education, 11,* S. 541–553. [309f.]

Hidi, S. (1990): Interest and its contribution as a mental resource for learning. *Review of Educational Research, 60,* S. 549–571. [359, 368]

Hidi, S. & Anderson, V. (1986): Producing written summaries: Task demands, cognitive operations, and implications for instruction. *Review of Educational Research, 56,* S. 473–493. [229]

Hidi, S. Renninger, K. A. & Krapp, A. (1992): The present state of interest research. *In:* Renninger, K. A., Hidi, S. & Krapp, A. (Eds.), S. 433–446. [253]

Hilgard, E. R. (Ed.) (1964): *Theories of learning and instruction.* The 63rd Yearbook of the National Society for the Study of Education. New York: Appleton-Century-Crofts.

Hilgard, E. R. (1989): The early years of intelligence measurement. *In:* Linn, R. J. (Ed.), S. 7–28. [267]

Hill, K. T. & Eaton, W. O. (1977): The interaction of test anxiety and success-failure experiences in determining children's arithmetic performance. *Developmental Psychology, 13,* S. 205–211. [389]

Hill, K. T. & Wigfield, A. (1984): Test anxiety: A major educational problem and what can be done about it. *Elementary School Journal, 85,* S. 105–126. [387, 389]

Hines, C. V., Cruickshank, D. R. & Kennedy, J. J. (1985): Teacher clarity and its relation to student achievement and satisfaction. *American Educational Research Journal, 22,* S. 87–99. [220]

Hinsley, D. A., Hayes, J. R. & Simon, H. A. (1977): From words to equations – meaning and representation in algebra word problems. *In:* Just, M. & Carpenter, P. (Eds.), S. 89–106. [280]

Hofer, M. (1987): Pädagogische Psychologie: Fünf Überlegungen zum Selbstverständnis eines Faches. *Psychologische Rundschau, 38,* S. 82–95. [4ff., 11]

Hoffman, R. (Ed.) (1991): *The psychology of expertise.* New York: Springer.

Hohn, R. L. (1995): *Classroom learning and teaching.* White Plains, NY: Longman. [278]

Holfort, F. (1975): Zur Effektivität schulischer Leistungsnachweise in Form schriftlicher Hausaufgaben. *Psychologie in Erziehung und Unterricht, 22,* S. 333–342. [416]

Holt-Reynolds, D. (1992): Personal history-based beliefs as relevant prior knowledge in course work. *American Educational Research Journal, 29,* S. 325–349. [39ff., 304, 309f.]

Honebein, P. C., Duffy, T. M. & Fishman, B. J. (1993): Constructivism and the design of authentic learning environments: Context and authentic activities for learning. *In:* Duffy, T. M., Lowyck, J. & Jonassen, D. (Eds.), S. 87–108. [15]

Hopkins, L. (1886): *Educational psychology.* Boston: Lea and Shepard. [3]

Horn, R. (1974): *Lernziele und Schülerleistung: Die Evaluation von Lernzielen im kognitiven Bereich* (4. Aufl.). Weinheim: Beltz. [404ff.]

Howard, R. W. (1995): *Learning and memory: major ideas, principles, issues and applications.* Westport, CN: Praeger. [247]

Howe, M. J. A. (1997): *IQ in question. The truth about intelligence.* London: Sage. [252, 253, 261]

Howe, M. L. & Rabinowitz, F. M. (1990): Resource panacea? Or just another day in the developmental forest? *Developmental Review, 10,* S. 125–154. [264]

Huber, G. L. (1987): Kooperatives Lernen: Theoretische und praktische Herausforderung für die Pädagogische Psychologie. *Zeitschrift für Entwicklungspsychologie und Pädagogische Psychologie, 19,* S. 340–362. [376]

Huber, G. L. (1993): Europäische Perspektiven für kooperatives Lernen. *In:* Huber, G. L. (Hrsg.), S. 244–259. [376]

Huber, G. L. (Hrsg.) (1993): *Neue Perspektiven der Kooperation. Ausgewählte Beiträge der Internationalen Konferenz 1992 über kooperatives Lernen.* Hohengehren: Schneider.

Hull, C. L. (1920): Quantitative aspects of the evolution of concepts. *Psychological Monographs,* Whole No. 123. [198]

Hull, C. L. (1943): *Principles of behavior: An introduction to behavior theory.* New York: Appleton-Century-Crofts. [328, 329]

Hulme, C. & Mackenzie, S. (1992): *Working memory and severe learning difficulties.* East Sussex: Erlbaum. [188]

Hulten, C. E. (1925): The personal element in teachers' marks. *Journal of Educational Research, 12,* S. 49–55. [418]

Hunt, J. McV. (1961): *Intelligence and experience.* New York: Ronald. [96]

Inhelder, B. & Piaget, J. (1958): *De la logique de l'enfant à la logique de l'adolescent.* Paris: Presses Universitaires de France. Dt. (1980): *Von der Logik des Kindes zur Logik des Heranwachsenden.* Olten: Walter. [77, 88]

Irwin, C. (Ed.) (1987): *Adolescent social behavior and health.* San Francisco: Jossey-Bass.

Iso-Ahola, S. E. & Hatfield, B. (1986): *Psychology of sports.* Dubuque, IA: Brwon. [167]

Jackson, S. L. & Griggs, R. A. (1988): Education and the selection task. *Bulletin of the Psychonomic Society; 26,* S. 327–330. [91]

Jacobs, W. J. & Nadel, W. (1985): Stress-induced recovery of fears and phobias. *Psychological Review, 92,* S. 512–531. [129]

Jacoby, R. & Glauberman, N. (Eds.) (1995): *The bell curve debate: History, documents, options.* New York: Times Books.

James, H. W. (1890): *The principles of psychology.* New York: Holt. [13, 350]

James H. W. (1899): *Talks to teachers on psychology and to students on some of life's ideals.* New York: Holt. [8, 44]

Jensen, A. (1969): How much can we boost IQ and scholastic achievement? *Harvard Educational Review, 39,* S. 1–123. [252]

Jenson, W. R., Sloane, H. N. & Young, K. R. (1988): *Applied behavior analysis in education.* Englewood Cliffs, NJ: Prentice Hall. [134, 143]

Johnson, D. W. & Johnson, R. (1975): *Learning together and alone: Cooperation, competition, and individualization* (1994: 4th ed.). Englewood Cliffs, NJ: Prentice Hall. [373]

Johnson, D. W. & Johnson, R. (1979): Conflict in the classroom: controversy and learning. *Review of Educational Research, 49,* S. 51–70. [373]

Johnson, D. W. & Johnson, R. (1985): Classroom conflict: Controversy over debate in learning groups. *American Educational Research Journal, 22,* S. 237–256. [376]

Johnson, D. W., Johnson, R. T., Holubec, E. J. & Roy, P. (1984): *Circles of learning: Cooperation in the classroom.* Edina, MN: Interaction Books. [374]

Johnson-Laird, P. N. (1985): Deductive reasoning ability. *In:* Sternberg, R. J. (Ed.), S. 173–194. [94]

Johnson-Laird, P. N., Byrne, R. M. J. & Schaeken, W. (1992): Propositional reasoning by model. *Psychological Review, 99,* S. 418–439. [94]

Johnson-Laird, P. N., Legrenzi, P. & Legrenzi, M. S. (1972): Reasoning and a sense of reality. *British Journal of Psychology, 63,* S. 395–400. [91]

Johnson-Laird, P. N. & Wason, P. C. (1977): Introduction to conceptual thinking. *In:* Johnson-Laird, P. N. & Wason, P. C. (Eds.), S. 169–184. [198]

Johnson-Laird, P. N. & Wason, P. C. (Eds.) (1977): *Thinking: Readings in cognitive science.* Cambridge: Cambridge University Press.

Jones, B. F. & Hall, J. W. (1982): School applications of mnemonic keyword method as a study strategy by eight graders. *Journal of Educational Psychology, 74,* S. 230–237. [240]

Jones, B. F. & Idol, L. (Eds.) (1990): *Dimensions of thinking and cognitive instruction.* Hillsdale, NJ: Guilford Press.

Jones, E. E., Kanouse, H. H., Kelley, H. H. & Nisbett, R. E. (Eds.) (1987): *Attribution: Perceiving the causes of behavior.* Morristown, NJ: General Learning Press. [436]

Jones, E. E. & Nisbett, R. E. (1971): *The actor and observer: Divergent perceptions of the causes of behavior.* Morristown, NJ: General Learning Press. [436]

Jones, E. E. & Nisbett, R. E. (1987): The actor and the observer; Divergent perceptions of causality. *In:* Jones, E. E. Kanouse, H. H., Kelley, H. H. & Nisbett, R. E. (Eds.), S. 79–94. [436]

Jones, G. V. (1990): Misremembering a common object: When left is not right. *Memory and Cognition, 18,* S. 174–182. [211]

Jones, M. C. (1924a): A laboratory study of fear. *Pedagogical Seminary, 31,* S. 310–311. [131f.]

Jones, M. C. (1924b): The elimination of children's fears. *Journal of Experimental Psychology, 7,* S. 382–390. [131f.]

Jones, R. T. & Evans, H. L. (1980): Self-reinforcement: A continuum of external cues. *Journal of Educational Psychology, 72,* S. 625–635. [176]

Jürgens, E. (1997): *Leistung und Beurteilung in der Schule. Eine Einführung in Leistungs- und Bewertungsfragen aus pädagogischer Sicht* (3. Aufl.). Sankt Augustin: Academia. [413]

Jussim, L. (1991): Social perception and social reality: A reflection-construction model. *Psychological Review, 98,* S. 54–73. [427]

Jussim, L. & Eccles, J. S. (1992): Teacher expectations II: Construction and reflection of student-achievement. *Journal of Personality and Social Psychology, 63,* S. 947–961. [427]

Just, M. & Carpenter, P. (Eds.) (1977): *Cognitive process in comprehension.* Hillsdale, NJ: Lawrence.

Kagan, S. (1995): *Cooperative learning.* San Juan Capistrano, CA: Resources for teachers. [381]

Kalbaugh, G.L. & Walls, R.T. (1973): Retroactive and proactive interference in prose learning of bibliographic and science materials. *Journal of Educational Psychology, 65,* S.244–251. [243f.]

Kamin, L. (1995): Lies, damned lies, and statistics. *In:* Jacoby, R. & Glauberman, N. (Eds.), S.81–105. [266]

Kant, I. (1781): *Critik der reinen Vernunft.* Riga: Hartknoch. [415]

Kaplan, R. & Simons, F.G. (1974): Effects of instructional objectives used as orienting stimuli or as a summary/review upon prose learning. *Journal of Educational Psychology, 66,* S.614–622. [223]

Karoly, P. & Kanfer, F.H. (Eds.) (1982): *Self-management and behavior change: From theory to practice.* New York: Pergamon.

Karweit, N.L. (1989): Time and learning: A review. *In:* Slavin, R.E. (Ed.), S.69–95. [7]

Karweit, N.L. & Slavin, R.E. (1981): Measurement and modeling choices in studies of time and learning. *American Educational Research Journal, 18,* S.157–171. [7]

Kath, F.M. & Hecht, B. (1981): *Einführung in die Didaktik und Curriculumtheorie* (2. Aufl.). Alsbach/Bergstraße: Leuchtturm. [397]

Katona, G. (1940): *Organizing and memorizing.* New York: Columbia University Press. [315]

Kauchak, D. & Eggen, P. (1993): *Learning and teaching: Research-based methods* (2nd ed.). Needham Heights, MA: Allyn & Bacon. [46, 49, 108, 225]

Kazdin, A. (1989): *Behavior modification in applied settings* (4th ed.). Pacific Grove, CA: Brooks/Cole. [164]

Keller, H. (1917): *The story of my life: With her letters (1887–1901).* New York: Doubleday. Dt.: *Geschichte meines Lebens.* Bern: Scherz. [61]

Kevles, D.J. (1995): *In the name of eugenics. Genetics and the uses of human heredity.* Cambridge, MA: Harvard University Press. [251]

Kieren, T. & Pirie, S. (1992): Creating constructivist environments and constructing creative mathematics. *Educational Studies in Mathematics, 23,* S.505–528. [303]

Kiewra, K.A. (1989): A review of note-taking: The encoding-storage paradigm and beyond. *Educational Psychology Review, 1,* S.147–172. [228]

Kika, F., McLaughlin, T. & Dixon, J. (1992): Effects of frequent testing of secondary algebra students. *Journal of Educational Research, 85,* S.159–162. [141, 430]

King, A. (1989): Effects of self-questioning training on college student comprehension of lectures. *Contemporary Educational Psychology, 14,* S.366–381. [230]

King, A. (1990): Enhancing peer interaction and learning in the classroom through reciprocal questioning. *American Educational Research Journal, 27,* S.664–687. [230, 231]

King, A. (1991): Effects of training in strategic questioning on children's problem solving performance. *Journal of Educational Psychology, 83,* S.307–317. [235]

King, A. (1992): Comparison of self-questioning, summarizing, and notetaking-review as strategies for learning from lectures. *American Educational Research Journal, 29,* S.303–323. [232]

King, A. (1994): Autonomy and question asking: The role of personal control in guided student-generated questioning. *Learning and Individual Differences, 6,* S.163–185. [230]

King, A. (1995): Designing the instructional process to enhance critical thinking across the curriculum. *Teaching of Psychology, 22,* S.13–17. [295]

Kintsch, W. (Ed.) (1974): *The representation of meaning in memory.* Hillsdale, NJ: Erlbaum.

Kintsch, W. & Glass, G. (1974): Effects of propositional structure upon sentence recall. *In:* Kintsch, W. (Ed.), S.140–151. [209]

Kintsch, W. & Keenan, J. M. (1973): Reading rate and retention as a function of the number of propositions in the base structure of sentences. *Cognitive Psychology, 5,* S. 257–274. [210]

Kirchner, W. K. (1966): A note on the effect of privacy in taking typing tests. *Journal of Applied Psychology, 50,* S. 373–374. [416]

Klatzky, R. L. (1980): *Human memory* (2nd ed.). New York: Freeman. [207]

Klauer, K. J. (1974): *Methodik der Lehrzieldefinition und Lehrstoffanalyse.* Düsseldorf: Schwann. [379f., 401]

Klauer, K. J. (1984): Intentional and incidental learning with instructional texts: A meta-analysis for 1970–1980. *American Educational Research Journal, 21,* S. 323–339. [223]

Klein, S. B. & Kihlstrom, J. F. (1986): Elaboration, organization, and the self-reference effect in memory. *Journal of Experimental Psychology: General, 115,* S. 26–38. [192]

Kloep, M. (1985): Leicht oder mittelschwer? Versuch einer Antwort auf eine Streitfrage in der Pädagogischen Psychologie. *Unterrichtswissenschaft, 13,* S. 130–139. [334]

Köck, P. (1995): *Praxis der Unterrichtsgestaltung und des Schullebens* (2., überarb. Aufl.). Donauwörth: Auer. [396f.]

Köhler, W. (1917): *Intelligenzprüfungen an Anthropoiden. Abhandlungen der Preußischen Akademie der Wissenschaften.* Berlin: Königliche Akademie der Wissenschaften. [272]

Kohlberg, L. (1981): *Philosophy of moral development.* New York: HarperCollins. [112, 113f.]

Kohlberg, L. (1984): *Essays on moral development. Vol. II. The psychology of moral development.* New York: Harper & Row. [114]

Kohlberg, L. (1985): *The psychology of moral development.* New York: HarperCollins. [112]

Kohlberg, L. (1986a): My personal search for universal morality. *Moral Education Forum, 11,* S. 4–10. [112]

Kohlberg, L. (1986b): A current statement on some theoretical issues. *In:* Modgil, S. & Modgil, C. (Eds.), S. 485–546. [112]

Kohlberg, L. (1987): Moralische Entwicklung und demokratische Erziehung. *In:* Lind, G. & Raschert, J. (Hrsg.), S. 25–43. [113f.]

Kolodner, J. (1984): *Retrieval and organizational strategies in conceptual memory: A computer model.* Hillsdale, NJ: Erlbaum. [188]

Kosslyn, S. M. (1976): Can imagery be distinguished from other forms of internal representation? Evidence from studies of retrieval time. *Memory and Cognition, 4,* S. 291–297. [212]

Kosslyn, S. M. & Pomerantz, J. R. (1977): Imagery, propositions, and the form of internal representations. *Cognitive Psychology, 9,* S. 52–76. [211]

Kounin, J. (1970): *Discipline and group management in classrooms.* New York: Holt, Rinehart & Winston. Dt. (1976): *Techniken der Klassenführung.* Bern: Huber. [48]

Krampen, G. (1985): Differentielle Effekte von Lehrerkommentaren zu Noten bei Schülern. *Zeitschrift für Entwicklungspsychologie und Pädagogische Psychologie, 17,* S. 99–123. [158, 159]

Krampen, G. (1987): Effekte von Lehrerkommentaren zu Noten bei Schülern. *In:* Olechowski, R. & Persy, E. (Hrsg.), S. 207–227. [158]

Krathwohl, D. R., Bloom, B. S. & Masia, B. B. (1964): *Taxonomy of educational objectives, Handbook II: Affective domain.* New York: McKay. [407]

Kratz, H. E. (1896): Characteristics of the best teachers as recognized by children. *Pedagogical Seminary, 3,* S. 413–418. [45]

Kreitler, S. & Kreitler, H. (1989): Horizontal décalage: A problem and its solution. *Cognitive Development, 4,* S. 89–119. [87]

Kreitzer, A. E. & Madaus, G. F. (1994): Empirical investigation of the hierarchical structure of the taxonomy. *In:* Anderson, L. W. & Sosniak, L. A. (Eds.), S. 64–81. [403]

Kreutzer, M. A., Leonard, C. & Flavell, J. H. (1975): An interview study of children's knowledge about memory. *Monographs of the Society for Research in Child Development, 40* (1, Serial No. 159). [235]

Krohne, H. W. (1975): *Angst und Angstverarbeitung.* Stuttgart: Kohlhammer. [385]

Krohne, H. W. (1996): *Angst und Angstbewältigung.* Stuttgart: Kohlhammer. [385]

Krohne, H. W. & Laux, L. (Eds.) (1982): *Achievement, stress, and anxiety.* Washington: Hemisphere.

Kropp, P. R., Stocker, H. W. & Baskow, W. L. (1966): The validation of the „Taxonomy of educational objectives". *Journal of Experimental Education, 34,* S. 69–76. [409]

Kruger, A. C. (1992): The effect of peer and adult-child transductive discussions on moral reasoning. *Merrill-Palmer Quarterly, 28,* S. 191–211. [123]

Kruger, A. C. & Tomasello, M. (1986): Transactive discussions with peers and adults. *Developmental Psychology, 22,* S. 681–685. [123]

Krupski, A. (1986): Attention problems in youngsters with learning handicaps. *In:* Torgesen, J. K. & Wong, B. Y. L. (Eds.), S. 161–192. [263]

Kuhl, J. (1983): *Motivation, Konflikt und Handlungskontrolle.* Berlin: Springer. [369]

Kuhl, J. (1985): Volitional mediators of cognition-behavior consistency: Self-regulatory processes and action versus state orientation. *In:* Kuhl, J. & Beckmann, J. (Eds.), S. 101–128. [326, 371]

Kuhl, J. (1992): A theory of self-regulation: Action versus state orientation, self-discrimination and some applications. *Applied Psychology: An International Review, 41,* S. 97–129. [371]

Kuhl, J. & Beckmann, J. (Eds.) (1985): *Action control: From cognition to behavior.* Berlin: Springer. [369]

Kuhn, D. & Siegler, R. S. (Vol. Eds.) (1998): Cognition, language, and perceptual development. *In:* Damon, D. (Gen. Ed.): *Handbook of child psychology.* New York: Wiley.

Kuhn, T. S. (1970): *The structure of scientific revolutions.* Chicago, Ill.: The University of Chicago Press. Dt. (1990): *Die Struktur wissenschaftlicher Revolutionen* (10. Aufl.). Frankfurt am Main: Suhrkamp. [281]

Kulik, C. L., Kulik, J. A. & Drowns, R. L. (1990): Effectiveness of mastery learning programs: A meta-analysis. *Review of Educational Research, 60,* S. 265–299. [154]

Kun, A. (1977): Development of the magnitude-covariation and compensation schemata in ability and effort attributions of performance. *Child Development, 48,* S. 862–873. [363]

Kun, A. & Weiner, B. (1973): Necessary versus sufficient causal schemata for success and failure. *Journal of Research in Personality, 7,* S. 197–207. [157]

Kurtines, W. M. & Gewirtz, J. L. (Eds.) (1987): *Moral development through social interaction.* New York. Wiley.

Kurtines, W. & Gewirtz, J. (Eds.) (1991): *Handbook of moral behavior and development.* Vol. 1. Hillsdale, NJ: Erlbaum.

LaBerge, D. & Samuels, S. J. (1974): Toward a theory of automatic information processing in reading. *Cognitive Psychology, 6,* S. 293–323. [20, 316]

Lämmermann, H. (1927): *Das Mannheimer kombinierte Verfahren zur Begabtenauslese: Eine statistische Untersuchung über die Bewährung an höheren Schulen.* Leipzig: Barth. [415]

Land, M. L. (1987): Vagueness and clarity. *In:* Dunking, M. J. (Ed.), S. 392–397. [220]

Lang, N. (Hrsg.) (1983): *Verständigung im Alltag. Formen, Barrieren und Möglichkeiten im sozialen und politischen Handeln.* München: Ehrenwirth.

Langfeldt, H.-P. (1989): Das weiß doch jeder! – Oder etwa nicht? Befunde der Pädagogischen Psychologie in der Beurteilung von Pädagogen. Eine experimentelle Studie. *Psychologie in Erziehung und Unterricht, 36,* S. 265–274. [9]

Larkin, J. H. (1982): The cognition of learning physics. *American Journal of Physics, 49,* S. 534–541. [282]

Larkin, J. H., McDermott, J., Simon, D. P. & Simon, H. A. (1980): Expert and novice performance in solving physics problems. *Science, 208,* S. 1335–1342. [278]

Lave, J. (1988): *Cognition in practice.* Cambridge University Press. [15, 268]

Lazarus, A. A. & Fay, A. (1975): *I can if I want to.* New York: Morrow. Dt. (1984): *Ich kann, wenn ich will* (7. Aufl.). Stuttgart: Klett-Cotta. [133]

Leinhardt, G. (1988): Situated knowledge and expertise in teaching. *In:* Calderhead, J. (Ed.), S. 146–168. [47]

Lemperers, J. D., Flavell, E. R. & Flavell, J. H. (1977): The development in very young children of tacit knowledge concerning visual perception. *Genetic Psychology Monographs, 95,* S. 3–53. [85]

Lepper, M. R., Greene, D. & Nisbert, R. E. (1973): Undermining children's intrinsic interest with extrinsic rewards: A test of the overjustification hypothesis. *Journal of Personality and Social Psychology, 28,* S. 129–137. [347]

Lepper, M. R. & Hoddell, M. (1989): Intrinsic motivation in the classroom. *In:* Ames, C. & Ames, R. (Eds.), S. 73–105. [349]

Lepper, M. R., Keavney, M. & Drake, M. (1996): Intrinsic motivation and extrinsic rewards: A commentary on Cameron and Pierce's meta-analysis. *Review of Educational Research, 66,* S. 5–32. [349]

Lerner, R. M. (1986)*: Concepts and theories of human development* (2nd ed.). New York: Random House. [62, 65, 66]

Lesgold, A., Glaser, R., Rubinson, H., Klopfer, D., Feltovich, P. & Wang, Y. (1988): Expertise in a complex skill: Diagnosing x-ray pictures. *In:* Chi, M. T. H., Glaser, R. & Farr, M. J. (Eds.), S. 311–342. [279]

Levin, J. R., Shriberg, L. K., Miller, G. E., McCormick, C. B. & Levin, B. B. (1980): The keyword method in the classroom: How to remember the states and their capitals. *Elementary School Journal, 80,* S. 185–191. [240]

Levin, J. R., McCabe, A. E. & Bender, B. G. (1975): A note on imagery-inducing motor activity in young children. *Child Development, 46,* S. 236–266. [237]

Levin, R. B. & Gross, A. M. (1985): The role of relaxation in systematic desensitization. *Behaviour Research and Therapy, 23,* S. 187–196. [133]

Lewis, C. (1994): *Educating hearts and minds: Reflections on Japanese preschool and elementary education.* New York: Cambridge University Press. [68]

Ley, R. (1985): *A whisper of espionage: Wolfgang Köhler and the apes of Tenerife.* Garden City Park, NY: Avery. [273]

Lickona, T. (Ed.) (1976): *Moral development and behavior: Theory, research and social issues.* New York: Holt, Rinehart & Winston. [118]

Lickona, T. (1981): Förderung der moralischen Entwicklung in Schule und Familie. *Unterrichtswissenschaft, 9,* S. 241–254. [118, 119]

Lickona, T. (1987): Character development in the elementary school classroom. *In:* Ryan, K. & Clean, G. F. (Eds.), S. 177–205. [118, 120ff.]

Lidz, C. S. (Ed.) (1987): *Dynamic assessment: An interactional approach to evaluating learning potential.* New York: The Guilford Press.

Liebert, R. M. & Morris, L. W. (1967): Cognitive and emotional components of test anxiety. A distinction and some initial data. *Psychological Reports, 20,* S. 975–978. [385]

Liebhard, E. H. (1977): Fähigkeit und Anstrengung im Lehrerurteil: Der Einfluß inter- versus intraindividueller Perspektive. *Zeitschrift für Entwicklungspsychologie und Pädagogische Psychologie, 9,* S. 94–102. [361]

Lienert, G. A. & Raatz, U. (1994): *Testaufbau und Testanalyse* (5. Aufl.). Weinheim. Beltz. [415]

Light, P. & Butterworth, G. (Eds.) (1992): *Context and cognition: Ways of learning and knowing.* Hillsdale, NJ: Erlbaum.

Lind, G. & Raschert, J. (Hrsg.) (1987): *Moralische Urteilsfähigkeit. Eine Auseinandersetzung mit Lawrence Kohlberg.* Weinheim: Beltz.

Lindquist, E.F. (1951): Preliminary considerations in objective test construction. *In:* Lindquist, E.F. (Ed.), S. 119–158. [423]

Lindquist, E.F. (Ed.) (1951): *Educational measurement.* Washington, DC: American Council of Education.

Lindsay, P.H. & Norman, D.A. (1977): *Human information processing.* New York: Academic Press. Dt. (1981): *Einführung in die Psychologie. Informationsaufnahme und -verarbeitung beim Menschen.* Berlin: Springer. [203]

Linn, R.J. (Ed.) (1989): *Intelligence: Measurement, theory, and public policy.* Urbana: University of Illinois Press.

Linton, M. (1979): Ein Gedächtnis wie ein Sieb. *Psychologie heute, 6,* S. 35–39. [241]

Lippmann, W. (1922) The mental age of Americans, etc. *New Republic, 32,* S. 213–215, 246–248, 275–277, 297–298, 328–380; *33,* S. 9–11, S. 145–146 (zit. Nach Hilgard, 1989). [267]

Lippmann, W. (1923). Mr. Burt and the intelligence tests, etc. *New Republic, 34,* S. 263–264, 295–296, 322–323 (zit. nach Hilgard, 1989). [267]

Locke, E.A. & Latham, G.P. (1990): *A theory of goal setting and task performance.* Englewood Cliffs, NJ: Prentice-Hall. [331]

Lumsdaine, A.A. & Glaser, R. (Eds.) (1960): *Teaching machines and programmed learning.* Washington: National Ecucation Association.

Luchins, A. (1942): Mechanization in problem solving: The effect of Einstellung. *Psychological Monographs, 54,* No. 248. [317f.]

Luria, A.R. (1971): Towards the problem of the historical nature of psychological processes. *International Journal of Psychology, 6,* S. 259–272. [253f.]

Mace, F.C. & Kratochwill, T.R. (1988): Self-monitoring. *In:* Witt, J.C., Elliott, S.N. & Gresham, F.M. (Eds.), S. 489–522. [175]

Madaus, G.F. & Tan, A.G.A. (1993): The growth of assessment. *In:* Cawelti, G. (Ed.), S. 53–79. [435]

Madaus, G.F., Woods, E.M. & Nuttall, R.L. (1973): A causal model analysis of Bloom's taxonomy. *American Educational Research Journal, 10,* S. 253–262. [409]

Maehr, M. (1992): *Transforming the school culture to enhance motivation.* Paper presented at the annual meeting of the AERA in San Francisco (April). [364]

Maehr, M.L. & Pintrich, P.R. (Eds.) (1991): *Advances in motivation and achievement.* Vol. 7. Greenwich, CT: JAI Press.

Mager, R.F. (1962): *Preparing objectives for programmed instruction.* San Francisco: Fearon. Dt. (1973): *Lernziele und Programmierter Unterricht.* Weinheim: Beltz. [399f.]

Mager, R.F. (1962): *Preparing instructional objectives* (2nd. ed.). Palo Alto, CA: Fearon. Dt. (1977): *Lernziele und Unterricht.* Weinheim. Beltz. [399f.]

Mandl, H., Gruber, H. & Renkl, A. (1993): Das träge Wissen. *Psychologie heute, 20,* S. 64–69. [312]

Manning, B.H. (1991): *Cognitive self-instruction of classroom processes.* Albany, NY: State University of New York Press. [165]

Marini, A. & Genereux, R. (1995): The challenge of teaching for transfer. *In:* McKeough, A., Lupart, J.L. & Marini, A. (Eds.), S. 1–19. [313f.]

Markovà, I. (1990): Introduction. *In:* Markovà, I. & Foppa, K. (Eds.), S. 1–22. [102]

Markovà, I. & Foppa, K. (Eds.) (1990): *The dynamics of dialogue.* New York: Springer.

Marshall, H.H. (1990): Beyond the workplace metaphor: Toward conceptualizing the classroom as a learning setting. *Theory into Practice, 29,* S. 94–101. [32f.]

Martorano, S. (1977): A developmental analysis of performance of Piaget's formal operations tasks. *Developmental Psychology, 13,* S. 666–672. [92]

Maslow, A.H. (1962): *Toward a psychology of being.* Princeton, NJ: Van Nostrand. Dt. (1994): *Psychologie des Seins: Ein Entwurf.* Frankfurt/Main: Fischer. [51]

Maslow, A. (1970): *Motivation and personality* (2nd ed.). New York: Harper & Row. Dt. (1994): *Motivation und Persönlichkeit.* Reinbek b. Hamburg: Rowohlt. [51, 328, 330]

Maslow, A. H. (1971): *The farther reaches of the human mind.* New York: Viking. [328, 330]

Matlin, M. W. (1994): *Cognition* (3rd ed.). Fort Wort, TX: Harcourt Brace. [196]

Matson, J. L. & DiLorenzo, T. M. (1984): *Punishment and its alternatives.* New York: Springer. [145]

Mayer, R. E. (1979): Can advance organizers influence meaningful learning? *Review of Educational Research, 49,* S. 371–383. [224]

Mayer, R. E. (1982): Memory for algebra story problems. *Journal of Educational Psychology, 74,* S. 199–216. [280]

Mayer, R. E. (1984): Aids to text comprehension. *Educational Psychologist, 19,* S. 30–42. [187]

Mayer, R. E. (1992): Cognition and instruction: Their historic meeting within educational psychology. *Journal of Educational Psychology, 84,* S. 405–412. [20]

Mayer, R. E. & Wittrock, M. C. (1996): Problem-solving transfer. *In:* Berliner, D. C. & Calfee, R. C. (Eds.), S. 47–62. [14]

McAndrew, D. A. (1983): Underlining and notetaking: Some suggestions from research. *Journal of Reading, 27,* S. 103–108. [227]

McCaleb, J. & White, J. (1980): Critical dimensions in evaluating teacher clarity. *Journal of Classroom Interaction, 15,* S. 27–30. [47]

McCaslin, M. & Murdock, T. B. (1991): The emergent interaction of home and school in the development of students' adaptive learning. *In:* Maehr, M. & Pintrich, P. (Eds.), S. 213–259. [52]

McClelland, D. C. (1961): *The achieving society.* Princeton, NJ: Van Nostrand. [324]

McClelland, D. C., Atkinson, J. W., Clark, R. A. & Lowell, E. L. (1953): *The achievement motive.* New York: Appleton-Century-Crofts. [24]

McCloskey, M. (1983): Intuitive physics. *Scientific American, 248,* S. 114–122. [213]

McCombs, B. L. (1994): Strategies for assessing and enhancing motivation: Keys to promoting self-regulated learning and performance. *In:* O'Neil, H. F. & Drillings, M. (Eds.), S. 49–69. [341]

McDaniel, M. A. & Pressley, M. (1984): Putting the keyword method in context. *Journal of Educational Psychology, 76,* S. 598–609. [240]

McDonald-Ross, M. (1974): Behavioral objectives: A critical review. *Instructional Science, 2,* S. 1–51. [401]

McDougall, W. (1921): *An introduction in social psychology.* Boston, MA: Luce. [350]

McKeough, A. & Lupart, J. L. (Eds.) (1991): *Toward the practice of theory-based instruction: Current cognitive theories and their educational promise.* Hillsdale, NJ: Erlbaum.

McKeough, A., Lupart, J. L. & Marini, A. (Eds.) (1995): *Teaching for transfer.* Mahwah, NJ: Lawrence Erlbaum.

McWhorter, K. T. (1992): *Study and thinking skills in college* (2nd ed.). New York: HarperCollins. [228]

Medin, D. L. & Ross, B. H. (1992): *Cognitive psychology.* Fort Worth, TX: Harcourt Brace Jovanovich. [212]

Medley, D. M. (1979): The effectiveness of teachers. *In:* Peterson, P. & Walberg, H. (Eds.), S. 11–27. [45]

Meece, J. L., Blumenfeld, P. C. & Hoyle, R. H. (1988): Students' goal orientation and cognitive engagement in classroom activities. *Journal of Educational Psychology, 80,* S. 514–523. [367]

Mees, C. E. K. (1934): Scientific thought and social reconstruction. *American Scientist, 22,* S. 13–14. [36]

Meichenbaum , D. (1977): *Cognitive behavior modification: An integrative approach.* New York: Plenum. [165]

Merckelbach, H., de Ruiter, C., Van den Hout, M. A. & Hoekstra, R. (1989): Conditioning experiences and phobias. *Behavior Research and Therapy, 27,* S. 657–662. [130]

Merrill, D. M., Li, Z. & Jones, M. K. (1990): Second generational instructional design (ID$_2$). *Educational Technology, 2,* S. 7–14. [392]

Meulemann, H. (1982) Bildungsexpansion und Wandel der Bildungsvorstellungen zwischen 1958 und 1979. Eine Kohortenanalyse. *Zeitschrift für Soziologie, 11,* S. 227–253. [50]

Meumann, E. (1913): *Vorlesungen zur Einführung in die experimentelle Pädagogik und ihre psychologischen Grundlagen.* 3. Bände (2. Aufl.). Leipzig: Engelmann. [3, 369]

Meyer, W.-U. (1982): Indirect communications about perceived ability estimates. *Journal of Educational Psychology, 74,* S. 888–897. [157]

Michael, A. L., Klee, T., Bransford, J. D. & Warren, S. (1993): The transition from theory to therapy: Test of two instructional methods. *Applied Cognitive Psychology, 7,* S. 139–153. [319f.]

Michael, J. L. (1985): Behavioral analysis: A radical perspective. *In:* Hammonds, B. L. (Ed.), S. 97–121. [70]

Miller, G. A. (1956): The magical number seven, plus or minus two: Some limits on our capacity for processing information. *Psychological Review, 63,* S. 81–97. [189]

Miller, G. A., Galanter, E. & Pribram, K. H. (1960): *Plans and the structure of behavior.* New York: Holt. Dt. (1973): *Strategien des Handelns.* Stuttgart. Klett. [239]

Miller, G. A. & Gildea, P. M. (1987): How children learn words. *Scientific American, 257,* S. 94–99. [204]

Miller, J. G. & Bersoff, D. M. (1988): When do American children and adults reason in social conventional terms. *Developmental Psychology, 24,* S. 366–375. [116]

Moates, D. & Schumacher, G. (1980): *An introduction to cognitive psychology.* Belmont, CA: Wadsworth. [184]

Modgil, S. & Modgil, C. (Eds.) (1986): *Lawrence Kohlberg: Consensus and controversy.* Philadelphia: Falmer.

Moely, B. E., Hart, S. S., Santulli, K., Leal, L. Johnson, T., Rao, N. & Burney L. (1986): How do teachers teach memory skills? *Educational Psychologist, 21,* S. 55–71. [236]

Moll, L. C. (Ed.) (1990): *Vygotsky and education: Instructional implications and applications of sociohistorical psychology.* Cambridge, UK: Cambridge University Press.

Montagu, A. (1976): *The nature of human aggression.* New York: Oxford University Press. [121]

Moore, B. & Eisenberg, N. (1984): The development of altruism. *In:* Whitehurst, G. (Ed.), S. 107–174. [163]

Musahl, H.-P. (1998): Persönliche Mitteilung. [435]

Naveh-Benjamin, M., McKeachie, W. J. & Lin, Y. G. (1987): Two types of test anxious students: Support for an information processing model. *Journal of Educational Psychology, 79,* S. 313–136. [388]

Neill, A. S. (1960): *Summerhill: A radical approach to child rearing.* New York: Hart Publishing. Dt. (1966): *Erziehung in Summerhill. Das revolutionäre Beispiel einer freien Schule* (2. Aufl.). München: Szczesny. [51]

Neisser, U. (1967): *Cognitive psychology.* New York: Appleton-Century-Crofts. [185]

Neisser, U. (1976): General, academic, and artificial Intelligence. *In:* Resnick, L. B. (Ed.), S. 135–144. [259]

Neubauer, W. F., Gampe, H. & Knapp, R. (1985): *Konflikte in der Schule. Möglichkeiten und Grenzen kooperativer Entscheidungsfindung* (2. Aufl.). Darmstadt: Luchterhand. [2]

Neumann, P. G. (1977): Visual prototype formation with discontinuous representation of dimensions of variability. *Memory and Cognition, 5,* S. 187–197. [202]

Newell, A. & Simon, H. A. (1972): *Human problem solving.* Englewood Cliffs, NJ: Prentice Hall. [276, 282]

Newmann, F. M. et al. (Eds.) (1996): *Authentic achievement: Restructuring schools for intellectual quality.* San Francisco: Jossey-Bass.

Nicholls, J. G. (1979): Quality and equality in intellectual development: The role of motivation in education. *American Psychologist, 34,* S. 1071–1084. [374]

Nicholls, J. G. (1984): Achievement motivation: Conceptions of ability, subjective experience, task choice, and performance. *Psychological Review, 91,* S. 328–346. [363, 374]

Nicholls, J., Jagacinski, C. & Miller, A. (1986): Conceptions of ability in children and adults. *In:* Schwarzer, R. (Ed.), S. 265–284. [363]

Nickel, H. & Wieczerkowski, W. (1974): Einflüsse auf die Beurteilung von Schüleraufsätzen. Ergebnisse einer quasi-experimentellen Versuchsreihe. *In:* Heller, K. A. (Hrsg.), S. 271–308. [415]

Nickerson, R. S. & Adams, M. J. (1979): Long-term memory for a common object. *Cognitive Psychology, 11,* S. 287–307. [211]

Nitsch, K. E. (1977): Structuring decontextualized forms of knowledge. Unpublished doctoral dissertation. Vanderbilt University (zit. nach Slavin, 1994) [206]

Noll, V. H. (1965): *Introduction to educational measurement* (2nd ed.). Boston: Houghton Mifflin. [Neuere Auflage: Noll, V. H., Scannell, D. P. & Craig, R., 1990 (4th ed.) – Lanham: University Press]. [396]

Nolting, H.-P. & Paulus, P. (1992): *Pädagogische Psychologie.* Stuttgart: Kohlhammer. [12]

Norcini, J. J. & Snyder, S. S. (1986): Effects of modeling and cognitive induction on moral reasoning. *In:* Sapp, G. L. (Ed.), S. 249–259. [122]

Norman, G. R., Brooks, L. R. & Allen, S. W. (1989): Recall by expert medical practitioners and novices as a record of processing attention. *Journal of Experimental Psychology: Learning, Memory, and Cognition, 15,* S. 1166–1174. [278]

Nunes, T., Schliemann, A. D. & Carraher, D. W. (1993): *Street mathematics and school mathematics.* Cambridge, England: Cambridge University Press. [268]

Nussbaum, J. (1979): Children's conceptions of the earth as a cosmic body: A cross age study. *Science Education, 63,* S. 83–93. [27]

Nussbaum, J. & Novak, J. D. (1976): An assessment of children's concepts of the earth utilizing structured interviews. *Science Education, 60,* S. 535–550. [27]

Nussbaum, J. & Novick, S. (1982): Alternative frameworks, conceptual conflict and accommodation: Toward a principled teaching strategy. *Instructional Science, 11,* S. 183–200. [305, 307]

Nystrant, M. (Ed.) (1982): *What writers know.* San Diego, CA: Academic Press.

Oettingen, G., Lindenberger, U. & Baltes, P. B (1992): Sind die schulleistungsbezogenen Überzeugungen Ostberliner Kinder entwicklungshemmend? *Zeitschrift für Pädagogik, 38,* S. 299–324. [174, 175]

Oettingen, G. & Little, T. D. (1994): „Adäquate Selbsteinschätzung" als Erziehungsziel: Die Selbstwirksamkeitsurteile Ostberliner Schulkinder. *In:* Trommsdorff, G. (Ed.), S. 113–123. [174, 176]

Office of Strategic Services (1948): *Assessment of men. Selection of personnel for the Office of Strategic Services.* Troy, MO: Holt, Rinehart & Winston. [424]

O'Leary, K. D., Kaufman, K. F., Kass, R. E. & Drabman, R. S. (1970): The effects of loud and soft reprimands on the behavior of disruptive students. *Exceptional Children, 37,* S. 145–155. [144f.]

O'Leary, K. D. & O'Leary, S. (Eds.) (1977): *Classroom management: The successful use of behavior modification* (2nd ed.). New York: Pergamon. [144, 158]

Olechowski, R. & Persy, E. (Hrsg.) (1987): *Fördernde Leistungsbeurteilung.* Wien: Jugend und Volk.

O'Loughlin, M. (1992): Rethinking science education: Beyond Piagetian constructivism toward a sociocultural model of teaching and learning. *Journal of Research in Science Teaching, 29,* S. 791–820. [98]

O'Neill, H. F. & Drillings, M. (Eds.) (1994): *Motivation: Theory and research.* Hillsdale, NJ: Lawrence Erlbaum.
Onestak, D. M. (1991): The effects of progressive relaxation, mental practice and hypnosis on athletic performance: A review. *Journal of Sport Behavior, 14,* S. 247–282. [167]
Ong, W. J. (1958): *Ramus: Method, and the decay of dialogue. From the art of discourse to the art of reason.* Cambridge, MA: Harvard University Press. [47]
Ornstein, A. (Ed.) (1995): *Teaching: Theory and practice.* Needham, MA: Allyn & Bacon.
Ortony, A. (1975): Why metaphors are necessary and not just nice. *Educational Theory, 25,* S. 45–53. [220]
Oser, F. & Altof, W. (1994): *Moralische Selbstbestimmung. Modelle der Entwicklung und Erziehung im Wertebereich. Ein Lehrbuch* (2. Auflage). Stuttgart. Klett-Cotta. [117]

Paivio, A. (1971): *Imagery and verbal processes.* New York: Holt, Rinehart and Winston. [210]
Paivio, A. (1986): *Mental representations: A dual coding approach.* New York: Oxford University Press. [210]
Pajares, M. (1992): Teachers' beliefs in educational research: Cleaning up a messy construct. *Review of Educational Research, 62,* S. 307–323. [38, 39]
Palincsar, A. S. (1987): Collaborating for collaborative learning of text comprehension. Paper presented at the AERA, Washington, DC (zit. nach Rosenshine et al., 1996). [230]
Paris, S. G. & Turner, J. C. (1994): Situated motivation. *In:* Pintrich, P. R., Brown, D. R. & Weinstein, C. E. (Eds.), S. 213–237. [324]
Park, C. (1976): The Bay City experiment. As seen by the director. *The Journal of Teacher Education, 7,* S. 105. [7]
Parke, R. D. (1969): Effectiveness of punishment as an interaction of intensity, timing, agent nurturance and cognitive structuring. *Child Development, 40,* S. 213–236. [146]
Parsons, J., Kaczala, C. & Meece, J. (1982): Socialization of achievement attitudes and beliefs. *Child Development, 53,* S. 322–339. [158]
Pasnak, R. (1987): Accelerated cognitive development of kindergartners. *Psychology in the Schools, 24,* S. 358–363. [87]
Pate, P. E., Homestead, E. & McGinnis, K. (1993): Designing rubrics for authentic assessment. *Middle School Journal, 25,* S. 25–27. [433]
Patel, V. L. & Groen, G. J. (1986): Knowledge-based solution strategies in medical reasoning. *Cognitive Science, 10,* S. 91–116. [282]
Paulson, F. L., Paulson, P. R. & Meyer, C. A. (1991): What makes a portfolio a portfolio? *Educational Leadership, 48,* S. 60–63. [431]
Pea, R. D. (1993): Practices of distributed intelligence and designs for education. *In:* Salomon, G. (Ed.), S. 47–87. [269]
Pea, R. D. & Kurland, D. M. (1984): On the cognitive effects of learning computer programming. *New Ideas in Psychology, 2,* S. 137–168. [14]
Pearson, K. (1914): *The life, letters and labours of Francis Galton.* Vol. 1. Cambridge, England: The University Press. [250]
Pearson, D. (Ed.) (1984): *Handbook of reading research.* New York: Longman.
Pegels, E.-M. (1997): *Mogeln und Moral: Empirische und theoretische Studien über den Wert des Mogelns in der Schule.* Münster: LIT. [361]
Pekrun, R. (1993): Entwicklung von schulischer Aufgabenmotivation in der Sekundarstufe: Ein erwartungs-wert-theoretischer Ansatz. *Zeitschrift für Pädagogische Psychologie, 7,* S. 87–97. [343, 344]
Perkins, D. N. (1993): Person-plus: a distributed view of thinking and learning. *In:* Salomon, G. (Ed.), S. 88–110. [269]
Perkins, D. N. (1995): *Outsmarting IQ. The emerging science of learnable intelligence.* New York: Free Press. [267]

Perkins, D. N. & Salomon, G. (1989): Are cognitive skills context-bound? *Educational Researcher, 18,* S. 16–25. [105, 318]
Perret-Clermont, A. N. (1980): *Social interaction and cognitive development in children.* London: Academic Press. [255, 306]
Peterson, L. R. & Peterson, M. J. (1959): Short-term retention of individual verbal items. *Journal of Experimental Psychology, 58,* S. 193–198. [188]
Peterson, P. L. & Swing, S. R. (1982): Beyond time on task: Students' reports of their thought processes during classroom instruction. *The Elementary School Journal, 82,* S. 481–491. [387]
Peterson, P. L. & Walberg, H. J. (Eds.) (1979): *Research on teaching.* Berkeley, CA: McCutchan.
Peterson, P. L., Swing, S. R., Braverman, M. T. & Buss, R. (1982): Students' aptitudes and their reports of cognitive processes during direct instruction. *Journal of Educational Psychology, 74,* S. 535–547. [191]
Pfundt, H. (1982): Vorunterrichtliche Vorstellungen von stofflicher Veränderung. *chimica didactica, 8,* S. 161–180. [306, 309]
Pfundt, H. & Duit, R. (1991): *Bibliography: Students' alternative frameworks and science education* (3rd ed.). Kiel: IPN. [302]
Phillips, J. L. (1969): *The origins of intellect: Piaget's theory* (2nd ed.: 1975). San Francisco: Freeman. [82]
Phye, G. D. (1990): Inductive problem solving: Schema inducement and memory-based transfer. *Journal of Educational Psychology, 82,* S. 826–831. [319]
Phye, G. D. & Andre, T. (Eds.) (1986): *Cognitive classroom learning: Understanding, thinking, and problem solving.* Orlando: Academic Press.
Piaget, J. (1923): *Le langage et la pensée chez l'enfant.* Nachâtel: Delachaux & Niestlé. Dt. (1972): *Sprechen und Denken des Kindes.* Düsseldorf: Schwann. [76, 102]
Piaget, J. (1924): *Le jugement et le raisonnement chez l'enfant.* Neuchâtel: Delachaux & Niestlé. Dt. (1972): *Urteil und Denkprozeß des Kindes.* Düsseldorf: Schwann. [84]
Piaget, J. (1932): *Le jugement moral chez l'enfant.* Paris: Alcan. Dt. (1976): *Das moralische Urteil beim Kinde* (2. Auflage). Frankfurt/Main: Suhrkamp. [76, 111]
Piaget, J. (1936): *La neissance de l'intelligence chez l'enfant.* Neuchâtel: Delachau et Niestlé. Dt. (1973): *Das Erwachen der Intelligenz beim Kinde.* Stuttgart: Klett. [71, 73, 81, 87, 353]
Piaget, J. (1959): Apprentissage et connaissance. *In:* Gréco, P. & Piaget, J. (Eds.), S. 21–67. [352]
Piaget, J. (1961): The genetic approach to the psychology of thought. *Journal of Educational Psychology, 52,* S. 275–281. [75]
Piaget, J. (1970): Development and learning. *In:* Ripple, R. (Ed.), S. 7–20. [71]
Piaget, J. (1970): *Science of education and the psychology of the child.* New York: Viking. [96, 97]
Piaget, J. (1972): Intellectual evolution from adolescence to adulthood. *Human Development, 15,* S. 1–12. [92]
Piaget, J. (1973): *To understand is to invent: The future of education.* New York: Grossman. [76]
Piaget, J. & Inhelder, B. (1941): *Le développement des quantités chez l'enfant: Conservation et atomisme.* Neuchâtel: Delachaux & Niestlé. Dt. (1975): *Die Entwicklung der physikalischen Mengenbegriffe beim Kinde: Erhaltung und Atomismus.* Stuttgart: Klett. [429]
Piaget, J. & Szeminska, A. (1952): *La genèse du nombre chez l'enfant.* Paris: Delachaux & Niestlé. Dt. (1965): *Die Entwicklung des Zahlbegriffs beim Kinde.* Stuttgart: Klett. [83]
Pillow, B. (1988): The development of children's beliefs about the mental world. *Merrill-Palmer Quarterly, 34,* S. 1–32. [235]
Pintrich, P. R., Brown, D. R. & Weinstein, C. E. (Eds.) (1994): *Student motivation, cognition, and learning: Essays in honor of Wilbert J. McKeachie.* Hillsdale, NJ: L. Erlbaum.

Pintrich, P. R. & Schrauben, B. (1992): Students' motivational beliefs and their cognitive engagement in classroom academic tasks. *In:* Schunk, D. & Meece, J. (Eds.,), S. 149–183. [349]

Plass, J. A. & Hill, K. T. (1986): Children's achievement strategies and test performance. The role of time pressure, evaluation anxiety, and sex. *Developmental Psychology, 22,* S. 31–36. [389]

Plomin, R. & DeFries, J. C. (1985): *Origins of individual differences. in infancy:* The Colorado Adoption Project. Orlando, FL: Academic Press. [65]

Poche, C., Yoder, P. & Miltenberger, R. (1988): Teaching self-protection to children using television techniques. *Journal of Applied Behavior Analysis, 21,* S. 253–261. [165]

Polya, G. (1954): *Mathematics and plausible reasoning* (2 vols.). Princeton, NJ: Princeton University Press. [93]

Popham, W. J. (1993): *Educational evaluation* (3rd ed.). Boston: Allyn and Bacon. [401]

Popper, K. R. (1959): *The logic of scientific discovery.* London: Hutchinson. Dt. (1994): *Logik der Forschung* (10. Aufl.). Tübingen: Mohr. [415]

Porter, A. C. (1989): A curriculum out of balance: The case of elementary school mathematics. *Educational Researcher, 18,* S. 9–15. [317]

Posner, G. J., Strike, K. A., Hewson, P. W. & Gertzig, W. A. (1982): Accommodation of a scientific conception: Toward a theory of conceptual change. *Science Education, 66,* S. 211–227. [309]

Postman, N. & Weingärtner, C. (1969): *Teaching as a subversive activity.* New York: Delacorte Press. [18]

Pressley, M. (1991): Comparing Hall (1988) with related research on elaborative mnemonics. *Journal of Educational Psychology; 83,* S. 165–170. [240]

Pressley, M. & Dennis-Rounds, J. (1980): Transfer of a mnemonic keyword strategy at two age levels. *Journal of Educational Psychology, 72,* S. 575–582. [240]

Pressley, M., El-Dinary, P. B., Marks, M. B., Brown, R. & Stein, S. (1992): Good strategy instruction is motivating and interesting. *In:* Renninger, K. A., Hidi, S. & Krapp, A. (Eds.), S. 333–358. [42]

Pressley, M., Goodchild, F., Fleet, J., Zajchowski, R. & Evans, E. D. (1989a): The challenges of classroom strategy instruction. *Elementary School Journal, 89,* S. 301–342. [229, 230]

Pressley, M., Heisel, B. E., McCormick, C. B. & Nakamura, G. V. (1982): Memory strategy instruction with children. *In:* Brainerd, C. J. & Pressley, M. (Eds.), S. 125–159. [237]

Pressley, M., Johnson, C. J., Symons, S., McGoldrick, J. A. & Kurita, J. (1989): Strategies that improve children's memory and comprehension of text. *Elementary School Journal, 90,* S. 3–32. [229, 230]

Pressley, M. & Levin, J. R. (1977a): Developmental differences in subjects' associative learning strategies and performance: Assessing a hypothesis. *Journal of Experimental Child Psychology, 24,* S. 431–439. [191]

Pressley, M. & Levin, J. R. (1977b):Task parameters affecting the efficacy of a visual imagery learning strategy in younger and older children. *Journal of Experimental Child Psychology, 24,* S. 53–59. [191]

Pressley, M. & Levin, J. R. (1980): The development of mental imagery retrieval. *Child Development, 51,* S. 558–560. [240]

Pressley, M. & Levin, J. R. (Eds.) (1983): *Cognitive strategy research: Educational applications.* New York: Springer.

Pressley, M. Levin, J. R. & Ghatala, E. S. (1984): Memory strategy monitoring in adults and children. *Journal of Verbal Learning and Verbal Behavior, 23,* S. 270–288. [237]

Pressley, M., Levin, J. R. & Ghatala, E. S. (1988): Strategy-comparison opportunities promote long-term strategy use. *Contemporary Educational Psychology, 13,* S. 157–168. [238]

Pressley, M., Levin, J. R., Kuiper, N. A., Bryant, S. L. & Michener, S. (1982a): Mnemonic versus nonmnemonic vocabulary-learning strategies: Additional comparisons. *Journal of Educational Psychology, 74,* S. 693–707. [240]

Pressley, M., Levin, J. R. & Miller, G. E. (1982b): The keyword method compared to alternative vocabulary-learning strategies. *Contemporary Educational Psychology, 7,* S. 50–60. [240]

Pressley, M., Wood, E., Woloshyn, V., Martin, V., King, A. & Menke, D. (1992): Encouraging mindful use of prior knowledge: Attempting to construct explanatory answers facilitates learning. *Educational Psychologist, 27,* S. 91–109. [42]

Rabinowitz, M., Freeman, K. & Cohen, S. (1992): Use and maintenance of strategies: The influence of accessibility to knowledge. *Journal of Educational Psychology, 84,* S. 211–218. [237]

Ramsden, P. (Ed.) (1988): *Improving learning. New perspectives.* London: Kogan.

Rath, M. & Brugger, B. (1990): Geschichte der Pädagogischen Psychologie. *In:* Wehner, E. G. (Hrsg.), S. 162–187. [3]

Reeder, G. D., McCormick, C. B. & Esselman, E. D. (1987): Self-referent processing and recall of prose. *Journal of Educational Psychology, 79,* S. 243–248. [192]

Reese, E. P. (1966): *The analysis of human operant behavior.* Dubuque, IA: Brown. [149]

Reiser, R. A. & Dick, W. (1996): *Instructional planning: a guide for teachers* (2nd ed.). Boston: Allyn and Bacon. [392]

Renkl, A., Gruber, H., Mandl, H. & Hinkofer, L. (1994): Hilft Wissen bei der Identifikation und Steuerung eines komplexen ökonomischen Systems? *Unterrichtswissenschaft, 22,* S. 195–202. [312]

Renninger, K. A., Hidi, S. & Krapp, A. (Eds.) (1992): The role of interest in learning and development. Hillsday, NJ: Erlbaum & Associates.

Rescorla, R. A. & Holland, P. C. (1982): Behavioral studies of associative learning in animals. *Annual Review of Psychology, 33,* S. 265–308. [125]

Resnick, L. B. (Ed.) (1976): *The nature of intelligence.* Hillsdale, NJ: Lawrence.

Resnick, L. B. (1987): Learning in school and out. *Educational Researcher, 16,* S. 13–20. [14, 15, 16]

Resnick, L. B. (Ed.) (1989): *Knowing, learning and instruction: Essays in honor of Robert Glaser.* Hillsdale, NJ: Lawrence Erlbaum Ass. [83]

Resnick, L. B. & Resnick, D. P. (1992): Assessing the thinking curriculum: New tools for educational reform. *In:* Gifford, B. R. & O'Connor, M. C. & (Eds.), S. 37–75. [394f.]

Rest, J. R. (1986): *Moral development. Advances in research and theory.* New York: Praeger. [115]

Rest, S., Nierenberg, R., Weiner, B. & Heckhausen, H. (1973): Further evidence concerning the effects of perceptions of effort and ability on achievement evaluation. *Journal of Personality and Social Psychology, 28,* S. 187–191. [365]

Reynolds, G. S. (1968): *A primer of operant conditioning.* Glenview, Ill.: Scott, Foresman. [141f., 143]

Reynolds, M. C. (Ed.) (1989): *Knowledge base for beginning teachers.* New York: Pergamon.

Reynolds, R. E. & Shirley, L. L. (1988): The role of attention in studying and learning. *In:* Weinstein, C. E., Goetz, E. T. & Alexander, P. A. (Eds.), S. 77–100. [187]

Rheinberg, F. (1975): Zeitstabilität und Steuerbarkeit von Ursachen schulischer Leistung in der Sicht des Lehrers. *Zeitschrift für Entwicklungspsychologie und Pädagogische Psychologie, 7,* S. 180–194. [337]

Rheinberg, F. (1980): *Leistungsbewertung und Lernmotivation.* Göttingen: Hogrefe. [361]

Rheinberg, F. (1993): Trainings auf der Basis eines kognitiven Motivationsmodells. *In:* Rheinberg, F. & Krug, S. (Hrsg.), S. 25–49. [361]

Rheinberg, F. & Krug, G. (Hrsg.) (1993): *Motivationsförderung im Schulalltag.* Göttingen: Hogrefe.

Rheinberg, F., Kühmel, B. & Duscha, R. (1979): Experimentell variierte Schulleistungsbewertungen und ihre motivationalen Folgen. *Zeitschrift für Empirische Pädagogik, 3,* S. 1–12. [362]

Richardson-Koehler, V. (Ed.) (1987): *Educator's handbook.* New York: Longman.

Rieber, R.W. & Carton, A.S. (Eds.) (1987): The collected works of L.S. Vygotsky, Vol. 3. New York. Plenum. [101]

Riley, M.S., Greeno, J.G. & Heller, J.I. (1983): Development of children's problem-solving ability in arithmetic. *In:* Ginsburg, H.P. (Ed.), S. 62–71. [290]

Ringness, T. (1975): *The affective domain in education.* Boston: Little-Brown. [407f.]

Ripple, R. (Ed.) (1970): *Piaget rediscovered: a report of the conference on cognitive Studies and Curriculum Development.* Ithaka, NY: Cornell University Press.

Rizzo, T.A. & Corsaro, W.A. (1988): Toward a better understanding of Vygotsky's process of internalization: Its role in the development of the concept of friendship. *Developmental Review, 8,* S. 219–237. [102]

Rogers, C.R. (1961): *On becoming a person: A therapist's view of psychotherapy.* Boston: Houghton Mifflin. Dt (1996): *Entwicklung der Persönlichkeit: Psychotherapie aus der Sicht eines Therapeuten* (11. Aufl.). Stuttgart: Klett-Cotta. [51]

Rogers, C.R. (1969): *Freedom to learn.* Columbus, OH: Merrill. Dt. (1979): *Lernen in Freiheit: zur Bildungsreform in Schule und Universität* (3. Aufl.). München: Kösel. [51]

Rogers, C.R. (1980): *A way of being.* Boston: Houghton Mifflin. Dt. (1991): *Der neue Mensch* (4. Aufl.). Stuttgart: Klett-Cotta. [51]

Rogers, C.R. (1983): *Freedom to learn for the 80's.* Columbus, OH: Merrill. Dt. (1989): *Freiheit und Engagement. Personenzentriertes Lehren und Lernen.* Frankfurt am Main: Fischer. [192, 331]

Rogers, D.R. & Sloboda, J.H. (Eds.) (1983): *Acquisition of symbolic skills.* New York: Plenum.

Rogers, T.B., Kuiper, N.A. & Kirker, W.S. (1977): Self-reference and the encoding of personal information. *Journal of Personality and Social Psychology, 35,* S. 677–688. [192]

Rogoff, B. (1990): *Apprenticeship in thinking: Cognitive development in social context.* New York: Oxford University Press. [110, 315]

Rogoff, B. (1998): Cognition as a collaborative process. *In:* Kuhn, D. & Siegler, R.S. (Eds.), S. 679–744. [106]

Rogoff, B. & Lave, J. (Eds.) (1984): *Everyday cognition: Its development in social context.* Cambridge, MA: Harvard University Press.

Rohwer, W.D. & Sloane, K. (1994): Psychological perspectives. *In:* Anderson, L.W. & Sosniak, L.A. (Eds.), S. 41–63. [409f.]

Ronning, R.R., Glover, J., Conely, J.C. & Witt, J.C. (Eds.) (1987): *The influence of cognitive psychology on testing and measurement.* Hillsdale, NJ: Lawrence Erlbaum.

Rosch, E.H. (1973): Natural categories. *Cognitive Psychology, 4,* S. 328–350. [200, 202]

Rosch, E.H. (1975): Cognitive representations of semantic categories. *Journal of Experimental Psychology: General, 104,* S. 192–233. [201]

Rosch, E.H. (1978): Principles of organization. *In:* Rosch, E.H. & Lloyd, B.B. (Eds.), S. 27–48. [200, 201, 203]

Rosch, E.H. & Lloyd, B.B. (Eds.) (1978): *Cognition and categorization.* Hillsdale, NJ: Erlbaum.

Rosch, E.H. & Mervis, C.B. (1975): Family resemblances: Studies in the internal structure of categories. *Cognitive Psychology, 75,* S. 573–605. [202]

Rosenshine, B.V. (1979): Content, time, and direct instruction. *In:* Peterson, P.L. & Walberg, H.J. (Eds.), S. 28–56. [22]

Rosenshine, B., Meister, C. & Chapman, S. (1996): Teaching students to generate questions: A review of the intervention studies. *Review of Educational Research, 66,* S. 181–221. [231]

Rosenshine, B.V. & Stevens, R. (1986): Teaching functions. *In:* Wittrock, M.C. (Ed.), S. 376–391. [23]

Rosenthal, R. & Jacobson, L. (1968): *Pygmalion in the classroom.* New York: Holt, Rinehart & Winston. Dt. (1976): *Pygmalion im Unterricht: Lehrererwartungen und Intelligenzentwicklung der Schüler* (3. Aufl.). Weinheim: Beltz. [426]

Ross, B. H. (1984): Remindings and their effects in learning a cognitive skill. *Cognitive Psychology, 16,* S. 371–416. [237]

Ross, B. H. & Spalding, T. L. (1994): Concepts and categories. *In:* Sternberg, R. J. (Ed.), S. 119–148. [202]

Ross, L. (1977): The intuitive psychologist and his shortcomings: Distortions in the attribution process. *In:* Berkowitz, L. (Ed.), S. 173–220. [436]

Ross, S. M. & Anand, P. G. (1987): A computer-based strategy for personalizing verbal problems in teaching mathematics. *Educational Communication and Technology Journal, 35,* S. 151–162. [357]

Rotering-Steinberg, S. & von Kügelgen, T. (1986): Ergebnisse einer schriftlichen Befragung zum Gruppenunterricht. *Erziehungswissenschaft – Erziehungspraxis, 2,* S. 26–29. [374]

Roth, H. (1957): *Pädagogische Psychologie des Lehrens und Lernens.* Hannover: Schroedel. [285]

Roth, H. (Hrsg.) (1969): *Begabung und Lernen.* Stuttgart: Klett.

Roth, E. M. & Shoben, E. J. (1983): The effect of context on the structure of categories. *Cognitive Psychology, 15,* S. 346–378. [202]

Roth, K. J. (1990): Developing meaningful conceptual understanding in science. *In:* Jones, B. F. & Idol, L. (Eds.), S. 139–175. [300, 307f.]

Roth, K. J. & Anderson, C. W. (1988): Promoting conceptual change learning from science textbooks. *In:* Ramsden, P. (Ed.), S. 109–141. [27]

Roth, W. M. (1994): Experimenting in a constructivist high school physics laboratory. *Journal of Research in Science Teaching, 31,* S. 197–223. [24]

Rothkopf, E. Z. (Ed.) (1987): *Review of Research in education. Vol. 14.* Washington, DC: American Educational Research Association, S. 133–167.

Rotter, J. B. (Ed.) (1982): *The development and application of social learning theory. Selected papers.* New York: Praeger.

Rotter, J. B. (1982): Brief autobiography of the author. *In:* Rotter, J. (Ed.), S. 343–349. [333]

Rowe, M. B. (1974): Wait-time and rewards as instructional variables: Their influence on language, logic, and fate control. Part 1: Wait-time. *Journal of Research in Science Teaching, 11,* S. 81–94. [48]

Rowe, M. B. (1986): Wait-time: Slow down may be a way of speeding up. *Journal of Teacher Education, 37,* S. 43–50. [48]

Rueda, R. & Moll, L. C. (1994): A sociocultural perspective on motivation. *In:* O'Neill, H. F. & Drillings, M. (Eds.), S. 117–137. [342]

Rummel, A. & Feinberg, R. (1988): Cognitive evaluation theory: A meta-analytic review of the literature. *Social Behavior and Personality, 16,* S. 147–164. [345]

Rushton, J. P. (1995): *Race, evolution and Behavior: a life history perspective.* New Brunswick, NJ: Transaction Publishers. [253]

Rutter, M., Maughan, B., Mortimore, P., Ouston, J. & Smith, A. (1979): *Fifteen thousand hours: Secondary schools and their effects on children.* Cambridge, MA: Harvard University Press. [53]

Ryan, K. & Clean, G. F. (Eds.) (1987): *Character development in schools and beyond.* New York: Praeger.

Sachs, J. S. (1967): Recognition memory for syntactic and semantic aspects of connected discourse. *Perception and Psychophysics, 2,* S. 437–442. [209]

Sagaria, S. D. & DiVesta, F. J. (1978): Learner expectations induced by adjunct questions and the retrieval of intentional information. *Journal of Educational Psychology, 70,* S. 280–288. [223]

Salmon, M. H. (1991): Informal reasoning and informal logic. *In:* Voss, J. F., Perkins, D. N. & Segal, J. W. (Eds.), S. 153–168. [91]

Salomon, G. (Ed.) (1993): *Distributed cognitions: Psychological and educational considerations.* Cambridge, MA: Cambridge University Press. [269]

Salomon, G. & Perkins, D. N. (1987): Transfer of cognitive skills from programming: When and how? *Journal of Educational Computing Research, 3,* S. 149–169. [14]

Salomon, G. & Perkins, D. N. (1989): Rocky roads to transfer: Rethinking mechanisms of a neglected phenomenon. *Educational Psychologist, 24,* S. 113–142. [316, 318]

Sampson, E. E. (1981): Cognitive psychology as ideology. *American Psychologist, 36,* S. 730–743. [98]

Samson, G. E., Graue, M. E., Weinstein, T. & Walberg, H. J. (1984): Academic and occupational performance: A quantitative synthesis. *American Educational Research Journal, 21,* S. 311–321. [14]

Samuels, S. J. (1979): The method of repeated readings. *The Reading Teacher, 32,* S. 403–408. [316]

Samuels, S. J. (1983): A cognitive approach to factors influencing reading comprehension. *Journal of Educational Research, 76,* S. 261–266. [190]

Samuels, S. J. (1988): Reading and automaticity: Helping poor readers become automatic at word recognition. *Reading Teacher, 41,* S. 756–760. [189]

Samuelson, F. J. B. (1980): Watson's Little Albert, Cyril Burt's twins, and the need for a critical science. *American Psychologist, 35,* S. 619–625. [129]

Sapp, G. L. (Ed.) (1986): *Handbook of moral development: Models, processes, techniques, and research.* Birmingham: Religious Education Press.

Sarason, I. G. (1987): Test anxiety, cognitive interference and performance. *In:* Snow, R. E. & Farr, M. J. (Eds.), S. 131–142. [389]

Sardei-Biermann, S. (1985): Wenn die Lehrer zu dämlich sind, uns das beizubringen. *betrifft: erziehung, 18,* S. 24–28. [16]

Savell, J. M., Twohig, P. T. & Rachford, D. L. (1986): Empirical status of Feuerstein's „Instrumental Enrichment" (FIE) technique as a method of teaching thinking skills. *Review of Educational Research, 56,* S. 381–409. [105]

Saxe, G. B. (1981): Body parts as numerals: A developmental analysis of numeration among the Oksapmin in Papua New Guinea. *Child Development, 52,* S. 306–316. [101]

Scardamalia, M., Bereiter, C. & Goelman, H. (1982): The role of production factors in writing ability. *In:* Nystrant, M. (Ed.), S. 173–210. [20]

Scardamalia, M. & Bereiter, C. (1991): Higher levels of agency for children in knowledge building: A challenge for the design of new knowledge media. *The Journal of The Learning Sciences, 1,* S. 37–68. [282]

Scarr, S. (1984): Individuelle Erfahrungsunterschiede: Anlage- und Umwelteinwirkungen auf die Entwicklung des Kindes. *In:* Fthenakis, W. E. (Ed.), S. 233–255. [65]

Scarr, S. (1988): How genotypes and environments combine: Developmental and individual differences. *In:* Bolger, N., Caspi, A. Downey, G. & Moorehouse, M. (Eds.), S. 217–244. [63]

Scarr, S. (1989): Protecting general intelligence: Constructs and consequences for interventions. *In:* Linn, R. J. (Ed.), S. 74–118. [258]

Scarr, S. & McCartney, K. (1983): How people make their own environments: A theory of genotype-environment effects. *Child Development, 54,* S. 424–435. [63]

Scarr, S. & Weinberg, R. A. (1983): The Minnesota Adoption studies: Genetic differences and malleability. *Child Development, 54,* S. 260–267. [63, 65]

Schiefele, H., Hausser, K. & Schneider, G. (1979): „Interesse" als Ziel und Weg der Erziehung. Überlegungen zu einem vernachlässigten pädagogischen Konzept. *Zeitschrift für Pädagogik, 25,* S. 1–20. [324]

Schiefele, H. & Krapp, A. (Hrsg.) (1981): *Handlexikon der Pädagogischen Psychologie.* München: Ehrenwirth.

Schiefele, U. (1991): Interest, learning, and motivation. *Educational Psychologist, 26,* S. 299–323. [324, 353, 368]
Schiefele, U., Krapp, A. & Winteler, A. (1992): Interest as a predictor of academic achievement: A meta-analysis of research. *In:* Renninger, K. A., Hidi, S. & Krapp, A. (Eds.), S. 183–211. [354]
Schiefele, U. & Schreyer, I. (1994): Intrinsische Lernmotivation und Lernen. Ein Überblick zu Ergebnissen der Forschung. *Zeitschrift für Pädagogische Psychologie, 8,* S. 1–13. [364]
Schneider, W. & Bjorklund, D. F. (1992): Expertise, aptitude, and strategic remembering. *Child Development, 63,* S. 416–473. [279]
Schön, D. (1983): *The reflective practitioner: How professionals think in action.* New York: Basic Books. [437]
Schoenfeld, A. H. (1979): Explicit heuristic training as a variable in problem solving performance. *Journal of Research in Mathematics Education, 10,* S. 173–187. [93]
Schoenfeld, A. H. (1985): *Mathematical problem solving.* New York: Academic Press. [93]
Schoenfeld, A. H. (1988): When good teaching leads to bad results: The disasters of „well-taught" mathematics courses. *Educational Psychologist, 23,* S. 145–166. [314]
Scholnick, E. K. & Wing, C. S. (1988): Knowing when you don't know: Developmental and situational considerations. *Developmental Psychology, 24,* S. 190–196. [235]
Schulze, W. (1973): Lernprinzipien. *In:* Belschner, W., Hoffmann, M., Schott, F. & Schulze, C. (Hrsg.), S. 84–108. [142]
Schunk, D. H. (1981): Modeling and attributional effects on children's achievement: A self-efficacy analysis. *Journal of Educational Psychology, 73,* S. 93–105. [166]
Schunk, D. H. (1982): Effects of effort attributional feedback on children's perceived self-efficacy and achievement. *Journal of Educational Psychology, 74,* S. 548–556. [172]
Schunk, D. H. (1983): Ability versus effort attributional feedback: Differential effects of self-efficacy and achievement. *Journal of Educational Psychology, 75,* S. 848–856. [172]
Schunk, D. H. (1985): Participation in goal setting: Effects on self-efficacy and skills of learning disabled children. *Journal of Special Education, 19,* S. 307–317. [173]
Schunk, D. H (1987): Peer models and children's behavioral change. *Review of Educational Research, 57,* S. 149–174. [165]
Schunk, D. H. (1989): Social cognitive theory and self-regulated learning. *In:* Zimmerman, B. J. & Schunk, D. H. (Eds.), S. 83–110. [174]
Schunk, D. H. (1991 a): Self-efficacy and academic motivation. *Educational Psychologist, 26,* S. 207–232. [166, 173]
Schunk, D. H. (1991 b): *Learning theories: An educational perspective.* New York: Merrill/Macmillan. [166, 208, 273]
Schunk, D. H. & Hanson, A. R. (1985): Peer models: Influence on children's self-efficacy and achievement. *Journal of Educational Psychology, 77,* S. 313–322. [164]
Schunk, D. H. & Meece, J. L. (Eds) (1992): *Student perceptions in the classroom.* Hillsdale, NJ: Erlbaum.
Schwarzer, R. (Ed.) (1986): *Self-related cognitions in anxiety and motivation.* Hillsdale, NJ: Erlbaum.
Schwarzer, R. (1993): *Stress, Angst und Handlungsregulation.* (3. Aufl). Stuttgart: Kohlhammer. [384, 385]
Scribner, S. (1986): Thinking in action: some characteristics of practical thought. *In:* Sternberg, R. J. & Wagner, R. K. (Eds.), S. 13–30. [15]
Seddon, G. M. (1978): The properties of Bloom's taxonomy of educational objectives for the cognitive domain. *Review of Educational Research, 48, S. 303–323.* [404, 409]
Séguin, E. (1846): *Traitement moral, hygiène et éducation des idiots.* Paris: Baillière. [259]
Seligman, M. E. M. (1992): *Helplessness: On depression, development, and death* (2nd ed.). San Francisco: Freeman. Dt: (1992): *Erlernte Hilflosigkeit* (4. Aufl.). Weinheim: PVU. [339f.]

Semb, G. B. & Ellis, J. A. (1994): Knowledge taught in school: What is remembered? *Review of Educational Research, 64,* S. 253–286. [193]

Shank, R. C. & Abelson, R. P. (1977): *Scripts, plans, goals, and understanding.* Hillsdale, NJ: Lawrence Erlbaum. [212]

Sharan, S. (Ed.) (1990): *Cooperative learning: Theory and research.* New York: Prager.

Sharan, S. (Ed.) (1994): *Handbook of cooperative learning methods.* Westport, Conn.: Greenwood Press.

Sharp, D., Cole, M. & Lave, C. (1979): Education and cognitive development: The evidence from experimental research. *Monographs of the Society for Research in Child Development, 44* (Serial No. 178) [236].

Shepard, R. N. (1967): Recognition memory for words, sentences, and pictures. *Journal of Verbal Learning and Verbal Behavior, 6,* S. 156–163. [210]

Shepard, L. (1991): Psychometricans' beliefs about learning. *Educational Researcher, 20,* S. 2–16. [394]

Shepard, R. N. & Chipman, S. (1970): Second-order isomorphism of internal representations: Shapes and states. *Cognitive Psychology, 1,* S. 1–17. [212]

Shepp, B. E. (1978): From perceived similarity to dimensional structure: A new hypothesis about perceptual development. *In:* Rosch, E. H. & Lloyd, B. B. (Eds.): *Cognition and categorization.* Hillsdale, NJ: Erlbaum, S. 135–167. [203]

Sherif, C. W. (1979): Bias in psychology. *In:* Sherman, J. & Beck, E. T. (Eds.), S. 93–133. [11]

Sherman, J. & Beck, E. T. (Eds.) (1979): *The prism of sex.* Madison: University of Wisconsin Press.

Sherwood, R. D., Kinzer, C. K., Hasselbring, T. & Bransford, J. D. (1987): Macro contexts for learning: Initial findings and issues. *Journal of Applied Cognition, 1,* S. 93–108. [205]

Shiffrin, R. M. & Schneider, W. (1977): Controlled and automatic human information processing: Perceptual learning, automatic attending, and a general theory. *Psychological Review, 84,* S. 127–190. [187]

Shuell, T. J. (1986): Cognitive conceptions of learning. *Review of Educational Research, 56,* S. 411–436. [34]

Shuell, T. J. (1988) The role of the student in learning from instruction. *Contemporary Educational Psychology, 13,* S. 276–295. [31]

Shuell, T. J. (1993): Toward an integrated theory of teaching and learning. *Educational Psychologist, 28,* S. 291–311. [23]

Shuell, T. J. (1996a): Teaching and learning in a classroom context. *In:* Berliner, D. C. & Calfee, R. C. (Eds.), S. 726–764. [23, 24, 248]

Shuell, T. J. (1996b): The role of educational psychology in the preparation of teachers. *Educational Psychologist, 31,* S. 5–14. [23, 319, 321]

Shulman, L. S. (1986): Those who understand: Knowledge growth in teaching. *Educational Researcher, 15,* S. 4–14. [46]

Shweder, R. (1982): Liberation as destiny. *Contemporary Psychology, 27,* S. 421–424. [116]

Shweder, R. A. & Much, M. C. (1987): Determinations of meaning: Discourse and moral socialization. *In:* Kurtines, W. M. & Gewirtz, J. L. (Eds.), S. 197–234. [115]

Siegler, R. S. (1991): *Children's thinking* (2nd ed.). Englewood Cliffs, NJ: Prentice-Hall. [78, 236]

Siegler, R. S. (1992): The other Alfred Binet. *Developmental Psychology, 28,* S. 179–190. [261]

Siegler, R. S. & Richards, D. D. (1982): The development of intelligence. *In:* Sternberg, R. J. (Ed.), S. 897–971. [92]

Silver, E. E. & Marshall, S. P. (1990): Mathematical and scientific problem solving: Findings, issues, and instructional Implications. *In:* Jones, B. F. & Idol, L. (Eds.), S. 265–290. [41]

Simon, W. G. & Chase, W. G. (1973): Skill in chess. *American Scientist, 61,* S. 394–403. [278]

Simons, P. R. (1984): Instructing with analogies. *Journal of Educational Psychology, 76,* S. 513–527. [221]

Singly, M. K. & Anderson, J. R. (1989): *The transfer of cognitive skill.* Cambridge, MA: Harvard University Press. [20, 318]

Skelton, J. A. & Croyle, R. T. (Eds.) (1991): *Mental representation in health and illness.* New York: Springer.

Skinner, B. F. (1953): *Science and human behavior.* New York: MacMillan. Dt. (1973): *Wissenschaft und menschliches Verhalten.* München: Kindler. [136, 140, 144, 145, 159]

Skinner, B. F. (1954): The science of learning and the art of teaching. *Harvard Educational Review, 24,* S. 86–97. [142, 410]

Skinner, B. F. (1956): A case history in scientific method. *American Psychologist, 11,* S. 221–233. [135]

Skinner, B. F. (1958): Teaching machines. *Science, 128,* S. 969–977. [20, 142]

Skinner, B. F. (1968): *The technology of teaching.* New York: Appleton-Century-Crofts. [137, 145, 151, 399]

Skinner, B. F. (1971): *Beyond freedom and dignity.* New York: Knopf. Dt. (1973): *Jenseits von Freiheit und Würde.* Reinbeck: Rowohlt. [138]

Skinner, B. F. (1986): Programmed instruction revisited. *Phi Delta Kappan, 68,* S. 103–110. [137]

Skinner, B. F. (1987): *Upon further reflection.* Englewood Cliffs, NJ: Prentice-Hall. [138]

Skinner, B. F. (1989): *Recent issues in the analysis of behavior.* Columbus, OH: Merrill. [137, 138, 144]

Skov, R. B. & Sherman, S. J. (1986): Information-gathering processes: Diagnosticity. hypothesis confirmation strategies and perceived hypothesis confirmation. *Journal of Experimental Social Psychology, 22,* S. 93–121. [36]

Slavin, R. E. (1987): Mastery learning reconsidered. *Review od Educational Research, 57,* S. 175–213. [154]

Slavin, R. E. (Ed.) (1989): *School and classroom organization.* Hillsdale, NJ: Erlbaum.

Slavin, R. E. (1989): Cooperative learning and student achievement. *In:* Slavin, R. E. (Ed.), S. 129–156. [377]

Slavin, R. E. (1991): Synthesis of research on cooperative learning. *Educational Leadership, 48,* S. 71–82. [380]

Slavin, R. E. (1994): *A practical guide to cooperative learning.* Boston: Allyn and Bacon. [377]

Slavin, R. E. (1995): *Cooperative learning*: Theory, research, and practice (2nd ed.). Boston: Allyn & Bacon. [377, 378f., 382]

Smith, C. A. & Ellsworth, P. C. (1987): Patterns of appraisal and emotion related to taking an exam. *Journal of Personality and Social Psychology, 52,* S. 475–488. [436]

Smith, E. E. & Medin, D. L. (1981): *Categories and concepts.* Cambridge, MA: Harvard University Press. [202]

Smith, S. M. (1984): A comparison of two techniques for reducing context-dependent forgetting. *Memory and Cognition, 12,* S. 477–482. [245]

Snarey, J. R. (1985): Cross-cultural universality of social-moral development: A critical review of Kohlbergian research. *Psychological Bulletin, 97,* S. 202–232. [115]

Snarey, J. (1987): A question of morality. *Psychology Today, 21,* S. 6–7. [115]

Sneider, C. & Pulos, S. (1983): Children's Cosmographies: Understanding the earth's shape and gravity. *Science Education, 67,* S. 205–221. [27]

Snow, R. E. & Farr, M. J. (eds.) (1987): *Aptitude, learning, and instruction.* Vol. 3: *Conative and affective process analyses.* Hillsdale, NJ: Erlbaum.

Snowman, J. (1986): Learning tactics and strategies. *In:* Phye, G. D. & Andre, T. (Eds.), S. 243–275. [227]

Snyder, M. L., Stephan, W. G. & Rosenfield, D. (1976): Egotism and attribution. *Journal of Personality and Social Psychology, 33,* S. 435–441. [337]

Sobesky, W. E. (1983): The effects of situational factors on moral judgments. *Child Development, 54,* S. 575–584. [118]

Socha, T. J. & Socha, D. M. (1994): Children's task-group communication: Did we learn it all in kindergarten? *In:* Frey, L. R. (Ed.), S. 227–246. [106]
Sokolov, A. N. (1975): *Inner speech and thought.* New York: Plenum. [103]
Solso, R. (1991): *Cognitive psychology* (3rd ed.). Boston: Allyn and Bacon. [242]
Solzhenitsyn, A. (1991): *The oak and the calf.* London: Collins Harvill. [348]
Spaulding, C. L. (1992): *Motivation in the classroom.* New York: McGraw-Hill. [345, 348]
Spearman, C. (1904): „General intelligence" objectively determined and measured. *American Journal of Psychology, 15,* S. 201–293. [251]
Spearman, C. (1927): *The abilities of man.* New York: Macmillan. [251]
Spence, J. T. (Ed.) (1983): *Achievement and achievement motives: Psychological and sociological approaches.* San Francisco: Freeman.
Spence, J. T. & Helmreich, R. L. (1983): Achievement related motives and behavior. *In:* Spence, J. T. (Ed.), S. 10–74. [344]
Spence, K. W. & Spence, J. T. (Eds.) (1968): *The psychology of learning and motivation: Advances in research and theory.* Vol. 2. New York: Academic Press.
Spielberger, C. D. (Ed.) (1972): *Anxiety: Current trends in theory and research.* Vol. 1. New York: Academic Press.
Spielberger, C. D. (1972): Anxiety as an emotional state. *In:* Spielberger, C. D. (Ed.), S. 23–49. [384]
Spielberger, C. D. & DeNike, L. D. (1966): Descriptive behaviorism versus cognitive theory in verbal operant conditioning. *Psychological Review, 73,* S. 306–326. [158]
Spiro, R. J., Bruce, B. C. & Brewer, W. F. (Ed.) (1980): *Theoretical issues in reading comprehension. Perspectives from cognitive psychology, linguistics, artificial intelligence, and education.* Hillsdale, NJ: Lawrence Erlbaum.
Starch, D. & Elliott, E. C. (1912): Reliability of grading high school work in English. *Scholastic Review, 20,* S. 442–457. [415]
Starch, D. & Elliott, E. C. (1913): Reliability of grading work in mathematics. *School Review, 21,* S. 254–259. [415]
Stern, E. (1993): What makes certain arithmetic word problems involving the comparison of sets so difficult for children? *Journal of Educational Psychology, 85,* S. 7–23. [289]
Sternberg, R. J. (1977): *Intelligence, information processing, and analogical reasoning: The componential analysis of human abilities.* Hillsdale, NJ: Erlbaum. [264]
Sternberg, R. (Ed.) (1981): *Advances in the psychology of human intelligence.* Vol. 1. Hillsdale, NJ: Lawrence Erlbaum.
Sternberg, R. J. (Ed.) (1982): *Handbook of human intelligence. Vol. 1.* Hillsdale, NJ: Erlbaum.
Sternberg, R. J. (Ed.) (1985): *Human abilities: An information-processing approach.* New York: Freeman.
Sternberg, R. J. (1987): Teaching intelligence: The application of cognitive psychology to the improvement of intellectual skills. *In:* Baron, J. B. & Sternberg, R. J. (Eds.), S. 182–218. [262f.]
Sternberg, R. J. (Ed.) (1989): *Advances in the psychology of human intelligence.* Hillsdale, NJ: Erlbaum.
Sternberg, R. J. (1994): *In search of the human mind.* Fort Worth, TX: Harcourt Brace. [255]
Sternberg, R. J. (Ed.) (1994): *Thinking and problem solving. Handbook of perception and cognition* (2nd ed.). San Diego, CA: Academic Press.
Sternberg, R. J. (1996): Myths, countermyths, and truths about intelligence. *Educational Researcher, 25,* S. 11–15. [53, 59]
Sternberg, R. J. & Berg, C. A. (Eds.) (1992): *Individual development.* New York: Cambridge University Press.
Sternberg, R. & Davidson, J. (1982): The mind of the puzzler. *Psychology Today, 16,* S. 37–44. [192]

Sternberg, R. J. & Kollegian, J. (Eds.) (1990): *Competence considered.* New Haven: Yale University Press.
Sternberg, R. J. & Ruzgis, P. (Eds.) (1994): *Personality and intelligence.* Cambridge: Cambridge University Press.
Sternberg, R. J. & Wagner, R. K. (Eds.) (1986): *Practical intelligence. Nature and origins of competence in everyday world.* Cambridge: Cambridge University Press.
Sternberg, R. J. & Wagner, R. K. (1993): The g-ocentric view of intelligence and job performance is wrong. *Current Directions in Psychological Science, 2,* S. 1–5. [270]
Sternberg, R. J. & Wagner, R. K. (Eds.) (1994): *Mind in context.* New York: Cambridge University Press.
Stevenson, H. W. (1992). Learning from Asian schools. *Scientific American, 267,* S. 32–38. [67]
Stevenson, H. W., Chen, C. & Lee, S.-Y. (1993): Mathematics achievement of Chinese, Japanese, and American children: Ten years later. *Science, 259,* S. 53–58. [67]
Stevenson, H. W. & Lee, S. (1990): Context of achievement. *Monographs of the Society for Research in Child Development, 55* (1–2, Serial No. 221). [67]
Stevenson, H. W., Lee, S.-Y. & Stigler, J. W. (1986): Mathematics achievement of Chinese, Japanese, and American children. *Science, 231,* S. 693–699. [67]
Stevenson, H. W., Parker, T., Wilkinson, A., Bonnevaux, B. & Gonzales, M. (1978): Schooling, environment, and cognitive development: A cross-cultural study. *Monographs of the Society for Research in Child Development, 43* (Serial No. 175). [236]
Stiensmeier-Pelster, J., Balke, S. & Schlangen, B. (1996): Lern- versus Leistungszielorientierung als Bedingungen des Lernfortschritts. *Zeitschrift für Entwicklungspsychologie und Pädagogische Psychologie, 28,* S. 169–187. [367]
Stigler, J. & Stevenson, H. (1991): How Asian teachers polish each lesson to perfection. *American Educator, 15,* S. 12–20. [34, 357]
Stipek, D. (1981): Children's perceptions of their own and their classmates' ability. *Journal of Educational psychology, 73,* S. 404–410. [363]
Stipek, D. (1993): *Motivation to learn: Theory to practice.* Boston: Allyn & Bacon. [324]
Störring, G. (1908): Experimentelle Untersuchungen über einfache Schlußprozesse. *Archiv für die gesamte Psychologie, 11,* S. 1–127. [93]
Störring, G. (1926): *Das urteilende und schließende Denken in kausaler Behandlung.* Leipzig: Akademische Verlagsgesellschaft. [93]
Stratton, G. M. (1917): The mnemonic feat of the „Shass Pollak". *Psychological Review, 24,* S. 244–247. [192]
Stroebe, R. W. & Stroebe, G. H. (1996): *Führungsstile. Management by objectives und situatives Führen.* Arbeitshefte Führungspsychologie, Bd. 3. (5. Aufl.). Heidelberg: Sauer. [177]
Suchman, J. R. (1960): Inquiry training in the elementary school. *Science Teacher, 27,* S. 42–47. [295]
Suchman, J. R. (1966a): *Inquiry development program: developing inquiry.* Chicago: Science Research Associates. [288, 294]
Suchman, J. R. (1966b): *Teacher's guide: inquiry development program in physical science.* Chicago: Science Research Associates. [288, 294]
Suls, J. (Ed.) (1982): *Psychological perspectives on the self.* Vol. 1. Hillsdale, NJ: Erlbaum.
Sulzer, B. & Mayer, G. R. (1972): Behavior modification procedures for school personnel. Hindsdale, Ill: Pryden. [150]
Sutter, E. G. & Reid, J. B. (1969): Learner variables and interpersonal conditions in computer-assisted instruction. *Journal of Educational Psychology, 60,* S. 153–157. [387]
Sweller, J. & Cooper, G. A. (1985): The use of worked examples as a substitute for problem solving in learning algebra. *Cognition and Instruction, 2,* S. 59–89. [293]
Swing, S. R., Stoiber, K. C. & Peterson, P. L. (1988): Thinking skills versus learning time: Effects of alternative classroom-based interventions on students' mathematics problem solving. *Cognition and Instruction, 5,* S. 123–191. [291]

Tang, S. H. & Hall, V. C. (1995): The overjustification effect: A meta-analysis. *Applied Cognitive Psychology, 9,* S. 365–404. [347]

Tarnai, C. (Hrsg.) (1993): *Beiträge zur empirischen pädagogischen Forschung.* Münster: Waxmann.

Tausch, R. & Tausch, A.-M. (1991): *Erziehungspsychologie. Begegnung von Person zu Person* (10. Aufl.). Göttingen: Hogrefe. [52]

Taylor, B. M. (1982): Text structure and children's comprehension and memory for expository material. *Journal of Educational Psychology, 74,* S. 323–340. [228]

Taylor, C. (1994): Assessment of measurement or standards: The peril and promise of large-scale assessment reform. *American Educational Research Journal, 31,* 231–262. [393]

Taylor, C. W. & Barron, F. (Eds.) (1963): *Scientific creativity: Its recognition and development.* New York: Wiley.

Tennyson, R. D. & Cocchiarella, M. J. (1986): An empirically based instructional design theory for teaching concepts. *Review of Educational Research, 56,* S. 40–71. [204]

Terman, L. M. (1916): *The measurement of intelligence.* Boston: Houghton Mifflin. [251]

Terman, L. M. & Merrill, M. A. (1965). *Stanford-Binet Intelligenz-Test.* Bearbeitung, Lückert, H. R. Göttingen: Hogrefe. [251]

Terry, W. S. (1988): Everyday forgetting: Data from a diary study. *Psychological Reports, 62,* S. 299–303. [241]

Tesser, A. & Shaffer, D. R. (1990): Attitudes and attitude change. *Annual Review of Psychology, 41,* S. 479–523. [332]

Tessmer, M., Wilson, B. & Driscoll, M. (1990): A new model of concept teaching and learning. *Educational Technology Research and Development, 38,* S. 45–53. [206]

Tharp, R. G. & Gallimore, R. (1988): *Rousing minds to life: Teaching, learning, and schooling in social context.* New York: Cambridge University Press. [101]

Thorndike, E. L. (1898): Animal intelligence: An experimental study of the associative processes in animals. *Psychological Review Monograph, 2,* Whole No. 4. [133f.]

Thorndike, E. L. (1923): The influence of first year Latin upon the ability to read English. *School Sociology, 17,* S. 165–168. [13]

Thorndike, E. L. & Woodworth, R. S. (1901): The influence of improvement in one mental function upon the efficiency of other functions. *Psychological Review, 8,* S. 247–261. [13, 315]

Thorndike, R. L. (Ed.) (1971): *Educational measurement.* Washington, DC: American Council of Education.

Thorndike, R. L. & Hagen, E. (1977): *Measurement and evaluation in psychology and education* (4th ed.). New York: Wiley. [416]

Tippett, L. J. (1992): The generation of visual images: A review of neuropsychological research and theory. *Psychological Bulletin, 112,* S. 415–432. [212]

Tobias, S. (1982): When do instructional methods make a difference? *Educational Researcher, 11,* S. 4–10. [191]

Tobias, S. (1985): Test anxiety: Interference, defective skills, and cognitive capacity. *Educational Psychologist, 20,* S. 135–142. [388]

Tobias, S. (1986): Anxiety and cognitive processing of instruction. *In:* Schwarzer, R. (Ed.), S. 35–54. [388, 389]

Tobias, S. (1994): Interest, prior knowledge, and learning. *Review of Educational Research, 64,* S. 37–54. [368]

Tolchinsky, L. (Ed.) (1991): *Culture, cognition, and schooling.* Norwood, NJ: Ablex.

Torgesen, J. K. & Wong, B. Y. L. (Eds.) (1986): *Psychological and educational perspectives on learning disabilities.* New York: Academic Press.

Toulmin, S. (1981): Motsart v psikhologii. *Voprosy psikhologii, 10.* [100. 101]

Trafton, P. R. & Shulte, A. P. (Eds.) (1989): *New directions for elementary school mathematics: 1989 yearbook.* Reston, VA: National Council of Teachers of Mathematics.

Traxel, W. (1974): *Grundlagen und Methoden der Psychologie: Eine Einführung.* Bern: Huber. [9]

Treiber, B. (1981): Schulleistungseffekte der Zeitnutzung von Lehrern und Schülern im Unterricht. *Zeitschrift für Empirische Pädagogik, 5,* S. 181–191. [7]

Treml, A. K. (1983) Zielbestimmung und Zielanalyse. *In:* Hameyer, U. (Hrsg.), S. 427–440. [397]

Trommsdorff, G. (Hrsg.) (1984): *Erziehungsziele.* Jahrbuch für empirische Erziehungswissenschaft. Düsseldorf: Schwann.

Trommsdorff, G. (Hrsg.) (1994)*: Psychologische Aspekte des sozio-politischen Wandels in Ostdeutschland.* Berlin: de Gruyter.

Tsudzuki, A., Hata, Y. & Kuze, T. (1957): A study of rapport between examiner and subject. *Japanese Journal of Psychology, 27,* S. 22–28 [416]

Tuckman, B. W. (1989): Thinking out loud: Procrastination „busting". *Educational Technology, 29,* S. 48–49. [371]

Tuckman, B. W. (1992): *Educational psychology. From theory to application.* Fort Worth, TX: Harcourt Brace Jovanovich. [147f.]

Tudge, J. (1990): Vygotsky, the zone of proximal development, and peer collaboration: Implications for classroom practice. *In:* Moll, L. C. (Ed.), S. 155–172. [106]

Tudge, J. & Rogoff, B. (1989): Peer influences on cognitive development: Piagetian and Vygotsian perspectives. *In:* Bornstein, M. H. & Bruner, J. S. (Eds.), S. 17–39. [76, 99, 108]

Tudge, J. R. & Winterhoff, P. A. (1993): Vygotsky, Piaget, and Bandura: Perspectives on the relations between the social world and cognitive development. *Human Development, 36,* S. 61–81. [100]

Tyler, F. T. (1964): Issues related to readiness to learn. *In:* Hilgard, E. R. (Ed.), S. 210–239. [70]

Tyler, R. W. (1934): *Constructing achievement tests.* Columbus: Ohio State University. [151]

Tyler, R. W. (1950): *Basic principles of curriculum and instruction.* Chicago: University of Chicago Press. Dt. (1973): *Curriculum und Unterricht.* Düsseldorf: Schwann. [151]

Ulshöfer, R. (1948): Zur Beurteilung von Reifungsprüfungsaufsätzen. *Der Deutschunterricht, 1,* S. 84–102. [415]

Underwood, B. J. (1957): Interference and forgetting. *Psychological Review, 64,* S. 49–60. [242]

Uttal, W. R. (1983): Don't exterminate perceptual fruit flies! *The Behavioral and Brain Sciences, 6,* S. 39–40. [184]

Van Meter, P., Yokoi, L. & Pressley, M. (1994): College students' theory of note-taking from perceptions of notetaking. *Journal of Educational Psychology, 86,* S. 323–338. [227]

Vasta, R. (1976): Feedback and fidelity: Effects of contingent consequences on accuracy of imitation. *Journal of Experimental Child Psychology, 21,* S. 98–108. [168]

Vealey, R. S. (1986): Imagery training for performance enhancement. *In:* Williams, J. M. (Ed.), S. 209–231. [167]

Vedder, P. (1985): *Cooperative learning: A study on processes and effects of cooperation between primary school children.* Groningen, NL: Rijksuniversiteit. [293]

von Cranach, M., Foppa, K., Lepenies, W. & Ploog, D. (Eds.) (1979): *Human ethology: Claims and limits of a new discipline.* Cambridge: Cambridge University Press.

von Glasersfeld, E. (1983): Learning as a constructive activity. *In:* Bergeron, J. C. & von Glaserfeld, E. (Eds.), S. 41–69. [31]

Vosniadou, S. (1988): *Knowledge restructuring and science instruction.* Paper presented an the Annual Meeting of the AERA, New York. [304]

Vosniadou, S. (1992): Knowledge acquisition and conceptual change. Special Issue: Educational psychology. *Applied Psychology. An International Review; 41,* S. 347–357. [298]

Vosniadou, S. (1994): Capturing and modeling the process of conceptual change. *Learning and Instruction, 4,* S. 45–69. [25, 298]

Voss, J. F., Perkins, D. N. & Segal, J. W. (Eds.) (1991): *Informal reasoning and education.* Hillsdale, NJ: Erlbaum.

Voss, J. F., Tyler, S. W. & Yengo, L. A. (1985): Individual differences in the solving of social science problems. *In:* Dillon, R. F. & Schreck, R. R. (Eds.), S. 205–232. [281]

Vurpillot, E. (1968): The development of scanning strategies and their relation to visual differentiation. *Journal of Experimental Child Psychology, 6,* S. 632–650. [263]

Wade, S. E., Trathen, W. & Schraw, G. (1990): An analysis of spontaneous study strategies. *Reading Research Quarterly, 25,* S. 147–166. [42]

Wadsworth, B. J. (1989): *Piaget's theory of cognitive and affective development* (4th ed.). New York: Longman. [73]

Walker, L. (1984): Sex differences in the development of moral reasoning: A critical review. *Child Development, 55,* S. 677–691. [116]

Walker, L. (1989): A longitudinal study of moral reasoning. *Child Development, 60,* S. 157–166. [116]

Wallace, I. & Pear, J. J. (1977): Self-control techniques of famous novelists. *Journal of Applied Behavior Analysis. 10,* S. 515–525. [174, 176, 177]

Walters, G. C. & Grusec, J. E. (1977): *Punishment.* San Francisco: Freeman & Co. [146]

Warren, N. (Ed.) (1980): *Studies in cross-cultural psychology.* Vol. 2. London: Academic Press.

Wason, P. C. (1960): On the failure to eliminate hypotheses in a conceptual task. *Quarterly Journal of Experimental Psychology, 12,* S. 129–140. [36, 318]

Wason, P. C. (1968 a): Reasoning about a rule. *Quarterly Journal of Experimental Psychology, 20,* S. 273–281. [90]

Wason, P. C. (1968 b): On the failure to eliminate hypothesis – a second look. *In:* Wason, P. C. & Johnson-Laird, P. (Eds.), S. 165–174. [36]

Wason, P. C. & Johnson-Laird, P. (Eds.) (1968): *Thinking and reasoning.* Baltimore, Penguin.

Watson, J. B. (1925): *Behaviorism.* New York: Norton. Dt. (1968): *Behaviorismus.* Köln: Kiepenhauer und Witsch. [19]

Watson, J. B. & Rayner, R. (1920): Conditioned emotional reactions. *Journal of Experimental Psychology, 3,* S. 1–14. [128f.]

Webb, N. M. (1989): Peer interaction and learning in small groups. *International Journal of Educational Research, 13,* S. 21–39. [294, 382]

Webb, N. M. & Palincsar, A. S. (1996): Group processes in the classroom. *In:* Berliner, D. C. & Calfee, R. C. (Eds.), S. 841–873. [297, 380ff.]

Webb, N. M., Troper, J. D. & Fall, R. (1995): Constructive activity and learning in collaborative small groups. *Journal of Educational Psychology, 87,* S. 406–423. [293]

Wehlage, G. G., Newman, F. M. & Secada, W. G. (1996): Standards for authentic achievement and pedagogy. *In:* Newman, F. M. et al. (Eds.), S. 21–48. [14f., 299, 366]

Wehner, E. G. (Hrsg.) (1990): *Geschichte der Psychologie: Eine Einführung.* Darmstadt: Wissenschaftliche Buchgesellschaft.

Weiner, B. (1979): A theory of motivation for some classroom experiences. *Journal of Educational Psychology, 71,* S. 3–25. [335]

Weiner, B. (1985): An attributional theory of achievement motivation and emotion. *Psychological Review, 92,* S. 548–573. [336]

Weiner, B. (1986): *An attributional theory of motivation and emotion.* New York: Springer. [336, 339]

Weiner, B. (1990): History of motivational research in education. *Journal of Educational Psychology, 82,* S. 616–623. [335]

Weiner, B. (1992): *Human motivation: Metaphors, theories, and research.* Newbury Park, CA: Sage. Dt. (1994): *Motivationspsychologie* (3. Aufl.). Weinheim: PVU. [335]

Weiner, B. & Kukla, A. (1970): An attributional analysis of achievement motivation. *Journal of Personality and Social Psychology, 15,* S. 1–20. [157]

Weiner, B., Graham, S. H., Stern, P. & Lawson, M. (1982): Using affective cues to infer causal thoughts. *Developmental Psychology, 18,* S. 278–286. [341]
Weiner, B., Russell, D. & Lerman, D. (1978): Affective consequences auf causal ascriptions. *In:* Harvey, J. H., Ickes, W. J. & Kidd, R. F. (Eds.), S. 59–88. [338f.]
Weiner, B., Russell, D. & Lerman, D. (1979): The cognition-emotion process in achievement-related contexts. *Journal of Personality and Social Psychology, 37,* S. 1211–1220. [338f.]
Weinert, F. E. (1981): Geschichte der Pädagogischen Psychologie. *In:* Schiefele, H. & Krapp, A. (Hrsg.), S. 148–153. [3]
Weinert, F. E. (Hrsg.) (1996): *Psychologie des Lernens und der Instruktion.* Göttingen: Hogrefe.
Weinert, F. E. (1996): Für und Wider die „neuen Lerntheorien" als Grundlage pädagogisch-psychologischer Forschung. *Zeitschrift für Pädagogische Psychologie, 10,* S. 1–12. [2, 376]
Weinstein, C. E., Goetz, E. T. & Alexander, P. A. (Eds.) (1988): *Learning and study strategies: Issues in assessment, instruction, and evaluation.* San Diego, CA: Academic Press.
Weinstein, E. A. (1990): Vygotsky revisited. *Contemporary Psychoanalysis, 26,* S. 1–15. [100]
Weinstein, G. & Fantini, M. D. (1974): Affect and cognition. *In:* Clarizio, H. F., Craig, R. C. & Mehrens, W. A. (Eds.), S. 14–19. [406]
Weiser, M. & Schertz, J. (1983): Programming problem representation in novice and expert programmers. *International Journal of Man-Machine Studies, 19,* S. 391–398. [280]
Weiss, R. (1965): *Zensur und Zeugnis: Beiträge zu einer Kritik der Zuverlässigkeit und Zweckmäßigkeit der Ziffernbenotung.* Linz: Haslinger. [415]
Weisz, J. & Cameron, A. (1985): Individual differences in the student's sense of control. *In:* Ames, C. & Ames, R. (Eds.), S. 93–140. [345]
Wellington, B. (1991): The promise of reflective practice. *Educational Leadership, 48,* S. 4–5.
Wells, G. L. (1981): Lay analyses of causal forces on behavior. *In:* Harvey, J. (Ed.), S. 309–324. [125]
Wertheimer, M. (1945): *Productive thinking.* New York: Harper & Brothers; Dt. (1945): *Produktives Denken.* Frankfurt/Main: Kramer. [273]
Wertsch, J. V. (1985): *Vygotsky and the social formation of mind.* Cambridge, MA: Harvard University Press. [101]
Wertsch, J. V. (1991): The problem of meaning in a socio-cultural approach to mind. *In:* McKeough, A. & Lupart, J. L. (Eds.), S. 31–49. [101]
Wertsch, J. V. & Tulviste, P. (1992): L. S. Vygotsky and contemporary developmental psychology. *Developmental Psychology; 28,* S. 548–557. [99]
White, R. W. (1959): Motivation reconsidered: The concept of competence. *Psychological Review, 66,* S. 297–333. [351]
Whitehead, A. N. (1929): *The aims of education.* New York: MacMillan. [312, 317]
Whitehurst, G. (Ed.) (1984): *Annals of child development.* Greenwich, CT: Jai Press.
Wieczerkowski, W., Nickel, H., Janowski, A., Fittkau, B. & Rauer, W. (1981): *Angstfragebogen für Schüler.* Stuttgart. Testzentrale. [385]
Wiggins, G. (1989): Teaching to the (authentic) test. *Educational Leadership, 46,* S. 41–47. [427]
Wiggins, G. (1993): Assessment, authenticity, and validity. *Phi Delta Kappan, 75,* S. 200–214. [320, 424, 425]
Williams, J. (1983): *The stability of teacher clarity in relation to student achievement and satisfaction.* Unveröffentlichte Dissertation. The Ohio State University (Zitiert nach: Cruickshank, D., 1985). [220]
Williams, J. M. (Ed.) (1986): *Applied sport psychology.* Ann Arbor, MI: McNaughton & Gun.
Williams, J. P. (1976): Individual differences in achievement test presentation and evaluation anxiety. Unpublished doctoral dissertation, University of Illinois, Urbana-Champaign (zitiert nach: Woolfolk, A. E., 1995). [389]
Williams, S. M. (1992): Putting case-based instruction into context: Examples from legal and medical education. *The Journal of Learning Sciences, 2,* S. 367–427. [319, 358]

Wine, J. D. (1971): Test anxiety and direction of attention. *Psychological Bulletin, 76,* S. 92–104. [387]

Wingfield, L. & Haste, H. (1987): Connectedness and separateness: Cognitive style or moral orientation. *Journal of Moral Education, 16,* S. 214–225. [117]

Winner, E. (1996): *Gifted children. Myths and realities.* New York Basic Books. Dt. (1998): *Hochbegabt. Mythen und Realitäten von außergewöhnlichen Kindern.* Stuttgart: Klett-Cotta. [64]

Witt, J. C., Elliott, S. N. & Gresham, F. M. (Eds.) (1988): *Handbook of behavior therapy in education.* New York: Plenum.

Wittgenstein, L. (1969): Philosophische Untersuchungen: *In:* Ludwig Wittgenstein. Schriften 1. Frankfurt/M. S. 289–544. [201]

Wittrock, M. C. (1981): Learning in memory. *In:* Farley, F. H. & Gordon, N. J. (Eds.), S. 242–264. [240]

Wittrock, M. C. (Ed.) (1986): *Handbook of research on teaching* (3rd ed.). New York: Macmillan.

Wittrock, M. C. (1991): Generative teaching and comprehension. *Elementary School Journal, 92,* S. 167–182. [40]

Wittrock, M. C. (1992): An empowering conception of educational psychology. *Educational Psychologist, 27,* S. 129–141. [3]

Wlodkowski, R. & Jaynes, J. (1990): *Eager to learn: Helping children become motivated and love learning.* San Francisco: Jossey-Bass. [167]

Wolf, D. P. (1989): Portfolio assessment: Sampling student work. *Educational Leadership, 46,* S. 35–36. [422, 427, 431, 435]

Wolpe, J. (1958): *Psychotherapy by reciprocal inhibition.* Stanford, CA: Stanford University Press. [132]

Wong, L. (1987): Reaction to research findings: Is the feeling of obviousness warranted? *Dissertation Abstracts International 48/12,* 3709B. [42]

Wood, D., Bruner, J. & Ross, S. (1976): The role of tutoring in problem solving. *Journal of Child Psychology and Psychiatry, 17,* S. 89–100. [107]

Woodson, M. I. C. (1974): Some aspects of teaching concepts. *Journal of Educational Psychology, 66,* S. 184–188. [200]

Woolfolk, A. E. (1995): *Educational psychology* (6th. ed.). Englewood Cliffs, NJ: Prentice-Hall.

Woolfolk, A. E. & Hoy, W. K. (1990): Prospective teachers' sense of efficacy and beliefs about control. *Journal of Educational Psychology, 82,* S. 81–91. [171]

Woolfolk, A. E. & Woolfolk, R. L. (1974): A contingency management technique for increasing student attention in a small group setting. *Journal of School Psychology, 12,* S. 204–212. [168]

Wubbels, T., Brekelmans, M. & Hooymayers, H. (1991): Interpersonal teacher behavior in the classroom. *In:* Fraser, B. J. & Walberg, H. J. (Eds.), S. 141–160. [54]

Wygotski (Vygotsky), L. S. (1978): *Mind in society: The development of higher psychological processes.* Cambridge, MA: Harvard University Press (Original veröffentlicht: 1934). [100f., 103ff., 107]

Wygotski, L. (1934). Dt. (1993): *Denken und Sprechen.* Frankfurt: Fischer. [104]

Yates, B. T. & Zimbardo, P. G. (1977): Self-monitoring, academic performance, and retention of content in a self-paced course. *Journal of Personalized Instruction, 2,* S. 76–79. [175]

Yates, F. A. (1966): *The art of memory.* London: Routledge & Kegan Paul. [239]

Yerkes, R. & Dodson, J. (1908): The relation of strength of stimulus to rapidity of habit formation. *Journal of Comparative Neurological Psychology, 18,* S. 459–482. [385f.]

Zecha, G. (1984): Erziehungsziele – eine begriffsanalytische Untersuchung. *In:* Trommsdorff, G. (Hrsg.), S. 27–46. [397]

Zielinski, J. & Schöler, W. (1964): *Pädagogische Grundlagen der programmierten Unterweisung unter empirischem Aspekt.* Ratingen: Henn. [21f.]

Zimmerman, B. J. & Schunk, D. H. (Eds.) (1989): *Self-regulated learning and academic achievement: Theory, research, and Practice.* New York: Springer.

Bildnachweis

Abb. 1.1: Eggen, P.D. & Kauchak, D.P. (1994), S. 589
Abb. 1.3: Baxter, J. (1995)
Abb. 1.4: Anderson, C. & Smith, E. (1987)
Abb. 1.5: Bugelski, B.R. & Alampay, D.A. (1961): *Canadian Journal of Psychology, 15*, S. 206
Abb. 2.1: Seifert, K.L. (1991): *Educational psychology* (2nd. ed.) Boston: Houghton Mifflin, S. 44
Abb. 2.4: Berk, L.E. (1991), S. 227
Abb. 2.7: Gray, P. (1994), S. 391
Abb. 2.8: Lickona, T. (1987), S. 183
Abb. 3.2: Thompson, G.G. (1962): *Child psychology. Growth trends in psychological adjustment.* Boston: Houghton Mifflin, S. 165
Abb. 3.3: Sulzer, B. & Mayer, G.R. (1972): *Behavior modification procedures for school personnel.* Hindsdale, Ill: Pryden.
Abb. 3.4: Bloom, B. (1976), S. 35 u. 36
Abb. 3.5: Schunk, D.H. (1989), S. 88
Abb. 4.1: Gagné, R.M. & Driscoll, M.P. (1988), S. 13
Abb. 4.2: Labov, W. (1973): The boundaries of words and their meanings. *In:* Bailey, C.J.N. & Shuy, R.W. (Ed.): *New ways of analyzing variation in English.* Washington, DC: Georgetown University Press, S. 354.
Abb. 4.4: Gagné, E. et al. (1993), S. 70
Abb. 4.5: Benjamin, L.T., Hopkins, J.R. &. Nation, J.R. (1994): *Psychology* (3rd. ed.) New York: Macmillan, S. 301
Abb. 4.6: Gagné, E. et al. (1993), S. 120
Abb. 4.7: Gagné, E. et al. (1993), S. 122
Abb. 4.9: Bower, G.H. et al. (1969), S. 324
Abb. 4.11: nach Atkinson, R.C. (1975): Mnemotechnics in second-language learning. *American Psychologist, 30*, S. 821–828; hier: Gerow, J.R. (1995). *Psychology. An introduction.* New York, NY: Harper-Collins, S. 289
Abb. 5.1: Fuson, K.C. & Willis, G.B. (1989); Cobb, P. & Merkel, G. (1989)
Abb. 5.2: Appleton, K. (1997)
Abb. 6.1: Berlyne, D. (1958), S. 291
Abb. 6.2: Hebb, D.O. (1955), S. 250
Abb. 7.2: Köck, P. (1995)

Sachregister

Abschlußzensuren
— und Ausbildungs- und Studienerfolg 14
Aggressives Verhalten
— und Beobachtungslernen 160
Akkommodation 71f.
Alternative Pädagogische Diagnostik 393ff.
— und Lern- und Leistungsfortschritte 432
— und Messen und Bewerten 434
— und Portfolios 430ff.
— und Selbstbewertung 433
Alternatives Verständnis 302
Angst
— auslösende Bedingungen der – 387ff.
— emotionale Komponente der – 385
— Kennzeichnung der – 384f.
— kognitive Komponente der – 385f.
— Möglichkeiten der Kontrolle 388ff.
— und Besorgtheit 386
— und Leistung 383f., 387f.
— und rivalisierende Zielstrukturen 373ff.
— und Yerkes-Dodson-Gesetz 385f.
Anlage-Umwelt-Problem
— Grundlagen 58ff.
— Scarrs Vorstellungen 63ff.
— und Entwicklung von Hochbegabungen 64
— und genetische Grenzen 66
— und Nischen-Auswahl 64
Anpassung durch Assimilation und Akkommodation 71ff.
Anstrengung
— Wahrnehmung eigener – 363f.
Assimilation 71f.
Assoziationen, Bildung von – 125ff.
Auf-der-Zunge-Haben, Erlebnis des -s 245
Aufgabenanalyse 410f.
— und Lernsequenzen 411
Aufgabenformen
— Alternativ-Antworten 417
— Mehrfachantwort-Aufgabe 417
Aufgabenschwierigkeit
— und Lernmotivation 334
Aufmerksamkeit
— Auswahl von Informationen durch – 185f.
— Entwicklung der – 185
— Kontrolle der – 186
— Wissen über die eigene – 234
Aufmerksamkeitskontrolle
— Strategien der – 263
Ausformung 141f.
Authentische Situationen
— und Anregung der Lernmotivation 356
Authentische Aktivitäten 15
Authentisches Lernen 205, 285ff.
Automatisierung von Fertigkeiten 187f.
Autoritäres Verhalten 52f.
Autoritatives Verhalten 52f.
Aversive Reize 137

Begeisterung
— von Lehrern 368
Begriff
— als kognitives Werkzeug 204ff.
— Erlernen von -en 198ff.
— Kennzeichnung 198
Begriffslernen 197f.
— Förderung durch den Unterricht 203f.
— nach der Merkmalstheorie 198ff.
— nach der Prototyptheorie 198, 200ff.
Behaltensförderung
— und Selbstbezugseffekt 192
Beispiele, vollständige 292f.
Beobachtungslernen
— Kennzeichen des -s 160f.
— Komponenten des -s 166f.
— und stellvertretende Verstärkung 162f.
Beobachtungslernen und seine Wirkungen 163f.
— und Erlernen kognitiver Strategien 165f.
— Informationsgewinnung 164f.
Besorgtheit 386f.
— und Leistungsbeeinträchtigung 385ff.
Bestätigungs-Voreingenommenheit 36f.
— bei Lehrerstudierenden 38ff.
Bestätigungstendenz
— auf Voreingenommenheit beruhende – 35f.
Bestrafung
— Kennzeichnung der – 144

– und ihre Folgen 144
Beteiligung am Unterricht
– aktiv, passiv 154f.
Betriebspraktika 110
Bezugsnorm-Orientierung
– soziale – 361ff.
– und Angebotsgleichheit 362
– und Orientierung an Darstellungszielen 362ff.
– und Ursachenzuschreibung 361f.
Bildhafte Vorstellungen 210f.
– Umsetzung von Lernmaterial in – 239f.
– und Abhängigkeit vom Alter 240f.
Binets Intelligenztests 259f.
– Ausgangssituation 260
Biologieunterricht
– und Taxaonomie der Lernziele 404ff.

Confirmation bias 35f.

Deduktive Denkfähigkeit 90f.
Defensive Strategien von Schülern 365f.
Deklaratives Wissen 194f.
– dargestellt als Netzwerk 215f.
Dekontextualisierung
– und behavioristische Lerntheorie 394
Denken
– Induktives – 35f.
– und Sprechen 102f.
Desensibilisierung, systematische 132f.
Determinismus, wechselseitiger 160
Diagnostik, pädagogische 391ff.
Direkte Instruktion 22
Diskrepanzen
– zwischen Alltagsleben und Schule 14f.
Diskrepanzerlebnisse, dosierte 77, 96, 352f.
– Beispiele für – 287f.
Diskrimination 128
Diskriminative Reize 146ff.
Doktrin der formalen Bildung 12f.
Dosierte Diskrepanzerlebnisse 77, 96, 352f.
Down-Syndrom 60, 66
– und Intelligenzentwicklung 60

Egozentrisches Denken 84f.
– aus der Sicht Piagets 84f.
– aus der Sicht Wygotskis 102f.
Einordnungshilfen, vorangestellte 224f.
Einrüstung 107f.
Entkontextualisieren 318
Entwicklung, Moralische 111ff.
– Piagets Vorstellungen 111f.
– Kohlbergs Vorstellungen 112ff.
– Lickonas Vorstellungen 118ff.

Ereignis-Schema 212
Erkundungstraining 295f.
– und Motivierung 288
Erlernte Hilflosigkeit 339ff.
– und Erklärung von Leistungsergebnissen 340
– und Rückgewinnung eigener Kontrolle 340f.
Erwartungseffekt
– im Klassenzimmer 426
Erziehungsstile
– und autoritäres Verhalten 52
– und autoritatives Verhalten 52
– und Laissez-faire-Verhalten 51
Evaluationstheorie, kognitive 347f.
Experten
– und automatisierte Prozesse 279f.
– und bereichsgebundene Kenntnisse 278f.
– und Dauer der Problemanalyse 281f.
– und Klassifikation von Problemen 280
– und Kontrolle kognitiver Prozesse 283
– und Kurzzeitspeicherung 279
– und Lösungsstrategien 282f.
– und Nutzung von Schemata 279
Experten und Novizen
– Vergleich von – 277ff.
Extinktion
– im klassischen Konditionieren 128
– im operanten Konditionieren 142f.
Extrinsische Motivierung
– Kennzeichnung 343ff.

Fähigkeit
– Wahrnehmung eigener – 363
Fazit-Tendenz 370
Fehler
– Bewertung durch den Lehrer 33
Förderungsabsicht
– in pädagogischen Situationen 4ff.
Formale Bildungsdoktrin 12f.
Formale Operationen 88f.
Fragen, gelenktes kooperatives 230f.
Fragetechniken
– Förderung der Entwicklung von – 230f.
Fundamentaler Attribuierungsfehler 436f.

Gedächtnis
– Wissen über das eigene – 234
Generalisation 128
Genotypus 58
Genwirkung
– verschiedene Formen der – 60ff.
Gespräch, unterstützendes 110f.
Gültigkeit von Tests

Sachregister 489

– Beziehung zur Zuverlässigkeit 423f.
– inhaltliche – 420f.
– kriteriumsbezogene – 421
Gütekriterien von Prüfungen
– Gültigkeit 420f.
– Objektivität 415f.
– Zuverlässigkeit 418f.
Gütemaßstab
– absoluter – 175
– Einfluß der Eltern auf den – 176
– individual-bezogener – 176
– sozial-bezogener – 175f.
– und Leistungsmotiv 324

Heteronome Moral 111
Hilflosigkeit, Erlernte 339ff.
Hilfsreize, diskriminative 149
Hochbegabte Kinder 64
Humanistische Psychologie 330f.

Implizites Wissen 110
Induktives Denken 35ff.
Informationsverarbeitendes System
– Sensorische Register 184ff.
Informationsverarbeitung
– anstrengungsabhängige – 182
– automatische – 182
Informationsverarbeitungssystem
– Kurzzeitgedächtnis 188ff.
– Langzeitgedächtnis 184, 192ff.
– Modell eines -s 182f.
– Sensorisches Register 184ff.
– und Verarbeitungstiefe 190f.
– Verarbeitungsstrategien 226ff.
– Verhaltens-Generator 184
Instruktion, direkte 22
Instruktion, verankerte 285f.
Instrumentelles Konditionieren 133f.
Intelligenz 248ff.
– als angeborene Fähigkeit 249ff.
– als Fähigkeit zur Lösung von Problemen 248
– als Grundlage für Förderungsmaßnahmen 258f.
– als stabile Fähigkeit 252f.
– als veränderliches Merkmal 248, 260ff.
– aus informationstheoretischer Sicht 262ff.
– bei Straßenkindern Brasiliens 268f.
– Galtons Vorstellungen 249f.
– Gardners Theorie der – 256f.
– und Aufmerksamkeitsprozesse 263
– und Berufserfolg 266
– und Eugenik 249ff.
– und Evolutionstheorie 249

– und Kontextbezogenheit 266ff.
– und Schulleistung 254, 270f.
– und Selektionsmaßnahmen 248ff.
– und Speicherfähigkeit 264
– verteilte – 269
– Vorstellungen von der – 253
– im interkulturellen Vergleich 67ff.
Intelligenztests, herkömmliche
– typische Kennzeichen der Aufgaben 259f.
Interesse 368ff.
– Entstehung von – 368
Intrinsische Motivierung
– Kennzeichnung 344f.
– und Kreativität 344
– und Leistungsverhalten 344
– und Überrechtfertigungseffekt 347
– und Unterminierung 346f.
– und Wahrnehmung eigener Kompetenz 345f., 367
– und Wahrnehmung eigener Kontrolle 343f.

Jasper Woodbury Problemlösungsserie 285f.

Kausalattribuierung, Theorie der – 335ff.
– Suche nach Erklärungen 335
– und Klassifikation von Ursachen 336f.
– und selbstwertdienliche Tendenzen 337f.
Klarheit,
– als Merkmal des Lehrers 220
– in der Unterrichtsarbeit 220
Klassenklima
– Einfluß auf Lernende 49f.
– und mitmenschliches Interesse 49f.
Klassifikation in der Begriffsbildung
– nach Funktionsmerkmalen 253f.
– nach wissenschaftlicher Systematik 254f.
Klassische Konditionierung 126ff.
– Erwerb emotionaler Reaktionen 128f.
– im Klassenzimmer 130f.
– und Diskrimination 128
– und Extinktion 128
– und Generalisation 128
Klassische Testtheorie
– Annahmen 414
Klinische Methode 428f.
Konkrete Operationen 86f.
Kognitive Entwicklung
– aus sozial-kultureller Perspektive 98ff.
– Wygotskis Theorie 99ff.
Kognitive Dissonanz-Theorie 332ff.
Kognitive Evaluationstheorie 347f.
Kognitive Selbststeuerung 102
Kognitive Veränderungen

– Kennzeichnung 303
Kognitives Lehrlingssystem 109
Konditionieren
– Instrumentelles – 133f.
– Klassisches – 126ff.
– Operantes – 133ff.
Konditionierte Reaktion 127f.
Konditionierter Reiz 127f.
Konflikttheorie, sozial-kognitive – 307
Konstruktivismus
– individueller – 99
– Sozialer – 99
Konstruktivistische Sichtweise
– des Lernens 25ff., 298ff.
– und Prüfen von Wissen und Können 421ff.
Kontakthypothese 382f.
Kontext
– Kennzeichnung 267
– und radikal kultureller Relativismus 267f.
Kontext, vertrauter
– Bedeutung für das Lernen 89f., 110, 284
Konzeptuelle Veränderungen
– im Biologieunterricht 27f.
– im Physikunterricht 28f.
– in der Lehrerausbildung 38f.
– und deren Förderung 298ff.
– und kognitiver Konflikt 309f.
– und Vorwissen 299f.
– Widerstände gegen – 303f.
Kooperative Lernformen 372ff.
– Anteil am Gesamtunterricht 380
– STAD 378ff.
– Vorurteile gegen – 374f.
– Wirkungen 380ff.
Kooperative Zielstrukturen 376ff.
– Voraussetzungen erfolgreichen Arbeitens 377f.
Kreisreaktionen
– primäre 79
– sekundäre 79
– tertiäre 80
Kritische Selbstbeurteilung des Lehrers 435ff.
Kurzzeitgedächtnis 188ff.
– und aufarbeitende Wiederholung 190f.
– und Speicherdauer 188f.
– und Speicherkapazität 189f.

Laissez-faire-Verhalten 51
Langzeitgedächtnis 184, 192ff.
– geschätzte Speicherdauer 193
Lehrer, erfolgreiche

– und allgemeines pädagogisches Wissen 47f.
– und fundiertes Fachwissen 46f.
Lehrerlob 156ff.
– und Leitlinien zur Anwendung 158f.
Lehrerpersönlichkeit, erfolgreiche 22f.
Lehrlingssystem, kognitives 109
Leistungsbewertung
– durch Zensuren 415f.
Leistungsergebnisse
– und emotionale Folgen 338f.
Leistungsmotiv
– Kennzeichnung 324
– und Aufgabenbereichsspezifität 324
– und Gütemaßstab 324f.
Lernbereitschaft
– aus behavioristischer Sicht 70
– aus reifungstheoretischer Sicht 69
Lernen
– als Informationsverarbeitung 181ff.
– als Konstruktion von Wissen 25ff., 298ff.
– aus behavioristischer Sicht 19ff.
– authentisches – 205, 286ff.
– Diagnostik und Bewertung 391ff.
– durch Einsicht 272f.
– Förderung durch den Unterricht 219ff.
– Förderung durch eigene Übersichten 221
– Förderung durch Vergleiche 221
– im natürlichen Kontext 89f., 110
– im Wettstreit 373ff.
– Kennzeichnung 19ff.
– kooperatives – 372ff.
– neuer Informationen 213ff.
– objektivistische Sichtweise des -s 24
– Selbststeuerung 169
– und Kontext 89f., 110, 284
– und Verhalten 161f.
– von Begriffen 197f.
Lernmotivation
– und Aufgabenschwierigkeit 334
– und Berücksichtigung des Kontexts 342f.
– und ihre Förderung 323ff.
– und Interesse 368ff.
– und Orientierung an Darstellungszielen 362ff.
– und Wille 369ff.
Lernmotivierung
– durch authentische Situationen 356
Lernsequenz 411
– und ihr Aufbau 412
Lernstrategien
– Nutzung durch den Lernenden 237ff.
– Veränderung in der Nutzung von – 235f.
– Vermittlung durch den Lehrer 236f.

Lernvoraussetzungen
– aus behavioristischer Sicht 152
– aus konstruktivistischer Sicht 299ff.
Lernziel
– als Groborientierung 401f.
– Kennzeichnung 397
– operationalisiertes – 399ff.
– und Unterscheidung nach Abstraktionsgrad 398
– und verschiedene Arten 398
Lernziele
– im kognitiven Bereich 403ff.
– im sozial-emotionalen Bereich 407f.
Lernzielorientierung 34, 36, 55, 366ff.
Leseschwierigkeiten 189
Loben
– als Verhaltenskonsequenz 155ff.

Mapping 232f.
Maslows Bedürfnishierarchie 330
Maßstab zur Leistungsbewertung
– individueller – 393
– kriteriumsbezogener – 393, 413
– sozial-bezogener – 393, 413
Mathematikunterricht
– und Alltagsrechnen 268
– und Aufgaben mit Selbstbezug 356f.
– und Beobachtungslernen 166
– und Darstellung von Kontextinformationen 206
– und Kontext 268, 286, 314, 356
– und Mengenverständnis 289f.
– und Selbstverbalisieren 167
– und sprachliches Verständnis 289
– und Teil-Gesamt-Schema 289f.
– und Verständnis von Textaufgaben 291f.
– und vollständige Beispiele 292
Mechanismen kognitiver Entwicklung
– aktive Erfahrungen 75
– Gleichgewichtsprozesse 76f.
– Reifung 75
– soziale Interaktionen 76
Meßfehlertheorie, klassische 414
Messung 413
Meta-Aufmerksamkeit 234
Meta-Gedächtnis 234f.
Metakognitionen 233ff., 294, 367
– Bestandteile von – 233
– Kennzeichnung von – 233
Methode des wiederholten Lesens 316
Mißverständnisse
– bei konzeptuellen Veränderungen 25ff., 302f.
– in Lehrer-Schüler-Kontakten 34

– über die AIDS-Krankheit 302
Mitmenschliche Anteilnahme des Lehrers 49f.
Mittel-Ziel-Analyse 276
Mnemotechniken 238ff.
– Kennzeichen von – 239
– Kontextmethode 240
– Schlüsselwort-Methode 237, 239
Moral, heteronome 111
Moralische Entwicklung
– Förderung 117ff.
– Interkulturelle Vergleiche 115
– Kohlbergs Vorstellungen 112ff.
– konventionelle Ebene 113f.
– Kritik an Kohlbergs Theorie 115f.
– Lickonas Vorstellungen 118ff.
– Piagets Vorstellungen 111
– postkonventionelle Ebene 114f.
– präkonventionelle Ebene 113f.
– und Förderung des Vergeben-Könnens 117
Moralisches Urteil
– Entwicklung des -s 111ff.
– und Fürsorglichkeit 116
– und Gerechtigkeit 116
– unterschiedliche Niveaus 113f.
Motivation
– und Aktivation 325
– und Energetisierung 325f.
– und Gerichtetheit 326
– und Überschreitung des Rubikon 326
– und Wille 325f., 369ff.
Motivationstheorien
– Erwartungs-mal-Wert-Theorien 333f.
– Instinkttheorie 327f.
– Theorie der kognitiven Dissonanz 332ff.
– und Bedürfnis nach Ordnung 331ff.
– und Kausalattribuierung 335ff.
– und Streben nach Selbstverwirklichung 330f.
– und Triebreduktion 328f.
– und unterrichtliche Praxis 327f.
Motivierung
– extrinsische 343ff.
– Intrinsische – 344ff.
Multiple Intelligenzen 256f.

Negative Verstärkung 138
Netzwerktheorien 208f., 215ff.
Neugier
– Aktivierung im Unterricht 354ff.
– Erregung durch dosierte Diskrepanzerlebnisse 77, 96,352f.
– Kennzeichnung der – 350ff.

– und Einstiegsphase des Unterrichts 354f.
– und ihre Anregung 354f.

Objektivistische Sichtweise des Lernens 24
– und Prüfung von Wissen und Können 393ff.
Objektivität von Tests 416ff.
– Auswertungs- 416f.
– Durchführungs- 416
– Interpretations- 418
Objektkonstanz 80, 98
Operantes Konditionieren 133ff.
– Ausformung 141f.
– diskriminative Hilfsreize 148f.
– diskriminative Reize 146ff.
– Extinktion 142f.
– Grundlagen 136
– und Bestrafung 144ff.
– und Verstärkung 135ff.
Operationales Denken
– Bereichsgebundenheit 92
Operationalisiertes Lernziel 399ff.
– Elemente 399
– Kritik 400f.
Organisationsprozesse
– in der kognitiven Entwicklung 74f.
Orientierung
– an Lernzielen 34, 36, 55, 366ff.
Orientierung an Darstellungszielen 362ff.
– und Wettstreit 373f.

Pädagogische Diagnostik 391ff.
– alternative – 393ff.
– Verknüpfung mit Lernen 429f.
Pädagogische Förderung
– als Aufgabe der Pädagogischen Psychologie 4ff.
– aus entwicklungspsychologischer Perspektive 57ff.
Pädagogische Psychologie
– als Grundlagen- und Anwendungsfach 10ff.
– als wissenschaftliches Arbeitsgebiet 8ff.
– Aufgaben und Ziele 1ff.
– Kennzeichnung der – 3ff.
– und Bestimmung von Lernzielen 12ff.,
– und Optimierungsauftrag 5
Pädagogische Situationen
– und Förderungsabsicht 4ff.
Partielle Verstärkung
– Intervallprogramm 140
– Quotenprogramm 140
Passung, Problem der 96
Phänotypus 58

Piagets Theorie der kognitiven Entwicklung 71ff.
– Assimilation und Akkommodation 71f.
– Einfluß auf die Unterrichtsarbeit 96f.
– Formale Operationen 88f.
– Klassifikationsleistungen 87
– Konkrete Operationen 86f.
– Kritik an einer allgemeinen abstrakten Denkfähigkeit 89f.
– Kritik aus sozial-kultureller Sicht 98
– Phasen kognitiver Entwicklung 78ff.
– Sensu-motorische Erfahrungen 79ff.
– und Mechanismen 75f.
– und Organisationsprozesse 74f.
– voroperationales Denken 81ff.
Präinstruktionale Maßnahmen 222ff.
– als vorangestellte Einordnungshilfen 224f.
– als vorausgehende Übersichten 223f.
– Vortests als – 223
Praktika, betriebliche 110
Proaktive Hemmung 243
Problem, klar/unklar definiert 274
Problemlösen 247
– Bedeutung visueller Vorstellungen 94ff.
– durch Experten und Novizen 277ff.
– und Bedeutung der Strategiekenntnis 93
– und Förderung im Unterricht 283ff.
– und Schemata 278
– und sprachliches Vorverständnis 288f.
– und Zu-sich-selbst-Sprechen 102f., 282
Problemlösungen
– algorithmische 275ff.
– heuristische 275ff.
– und Mittel-Ziel-Analyse 276
Problemsituationen
– Kennzeichen von – 273f.
– und Allgemeine Problemlöser 277
– und Kontext 284f., 287f.
Programmierte Unterweisung 21f.
– lineare Form 21f. 411f.
– verzweigte Form 412
Projektunterricht 285, 320
Prophezeiung, sich selbst erfüllende 62
Proposition
– als grundlegende Wissenseinheit 207ff.
– Erwerb einer neuen – 217ff.
Prozedurales Wissen 194
Prozeß-Produkt-Forschung 22f.
Prüfung
– Gültigkeit der – 420f.
– Objektivität der – 415f.
– und authentische Situationen 424f.
– Zuverlässigkeit der – 418f.
Prüfungsinstrumente, herkömmliche

Sachregister

− Kritik 422f.
Psychometrie 249, 393
− Annahmen der − 393ff.

Quiz-Kids 64

Radikal kultureller Relativismus 267f.
Reaktionsweiten der Gene 65f.
Reiz, aversiver 137f.
Reiz-Reaktions-Verbindung, Erlernen einer − 127
Relativismus, radikal kultureller 267f.
Retroaktive Hemmung 243

Schema
− als grundlegende Wissenseinheit 73f.
− als kognitive Repräsentation von Begriffen 197ff.
− als komplexe Wissenseinheit 194ff.
− Ereignis-Schema 212
− Kennzeichnung 74f.
− Teil-Gesamt-Schema 289f.
Schemata
− angeborene 73f.
Schule
− als handlungsarme und informationsreiche Umwelt 110
− als Produktionsstätte 32f.
− und Beziehung zum Alltagsleben 14ff.
− und Bürokratisierung 2
− und Vorbereitungsfunktion 16
− zerwaltete − 2
Schulischer Erfolg
− und Berufserfolg 14
Selbstbezugseffekt 192
Selbstgesteuertes Lernen
− und Selbstbeobachtung 174f.
Selbststeuerung
− kognitive 102f.
Selbstverbalisierung
− als kognitive Strategie 102, 165f.
Selbstverstärkung 166, 177
Selbstwertgefühl
− Förderung des -s 120
Selbstwirksamkeitserwartungen
− Banduras Konzept 169ff.
− und deren Förderung 171ff.
− und ermutigender Zuspruch 172
− und Grad der Selbstbestimmung 173
− und stellvertretende Verstärkung 172
− Veränderung durch Erfolge und Mißerfolge 171f.
Selbstwert-Theorie 365
Sensorisches Register 184ff.

Sensu-motorische Erfahrungen 79
Sozial-kognitive Lerntheorie
− Grundlagen 159ff.
Sprechen
− und Denken 102f.
Standardisierte Tests 414
Stereotyp 61
− Prozeß der Entstehung 62
Strategien
− zur Kontrolle von Emotionen 371f.
− zur Kontrolle von Motivationen 371
Summerhill 51
Syllogismen
− als Methode zur Überprüfung der Denkfähigkeit 93f.
− Typische Fehler bei der Bearbeitung 94
− und visuelle Vorstellungen 96f.
Systematische Desensibilisierung 132f.

Taxonomie der Lernziele
− im kognitiven Bereich 403ff.
− im sozial-emotionalen Bereich 407f.
− kritischer Rückblick 409ff.
− und hierarchisch-kumulative Ordnung 409
Teil-Gesamt-Schema 289f.
Test
− kriteriumsbezogener − 393
− standardisierter − 414
− und seine Zuverlässigkeit 418f.
Textaufgaben
− Konkretisierung von − 290f.
Träges Wissen 312
Transfer 247, 311ff.
− Elemente 313f.
− Kennzeichnung 311f.
− und Anwendung des Gelernten 317f.
− und Einstellungseffekt 317f.
− und Entkontextualisieren des Lernens 318f.
− und Kontext 313
− und Lehrerbildung 319f.
− und Merkmale des Lernenden 313
− und problemorientierte Darstellung 319f.
− und seine Förderung 315ff.
− und Taxonomie der Lernziele 409f.
− und Theorie der identischen Elemente 315
− und Übungstätigkeit 316f.
− und verwendete Aufgaben 313
Tutorensystem 109ff.

UN-Konvention
− und pädagogische Ziele 2

– und Rechte des Kindes 2
Unkonditionierte Reaktion 127
Unkonditionierter Reiz 127
Unterrichten
– als Kunst 44f.
– und Anwendung wissenschaftlicher Erkenntnisse 44f.

Verankerte Instruktion 285
Verarbeitungsstrategien 226ff.
– Anfertigen von Notizen 227f.
– Erstellen von Zusammenfassungen 229f.
– Formulierung von Fragen 230f., 295ff.
– Markieren von Textteilen 227
Vergeben-Können 117
Vergessenstheorien 241ff.
– Fehlen geeigneter Abrufreize 244f.
– Interferenztheorie 242f.
– Theorie des Spurenverfalls 242
Vergleiche
– im Unterricht 220f.
Verhalten
– und Lernen 162f.
Verhaltens-Generator 184
Verhaltenskonsequenzen
– Bestimmung eigener – 177
Vermögenspsychologie 12f.
Verständnis, alternatives 302
Verständnisfragen
– Förderung von 295ff.
– von Lernenden 298
Verstärker
– primärer 139
– sekundärer 139
Verstärkung
– negative 138
– partielle 140f.
– positive 135f.
Verstärkung, Wirkung der
– durch angenehmen Gefühlszustand 156
– durch informative Rückkoppelung 156
Versuch und Irrtum, Lernen nach 133f.
Verursachertraining 341f.
Visuelle Vorstellungen
– Bedeutung für das Problemlösen 94ff.
Voroperationales Denken 81ff.
Vorwissen
– Aktivierung von – 305ff.
– und Lernen 25ff.

Wartezeit beim Lehrer 48
Wechselseitiger Determinismus 161

Wertmarken-Verstärker 348f.
Wiederholung im Kurzzeitgedächtnis
– erhaltende – 188
– aufarbeitende – 190ff.
Wille
– als System der Selbststeuerung 369ff.
– Kennzeichnung 369
– und Lernmotivation 369
Willensprozeß
– und Handlungsphase 370f.
– und Planungsphase 370
– und Überschreitung des Rubikon 370
Willenspsychologie
– und Motivation 325ff.
Wissen
– träges – 312
– deklaratives 194f.
– implizites 110
– prozedurales 194
Wissenschaftliche Erkenntnisse
– und Akzeptanz durch Studierende 42f.
Wissensvoraussetzungen
– erfolgreicher Lehrer 45f.
Wygotskis Theorie der kognitiven Entwicklung 99ff.

Yerkes-Dodson-Gesetz 385f.

Zeitrahmen zum Lernen
– Effektive Lernzeit 7
– Faktische Unterrichtszeit 6f.
– verfügbare Unterrichtszeit 5f.
– Zeit des Engagements 7
Zensuren
– als Ergebnis eines sozialen Vergleichs 361, 413
– als Ergebnis eines individuellen Vergleichs 393, 413
Zerlegbarkeit
– und behavioristische Lerntheorie 394
Zielerreichender Unterricht 154f.
Zielstrukturen
– kooperative 376ff.
– rivalisierende 373ff.
Zone der nächstmöglichen Entwicklung 100f., 104ff.
– und Lernbereitschaft 107f.
Zuverlässigkeit
– mindernde Einflüsse 419f.
– pädagogisch-psychologischer Messungen 9f.
– Überbewertung der – 423f.

Andreas Warnke
Uwe Hemminger
Ellen Roth
Stefanie Schneck

**Legasthenie -
Leitfaden für
die Praxis**

Begriff - Erklärung - Diagnose -
Behandlung - Begutachtung

2002, 132 Seiten,
€ 19,95 / sFr. 34,80
ISBN 3-8017-1497-7

Der Leitfaden bietet praxisorientierte Hinweise zur Diagnostik, Erklärung, Prävention und Behandlung der Legasthenie. Weiterhin werden Fragen der Begutachtung, Finanzierung und Eingliederungshilfe behandelt. Sozialrechtliche Hinweise, Übersichten zu diagnostischen Verfahren sowie themenbezogene Literaturhinweise runden den Band ab.

Joachim Stiensmeier-Pelster
Falko Rheinberg (Hrsg.)

**Diagnostik von
Motivation und
Selbstkonzept**

(Tests und Trends, N.F. 2)
2003, VIII/302 Seiten,
€ 39,95 / sFr. 67,–
ISBN 3-8017-1674-0

Der Band stellt aktuelle Trends in der Diagnostik von Lern- und Leistungsmotivation, des Selbstkonzepts und der Selbstregulation vor. Im Zentrum steht dabei die Beschreibung neuester Fragebögen und Testverfahren. Die Beiträge bieten Hinweise darauf, wie die Motivation und das Selbstkonzept das Lernverhalten und damit die Leistung beeinflusst. Der Leser wird damit in die Lage versetzt für unterschiedliche praktische Probleme zielsicher das derzeit geeigneteste Testverfahren auszuwählen.

Manfred Döpfner
Jan Frölich
Gerd Lehmkuhl

**Ratgeber
Hyperkinetische
Störungen**

Informationen für Betroffene,
Eltern, Lehrer und Erzieher
(Reihe: Ratgeber Kinder- und
Jugendpsychotherapie, Band 1)

2000, 48 Seiten,
€ 5,95 / sFr. 9,80
ISBN 3-8017-1368-7

Der Ratgeber bietet zahlreiche Informationen zu Hyperkinetischen Störungen. Die Ursachen der Störungen, ihr Verlauf und verschiedene Behandlungsmethoden werden verständlich beschrieben.

Marcus Hasselhorn
Wolfgang Schneider
Harald Marx (Hrsg.)

**Diagnostik von
Lese-Rechtschreib-
schwierigkeiten**

(Tests und Trends, N.F. 1)
2000, VIII/206 Seiten,
€ 32,95 / sFr. 51,–
ISBN 3-8017-1375-X

Der Band bietet einen Überblick über neue Verfahren zur Früh-, Förder- und Differenzialdiagnostik von Lese- und Rechtschreibschwierigkeiten und liefert einen Einblick in aktuelle Forschungsbemühungen auf diesem Gebiet.

Besuchen Sie uns im Internet:
http://www.hogrefe.de

Hogrefe-Verlag
Rohnsweg 25 • 37085 Göttingen
Tel.: 05 51 - 4 96 09-0 • Fax: -88
E-Mail: verlag@hogrefe.de
Internet: www.hogrefe.de

Hogrefe-Verlag
Rohnsweg 25 • 37085 Göttingen
Tel.: 05 51 - 4 96 09-0 • Fax: -88
E-Mail: verlag@hogrefe.de

Heinz Schuler (Hrsg.)
Lehrbuch der Personalpsychologie

2001, VI/664 Seiten, Großformat,
€ 49,95 / sFr. 85,–
ISBN 3-8017-0944-2

Bernad Batinic (Hrsg.)
Internet für Psychologen

2., überarbeitete und
erweiterte Auflage 2000,
X/665 Seiten, geb.,
€ 39,95 / sFr. 69,–
ISBN 3-8017-1226-5

In 23 Kapiteln wird das Gesamtgebiet der Personalpsychologie, auf dem neuesten Stand der Forschung und gleichzeitig an den praktischen Aufgaben des Personalwesens orientiert, aufgezeigt.

Auch die zweite Auflage des Buches zeigt auf, wie man das Internet sinnvoll und effektiv in Studium, Lehre und Forschung einsetzen kann.

Alexa Franke
Annette Kämmerer (Hrsg.)
Klinische Psychologie der Frau

Ein Lehrbuch
2001, 778 Seiten,
€ 49,95 / sFr. 86,–
ISBN 3-8017-1333-4

Manfred Hofer
Elke Wild / Peter Noack
Lehrbuch Familienbeziehungen

Eltern und Kinder
in der Entwicklung

2., vollständig überarbeitete
und erweiterte Auflage 2002,
495 Seiten,
€ 39,95 / sFr. 68,–
ISBN 3-8017-1619-8

Das Lehrbuch bietet eine fundierte Aufarbeitung des Wissens über geschlechtsspezifisch unterschiedliche Risiken für die Entstehung und Manifestation von psychischen Störungen.

Der Band beschäftigt sich mit der Bedeutung familiärer Beziehungen, der Entwicklung der Beziehungen in den verschiedenen Lebensabschnitten sowie den unterschiedlichen Einflussfaktoren auf diese Beziehungen.

Rainer M. Bösel
Denken

Ein Lehrbuch

2001, 612 Seiten,
€ 46,95 / sFr. 77,–
ISBN 3-8017-1267-2

Klaus Moser
Markt- und Werbepsychologie

Ein Lehrbuch

2002, 284 Seiten,
€ 29,95 / sFr. 49,80
ISBN 3-8017-0799-7

Das Lehrbuch bietet eine umfassende und mit zahlreichen Abbildungen veranschaulichte Einführung in eine neurologisch fundierte Kognitionswissenschaft.

Das Lehrbuch bietet einen integrativen Überblick zu den wichtigsten Themen, Modellen und Anwendungsfeldern der Markt- und Werbepsychologie.

Hogrefe

Hogrefe-Verlag
E-Mail: verlag@hogrefe.de
Internet: www.hogrefe.de